Date: 5/23/16

SP 616.8589 LAD

**El lado oculto del TDAH en la edad
adulta :una propuesta inclusiva**

el lado oculto del TDAH en la EDAD ADULTA.

Una propuesta inclusiva desde lo profesional y desde la experiencia

© José Francisco Guerrero López, María Báscones Márquez y Rafael Pérez Galán (coordinadores).

© Roberto Álvarez-Higuera, Cristina Andreu Nicuesa, Ellen B. Littman, Víctor Barrau, Rafael Benito Moraga, Francisco Carrero Barril, Francisco Díaz Atienza, Jaime L. Galán Sánchez, E. Manuel García Pérez, Vicente García Vicent, Juan Luis Gil Muñoz, Pablo José González Domenech, Isabel Hernández Otero, Mª Nieves Herrera Conde, Estrella Joselevich, Juan José Leiva Olivencia, María de los Ángeles López Ortega, Ángela Magaz Lago, Jessica Mercader Ruiz, Ana Miranda Casas, Mª Jesús Ordóñez, Jorge Orrego Bravo, Mª Jesús Presentación Herrero, Josep Antoni Ramos-Quiroga, Doris Ryffel -Rawak-, Antonio Terán Prieto, José Ramón Valdizán Usón, Paloma Gallardo Marfil, Carla Garrido Caballero, Daniel Navarro Báscones, Rafael Rodríguez Tejero, Lazarillo de Tormes (seudónimo), Daniel Río Cifuentes; Concha Somovilla Sánchez, Susana García Ruíz, M. c. F. M., Fernando A. Garzón Camus, Ángel Germán Pavón Muñoz y Alejandro Rojas Domínguez.

© Ediciones Aljibe, S. L., 2014
Tlf.: 952 71 43 95
Fax: 952 71 43 42
Canteros 3 - 7 -29300- Archidona (Málaga)
e-mail: aljibe@edicionesaljibe.com
www.edicionesaljibe.com

I.S.B.N.: 978-84-9700-792-4
Depósito legal: MA 1253-2014

Traducción del Capítulo 17: María del Pilar Montijano Cabrera
Diseño y maquetación: Daniel Gómez (Equipo de Ediciones Aljibe)
Diseño de cubierta: Nuria Barea (Equipo de Ediciones Aljibe)
Ilustración de cubierta: Rustle, James Steidl

Imprime: Imagraf. Málaga.

José Francisco
Guerrero López

María
Báscones Márquez

Rafael
Pérez Galán

(Coordinadores)

el lado oculto del TDAH en la EDAD ADULTA.

Una propuesta inclusiva desde lo profesional y desde la experiencia

Ediciones
Aljibe

A todas las personas que sufren en su interior el motor de la inquietud y el desaliento, para que recuerden que el TDAH también puede conducirles a una vida repleta de sensaciones, emociones y éxito.

Relación de autores y autoras

Coordinan:

- **J. Francisco Guerrero López.** Doctor en Ciencias de la Educación y profesor titular de Didáctica y Organización Escolar. Universidad de Málaga.
- **María Báscones Márquez.** Licenciada en Psicología. Master en Intervención Clínica de la Ansiedad y el Estrés.
- **Rafael Pérez Galán.** Doctor en Ciencias de la Educación, profesor asociado del Departamento de Teoría e Historia de la Educación de la Universidad de Málaga y profesor titular de la Escuela Universitaria María Inmaculada de Antequera.

Colaboran:

- **Roberto Álvarez-Higuera.** Empresario. Emprendedor. León.
- **Cristina Andreu Nicuesa.** Psicóloga Forense del Instituto de Medicina Legal de Aragón. Miembro de la European Association of Psychology and Law. Miembro de la International Academy for Investigative Psychology.
- **Ellen B. Littman.** PhD, Clinical Psychology. Long Island University, Brooklyn, NY. MA, Psychology. Yale University, New Haven, CT. Certificate Program in Creative Writing. Sarah Lawrence College, Bronxville, NY. BA, Brown University, Providence, RI. Double major in Semiotics and Biology.
- **Víctor Barrau.** Psiquiatra. Programa de TDAH. Servicio de Psiquiatría Vall D'Hebron. Barcelona. Institut de Recerca.
- **Rafael Benito Moraga.** Psiquiatra. Hospital Quirón San Sebastián.
- **Francisco Jesús Carrero Barril.** Licenciado en Psicología. Profesor del Departamento de Psicología Evolutiva y de la Educación. Universidad de Málaga.
- **Francisco Díaz Atienza.** Médico Especialista en Psiquiatría Infanto-Juvenil. Coordinador Unidad de Salud Mental Infanto-Juvenil, Hospital Universitario Virgen de las Nieves de Granada. Profesor Asociado en Ciencias de la Salud, Universidad de Granada.
- **Jaime L. Galán Sánchez.** Psiquiatra. Hospital Quirón Málaga.

- **E. Manuel García Pérez.** Psicólogo Consultor: Clínico y Educativo. Director Técnico del Grupo ALBOR-COHS. Director Académico del Master en Psicología Clínica y de la Salud (Grupo ALBOR-COHS), Universidad Fernando Pessoa. Coordinador Internacional de la Alianza por los TDAs (APORTODAS).

- **Vicente García Vicent.** Psiquiatra. Unidad de Salud Mental Comunitaria de Marbella, Málaga.

- **Juan Luis Gil Muñoz.** Doctor en Neurociencias. Médico del Equipo de Orientación Educativa Málaga-Oeste. Delegación de Educación.

- **Pablo José González Domenech.** Médico Especialista en Psiquiatría. Psiquiatra Centros Sociales Diputación Provincial de Granada.

- **Isabel Hernández Otero.** Psiquiatra del Niño y del Adolescente. Unidad de Salud Mental Infanto-Juvenil (USMI-J). Hospital Clínico Universitario Virgen de la Victoria. Hospital Marítimo. Málaga.

- **Mª Nieves Herrera Conde.** Maestría en Psicopedagogía Clínica, Psicóloga Educativa, Pedagoga y Especialista en TDAH. Directora de Psicopedagogía Cancun S.C. Centro de Atención al TDAH y trastornos asociados. México. Miembro de Children and Adults with Attention-Deficit/Hiperactivity Disorder (CHADD), desde 1999.

- **Estrella Joselevich.** Licenciada en Psicología. Psicoterapeuta Relacional. Docente Responsable Posgrado -Facultad de Psicología- Universidad Nacional de Buenos Aires.

- **Juan José Leiva Olivencia.** Doctor en Ciencias de la Educación y Profesor Contratado Doctor en el Departamento de Didáctica y Organización Escolar. Universidad de Málaga.

- **María de los Ángeles López Ortega.** Psicoterapeuta Humanista y Doctora en Investigación Psicoanalítica. Docente en Universidad La Salle Morelia y en la Universidad Iberoamericana León.

- **Ángela Magaz Lago.** Doctora en Psicología. Especialista en Psicología Clínica. Directora Académica del Master en Psicología de la UIMP. Directora General del Grupo ALBOR-COHS.

- **Jessica Mercader Ruiz.** Master en Neurociencia Cognitiva y Necesidades Educativas Específicas en la Universidad de Valencia. Doctoranda en el programa Intervención Social y Familiar de la Universidad Jaume I de Castellón.

- **Ana Miranda Casas.** Catedrática de Psicología del Desarrollo y profesora de Psicología Educativa en la Universidad de Valencia.

- **M. Jesús Ordóñez.** Pediatra. León.

- **Jorge Orrego Bravo.** Licenciado en Psicología. Máster en Psicología Clínica. Doctor en Psiquiatría por la Universidad Autónoma de Barcelona. Fundador y psicólogo de amindterapia.com (investigación y desarrollo de la terapia cognitivo conductual asistida por ordenador).

- **Mª Jesús Presentación Herrero.** Doctora en psicología y Profesora Titular de la Universidad Jaume I de Castellón.

- Josep Antoni Ramos-Quiroga. Psiquiatra. Coordinador del programa de TDAH. Servicio de Psiquiatría. Investigador del Cibersam. Hospital Universitari Vall D'Hebron. Barcelona. Profesor Asociado de Psiquiatría en la Universitat Autónoma de Barcelona.

- Doris Ryffel-Rawak. Doctora en Medicina. Psiquiatría-Psicoterapia FMH. Berna. Suiza.

- Antonio Terán Prieto. Psiquiatra. Coordinador y Responsable Médico del Área de Adicción del Centro Asistencial San Juan de Dios. Palencia.

- José Ramón Valdizán Usón. Neurólogo-Neurofisiólogo Clínico. Unidad de Trastornos del Neurodesarrollo de la Clínica Montpellier. Zaragoza.

- Paloma Gallardo Marfil.

- Carla Garrido Caballero.

- Daniel Navarro Báscones.

- Rafael Rodríguez Tejero.

- Lazarillo de Tormes (seudónimo).

- Daniel Río Cifuentes.

- Concha Somovilla Sánchez.

- Susana García Ruíz.

- M.C.F.M.

- Fernando A. Garzón Camús.

- Ángel Germán Pavón Muñoz.

- Alejandro Rojas Domínguez.

Índice

A modo de presentación

Este libro surge para dar respuestas a una urgente necesidad que se detecta en la sociedad acerca de un trastorno, el TDAH, complejo y fascinante que, si bien se cuestiona en la infancia a pesar de la evidencia científica existente, en la vida adulta se niega desde la mayoría de ámbitos no especializados en el tema.

Hemos querido dar a conocer la última información científica sobre el trastorno y su tratamiento. A la aproximación teórica se ha querido añadir un enfoque práctico, ya que no se entiende el TDAH solo desde la teoría. La praxis diaria da la verdadera trascendencia a un problema cuyo impacto sociológico tiene repercusiones a todos los niveles, tanto personales como sociales y económicos.

Este trabajo se estructura en cuatro partes:

- **Parte 1.** Nos acerca a la visión científica del trastorno desde la atenta mirada de profesionales, investigadores y personas que tratan de clarificar y definir su campo conceptual hoy.
- **Parte 2.** Abarca la temática de las emociones, sentimientos y afectos de las personas con TDAH y cómo fluyen en las relaciones de pareja, así como los procedimientos y protocolos de intervención.
- **Parte 3.** Desde una óptica positiva y realista, este apartado nos acerca a la escuela y al rendimiento académico de los jóvenes.
- **Parte 4.** Historias de vida donde el trastorno aflora por las venas de cada una de las personas que nos han prestado su voz, su corazón y sus sentimientos.

Así pues, y de hecho se refleja en todo el desarrollo del manual, la atención al TDAH en adultos queda relegada a un segundo plano. La inmensa mayoría de los afectados vería mejorada su calidad de vida considerablemente al escucharles con atención, ya que eso nos hará más sensibles a sus problemas para poder darles el merecido y necesitado diagnóstico acertado, porque este trastorno de compleja naturaleza puede tener consecuencias devastadoras en aquellos que lo padecen y en sus familiares. Necesitan esperanza, apoyo, comprensión y soluciones para poder dar un giro radical a su actitud vital.

La obra está indicada para todos aquellos profesionales que se encuentran con el TDAH en sus consultas de atención primaria, psiquiatría, neurología o psicología. Para los profesores universitarios, profesores en formación, educadores, trabajadores sociales, responsables de recursos humanos, de prisiones y para todos aquellos que padecen el trastorno o conozcan a alguien que lo padezca.

El desarrollo de tantas ideas y experiencias no hubiera sido posible de no haber contado con la confianza y el apoyo incondicional de los profesionales de reconocido prestigio tanto a nivel nacional como internacional que, desinteresadamente, aceptaron el reto propuesto, prestando su valioso tiempo y dedicación para una causa tan necesitada de divulgación científica veraz.

Nuestra más sincera gratitud también a los adultos que con sus testimonios nos han dado un ejemplo de superación personal y nos ayudarán a entender las múltiples manifestaciones del trastorno. Gracias también a Ediciones Aljibe por confiar en este apasionante y arriesgado proyecto.

J. Francisco Guerrero López
María Báscones Márquez
Rafael Pérez Galán

PARTE UNO

Acercamiento a la visión científica del TDAH

Del lecho de Procusto al "Efecto Penélope": reflexiones sobre la diversidad cognitiva del adulto con TDAH

José Francisco Guerrero López

"Después de haber reunido todas las fiebres, conquistas, pasiones, después de haber bajado las velas de los buques de mis sueños, permanentemente inquietos, permanentemente errantes (...), después de haber recogido, recolectado, llamado para que vuelva del desierto mi eternamente andariega alma, después de haber rescatado mi espíritu de las telas de araña del pasado (...) la Anaïs disuelta y dispersa, debe descansar".

Anaïs Nin.

Reflexionando sobre estas palabras que la escritora Anaïs Nin dijo en plena madurez, es posible que estemos ante una persona adulta con TDAH, aunque con casi toda seguridad nunca lo supiera como le ocurre a la inmensa mayoría de las personas adultas que tienen TDAH. En numerosas ocasiones estas personas son conscientes de su trastorno por casualidad. Estrella Joselevich (2010) narra una historia sorprendente y muy hermosa: cuenta esta autora que estaba terminando un libro precisamente sobre el TDAH en una terminal de autobús remota cerca de las montañas, cuando llegó el autobús que la iba a trasladar a un pueblo perdido en la sierra. Una vez dentro del vehículo, el azar hizo que se sentara junto a ella un individuo muy hablador. Este hombre verborreico le contó a que se dedicaba y algunos episodios tristes de su vida afectiva. En un momento determinado de la conversación que se estableció durante el viaje, el hombre le preguntó a ella sobre lo que estaba escribiendo. Entonces Joselevich le dijo que trabajaba en un libro sobre el TDAH y le comentó en qué consistía dicho trastorno. Después de un rato escuchando atentamente, el hombre se quedó perplejo y le confesó a esta psicóloga que se identificaba plenamente con todo lo que ella le había contado y que se acaba de enterar, tantos años después, de que era una persona adulta con TDAH.

Una parte de los compañeros y amigos que tuve en mi adolescencia y que con los años supe que tenían TDAH tuvieron problemas de adicciones, sufrieron graves accidentes de tráfico, fracasaron en lo educativo y, en algunos casos, también en lo afectivo y profesional, y lo más triste es que nunca supieron que tenían un trastorno llamado TDAH, lo que sin duda les hubiera ayudado mucho, porque la mayoría de ellos eran personas creativas, inteligentes, emprendoras, ingeniosas, generosas y muy sensibles y, si hubieran sabido que tenían ese trastorno, hubieran reconducido sus vidas o hubieran buscado ayuda profesional. En el ya clásico libro sobre TDAH en adultos de Edward Hallowell y John Ratey, dice el primero de los psiquiatras citados que descubrió que tenía TDAH a los treinta y un años, cuando complementaba su formación de psiquiatría en un curso en el Massachusetts Mental Health Center de Boston. En una de las clases de la mañana, una profesora de neuropsiquiatría expuso una serie de características de las personas con TDAH. Edward Hallowell tuvo una especie de revelación mística y se sintió plenamente identificado con ellas hasta el punto que entró en algo parecido a un éxtasis religioso gritando que existía un nombre para lo que él tenía porque hasta ese momento -según confiesa el ya famoso psiquiatra- pensaba que era "*un poco tonto*" (Hallowell y Ratey, 2001). Evidentemente que las dificultades de este valiente y sincero profesional de la psiquiatría no se debían a que era "tonto". Ramos Quiroga y otros nos hablan de una mujer con TDAH que evidentemente no era tonta sino que "*había sufrido la falta de atención médica a su debido tiempo*" (Ramos Quiroga, Bosch y Casas, 2009, pág. 23). En cualquier caso, Hallowell comprendió en ese momento que su déficit atencional y su impulsividad le habían acompañado desde la infancia, formando parte de ese patrón comportamental presente desde la niñez del que habla Bauermeister (2002) y que sin duda Hallowell lo había observado a diario sin saber de qué se trataba y es seguro que su comportamiento no había pasado desapercibido para sus amigos y para todo su entorno afectivo.

Puede que a Hallowell le ocurriese como a Jay Gatsby, ese personaje inolvidable de Francis Scott Fitzgerald, que, desde fuera, observado en sus constantes fiestas, era percibido como alguien con algún tipo de problema que ni él mismo conocía: "*Esta cualidad asomaba continuamente a través de sus solemnes modales bajo la forma de inquietud. Jamás estaba completamente quieto; siempre había un pie que golpeaba o una mano que se abría y se cerraba impacientemente*" (Scott Fitzgerald, pág. 68). Esa inquietud quizá haga referencia a lo que muy bien expone Ramos Quiroga (2009: 41) y que él llama "*inquietud subjetiva interior*". Puede que esa misma inquietud sea la que describen de forma humorística María Jesús Ordoñez y Roberto Álvarez Higuera (2012: 33) recurriendo al inefable Homer Simpson cuando éste le advierte a su cerebro que está claro que a él no le gusta, aunque comprende que ese pensamiento es recíproco: él tampoco le gusta a su cerebro. A eso, el comediógrafo francés Molïere le llamaba "*principio de reciprocidad simultánea*".

Tanto Anaïs Nin, como Hallowell o el **Gran Gatsby** tuvieron TDAH desde la niñez y aunque no fueran diagnosticados fueron pasando por diversos ciclos vitales sin saber que lo padecían, si bien, por "*evolución silvestre*" (Rosan, 2010) fueron adaptándose con mayor o menor fortuna.

Al parecer, el 70% de los niños con TDAH continuará siéndolo en la adolescencia (Ramos Quiroga, Bosch y Casas, 2009). Y un subgrupo de estos adolescentes seguirán siendo TDAH en la edad adulta de forma "evolucionada" o al menos esa es una de las conclusiones que se puede sacar leyendo a Barkley, Murphy y Fischer (2008) y a Barkley (2009). En efecto, un adulto con TDAH no reacciona igual que un niño con TDAH porque en ocasiones se encuentran "sintomáticamente normalizado" aunque existe un sutil deterioro de ciertas actividades de "la edad adulta" como problemas para controlar el dinero, conducir vehículos a gran velocidad (Barkley, 2009) o para tener relaciones interpersonales y de pareja (Ramos Quiroga, Bosch-Munsó, Castells-Cervelló, Nogueira-Morais, García-Jiménez y Casas-Brugué, 2006).

En el estudio que realizaron Barkley, Murphy y Fischer en 2008, en la ciudad de Milwaukee (Estado de Wisconsin, EEUU), detectaron una serie de competencias alteradas en personas con TDAH adultas. Esas competencias se daban principalmente en el hogar, en el trabajo, en la economía doméstica y en otras responsabilidades diarias. Lo curioso es que estos adultos mostraban una fantasía -un sesgo ilusorio en palabras de estos autores- al considerar que sus competencias en esas conductas adaptativas cotidianas eran mejores de lo que realmente los resultados reales mostraban. En ese mismo estudio se constató que existe una población de adultos con TDAH a los que un conjunto de desgraciadas circunstancias han hecho que tengan problemas con la justicia; asaltos armados con agresión, alarmas ilegales, hurtos y venta de sustancias ilegales. Sobre este último aspecto algunos niños y adolescentes con TDAH inician más precozmente el consumo de sustancias que otros jóvenes sin esa problemática (Ramos Quiroga, Escuder, Bosch, Castells y Casas, 2006). Es posible, como afirman los anteriores autores, que la impulsividad o la problemática social podrían predisponer al consumo de sustancias, o bien -que es la hipótesis que más defienden Quiroga y el resto de autores citados- que sea un problema de automedicación; las personas con TDAH inician ese consumo al encontrar alivio a sus síntomas con ellas (sin embargo después sufrirán los efectos devastadores de esas sustancias) debido a ciertos efectos paradójicos (por ejemplo la cocaína alivia temporalmente la impulsividad o el alcohol tiene una capacidad anestesiante, euforizante y de obnubilización de los problemas).

En cuanto a la conflictividad delictiva, no está necesariamente vinculada a las adicciones. Hace varios años realizamos en Málaga un modesto estudio (Guerrero López y Pérez Galán, 2011), en el que nos encontramos que el grupo que más destacaba ante los maestros y maestras: era el compuesto por los niños y niñas que saltaban constantemente, que salían de clase sin pedir permiso, que daban carreras sin sentido y que hasta sentados o sentadas se retorcían en la silla buscando un acomodo imposible. Estos fueron los menos numerosos, sin embargo, en nuestra evaluación final en veintidós colegios de primaria con una escala que construimos para esa evaluación y con entrevistas estructuradas a directores y profesores tutores, observamos la relación que existía entre las conductas más problemáticas del aula y las expulsiones en los colegios. Y llegamos a la conclusión de que en estos centros los alumnos y alumnas que más amonestaciones y sanciones recibía y que mayor número de expulsiones provocaba, eran los que tenían TDAH, especialmente del grupo que tenía un TDA combinado. Estas expulsiones eran levemente superiores incluso a la de los alumnos y alumnas desadaptados típicos de la situación de riesgo social. Entrevistamos a varias madres cuyo estado de ánimo era desesperado porque no pensaban que lo mejor para sus hijos con TDAH fuese la expulsión del colegio. ¿Qué habrá sido de esos niños en la actualidad convertidos ya en adultos? ¿Cómo evolucionaron sus trayectorias vitales desde los cursos 1994-1995 y 1995-1996 en el que hicimos la evaluación hasta el día de hoy? No lo sé. Pero no soy tan ingenuo como para no pensar que si en alguno de ellos se dieron las circunstancias familiares y sociales "adecuadas", una serie de tragedias imprevistas o la más pura esencia de la mala suerte, pudieron verse abocados a profundizar en su lado más oscuro. Y puede que alguno de ellos forme parte de ese 25% de personas con TDAH que parecen incurrir en actos delictivos (Orjales Villar, 2003) o que se encuentran en las cárceles. Es posible que alguno de aquellos niños de aquel lejano curso escolar estableciera posteriormente algún "lazo" -como lo llamó Rutter en 1988- entre hiperactividad y delincuencia. Y que en la actualidad esté en prisión o acabe de salir de ella.

Recordemos que esos "lazos" los descubrió el prestigioso director del Departamento de Psiquiatría de la Universidad de Londres haciendo un seguimiento de niños que iban a algunas clínicas y observando que tenían mayor riesgo, más tarde, cuando se convirtieron en adultos, de convertirse en delincuentes[1]. ¿Se podrían separar el TDAH de los comportamientos infractores (en la niñez) y delictivos (en la edad adulta)? De los niños de nuestro estudio que evolucionaron mal, ¿sería posible diferenciar qué conductas se deben a un riesgo social (de sus familias) o a su TDAH "puro"? Yo pienso que son entidades diferentes (las conductas inadaptadas de las hiperactivas) y que, evidentemente, también pueden coexistir. Y por supuesto es posible que entre los jóvenes que tienen una carencia afectiva, cultura, social, económica y que presentan en la escolarización una conducta disruptiva-inadaptada y en la calle un comportamiento conflictivo que les puede llevar a la predelincuencia, a la delicuencia y a la búsqueda de una desinhibición estimulatoria, existan algunos con TDAH. Pero, de hecho, muy probablemente son comportamientos diferentes que pueden compartir algunas características (fracaso escolar, aspecto descuidado, absentismo escolar, escaso rendimiento académico, reacciones vandálicas y agresivas, amenazas a profesores y padres, poco autocontrol, no comprensión de las normas, etc.) aunque pueden darse una mezcla "explosiva" entre jóvenes con conductas desadaptadas que además ten-

---

1.   Rutter también realizó unos estudios familiares que le mostraron la asociación entre hiperactividad, delincuencia, alcoholismo y sociopatía y una serie de características que Rutter había conocido de un estudio de Douglas y Peters (1979), donde un grupo de delincuentes compartían las mismas características de un grupo de jóvenes hiperactivos. Una categoría diferente a la delincuencia y a la inadaptación y al TDAH sería el Trastorno Antisocial de la Personalidad (TAP) en el que quizás coincidirían alteraciones bioquímicas (bajo nivel de óxido nítrico, menores niveles de serotonina en alguno de sus catorce receptores) y en algunos casos algunos factores ambientales (¿plomo ambiental?...). Otros científicos piensan que, simplemente, es un rasgo de personalidad, una forma permanente de "ser". Esa es la tesis que defendía, cuando era director del psiquiátrico de Nueva York, Luis Rojas Marcos (otro prestigioso adulto con TDA), en su libro **Las semillas del mal** y otros autores. A estas personas se las conoce como psicópatas, aunque sería más correcto denominarlos sociópatas o personas con un TAP. Porque el "psicópata", en sentido estricto, sería la persona con problemas mentales que asesina, algo muy poco habitual (sin embargo muy espectacular y cinematográfico. La sociedad "necesita" creer que los asesinos brutales tengan ciertos problemas que les lleva a cometerlos). Se cree que solamente el 5% de los llamados "psicópatas" tendrían realmente problemas mentales. Así, prácticamente ningún asesino famoso (en serie o en masa: los que matan a personas individualmente o los dictadores que ordenan encarcelar, torturar, fusilar, bombardear, etc.) de cualquier época histórica y contexto político ha tenido problemas mentales. Estas personas que, en cierto modo, simbolizan la esencia misma de la maldad humana, se caracterizan por una aparente conducta "normal" y por una frialdad y crueldad inimaginables. Además, carecen de sentimientos de culpa por la acción de sus crímenes. Algunos científicos han llamado a este comportamiento "conducta reptiliana", "afresión depredadora" o "agresividad incontrolada". Habría que distinguir este tipo de comportamientos del de la delincuencia asocializada y muy agresiva (la peor posibilidad de delincuencia agresiva; el desenlace final de una trayectoria vital llena de violencia).

gan TDAH (como los del estudio de Rutter). La gran diferencia entre los trastornos por déficit de atención y las conductas desadaptadas es que éstas se deben más a factores socioambientales que a alteraciones genéticas de los neurotransmisores (Hudziak, 2003; Ferrando-Lucas, 2006). Por lo que en este caso, más que de causas (que de un principio causa-efecto Aristotélico) habría que hablar de factores de riesgo (marginalidad, padres con antecedentes delictivos, etc.) para las conductas de exclusión social, como afirman las teorías del aprendizaje social (Bandura, 1978). Pero, como decía anteriormente, mi ingenuidad no llega a minimizar que, en sí mismo, el TDAH mal enfocado, sin intervención y con un ambiente desestructurado, pueda llevar a bastantes problemas de exclusión social. Aunque algunos de los niños que en su día fueron diagnosticados con TDAH y que presentaron conductas problemáticas en el aula, se convirtieron en la edad adulta en personas con adicciones y problemas con la justicia; siendo justos y objetivos, habría que resaltar también, volviendo al estudio de la ciudad de Milwaukee de Barkley, que existe la "recuperación completa" del TDAH: entre el 14% y el 35% de los adultos estudiados en ese trabajo -que fueron diagnosticados en su infancia como TDAH- no manifestó ningún rastro de los síntomas (Barkley, Murphy y Fischer, 2008: 435) de TDAH. Y por supuesto que la inmensa mayoría de los adultos con TDAH nunca incurren en ningún tipo de falta o de delito. Es posible que ello se deba a que una parte de la población de adultos con TDAH o bien tenía mejor construidas sus funciones ejecutivas o bien aprendieron a optimizarlas debido a alguna intervención educativa, terapéutica o farmacológica o puede que lo aprendieran de forma espontánea.

Y ya que he comenzado a hablar de las funciones ejecutivas, yo pienso que es una de esas expresiones plurisemánticas y con un trasfondo de ambigüedad terminológica que corre el riego de parecerse al lecho de Procusto de la mitología griega. Aquel terrible posadero llamado Procusto, alojaba en su casa a los cansados (e incautos) viajeros. No debía ser un hotel con muchas "estrellas" porque solamente tenía una cama. Una cama que tampoco tenía que ser muy cómoda porque era de hierro -no sabemos si además no tenía colchón- y todavía había más: la cama de hierro nunca se adecuaba al tamaño del huésped. El ingenuo viajero me imagino que solicitaría otra cama sin saber que Procusto tenía otra forma de "resolver" ese problema; con una sierra o un hacha iba cortando el cuerpo del desafortunado cliente, cercenándolo hasta adecuarlo al tamaño de la cama. Dejando a un lado esta escabrosa anécdota griega, a veces me parece que las funciones ejecutivas podrían ser como ese Lecho de Procusto, en el éstas se van adecuando ("acomodando") según los intereses epistemológicos de las diversas modalidades científicas que hablan de ellas; siempre se van adaptando estas funciones y sus complejas derivaciones conceptuales y taxonómicas a las expectativas de cada parcela científica.

No obstante, esta pequeña crítica, me parece una forma muy idónea de explicar parte de la problemática del TDAH adulto y suponer también que éstas podrían encontrarse, como dice Barkley (2010) en una supuesta entidad llamada Sistema Atencional Supervisor. En cualquier caso, buena parte de las destrezas cognoscitivas que conocemos se pueden incluir dentro de las funciones ejecutivas (Rosselli, Jurado y Matute, 2008); autorregulación de la conducta, inhibición de las respuestas, desarrollo de las metas, logro de las metas educativas, laborales, etc., por ello son tan importantes (y a menudo ambiguas). Junto a esas cuestiones no podemos olvidar otras relacionadas también con esas funciones (Rebollo y Montiel, 2006); la memoria de trabajo no verbal, memoria de trabajo verbal, la motivación, el afecto y el proceso de reconstitución (este último lo explica muy bien Isabel Orjales Villar (2009) en uno de sus libros).

¿Forman un conjunto homogéneo e indivisible las funciones ejecutivas? A juicio de Rebollo y Montiel (2006), no; las funciones ejecutivas pueden ser fragmentadas, eso explicaría por qué personas que han sufrido algún tipo de accidente en los lóbulos frontales pueden seguir realizando unas funciones cognitivas y otras no. O por qué algunas personas de edad avanzada -son unas funciones que sufren el paso del tiempo antes que otras, especialmente a partir de los sesenta y setenta años- tienen un deterioro significativo en ciertas áreas implicadas en esas funciones y no en otras. Y evidentemente éstas también se ven afectadas por diversas patologías neurológicas (Tirapu-Ustárroz y Luna-Lario, 2009); traumatismos craneoencefálicos, accidentes cardiovasculares, esclerosis múltiple, tumores y por supuesto en el caso del TDAH (aunque no constituya un patología en sentido estricto).

Un aspecto importante que destacan Rebollo y Montiel es que no se puede hablar únicamente de "atención", sino de "atenciones". Si bien Rebollo y Montiel dudan de que efectivamente la atención sea una función ejecutiva, sino más bien una "colaborada necesaria" para que las funciones ejecutivas se integren. Unas funciones que en cualquier caso se inician muy pronto en el cerebro: entre los dos y los cinco años, con más fuerza a partir de los 12 años (Tirapu-Ustárroz y Luna-Lario, 2009). La definición que dan a este concepto estos dos autores me parece muy adecuada y original con ese ejemplo que ponen que parece sacado de una película de suspense en la que el personaje llega a casa de noche y comprueba que la luz de la estancia no se enciende y entonces va percibiendo que algo no marcha bien y su cerebro anticipa una serie de posibles soluciones y predicciones; en resumen, esta es la magnífica definición de estos investigadores: *"La capacidad de establecer soluciones a un problema novedoso llevando a cabo predicciones de las consecuencias a las que nos puede llevar cada una de las soluciones imaginadas"* (pág. 252). Podíamos concluir que las funciones ejecutivas siempre hacen referencia al control de la cognición y a la regulación de la conducta a través de los procesos cognitivos, entre ellos la atención, el procesamiento de la información y la planificación. De esos conceptos ya habló hace muchos años Luria (p. e. en 1979, en la edición consultada), el auténtico "inventor" de este lecho de Procusto (con todos mis respetos para Lezak y su concepto de "funcionamiento ejecutivo" basado en la tercera unidad funcional de Luria).

¿Están afectadas, en las personas con TDAH, las tres unidades funcionales que descubrió Luria? ¿Por qué, en general, se habla únicamente de que las funciones ejecutivas se centran en la tercera unidad funcional? Recordemos que la primera unidad funcional es la que regula el tono o la vigilia y los estados mentales. Y que la vigilia, es decir la atención, es uno de las dificultades más grandes de las personas con "déficit de atención". Aunque siempre existe en nuestro cerebro alguna actividad biológica (siempre que estemos "vivos", evidentemente) ésta no es suficiente para el aprendizaje o para llevar a la acción nuestros pensamientos. Con "pensar" que voy a escribir el capítulo que estoy escribiendo para este libro sobre TDAH en adultos no voy a "escribirlo". Necesito una determinada "activación", que va desde tener "ganas" mediante algunos procesos relacionados con la motivación intrínseca, hasta la "motivación" más extrínseca de tener que entregar al paciente editor este capítulo en el tiempo acordado. Mi cerebro recibe y analiza la información solo si se reúnen una serie de requisitos idóneos de vigilia que faciliten las conexiones necesarias en la mente para empezar a recibir mensajes cognoscitivos. Entonces, ¿no está afectada esta unidad funcional en el cerebro de las personas con TDAH? Por supuesto que sí. Por eso existen tantos programas psicopedagógicos para incentivar la atención en las personas adultas con TDAH y por eso se hace necesario provocar y mantener un nivel de excitación perfecto para la entrada de información. Un exceso de ese nivel impide el aprendizaje. Un bajo nivel de excitación también bloquea el procesamiento de la información. Y ya sabemos que la persona adulta con TDAH, al menos en principio, cuenta con la desventaja de tener estructurada de una forma diferente sus funciones ejecutivas.

Luria descubrió además, que en esta primera unidad funcional hay tres fuentes de activación. Los procesos metabólicos del organismo (Luria también lo llamó "economía interna"). Estos procesos actúan de forma que consiguen -en su forma más fisiológica y simple- el equilibrio interno del organismo (homeostasis) por medio de la regulación de la respiración, la digestión, el metabolismo del azúcar y las proteínas, la secreción interna, etc. En su forma más compleja están organizados en sistemas conductuales. por ejemplo la conducta instintiva sexual, etc. Otra fuente de activación está relacionada con la llegada de los estímulos del mundo exterior al cuerpo. Los seres humanos viven constantemente en un mundo de mensajes constantes, no hemos convertidos en devoradores-consumidores compulsivos de información, "buscadores" de canales de TV y "acróbatas" de la "simultaneidad" de estímulos estresantes. En los tiempos de Luria, este ya había observado algo que se había demostrado en algunos experimentos clásicos norteamericanos (recordemos algunas investigaciones de los años 50 en las que a los sujetos se les privaba de información -en habitaciones cerradas sin ningún estímulo- y a partir de cierto periodo tenían crisis de ansiedad y alucinaciones para compensar la privación extrema de comunicación); esto es, que el hombre, el cerebro del hombre, tiene necesidad de esta información y esta es tan vital como la necesidad del metabolismo orgánico (aunque en la actualidad es posible que los cerebros más sensibles sufran un exceso de información). El cerebro genera, pues, mecanismos de activación de información usando la excitación de los órganos sensoriales. La última fuente de activación resaltada por el gran neurólogo soviético está indisolublemente ligada a las intenciones y la planificación. Planificamos cuando vamos a sacar la bolsa de la basura o cuando vamos a llevar el automóvil a una revisión (aunque es posible que no cumplamos todo lo planificado). Estas metas y otras mucho más importantes se alcanzan con un coste en energía y en actividad cerebral. Es decir, con una fuente de activación.

¿Manifiestan algún problema las personas con TDAH en al segunda unidad funcional de Luria? La segunda unidad funcional es la que capta y analiza la información. Es este un proceso complejo que se efectúa gracias a la estructura jerárquica de las zonas corticales, a la ley de la especificidad decreciente de las zonas corticales jerárquicamente organizadas que la componen (que inicia así una transición desde el reflejo de estímulos primarios y simples a la integración de esquemas más generales y abstractos de los estímulos que percibimos) y a la ley de la lateralización progresiva de funciones. El mismo Luria aclara que esta ley es de carácter relativo pues sólo una cuarta parte de las personas son completamente diestras y algo más de un tercio tienen una dominancia del hemisferio izquierdo, sin embargo existe la tendencia de una dominancia de alguno de los hemisferios cerebrales. ¿No procesan demasiados estímulos a la vez las personas con TDAH? ¿Procesan mal la información porque atienden a muchos estímulos a la vez? ¿Procesan mal información siempre que se encuentren en una situación de estrés que dispare su ansiedad y su impulsividad? Debemos pensar entonces, si convenimos en que las personas con TDAH tienen problemas a la hora de procesar la información, que también tienen algunos problemas en esta unidad funcional.

En cuanto a la tercera unidad funcional, es sobre ella donde recae el peso de programar, regular y verificar la actividad. Esta tercera unidad funcional que se encuentra en el corteza prefrontal, constituiría el "acta fundacional" de las funciones ejecutivas. El sujeto reacciona activamente al cúmulo de información que le va llegando a su estructura cognoscitiva. De esta forma produce planes y programas de sus propias acciones y verifica esta actividad consciente rectificando sus errores. La característica principal de la regulación de la actividad consciente humana se realiza a través del lenguaje, es decir, los procesos mentales superiores. Una planificación eficaz viene condicionada por una estimulación-excitación idónea, unos procesos de codificación simultáneo-sucesivo adecuados y el conocimiento previo. La planificación y la codificación interaccionan para propiciar el conocimiento y al mismo tiempo dependen de un estado de excitación óptimo para poder aprender. Son numerosos los estudios que han mostrado que las personas con TDAH sin intervención tienen tendencia a la desorganización y a planificar poco eficientemente sus actividades.

Antes he citado el lecho de Procusto y ahora me gustaría continuar con otra historia muy conocida relacionada también con la mitología griega; me refiero a la relación entre Ulises/Odiseo y su paciente esposa Penélope. El rey de Ítaca pasó diez años batallando en la guerra de Troya y otros diez años tardó en regresar a su hogar después de múltiples peripecias que todos recordamos de haberlas leído o visto en el cine (el famoso ojo del cíclope, el canto de las sirenas, etc). ¿Qué hizo su esposa durante esos interminables veinte años? Según parece, esperar a que su marido regresase, a pesar de tener muchos pretendientes que le insistían en que Odiseo había fallecido y que eligiese a quién más le gustase de ellos como nuevo esposo. Pero Penélope hizo algo más: se inventó un hábil truco para evitar un nuevo matrimonio no deseado. Comenzó a hacer una manto mortuorio a su suegro el rey Laertes y prometió que cuando lo terminase elegiría un nuevo esposo. Pero la fiel cónyuge fue una de las primeras personas en exhibir eso que ahora llamamos en los adultos con TDAH "procastinación", es decir, postergar hasta casi el infinito una actividad. Efectivamente el manto no terminaba nunca de hacerse porque la sufrida esposa destejía de noche lo que tejía de día. Conociendo la furia de Odiseo, yo creo que Penélope hizo lo correcto. De hecho cuando, al fin, el perseverante e irascible esposo regresó, no dudó en matar inmediatamente y uno a uno a todos los pretendientes de su fiel esposa, pero ¿qué tiene que ver una relación matrimonial de la mitología griega con las funciones ejecutivas? En otras palabras, ¿existe cierto "Efecto Penélope" (Guerrero López, 1993, 2006a) en algunos procesos de aprendizaje y en las funciones ejecutivas de las personas adultas con TDAH? En el caso de las personas con discapacidad intelectual y con diversidad funcional cognitiva tradicionalmente considerada parece claro que sí. Algunos autores estudiaron eso hace décadas. Por ejemplo, Velver Inhelder, en el año 1971. Ella mostró, basándose en las división en etapas de Piaget (había sido una colaborada suya), que los niños y niñas con discapacidad intelectual en general eran capaces de situarse en los mismos estadios que los que tenían discapacidad intelectual, pero que existía un desarrollo más lento, más "viscoso" en los afectados con discapacidad intelectual. A este fenómeno lo llamó Inhelder "viscosidad genética" o "viscosidad genética interestadio". Y venía a decir más o menos que el razonamiento de las personas con discapacidad intelectual cuando pasa de una etapa a otra aún permanece bastante tiempo en una situación de péndulo entre los dos. Por ello, su razonamiento parece estar dividido entre las estructuras de pensamiento de un estadio superior y los sistemas de pensamiento del nivel que no termina de abandonar. Esta fragilidad cognitiva es lo que los puede llevar a la superación de una etapa o a permanecer, a "estancarse" en la que estaba. En esa misma línea argumentativa se encontraba Zazzo (1970) cuando afirmaba que el desarrollo físico de las personas con algún tipo de retraso cognitivo no coincidía con su desarrollo mental. A esa especial configuración psicosomática lo llamó con el sugestivo e impactante nombre de "Heterocronía del Desarrollo".

En esencia, la idea de Zazzo consideraba que este desajuste entre el crecimiento físico y el crecimiento mental, entre el desarrollo somático y el desarrollo cerebral, provocaba una dispersión en las actividades mentales que conllevaba un peculiar estilo cognitivo. Años más tarde, Monique Cuilleret (1985) destacaba que ese estilo cognitivo provocaba que las personas con diversidad cognitiva tenían lo que ella llamó "Espíritu Caleidoscópico". La idea de Cuilleret venía a decir que estas personas tenían un exceso de procesos analíticos y en detrimento de los sintéticos con las subsiguientes implicaciones en el aprendizaje y en la variables educativas. ¿Es posible que debido a las alteraciones en las tres unidades funcionales de Luria se produzca en las personas con TDAH adultas una especie de heterocronía del desarrollo? ¿Es posible que manifiesten algún tipo de desajuste entre su inteligencia -que suele ser normal o por encima de la media- y sus funciones ejecutivas -que suelen estar alteradas- que les haga sufrir de una dispersión cognitiva específica? ¿Se da una especie de "Efecto Penélope" en el proceso de aprendizaje de las personas con TDAH?

Evidentemente, en las personas con otras diversidades funcionales cognitivas distintas a la persona con TDAH, todas esas dificultades suelen venir derivadas en unos casos de alteraciones previas genéticas[2] e incluso cromosómicas.

---

2.   Al margen que sea un rasgo común, un estilo cognitivo diferente, etc, quizás todo se deba a un proceso más lento en la mielinización de las neuronas (Van-Wielink, 2005), ese prodigio evolutivo

Hace ya muchos años que autores que como Boullin (1980) mostraron como un nivel bajo de hidroxiptriptamina (producido por alteraciones genéticas, cromosómicas o bioquímicas) tenía una incidencia directa sobre el procesamiento de la información. A ese extraño procesamiento Callner (1978) lo denominó con una expresión que yo considero muy precisa, discontinuidad sináptica interneuronal, que sería una especie de procesamiento fragmentado de los estímulos que va llegando a la mente de las personas con una diversidad funcional cognitiva. Esa discontinuidad provoca que estas personas necesiten más tiempo para reaccionar ante dichos estímulos porque su capacidad de respuesta es más lenta así como las actividades de la percepción, la memoria y en definitiva, todo el funcionamiento intelectual. Algo muy parecido a la naturaleza cognitiva de las personas con TDAH.

Se podría comparar el desarrollo de las funciones ejecutivas de las personas con TDAH -que no han recibido intervención o, en la peor de las posibilidades, que no han recibido el aprendizaje idóneo, la escolarización adaptada a su forma de ser, que no han tenido suerte en su entorno familiar ni en su transición a la vida activa- a un árbol no podado pero sí con algunas de sus ramas casi desnudas de hojas. Un árbol otoñal que nos muestra solamente sus más gruesas ramificaciones porque carece de las más sutiles y pequeñas prolongaciones arbóreas, al menos sin intervención farmacológica, psicológica y educativa (sin el "abono", el "riego" o los cuidados necesarios). Las ramificaciones dendríticas y la densidad "arbórea"

---

mediante el cual se van "envolviendo" con una especie de aislantes (la mielina) los "cables" necesarios (los axones) para la transmisión de la información y hasta que no se completa este proceso alrededor de los veinte años la persona presenta una inmadurez con algunas similitudes con el TDAH, como ya estudiaran autores como Kinsbourne (1984). O quizás se deba a problemas en el nacimiento (prematuridad, hipoxia... -Lou, 1996-). Fernández-Jaén (2003) afirma que entre un 20% y un 30% de los niños con TDAH fueron prematuros o tuvieron bajo peso al nacer. O puede que sea una variante de la selección natural y de la evolución. El TDAH quizá sea un modelo comportamental adaptativo (Hartmann 1998, 2003). En 1937- C. Bradley sentó las bases de la eficacia de las anfetaminas. Años después, los ilustrativos estudios de Zametkin (1990) sobre cómo el cerebro utilizaba la glucosa en la región frontal de las personas con TDAH y cómo metabolizaba menos glucosa -su principal fuente de energía- y los experimentos de Lou (1990) que demostraron que en esa misma región existía una menor actividad de flujo sanguíneo en este tipo de personas venían a corroborar un hecho que ya había anunciado Isabelle Rapin: que en una zona donde abundan los neurotransmisores implicados en la hiperactividad, que en la región del cerebro más rica en dopaminas existía una menor absorción de glucosa y una menor afluencia de sangre y eso solamente podía significar una cosa: que las personas con TDAH tenían menor cantidad de dopamina (y otros neurotransmisores) en el córtex frontal. Estos hallazgos explicaban la mayoría de los problemas relacionados con el TDAH porque la dopamina modula muchas funciones cerebrales (procesos ejecutivos, cierto control motor, procesos motivacionales y metacognitivos...) y ese déficit puede desregular una parte de la corteza cerebral y diversos circuitos cerebrales (Díaz-Heijtz, Mulas y Forssberg -2006-) influyendo en la capacidad para controlar la conducta. César Soutullo, que ha publicado una tabla de riesgos para tener TDAH (2004). Según este autor el 75% de la causa del TDAH es de origen genético y ello (el hecho de tener un padre o madre con TDAH) multiplicaría por ocho el riesgo de padecer TDAH (un bajo peso al nacer lo multiplicaría por tres, etc...). Afinando un poco más, Van-Wielink afirma (2005) que en gemelos monocigóticos la concordancia es del 92% y en los dicigóticos del 33%. En la revisión que hizo Soutullo (2004) de varios estudios llega a la conclusión de que hay dos genes "candidatos", cada uno en cromosomas diferentes. El primero *es uno de la familia del gen que produce el receptor de dopamina D4 llamado DRD*7 que está en el cromosoma 11*" (2004: 33). Y el segundo sería el DAT1 (que está relacionado también con la dopamina), que se encuentra en el cromosoma 5. Para Ferrando-Lucas (2006: 11) estarían implicados genes relacionados tanto con los receptores de la dopamina como con los transportadores de dopamina: *Alelos de riesgo para padecer el trastorno tanto en el gen DRD4 (receptores de dopamina) (...) como en el gen DAT1 (transportadores de dopamina)*".

de las personas con TDAH que, desafortunadamente, no han tenido posibilidad de intervención, quizá sean como un árbol con menos hojas, por lo que en sus "ramas" tendrían problemas para captar o "atrapar" los procesos comunicativos necesarios para la optimización de sus funciones ejecutivas. Sería, metafóricamente hablando, como una red, una intrincada urdimbre que, sin embargo, está llena de "agujeros" por los que se escapa y pierde la memoria de trabajo y la inhibición conductual y por la que se deteriora el proceso de reconstitución, la comprensión lectora, el razonamiento moral, la sintaxis, el sentido del tiempo, la retención de sucesos en la mente, la conducta anticipatoria, el autoconocimiento, la organización del tiempo, la memoria de trabajo retrospectiva, la conducta dirigida por reglas, la perseveración de las conductas que ya se han iniciado, la internalización del habla, el control motor, la autorregulación del afecto, la falta de flexibilidad comportamental, la motivación, la alerta, etc...y otros déficits cognitivos, todo ello sin que sufran -necesariamente- esa discontinuidad sináptica interneuronal típica de personas con discapacidad intelectual "clásica". Es decir, que en cierto modo la alteración de las funciones ejecutivas (y la no intervención sobre ellas) podría estar provocando el "destejimiento" de procesos cognitivos básicos.

Pero esto no quiere decir que las personas con TDAH no dispongan de suficientes mecanismos en sus estructuras mentales cognoscitivas para la asimilación y la reconstrucción de sus funciones ejecutivas porque resulta obvio que las personas adultas con TDAH no tienen discapacidad intelectual, aunque... ¿podríamos decir que sí tienen una diversidad funcional cognitiva? ¿Podríamos afirmar que las personas adultas con TDAH tienen un cierto estilo cognitivo que las hacen ser diferentes, en cuanto a algunos procesos cognitivos que las personas que no tienen TDAH? ¿Y la mayoría de las peculiaridades de esos procesos cognitivos algo diferentes no vendrían derivadas de una forma distinta en el funcionamiento de sus funciones ejecutivas? ¿Y ese deterioro de algunas funciones cognitivas sería exclusivamente negativo o tendría sus ventajas? ¿Y si esa alteración de las funciones cognitivas no fuera más que otro tipo de diversidad funcional con algunas ventajas? Para Barkley, este trastorno *Puede representar, sencillamente, un rasgo humano y no una condición patológica*" (Barkley, 2001: 115). Un rasgo (consúltese aquí también la nota número 2 de este capítulo), una seña de identidad igual que la estatura o la habilidad lectora. En ese sentido todos y todas presentamos alguna característica -negativa y positiva- del TDAH, la diferencia estriba en que ellos y ellas *"representan el extremo del continuum"* (2001: 116). En esa misma línea Barkleniana estaría Bauermeister (2002) cuando nos advierte que las características del TDA se pueden ver como un patrón de conducta que todas las personas tienen en diferentes grados.

No obstante lo dicho anteriormente, en una reciente entrevista, Russell Barkley afirmó que ser TDAH no es "un don", que si las personas con TDAH tuvieran un supuesto "don", su equipo ya lo habría descubierto. Yo pienso que, en realidad, el equipo de Barkley estudia otros aspectos igualmente complejos que nos sirven de guía a muchos profesionales en todo el mundo, pero ese equipo no necesariamente ha realizado estudios sobre lo que él llama "don". En cualquier caso, aunque las personas con TDAH adultas no posean "un don", muchas de ellas sí tienen algunas ventajas, y éstas pueden deberse precisamente a las peculiaridades cognitivas de sus funciones ejecutivas (alteradas). Si ello no fuera así, uno de los hombres más ricos del mundo, Bill Gates, que hace años que confesó que era TDAH, nunca hubiera llegado a transformar las nuevas tecnologías y los soportes informáticos, como también lo hizo otro empresario con TDAH, Henry Ford, que cambió la historia de la fabricación de los automóviles y tuvo la genial idea de inventar la fabricación "en cadena" de los coches. Tampoco hubiera hecho las proezas que ha realizado el nadador Michael Phelps -el hombre que más medallas olímpicas ha obtenido en la historia-, que tuvo un diagnóstico de TDAH en su adolescencia, o Pablo Motos, un derroche de creatividad en los programas exitosos que presenta en la televisión española. En otro libro (Guerrero López, 2006) ya hablé extensamente sobre otros artistas, estrategas militares y científicos susceptibles de tener TDAH y de poseer unas habilidades excepcionales como, por ejemplo, Pablo Picasso. Un hombre que según decía de sí mismo nunca encontró la serenidad y siempre estuvo envuelto en una constante inquietud. Un hombre desorganizado, inestable, impulsivo y caótico. Pero eso no le impidió ser el artista más importante del mundo junto con Miguel Ángel, el hombre que quizá tuviera una diferente forma de construcción de sus funciones ejecutivas fue capaz de realizar más de 30.000 obras catalogadas, de escribir obras de teatro, de revucionar el mundo del grabado y el mundo del arte varias veces a lo largo de su vida. Puede que también Albert Einstein tuviera organizada en su mente prodigiosa unas funciones ejecutivas diferentes, puede que Einstein tuviera una diversidad cognitiva y que eso fuera lo que le llevó a no ser un físico dentro de los estandares normales y que descubriera teorías que son la base de la física y de la astronomía modernas.

¿Tenían algún tipo de deterioro las funciones ejecutivas de Edison? Es probable que sí a juzgar por los comentarios que dejaron escritos sus padres y tutores acerca de su inquietud constante, su impulsividad y sus despistes habituales. ¿Le ayudó esa peculiaridad cognitiva a crear más de 1.000 inventos? También es probable que sí.

¿Tuvo el hijo de Filipo, Alejandro Magno, en su córtex frontal unas funciones ejecutivas diferentes al resto de los mortales? Probablemente sí. ¿Alcanzó por ello metas increíbles? Es posible que esa forma diferente de procesamiento y de organización en sus unidades funcionales le ayudase en lugar de perjudicarle. Es posible que el hecho de que nunca se encontrase tranquilo en ningún lugar, que su impulsividad no tuviera límites, o su deseo irrefrenable de nuevas experiencias, y, a veces sus estallidos de ira fuesen una ventaja más que un desventaja, para que crease ciudades y tácticas militares que han perdurado hasta nuestros días.

Es posible que Beethoven, Mozart, Janis Joplin, Jimi Hendrix, Angus Young (el guitarrista de AC/DC), Leonardo Da Vinci, Abraham Lincoln, Edgar Allan Poe, Salvador Dalí, Bernard Shaw, Harrison Ford, Dustin Hoffman, la poetisa Emily Dickinson o el escritor John Irving tuvieran o tengan sus funciones ejecutivas alteradas u organizadas de forma diferente, pero también es posible que parte de su idiosincrasia creativa se deba a ello: a esa forma de cognición diferente, a esa diversidad de sus funciones ejecutivas. Debemos apreciar los aspectos positivos de las personas con TDAH, no nos podemos quedar solamente en los déficits, en esa cultura del déficit no inclusiva que tanto está en auge en nuestra modernidad tan "líquida" y llena de incertidumbre.

Un tema que me preocupa y sobre el que he escrito en otras ocasiones es que en multitud de ocasiones solo se habla de la dimensión negativa de las personas con TDAH, es igual que si viésemos los aspectos más negativos de las personas sordas, ciegas, con síndrome de Down, con trastornos del espectro autista, con diversidad funcional motórica o simplemente observar solo la parte más negativa de algunas personas con cualquier tipo de diversidad. Esos estudios se centran en un extremo de la conducta hiperactiva: en la de aquellos que cruzaron el umbral de una puerta que les llevó a lo peor que había en ellos o en ellas, por lo que esos trabajos son incompletos y se detienen en el lado más oscuro y es que en esas estadísticas se encuentran los más desafortunados TDAH, esas personas que tenían ciertas predisposiciones, como hemos visto anteriormente, y se encontraron frente a las más adversas circunstancias sin mucha "resiliencia", sin mucha fuerza para enfrentarse a la adversidad. Seres desvalidos que, teniendo un déficit, se encontraron con el ambiente más terrible que les llevó a las drogas, al alcohol o a la conducta delictiva. Porque es evidente que las personas con TDAH tienen tendencia (como todas las personas, pero ellos más) a no controlar algunas situaciones. Ana Miranda, Laura Amado y Sonia Jarque (2001) siguiendo a Barkley nos dicen que en los próximos años se denominará al TDAH "Trastorno por Déficit en el Control Inhibitorio". En efecto, Barkley nos señala que: *"El Trastorno del Desarrollo del Autocontrol (TDAC) puede ser el nombre más apropiado para el TDAH. El término TDAH se queda corto"* (2001: 99). Para este psiquiatra el TDAH más que un problema de déficit de atención sería un trastorno del autocontrol, de la organización y dirección de la conducta hacia el futuro y de la fuerza de voluntad y de la motivación. Pero ¿qué ocurre con su lado "positivo"? Solamente por citar algunos de sus aspectos más positivos, puede que uno de los aspectos más heterodoxos y positivos de las personas con TDAH sea el sentido del humor. Como dice Ellis (2003), la psicopatología consiste en tomarse demasiado en serio a nosotros mismos y a la propia existencia, pensando que tenemos que llegar a las metas que nos hemos propuesto y que es una gran tragedia que nuestros deseos no se cumplan o se alejen. A pesar de lo frustrante que puede llegar a ser para una persona TDAH no conseguir sus deseos, el sentido del humor no suele abandonarlo nunca y yo pienso que esa cualidad otorga una nota divergente en las relaciones afectivas de estas personas. Otra cualidad positiva de los hombres y mujeres con TDAH, que de niños fueron más ingeniosos que el resto de los niños (Stevens, 1999), es que suelen ser adultos más creativos que la media. Una creatividad e ingenio a las que hay que sumar su intuición y la enorme sensibilidad que tienen estas personas, seres extremadamente sensibles e inocentes incluso en la edad adulta. Esa ingenuidad es otro de sus aspectos positivos que no siempre hace que se les valore cuando son adultos. No es precisamente un atributo ser despreocupado e inocente en esta sociedad compuesta no por el *homo sapiens sapiens* sino, como lo llaman algunos antropólogos norteamericanos, por el *homo stupidus stupidus*.

Y es que si logran reestructurar sus talentos pueden llegar a ser los mejores deportistas, los más brillantes artistas y los más grandes y audaces empresarios. Sencillamente pueden llegar a donde nadie puede llegar. Afortunadamente ha habido gente en la historia con TDAH que no inhibía adecuadamente su conductas y gracias a ese espíritu libre, indomable y divergente el hombre se ha "humanizado", ha obtenido mayor bienestar o simplemten ha sido más feliz disfrutando con el arte. Puede que esas sean las ventajas que le da quizás la falta de dopamina o procesar la información más con el hemisferio derecho que con el izquierdo.

¿Puede ser una ventaja neurológica para los adultos con TDAH tener sus funciones ejecutivas alteradas? ¿Será una compensación a los déficits de sus funciones ejecutivas que procesen la información más con el hemisferio derecho que con el izquierdo? ¿Constituirá un regalo de su biología si se sabe aprovechar? ¿Será un efecto maravilloso derivado de su hipoactividad cortical que le empuja hacia fines imposibles? Puede que el hemisferio izquierdo de las personas con TDAH no funcione como tendría que hacerlo pero cuando descubren las enormes potenciales de su hemisferio derecho pueden llegar más lejos que los procesadores más predominantes del cerebro izquierdo. Las personas con TDAH, ¿están conectadas al mundo principalmente a través del hemisferio derecho? ¿Ese hecho condiciona sus unidades funcionales y sus funciones ejecutivas? ¿Tienen una extraña asimetría y una dominancia tan peculiar que ven la realidad desde la emoción, la intuición y la vitalidad que son dependientes de estructuras localizadas especialmente en el lado derecho de su cerebro? ¿Puede ser que las personas con TDAH funcionen como un gran cerebro derecho con un funcionamiento más débil de la lógica, el análisis, la capacidad de organización y la abstracción propias del hemisferio izquierdo? ¿Por eso son más creativos y desorganizados? Creo que debemos ser optimistas y pensar que con una intervención educativa, psicológica y farmacológica mejorará sus funciones ejecutivas y sus unidades funcionales (atención-procesamiento-planificación), creando nuevas "ramas" y conexiones, modificando incluso la arquitectura y la plasticidad cerebral; todo el "engranaje" de sus funciones ejecutivas. En el peor de los casos puede que él "árbol" no crezca mucho pero quizá sea mucho más frondoso con esos "cuidados".

Y ahora pasemos de las "hojas" y de las "ramas" a los "cables". Al principio de la década de los noventa, dos psicólogos norteamericanos, Ashman y Conway, escribieron que el cerebro en una especie de red muy compleja parecida a una central telefónica. Y que todo el "cableado" de esta "centralita" formaría lo que sería la "arquitectura del cerebro". Las distintas conexiones, el circuito de los transmisores y receptores, hacen posible el acceso de la corriente eléctrica. Para estos investigadores todo ello conformarían los "procesos cognitivos". Pero para lograr acceder a ellos, alguien en la central debe saber con qué códigos se llega a los mecanismos de conexión. Esa tarea de "desciframiento" formaría parte del procesamiento de la información. Dado que las personas con TDAH tienen, en cierto modo, alteradas las conexiones y los códigos de las funciones ejecutivas, es posible que con la medicación, la intervención psicológica y educativa, podría aumentar la calidad y los procesos del "cableado", aunque no se lograra modificar la propia citoarquitectura cerebral. Es decir, puede que nunca transformemos realmente la estructura de las funciones cognitivas pero sí una parte de sus procesos. La estructura haría referencia a los rasgos más inmodificables e inalterables de cualquier situación o sistema (el cerebro y las actividades cognitivas, por ejemplo). El segundo término, el proceso, estaría más relacionado con las rutinas y las estrategias modificables y entrenables. Hace mucho tiempo que ignoro cuál es el tiempo que tardo en correr a la máxima velocidad los mil metros. Sé que nunca podría competir en esa prueba con ningún atleta. Es posible que la conjunción de fibras musculares y la coordinación ósea-muscular de mi aparato locomotor nunca llegasen a un nivel tan óptimo como para competir en los mil metros. Es decir, que mi estructura muscular sería difícil modificarla para que se asemejase a la de los atletas. Pero habría que hacer dos puntualizaciones. La primera es que con respecto a mí mismo yo sí podría mejorar bastante. Y la segunda es que aunque no pudiese cambiar lo más mínimo la estructura muscular y ósea de mis piernas sí podría alterar el proceso. Podría por ejemplo realizar una dieta diferente, hacer una transformación radical en mi programa de entrenamiento, efectuar unos "cuidados" fisioterapéuticos que lograran una mayor flexibilidad, elasticidad y relajamiento de las fibras musculares. Sin duda, con todo ello lograría correr más deprisa en la prueba de los mil metros. Y sin cambiar necesariamente un ápice la estructura muscular de mis piernas. Llegados a este punto podemos trasladar estas ideas al hecho de que las funciones ejecutivas de las personas con TDAH, el "cableado" de esa estructura, no es una construcción estable, inmutable y estática. No configuran un estado fijo e invariable; tienen capacidad morfodinámica al igual que otros procesos cognitivos.

Jean Jacques Rousseau solía decir que el ser humano nace débil, frágil y vulnerable e incluso bastante ignorante y estúpido. Pero este optimista pedagogo decía que ello no suponía ningún problema porque la educación nos haría más inteligentes y más fuertes. Puede que las personas adultas con TDAH hayan nacido más frágiles y más vulnerables para algunas situaciones pero todo ello se puede modificar con la educación, con la intervención psicológica y con la intervención farmacológica (siempre que lo necesiten) a cualquier edad. Y recordemos que, en nuestra sociedad, existen muchos adultos con TDAH -la gran mayoría de ellos sin diagnosticar- a los que habría que informar de las ventajas que esta intervención supondría, especialmente para lo que hemos acordado en llamar sus "funciones ejecutivas".

NOTAS BIBLIOGRÁFICAS

ÁVILA, C. y POLAINO-LORENTE, A. (1999). *Cómo vivir con un niño-a hiperactivo-a*. Madrid. Narcea.

BAIN, K. (2007). *Lo que hacen los mejores profesores universitarios*. Valencia. PUV.

BANDURA, A. y WALTERS, R. H. (1978). *Aprendizaje social y desarrollo de la personalidad*. Alianza Editorial. Madrid.

BARKLEY, R. A. (1990). *Attention-déficit hyperactivity disorder: A handbook for diagnosis and treatment*. Nueva York. Guilford Press.

BARKLEY, R. A. (1998). *Attention-deficit hyperactivity disorder. A handbook for diagnosis and treatment* (2ª edición). New York. The Guilford Press.

BARKLEY, R. A. (2000). *Taking charge of ADHD*. Guilford Press. Nueva York.

BARKLEY, R. A. (2001). *Niños hiperactivos. Cómo comprender y atender sus necesidades especiales*. Barcelona. Paidós.

BARKLEY, R. A. (2009a). "La hiperactividad no es un trastorno social ni familiar, sino genético y neurológico". *El País Salud*. Revista Mensual de biomedicina y calidad de vida. Mayo. Número 25. Pág.6.

BARKLEY, R. A. (2009b). "Avances en el diagnóstico y la subclasificación del trastorno por déficit de atención/hiperactividad: qué puede pasar en el futuro respecto al DSM-V". *Revista de Neurología*. 48. (Supl. 2: Pp.101-106).

BARKLEY, R. A.; MURPHY, K. R. y FISCHER, M. (2008). *El TDAH en adultos. Lo que nos dice la ciencia*. Barcelona. JC ediciones médicas S. L.

BAUMEISTER, J. J. (2002). *Hiperactivo, impulsivo, distraído, ¿me conoces?* Bizkaia. Grupo Albor-Cohs. División Editorial.

BECK, A. T. y SHAW, B. F. (2003). "Enfoques cognitivos de la depresión". En ELLIS, A. y GRIEGER, R. *Manual de Terapia Racional-Emotiva*. Bilbao. Descleé De Brouwer.

BRADLEY, C. (1937). "Behavior of children receiving benzedrine". *Am. J. Psychiatry*. 94: 577-585.

BROWN, T. E. (2008). "La funciones ejecutivas del cerebro: seis aspectos de un síndrome complejo". *Revista Adana*. Septiembre, N° 17. Pp. 3.

CANTO-ORTIZ, J.; FERNÁNDEZ-BERROCAL, P.; GUERRERO LÓPEZ, J. F. y EXTREMERA PACHECO, N. (2008). "La inteligencia emocional en el tabaquismo". En SÁNCHEZ DORESTE y GAYA CATASES. *Inteligencia emocional en educación*. Las Palmas de Gran Canarias. Publicaciones Sice.

CANTO-ORTIZ, J.; GUERRERO LÓPEZ, J. F. y FERNÁNDEZ-BERROCAL, P. (2007). "La inteligencia emocional en el consumo de drogas legales". En *Actas del I Congreso Internacional de Inteligencia Emocional en Educación*, celebrado en Las Palmas de Gran Canarias, en los días 1, 2, 3 y 4 de diciembre de 2004.

CANTWEL, D. P. (1975). "Familial-genetic research whith hyperactive children". En D. P. CANTWELL (Ed.). *The hyperactive child. Diagnosis, Management, current research*. Nueva York. Spectrum.

CLEMENTS, S. D. (1966). *Minimal Brain Dysfunction in children. Terminology and Identification*. (USPH Publication N° 1415). Washington, U. S.: Government Printing Office.

DAVIS, P. (1996). *Sobre el tiempo*. Barcelona. Crítica.

DÍAZ-HEIJT, R.; MULAS F. y FORBERGT, H. (2006). "Alteraciones de los patrones de los marcadores de la dopamina en el trastorno por déficit de atención e hiperactividad". *Revista de Neurología,* 42 (Supl 2). S19-S23.

DOMINGO, S. (2007). *Los colegios dan de lado a 16.000 niños hiperactivos*. 20. Silvia Domingo (Entrevista a Silvia Domingo, presidenta de Apnadah). 2 de noviembre.

DOUGLAS, V. I. y PETERS, K. G. (1979). "Toward a clearer definition of the attentional déficit of hyperactive children". En HALE, G.A. y LEWIS, M. (Eds). *Attention and Cognitive Development*, 173-247. New York. Plenum.

DOUGLAS, V. (1972). "Stop, look and listen: the problem of sustained attention impulse control in hyperactive and normal children". *Canadian Journal of Behavioral Science*, 4, 159-182.

ELLIS, A. (2003). "El sentido del humor como psicoterapia". En ELLIS, A. y GRIEGER, R. *Manual de Terapia Racional-Emotiva*. Bilbao. Descleē De Brouwer.

ELLIS, A. y GRIEGER, R. (2003). *Manual de Terapia Racional-Emotiva*. Bilbao. Descleē De Brouwer.

FEINGOLD, B. (1975). *Why your child is hyperactive*. Nueva York: Random House.

FEINGOLD, B. (1976). "Hyperkinesis and learning disabilities linked to the ingestion of artificial food color and flavours". *Journal of learning disabilities*, 9, 551-559.

FERNÁNDEZ-JAÉN, A. (2003). "Trastorno por déficit de atención y/o hiperactividad. Aspectos neurobiológicos". En FERNÁNDEZ-JAÉN A. y CALLEJA PÉREZ, B. *Trastorno por déficit de atención y/o hiperactividad (TDAH). Abordaje Multidisciplinar*. Servicio de Neurología Infantil. Hospital "La Zarzuela".

FERRANDO-LUCAS, M. T. (2006). "Trastorno por déficit de atención e hiperactividad. Factores etiológicos y endofenotipos". *Revista de Neurología*, 42 (supl.2). S9-S11.

GARANTO, J. (1986). *Trastornos de conducta en la infancia*. Barcelona. PPU.

GARCÍA MOLINA, A.; ENSEÑAT-CANTELLOP, J.; TIRAPU-USTANOZ J. y ROIG-ROVIRA, T. (2009). "La maduración de la corteza prefrontal y desarrollo de las funciones ejecutivas durante los primeros cinco años de vida". *Revista de Neurología,* 48. Pp. 435-440.

GOLEMAN, D. (1998). *Inteligencia emocional*. Barcelona. Kairós.

GUERRERO LÓPEZ, J. F. (1990). *Estudio sobre los inadaptados. Diario de Campo*. Málaga. Aljibe.

GUERRERO LÓPEZ, J. F. (1993). *Nuevas perspectivas en la educación e integración de los niños con síndrome de Down*. Barcelona. Paidós.

GUERRERO LÓPEZ, J. F. (1995). *Informe sobre los trastornos de conductas por hiperactividad en Málaga*. Grupo de Investigación Consolidado de la Junta de Andalucía N° 5492: "Evaluación Psicopedagógica de los trastornos de conducta con déficit de atención con hiperactividad en Málaga". Universidad de Málaga.

GUERRERO LÓPEZ, J. F. (2005). "Prólogo sobre la hiperactividad". En PÉREZ GALÁN, R. y CEBRIÁN GARRIDO, I. (2005). *Las conductas hiperactivas a través de los diarios de campo*. Málaga. Aljibe.

GUERRERO LÓPEZ, J. F. (2006). "Yo soy dos y estoy en cada uno de los dos por completo: de San Agustín al gato de Schröndinger o las dos caras de la persona con hiperactividad (TDAH)". En GUERRERO LÓPEZ, J. F. (Coord.). *Creatividad, ingenio e hiperconcentración: las ventajas de ser hiperactivo* (TDAH). Málaga. Aljibe.

GUERRERO LÓPEZ, J. F.; GIL MUÑOZ, J. L. y PERÁN MESA, S (2006). *La educación y la actividad física en la personas con síndrome de Down*. Málaga. Aljibe.

GUERRERO LÓPEZ, J. F. y PÉREZ GALÁN, R. (2011). "El alumnado con TDAH (hiperactividad) como colectivo en riesgo de exclusión social: propuestas de acción y de mejora". *Revista Ruedes* (Buenos Aires). Año 1. Pp. 37-59.

GUERRERO LÓPEZ, J. F.; SEMPERE RAMÍREZ, I. y NAVAS FERNÁNDEZ, C. (1994). *Escala de observación para conductas hiperactivas*. Grupo de investigación Consolidado de la Junta de Andalucía N° 5492: "Evaluación psicopedagógica de los trastornos con déficit de atención con hiperactividad en Málaga". Universidad de Málaga.

HALOWELL, E. y RATEY, J. (2001). *Controlando la hiperactividad. Cómo superar el déficit de atención con hiperactividad desde la infancia hasta la edad adulta*. Barcelona. Paidós.

HARTMANN, T. (1998). *Healing ADD: Simple exercises that Hill change your daily life*. New York. Underwood.

HARTMANN, T. (2003). *The Edison gene: ADHD and the gift of the hunter child*. Rochester, Vermont.

HUDZIAK, J. (2003). "Genética del trastorno por déficit de atención". En BROWN, E. TH. *Trastornos por déficit de atención y comorbilidad de niños, adolescentes y adultos*. Barcelona. Masson.

IDIAZÁBAL-ALECHA M. A.; GUERRERO-GALLO, D. y SÁNCHEZ-BISBAL, M. M. (2006). "Procesamiento del lenguaje en el trastorno por déficit de atención con hiperactividad". *Revista de Neurología*, 42 (supl. 2). S29-S36.

IDIAZÁBAL-ALECHA, M. A. (2004). "Trastorno por déficit de atención con hiperactividad en niñas". Instituto Neurocognitivo Incia. *Revista AdanaNews*. Fundación Adana. Barcelona.

JOSELEVICH, E. (2010). *¿Soy un adulto con AD/AH? Comprensión y estrategias para la vida cotidiana*. Buenos Aires. Paidós

KAPLAN, B. J. y otros (1989). "Dietary replacement in preschool-aged hyperactive boys". *Pediatrics*, 83 (1), 7-17.

KINSBOURNE, M. (1984). *Beyond attention déficit: search for the disorder in Add*. New York. Spectrum.

LAZARUS, A. A. (2003). "Hacia un estado del ser sin ego". En ELLIS, A. y GRIEGER. *Manual de Terapia Racional-Emotiva*. Bilbao. Desclée De Brouwer.

LOU, H. C. (1996). "Etiology and patogénesis of attention déficit hyperactivity disorder (ADHD). Significance of prematurity and perinatal hypoxic-haenodinamic encefalopaty". *Acta Paeditr*. 85: 1266-1271.

LOU, H. C; ANDRESEN, J.; STEINBERG; MCLAUGHLIN, T. y FRIBERG, L. (1998). "The striatum in a putative cerebral network activated by verbal awareness in normal and in ADHD children". *Eur. Journal Neurol*. 5: 67-74.

LOU, H. C; HENRIKSEN, L. y otros (1990). "Focal cerebral dysfunction in developmental learning disabilities". *Lancet*; 335: 8-11.

LURIA, A. R. (1979). "El cerebro en acción". *Conducta Humana*. N° 21. Barcelona. Fontanella.

MARDOMINGO SANZ, M. J. (2008). "¿Merece la pena tratar el TDAH?" *Revista Adana*. Núm. 16. Fundación para las personas con TDAH. Pp.5-7.

MARTÍN, G. (2004). "Niños con TDAH. ¿Sólo traviesos?" *Economía de la Salud*. Marzo-Abril. 59-62.

MEICHENBAUM, D. (1974). "Self-instructional training: a cognitive prótesis for the aged". *Human development*, 17, 273-280.

MIRANDA CASAS, A.; AMADO LUZ, L. y JARQUE FERNÁNDEZ, S. (2001). *Trastornos por déficit de atención con hiperactividad. Una guía práctica*. Málaga. Aljibe.

MIRANDA CASAS, A. y SANTAMARÍA, M. M. (1986). *Hiperactividad y dificultades de aprendizaje. Análisis y técnicas de recuperación*. Valencia. Promolibro.

NORMAN, D. A. y SCHALLICE, T. (1986). "Attention to action: willed and automatic control of behavior". En DAVIDSON, R.; SCHWARTZ, G. y SHAPIRO, D. *Consciousness and self-regulation: advances in research and theory*. New York. Plenum.

ORDÓÑEZ, M. J. y ÁLVAREZ-HIGUERA, R. (2012). *Tú tampoco estás solo*. Barcelona. Libros Cúpula.

ORJALES VILLAR, I. (2003). *Déficit de atención con hiperactividad. Manual para padres y educadores*. Madrid. Cepe.

ORJALES VILLAR, I. (2009). *Claves para afrontar la vida con un hijo con TDAH*. Madrid. Pirámide.

PÉREZ GALÁN, R. (2003). *Educación Especial, Atención a la diversidad y LOCE: un enfoque teórico y comprensivo*. Málaga. Aljibe.

PÉREZ GALÁN, R. (2006). "La redefinición teórico-práctica del trastorno TDAH desde una perspectiva más comprensiva y positiva: de lo que fue a lo que debe ser". En GUERRERO LÓPEZ J. F. *Creatividad, ingenio e hiperconcentración: las ventajas de ser hiperactivo* (TDAH). Málaga. Aljibe.

PUIG, C. y BALÉS, C. (2003). *Estrategias para entender y ayudar a niños con trastornos por déficit de atención con o sin hiperactividad (TDAH)*. Barcelona. Ceac.

PYENSON, L. (1990). *El joven Einstein*. Madrid. Alianza Universidad.

RAMOS QUIROGA, J. A.; BOSCH, R. y CASAS, M. (2009). *Comprender el TDAH en adultos. Trastorno por déficit de atención con hiperactividad en adultos*. Barcelona. Amat.

RAMOS QUIROGA, J. A.; BOSCH-MUNSÓ, R.; CASTELLS-CERVELLÓ X.; NOGUEIRA-MORAIS, M.; GARCÍA-GIMÉNEZ, E. y CASAS-BRUGUÉ, M. (2006). "Trastorno por déficit de atención con hiperactividad en adultos: caracterización clínica y terapéutica". *Revista de Neurología*, 42 (10). Pp. 600-606.

RAMOS QUIROGA, J. A.; ESCUDER, G.; BOSCH, R. y CASAS, M. (2006). *TDAH y drogodependecias. Programa integral del Déficit d´Atenció a l´adult*. Server de Psiquiatria. Hospital Universitari Vall d´Hebron.

RAMOS QUIROGA, T. (2008). "La contra". *Revista Adana*. Núm. 15. Pág.7.

RAPIN, I. (1987). *Disfunción cerebral en la infancia*. Barcelona. Martínez Roca.

RAPPOPORT, L. (1986). *La personalidad desde los 13 a los 25 años. El adolescente y el joven*. Barcelona. Paidós.

REBOLLO. M. A. y MONTIEL, S. (2006). "Atención y funciones ejecutivas". *Revista de Neurología*. N° 421 (Suple. 2).

ROJAS MARCOS, L. (2004). "Experiencias de un psiquiatra con TDAH". *Adana News*. N° 6. Pág. 8.

ROS MONTALBÁN, S.; PERIS DÍAZ, M. D. y GRACIA MARCO, R. (2004). *Impulsividad*. Barcelona. Ars Médica.

ROSÁN, T. A. (2010). *Trastorno por déficit de atención con hiperactividad en el adulto*. Publicaciones de ADHD en su sitio WEB.

ROSSELLI, M.; JURADO, M. B. y MATUTE, E. (2008). "Las funciones ejecutivas a través de la vida". *Revista Neuropsicología, Neuropsiquiatría y Neurociencias*. Abril. Vol. 8. N° 1. Pp. 23-46.

ROSELLÓ AMADO, L. y PRESENTACIÓN, M. J. (1999). "Valoración de los efectos del tratamiento farmacológico en niños con déficit de atención y trastornos de hiperactividad". *Revista de Neurología*, 28, pp. 177-182.

ROSELLÓ, B.; PITARD, I. y ABAD, L. (2002). "Evolución de las alteraciones conductuales en niños con trastornos por déficit de atención con hiperactividad tras la intervención farmacológica". *Revista de Neurología*, 34, pp. 82-90.

RUBIA, K. (2008). "Evidencia neuroanatómica sobre la hipótesis del TDAH como retraso en la maduración cerebral". *Revista Adana*. Abril, Núm. 16. Pp. 5-6 (Artículo publicado inicialmente en PNAS- Diciembre 11, 2007-vol. 104- n° 50 Pp. 1963-1964).

RUTTER, M. y GUILLER, H. (1988). *Delincuencia juvenil*. Barcelona. Martínez Roca.

SAFER, D. J. y ALLEN, R. P. (1979). *Niños hiperactivos: diagnóstico y tratamiento*. Madrid. Santillana.

SÁNCHEZ GONZÁLEZ. M. C. (2003). "El trastorno por déficit de atención y/o hiperactividad. Aportación de las pruebas neurofisiológicas en el diagnóstico y seguimiento". En FERNÁNDEZ JAÉN, A. y CALLEJA PÉREZ, B. *Trastornos por déficit de atención y/o hiperactividad (TDAH). Abordaje multidisciplinar*. Servicio de Neurología Infantil. Hospital La Zarzuela.

SCANDAR, O. L. (2001). "Terremotos y soñadores". *TDAH Journal*. Año 2. N° 4. Pp.15-23.

SCOTT FIZTGERALD, F. (2013). *El Gran Gatsby*. Barcelona. Debolsillo. Ramdom House Mondadori.

SOUTULLO ESPERÓN, C. (2003). "Diagnóstico y tratamiento farmacológico del trastorno por déficit de atención e hiperactividad". *Medicina clínica*, 120 (6). 222-226.

SOUTULLO ESPERÓN, C. (2004). *Convivir con niños y adolescentes con trastornos por déficit de atención e hiperactividad (TDAH)*. Madrid. Panamericana.

STEVENS, H. S.(1999). *Dificultades en el aprendizaje, éxito en el aula*. Barcelona. Apóstrofe Autoayuda.

STRAUSS, A. A.; LEHTINEN, L. E.; KEPHART, N. C. y GOLDENBERG, S. (1977). *Psicopatología y educación del niño con lesión cerebral*. Buenos Aires. Editorial Universitaria de Buenos Aires (Eudeba).

TALLIS, J. (1982). *Metodología diagnóstica en la disfunción cerebral mínima. Enfoque neuropsicológico*. Barcelona. Paidós.

TAYLOR, E. (1991). *El niño hiperactivo*. Barcelona. Martínez Roca.

THOMAS, G. y LOXLEY, A. (2007). *Deconstrucción de la educación especial y construcción de la inclusiva*. Madrid. La Muralla.

THORNE, S. K. (1995). *Agujeros negros y tiempo curvo*. Barcelona. Crítica.

TIRAPU-USTÁRROZ, J. y LUNA-LARIO, P. (2009). *Neurología de las funciones ejecutivas*. Texto policopiado.

VALETT, R. (1990). *Niños hiperactivos. Guía para la familia y la escuela*. Madrid. Cincel-Kapelusz.

VAN-WIELINK G. (2005). *Déficits de atención con hiperactividad*. Sevilla. Edit. Trillas.

VILLAR CHICANO, I. (2006). "El retrato incompleto de los niños/as con TDAH: evolución terminológica negativa que intentan definirlo desde hace un siglo". En GUERRERO LÓPEZ, J. F. *Creatividad, ingenio e hiperconcentración; las ventajas de ser hiperactivo* (TDAH). Málaga. Aljibe.

VYGOTSKI, S. (1983). *Pensamiento y palabra*. Madrid. Akal.

ZAMETKIN, A. J.; NORDALH, T. E.; GROSS M.; KING, A. C y otros (1990). "Cerebral glucosemetabolism in adults with hyperactivity of childhood onset". *N. England J. Med*, 323: 1361-1366.

Trastorno por Déficit de Atención con Hiperactividad/Impulsividad en el adulto: detección, diagnóstico y tratamiento

Rafael Benito Moraga

1 Introducción

El Trastorno por Déficit de Atención e Hiperactividad/Impulsividad tiene una larga historia que se inicia en 1845 con la manida referencia literaria del psiquiatra Dr. Heinrich Hoffmann y sus crueles cuentos moralizantes. Lo que no es tan antiguo es el reconocimiento del problema en los adultos. Kurt Goldstein había descrito síndromes disejecutivos en soldados alemanes aquejados de lesiones cerebrales sufridas durante la Primera Gran Guerra; pero incluso en 1975 el Compendio de Psiquiatría de Freedman, Kaplan y Sadock, vertebrado y desarrollado a partir del DSM II, describía la Reacción Hipercinética en la infancia como un *"trastorno que se supera habitualmente entre las edades de 12 y 18 años… y entonces se deja de administrar la medicación"*.

Durante los años 80 diversos estudios prospectivos de entre 15 y 20 años de duración confirmaron su presencia en adultos. Según sus resultados, del 50 al 70% de los niños que sufren este problema van a continuar presentando síntomas durante la tercera y cuarta décadas de su vida.

Hemos tardado tanto en darnos cuenta porque, a diferencia de otros trastornos de inicio infantil, la naturaleza del TDAH hace que sus síntomas evolucionen con el individuo dificultando el diagnóstico. Como veremos más adelante, el TDAH es un problema relacionado con el neurodesarrollo y va modificando su aspecto con el paso de los años, se camufla cuando quien lo padece encuentra una forma de compensar sus déficits y, finalmente, enmascara su presencia oculta tras problemas psiquiátricos comórbidos.

La validez de este diagnóstico en adultos está sólidamente establecida en la actualidad. En los últimos años ha mejorado mucho la tipificación del TDAH adulto con la identificación de síntomas nucleares correlacionados con alteraciones del funcionamiento cerebral, el uso de criterios diagnósticos operativos, la detección de un componente etiológico genético y la existencia de tratamientos farmacológicos eficaces.

2 El TDAH altera la trayectoria vital del individuo

Los estudios de seguimiento mencionados anteriormente han revelado el claro perjuicio que la persistencia de los síntomas origina en la evolución vital de los pacientes. Los adultos con TDAH tienen menos probabilidades de terminar estudios universitarios y su trayectoria laboral es más inestable y precaria. Sus síntomas afectan a la capacidad para la conducción de vehículos, sufren más accidentes y tienen un mayor número de infracciones y multas. La impulsividad inherente a este trastorno hace que los individuos afectados muestren conductas de riesgo en otras facetas de su funcionamiento vital; como sus relaciones familiares y afectivo-sexuales.

Una característica de este trastorno es su elevada comorbilidad con otros problemas psiquiátricos; sin que se sepa todavía si el TDAH aumenta la probabilidad de que aparezcan; o si hay factores etiopatogénicos comunes al TDAH y los desórdenes asociados. Debemos tener en cuenta que pueden sufrir TDAH un 13% de quienes sufren trastornos afectivos, un 10% de pacientes con trastornos de ansiedad, un 60% de los afectados por un trastorno límite de la personalidad y entre el 15 y el 33% de quienes padecen un trastorno por uso de sustancias. Lo que está claro es que la existencia de un TDAH empeora la evolución y complica el tratamiento de los trastornos concomitantes. Entre otras consecuencias que ensombrecen el pronóstico, destaca el aumento del riesgo de suicidio en estos pacientes, eventualidad que parece más probable conforme aumenta el número de trastornos comórbidos.

3 La etiopatogenia explica su persistencia en el adulto y la heterogeneidad de los síntomas

Los estudios de neuroimagen realizados en los últimos 10 años indican que probablemente el TDAH es un **problema de neurodesarrollo** en las regiones y circuitos cerebrales que más tardan en completar su crecimiento. Hablamos fundamentalmente del lóbulo frontal y sus conexiones con lóbulo límbico, ganglios basales y cerebelo. La persistencia de los síntomas parece asociada a una falta del adelgazamiento cortical fisiológico asociado al desarrollo del córtex prefrontal medial y dorsolateral y a una conectividad cerebral similar a la de grupos más jóvenes. Probablemente la culminación afortunada de este desarrollo hace que algunos niños y niñas vayan dejando de tener síntomas; mientras los menos afortunados llegan al final de la adolescencia sin haberlo completado y acaban padeciendo el síndrome propio del TDAH adulto.

Aunque sabemos cada vez más acerca del origen y la fisiopatología del TDAH, los estudios que tratan de aclarar las razones de su persistencia son aún pocos y más difíciles de interpretar. Nos centraremos exclusivamente en los datos procedentes de investigaciones que comienzan a aclarar el motivo de la prolongación del trastorno.

3.1. Anomalías genéticas implicadas en la etiología del TDAH

Los resultados de algunos estudios apuntan a que el TDAH "prolongado" tendría que ver con una forma del trastorno especialmente heredable o con un genotipo concreto. En este sentido se ha hallado más relación entre el TDAH adulto y ciertos polimorfismos en el gen del receptor de dopamina D5 que con el gen del receptor D4, más estudiado en niños. Un estudio multicéntrico ha relacionado también el TDAH del adulto con una variante concreta del gen SLC6A3 que codifica el transportador de dopamina (DAT1).

Por lo que respecta al sistema **serotoninérgico**, parece que ciertas variantes del gen que codifica el receptor 5HT2A son más frecuentes en TDAH adulto. Por el contrario, un polimorfismo de este gen se asociaría más bien al estado de remisión en pacientes mayores. Una variante del gen que codifica la enzima triptófano hidroxilasa (TPH) sería también más frecuente en el TDAH adulto.

Algunas variantes del gen BAIAP2, relacionado con la asimetría funcional de los hemisferios cerebrales, se relacionan también con el TDAH del adulto.

3.2. Modelos etiopatogénicos

Las teorías etiopatogénicas elaboradas hasta hoy pueden dividirse en dos grupos:

*   Las basadas en alteraciones del procesamiento cognitivo y el control de la conducta.
*   Las que justifican los síntomas atendiendo a alteraciones del sistema emocional regulador de la motivación y la sensibilidad a la recompensa.

Déficit de procesamiento cognitivo y de inhibición de la conducta

Según este modelo, los síntomas observados en los pacientes con TDAH tendrían su origen en la alteración de un conjunto de actividades del cerebro que se agrupan bajo el apelativo de **funciones ejecutivas**. Su misión sería guiar el pensamiento y la conducta según reglas y objetivos generados internamente y diferidos en el tiempo; evitando así que sean los estímulos ambientales y las respuestas instintivas quienes dirijan la actividad mental de un modo inmediato. Al lado de la función facilitadora actuaría también de la importancia de un mecanismo inhibidor de la respuesta motora, la memoria, la atención selectiva y la emoción.

Diversos estudios de neuroimagen y neurofisiológicos han ido confirmando que el "bucle" **córtico-estriado-tálamo-cortical** sería fundamental para este sistema ejecutivo y de control inhibitorio. La mejoría del proceso de inhibición con la edad se debe a la maduración secundaria de la corteza prefrontal (lateral dorsal y medial orbital), parte anterior del cíngulo y cuerpo estriado y el tálamo.

En adultos con TDAH se han hallado reducciones volumétricas en regiones frontales, conocidas por su intervención en procesos ejecutivos importantes. La intensidad de los síntomas disejecutivos parece correlacionar con la disminución del volumen del caudado derecho. Lo mismo ocurre con las puntuaciones de inatención e hiperactividad y las anomalías en el circuito frontoestriatal.

Cuando se pone a prueba el control inhibitorio, los adultos con TDAH no activan adecuadamente las conexiones fronto-estriatales y fronto-parietales.

Alteraciones del sistema emocional regulador de la motivación y la sensibilidad a la recompensa

Cuando se valora el rendimiento de las funciones ejecutivas en los pacientes con TDAH se descubre que aproximadamente la mitad no presentan un déficit ejecutivo. Los modelos basados en la desregulación emocional surgen para explicar este hecho.

Los pacientes con TDAH dan la impresión de vivir con una necesidad permanente de satisfacción inmediata. Con frecuencia se los describe como incapaces de tolerar cualquier demora en la gratificación de sus deseos y con gran necesidad de gratificación inmediata. De este modo no consiguen mantenerse motivados cuando el esfuerzo les va a proporcionar una recompensa diferida en el tiempo. Las estructuras cerebrales relacionadas con estos problemas forman parte también de las conexiones fronto-estriatales, aunque en este caso las vías involucran sobre todo fascículos conectados con el estriado ventral (principalmente núcleo *accumbens*) y con la amígdala, depositaria de la valoración emocional de lo percibido.

La anticipación de una recompensa genera menos actividad en el estriado ventral en adultos con TDAH que en individuos normales. Incluso las recompensas inmediatas activan poco el estriado ventral y la amígdala (bilateral). En sujetos normales, una mayor recompensa se correlaciona con una mayor activación en el córtex orbitofrontal medial, mientras que en los sujetos con TDAH no se puede observar esta relación, lo que refleja una posible disfunción en el sistema de recompensa/motivación. Los adultos afectados parecen depender mucho más de recompensas tangibles que de refuerzos de carácter más simbólico o afectivo, como el refuerzo verbal.

Modelo combinado

Ante la heterogeneidad clínica de los pacientes y la imposibilidad de explicar todos los síntomas a partir de uno de estos dos modelos, han surgido teorías que tratan de aunar las evidencias de fallo en las funciones ejecutivas con los hallazgos que indican alteraciones en el sistema de motivación y recompensa.

Según estos modelos, denominados duales o combinados, en el TDAH se afectarían de modo variable para cada paciente los diversos componentes del sistema cortico-estriado-tálamo-cortical. La afectación de los fascículos "dorsales" determinaría la disfunción ejecutiva, la afectación de los fascículos mesocorticales y ventrales estaría más implicada en los síntomas dependientes de la desregulación emocional y la aversión al retraso en la recompensa.

4 ¿Cómo superar las dificultades de detección y diagnóstico?

Actualmente, tanto en niños y adolescentes como en adultos, el diagnóstico del TDAH se basa en la identificación de los síntomas y signos clínicos que lo caracterizan. No existe ninguna prueba complementaria que pueda sustituir a la valoración clínica, y no hay ninguna prueba de laboratorio, de neuroimagen o neuropsicológica que nos permita identificar los casos con más fiabilidad que la entrevista clínica. A pesar de todo están surgiendo trabajos que exploran el uso de técnicas de neuroimagen o la electroencefalografía como pruebas diagnósticas.

4.1. Dificultades para el diagnóstico

Hoy por hoy, la carencia de instrumentos que identifiquen objetivamente el trastorno y la dependencia de las características semiológicas para su detección son las causas de las principales dificultades y controversias que rodean el diagnóstico del TDAH en el adulto, y que podemos agrupar en dos áreas:

• **Dificultades que dependen de los criterios diagnósticos utilizados.** Desde el reconocimiento del TDAH del adulto por parte del DSM IV TR, se han utilizado mayoritariamente sus criterios diagnósticos para identificar el trastorno en ese grupo de edad. Durante los años de vigencia de este manual se han ido acumulando razones para pensar que estos criterios, desarrollados originalmente para niños, podían no ser adecuados para su aplicación en población adulta. Mencionaremos algunas de ellas:

~ Algunos síntomas de inquietud o hiperactividad son difícilmente aplicables a los adultos tal y como están descritos en el DSM IV TR.

~ La exigencia de cumplir 6 criterios del síndrome inatento y/o 6 del síndrome hiperactivo/impulsivo parece excesiva en el caso del adulto porque los rasgos de hiperactividad disminuyen con el tiempo. Sin embargo, el trastorno continúa siendo muy deteriorante aunque el paciente adulto cumpla menos criterios.

~ Algunos criterios pueden no ser evidentes cuando el paciente se dedica a una actividad estimulante o muy gratificante o bien si cuenta con un entorno que ofrece tanto apoyo y supervisión como para no sufrir deterioro en su funcionamiento vital.

~ En los pacientes adultos resulta difícil averiguar si los síntomas se presentaron antes de los 7 años. Además, los estudios de campo del DSM IV encontraron incluso datos que iban en contra de mantener este límite de edad.

- **Dificultades que dependen de la misma naturaleza del trastorno.** Otros problemas para el diagnóstico del TDAH del adulto no dependen de los criterios utilizados sino de la propia esencia del trastorno.

  Este síndrome afecta a los individuos desde su infancia produciendo síntomas parecidos a desviaciones extremas de rasgos del carácter ("vago", "perezoso", "egoísta", "gamberro") y no alteraciones claramente patológicas (como alucinaciones o conductas bizarras). No se suele buscar tratamiento para los afectados porque todos a su alrededor ven los síntomas como un defecto de su personalidad y no como un desorden tratable.

  Uno de los factores de confusión más importantes es la alta frecuencia con la que el TDAH se asocia a otros trastornos. Los adultos suelen consultar por el problema comórbido y no por el TDAH, por lo que corremos el riesgo de diagnosticar y tratar exclusivamente aquel ignorando la existencia del síndrome de inatención e hiperactividad subyacente.

  Otro rasgo que obstaculiza el diagnóstico depende del carácter evolutivo de los síntomas. Se ha mencionado antes que el TDAH se debe a un enlentecimiento del neurodesarrollo en áreas concretas del cerebro, por lo que los síntomas irán cambiando con el tiempo. Algunos mejorarán o incluso llegarán a desaparecer, otros se irán transformando conforme el paciente trata de adaptarse a ellos y sobrellevarlos. A pesar de todo, los síntomas residuales y la lucha constante contra sus propias dificultades pueden continuar originando un estrés y unas dificultades de funcionamiento considerables.

Aportaciones del DSM 5

La quinta edición del DSM (*Diagnostic and Statistical Manual of Mental Disorders -5th ed.; DSM-5; American Psychiatric Association, 2013-*) ha intentado subsanar algunas de las dificultades que se presentaban con los criterios previos. Enumeramos a continuación las principales novedades.

- **Edad de inicio:** esta nueva edición permite el diagnóstico si se confirma la presencia de algunos síntomas antes de los 12 años de edad.
- **Disminución del umbral diagnóstico:** por las razones expuestas anteriormente, parecía necesario reducir el número de criterios exigido para el diagnóstico en el adulto. De este modo, el DSM 5 sólo requiere que se cumplan 5 criterios de inatención y/o 5 criterios de hiperactividad/impulsividad en lugar de los 6 de cada grupo que requería el DSM IV TR.
- **Adaptar la descripción de los criterios a las características del funcionamiento adulto.** Se añaden ejemplos de síntomas habituales en el adulto con el fin de identificar mejor el trastorno.
- **Reconocimiento de la variación del síndrome en función del contexto.** Se recoge la posibilidad de que *"los síntomas sean mínimos o ausentes*

Trastorno por Déficit de Atención con Hiperactividad/Impulsividad
en el adulto: detección, diagnóstico y tratamiento

2

cuando el individuo recibe un refuerzo constante por mostrar una conducta adecuada, si recibe supervisión constante, si está en un entorno novedoso, si está realizando una actividad especialmente interesante, si tiene una estimulación externa (p. ej. estímulos visuales que proporcionan las pantallas electrónicas) o interacciona con una sola persona (p. ej. con el médico en la consulta)".

Aproximación diagnóstica en el paciente adulto

Conviene mantener un alto grado de sospecha diagnóstica dado que la mayor parte de los adultos aquejados de TDAH no habrán sido diagnosticados durante su infancia y probablemente acudirán a la consulta con quejas vagas relacionadas con sus problemas de inatención e hiperactividad o con síntomas relacionados con trastornos comórbidos.

Teniendo en cuenta las dificultades mencionadas deberíamos aplicar las siguientes pautas para el diagnóstico:

- **Screening del TDAH en población adulta.** Afortunadamente disponemos de una entrevista de *screening* breve que puede utilizarse para identificar los posibles pacientes: la ASRS-v1.1 (*Adult ADHD Self-Report Scale Symptom Checklist*). Se trata de una escala de la OMS autoaplicada, que se puede conseguir de modo gratuito en Internet.

  Es especialmente interesante aplicar esta prueba de cribado sobre todo en quienes tengan antecedentes de TDAH en la infancia, los que tengan familiares de primer grado con TDAH y en los pacientes que sufran trastornos psíquicos frecuentemente asociados al TDAH. En este último grupo la escala es muy sensible pero poco específica; la existencia de problemas escolares, las dificultades en el manejo del dinero y los problemas relacionados con la conducción de vehículos serían más frecuentes en pacientes con un TDAH subyacente. Una selección de items de la escala *Wender UTAH Rating Scale* (WURS) autoaplicada puede darnos una primera impresión sobre la posible existencia de TDAH en la infancia del paciente.

- **Identificación de signos y síntomas en el adulto y verificación de su presencia desde la infancia.** La entrevista clínica debe identificar si los síntomas y signos que sufre el paciente cumplen los criterios exigidos para el diagnóstico. Conviene tener en cuenta la posibilidad de que muchos adultos afectos de TDAH hayan desarrollado estrategias de compensación para atenuar su deterioro funcional. En otros casos la sospecha diagnóstica dependerá de la identificación de esos signos de deterioro. Para detectarlos es especialmente importante la historia laboral, en la que se recogen habitualmente conflictos con los jefes, dificultades para encontrar y mantener los trabajos y baja eficacia en el desempeño de su labor.

  Para comprobar si se cumplen los criterios diagnósticos es recomendable realizar una entrevista estructurada como la DIVA 2.0, traducida al castellano y cuya validación en población española será publicada próximamente. Se basa en los criterios DSM IV y valora la existencia del trastorno en niños y adultos, así como las alteraciones de funcionamiento en 5 áreas de interés en ambos periodos: educación, trabajo, relaciones sociales, actividades sociales y de ocio, actividades con amigos y familiares y autoestima. Cada criterio se acompaña de una serie de ejemplos del tipo de problemas que ocasionan en la vida diaria de niños y adultos, con el fin de facilitar su identificación. Puede obtenerse en www.divacenter.eu para su impresión y uso gratuito.

Es esencial hacer una historia infantil completa. El porcentaje de niños no diagnosticados y no tratados se aproxima al 50%, por lo que no basta con averiguar si el paciente ha recibido este diagnóstico durante la infancia. Muchos adultos quizá no lo recibieron porque sus síntomas no producían suficientes problemas; bien porque tenían un CI alto o bien porque no había demasiadas conductas disruptivas (como es especialmente frecuente en niñas).

Algunos estudios han puesto de manifiesto que los pacientes adultos tienden a minimizar los síntomas y el deterioro experimentados en la infancia. El acuerdo entre la información aportada por el paciente y la referida por otros, tanto para los síntomas actuales como para los que se presentaban en la infancia, crece conforme aumenta la edad del paciente y es menor en quienes han cumplido criterios del trastorno durante la adolescencia. La entrevista DIVA contempla la posibilidad de utilizar la información aportada por el paciente y la obtenida de sus allegados.

Como ya se ha dicho, el DSM-5 permite el diagnóstico aunque sólo se pueda confirmar la existencia de síntomas antes de los 12 años.

5 Tratamiento del TDAH en el adulto

Actualmente el tratamiento de elección para el TDAH del adulto es el psicofarmacológico. También es eficaz la psicoterapia, aunque hay más evidencias para recomendar su uso en niños que en el caso de adultos. En éstos, el tratamiento psicoterapéutico se recomienda sobre todo como complementario del farmacológico.

5.1. Tratamiento farmacológico

Se mencionarán exclusivamente los fármacos autorizados para el tratamiento del TDAH en nuestro país.

Metilfenidato

En este momento los fármacos estimulantes como el metilfenidato son el tratamiento de elección en el TDAH del niño y del adulto.

Se estima que las dosis eficaces del fármaco oscilan entre 0.5 y 1 mg/Kg/día, no recomendándose subir más allá de 1.5 mg/Kg/d. Sin embargo, hay que ajustar las dosis de manera individualizada ya que la respuesta al fármaco y los efectos indeseables son muy variables entre unos pacientes y otros. Existe una importante variabilidad interindividual en cuanto a la respuesta al fármaco en relación a las dosis. Algunos sujetos responden de manera lineal (a más dosis, mayor respuesta) otros tienen una respuesta umbral (solo responden a partir de una dosis determinada), y en algunos casos hay un "efecto ventana" que hace necesario mantener la dosis en un rango óptimo.

Atomoxetina

La atomoxetina es un inhibidor selectivo de la recaptación de noradrenalina. Se ha mostrado eficaz tanto en niños como en adultos, y representa una buena alternativa cuando los estimulantes están contraindicados o pueden producir problemas. Se suele empezar con una dosis inicial de 0.5 mg/kg/d, aumentando posteriormente hasta un máximo de 1.8 mg/Kg/día. Se administra una vez al día, por las mañanas, y el efecto está sujeto a un periodo de latencia de hasta 6 semanas.

5.2. Tratamiento psicológico en adultos con TDAH

En el tratamiento del TDAH en adultos, la farmacoterapia ha demostrado su eficacia y es actualmente el abordaje de primera elección. Sin embargo la mayor parte de las guías de práctica clínica recomiendan que el tratamiento farmacológico sea complementado con psicoterapia en sus diversas formas (psicoeducación, apoyo o cambio más profundo) y otras intervenciones no farmacológicas. En el adulto son menos numerosos los estudios de eficacia, aunque hay algunos datos que apoyan el uso de diferentes orientaciones psicoterapéuticas en formato individual o grupal.

▌▌▌ NOTAS BIBLIOGRÁFICAS

ABLE, S. L.; JOHNSTON, J. A.; ADLER, L. A. y SWINDLE, R. W. (2007). "Functional and psychosocial impairment in adults with undiagnosed ADHD". *Psychol Med*. Enero; 37 (1). 97-107.

ADLER, L. y COHEN, J. (2004). "Diagnosis and evaluation of adults with attention-deficit/hyperactivity disorder". *Psychiatr Clin North Am*, 27: 187-201.

ALMEIDA-MONTES, L. G.; RICARDO-GARCELL, J.; BARAJAS-DE LA TORRE, L. B.; PRADO-ALCÁNTARA, H.; MARTÍNEZ-GARCÍA, R. B.; FERNÁNDEZ-BOUZAS, A. *et al.* (2010). "Clinical correlations of grey matter reductions in the caudate nucleus of adults with attention deficit hyperactivity disorder". *J Psychiatry Neurosci*, 35: 238-46.

AMERICAN PSYCHIATRIC ASSOCIATION, (2013). *Diagnostic and Statistical manual of mental disorders* (5 edición) http://dx.doi.org/10.1176/appi.books.

APPLEGATE, B.; LAHEY, B. B.; HART, E. L.; WALDMAN, I.; BIEDERMAN, J. y HYND, G. W. (1997). "Balidity of the age of onset criterion for ADHD: a report from the DSM ÍV field trials". *Journal of the American Academy of Child and Adolescent Psychiatry*, 36: 1211-1221.

BIEDERMAN, J. y FARAONE, S. V. (2006). "The effects of attention-deficit/ hyperactivity disorder on employment and household income". *MedGenMed*. Julio; 18; 8 (3). 12.

BIEDERMAN, J.; MICK, E. y FARAONE, S. V. (2000). "Age-dependent Decline of symptoms of attention deficit hyperactivity disorder: impact of remission definition and symptom type". *Am J Psychiatry*; 157: 816-818.

CARMONA, S.; HOEKZEMA, E.; RAMOS-QUIROGA, J. A.; RICHARTE, V.; CANALS, C.; BOSCH, R. *et al.* (2012). "Response inhibition and reward anticipation in medication-naïve adults with attention-deficit/hyperactivity disorder: a within-subject case-control neuroimaging study". *Hum Brain Mapp*, 33: 2350-61.

CASEY, B. J.; TOTTENHAM, N. y FOSSELLA, J. (2002). "Clinical, imaging, lesion, and genetic approaches toward a modelof cognitive control". *Dev Psychobiol*, 40: 237-54.

CUBILLO, A.; HALARI, R.; ECKER, C.; GIAMPIETRO, V.; TAYLOR, E. y RUBIA, K. (2010). "Reduced activation and inter-regional functional connectivity of fronto-striatal networks in adults with childhood attention deficit hyperactivity disorder (ADHD) and persisting symptoms during tasks of motor inhibition and cognitive switching". *J Psychiatr*, 44: 629-39.

DEPUE, B. E.; BURGESS, G. C.; WILLCUTT, E. G.; RUZIC, L. y BANICH, M. T. (2010). "Inhibitory control of memory retrieval and motor processing associated with the right lateral prefrontal cortex: evidence from deficits in individuals with ADHD". *Neuropsychologia*, 48: 3909-17.

DILER, R. S.; DAVISS, W. B.; LÓPEZ, A.; AXELSON, D.; IYENGAR, S. y BIRMAHER, B. (2007). "Differentiating major depressive disorder in youths with attention deficit hyperactivity disorder". *J Affect Disord*. Septiembre; 102 (1-3). 125-30.

FARAONE, S. V.; BIEDERMAN, J. y MONUTEAUX, M. C. (2000). "Toward guidelines for pedigree selection in genetic studies of attention deficit hyperactivity disorder". *Genet Epidemiol*, 18: 1-16.

FARAONE, S. V.; BIEDERMAN, J.; SPENCER, T.; WILENS, T.; SEIDMAN, L. J.; MICK. E. *et al.* (2000) "Attention-deficit/hyperactivy disorder in adults: an overview". *Biol Psychiatry*, 48: 9-20.

FELLOWS, L. K. y FARAH, M. J. (2005). "Is anterior cingulate cortex necessary for cognitive control?". *Brain*. Abril; 128 (Pt 4). 788-96.

FLORY, K.; MOLINA, B. S.; PELHAM, W. E.; GNAGY, E. y SMITH, B. (2006). "Childhood ADHD predicts risky sexual behavior in young adulthood". *J Clin Child Adolesc Psychol*. Dicimebre; 35 (4). 571-7.

FOSSATI, A.; NOVELLA, L.; DONATI, D.; DONINI, M. y MAFFEI, C. (2002). "History of childhood attention deficit/hyperactivity disorder symptoms and borderline personality disorder: a controlled study". *Compr Psychiatry*. Sep-Oct; 43 (5). 369-77.

FRANKE, B.; VASQUEZ, A. A.; JOHANSSON, S.; HOOGMAN, M.; ROMANOS, J.; BOREATTI-HUMMER, A. *et al.* (2010). "Multicenter analysis of the SLC6A3/DAT1 VNTR haplotype in persistent ADHD suggests differential involvement of the gene in childhood and persistent ADHD". *Neuropsychopharmacology*, 35: 656-664.

FREEDMAN, A. M.; KAPLAN, H. I. y SADOCK, B. J. (1975). *Modern Synopsis of Comprehensive Textbook of Psychiatry*. Primera edición. Ed Williams and Wilkins Co., Baltimore.

FRIED, R.; PETTY, C. R.; SURMAN, C. B.; REIMER, B.; ALEARDI, M.; MARTIN, J. M. *et al.* (2006). "Characterizing impaired driving in adults with attention-deficit/hyperactivity disorder: A controlled study". *J Clin Psychiatry*. Abril; 67 (4). 567-74.

FRODL, T. y SKOKAUSKAS, N. (2012). "Meta-analysis of structural MRI studies in children and adults with attention deficit hyperactivity disorder indicates treatment effects". *Acta Psychiatr. Scand*, 125, 114-126.

GOLDSTEIN, K. y SHEERER, M. (1941). "Abstract and concrete behaviour". *Psychological Monographs*, 53:110-130.

HECHTMAN, L.; WEISS, G. y PERLMAN, T. (1984). "Hyperactives as young adults: past and current substance abuse and antisocial behavior". *Am J Orthopsychiatry*. 54: 415-425.

JAMES, A.; LAI, F. H. y DAHL, C. (2004). "Attention deficit hyperactivity disorder and suicide: a review of possible associations". *Acta Psychiatr Scand*. Diciembre; 110 (6). 408-15

JOHANSSON, S.; HALLELAND, H.; HALMOY, A.; JACOBSEN, K. K.; LANDAAS, E. T.; DRAMSDAHL, M. *et al.* (2008). "Genetic analyses of dopamine related genes in adult ADHD patients suggest an association with the DRD5- microsatellite repeat, but not with DRD4 or SLC6A3 VNTRs". *Am J Med Genet B*, 147B: 1470-1475.

JOHANSSON, S.; HALMOY, A.; MAVROCONSTANTI, T.; JACOBSEN, K. K.; LANDAAS, E. T.; REIF, A. *et al.* (2010). "Common variants in the TPH1 and TPH2 regions are not associated with persistent ADHD in a combined sample of 1,636 adult cases and 1,923 controls from four European populations". *Am J Med Genet B*, 153B: 1008-1015.

KESSLER, R. C.; ADLER, L. y AMES, M. *et al.* (2005). "The World Health Organization adult ADHD self-report scale (ASRS). a short screening scale for use in the general population". *Psychol Med*, 35: 245-256.

KESSLER, R. C.; ADLER, L.; BARKLEY, R.; BIEDERMAN, J.; CONNERS, C. K.; DEMLER O. *et al.* (2006). "The prevalence and correlates of adult ADHD in the United States: results from the National Comorbidity Survey Replication". *Am J Psychiatry*. Abril; 163 (4). 716-23.

KNOUSE, L. E.; BAGWELL, C. L.; BARKLEY, R. A. y MURPHY, K. R. (2005). "Accuracy of self-evaluation in adults with Attention-deficit/Hyperactivity Disorder". *J of Attention Disorders*, 8:221-234.

KONRAD, A.; DIELENTHEIS, T. F.; EL MASRI, D.; BAYERL, M.; FEHR, C.; GESIERICH, T. *et al.* (2010). "Disturbed structural connectivity is related to inattention and impulsivity in adult attention deficit hyperactivity disorder". *Eur J Neurosci*, 31: 912-9.

KOOIJ, J. J. S. (2012). *Adult ADHD. Diagnostic assessment and treatment*, 3ª edición. Springer.

LI, J.; KNAG, C.; WANG, Y. *et al* (2006). "Contribution of 5-HT2A receptor gene -1438A > G polymorphism to outcome of attention-deficit/hyperactivity disorder in adolescents". *Am. J. Med. Genet*, 141B, 473-476.

McGOUGH, J. J. y BARKLEY, R. A. (2004). "Diagnostic controversies in adult attention deficit hyperactivity disorder". *Am J Psychiatry*, 161: 1948-1956.

NIGG, J. T.; WILLCUTT, E. G.; DOYLE, A. E. y SONUGA-BARKE, E. J. (2005). "Causal heterogeneity in attention-deficit/hyperactivity disorder: do we need neuropsychologically impaired subtypes?". *Biol Psychiatry*, 57: 1224-30.

OCHSNER, K. N. y GROSS, J. J. (2005). "The cognitive control of emotion". *Trends Cogn Sci*, 9: 242-249.

OFFORD, D. R.; BOYLE, M. H.; RACINE, Y. A.; FLEMING, J. E.; CADMAN, D. T.; BLUM, H. M. *et al.* (1992). "Outcome, prognosis, and risk in a longitudinal follow-up study". *J Am Acad Child Adolesc Psychiatry*, 31: 916-923.

RIBASES, M.; BOSCH, R.; HERVAS, A.; RAMOS-QUIROGA, J. A.; SANCHEZ-MORA, C.; BIELSA, A. *et al.* (2009). "Case-control study of six genes asymmetrically expressed in the two cerebral hemispheres: association of BAIAP2 with attention-deficit/hyperactivity disorder". *Biol Psychiatry*, 66: 926-934.

RIBASES, M.; RAMOS-QUIROGA, J. A.; HERVAS, A.; BOSCH, R.; BIELSA, A.; GASTAMINZA, X. *et al.* (2009). "Exploration of 19 serotoninergic candidate genes in adults and children with attention-deficit/hyperactivity disorder identifies association for 5HT2A, DDC and MAOB". *Mol Psychiatry*, 14: 71-85.

RODRÍGUEZ JIMÉNEZ, R.; PONCE, G.; MONASOR, R.; PÉREZ, J. A.; RUBIO, G.; JIMÉNEZ-ARRIERO, M. A. y PALOMO, T. (2001). "Validación en población española de la Wender-Utah Rating Scale para la la evaluación retrospectiva en adultos de trastorno por déficit de atención e hiperactividad en la infancia". *Rev Neurol*, 33(11). 138-144.

SATO, J. R. (2012). *Abnormal brain connectivity patterns in adults with ADHD: a coherence study*. PLoS ONE 7:e45671. doi: 10.1371/journal.pone.0045671

SCHNEIDER, M. F.; KRICK, C. M.; RETZ, W.; HENGESCH, G.; RETZ-JUN-GINGER, P.; REITH, W. *et al*. (2010). "Impairment of fronto-striatal and parietal cerebral networks correlates with attention deficit hyperactivity disorder (ADHD) psychopathology in adults: a functional magnetic resonance imaging (fMRI) study". *Psychiatry Res*, 183: 75-84.

SHAW, P.; ECKSTRAND, K.; SHARP, W.; BLUMENTHAL, J.; LERCH, J. P.; GREENSTEIN, D.; ALGREENSTEIN, D.; CLASEN, L.; EVANS, A.; GIEDD Y. J. y RA-POPORT, J. L. (2007). "Attention-deficit/hyperactivity disorder is characterized by a delay in cortical maturation". *PNAS*, 104: 19649-19654.

SHAW, P.; MALEK M.; WATSON, B.; GREENSTEIN, D.; DE ROSSI, P. y SHARP, W. (2013). "Trajectories of Cerebral Cortical Development in Childhood and Adolescence and Adult Attention-Deficit/Hyperactivity Disorder". *Biol Psychiatry*. Mayo 28. (13) 00340-5.

SPENCER, T.; BIEDERMAN, J.; WILENS, T.; DOYLE, R.; SURMAN, C.; PRINCE, J. *et al*. (2005). "A large, double-blind, randomized clinical trial of methylphenidate in the treatment of adults with attention-deficit/hyperactivity disorder". *Biol Psychiatry*. Marzo; 1; 57 (5). 456-63.

STARK, E.; BAUER, C. J.; MERZA, M.; ZIMMERMANN, M.; REUTERD, M. M.; PLICHTA, P. *et al*. (2011). "ADHD related behaviors are associated with brain activation in the reward system". *Neuropsychologia*, 49: 426-34.

TAMAM, L.; KARAKUS, G. y OZPOYRAZ, N. (2008). "Comorbidity of adult attention-deficit hyperactivity disorder and bipolar disorder: prevalence and clinical correlates". *Eur Arch Psychiatry Clin Neurosci*. Octubre; 258 (7). 385-93.

VAN DEN BERG, S. M.; WILLEMSEN, G.; DE GEUS, E. J. y BOOMSMA, D. I. (2006). "Genetic etiology of stability of attention problems in young adulthood". *Am J Med Genet B*, 141B: 55-60.

WEISS, G.; HETCHMAN. L.; MILROY. T. y PERLMAN. T. (1985). "Psychiatric status of hyperactives as adults: a controlled prospective follow-up of 63 hyperactive children". *J Am Acad Child Psychiatry*, 24: 211-220.

WILBERTZ, L.; TEBARTZ, E.; DELGADO, M.; MAIER, S.; FEIGE, B.; PHILIPSEN, A. *et al*. (2012). "Orbitofrontal reward sensitivity and impulsivity in adult attention deficit hyperactivity disorder". *Neuroimage*, 60: 353-61.

WILENS, T. E. (2004). "Attention-deficit/hyperactivity disorder and the substance use disorders: the nature of the relationship, subtypes at risk, and treatment issues". *Psychiatr Cin North Am*. Junio; 27 (2). 283-301.

WILENS, T. E.; PRINCE, J. B.; SPENCER, T. *et al*. (2003). "An open trial of bupropion for the treatment of adults with attention-deficit/hyperactivity disorder and bipolar disorder". *Biol Psychiatry*, 54: 9-16.

WOOD, D.; WENDER, P. H. y REIMHERR, F. W. (1983). "The prevalence of attention deficit disorder, residual type, or minimal brain dysfunction, in a population of male alcoholic patients". *Am J Psychiatry*. Enero; 140 (1). 95-8.

Actualizaciones de los criterios diagnósticos del TDAH en adultos

Josep Antoni Ramos-Quiroga

Victor Barrau Alonso

> ¡Triste época la nuestra! Es más fácil desintegrar un átomo que un prejuicio.
>
> Albert Einstein.

Criterios DSM-IV-TR

La sintomatología principal del TDAH es un patrón persistente desde la infancia de excesiva inatención, hiperactividad e impulsividad, que generan al individuo dificultades de adaptación al medio. Una de las propiedades clínicas más características del TDAH es precisamente el inicio durante la infancia de los síntomas. Por este motivo, en las ediciones del DSM anteriores al DSM-5 el TDAH estaba incluido en el capítulo de "Trastornos de inicio en la infancia, la niñez o la adolescencia" y en la Décima Revisión de la Clasificación Internacional de las Enfermedades (CIE-10), también se incluye en el apartado de "Trastornos del comportamiento y de las emociones de comienzo habitual en la infancia y adolescencia" bajo el nombre de trastornos hipercinéticos (APA, 2002; WHO, 1993). Como se puede observa en la Tabla 1, existen 5 criterios (A-E) que se deben cumplir para realizar un diagnóstico de TDAH (APA, 2002). Revisaremos a continuación la conceptualización del TDAH según el DSM-IV-TR, ya que es la clasificación más empleada en la investigación actual. Posteriormente, se compararán con los de la CIE-10 y se revisarán finalmente los nuevos criterios DSM-5.

A. Existen 1 ó 2:		
1.	Seis (o más) de los siguientes síntomas de desatención han persistido por lo menos durante 6 meses con una intensidad que es desadaptativa e incoherente en relación con el nivel de desarrollo:	
	Desatención.	
	a)	A menudo no presta atención suficiente a los detalles o incurre en errores por descuido en las tareas escolares, en el trabajo o en otras actividades.
	b)	A menudo tiene dificultades para mantener la atención en tareas o en actividades lúdicas.
	c)	A menudo parece no escuchar cuando se le habla directamente.
	d)	A menudo no sigue instrucciones y no finaliza tareas escolares, encargos u obligaciones en el centro de trabajo (no se debe a comportamiento negativista o a incapacidad para comprender instrucciones).
	e)	A menudo tiene dificultades para organizar tareas y actividades.
	f)	A menudo evita, le disgusta o es renuente en cuanto a dedicarse a tareas que requieren un esfuerzo mental sostenido (como trabajos escolares o domésticos).
	g)	A menudo extravía objetos necesarios para tareas o actividades (p. ej. juguetes, ejercicios escolares, lápices, libros o herramientas).
	h)	A menudo se distrae fácilmente por estímulos irrelevantes.
	i)	A menudo es descuidado en las actividades diarias.
2.	Seis (o más) de los siguientes síntomas de hiperactividad-impulsividad han persistido por lo menos durante 6 meses con una intensidad que es desadaptativa e incoherente en relación con el nivel de desarrollo:	
	Hiperactividad.	
	a)	A menudo mueve en exceso manos o pies, o se remueve en su asiento.
	b)	A menudo abandona su asiento en la clase o en otras situaciones en que se espera que permanezca sentado.
	c)	A menudo corre o salta excesivamente en situaciones en que es inapropiado hacerlo (en adolescentes o adultos puede limitarse a sentimientos subjetivos de inquietud).
	d)	A menudo tiene dificultades para jugar o dedicarse tranquilamente a actividades de ocio.
	e)	A menudo "está en marcha" o suele actuar como si tuviera un motor.
	f)	A menudo habla en exceso.
	Impulsividad.	
	g)	A menudo precipita respuestas antes de haber sido completadas las preguntas.
	h)	A menudo tiene dificultades para guardar turno.
	i)	A menudo interrumpe o se inmiscuye en las actividades de otros (p. ej. se entromete en conversaciones o juegos).

B.	Algunos síntomas de hiperactividad-impulsividad o desatención que causaban alteraciones estaban presentes antes de los 7 años de edad.
C.	Algunas alteraciones provocadas por los síntomas se presentan en dos o más ambientes (p. ej., en la escuela o en el trabajo y en casa).
D.	Deben existir pruebas claras de un deterioro clínicamente significativo de la actividad social, académica o laboral.
E.	Los síntomas no aparecen exclusivamente en el transcurso de un trastorno generalizado del desarrollo, esquizofrenia u otro trastorno psicótico, y no se explican mejor por la presencia de otro trastorno mental (p. ej., trastorno del estado de ánimo, trastorno de ansiedad, trastorno disociativo o un trastorno de la personalidad).

Tabla 1.
Criterios DSM-IV para el TDAH.

El primer criterio (A) hace referencia a los síntomas que caracterizan al trastorno. Se requería un mínimo de seis síntomas bajo los criterios DSM-IV, bien de inatención o bien de hiperactividad/impulsividad, de los nueve que se describen. Estos síntomas tienen que estar presentes de forma persistente (más de seis meses) y con una intensidad que conlleven a que sean desadaptativos. Respecto a la inatención, el primer criterio (A) es exigente para evitar los posibles falsos positivos, diferenciando así entre la inatención clínicamente significativa y la normal en función del desarrollo. Los adultos con TDAH que presentan problemas de atención, frecuentemente refieren perder objetos, ser olvidadizos, cometer errores en la realización de tareas, no planificar sus actividades, distracciones con frecuencia, problemas para mantener la atención en tareas que requieren concentración, postergar tareas y tener dificultades en concluirlas (Wilens and Dodson, 2004).

Los síntomas de hiperactividad descritos en el DSM-IV-TR deben considerarse como clínicamente significativos cuando claramente son excesivos en comparación con la actividad de individuos del mismo nivel de desarrollo o cuando persistan más allá de la edad esperable (APA, 2002). En los adultos es el conjunto de síntomas que muestra una mayor diferencia respecto a los niños (Ramos-Quiroga *et al.*, 2006a). En la edad adulta no se observa generalmente que la persona se suba a sillas, mesas o que tenga una energía inagotable y que corra en un lugar en el que se debería estar quieto. La hiperactividad en esta edad es más interna, sintiendo el paciente una inquietud subjetiva interior, la sensación de un motor que no cesa, que le causa dificultades para relajarse (Ramos-Quiroga *et al.*, 2009). Pero al igual que en la infancia, mueven las piernas o juegan con las manos cuando están sentados, toleran mal tener que estar en reposo sin moverse durante periodos de tiempo largos, muestran una tendencia a la verborrea y a hablar con voz muy alta (Wilens and Dodson, 2004). La impulsividad se refleja clínicamente como problemas de autocontrol, no pensar antes de actuar. La persona tiene una tendencia a reaccionar con demasiada rapidez, sin tener presente las normas sociales y las consecuencias de sus acciones, lo que les hace más propensos a correr riesgos excesivos (Barkley, 2006a). De esta forma, tienen problemas para esperar su turno o responden preguntas de forma precipitada cortando la palabra a los demás (Faraone *et al.*, 2004b). Por otra parte, los adultos con TDAH presentan con frecuencia otros síntomas que no quedan reflejados en el crierio A del DSM-IV-TR, como una baja motivación, insomnio, problemas con el manejo del tiempo o inestabilidad del humor (Davidson, 2008; Kooij, 2006; Skirrow *et al.*, 2009). En una revisión, se sugiere que la inestabilidad del humor muestra una interconexión con los síntomas principales del TDAH y que podría conceptualizarse mejor formando parte de éstos (Skirrow *et al.*, 2009).

Al conceptualizarse como un trastorno de inicio en la infancia se requiere que algunos de los síntomas presentes en la actualidad se hayan iniciado en la infancia (criterio B). En el DSM-IV se indicaba de forma explícita una edad de inicio anterior a los 7 años (APA, 2002). Aunque no es imprescindible que todos los síntomas se iniciaran desde la infancia, sí se requería que algunos de ellos estuviesen presentes. El inicio en la infancia de los síntomas del TDAH es una característica clínica útil para el diagnóstico diferencial con otros trastornos psiquiátricos de adultos que tienen un origen más tardío (Ramos-Quiroga y Casas Brugué, 2009).

El tercer criterio diagnóstico (C) hace referencia a la generalización de los síntomas. De forma que se manifestarán en diferentes ambientes, dando la noción de no ser una clínica atribuible a una situación ambiental concreta y puntual (APA, 2002). Con este criterio también se intenta reducir la posibilidad de falsos positivos. Sin embargo, es necesario equilibrar este criterio teniendo en cuenta que la intensidad de los síntomas puede variar en función de la actividad que desarrolla el individuo. En ocasiones se aprecia un incremento de la gravedad de los síntomas al llegar a la edad adulta, por tener las personas un mayor volumen de responsabilidades y tener con frecuencia que manejarse en situaciones no tan estructuradas como en la infancia (Barkley *et al.*, 2008).

El cuarto criterio (D) determina la necesidad de que los síntomas generen una disfunción en las actividades diarias del invididuo (social, académica o laboral). En la infancia puede parecer más evidente la interferencia que supone en el ámbito escolar presentar síntomas de inatención o hiperactividad, ya que las calificaciones académicas y los informes escolares registrarán resultados negativos. En adultos se requiere también que aquellos síntomas que estén presentes, impliquen mayor dificultad en la realización del trabajo, o las relaciones familiares o sociales de la persona que los padece (APA, 2002). No obstante, algunos adultos adaptan su ambiente a los síntomas de TDAH, lo que puede significar en muchas ocasiones una pérdida de posibilidades tanto laborales como académicas, lo que también implica en el fondo una disfunción (Antshel *et al.*, 2008).

Finalmente, el criterio (E) marca la necesidad de que los síntomas del paciente no se expliquen mejor por la presencia de otros trastornos psiquiátricos o excluye el diagnóstico, si los síntomas se producen exclusivamente ante trastornos psicóticos o trastornos generalizados del desarrollo (APA, 2002).

El DSM-IV-TR define diferentes subtipos de TDAH, que por orden de mayor a menor frecuencia en adultos son: combinado, inatento e hiperactivo-impulsivo (Wilens *et al.*, 2004). El subtipo combinado presenta seis o más síntomas de inatención e hiperactividad/impulsividad; el inatento debe cumplir seis o más síntomas únicamente del criterio de inatención y el hiperactivo/impulsivo, debe presentar seis o más síntomas del criterio de hiperactividad/impulsividad (APA, 2002). También se permite el diagnóstico de TDAH no especificado, cuando no se cumple uno de los cinco (A-E) criterios diagnósticos exigidos (APA, 2002). El DSM-IV-TR recoge la posibilidad de presentar en la edad adulta un TDAH subtipo residual, cuando un paciente con TDAH desde la infancia, no cumplen en la edad adulta con el criterio de presentar 6 o más síntomas de inatención y/o hiperactividad/impulsividad, pero los síntomas que exhibe causan un malestar significativo (APA, 2002).

Criterios CIE-10

Los criterios diagnósticos de la CIE-10 para los trastornos hipercinéticos (Tabla 2) desde un punto de vista clínico son muy similares a los del DSM-IV-TR, ya que incluyen alteraciones de la atención, hiperactividad e impulsividad (WHO, 1993). La definición de los síntomas es prácticamente idéntica a la recogida en el criterio A del DSM-IV-TR. La diferencia radica en el umbral mínimo necesario para considerar que existen criterios para el trastorno. De esta forma la CIE-10 exige la presencia de los tres grupos sintomatológicos con lo que no se detectan los subtipos inatento e hiperactivo/impulsivo del DSM-IV-TR. Por lo tanto, los pacientes con trastornos hipercinéticos serían equiparables únicamente al TDAH tipo combinado (Lee *et al.*, 2008). El resto de criterios (B-E) son prácticamente iguales.

G1. Déficit de atención:	
Al menos seis de los siguientes síntomas de déficit de atención persisten por al menos seis meses, en un grado que es maladaptativo e inadecuado al nivel de desarrollo del niño:	
a)	Frecuente incapacidad para prestar atención a los detalles, junto a errores por descuido en las labores escolares y en otras actividades.
b)	Frecuente incapacidad para mantener la atención en las tareas o en el juego.
c)	A menudo parece no escuchar lo que se le dice.
d)	Imposibilidad persistente para cumplimentar las tareas escolares asignadas u otras misiones que le hayan sido encargadas en el trabajo (no originada por una conducta deliberada de oposición ni por una dificultad para entender las instrucciones).
e)	Disminución de la capacidad para organizar tareas y actividades.
f)	A menudo evita o se siente marcadamente incómodo ante tareas como los deberes escolares que requieren un esfuerzo mental mantenido.
g)	A menudo pierde objetos necesarios para tareas o actividades, tales como material escolar, libros, lápices, juguetes o herramientas.
h)	Fácilmente se distrae ante estímulos externos.
i)	Con frecuencia es olvidadizo en el curso de las actividades diarias.
G2. Hiperactividad:	
Al menos tres de los siguientes síntomas de hiperactividad persisten durante al menos seis meses, en un grado maladaptativo e inadecuado al nivel de desarrollo del niño.	

a)	Con frecuencia muestra inquietud con movimientos de manos o pies o removiéndose en el asiento.
b)	Abandona el asiento en la clase o en otras situaciones en las que se espera que permanezca sentado.
c)	A menudo corretea o trepa en exceso en situaciones inapropiadas (en los adolescentes o en los adultos puede manifestarse solamente por sentimientos de inquietud).
d)	Es, por lo general, inadecuadamente ruidoso en el juego o tiene dificultades para entretenerse tranquilamente en actividades lúdicas.
e)	Persistentemente exhibe un patrón de actividad motora excesiva que no es modificable sustancialmente por los requerimientos del entorno social.
G3. Impulsividad:	
Al menos uno de los siguientes síntomas de impulsividad persisten durante al menos seis meses, en un grado maladaptativo e inadecuado al nivel de desarrollo del niño.	
a)	Con frecuencia hace exclamaciones o responde antes de que se le hagan las preguntas completas.
b)	A menudo es incapaz de guardar un turno en las colas o en otras situaciones de grupo.
c)	A menudo interrumpe o se entromete en los asuntos de otros (por ejemplo, irrumpe en las conversaciones o en los juegos de los demás).
d)	Con frecuencia habla en exceso sin contenerse ante las consideraciones sociales.
G4.	
El inicio del trastorno no es posterior a los siete años de edad.	
G5.	
Carácter generalizado. Los criterios deben cumplirse para más de una sola situación, es decir, la combinación de déficit de atención e hiperactividad deben estar presentes tanto en el hogar como en el colegio, o en el colegio y en otros ambientes done el niño puede ser observado, como pudiera ser la consulta médica (la evidencia de esta generalización requiere, por lo general, la información suministrada por varias fuentes. Las informaciones de los padres acerca de la conducta en el colegio del niño no es de ordinario suficiente).	
G6.	
Los síntomas de G1 a G3 ocasionan un malestar cínicamente significativo o una alteración en el rendimiento social, académico o laboral.	
G7.	
El trastorno no cumple los criterios para trastorno generalizado del desarrollo (F84), episodio maníaco (F30), episodio depresivo (F32) o trastornos de ansiedad (F41).	

Tabla 2.
Criterios CIE-10 para el trastorno hipercinético.

Otra diferenciación entre las dos clasificaciones, es que la CIE-10 tiene dos subtipos de trastornos hipercinéticos que no se contemplan en el DSM-IV-TR (Tabla 3). Estos son el trastorno de la actividad y de la atención, que cumple todos los criterios del trastorno hipercinético pero no los del trastorno del comportamiento disocial, y el trastorno hipercinético disocial que satisface los criterios para ambos trastornos. Por otra parte, para aquellos casos en los que no se pueda diferenciar entre los dos subtipos anteriores, también se recoge la posibliad de realizar un diagnóstico de trastorno hipercinético no especificado. En definitiva, en base a los criterios de la CIE-10 sólo se identifican una parte de los pacientes con TDAH, lo que limita el acceso a los tratamientos a muchos pacientes que podrían beneficiarse de ellos (Lee *et al.*, 2008).

F90.0. Trastorno de la actividad y de la atención:
Deben satisfacerse todos los criterios del trastorno hipercinético (F90) pero no los de los trastornos de comportamiento disociales (F91).
F90.1. Trastorno hipercinético disocial:
Deben satisfacerse todos los criterios del trastorno hipercinético (F90) y de los trastornos disociales (F91).
F90.9. Trastorno hipercinético no especificado:
Esta categoría residual no es recomendable y debe utilizarse solamente cuando haya una falta de diferenciación entre F90.0 y F90.1, pero cumpliéndose los criterios generales de F90.

Tabla 3.
Subtipos de trastornos hipercinéticos según los criterios CIE-10.

Ambas clasificaciones muestran una limitación importante cuando se utilizan en el diagnóstico de adultos, debido a que la definición de los síntomas se realizó pensando exclusivamente en población infantil (Lahey *et al.*, 1994; Lahey and Carlson, 1991). Por otra parte, el umbral mínimo de síntomas necesarios para el diagnóstico de TDAH según los criterios DSM-IV (seis o más), establece un límite de 2 a 4 desviaciones estándar por encima de la media de adultos normales, lo que representa los percentiles 98 y 99,9 de la población adulta (Barkley *et al.*, 2008).

3 Criterios DSM-5

Los criterios del TDAH en el reciente DSM-5 se han mejorado de forma notable respecto a las ediciones previas por lo que respecta a la caracterización clínica en adultos. El primer gran cambio es la desaparición del capítulo de "Trastornos de inicio en la infancia" con la finalidad de no clasificar exclusivamente las patologías descritas anteriormente en esta sección a la edad infantil, ya que muchos de ellas persisten en la edad adulta (*American Psychiatric Association*, 2013). El otro gran cambio se refiere a la clasificación del TDAH dentro de los "Trastornos del neurodesarrollo", conjuntamente con la dislexia, los trastornos del espectro autista, los trastornos motores (como el trastorno de Tourette), la discapacidad intelectual, los trastornos específicos del aprendizaje y los trastornos de la comunicación (Figura 1). Otro cambio significativo tiene que ver con la mejor definición de los síntomas del TDAH en clave de adultos. Se dan ejemplos más específicos del TDAH en esta población. Para dar mayor especificidad al diagnóstico de TDAH, se ha reforzado el criterio de afectación de los síntomas en diferentes ambientes.

Uno de los cambios más significativos para el diagnóstico del TDAH en adultos es la desaparición de una edad de inicio del trastorno anterior a los siete años de edad. La exigencia de una edad límite tan precisa (siete años) para el diagnóstico ha recibido diferentes críticas. De hecho, según los estudios de campo del DSM-IV, no existe una evidencia empírica de que la edad de siete años tenga utilidad diagnóstica (Applegate *et al.*, 1997). Además, es el único trastorno de inicio en la infancia en el que se requiere una edad explícita de comienzo de los síntomas (Barkley *et al.*, 2008). En el mismo sentido, se ha comprobado la validez diagnóstica del TDAH con un inicio posterior a los siete años (Biederman *et al.*, 2006b; Faraone *et al.*, 2006a; Faraone *et al.*, 2006c; Faraone *et al.*, 2009; Faraone *et al.*, 2007b; Hesslinger *et al.*, 2003; Karam *et al.*, 2009; Reinhardt *et al.*, 2007). Algunos autores ya habían propuesto que este criterio debería redefinirse para incluir un periodo más amplio de la adolescencia (12-14 años) (Barkley and Biederman, 1997). Por este motivo, en el actual DSM-5 se describe que el trastorno debe iniciarse durante la infancia, antes del inicio de la adolescencia (12 años). Esta modificación en los criterios diagnósticos del DSM-5 ha recibido múltiples críticas, en nuestra opinión injustificadas, ya que los estudios demuestran que era un cambio necesario y acorde con los resultados de las investigaciones.

Otro cambio relevante es la desaparición de los subtipos de TDAH (combinado, inatento e hiperactivo-impulsivo) por una descripción más fenomenológica acorde con la clínica actual del paciente. Se describen únicamente especificadores de síntomas: predominio de inatención, de hiperactividad-impulsividad o de ambos. Esta modificación se ha realizado teniendo en cuenta la baja estabilidad diagnóstica de los subtipos de TDAH con el tiempo. Es frecuente observar cómo un paciente con TDAH combinado durante la infancia evoluciona a unos síntomas que corresponderían con un TDAH inatento en la edad adulta. Por este motivo, tiene mucho más sentido la aproximación actual que realiza el DSM-5, describiendo en cada momento temporal la clínica que predomina, huyendo de hacer una clasificación por subtipo. A pesar de la baja estabilidad de los subtipos de TDAH con el tiempo, cabe comentar que se observan diferencias a nivel del consumo de tóxicos entre el TDAH inatento y el combinado, o incluso diferencias a nivel genético. Los pacientes con TDAH inatento suelen tener un menor riesgo de comorbilidad con trastornos por uso de substancias respecto al TDAH combinado. A nivel genético se han observado diferencias respecto el sistema serotoninérgico y el sistema de neurotrofinas.

El DSM-5 aborda de forma diferente la presencia de los trastornos del espectro autista comórbidos con el TDAH. En el DSM-IV no se permitía el diagnóstico de TDAH en pacientes con autismo, pero la nueva versión sí que permite esta comorbilidad. Este cambio era muy necesario, ya que en la práctica clínica habitual no es infrecuente observar un TDAH en pacientes con trastornos del espectro autista o a contrario. El cambio se apoya en diferentes estudios que han analizado esta comorbilidad.

Finalmente, el cambio que más afecta al TDAH en adultos es la modificación del número de síntomas requeridos dentro del criterio A para poder realizar el diagnóstico en la edad adulta. El DSM-IV exigía 6 o más síntomas tanto en niños como adultos, pero en el DSM-5 se requieren 5 o más en la edad adulta. En el periodo de la infancia se mantiene el requisito de necesitar 6 o más síntomas. Este cambio era absolutamente necesario, ya que la descripción clínica del TDAH que ofrece el DSM-IV y el DSM-5 está claramente pensada en la etapa infantil y no en adultos o incluso no en adolescentes. Los síntomas de hiperactividad que se describen, como subirse a muebles o corretear constantemente, no son característicos de los adolescentes ni adultos con TDAH, lo que produce un claro infradiagnóstico en estas poblaciones, ya que difícilmente llegan a tener 6 o más síntomas de hiperactividad tal y como se describían. El cambio que ha introducido el DSM-5 va a permitir un mejor diagnóstico en adolescentes y adultos. En nuestra opinión, el cambio es positivo, pero excesivamente conservador ya que no se ha realizado una descripción clínica diferencial para los adultos como han propuesto diferentes autores o incluso un punto de corte más bajo de 4. En la figura 2 se ha realizado un resumen de los cambios que representa el DSM-5.

DSM-5
• Neurodevelopmental disorders.

    • Autism Espectrum Disorders.

    • ADHD.

    • Intellectual Disability (Intelectual Developmental Disorder).

    • Communication Disorders.

    • Specific Learning Disorder.

    • Motor Disorders.

Figura 1.
Nueva clasificación DSM-5 de los Trastornos del Neurodesarrollo.

Cambios en el DSM-5
1. Ejemplos que acompañan a los criterios.
2. Se ha reforzado el criterio de diferentes ambientes.
3. Se ha cambiado el criterio de edad de inicio.
4. Se han reemplazado los subtipos por especificadores de los síntomas.
5. Se permite la comorbilidad con el autismo.
6. punto de corte en adultos de 5 síntomas.

Figura 2.
Cambios sobre el TDAH introducidos en el DSM-5.

4 Validación clínica del TDAH en adultos

Se han realizado diferentes estudios que han permitido validar desde un punto de vista clínico el diagnóstico de TDAH en la edad adulta. En los trabajos publicados con muestras de adultos que consultan por un TDAH en centros especializados se han observado las características típicas de inatención, hiperactividad e impulsividad, así como las disfunciones psicosociales derivadas del TDAH que también se hallan en las muestras infantiles. A pesar de que los estudios de campo para la validación de los criterios de TDAH del DSM-IV se realizaron exclusivamente con muestras infantiles, estudios con muestras clínicas de pacientes adultos han demostrado que tanto los criterios DSM-III-R como los DSM-IV detectan pacientes con un perfil clínico equiparable a los sujetos infantiles con TDAH (Biederman *et al.*, 2004; Grevet *et al.*, 2006; Kooij *et al.*, 2005; Lahey *et al.*, 1994; Murphy y Barkley, 1996a). Otro aspecto diferente, es la aplicación de estos criterios en los estudios epidemiológicos, ya que posiblemente producen una infradectección del trastorno (Simon *et al.*, 2009).

El subtipo clínico de TDAH más frecuente en las muestras de pacientes adultos derivados para tratamiento es el combinado (65-51%), seguido del inatento (40-28%) y del hiperactivo/impulsivo (21-6%), al igual que sucede en la muestras infantiles (Ramos-Quiroga *et al.*, 2006a; Ramos-Quiroga *et al.*, 2008a). Los sujetos con el subtipo combinado parecen presentar una mayor gravedad clínica que el resto de subtipos (Faraone *et al.*, 1998; McGough *et al.*, 2005; Millestein, 1997; Sprafkin *et al.*, 2007). Las manifestaciones propias del TDAH no dependen del género del paciente, de forma que entre hombres y mujeres no existen diferencias significativas (Biederman *et al.*, 2004; Biederman *et al.*, 2005a; Sprafkin *et al.*, 2007). La diferencia principal que se observa en función del género en muestras clínicas, es un distinto patrón de comorbilidad con otros trastornos psiquiátricos (Biederman *et al.*, 2004; Sprafkin *et al.*, 2007). Los hombres con TDAH muestran una mayor prevalencia de trastornos por uso de sustancias, y de trastornos de conducta en infancia, como el oposicionista negativista y disocial, y trastorno de personalidad antisocial en la edad adulta (Biederman *et al.*, 2004; Sprafkin *et al.*, 2007). Se ha postulado que ello se debería fundamentalmente a un sesgo de selección, ya que en un estudio en población general no se ha identificado esta diferencia entre géneros (Biederman *et al.*, 2005a).

NOTAS BIBLIOGRÁFICAS

AMERICAN PSYCHIATRIC ASSOCIATION (2013). *Diagnostic and statistical manual of mental disorders* (5 ed). Arlington, American Psychiatric Publishing.

ANTSHEL, K. M.; FARAONE, S. V.; MAGLIONE, K. *et al.* (2008). "Is adult attention deficit hyperactivity disorder a valid diagnosis in the presence of high IQ?" *Psychol Med*, 1-11.

APA (2002). *Manual Diagnóstico y Estadístico de los Trastornos Mentales*, 4ª edición revisada, (DSM-IV-TR). Masson.

APPLEGATE, B.; LAHEY, B. B.; HART, E. L.; *et al*. (1997). "Validity of the age-of-onset criterion for ADHD: a report from the DSM-IV field trials". *J Am Acad Child Adolesc Psychiatry*, 36 (9). 1211-21.

BARKLEY, R. (2006a). *Attention-Deficit Hyperactivity Disorder. A handbook for diagnosis and treatment*. 3 edición. The Guilford Press.

BARKLEY, R. A. y BIEDERMAN, J. (1997). "Toward a broader definition of the age-of-onset criterion for attention-deficit hyperactivity disorder". *J Am Acad Child Adolesc Psychiatry*, 36 (9). 1204-10.

BARKLEY, R.; MURPHY, K. V. y FISCHER, M. (2008). *TDAH en adultos. Lo que nos dice la ciencia*. Barcelona. J&C Ediciones Médicas.

BIEDERMAN, J.; FARAONE, S. V.; MONUTEAUX, M. C. *et al*. (2004). "Gender effects on attention-deficit/hyperactivity disorder in adults, revisited". *Biol Psychiatry*, 55 (7). 692-700.

BIEDERMAN, J.; KWON, A.; ALEARDI, M. *et al*. (2005a). "Absence of gender effects on attention deficit hyperactivity disorder: findings in nonreferred subjects". *Am J Psychiatry*, 162 (6). 1083-9.

BIEDERMAN, J.; MICK, E.; SPENCER, T. *et al*. (2006b). "An open-label trial of OROS methylphenidate in adults with late-onset ADHD". *CNS Spectr*, 11 (5). 390-6.

DAVIDSON, M. A. (2008). "ADHD in adults: a review of the literature". J Atten Disord (2008) 11 (6). 628-41. En GRAAF, R.; KESSLER, R. C.; FAYYAD, J. *et al*. "The prevalence and effects of adult attention-deficit/hyperactivity disorder (ADHD) on the performance of workers: results from the WHO World Mental Health Survey Initiative". *Occup Environ Med*, 65 (12). 835-42.

FARAONE, S. V.; BIEDERMAN, J.; DOYLE, A. *et al*. (2006a). "Neuropsychological studies of late onset and subthreshold diagnoses of adult attention-deficit/hyperactivity disorder". *Biol Psychiatry*, 60 (10). 1081-7.

FARAONE, S. V.; BIEDERMAN, J.; SPENCER, T. *et al*. (2006c). "Diagnosing adult attention deficit hyperactivity disorder: are late onset and subthreshold diagnoses valid?" *Am J Psychiatry*, 163 (10). 1720-9; quiz 1859.

FARAONE, S. V.; BIEDERMAN, J.; WEBER, W.; *et al*. (1998). "Psychiatric, neuropsychological, and psychosocial features of DSM-IV subtypes of attention-deficit/hyperactivity disorder: results from a clinically referred sample". *J Am Acad Child Adolesc Psychiatry*, 37 (2). 185-93.

FARAONE, S. V.; KUNWAR, A.; ADAMSON, J. *et al*. (2009). "Personality traits among ADHD adults: implications of late-onset and subthreshold diagnoses". *Psychol Med*, 39(4). 685-93.

FARAONE, S. V.; SPENCER, T. J.; MONTANO, C. B.; *et al*. (2004b). "Attention-deficit/hyperactivity disorder in adults: a survey of current practice in psychiatry and primary care". *Arch Intern Med*, 164 (11). 1221-6.

FARAONE, S. V.; WILENS, T. E.; PETTY, C. *et al*. (2007b). "Substance use among ADHD adults: implications of late onset and subthreshold diagnoses". *Am J Addict*, 16 Suppl 1: 24-32; quiz 33-4.

GREVET, E. H.; BAU, C. H.; SALGADO, C. A. *et al*. (2006). "Lack of gender effects on subtype outcomes in adults with attention-deficit/hyperactivity disorder: support for the validity of subtypes". Eur *Arch Psychiatry Clin Neurosci*, 256 (5). 311-9.

HESSLINGER, B.; TEBARTZ VAN ELST, L.; MOCHAN, F. *et al*. (2003). "Attention deficit hyperactivity disorder in adults-early vs. late onset in a retrospective study". *Psychiatry Res*, 119 (3). 217-23.

KARAM, R. G.; BAU, C. H.; SALGADO, C. A. *et al*. (2009). "Late-onset ADHD in adults: milder, but still dysfunctional". *J Psychiatr Res*, 43 (7). 697-701.

KOOIJ, J. J. (2006). *ADHD in adults. Clinical studies on assessment and treatment*. Países Bajos. Radboud University Nijmegen.

KOOIJ, J. J.; BUITELAAR, J. K.; VAN DEN OORD, E. J.; *et al*. (2005). "Internal and external validity of attention-deficit hyperactivity disorder in a population-based sample of adults". *Psychol Med*. 35 (6). 817-27.

LAHEY, B. B. y CARLSON, C. L. (1991). "Validity of the diagnostic category of attention deficit disorder without hyperactivity: a review of the literature". *J Learn Disabil*, 24 (2). 110-20.

LAHEY, B. B.; APPLEGATE, B.; MCBURNETT, K. *et al*. (1994). "DSM-IV field trials for attention deficit hyperactivity disorder in children and adolescents". *Am J Psychiatry*, 151 (11). 1673-85.

LEE, S. I.; SCHACHAR, R. J.; CHEN, S. X. *et al*. (2008). "Predictive validity of DSM-IV and ICD-10 criteria for ADHD and hyperkinetic disorder". *J Child Psychol Psychiatry*, 49 (1). 70-8.

MCGOUGH, J. J.; SMALLEY, S. L.; MCCRACKEN, J. T. *et al*. (2005). "Psychiatric comorbidity in adult attention deficit hyperactivity disorder: findings from multiplex families". *Am J Psychiatry*, 162 (9). 1621-7.

MILLESTEIN, R. B.; WILENS, T. E.; BIEDERMAN, J. y SPENCER, T. J. (1997). "Presenting ADHD symptoms and subtypes in clinically referred adults with ADHD". *Journal of Attention Disorders*. Vol. 2.

MURPHY, K. y BARKLEY, R. A. (1996a). "Attention deficit hyperactivity disorder adults: comorbidities and adaptive impairments". *Compr Psychiatry*, 37 (6). 393-401.

RAMOS-QUIROGA, J. A. y CASAS BRUGUÉ, M. (2009). "Do we pay sufficient attention to the lack of care of hyperactivity in adults?" *Aten Primaria*, 41 (2). 67-8.

RAMOS-QUIROGA, J. A.; BOSCH, R. y CASAS, M. (2009). *Comprender el TDAH en adultos. Trastorno por déficit de atención con hiperactividad en adultos*. Barcelona. Amat.

RAMOS-QUIROGA, J. A.; BOSCH, R.; CASTELLS, X. *et al.* (2008a). "Effect of switching drug formulations from immediate-release to extended-release OROS methylphenidate: a chart review of Spanish adults with attention-deficit hyperactivity disorder". *CNS Drugs,* 22 (7). 603-11.

RAMOS-QUIROGA, J. A.; BOSCH-MUNSO, R.; CASTELLS-CERVELLO, X. *et al.* (2006a). "Attention deficit hyperactivity disorder in adults: a clinical and therapeutic characterization". *Rev Neurol*, 42 (10). 600-6.

REINHARDT, M. C.; BENETTI, L.; VICTOR, M. M. *et al.* (2007). "Is age-at-onset criterion relevant for the response to methylphenidate in attention-deficit/hyperactivity disorder?" *J Clin Psychiatry*, 68 (7). 1109-16.

SIMON, V.; CZOBOR, P.; BALINT, S. *et al.* (2009). "Prevalence and correlates of adult attention-deficit hyperactivity disorder: meta-analysis". *Br J Psychiatry*, 194 (3). 204-11.

SKIRROW, C.; MCLOUGHLIN, G.; KUNTSI, J. *et al.* (2009). "Behavioral, neurocognitive and treatment overlap between attention-deficit/hyperactivity disorder and mood instability". *Expert Rev Neurother*, 9 (4). 489-503.

SPRAFKIN, J.; GADOW, K. D.; WEISS, M. D. *et al.* (2007). "Psychiatric comorbidity in ADHD symptom subtypes in clinic and community adults". *J Atten Disord*, 11 (2). 114-24.

WHO (1993) *The ICD-10 classification of mental and behavioral disorders: clinical descriptions and diagnostic guidelines 1992; diagnostic criteria for research 1993*. WHO.

WILENS, T. E. (2004). "Impact of ADHD and its treatment on substance abuse in adults". *J Clin Psychiatry*, 65 Suppl 3: 38-45.

WILENS, T. E. y DODSON, W. A. (2004). "Clinical perspective of attention-deficit/hyperactivity disorder into adulthood". *J Clin Psychiatry*, 65 (10). 1301-13.

Las recomendaciones actuales sobre la evaluación y el abordaje terapéutico del TDAH

Francisco Díaz Atienza

Pablo J. González Domenech

Introducción

El trastorno por déficit de atención/hiperactividad (TDAH) es una patología neuropsiquiátrica que provoca importantes alteraciones vitales tanto en la infancia como en la edad adulta. Es alrededor de los años 60 cuando aparecen los primeros estudios que indican que el TDAH va más allá de la infancia y adolescencia, persistiendo en grado significativo en la edad adulta. En el momento actual son pocos los clínicos que cuestionan la existencia del TDAH en el adulto. Prueba de ello es que el DSM-5 (*Diagnostic and Statistical Manual of Mental Disorders*) publicado en mayo de 2013 y cuya traducción al castellano se espera esté disponible para el año 2014, introduce por primera vez criterios diferenciados a para adolescentes mayores de 16 años y adultos.

Alrededor de dos tercios de los niños diagnosticados de TDAH mantendrán síntomas en la adultez. La prevalencia del TDAH en el adulto, según los estudios epidemiológicos, es del 2 al 5 %. Debido a que el reconocimiento de este trastorno es relativamente reciente, la mayoría de los adultos diagnosticados de TDAH nunca fueron tratados durante su infancia. Las guías de tratamiento actuales recomiendan que el TDAH sea adecuadamente reconocido y tratado a lo largo de toda la vida del individuo. En la actualidad, muchos profesionales que trabajan en los servicios de salud mental desconocen que este trastorno persiste frecuentemente a lo largo de la vida y tienen dificultades para identificar sus manifestaciones clínicas y consecuencias. Los síntomas de impulsividad e hiperactividad del niño, frecuentemente se hacen menos evidentes con el tránsito a la edad adulta, en la que predominan más la inquietud, la inatención o la desorganización, lo que puede llevar a desviar el foco de atención del profesional y discontinuar el tratamiento cuando aún es requerido. Además, no hay que olvidar el importante peso que tienen los estigmas y mitos que rodean a esta condición y a su tratamiento, principalmente con la medicación estimulante. También es importante señalar la gran diferencia que existe en la sensibilidad a este trastorno y su tratamiento entre los profesionales de la psiquiatría infanto-juvenil (más concienciados y formados en el tema) y los de la psiquiatría general del adulto. En este sentido, la propia guía NICE hace mención de lo anómalo que resulta el hecho de que los psicoestimulantes estén establecidos como seguros en niños y que, sin embargo, no sean considerados así para su uso en adultos.

2 Evaluación del TDAH en la edad adulta

2.1. Características diferenciales con el TDAH en la infancia

Es en el DSM-III (1980) cuando aparecen las primeras menciones a que el trastorno puede afectar a los adultos y con el DSM-III-R (1987) se describe formalmente la posibilidad de realizar el diagnóstico de TDAH en los adultos. En el DSM-5 se modifican algunos criterios diagnósticos del TDAH, pues el cuadro clínico deberá estar presente antes de los 12 años (y no a los 6) y a partir de los 17 años sólo se requerirá 5 de los síntomas para cada subtipo diagnóstico y no seis como ocurre en la infancia.

El cuadro clínico deberá producir en el sujeto una alteración clínicamente significativa o un deterioro en más de dos áreas importantes de su actividad, como el funcionamiento social, laboral, académico o familiar.

Con la edad los trastornos del neurodesarrollo suelen variar en su expresión sintomática (cronoplastia) y muestran una continuidad heterotípica en la que los constructos o rasgos son básicamente los mismos, pero los síntomas se modifican con el tiempo. En un niño, por ejemplo, a la edad de 6 años ser impulsivo se puede manifestar en hablar demasiado, sin embargo en un sujeto de 30 años la impulsividad se puede expresar en tomar decisiones impulsivas o conducir un vehículo de motor demasiado deprisa. La hiperactividad tiende a disminuir con la edad o tiende a expresarse como un sentimiento subjetivo de inquietud. Resulta interesante que la hiperactividad en adultos puede no establecer una distinción entre adultos con TDAH y adultos normales o con otros trastornos clínicos.

En términos generales, los pacientes con TDAH logran una menor formación académica, peor adaptación laboral y social, mayores dificultades en las relaciones interpersonales, menor habilidad en la conducción de vehículos, etc.

Para Murphy y Gordon, la evaluación del TDAH en el adulto requiere contestar cuatro preguntas fundamentales. La primera es conocer si existen evidencias acerca de la relación entre los síntomas de TDAH en la infancia y un deterioro posterior significativo y crónico en diferentes ámbitos. La segunda cuestión es evaluar si existe relación entre los síntomas de TDAH actuales y un deterioro en diferentes ámbitos vivenciales del sujeto. La tercera cuestión es si hay otra patología que justifique el cuadro clínico mejor que el TDAH. Su contestación nos lleva directamente a la última pregunta: ¿para los pacientes que cumplen los criterios diagnósticos de TDAH, hay alguna evidencia de que existan condiciones comórbidas?

Uno de los retos más importantes a los que nos encontramos en el diagnóstico del TDAH en el adulto es la diferenciación entre el TDAH y otros trastornos clínicos, constituyendo, a menudo, la parte más complicada del diagnóstico, dada la elevada comorbilidad entre el TDAH y otros trastornos psiquiátricos. Para Barkley los síntomas que mejor discriminaron los casos de TDAH de los casos de adultos con otros trastornos fueron aquellos relacionados con la función ejecutiva como tomar decisiones de forma impulsiva, tener dificultades en detener actividades, iniciar numerosos proyectos y no finalizarlos, empezar tareas sin leer atentamente las instrucciones, escaso cumplimiento de las promesas, dificultades para hacer cosas en el orden correcto y conducir a una velocidad excesiva. La toma de decisiones de forma impulsiva y las dificultades para interrumpir actividades o conductas cuando así debe hacerse fueron los aspectos que mejor distinguieron los adultos con TDAH de los adultos con otros trastornos.

Otro de los problemas al que tenemos que enfrentarnos es el relacionado con las fuentes de información. En el adulto a veces no disponemos de informantes distintos al paciente y esto nos puede producir un sesgo importante y es posible que estos pacientes con TDAH no sean los mejores informadores de su propio funcionamiento. Sin embargo, la obtención de informes de cónyuges, padres, amigos, etc, puede resultar complicada o estar clínicamente contraindicada. No obstante, parece deseable que dichos informes se obtengan siempre que sea posible y siempre realizándose de forma atenta y respetuosa.

El diagnóstico del TDAH en el adulto requiere integrar todos los datos clínicos disponibles. Para ello puede ser útil la aplicación de un protocolo estandarizado que debería incluir una historia clínica completa del paciente, cuestionarios autoadministrados de síntomas, rendimiento neuropsicológico, evaluación de la presencia comorbilidad psicopatológica.

2.2. Historia clínica

La historia clínica sigue siendo el instrumento fundamental para la evaluación del TDAH en adultos. Deberemos hacer especial hincapié en los datos psicobiográficos, interesándonos especialmente los referidos al desarrollo infantil. Debe realizarse una exploración psicopatológica completa en la que se valoren los síntomas actuales y pasados, presencia de trastornos comórbidos o de otras condiciones psiquiátricas cuya sintomatología, en parte, pueda ser similar al TDAH. Deberemos explorar los antecedentes familiares. Los tics, el abuso de substancias, las conductas antisociales, historia repetida de accidentes, fracasos académicos... pueden ser factores predictores y/o complicaciones de la evolución del TDAH hacia la edad adulta.

Por último se deberían descartar mediante la realización de un examen físico ciertas condiciones médicas que podrían explicar los síntomas actuales (Tabla 1) o bien que podrían contraindicar el tratamiento farmacológico (hepatopatías, hipertensión, glaucoma…).

Síndrome de apnea obstructiva del sueño.	Somnolencia diurna y pérdida de atención.
Hipertiroidismo.	Hiperactividad e inquietud.
Ausencias simples y complejas.	Dificultad para la atención durante las crisis.
Hepatopatía.	Dificultades con la atención, la concentración y la memoria; oscilaciones en el estado de ánimo.
Intoxicación por plomo.	Problemas de comportamiento o de atención.
Fármacos antiepilépticos.	Dificultad para la concentración.
Hipoacusia.	Dificultad para la atención.
Infarto cerebral.	Problemas en la atención, la concentración y la memoria.
Síndrome postraumático.	Déficit de atención e inquietud.

Tabla 1.
Patologías con características clínicas compartidas con trastorno por déficit de atención/hiperactividad del adulto y síntomas similares que presentan.

2.3. Entrevistas diagnósticas y escalas

En la actualidad disponemos de diferentes instrumentos de evaluación del TDAH en el adulto con buenos niveles de validez y fiabilidad. En la Tabla 2 se muestran algunos de los que disponemos versiones en español.

Entrevistas diagnósticas.	• Conners Adult ADHD Diagnostic interview for DSM-IV (CAADID-parte II). • Entrevista diagnostica del TDAH en adultos (DIVA 2.0). • Entrevista para el TDAH de Barkley. • ADHD Rating Scale-IV .
Escalas autoadministradas.	• ADHD Rating Scale-IV. • ADHD Symtom Rating Scale. • Conners Adult ADHD Rating Scale. • Adult Self-Report Scale (ASRS).
Escalas heteroadministradas.	• Adult ADHD Investigator Symtom Rating Scale (AISRS). • Conners Adult ADHD Rating Scale (CAARS).

Escalas que evalúan de forma retrospectiva la presencia de TDAH en la infancia.	• Wender Utah Rating Scale. • ADHD Symptom Rating Scale.
Evaluación de la calidad de vida.	Adult ADHD Quality-of-Life Scale (AAQoL)

Tabla 2.

Entrevistas y escalas de evaluación en el TDAH en adultos.
Conners Adult ADHD Diagnostic Interview for DSM-IV (CAADID parte II) (DSM-IV)

Fuente: Extraído de Ramos-Quiroga, J. A.; Chalita, P. J.; Vidal, R.; Bosch, R.; Palomar, G.; Prats, L. y Casas M. *Diagnóstico y tratamiento del trastorno por déficit de atención/hiperactividad en adultos*. REV NEUROL 2012; 54 (Supl 1). S105-S115.

Esta entrevista permite la evaluación de los criterios en la infancia y en la edad adulta. Incluye una valoración del deterioro causado por el trastorno tanto en la infancia como en la edad adulta. Existe una versión española con propiedades psicométricas aceptables y validada.

3 Entrevista diagnóstica del trastorno por déficit de atención/hiperactividad en adultos (DIVA 2.0)

La entrevista diagnostica DIVA 2.0 (*Diagnostisch Interview Voor ADHD*) se divide en tres partes y explora la presencia de un TDAH en el adulto y su repercusión funcional en áreas tales como el trabajo, relaciones familiares y sociales, gestión del ocio y tiempo libre y autoimagen. La versión española está disponible en: http://www.psyq.nl/files/183411/DIVA_2_Spaans.pdf

- **Entrevista para el trastorno por déficit de atención/hiperactividad de Barkley.** Es una entrevista semiestructurada que incluye numerosos signos y síntomas del TDAH. El autor aporta una traducción al castellano.
- **ADHD Rating Scale-IV.** La *ADHD Rating Scale-IV* es un cuestionario que incluye 18 ítems referidos a los síntomas recogidos en el DSM-IV. Cada ítem se puntúa de 0 a 3 y se utiliza para determinar la presencia de cada uno de los síntomas en un individuo en el momento actual. Este cuestionario puede ser auto/heteroadministrado. En la validación española se ha observado que el punto de corte de 24 es el que mejor discrimina el TDAH tipo combinado en adultos.
- **ADHD Symptom Rating Scale.** La *ADHD Symptom Rating Scale* consta de un listado de los 18 síntomas que definen el diagnóstico de TDAH en el DSM-IV. Se indaga sobre la presencia de síntomas, su intensidad e interferencia en el funcionamiento de diferentes áreas del sujeto. Este cuestionario consta de dos versiones, una para el paciente y otra para un familiar directo.
- **Conners Adult ADHD Rating Scale (CAARS).** La CAARS está conformada por seis escalas, tres de ellas autoadministradas y tres valoradas por un observador. Está disponible una versión larga (66 ítems), una versión corta (26 items) y otra de cribado (30 ítems). Se ha validado al castellano la versión larga autoadministrada de la CAARS con buenas propiedades psicométricas.

- **Adult Self-Report Scale.** La *Adult Self-Report Scale* (ASRS) fue desarrollada por la Organización Mundial de la Salud y Kessler *et al* con el objetivo de evaluar el TDAH en adultos en el marco de la entrevista diagnóstica internacional compuesta (CIDI). Existe una versión reducida de 6 items (ASRS 1.1) que se utiliza como instrumento de cribado. En nuestro medio se ha validado en población clínica adulta y en pacientes con trastornos por consumo de substancias.

- **Adult ADHD Investigator Symptom Rating Scale.** Al igual que otros cuestionarios, la *Adult ADHD Investigator Symptom Rating Scale* (AISRS) se compone de 18 items que se corresponden con los 18 sintomas del DSM-IV. Con la intención de minimizar la variabilidad se dispone de un apéndice con ejemplos prácticos para cada uno de los ítems. Es una escala que se ha demostrado útil para evaluar los síntomas y la eficacia del tratamiento tanto en ensayos clínicos como en la práctica clínica.

- **Adult ADHD Quality-of-Life Scale.** Una de las áreas de interés creciente son aquellas que evalúan la calidad de vida del paciente. Un ejemplo de ello es la *Adult ADHD Quality-of-Life Scale* (AAQoL), es un instrumento de medida de calidad de vida, especifico para adultos con TDAH, y explora la productividad, la salud psicológica, las relaciones sociales y perspectivas futuras.

- **Wender Utah Rating Scale.** Un problema importante a la hora de realizar el diagnóstico del TDAH en el adulto es la necesidad de disponer de instrumentos que nos permitan identificar la presencia del trastorno en la infancia, especialmente en aquellos sujetos de los que no disponemos información. Existen diferentes escalas y entrevistas semiestructuradas para la evaluación retrospectiva de los síntomas del TDAH en pacientes adultos. Una de ellas es la WURS que es un cuestionario autoadministrado con dos versiones diferentes, una para el paciente y otra para los padres. La versión para el paciente consta de 61 ítems. La versión de los padres es más reducida y está formada por 10 ítems. Disponemos de una versión validada al castellano.

- **ADHD Symptom Rating Scale.** La *ADHD Symptom Rating Scale* tiene la particularidad de que se pregunta, de manera retrospectiva, si los síntomas estaban presentes entre los 5 y los 12 años y en qué medida interfirieron con la capacidad del sujeto para funcionar en diferentes áreas. Este cuestionario consta de dos versiones, una autoinformada y una versión para ser contestada por un familiar directo.

4 Tratamiento del TDAH del adulto

Según las recomendaciones del Consenso Europeo de la *European Network Adult ADHD*, publicadas en el año 2010, se considera que el tratamiento del TDAH en adultos debe ser multimodal, combinando las intervenciones farmacológicas con las no farmacológicas (psicológicas y psicosociales). Los síntomas del TDAH pueden ser tratados de manera eficaz tanto en niños como en adultos. En la población infanto-juvenil existen numerosos estudios que demuestran la eficacia de los tratamientos psicoestimulantes y de la atomoxetina en los síntomas nucleares del TDAH. En adultos, son cada vez más los trabajos que reflejan una respuesta clínica similar a la encontrada en niños.

Las demandas y responsabilidades que se presentan en la vida adulta difieren mucho de las existentes en la infancia y adolescencia, por lo que los tratamientos psicosociales y psicoterapéuticos varían también entre las distintas edades. En este área de las intervenciones no farmacológicas, la psicoterapia cognitivo-conductual, la psicoeducación y el *coaching* (entrenamiento y apoyo en la ejecución de las actividades diarias) han demostrado todas ellas ser eficaces en el tratamiento del TDAH del adulto. No obstante, han demostrado su eficacia en hasta grados moderados de afectación y, además, se requieren estudios complementarios para recomendar este tipo de intervenciones en la práctica clínica habitual.

El TDAH es una condición que acompaña al sujeto a lo largo de toda su vida y el tratamiento no cura el trastorno, por lo que hay que plantear intervenciones a largo plazo.

Existen publicaciones al respecto del impacto que tiene el no tratamiento del TDAH del adulto, reflejado en un aumento del fracaso académico, problemas laborales, abuso de sustancias, accidentes, delincuencia y problemas en las relaciones interpersonales.

Según las recomendaciones del Consenso Europeo de la *European Network Adult ADHD*, publicadas en el año 2010, se considera que el tratamiento del TDAH en adultos debe ser multimodal, combinando las intervenciones farmacológicas con las no farmacológicas (psicológicas y psicosociales).

El tratamiento de primera línea según las recomendaciones actuales en los adultos con TDAH moderado-severo es el farmacológico. Los estimulantes son los fármacos de primera elección. En caso de no ser efectivos o tolerados, puede ensayarse el tratamiento con fármacos no estimulantes. La psicoterapia queda indicada cuando la medicación está contraindicada, es rechazada por el paciente, no es tolerada o su respuesta es inexistente o parcial y puede ser contemplada como primera opción para los casos en los que el grado de disfunción es leve o moderado. Lo ideal, no obstante, es combinar la psicoterapia con el tratamiento farmacológico.

4.1. Tratamiento farmacológico

Fármacos estimulantes

Son los fármacos de primera elección. No obstante, en España sólo tienen la indicación para TDAH en el adulto que ha iniciado el tratamiento antes de los 18 años. El mecanismo de acción es el resultado del bloqueo de la recaptación de dopamina y, en menor medida, de noradrenalina, en las terminaciones neuronales presinápticas. Además, estimulan directamente los receptores alfa y beta adrenérgicos del córtex cerebral y del sistema de activación reticular.

Son efectivos en aproximadamente el 70% de los casos según los datos publicados. No sólo tienen efectos terapéuticos sobre los síntomas nucleares del TDAH, sino que también pueden mejorar síntomas como la baja autoestima, los cambios de humor, los arrebatos de ira o los problemas cognitivos.

Los efectos secundarios más destacados y habitualmente transitorios son las cefaleas, las palpitaciones, el nerviosismo, la boca seca, la pérdida de apetito y los problemas relacionados con el sueño. Pueden reducir el peso corporal y aumentar la tensión arterial y la frecuencia cardíaca, siendo por ello conveniente antes de iniciar cualquier tratamiento medir dichas constantes y realizar un estudio personal y familiar de antecedentes de patología cardiovascular (realizando un ECG si existen antecedentes), así como monitorizar estos parámetros durante el tratamiento. Los estimulantes no se recomiendan durante el embarazo y la lactancia, están contraindicados en los trastornos psicóticos. Pueden ser utilizados en la comorbilidad con autismo, trastornos de tics y epilepsia. Existen riesgos potenciales de abuso a los estimulantes, aunque no comparable al de otras sustancias adictivas (como la cocaína). Su uso no conduce a la adicción a otras drogas e incluso puede disminuir el riesgo de abuso a otras sustancias adictivas.

Existen distintos tipos de estimulantes y de formulaciones, los más ampliamente utilizados a nivel internacional son el metilfenidato y la dexanfetamina. En España, únicamente disponemos del metilfenidato, que es el fármaco de primera elección en todas las guías de tratamiento. Existen preparaciones de liberación inmediata (duración del efecto entre 2 y 5 horas), intermedia (de 5 a 8 horas) y de liberación prolongada (de 6 a 14 horas). En los adultos, la actividad diaria se prolonga durante más tiempo, lo que hace a veces necesaria la combinación de formulaciones de liberación prolongada e inmediata durante la mañana y la tarde, si bien hay que intentar pautas de tratamiento sencillo en este grupo de pacientes que presentan problemas de organización en aras de lograr una adecuada adherencia y, preferiblemente, fórmulas de liberación intermedia-prolongada por el menor potencial de abuso, para evitar efecto rebote y para una conducción más segura. El rango de dosis varía entre 0,3 a 1,5 mg/kg/día de metilfenidato, aunque debe ser ajustada individualmente en función de respuesta y tolerabilidad (hasta un máximo de 100 mg/día).

Fármacos no estimulantes

Constituyen la segunda línea de tratamiento, cuando los estimulantes no han sido efectivos y/o tolerados, o cuando están contraindicados.

La atomoxetina es el fármaco no estimulante de elección. Es un inhibidor selectivo de la recaptación de noradrenalina que actúa por inhibición del transportador noradrenérgico presináptico. Las dosis recomendadas en adultos son entre 60 y 120 mg/día. Debe realizarse un control periódico de la tensión arterial y frecuencia cardíaca, ya que un porcentaje de pacientes pueden aumentar estos parámetros. Posee un efecto de duración de 24 horas y sin potencial de abuso. Puede ser la primera alternativa en casos de abuso de sustancias, tics motores, disregulación emocional y ansiedad. Se recomienda el control al inicio, cada vez que se ajusten las dosis o, al menos, cada seis meses durante el tratamiento con atomoxetina.

Otras moléculas que han sido utilizadas y estudiadas en el tratamiento del TDAH del adulto son el bupropion, la clonidina, la guanfacina y el modafinilo. El bupropion es un antidepresivo con efecto agonista indirecto dopaminérgico y noradrenérgico, también empleado en la deshabituación tabáquica. Ha demostrado su eficacia y tolerabilidad para el TDAH del adulto hasta dosis de 450 mg/día. Supone una buena opción en caso de trastorno por uso de sustancias comórbido.

También se han estudiado antidepresivos tricíclicos como la desipramina (un metabolito de la imipramina, no disponible en España) y fármacos nicotínicos como la lobelina.

La metadoxina de liberación prolongada es un tratamiento no psicoestimulante para el TDAH del adulto, comercializado en otros países. Ha sido utilizado previamente para el tratamiento del alcoholismo. Muestra mejores resultados en la inatención y tiene una respuesta más rápida que con otros no psicoestimulantes como la atomoxetina. Tiene la ventaja de la ausencia de efectos cardiovasculares.

Los suplementos dietéticos con ácidos grasos Omega-3 han sido estudiados en este campo y se han descrito discretos efectos terapéuticos, planteándose como una posibilidad de apoyo en aquellos pacientes que rechazan el tratamiento farmacológico.

4.2. Tratamiento no farmacológico

Según las recomendaciones actuales, las modalidades de tratamiento no farmacológico incluidas en el tratamiento del TDAH del adulto son el *coaching* y la psicoterapia cognitivo-conductual. En los adultos con TDAH se puede utilizar únicamente la intervención no farmacológica cuando los pacientes rechazan el tratamiento farmacológico, cuando éste es sólo parcialmente efectivo o inefectivo, cuando presenta secundarismos importantes con los fármacos o están contraindicados y cuando muestran dificultades para aceptar el diagnóstico y el tratamiento farmacológico.

El *coaching* es una modalidad que combina aspectos psicoeducativos y de apoyo, y tiene como objetivos la aceptación del trastorno, el aprendizaje en el manejo de los tiempos, en el inicio y finalización de las tareas, asesoramiento en la administración de la casa, del dinero y del trabajo, habilidades de las respuestas emocionales implicadas en el TDAH, etc.

La psicoterapia cognitivo-conductual ha demostrado ser el abordaje más eficaz en el tratamiento psicológico del TDAH del adulto, abordando tanto los síntomas nucleares como los comórbidos (ansiedad, depresión) y combinando técnicas cognitivo-conductuales y motivacionales.

Estas modalidades de tratamiento pueden ser enfocadas tanto de manera individual como en grupos (generalmente de 4 a 10 individuos). La modalidad grupal está considerada de primera línea en las intervenciones psicoterapéuticas por ser la más favorable desde el punto de vista coste-efectividad.

Otras intervenciones no farmacológicas han demostrado ser eficaces en el tratamiento de algunos síntomas del TDAH del adulto, como son el entrenamiento en memoria de trabajo y neurofeedback, la terapia de remediación cognitiva y la terapia metacognitiva.

4.3. Tratamiento de los trastornos comórbidos

Es imprescindible hacer una correcta evaluación y diagnóstico del TDAH y de los trastornos comórbidos que pueden acompañarlo para hacer un tratamiento global. Generalmente, tienen prioridad en el tratamiento los trastornos mentales graves, como pueden ser la psicosis, la depresión mayor, la manía o el abuso de sustancias. En otras ocasiones encontramos síntomas ansioso-depresivos, sentimientos de baja autoestima o desregulación emocional que son reactivos a la condición TDAH y que frecuentemente son resueltos al tratar el cuadro primario.

Respecto al abuso de sustancias, el TDAH es considerado un importante factor en su etiología y en ocasiones el abuso de sustancias es una forma de "auto-medicación" para los pacientes. Estas sustancias pueden dar lugar a síntomas tales como la inquietud, la inatención, la impulsividad y los problemas del sueño.

El tabaquismo es más frecuente entre los adultos con TDAH y su consumo es más severo.

Recientemente ha sido publicada una guía de evaluación y tratamiento para adultos diagnosticados de TDAH y trastorno por uso de sustancias. Recomiendan que, dada la alta comorbilidad de ambos trastornos, todo paciente con abuso de sustancias debe ser evaluado para despistar un diagnóstico de TDAH tan pronto como su adicción sea estabilizada. Se recomiendan tratamientos integrados que contemplen la psicoeducación, el *coaching* y la terapia cognitivo-conductual, asociándolos con farmacoterapia, que incluya medicamentos para el abordaje de la adicción y del TDAH.

Otro campo de comorbilidad lo constituye el Síndrome de Guilles de la Tourette, que incluye la presentación de tics motores. Estudios sugieren que los adultos con ambos trastornos comórbidos presentan tics más severos y peor calidad de vida.

La comorbilidad con síntomas ansiosos y/o depresivos aparece en un 25-50% de los adultos con TDAH. El tratamiento primario del TDAH es fundamental para prevenir la aparición de síntomas ansioso/depresivos. Existen pocos ensayos clínicos con asociaciones de antidepresivos y/o ansiolíticos, pero se aconseja emplearlos cuando el tratamiento para el TDAH no sea suficiente. Entre los antidepresivos más aconsejados están el bupropión, la venlafaxina, la reboxetina y los antidepresivos tricíclicos. Los ansiolíticos no se recomiendan como tratamiento a largo plazo, por su ineficacia, mala tolerabilidad y potencial de abuso. En estos casos, sería aconsejable emplear atomoxetina para tratar el TDAH en lugar de metilfenidato, que puede incrementar la ansiedad. Otra opción en caso de ansiedad sería el empleo de fármacos antidepresivos como la venlafaxina o los tricíclicos y, en algún caso, los ISRS (aunque pueden agravar los síntomas de inatención).

Cuando el TDAH es comórbido con trastornos de personalidad límite y antisocial, el tratamiento debe ser multimodal, abordando técnicas psicoterapéuticas (terapia dialéctica-conductual) y un tratamiento farmacológico del TDAH. En el caso de trastorno antisocial comórbido al TDAH se recomienda emplear fármacos sin riesgo de abuso, como la atomoxetina o el metilfenidato de liberación prolongada.

Se han realizado estudios de adultos con diagnóstico de Trastorno Bipolar y TDAH, observándose buenos resultados con bupropión.

NOTAS BIBLIOGRÁFICAS

ABLE, S.; JOHNSTON, J. A.; ADLER, L. A. y SWINDLE, R. W. (2007). "Functional and psychosocial impairment in adults with undiagnosed ADHD". *Psychol Medicine.* 37 (1). 1-11.

ADLER, L. A.; LIEBOWITZ, M.; KRONENBERGER, W.; QIAO, M.; RUBIN, R.; HOLLANDBECK, M.; DELDAR, A.; SCHUH, K. y DURELL, T. (2009). "Atomoxetine treatment in adults with attention-deficit/hyperactivity disorder and comorbid social anxiety disorder". *Depress Anxiety*, 26 (3). 212-221.

AMERICAN PSYCHIATRIC ASSOCIATION (2013). *Diagnostic and statistical manual of mental disorder*. 5 edición. APA.

ARNS, M.; DE RIDDER, S.; STREHL, U.; BRETELER, M. y COENEN, A. (2009). "Efficacy of neurofeedback treatment in ADHD: the effects on inattention, impulsivity and hyperactivity: a meta-analysis". *Clin EEG Neurosci*, 40 (3). 180-189.

ASHERSON, P.; CHEN, W.; CRADDOCK, B. y TAYLOR, E. (2007). "Adult attention-deficit hyperactivity disorder: recognition and treatment in general adult psychiatry". *Br J Psychiatry*, 190: 4-5.

BABCOCK, T.; DIRKS, B.; ADEYI, B. y SCHECKNER, B. (2012). "Efficacy of lisdexamfetamine dimesylate in adults with attention-deficit/hyperactivity disorder previously treated with amphetamines: analyses from a randomized, double-blind, multicenter, placebo-controlled titration study". *BMC Pharmacol Toxicol*. Diciembre 19; 13: 18. doi: 10.1186/2050-6511-13-18.

BANASCHEWSKI, T.; ROESSNER, V.; DITTMANN, R. W.; SANTOSH, P. J. y ROTHENBERGER, A. (2004). "Non-stimulant medications in the treatment of ADHD". *Eur Child Adolesc Psychiatry*, 13 (Suppl 1). I102-116.

BARKLEY, R. A. (2002). "Major life activity and health outcomes associated with attention-deficit/hyperactivity disorder". *J Clin Psychiatry*, 63 (Suppl 12).10-15.

BARKLEY, R. A. (2009). "Avances en el diagnóstico y la subclasificación del trastorno por déficit de atención/hiperactividad: qué puede pasar en el futuro respecto al DSM-V". *REV NEUROL*, 48 (Supl 2). S101-S106.

BARKLEY, R. A. Y COX, D. (2007). "A review of driving risks and impairments associated with attention-deficit/hyperactivity disorder and the effects of stimulant medication on driving performance". *J Safety Res*, 38 (1). 113-128.

BARKLEY, R. A. y MURPHY, K. R. (1998). *Attention-deficit hyperactivity disorder: a clinical workbook*. 2 edición. New York: Guilford Press.

BARKLEY, R. A.; MURPHY, K. R. y FISCHER, M. (2008). *El TDAH en adultos: lo que nos dice la ciencia*. Barcelona. J&C Ediciones Médicas.

BIEDERMAN, J.; FARAONE, S. V.; SPENCER, T. J.; MICK, E.; MONUTEAUX, M. C. y ALEARDI, M. (2006). "Functional impairments in adults with self-reports of diagnosed ADHD: A controlled study of 1001 adults in the community". *J Clin Psychiatry*, 67 (4). 524-540.

BIEDERMAN, J.; MELMED, R. D.; PATEL, A.; MCBURNETT, K.; DONAHUE, J. y LYNE, A. (2008). "Long-term, open-label extension study of guanfacine extended release in children and adolescents with ADHD". *CNS Spectr*, 13 (12). 1047-1055.

BIEDERMAN, J.; MICK, E.; SURMAN, C.; DOYLE, R.; HAMMERNESS, P.; HARPOLD, T.; DUNKEL, S.; DOUGHERTY, M.; ALEARDI, M. y SPENCER, T. A. (2006). "Randomized, placebo-controlled trial of OROS methylphenidate in adults with attention-deficit/hyperactivity disorder". *Biol Psychiatry*, 59 (9). 829-835.

BIEDERMAN, J.; SPENCER, T. y WILENS, T. (2004). "Evidence-based pharmacotherapy for attention-deficit hyperactivity disorder". *J Neuropsychopharmacol*, 7 (1). 77-97.

BLOCH, M. H. y QAWASMI, A. (2011). "Omega-3 fatty acid supplementation for the treatment of children with attention-deficit/hyperactivity disorder symptomatology: systematic review and meta-analysis". *J Am Acad Child Adolesc Psychiatry*. Octubre; 50 (10). 991-1000. doi: 10.1016/j.jaac.2011.06.008. Epub 2011 Agosto; 12.

BLOCH, M. H.; PANZA, K. E.; LANDEROS-WEISENBERGER, A. y LECKMAN, J. F. (2009). "Meta-analysis: treatment of attention-deficit/hyperactivity disorder in children with comorbid tic disorders". *Journal of the American Academy of Child and Adolescent Psychiatry*, 48 (9). 884-893.

BOND, D. J. *et al.* (2012). "The Canadian Network for Mood and Anxiety Treatments (CANMAT) task force recommendations for the management of patients with mood disorders and comorbid attention-deficit/hyperactivity disorder". *Ann Clin Psychiatry*. Febrero; 24 (1). 23-37.

BOSCH-MUNSO, R.; RAMOS-QUIROGA, J. A. y VALERO, S. (2008). "Validación de la versión española de la CAARS en una muestra clínica de adultos con trastorno por déficit de atención con hiperactividad: validez interna y fiabilidad interna". *XI Congreso Nacional de Psiquiatría*. Santiago de Compostela.

BROD, M.; JOHNSTON, J.; ABLE, S. y SWINDLE, R. (2006). "Validation of the adult attention-deficit/hyperactivity disorder quality-of-life scale (AAQoL). a disease-specific quality-of-life measure". *Qual Life Res*, 15: 117-29.

BUITELAAR, J. K. (2001). "Discussion of attention deficit-hyperactivity disorder (ADHD). Facts, opinions and emotions". *Ned Tijdschr Geneeskd*, 145 (31). 1485-1489.

CONNERS, C. K.; ERHARDT, D.; EPSTEIN, J. N.; PARKER, J.; SITARE-NIOS, G. y SPARROW, E. (1999). "Self-ratings of ADHD symptoms in adults I: factor structure and normative data". *J Atten Disord*, 3: 141-51.

DUPAUL, G. J.; POWER, T. J.; ANASTOPOULOS, A. D. y REID, R. (1998). *ADHD Rating Scale-IV: checklists, norms, and clinical interpretation*. New York. Guilford Press.

EBERT, D.; KRAUSE, J. y ROTH-SACKENHEIM, C. (2003). "ADHD in adulthood - guidelines based on expert consensus with DGPPN support (German)". *Nervenarzt*, 74 (939). 946.

EPSTEIN, J.; JOHNSON, D. y CONNERS, K. (1999). *Adult ADHD Diagnostic Interview for DSM-IV*. North Towanda. Multi-Health Systems.

FARAONE, S. V. y ANTSHEL, K. M. (2008). "Diagnóstico y tratamiento de los trastornos por déficit de atención con hiperactividad en adultos". *World Psychiatry* (Ed Esp), 6: 3. Diciembre.

FARAONE, S. V.; BIEDERMAN, J. y MICK, E. (2006). "The age-dependent decline of attention deficit hyperactivity disorder: a meta-analysis of follow-up studies". *Psychol Med*, 36 (2). 159-165.

FARAONE, S. V.; BIEDERMAN, J.; WILENS, T. E y ADAMSON, J. (2007). "A naturalistic study of the effects of pharmacotherapy on substance use disorders among ADHD adults". *Psychol Med*, 37 (12). 1743-1752 .

FARAONE, S. V; BIEDERMAN, J.; SPENCER, T.; MICHELSON, D.; ADLER, L.; REIMHERR, F. y GLATT, S. J. (2005). "Efficacy of atomoxetine in adult attention-deficit/hyperactivity disorder: a drug-placebo response curve analysis". *Behav Brain Funct*, 1: 16.

FLORY, K. y LYNAM, D. R. (2003). "The relation between attention deficit hyperactivity disorder and substance abuse: what role does conduct disorder play?" *Clin Child Fam Psychol Rev*, 6 (1). 1-16.

FOND, G.; GUILLAUME, S.; JAUSSENT, I.; BEZIAT, S.; MACGREGOR, A.; BERNARD, P.; COURTET, P.; BAILLY, D. y QUANTIN, X. (2013). "Prevalence and Smoking Behavior Characteristics of Nonselected Smokers With Childhood and/ or Adult Self-Reported ADHD Symptoms in a Smoking-Cessation Program: A Cross-Sectional Study". *J Atten Disord*. Agosto 13.

JAHROMI, L. B.; KASARI, C. L.; MCCRACKEN, J. T.; LEE, L. S.; AMAN, M. G.; MCDOUGLE, C. J.; SCAHILL, L.; TIERNEY, E.; ARNOLD, L. E.; VITIELLO, B.; RITZ, L.; WITWER, A.; KUSTAN, E.; GHUMAN, J. y POSEY, D. J. (2008). "Positive effects of methylphenidate on social communication and self-regulation in children with pervasive developmental disorders and hyperactivity". *J Autism Dev Disord*. 2009. Marzo; 39 (3). 395-404. doi: 10.1007/s10803-008-0636-9. Epub. Agosto 28.

JASINSKI, D. R.; FARIES, D. E.; MOORE, R. J.; SCHUH, L. M. y ALLEN, A. J. (2008). "Abuse liability assessment of atomoxetine in a drug-abusing population". *Drug Alcohol Depend*, 95 (1-2). 140-146.

KESSLER, R. C.; ADLER, L. E.; AMES, M.; BARKLEY, R. A.; BIRNBAUM, H.; GREENBERG, P.; JOHNSTON, J. A.; SPENCER, T. y USTUN, T. B. (2005). "The prevalence and effects of adult attention deficit/hyperactivity disorder on work performance in a nationally representative sample of workers". *J Occup Environ Med*, 47 (6). 565-572.

KESSLER, R. C.; ADLER, L.; AMES, M.; DEMLER, O.; FARAONE, S.; HIRIPI, E. *et al.* (2005). "The World Health Organization Adult ADHD Self-Report Scale (ASRS). a short screening scale for use in the general population". *Psychol Med, 35*: 245-56.

KNOUSE, L. E.; BAGWELL, C. L.; BARKLEY, R. A. *et al.* (2005). "Accuracy of self-evaluation in adults with ADHD: evidence from a driving study". *J Atten Disord*, 8: 221-34.

KOESTERS, M.; BECKER, T.; KILIAN, R.; FEGERT, J. M. y WEINMANN, S. (2009). "Limits of meta-analysis: methylphenidate in the treatment of adult attention-deficit hyperactivity disorder". *J Psychopharmacol*, 23 (7). 733-744.

KOLLINS, S. H.; WILENS, T. E.; FUSILLO, S.; FARAONE, S. V. y UPADHYAYA, H. P. (2008). "ADHD, substance use disorders, and psychostimulant treatment: current literature and treatment guidelines". *J Atten Disord*, 12 (2). 115-125.

KOOIJ, J. J. S.; BURGER, H.; BOONSTRA, A. M.; VAN DER LINDEN P. D.; KALMA, L. E. y BUITELAAR, J. K. (2004). "Efficacy and safety of methylphenidate in 45 adults with attention-deficit/hyperactivity disorder. A randomized placebo-controlled double-blind cross-over trial". *Psychol Med*, 34 (6). 973-982.

KOOIJ, S. J. (2010). *Adult ADHD. Diagnostic assessment and treatment*. Amsterdam. Pearson Assessment & Information.

LARA, C.; FAYYAD, J.; DE GRAAF, R.; KESSLER, R. C.; AGUILAR-GAXIOLA, S.; ANGERMEYER, M.; DEMYTTENEARE, K.; DE GIROLAMO, G.; HARO, J. M.; JIN, R. *et al.* (2009). "Childhood predictors of adult attention-deficit/hyperactivity disorder: results from the World Health Organization World Mental Health Survey Initiative". *Biol Psychiatry*, 65 (1). 46-54.

LIEW, A. y CAVANNA, A. E. (2013). "Attention deficit and hyperactivity symptoms in adult patients with tourette syndrome". *J Neurol Neurosurg Psychiatry*. Septiembre; 84 (9).

MANEETON, N.; MANEETON, B.; SRISURAPANONT, M. y MARTIN, S. D. (2011). "Bupropion for adults with attention-deficit hyperactivity disorder: meta-analysis of randomized, placebo-controlled trials". *Psychiatry Clin Neurosci*. Diciembre; 65 (7). 611-7.

MANOR, I.; NEWCORN, J. H.; FARAONE, S. V. y ADLER, L. A. (2013). "Efficacy of metadoxine extended release in patients with predominantly inattentive subtype attention-deficit/hyperactivity disorder". *Postgrad Med*. Julio; 125 (4). 181-90.

MARTIN, C. A.; NUZZO, P. A.; RANSEN, J. D.; KLEVEN, M. S.; GUENTHENER G.; WILLIAMS, Y.; WALSH, S. L. y DWOSKIN L. P. (2013). "Lobeline effects on cognitive performance in adult ADHD". *J Atten Disord*.

MARTINEZ-RAGA, J.; KNECHT, C.; SZERMAN, N. y MARTINEZ, M. I. (2003). "Risk of serious cardiovascular problems with medications for attention-deficit hyperactivity disorder". *CNS Drugs*. Enero; 27 (1). 15-30.

MATTHYS, F.; JOOSTENS, P.; VAN DEN BRINK, W. y SABBE, B. (2013). "Summary of the practice guideline for the diagnosis and treatment of ADHD in adolescents and adults with addictions". *Ned Tijdschr Geneeskd*, 157 (24). A6025.

MATTINGLY, G. W.; WEISLER, R. H.; YOUNG, J.; ADEYI, B.; DIRKS, B.; BABCOCK, T.; LASSER, R.; SCHECKNER, B. y GOODMAN, D. W. (2013). "Clinical response and symptomatic remission in short- and long-term trials of lisdexamfetamine dimesylate in adults with attention-deficit/hyperactivity disorder". *BMC Psychiatry*. Enero. 29;13:39.

MCCARTHY, S.; ASHERSON, P.; COGHILL, D.; HOLLIS, C.; MURRAY, M.; POTTS, L.; SAYAL, K.; DE SOYSA, R.; TAYLOR, E.; WILLIAMS, T. *et al.* (2009). "Attention-deficit hyperactivity disorder: treatment discontinuation in adolescents and young adults". *Br J Psychiatry*, 194 (3). 273-277.

MONGIA, M. y HECHTMAN, L. (2012). "Cognitive behavior therapy for adults with attention-deficit/hyperactivity disorder: a review of recent randomized controlled trials". *Curr Psychiatry Rep*. Octubre; 14 (5). 561-7.

MURPHY, K. y BARKLEY, R. A. (1996). "Attention deficit hyperactivity disorder in adults: comorbidities and adaptive impairments". *ComprPsychiatry*, 37 (6). 393-401.

MURHPY, K. y GORDON, M. (1998). "Assessment of adults with ADHD". En BARKLEY, R. A. *Attention-deficit hyperactivity disorder: a handbook for diagnosis and treatment*. 2 edición. New York. Guilford Press, p. 345-72.

NADEAU, K. G. (1995). "Life management skills for the adult with ADD". En NADEAU, K. G. *A comprehensive guide to attention deficit disorder in adults: Research, diagnosis, and treatment*. Philadelphia, PA, Brunner/Mazel, Inc, pp. 191-217.

NICE (2008). "Attention Deficit Hyperactivity Disorder: The NICE guideline on diagnosis and managment of ADHD in children, young people and adults". *The British Psychological Society and The Royal College of Psychiatrists*.

NUTT, D. J.; FONE, K.; ASHERSON, P.; BRAMBLE, D.; HILL, P.; MATTHEWS, K.; MORRIS, K. A.; SANTOSH, P.; SONUGA-BARKE, E.; TAYLOR, E. *et al.* (2007). "Evidence-based guidelines for management of attention-deficit/hyperactivity disorder in adolescents in transition to adult services and in adults: recommendations from the British Association for Psychopharmacology". *J Psychopharmacol*, 21 (1). 10-41.

O'CONNELL, R. G.; BELLGROVE, M. A.; DOCKREE, P. M. y ROBERTSON, I. H. (2006). "Cognitive remediation in ADHD: effects of periodic non-contingent alerts on sustained attention to response". *Neuropsychological rehabilitation*, 16 (6). 653-665.

QUITKIN, F. y LEIN, D. F. (1969). "Two behavioral syndromes in young adults related to possible minimal brain dysfunction". *J psychiatr Res*, 7: 131-142.

RAMOS-QUIROGA, J. A.; BOSCH, R. y RICHARTE, V. *et al.* (2012). "Validez de criterio y concurrente de la versión española de la Conners Adult ADHD Diagnostic Interview for DSM-IV". *Rv de Psq y Salud Mental*, 5, 4c. Diciembre.

RAMOS-QUIROGA, J. A.; BOSCH, R.; CASTELLS, X.; VALERO, S.; NOGUEIRA, M.; GOMEZ, N.; YELMO, S.; FERRER, M.; MARTINEZ, Y. y CASAS, M. (2008). "Effect of switching drug formulations from immediate-release to extended-release OROS methylphenidate: a chart review of Spanish adults with attention-deficit hyperactivity disorder". *CNS Drugs*, 22 (7). 603-611.

RAMOS-QUIROGA, J. A.; CHALITA, P. J.; VIDAL, R.; BOSCH, R.; PALOMAR, G.; PRATS, L. y CASAS, M. (2012). "Diagnóstico y tratamiento del trastorno por déficit de atención/hiperactividad en adultos". *REV NEUROL*, 54 (Supl 1). S105-S115.

RAMOS-QUIROGA, J. A.; DAIGRE, C.; VALERO, S.; BOSCH, R.; GOMEZ-BARROS, N.; NOGUEIRA, M.; *et al.* (2009). "Validacion al español de la escala de cribado del trastorno por déficit de atención/hiperactividad en adultos (ASRS v. 1.1). una nueva estrategia de puntuación". *REV NEUROL*, 48: 449-52.

RAMSAY, J. R. (2007). "Current status of cognitive-behavioral therapy as a psychosocial treatment for adult attention-deficit/hyperactivity disorder". *Curr Psychiatry Rep*, 9 (5). 427-433.

REILLY, C. J. (2011). "Attention deficit hyperactivity disorder (ADHD) in childhood epilepsy". *Res Dev Disabil*. Mayo-Junio; 32 (3). 883-93.

REIMHERR, F. W.; MARCHANT, B. K.; STRONG, R. E.; HEDGES, D. W.; ADLER, L.; SPENCER, T. J.; WEST, S. A. y SONI, P. (2005). "Emotional dysregulation in adult ADHD and response to atomoxetine". *Biol Psychiatry*, 58 (2). 125-131.

REIMHERR, F. W.; WILLIAMS, E. D.; STRONG, R. E.; MESTAS, R.; SONI, P. y MARCHANT, B. K. (2007). "A double-blind, placebo-controlled, crossover study of osmotic release oral system methylphenidate in adults with ADHD with assessment of oppositional and emotional dimensions of the disorder". *J Clin Psychiatry*, 68 (1). 93-101.

RODRÍGUEZ-JIMÉNEZ, R.; PONCE, G.; MONASOR, R.; JIMÉNEZ-GIMÉNEZ, M.; PÉREZ-ROJO, J. A.; RUBIO, G., *et al.* (2001). "Validación en población española adulta de la Wender-Utah Rating Scale para la evaluación retrospectiva de trastorno por déficit de atención e hiperactividad en la infancia". *REV NEUROL*, 33: 138-44.

SAFREN, S. A.; OTTO, M. W.; SPRICH, S.; WINETT, C. L.; WILENS, T. E. y BIEDERMAN, J. (2005). "Cognitive-behavioral therapy for ADHD in medication-treated adults with continued symptoms". *Behaviour Research and Therapy*, 43 (7). 831-842.

SANDRA, J. J.; KOOIJ, S. J.; BEJEROT, S.; BLACKWELL, A.; CACI, H.; CASAS-BRUGUÉ, M.; PIETER, J.; EDVINSSON, D. *et al.* (2010). "European consensus statement on diagnosis and treatment of adult ADHD: The European Network Adult ADHD". *BMC Psychiatry*, 10: 67.

SCHAUGHENCY, E.; MCGEE, R.; RAJA, S. N. *et al.* (1994). "Self reported inattention, impulsivity and hyperactivity at ages 15 and 18 in the general population". *J Am Acad Child Adolesc Psychiatry*, 33: 173-84.

SIMON, V.; CZOBOR, P.; BALINT, S.; MESZAROS, A. y BITTER, I. (2009). "Prevalence and correlates of adult attention-deficit hyperactivity disorder: meta-analysis". *Br J Psychiatry*, 194 (3). 204-211.

SOLANTO, M. V.; MARKS, D. J.; WASSERSTEIN, J.; MITCHELL, K.; ABIKOFF, H.; ALVIR, J. M. y KOFMAN, M. D. (2010). "Efficacy of Meta-Cognitive Therapy for Adult ADHD". *The Am J Psychiatry*, 167 (8). 958-68.

SPENCER, T. J.; ADLER, L. A.; QAO, M. H.; SAYLOR, K. E.; BROWN, T. E.; HOLDNACK, J. A. *et al.* (2010). "Validation of the adult ADHD investigator symptom rating scale (AISRS)". *J Atten Disord*, 14: 57-68.

SPENCER, T.; BIEDERMAN, J.; WILENS, T.; DOYLE, R.; SURMAN, C.; PRINCE, J.; MICK, E.; ALEARDI, M.; HERZIG, K. y FARAONE, S. (2005). "A large, double-blind, randomized clinical trial of methylphenidate in the treatment of adults with attention-deficit/hyperactivity disorder". *Biol Psychiatry*, 57 (5). 456-463.

STOCKL, K. M.; HUGHES, T. E.; JARRAR, M. A.; SECNIK, K. y PERWIEN, A. R. (2003). "Physician perceptions of the use of medications for attention deficit hyperactivity disorder". *J Manag Care Pharm*. 9 (5). 416-423.

VALDIZÁN, J. R. e IZAGUERRI-GRACIA, A. C. (2009). "Trastorno por déficit de atención/hiperactividad en adultos". *REV NEUROL*. 48 (Supl 2). S95-S99.

VOLKOW, N. D y SWANSON, J. M. (2003). "Variables that affect the clinical use and abuse of methylphenidate in the treatment of ADHD". *Am J Psychiatry*, 160 (11). 1909-1918.

WARD, M. F., WENDER, P. H. y REIMHERR, F. W. (1993). "The Wender Utah Rating Scale: an aid in the retrospective diagnosis of childhood attention deficit hyperactivity disorder". *Am J Psychiatry*, 150: 885-90.

WEISS, M.; SAFREN, S. A.; SOLANTO, M. V.; HECHTMAN, L.; ROSTAIN, A. L.; RAMSAY, J. R. y MURRAY, C. (2008). "Research forum on psychological treatment of adults with ADHD". *J Atten Disord*, 11 (6). 642-651.

WILENS, T. E.; BIEDERMAN, J.; PRINCE, J.; SPENCER, T. J.; FARAONE, S. V.; WARBURTON, R.; SCHLEIFER, D.; HARDING, M.; LINEHAN, C. y GELLER, D. (1996). "Six-week, double-blind, placebo-controlled study of desipramine for adult attention deficit hyperactivity disorder". *Am J Psychiatry*, 153 (9). 1147-1153.

WILENS, T. E.; FARAONE, S. V.; BIEDERMAN, J. y GUNAWARDENE, S. (2003). "Does stimulant therapy of attention-deficit/hyperactivity disorder beget later substance abuse? A meta-analytic review of the literature", *Pediatrics*. 111 (1). 179-185.

WILENS, T. E. y SPENCER, T. J. (2000). "The stimulants revisited". *Child AdolescPsychiatrClinNAm*, 9 (3). 573-603.

YOUNG, S. y AMARASINGHE, J. (2009). "Practioner review: Non-pharmacological treatments for ADHD: A lifespan perspective". *Journal of Child Psychology and Psychiatry*.

Factores familiares y sociales relacionados con el TDAH del adulto

Isabel Hernández Otero
Vicente García Vicent
Jaime L. Galán Sánchez

Introducción

Los primeros artículos sobre TDAH en adultos no aparecen hasta finales de los años 60 del siglo pasado (Barkley *et al.*, 2008). En los años 70, se incrementaron las publicaciones centradas en el estudio clínico de los adultos con TDAH, pero no es hasta la década siguiente, con las publicaciones del grupo de psiquiatría infantil de Montreal, cuando se describen factores pronósticos en la evolución del TDAH hasta la edad adulta relacionados con la situación basal en la infancia, como la inteligencia, el nivel socioeconómico, la presencia de trastornos del aprendizaje y de conducta o aspectos relacionados con la familia, como la presencia de trastornos mentales en uno de los padres, la dinámica familiar y padres con problemas legales (Hechtman *et al.*, 1984).

En la actualidad el TDAH se considera un trastorno multifactorial, donde juegan un papel muy importante los factores genéticos y ambientales. Se considera que los factores ambientales, dentro de los que se encuentran los factores familiares y sociales, explican alrededor del 20-30% de la varianza del TDAH.

Factores psicosociales implicados en la etiología del TDAH

2.1. Interacción genética-ambiente

A partir de los estudios de Rutter (1975), se definieron factores de riesgo en el ámbito del ambiente familiar que se asociaban a un mayor riesgo de alteraciones mentales en la infancia. Ninguno de los anteriores factores de forma aislada implicaba un mayor riesgo para padecer trastorno mental, pero si se producían al menos dos factores al mismo tiempo, el riesgo de psicopatología se cuadruplicaba.

Según Faraone y Biederman (1998) estos factores psicosociales no parecen ser específicos para el TDAH, ya que son factores de riesgo comunes entre los trastornos psiquiátricos. Más bien se comportarían como factores de predisposición ante una vulnerabilidad biológica o como agravantes del curso del trastorno. Esto iría en consonancia con los modernos estudios de interacción genética-ambiente, que sugieren que las personas con ciertas variaciones genéticas pueden tener una mayor vulnerabilidad al TDAH en un entorno de adversidad psicosocial, particularmente con respecto a los síntomas de falta de atención (Froehlich *et al.*, 2011), lo que nos ofrece la perspectiva de poder explicar así las variaciones individuales en la vulnerabilidad y la resiliencia ante las amenazas ambientales en el desarrollo de los trastornos mentales y, en definitiva, entender mejor los mecanismos etiológicos subyacentes del trastorno (Nigg *et al.*, 2010). Hasta la fecha, algunos de estos efectos genética-ambiente han sido suficientemente replicados y nos han ayudado a comprender mejor cómo los factores de riesgo genéticos y ambientales pueden contribuir a la enfermedad de una manera no independiente, lo que puede explicar en parte los resultados inconsistentes sobre asociaciones genéticas (Ficks y Waldman, 2009).

La neuroimagen, que ha sido utilizada como una herramienta para investigar los efectos neurobiológicos de genes de riesgo individuales, también se está aplicando ahora para investigar los mecanismos implicados en los efectos ambientales y las interacciones entre los factores genéticos y ambientales (Plomp *et al.*, 2009; Van't Ent *et al.*, 2009).

2.2. Factores sociales y familiares

Se han asociado a la presencia de TDAH, la presencia de psicopatología parental, sobre todo por parte de la madre, así como los citados factores de Rutter, que incluyen: desacuerdo matrimonial grave, clase social baja, familia numerosa, delincuencia paterna, trastornos mentales maternos y hogar adoptivos (Biederman *et al.*, 1995). En otro estudio la presencia de TDAH también se asoció a una baja formación académica de la madre, clase social baja y ser una familia monoparental (Barkley *et al.*, 1990).

No está claro el papel que puede tener la exposición a la violencia durante la infancia, como factor de riesgo de TDAH, teóricamente podría significar un riesgo por las alteraciones que se producen en la plasticidad cerebral (Spencer *et al.*, 2007). Sin embargo, la investigación de Becker y McCloskey (2002) concluyó que la violencia intrafamiliar se relacionaba con los problemas de atención y de conducta, y con delincuencia pero en ambas consecuencias solo aumentaban en las niñas.

Posteriormente se ha encontrado asociación entre una mayor prevalencia de TDAH y factores como la baja cohesión familiar (Pheula, Rohde y Schmitz, 2011) o los antecedentes de abuso sexual (Sonnby *et al.*, 2010). Froehlich (2011) revisó los estudios que relacionaban la adversidad psicosocial, concluyendo que factores como el estrés materno durante el embarazo, las experiencias traumáticas tempranas, la atención institucional temprana, estaban asociados a un aumento del riesgo de TDAH. Sin embargo, otros factores muestran resultados contradictorios, como la exposición a la televisión y los videojuegos.

Otros estudios más recientes han obtenido otros factores de riesgo psicosocial asociados a mayor prevalencia de TDAH o mayor intensidad de los síntomas: la duración de la exposición a la deprivación afectiva temprana en niños adoptados (Roskam *et al.*, 2013), el rechazo durante la crianza (Kim y Yoo, 2013), la disfunción familiar y el abuso verbal por parte de la madre (Pires *et al.*, 2012) o el abuso emocional (Du Prel Carroll *et al.*, 2012). También se ha apuntado que las actitudes de la madre en la crianza de los hijos son el principal factor que contribuye al desarrollo socio-emocional y la autoestima del niño con TDAH (Oh *et al.*, 2012). Por otro lado, al estudiar el orden de nacimiento y el género de los hermanos podría influir en el diagnóstico de TDAH, estudios recientes lo han descartado (Ghanizadeh *et al.*, 2012). Aunque sí se ha observado riesgo de TDAH en hijos/as únicos/as en comparación con los controles (du Prel Carroll *et al.*, 2012).

Por otra parte, se ha asociado un mayor coeficiente intelectual con una menor frecuencia de la enfermedad (Pires *et al.*, 2012).

2.3. Influencias socioeconómicas, geográficas y étnicas

Entre niños con exposición prenatal a alcohol, se han observado mayor riesgo de desarrollo de hiperactividad e inatención en aquellos con nivel socioeconómico parental bajo respecto a los de nivel alto (Pfinder *et al.*, 2012).

Respecto a factores geográficos, se plantea la necesidad de determinar si la distribución geográfica del TDAH puede ser parcialmente explicada por diferencias en la eficiencia para remitir casos para el diagnóstico por los distritos escolares, aspectos relacionados con la raza/etnia o con las infraestructuras (Baumgardner *et al.*, 2010), o por la disparidad entre posibilidades de diagnóstico y tratamiento determinadas por las diferencias socioeconómicas y sociodemográficas (Morley, 2010). En este sentido se han obtenido una prevalencia más baja en Dinamarca de problemas mentales infantiles que la media europea, planteándose si esto tendría que ver con diferencias en factores de riesgo psicosocial y de estrés ambiental marcados por el contexto social y cultural (Elberling *et al.*, 2010). Otro estudio centró la investigación sobre el contexto barrio como un moderador de la relación entre los síntomas del TDAH y los problemas de conducta en adolescentes (Zalot *et al.*, 2009). En este sentido, se ha señalado también a la necesidad de adaptación de los instrumentos para el diagnóstico del TDAH a las distintas variaciones culturales (Bradley, 2007).

La influencia de las características étnicas y socioeconómicas en la prevalencia del TDAH en población específicamente adulta ha sido poco estudiada (Polanczyk y Rohde, 2007). Hay resultados donde se observa una prevalencia menor del trastorno en los profesionales que en otros trabajadores (de Graaf *et al.*, 2008) y también menor entre trabajadores en activo y desempleados (Kessler *et al.*, 2006).

La evaluación de la presencia y características del TDAH entre los grupos étnicos puede revelar las variables ambientales o culturales que influyen en la aparición de este trastorno. Esto se investigó en un estudio reciente en Chile que comparaba dos comunidades: una de los valles del interior, donde predomina la población aymara, y otra de Santiago. Los aymara con TDAH muestran características similares a los de Santiago, sin embargo, tenían significativamente menos comorbilidades psiquiátricas. Estos resultados sugieren que las características clínicas de TDAH no son uniformes entre los grupos étnicos y culturas (Carrasco *et al.*, 2013). En el estudio de Kessler (2006), citado anteriormente, se encontró una mayor prevalencia en la población blanca no hispana.

3 Factores psicosociales asociados al pronóstico o la expresión del TDAH

De forma general, los problemas de atención tienden a disminuir durante todo el desarrollo. Las influencias genéticas tienen efectos duraderos y no cambian, sin embargo, los efectos ambientales se van acumulando a lo largo de la vida, alterando así las diferencias individuales de los problemas atencionales, tanto en sujetos con o sin TDAH. Para evitar que las personas desarrollen problemas de atención duraderos e incluso TDAH, la detección temprana de las influencias ambientales y las intervenciones que tengan en cuenta estas influencias son cruciales (Kan *et al.*, 2012).

En un estudio de seguimiento durante 2 años realizado en España con niños y adolescentes con TDAH, se obtuvo que un 30% de la muestra no había mejorado o había empeorado, y los factores que se asociaron a este hecho fueron la comorbilidad psiquiátrica, el incumplimiento del tratamiento farmacológico y la presencia de crianza inadecuada, adversidad social y familiar y estrés psicosocial (López-Seco *et al.*, 2012). Los eventos vitales traumáticos también se han asociado con mayor severidad del TDAH, independientemente de la comorbilidad psiquiátrica (García *et al.*, 2012).

También la comorbilidad parece ser influida por determinados factores psicosociales, fundamentalmente familiares. Los rasgos autísticos de la madre parecen ser predictores de síntomas autísticos en niños con TDAH (Kröger *et al.*, 2011). En el Síndrome de Tourette, la comorbilidad con el TDAH se ha asociado con factores de riesgo psicosociales como conflictividad familiar o el bajo nivel educativo familiar, menor nivel cultural de los padres, historia familiar de TDAH y consumo materno de tabaco (Cui y Zheng, 2010), así como el rechazo de la madre, los castigos del padre y la cohesión de la familia correlaciona con comorbilidad entre TDAH y trastorno de ansiedad (Zhang *et al*, 2009). Incluso la disfunción ejecutiva a largo plazo y los problemas de atención en niños tras un traumatismo cráneo-encefálico, lo que podríamos llamar un TDAH adquirido o secundario, disminuyen en familias con un funcionamiento global positivo y actitudes de crianza no permisivas (Rosenberg *et al*., 2012).

Otros factores pronósticos son los asociados con una peor respuesta al tratamiento con metilfenidato en niños con TDAH: presencia del subtipo combinado, comorbilidad con trastorno oposicionista desafiante, la presencia y gravedad de TDAH materno y el hecho de ser un embarazo no deseado (Purper-Oukail and Franc, 2011). Haperin y Healey (2011) proponen que el ejercicio físico y el juego como estrategias para promover el neurodesarrollo y mejorar el funcionamiento del cerebro en los pacientes con TDAH, tratando de mantener y potenciar los efectos del tratamiento a largo plazo.

4 Consecuencias familiares y sociales del TDAH

Las personas con TDAH experimentan muchos problemas sociales como adultos, y el predictor más potente de resultados adversos en la vida adulta es la impulsividad (Barkley y Fisher, 2010). La presencia de TDAH en el adulto ha demostrado ser relevante en el comportamiento delictivo (Jantzer *et al*., 2012). Otros estudios también obtienen que el TDAH eleva el riesgo de victimización entre pares y de delitos contra la propiedad (Turner *et al*., 2011). Además, no hay una evidencia concluyente de que los programas de tratamiento actuales, que incluyen el abordaje farmacológico y psicosocial, disminuyan el riesgo de delincuencia en el adulto con TDAH (Polier, 2012).

La incorporación al mercado laboral para los adultos con TDAH es un reto, como lo demuestran sus bajas tasas de empleo. Tanto factores personales como sociales (la percepción de apoyo social y familiar) predicen la obtención de un trabajo y se deben tener en cuenta al diseñar estrategias de búsqueda de empleo para ellos (Holwerda *et al*., 2013). En el estudio de Graaf (2008), la media de días de ausencia por enfermedad en los trabajadores con TDAH era considerablemente mayor, así como los días de menor trabajo o de menor calidad del mismo.

El TDAH también se ha asociado como predictor de mayor necesidad de asistencia a la hora de realizar tareas del hogar, junto a la presencia de estrés parental, lo cual es un marcador de la dificultad de estos pacientes para asumir roles adultos e independizarse (Duna *et al*., 2009). Este hecho, unido a los problemas para conseguir y mantener un empleo y de manejo de las finanzas, podrían explicar por qué las personas con TDAH tienen un riesgo más alto de indigencia (Fisher y Barkley, 2006).

Por otra parte, tener un hijo con TDAH es un factor de riesgo para el divorcio de los padres y el conflicto marital (Schermerhorn *et al*., 2012). Las madres de niños con TDAH experimentan altos niveles de estrés y mayor riesgo de patología mental, por lo que se les debe ofrecer información sobre su propia salud y la necesidad de realizar actividades saludables, así como psicoeducación que les permita manejar y dominar la discapacidad y las necesidades de sus hijos (Bourke-Taylor *et al.*, 2012). Hay muchos estudios que correlacionan el riesgo de TDAH con problemas familiares, pero pocos que estudien el papel de los padres en contribuir al desarrollo académico y competencial de los niños con TDAH, es decir, a mejorar su resiliencia (Deault, 2010).

5 Reflexiones y controversias sobre la influencia de los factores psicosociales en el TDAH

Burt (2009) publicó un meta-análisis sobre estudios de psicopatología infantil con gemelos, en el que concluía que el TDAH era el único trastorno del comportamiento infantil que no manifestaba una significativa influencia por factores ambientales. Aunque este estudio fue rápidamente replicado (Word *et al.*, 2010) otros autores se preguntan incluso si hemos descartado el concepto de daño cerebral en el TDAH "demasiado pronto" (Nigg, 2011).

En este sentido, otro estudio investigó la estabilidad en diferentes épocas de los síntomas de falta de atención e impulsividad medida en los niños. Para ello se compararon una muestra de 1983 con otra actual medida con el mismo instrumento, concluyendo que los niños no son más o menos distraídos e impulsivos hoy que en 1983, lo que sugeriría que la falta de atención y la impulsividad son rasgos neurobiológicos estables no afectados por factores culturales, educativos y ambientales (Mayes *et al.*, 2012).

El papel de los factores psicosociales en la perpetuación y la predisposición al desarrollo de TDAH se ha descuidado en el campo de la salud mental. Los médicos que hacen un diagnóstico de TDAH tienden a subestimar la presencia de factores psicosociales y son menos propensos a preguntar sobre ellos (Richards, 2012). Aunque es necesaria una mayor investigación de la relación entre los factores de riesgo psicosocial y el TDAH, idealmente mediante seguimiento de cohortes a partir del embarazo, con evaluaciones longitudinales de la exposición y de los posibles factores de riesgo, en muestras de poder estadístico adecuado para investigar las relaciones gen-ambiente (ya está en marcha el US National Children's Study, con planes para observar 100.000 niños desde antes de nacer hasta los 21 años) (Froehlich *et al.*, 2011), ya existe considerable investigación que muestra los vínculos entre los síntomas del TDAH y la enfermedad mental de los padres, el maltrato infantil, trastornos de apego y otros factores ambientales (Richards, 2012).

Las implicaciones de estos resultados hablan de la necesidad de un enfoque bio-psico-social más integrado en el TDAH. Los investigadores han demostrado la utilidad de los enfoques de intervención psicosocial para el tratamiento de los jóvenes con estos problemas y la evidencia actual parece apoyar la superioridad de los tratamientos multimodales (Villodas *et al.*, 2012), con intervenciones dirigidas a los niños, los padres y, si es posible, el maestro (Walitza *et al.*, 2012). El abordaje comprehensivo del paciente y las preferencias de tratamiento de la familia, así como la identificación de las necesidades y los objetivos del tratamiento, deben conducir la práctica clínica futura con el objetivo de avanzar en la utilización de un enfoque individualizado en el TDAH (Hodgkins *et al.*, 2013).

Ningún factor de riesgo por si solo explica el TDAH. Ambos factores hereditarios y no hereditarios contribuyen y sus efectos son interdependientes. El TDAH es familiar y heredable. Los riesgos genéticos implicados en el TDAH tienden a tener pequeños tamaños del efecto o ser poco frecuentes y, a menudo, aumenta el riesgo de muchos otros tipos de psicopatologías. Por lo tanto las pruebas genéticas no pueden ser utilizadas para la predicción o con fines diagnósticos más allá de lo que se predice por una historia familiar. Es necesario tener en cuenta la posibilidad de que los padres y hermanos estén afectados de manera similar y cómo esto podría tener un impacto en el enganche con las familias y en la influencia de las intervenciones y podría requerir la integración entre los servicios de salud mental de niños y adultos. Las contribuciones genéticas a la enfermedad no significan necesariamente que los medicamentos son el tratamiento de elección. Los hallazgos de las investigaciones pueden influir en la conceptualización del TDAH y en las implicaciones políticas de salud pública. Es inútil y erróneo separar las explicaciones genéticas/biológicas y ambientales, y es esencial que los profesionales pueden interpretar los resultados de la investigación genética y etiológica e impartir explicaciones informadas a las familias (Thapar *et al.*, 2012).

NOTAS BIBLIOGRÁFICAS

BARKLEY, R. A.; DU PAUL, G. J. y MCMURRAY, M. B. (1990). "Comprehensive evaluation of attention disorder with and without hyperactivity as defined by research criteria". *J Consult Clin Psychol*, 58 (6). 775-89. (Tomado de la tesis doctoral del Dr. Ramos Quiroga. (2009). UAB. Barcelona).

BARKLEY, R. A. y FISCHER, M. (2010). "The unique contribution of emotional impulsiveness to impairment in major life activities in hyperactive children as adults". *J Am Acad Child Adolesc Psychiatry*, 49 (5). 503-513. (Tomado de la tesis doctoral presentada por el Dr. Ramos Quiroga. UAB. Barcelona).

BARKLEY R.; MURPHY, K. V. y FISHER, M. (2008). "TDAH en adultos. Lo que nos dice la ciencia". (Tomado de la *tesis doctoral del Dr. Ramos Quiroga*). Barcelona. UAB. J&C Ediciones Médicas.

BAUMGARDNER, D. J.; SCHREIBER, A. L.; HAVLENA, J. A.; BRIDGEWATER, F. D.; STEBER, D. L. y LEMKE, M. A. (2010). "Geographic analysis of diagnosis of Attention-Deficit/Hyperactivity Disorder in children: Eastern Wisconsin, USA". *Int J Psychiatry Med*, 40 (4). 363-82.

BECKER, K. B. y MCCLOSKEY, L. A. (2002). "Attention and conduct problems in children exposed to family violence". *Am J Orthopsychiatry*, 72: 83-91.

BIEDERMAN, J.; MILBERGER, S.; FARAONE, S. V. *et al.* (1995). "Familiy-environment risk factors for attention-deficit hyperactivity disorder. A test or Rutter's indicators of adversity". *Arch Gen Psychiatry*, 52 (6). 464-70. (Tomado de la tesis doctoral presentada por el Dr. Ramos Quiroga. Barcelona. UAB.

BOURKE-TAYLOR, H.; PALLANT, J. F.; LAW, M. y HOWIE, L. (2012). "Predicting mental health among mothers of school-aged children with developmental disabilities: the relative contribution of child, maternal and environmental factors". *Res Dev Disabil*. Noviembre-Diciembre; 33 (6). 1732-40.

BRADLEY, R. H. (2007) "The struggle to assure equal treatment for all children with ADHD". *J Dev Behav Pediatr*, 28 (5). 404-5.

BURT, S. A. (2010). "Are there shared environmental influences on attention-deficit/hyperactivity disorder?". Reply to Wood, Buitelaar, Rijsdijk, Asherson, and Kuntsi [corrected]. *Psychol Bull*. Mayo,136 (3). 341-3.

CARRASCO, X.; DAIBER, F.; ROTHHAMMER, P.; HUERTA, D.; ANDRADE, C.; OPAZO, P.; PAZ LAGOS, L.; ROTHHAMMER, F. y ABOITIZ, F. (2012). "Attention deficit hyperactivity disorder in Aymara children". *Rev Med Chil*. Noviembre; 140 (11). 1409-16.

CHAZAN, R.; BOROWSKI, C.; PIANCA, T.; LUDWIG, H.; ROHDE, L. A. y POLANCZYK, G. (2011). "Do phenotypic characteristics, parental psychopathology, family functioning, and environmental stressors have a role in the response to methylphenidate in children with attention-deficit/hyperactivity disorder? A naturalistic study from a developing country". *J Clin Psychopharmacol*. Junio; 31 (3). 309-17.

CLEMENTS, S. D. y PETERS, J. E. (1962). "Minimal brain dysfunctions in the school-age child. Diagnosis and treatment". *Arch Gen Psychiatry*, 6; 185-97. (Tomado de la tesis doctoral del Dr. Ramos Quiroga. Barcelona. UAB.

CUI, Y. H. y ZHENG, Y. (2010). "Multiplicity analysis on the risk factors of patients with Tourette syndrome to develop the comorbidity of attention-deficit hyperactivity disorder". *Zhonghua Er Ke Za Zhi*. Mayo; 48 (5). 342-5.

DE GRAAF, R.; KESSLER, R. C.; FAYYAD, J. *et al*. (2008) "The prevalence and effects of adult attention-deficit/hiperactivity disorder (ADHD) on the performance of workers: results from the WHO World Mental Haelth Survey Initiative". *Occup Environ Med*, 65 (12). 835-42. (Tomado de la tesis doctoral del Dr. Ramos Quiroga. Barcelona. UAB.

DEAULT, L. C. (2010). "A systematic review of parenting in relation to the development of comorbidities and functional impairments in children with attention-deficit/hyperactivity disorder (ADHD)". *Child Psychiatry Hum Dev*, 41 (2). 168-92.

DU PREL CARROLL, X.; YI, H.; LIANG, Y.; PANG, K.; LEEPER-WOODFORD, S.; RICCARDI, P. y LIANG, X. (2012). "Family-environmental factors associated with attention deficit hyperactivity disorder in Chinese children: a case-control study". *PLoS One*, 7 (11). e50543.

DUNN, L.; COSTER, W. J.; COHN, E. S. y ORSMOND, G. I. (2009). "Factors associated with participation of children with and without ADHD in household tasks". *Phys Occup Ther Pediatr*, 29 (3). 274-94.

ELBERLING, H.; LINNEBERG, A.; OLSEN, E. M.; GOODMAN, R. y SKOVGAARD, A. M. (2010). "The prevalence of SDQ-measured mental health problems at age 5-7 years and identification of predictors from birth to preschool age in a Danish birth cohort: the Copenhagen Child Cohort 2000". *Eur Child Adolesc Psychiatry*. Septiembre; 19 (9). 725-35.

FARAONE, S.V. y BIEDERMAN, J. (1998). "Neurobiology of attention-deficit disorder". *Biol Psichiatry*, 44 (10). 951-8. (Tomado de la tesis doctoral del Dr. Ramos Quiroga. Barcelona. UAB.

FICKS, C. A. y WALDMAN, I. D. (2009). "Gene-environment interactions in attention-deficit/hyperactivity disorder". *Curr Psychiatry Rep*, Octubre; 11 (5). 387-92.

FISCHER, M. y BARKLEY, R. (2006). "Young adult outcomes of children with hyperactivity: leisure, financial, and social activities". *Int J Disabil Dev Educ*, 53 (2). 229-245.

FROEHLICH, T. E.; ANIXT, J. S.; LOE, I. M.; CHIRDKIATGUMCHAI, V.; KUAN, L. y GILMAN, R. C. (2011). "Update on environmental risk factors for attention deficit/hyperactivity disorder". *Curr Psychiatry Rep*. Octubre; 13 (5). 333-44.

GARCÍA, C. R.; BAU, C. H.; SILVA, K. L.; CALLEGARI-JACQUES, S. M.; SALGADO, C. A.; FISCHER, A. G.; VICTOR, M. M.; SOUSA, N. O.; KARAM, R. G.; ROHDE, L. A.; BELMONTE-DE-ABREU, P. y GREVET, E. H. (2012). "The burdened life of adults with ADHD: impairment beyond comorbidity". *Eur Psychiatry*. Julio; 27 (5). 309-13.

GHANIZADEH, A.; ABOTORABI-ZARCHI, M.; MOHAMMADI, M. R.; FIROOZABADI, A. (2012). "Birth order and sibling gender ratio of a clinical sample of children and adolescents diagnosed with attention deficit hyperactivity disorder". *Iran J Psychiatry*. Summer; 7 (3). 109-13.

HALPERIN, J. M. y HEALEY, D. M. (2011). "The influences of environmental enrichment, cognitive enhancement, and physical exercise on brain development: can we alter the developmental trajectory of ADHD?" *Neurosci Biobehav*. Enero; 35 (3). 621-34.

HECHTMAN, L.; WEISS, G.; PERLMAN, T. *et al.* (1984). "Hiperactives as young adults: initial predictors of adult outcome". *J Am Child Psychiatry*, 23 (3). 250-60. (Tomado de la tesis doctoral del Dr. Ramos Quiroga. UAB. Barcelona).

HODGKINS, P.; DITTMANN, R. W.; SOROOSHIAN, S. y BANASCHEWSKI, T. (2013). "Individual treatment response in attention-deficit/hyperactivity disorder: broadening perspectives and improving assessments". *Expert Rev Neurother*. Abril; 13 (4). 425-33.

HOLWERDA, A.; VAN DER KLINK, J. J.; DE BOER, M. R.; GROOTHOFF, J. W. y BROUWER, S. (2013). "Predictors of sustainable work participation of young adults with developmental disorders". *Res Dev Disabil*. Septiembre; 34 (9). 2753-63.

JANTZER, V.; HAFFNER, J.; PARZER, P.; ROOS, J.; STEEN, R. y RESCH F. (2012). "The relationship between ADHD, problem behaviour and academic achievement at the end of primary school". *Prax Kinderpsychol Kinderpsychiatr*, 61(9).662-76.

KAN, K. J.; DOLAN, C. V.; NIVARD, M. G.; MIDDELDORP, C. M.; VAN BEIJSTERVELDT, C. E.; WILLEMSEN, G. y BOOMSMA, D. I. (2013). "Genetic and environmental stability in attention problems across the lifespan: evidence from the Netherlands twin register". *J Am Acad Child Adolesc Psychiatry*. Enero; 52 (1). 12-25.

KESSLER, R. C.; ADLER, L.; BARKLEY, R. *et al.* (2006). "The prevalence and correlates of adult ADHD in the United States: results from the National Comorbidity Survey Replication". *Am J Psyquiatry*, 163 (4). 716-23. (Tomado de la tesis doctoral del Dr. Ramos Quiroga. Barcelona. UAB.

KIM, D. H. y YOO, I. Y. (2013). "Relationship between attention deficit hyperactive disorder symptoms and perceived parenting practices of school-age children". *J Clin Nurs.* Abril; 22 (7-8). 1133-9.

KRÖGER, A.; HÄNIG, S.; SEITZ, C.; PALMASON, H.; MEYER, J. y FREITAG, C. M. (2011). "Risk factors of autistic symptoms in children with ADHD". *Eur Child Adolesc Psychiatry*. Diciembre; 20 (11-12). 561-70.

KUROWSKI, B. G.; TAYLOR, H. G.; YEATES, K. O.; WALZ, N. C.; STANCIN, T. y WADE, S. L. (2011). "Caregiver ratings of long-term executive dysfunction and attention problems after early childhood traumatic brain injury: family functioning is important". *PM R*. Septiembre; 3 (9). 836-45.

LÓPEZ SECO, F.; MASANA MARÍN, A.; MARTÍ SERRANO, S.; ACOSTA GARCÍA, S. y GAVIRIA GÓMEZ, A. M. (2012). "The course of attention deficit/ hyperactivity disorder in an outpatient sample". *An Pediatr.* Mayo; 76 (5). 250-5.

MAYES, S. D.; GORDON, M., CALHOUN, S. L. y BIXLER, E. O. (2012). "Long-Term Temporal Stability of Measured Inattention and Impulsivity in Typical and Referred Children". *J Atten Disord*. Junio 11. [Epub ahead of print].

MORLEY, C. P. (2010). "Disparities in ADHD assessment, diagnosis, and treatment". *Int J Psychiatry Med*, 40 (4). 383-9.

NIGG, J. (2012). "Environment, Developmental Origins, and Attention-Deficit/Hyperactivity Disorder. *Arch Pediatr Adolesc Med*, 166 (4). 387-388.

NIGG, J.; NIKOLAS, M. y BURT, S. A. (2010). "Measured gene-by-environment interaction in relation to attention-deficit/hyperactivity disorder". *J Am Acad Child Adolesc Psychiatry*. Septiembre; 49 (9). 863-73.

OH, W. O.; PARK, E. S.; SUK, M. H.; SONG, D. H. y IM, Y. (2012). "Parenting of children with ADHD in South Korea: the role of socio-emotional development of children with ADHD". *J Clin Nurs*. Julio; 21 (13-14). 1932-42.

PFINDER, M.; LIEBIG, S. y FELDMANN, R. (2012). "Explanation of social inequalities in hyperactivity/inattention in children with prenatal alcohol exposure". *Klin Padiatr*. Septiembre; 224 (5). 303-8.

PHEULA, G. F.; ROHDE, L. A. y SCHMITZ, M. (2011). "Are family variables associated with ADHD, inattentive type? A case-control study in schools". *Eur Child Adolesc Psychiatry*. Marzo; 20 (3). 137-45.

PIRES, T.; DE, O.; SILVA, C. M. y ASSIS, S. G. (2012). "Family environment and attention-deficit hyperactivity disorder". *Rev Saude Publica*. Agosto; 46 (4). 624-32.

PLOMP, E.; VAN ENGELAND, H. y DURSTON, S. (2009). "Understanding genes, environment and their interaction in attention-deficit hyperactivity disorder: is there a role for neuroimaging?" *Neuroscience*. Noviembre, 24; 164 (1). 230-40.

POLANCZYK, G. y ROHDE, L. A. (2007). "Epidemiology of attention-deficit/hyperactivity disorders across the lifespan". *Curr Opin Psychiatry*, 20 (4). 386-92. (Tomado de la tesis doctoral del Dr. Ramos Quiroga. Barcelona. UAB.

PURPER-OUAKIL, D. y FRANC N. (2011). "Emotional dysfunctions in attention deficit hyperactivity disorder". *Arch Pediatr*. Junio; 18 (6). 679-85.

RICHARDS, L. M. (2012). "It is time for a more integrated bio-psycho-social approach to ADHD". *Clin Child Psychol Psychiatry*. Noviembre, 16. [Epub ahead of print].

ROSENBERG, J.; PENNINGTON, B. F.; WILLCUTT, E. G. y OLSON, R. K. (2012). "Gene by environment interactions influencing reading disability and the inattentive symptom dimension of attention deficit/hyperactivity disorder". *J Child Psychol Psychiatry*. Marzo; 53 (3). 243-51.

ROSKAM, I.; STIEVENART, M.; TESSIER, R.; MUNTEAN, A.; ESCOBAR, M. J.; SANTELICES, M. P.; JUFFER, F.; VAN IJZENDOORN, M. H. y PIERREHUMBERT, B. (2013). "Another way of thinking about ADHD: the predictive role of early attachment deprivation in adolescents' level of symptoms". *Soc Psychiatry Psychiatr Epidemiol*. Abril 20. [Epub ahead of print].

RUTTER, M.; COX, A.; TUPLING, C. *et al*. (1975). "Attainment and adjustment in two geographical areas. The prevalence of psyquiatric disorder". *Br J Psychiatry*, 126: 493-509.

SCHERMERHORN, A. C.; D'ONOFRIO, B. M.; SLUTSKE, W. S.; EMERY, R. E.; TURKHEIMER, E.; HARDEN, K. P.; HEATH, A. C. y MARTIN, N. G. (2012). "Offspring ADHD as a risk factor for parental marital problems: controls for genetic and environmental confounds". *Twin Res Hum Genet*. Diciembre; 15 (6). 700-13.

SPENCER, T. J.; BIEDERMAN, J. y MICK, E. (2007). "Attention-deficit/hyperactivity disorder: diagnosis, lifespan, comorbidities, and neurology". *Ambul Peditr*, 7 (1 Suppl). 73-81. (Tomado de la tesis doctoral presentada por el Dr. Ramos Quiroga. Barcelona. UAB.

STEIN, D. S.; BLUM, N. J. y BARBARESI, W. J. (2011). "Developmental and behavioral disorders through the life span". *Pediatrics*. Agosto; 128 (2). 364-73.

STRAUSS, A. A. y LEHTINEN, L. E. (1947). "Psychopatholoy and education of the brain-injured child". Grune & Stratton. (Tomado de la *tesis doctoral presentada por el Dr. Ramos Quirog*a. Barcelona UAB.

THAPAR, A.; COOPER, M.; EYRE, O. y LANGLEY, K. (2013). "What have we learnt about the causes of ADHD?" *J Child Psychol Psychiatry*. Enero; 54 (1). 3-16.

TURNER, H. A.: VANDERMINDEN, J.; FINKELHOR, D.; HAMBY, S. y SHAT-TUCK A. (2011). "Disability and victimization in a national sample of children and youth". *Child Maltreat.* Noviembre; 16 (4). 275-86.

VAN, T.; ENT, D.; VAN BEIJSTERVELDT, C. E.; DERKS, E. M.; HUDZIAK, J. J.; VELTMAN, D. J.; TODD, R. D.; BOOMSMA, D. I. y DE GEUS, E. J. (2009). "Neuroimaging of response interference in twins concordant or discordant for inattention and hyperactivity symptoms". *Neuroscience.* Noviembre 24; 164 (1). 16-29.

VILLODAS, M. T.; PFIFFNER, L. J. y MCBURNETT, K. (2012). "Prevention of serious conduct problems in youth with attention deficit/hyperactivity disorder". *Expert Rev Neurother.* Octubre; 12 (10). 1253-63.

VON POLIER, G. G.; VLOET, T. D. y HERPERTZ-DAHLMANN, B. (2012). "ADHD and delinquency-a developmental perspective". *Behav Sci Law*, Marzo-Abril; 30 (2). 121-39.

WALITZA, S.; DRECHSLER, R. y BALL, J. (2012). "The school child with ADHD". *Ther Umsch.* Agosto; 69 (8). 467-73.

WOOD, A. C.; BUITELAAR, J.; RIJSDIJK, F.; ASHERSON, P. y KUNTSI, J. (2010). "Rethinking shared environment as a source of variance underlying attention-deficit/hyperactivity disorder symptoms: comment on Burt". *Psychol Bull.* Mayo; 136 (3). 331-40.

ZALOT, A.; JONES, D. J.; KINCAID, C. y SMITH, T. (2009). "Hyperactivity, impulsivity, inattention (HIA) and conduct problems among African American youth: the roles of neighborhood and gender". *J Abnorm Child Psychol.* Mayo; 37 (4). 535-49.

ZHANG, Y. B.; LUO, X. R.; LIU, X.; WEI, Z.; GUAN, B. Q.; YUAN, X. H.: YE, H. S.; NING, Z. J.; YANG, W.; DING, J. y DENG, Y. L. (2009). "A case-control study on family environment related factors in attention deficit hyperactivity disorder with anxiety disorder". *Zhonghua Liu Xing Bing Xue Za Zhi.* Febrero; 30 (2). 119-22.

La comorbilidad con la adicción a drogas y el TDAH en adultos

Antonio Terán Prieto

Introducción

El TDAH de adultos en uno de los retos más importantes de la psiquiatría de adultos en la actualidad. Durante años se pensó que estábamos ante un trastorno cerebral que afectaba a la infancia/adolescencia y con la llegada de la juventud y de la edad adulta desaparecía. Nada más lejos de la realidad, ya que a la luz de las evidencias científicas de los últimos años, principalmente estudios de seguimiento y estudios epidemiológicos, podemos afirmar que el Trastorno por Déficit de Atención con Hiperactividad, trastorno del neurodesarrollo de inicio en la infancia, persiste durante la adolescencia, la juventud y también en la edad adulta en aproximadamente dos tercios de los afectados, en los que son claramente evidentes signos de deterioro clínico y psicosocial relacionados con la presencia de un síndrome clínico completo o bien de sintomatología de forma parcial. Si bien existen discrepancias en las tasas de persistencia en los adultos debido a factores como: utilización de diferentes criterios diagnósticos, diferentes criterios de selección, cambios en las fuentes de información, etc. que dificultan, por el momento, conocer la prevalencia real, estudios realizados en los últimos años en población adulta sitúan esta prevalencia entre el 2%-5%.

La Tabla 1 muestra los factores infantiles de predicción del TDAH en la edad adulta de acuerdo a un estudio realizado por la organización Mundial de la Salud añadidos a los destacados por Biederman *et al*. en 1996. Por su parte Faraone *et al*., en línea con lo aportado por Biederman, señalan que las formas persistentes de TDAH tienen una mayor carga familiar que las de los TDAH no persistentes, con mayores tasas de TDAH en los padres y hermanos de los pacientes en los que persiste el TDAH, así como también tasas elevadas de este trastorno en la descendencia de padres con TDAH. Asimismo, sobre la base de estudios realizados en gemelos y de adopción, les lleva a relacionar el carácter familiar del TDAH con factores genéticos más que con riesgos ambientales compartidos.

Subtipo combinado de TDAH en la infancia.
Gravedad de los síntomas.
Presencia de depresión comórbida.
Tasas elevadas de otras comorbilidades.
Adversidad social.
Presencia de psicopatología en los padres.
Antecedentes familiares de TDAH.
Adversidad psicosocial.
Comorbilidad con trastornos de conducta, trastornos del estado de ánimo y trastornos de ansiedad.

Tabla 1.
Factores infantiles de predicción del TDAH en la edad adulta.

A pesar de lo comentado existe un gran número de adultos con Trastorno por Déficit de Atención con Hiperactividad que no han sido diagnosticados ni tratados ni en su infancia, ni en la adolescencia-juventud y mucho menos en la edad adulta, a pesar de los problemas y disfunciones que este trastorno pueda estar causando a lo largo de su vida. A ello pueden estar contribuyendo diferentes factores, desde el cambio en la expresión clínica del trastorno en la infancia frente al que observamos en el adulto; los problemas de diagnóstico diferencial por la presencia de otros síndromes psiquiátricos que acompañan al TDAH o presentan síntomas que remedan a este pudiendo inducirnos a un diagnóstico equivocado y, por qué no decirlo, la existencia de profesionales que a pesar de las evidencias de primer nivel comentadas, aún dudan o abiertamente rechazan la existencia de este trastorno, basándose en la percepción histórica de que estamos ante un trastorno que afecta únicamente a los niños, con lo que se hace difícil, por no decir imposible, su diagnóstico y tratamiento superada esta etapa de la vida.

2 Clínica del TDAH en adultos

El trastorno por déficit de atención con hiperactividad evoluciona a lo largo del curso vital de forma que los síntomas de la infancia se parecen poco a los del adulto. Los datos obtenidos de muestras clínicas y estudios epidemiológicos en los que se comparan la clínica en niños, adolescentes, jóvenes y adultos, ponen de manifiesto la existencia de una reducción global de los síntomas a la vez que un cambio en su intensidad. Todos los estudios parecen coincidir en que los síntomas de hiperactividad-impulsividad disminuyen con la edad, mientras persisten los síntomas de inatención. Millstein *et al.* estudian la evolución de los síntomas del

TDAH en adultos constatando como la hiperactividad-impulsividad mejora con el paso de los años, mientras los síntomas de inatención sigue siendo el rasgo prominente en mas del 90% de los adultos de su muestra.

- **Síntomas de inatención**: los adultos con TDAH referirán en la exploración clínica su tendencia a distraerse, la dificultad para mantener la concentración en las tareas que ejecutan, el pasar por alto detalles importantes y cometer errores por descuido. Pierden del hilo en las conversaciones o en la lectura, lo que obliga a la relectura para poder comprender el texto. Asimismo destacan el desorden, a veces caótico, en las diferentes facetas de su vida, las dificultades para organizar y planificar las tareas y el tiempo, la impuntualidad, la tendencia a posponer *sine die* las obligaciones dejándolo todo para el último momento, el último minuto. Tienen tendencia a cansarse, aburrirse una vez iniciadas las tareas y abandonar sin concluirlas, ausencia de autodisciplina. La necesidad de cambiar de actividad les lleva a saltar de un tema a otro sin un fin concreto "sensación de no conseguir objetivos". Son frecuentes el olvido de las actividades programadas, de los compromisos y de las citas, así como la pérdida o extravío de objetos personales de uso habitual: libros, llaves, móvil, gafas, etc. Presentan dificultad en la toma de decisiones, falta de visión general de las cosas y una marcada sensibilidad al estrés.

- **Síntomas de hiperactividad-impulsividad**: la hiperactividad motora en los adultos con TDAH es sustituida por una sensación subjetiva de desasosiego, inquietud interna, "nerviosismo", "motor interno", dificultad para relajarse. Tienen problemas para permanecer sentados durante un tiempo prolongado en situaciones en las que es obligado: cine, comidas, conferencia, concierto, iglesia, etc., o la necesidad de estar siempre ocupado, siempre haciendo algo pudiendo presentar disforia en los momentos de inactividad. Asimismo podemos observar la presencia de un movimiento continuo en manos o piernas (taconeo, chasquido de dedos, etc).

  La impulsividad se traduce en impaciencia, problemas de autocontrol, tendencia a tomar decisiones u opinar de forma rápida sin analizar la situación, el contexto y las consecuencias de las mismas. No dejar hablar o interrumpir las conversaciones incluso sin estar participando en ellas, o contestar antes de que terminen de hacer la pregunta, la dificultad o ausencia de capacidad para escuchar. Son muy habladores y suelen hacerlo en tono alto. En otras ocasiones la impulsividad se manifiesta por el gasto desmesurado sin un fin concreto, la tendencia a iniciar nuevos trabajos, nuevas relaciones personales o la búsqueda de sensaciones.

  Los adultos también presentan otros síntomas que no encontraremos en los criterios diagnóstico DSM o CIE centrados en población infanto-juvenil. Entre ellos destacamos los problemas y dificultad en el control de las emociones, que da lugar a frecuentes cambios de estado de ánimo, incluso en el mismo día y los accesos de irritación, rabia, ira y explosividad. Asimismo, constatamos la disregulación de los circuitos de motivación y recompensa lo que se relaciona con la dificultad para la constancia en el trabajo, el iniciar las actividades con mucha energía pero inmediatamente cansarse, aburrirse y abandonar, las dificultades en el aplazamiento de las recompensas, etc.

Este conjunto de síntomas irrumpe en la vida de los adultos con TDAH provocando serias disfunciones en las diferentes áreas. Así, podemos encontrar cambios frecuentes de trabajo bien por abandono asociado al cansancio o aburrimiento o por despidos asociados al bajo rendimiento, acumulación de bajas, problemas de relación con compañeros o superiores, etc. La inestabilidad también se manifiesta en las relaciones interpersonales con cambios frecuentes de amistades y relaciones de pareja. También presentan una mayor frecuencia de accidentes de tráfico y siniestrabilidad en general relacionada con los despistes, distracciones, la impulsividad y la necesidad de estimulación con actividades de riesgo. Todo ello incluido en un modo de vida poco saludable en el que con mucha frecuencia encontramos el abuso/dependencia de tabaco, alcohol y drogas ilegales, las relaciones sexuales de riesgo, los problemas crónicos de sueño por alteración del ritmo sueño-vigilia con tendencia a retrasar la hora de acostarse, etc... Una reciente revisión del NICE (National Institute for Health and Clinical Excellence) señalaba la presencia de mayores tasas de desempleo, bajo rendimiento en el trabajo, mayor frecuencia de infracciones y accidentes de tráfico, así como mayor número de arrestos, condenas y encarcelamientos por diferentes tipos de delitos.

El TDAH de los adultos, como también sucede en la etapa infantil, presenta alta prevalencia de comorbilidad psiquiátrica. Así, el 75% presenta junto al TDAH al menos otro trastorno psiquiátrico siendo la media de comorbilidades psiquiátricas de tres trastornos, entre los que encontramos:

~ Trastornos del estado de ánimo.
~ Trastornos de ansiedad.
~ Trastorno por consumo de sustancias.
~ Trastornos de la personalidad.
~ Trastornos de sueño.
~ Trastornos del control de los impulsos.
~ Trastornos del aprendizaje.
~ Otros trastornos del neurodesarrollo.

3 Diagnóstico

Debe ser fruto de un examen clínico o entrevista (anamnesis) detallada y exhaustiva tanto del paciente como de familiares próximos que aporten información sobre la presencia de sintomatología en la infancia/adolescencia y su evolución en la edad adulta. Por desgracia, hasta el momento, no existe una prueba o "marcador" neurobiológico o neuropsicológico que permita establecer el diagnóstico de TDAH de forma directa e inequívoca. La entrevista debe enfatizar en los aspectos característicos del TDAH en la infancia y la edad adulta, con preguntas abiertas sobre la forma de comportarse en la infancia y la edad adulta, junto con preguntas directas sobre la presencia de los síntomas conductuales típicos, su intensidad, gravedad e interferencia en las diferentes áreas: familiar, académica, social, laboral, etc. Es conveniente, siempre que sea posible, contrastar y comparar esta información con la aportada por los padres, hermanos o la propia pareja. El uso de informes suministrados por varios observadores se considera el mejor procedimiento para el diagnóstico ya que existen numerosos estudios que señalan la tendencia de los adultos con TDAH a comunicar en menor medida y gravedad los síntomas (4). Atención especial merecen los antecedentes personales en los que se incluirán la historia del desarrollo, la académica y laboral, las incidencias médico-quirúrgicas y la existencia de problemas psicológicos o patología psiquiátrica así como de tratamientos previos por estas circunstancias. Los antecedentes familiares en general y especialmente los psiquiátricos y de TDAH completan la entrevista clínica.

Frente a esta forma de entrevista no estructurada también existen entrevistas estructuradas, semiestructuradas y escalas de evaluación que facilitan el diagnóstico. Entre las más utilizadas destacamos:

- **Conners Adult TDAH Diagnostic Interview for DSM IV (CAADID)**.
    - ~ CAADID Parte I: entrevista estructurada en la que se recoge información relacionada con la historia clínica, el curso evolutivo, los factores de riesgo del TDAH y la patología psiquiátrica comórbida.
    - ~ CAADID Parte II: entrevista semiestructurada que evalúa la presencia de síntomas de TDAH conforme a criterios DSM IV
- **Conners Adult ADHD Rating Scales (CAARS)**. Cuestionario autoadministrado en el que se evalúa la presencia de síntomas de TDAH en los adultos con formularios tanto para la autoinformación como una escala de evaluación del observador.
- **Brown Attention-Deficit Disorder Rating Scale for Adults (Brown ADD-RS)**. Centrada principalmente en la medición de aspectos relacionados con el funcionamiento ejecutivo y la inatención.
- **Current Symptoms Scale** (Entrevista para el TDAH de adultos de Barkley). Entrevista estructurada formada por 18 ítems (criterios diagnósticos DSM IV) con una versión para el paciente y otra para el observador.
- **ADHD Rating Scale-IV**. Cuestionario autoadministrado en el que se evalúan síntomas de TDAH según criterios DSM IV
- **Adult ADHD Self-Report Scale (ASRS)**. Cuestionario autoadministrado diseñado para el diagnóstico de TDAH en adultos. Las preguntas que contiene esta escala coinciden con los dieciocho criterios DSM IV. Existe una versión abreviada de seis ítems.
- **Wender Utah Rating Scale (WURS)**. Cuestioario autoadministrado de evaluación retrospectiva de la presencia de TDAH en la infancia.

Un estudio de Belendiuk *et al.* (2007) mostró la existencia de altas correlaciones entre las escalas de evaluación autoinformadas y las entrevistas clínicas diagnósticas. También debemos tener en cuenta a la hora del diagnóstico que tanto el DSM IV-TR (Asociación Psiquiátrica Americana) como la CIE 10 (Organización Mundial de la Salud) reconocen que los síntomas de TDAH persisten mas allá de la infancia hasta la edad adulta, aunque ninguna de las clasificaciones tenga en cuenta los cambios en el número y gravedad de los síntomas dependientes de la edad o los cambios con que los síntomas de TDAH se manifiestan en la edad adulta y, por el contrario, incluyen exactamente los mismos criterios que se aplican en los niños Tabla 2 y Tabla 3:

Inicio en la infancia (antes de los siete años).
Cronicidad.
Seis o mas síntomas de inatención y/o de hiperactividad-impulsividad que han persistido al menos durante 6 meses.
Intensidad de los síntomas que es desadaptativa.
Presencia en diferentes ambientes (dos o mas ambientes).
Presencia de psicopatología en los padres.
Pruebas claras de deterioro clínicamente significativo socio-académico-laboral.
Adversidad psicosocial.
Los síntomas no se explican mejor por la presencia de otro trastorno.

Tabla 2.
Criterios DSM IV-TR para el diagnóstico de TDAH.

En la edad adulta puede también hacerse el diagnóstico de Trastorno Hipercinético.
Los fundamentos son los mismos que en la infancia pero el déficit de atención y la hiperactividad deben valorarse en relación con la evolución de cada caso.
Cuando la hipercinesia se presentó únicamente en la infancia y en el curso del tiempo ha sido sustituida por otra entidad como un Trastorno de la personalidad o de abuso de sustancias, debe codificarse la entidad actual en lugar de la pasada.
Excluye. trastornos generalizados del desarrollo, trastornos de ansiedad, trastornos del humor y esquizofrenia.

Tabla 3.
Criterios CIE 10 para el diagnóstico de los trastornos hipercinéticos.

Por tanto, la evaluación de los síntomas relacionados con el TDAH del adulto debe completarse con otro de los criterios fundamentales en el diagnóstico de TDAH como es la valoración del nivel de deterioro relacionado con los síntomas. Los adultos con TDAH respecto de un grupo control suelen presentar mayor incidencia de problemas académicos (bajos rendimientos, repetición de cursos, sanciones disciplinarias, absentismo, abandono de los estudios, etc.); laborales (actividad laboral escasa, cambios frecuentes de trabajo, faltas injustificadas, abandonos o despidos, etc.); familiares (conflictos conyugales, separaciones y divorcios, múltiples matrimonios, etc.), problemas conductuales (infracciones de tráfico, peleas y agresiones, comportamiento antisocial, etc.). Es decir, deterioro de múltiples áreas del sujeto de tal gravedad que precisaría de alguna forma de intervención médica, psicológica o educativa y representarían un problema psiquiátrico). Probablemente relacionado con toda la problemática asociada al deterioro funcional y a las dificultades interpersonales, es la frecuente presencia, en los adultos con TDAH, de sentimientos crónicos de incompetencia e inadecuación, baja autoestima, inseguridad, ineficacia y frustración.

La Asociación Psiquiátrica Americana en su Manual Diagnóstico y Estadístico de los Trastornos Mentales (DSM IV-TR) define tres subtipos de TDAH que por orden de frecuencia en adultos son: TDAH subtipo combinado, TDAH subtipo inatento y TDAH subtipo hiperactivo-impulsivo.

Asimismo incluye una categoría que denomina TDAH residual para los pacientes que padeciendo un TDAH desde la infancia, no cumplen en la edad adulta con el criterio obligado de presentar seis o más síntomas de inatención o hiperactividad/impulsividad a pesar de que los existentes producen malestar significativo.

Tanto el DSM en su versión 5 como la CIE en su versión 11, próximos a publicarse, revisan los criterios diagnósticos del TDAH en los adultos que se orientan a:

- Umbrales de síntomas: se requerirán solo 4 síntomas de inatención o hiperactividad-impulsividad en adolescentes mayores o adultos.
- Se incrementa la lista de hiperactividad-impulsividad incluyendo "*incómodo al hacer las cosas con lentitud o cuidado*", "*a menudo impaciente*", "*difícil de resistir a las tentaciones u oportunidades*", "*suele actuar sin pensar*".
- Se elaboran descripciones de síntomas mas próximas a los comportamientos de los adultos.
- Se ha ampliado el criterio de edad de comienzo a los 12 años.
- No se cita el trastorno del espectro autista como criterio de exclusión.

3.1. Pruebas neuropsicológicas

Con frecuencia utilizamos diferentes pruebas neuropsicológicas para apoyarnos en el diagnóstico de TDAH aunque, como ya hemos comentado, no existen pruebas específicas para el diagnóstico de TDAH. El propio Barkley (2006) recomienda precaución en la interpretación de los resultados de estas ante la inexistencia de una prueba o batería de pruebas que tenga la suficiente validez predictiva o especificidad para realizar un diagnóstico fiable de TDAH. Una conclusión similar se extrae del metaanálisis realizado por Boonstra *et al*. sobre la función ejecutiva en adultos con TDAH. Para Young y Bramham (2007) la evaluación neuropsicológica del TDAH en adultos debe incluir las siguientes áreas de funcionamiento cognitivo: inteligencia; atención; funciones ejecutivas como la inhibición de la respuesta; habilidades de planificación; la memoria operativa y la velocidad de procesamiento, que debe complementarse con la observación conductual a lo largo de la realización de las pruebas.

Los adultos con TDAH suelen presentar déficits cognitivos que se suman al deterioro funcional. Estos déficits suelen relacionarse principalmente con las funciones ejecutivas: control atencional, deterioro en la capacidad de organización y planificación, regulación de las emociones, esfuerzo mantenido, alerta, etc. Woods *et al*. (2002) realizaron una revisión de 35 estudios en los que se utilizaban pruebas neuropsicológicas para el diagnóstico de TDAH en adultos, constatando que en la mayoría de ellos se encontraban diferencias significativas en la medida de la función ejecutiva entre los adultos TDAH y los controles sin TDAH (38). Un metaanálisis posterior realizado por Schoechlin *et al*. (2005) en el que se compararon adultos TDAH frente a controles, demostró que los adultos con TDAH mostraban déficits de rendimiento significativo en la mayor parte de los dominios establecidos en el estudio: inteligencia verbal, resolución de problemas con figuras visuales, resolución de problemas verbales abstractos mediante la memoria de trabajo, función ejecutiva, fluidez verbal, atención simple, atención mantenida, atención focalizada, memoria verbal y memoria de figuras. En todos ellos los adultos TDAH obtuvieron puntuaciones menores que los controles en aproximadamente la mitad de una derivación estándar. Resultados discrepantes de los obtenidos por Woods *et al.* que, aunque coincidiendo en la existencia de deterioro de la atención y de la función ejecutiva, no sería tan habitual la extensa afectación de todos los dominios. Un hallazgo habitual en los adultos TDAH es que obtienen resultados inferiores en aquellas pruebas en las que el estímulo se presenta de forma verbal comparado con las que el estímulo es visual. Rodríguez-Jiménez *et al.* (2009) proponen un conjunto de pruebas que exploran los diferentes aspectos cognitivos (Tabla 4).

Evaluación general
Weschler Adult Intelligence Scale (WAIS III).
Subtest dígitos.
Subtest letras y números.
Subtest aritmética.
Subtest claves y búsqueda de números.
Funciones ejecutivas
Test de clasificación categorial de Wisconsin (WCST).
Test de colores y palabras de Stroop.
Trail Making Test (TMT).
Torre de Londres y Torre de Hanoi.
Funciones atencionales
Test de ejecución continuada (CPT).
Inhibición conductual
Tareas go no go.
Tarea Stop.
Funciones mnesicas
Test de aprendizaje verbal España-Complutense (TAVEC).
Memoria de trabajo
Tareas n-back.
Test de audición serial auditiva ritmado.
Evaluación de la memoria de trabajo espacial incluido en el Cambridge Neuropsychological Test Automated Battery (CANTAB).
Fluidez verbal
Subtes FAS dentro del test de asociación controlada de palabras (COWA).

Tabla 4.
Evaluación neuropsicológica en adultos con TDAH.

La mayor parte de los autores coinciden en que se precisan más investigaciones para profundizar en el conocimiento de los deterioros cognitivos que presentan los adultos con TDAH; de igual forma que la evaluación neuropsicológica será mas sensible al TDAH si aglutina múltiples procedimientos superpuestos que midan una amplia gama de funciones atencionales y ejecutivas.

Diagnóstico diferencial

A la hora del diagnóstico de TDAH en los adultos es importante tener en cuenta la existencia de patologías orgánicas que presentan síntomas similares a los del TDAH y pueden inducirnos al error en el diagnóstico. La Tabla 5 muestra algunas de estas situaciones en las que se puede producir confusión diagnóstica y que es obligado descartar. La realización de una detallada anamnesis y de las pruebas complementarias específicas en la identificación de cada uno de estos trastornos (laboratorio, EEG, estudio toxicológico, audiometría, TAC o RMN, etc.) y la cronología del inicio y evolución de cada una de ellas facilitará el diagnóstico diferencial.

Hipertiroidismo
Nerviosismo, desazón, hiperactividad o inquietud.
Epilepsia (ausencias simples y complejas)
Ensimismamiento, "desconexión" durante las crisis de ausencia.
Funciones atencionales
Test de ejecución continuada (CPT).
Hipoacusia
Problemas de atención por pérdida de audición "desconexión".
Funciones mnesicas
Test de aprendizaje verbal España-Complutense (TAVEC).
Apnea de sueño
Problemas de atención, concentración, somnolencia diurna.
Intoxicación por plomo
Dificultades de atención, alteraciones del comportamiento.
Tratamiento con fármacos antiepilépticos
Dificultad para mantener la concentración.
Hepatopatía
Problemas de atención, concentración y memoria. Cambios del estado de ánimo.
Infarto cerebral
Problemas de atención, concentración y memoria.
Síndrome postraumático
Dificultades de atención e inquietud.

Tabla 5.
Evaluación neuropsicológica en adultos con TDAH.

También puede ser difícil distinguir el TDAH en los adultos de otros trastornos psiquiátricos como la depresión mayor, el trastorno bipolar, el trastorno por ansiedad generalizada, el trastorno obsesivo-compulsivo (TOC), el abuso o dependencia de drogas, los trastornos de personalidad (limite, antisocial), las disfunciones del aprendizaje; con los que, además, puede presentarse de forma comórbida (Tabla 6).

Depresión mayor
Dificultades de atención, concentración, memoria, retraso en la ejecución de las tareas, problemas de rendimiento académico/laboral. Tristeza, ánimo disfórico, apatía, anorexia, anhedonia, etc.
Trastorno bipolar
Hiperactividad, cambios de humor, euforia o disforia, dificultades para mantener la atención, concentración, insomnio, ideación delirante.
Trastorno por ansiedad generalizada
Dificultad para mantener la atención y concentración. Temor y preocupación exagerada, "ansiedad flotante", somatizaciones de la ansiedad.
Trastorno obsesivo-compulsivo
Problemas o descenso del rendimiento cognitivo, presencia de obsesiones y compulsiones, comportamientos de evitación, restricción de la actividad global del sujeto.
Abuso/Dependencia de drogas
Estados de intoxicación o abstinencia en los que observamos dificultades de atención, concentración y memoria, cambios de humor, alteraciones de sueño.
Trastornos de personalidad (limite, antisocial)
Impulsividad, labilidad afectiva, comportamientos disociales, gestos o amenazas autolíticas.
Disfunciones del aprendizaje
Deficiente rendimiento académico.

Tabla 6.
Diagnóstico diferencial del TDAH adultos con otras patologías psiquiátricas.
Modificado de Tzelepis *et al*. (1995).

Como norma tendremos presente a la hora del diagnóstico de TDAH, que debemos estar ante un patrón continuo de conducta que se inicia en la infancia en el que la inatención y/o la hiperactividad-impulsividad son una constante y evolucionan a lo largo del curso vital acompañados de deterioro funcional. La comorbilidad es frecuente tanto en la infancia como en la edad adulta y tendremos que prestar una especial atención a la cronología de los síntomas tanto del TDAH como de los psiquiátricos comórbidos. Una completa evaluación en la que se incluya la anamnesis minuciosa de la situación actual y profundice en la presencia de síntomas en la infancia, el uso de escalas de valoración de síntomas, respuestas a tratamientos realizados, entrevista a personas cercanas o del núcleo familiar que puedan aportar información complementaria, estudio neuropsicológico y otros informes o documentos (académicos, laborales, judiciales, etc.) serán herramientas fundamentales para el diagnóstico definitivo.

4 Comorbilidad psiquiátrica

En efecto, múltiples estudios realizados tanto en poblaciones clínicas como en población general reflejan la frecuente presencia de otros trastornos psiquiátricos asociados al TDAH de adultos. Uno de los primeros estudios, realizado por Biederman *et al.* (1993) en una muestra de pacientes derivados para tratamiento a un centro hospitalario mostraba la existencia de alta incidencia de trastornos de ansiedad, trastorno depresivo mayor, trastorno de personalidad, dependencia de alcohol y drogas ilegales, etc. Barkley (2002), en un estudio posterior, confirmaba estos hallazgos con las frecuencias reseñadas en la Tabla 7.

Trastorno por consumo de alcohol	32% - 53%
Trastorno por consumo de drogas ilegales	8% - 32%
Trastorno por ansiedad generalizada	24% - 43%
Trastorno distímico	19% - 37%
Trastorno depresivo mayor	16% - 31%
Trastorno de la personalidad antisocial	7% - 18%
Trastorno obsesivo-compulsivo	2% - 14%

Tabla 7.
Comorbilidad Psiquiátrica en adultos con TDAH (Barkely 2002).

Mucho más reciente y probablemente el estudio de prevalencia y comorbilidad más importante realizado hasta la actualidad es el Nacional Comorbidity Survey Replication de Kessler *et al.* (2006) en el que se demuestra una elevada comorbilidad del TDAH, en los doce meses previos al estudio, entre los que destacan: trastornos afectivos (38,3%), trastornos de ansiedad (47,1%), trastornos por consumo de sustancias (15,2%) y otros trastornos del control de los impulsos (19,6%).

La relación entre el TDAH y las enfermedades psiquiátricas comórbidas es compleja y está en función de múltiples factores. Así sabemos que los adultos TDAH presentan con mayor frecuencia baja autoestima, labilidad afectiva, irritabilidad y cambios del estado de ánimo que podrían estar relacionados con el impacto a lo largo de la vida de los síntomas del TDAH y el deterioro funcional asociado favoreciendo la presencia de trastornos afectivos comórbidos. Safren *et al.* desarrolla un modelo cognitivo-conductual para explicar la existencia de comorbilidad y deterioro funcional en adultos con TDAH. Parte de que los síntomas nucleares del TDAH en la infancia son la causa de fracasos, bajos rendimientos, problemas relacionales, etc.; que secundariamente producirán cogniciones y creencias disfuncionales causantes de los síntomas comentados y de la comorbilidad: trastornos afectivos, trastornos de ansiedad, trastornos de personalidad, etc. Lo que sí debemos resaltar es que la presencia de comorbilidad psiquiátrica asociada al TDAH es un factor de gravedad ya que dificulta el diagnóstico por superposición de síntomas, complica el tratamiento y ensombrece el pronóstico al añadirse al deterioro funcional del propio TDAH.

5 TDAH y adicción a drogas

Un apartado especial merece la coexistencia del TDAH con los trastornos por consumo de drogas. Probablemente estamos ante la comorbilidad más investigada y con un mayor número de estudios que aportan evidencias de primer nivel. Así, los epidemiológicos muestran prevalencias que oscilan desde el 15,2% de Kessler *et al.* al 52% a lo largo de la vida de Biederman *et al*. Al contrario de lo que se podría esperar respecto al predominio de drogas estimulantes, son alcohol y cannabis las más consumidas en esta población, probablemente relacionada con la sensación de alivio de los síntomas referida por los adultos con el consumo de estas drogas, seguidas por cocaína y anfetaminas. Si atendemos a estudios realizados en población clínica, podemos observar cómo entre el 11%-54% de los adictos a drogas en tratamiento cumplen criterios para haber sido diagnosticados de TDAH en la infancia y adolescencia. Sirva como ejemplo el 21,3% de los adictos al alcohol, el 35% de los cocainómanos y el 22% de los dependientes a opiáceos.

Otros estudios se han centrado en las causas que relacionan ambos trastornos destacando desde la presencia de trastornos de conducta o el trastorno antisocial como causantes de la adicción, a otros que consideran al TDAH aislado como un factor independiente para el desarrollo de la adicción a drogas. Otras líneas de investigación se orientan a relacionar el consumo de drogas como una consecuencia del deterioro funcional producido por el TDAH en la infancia-adolescencia con la consiguiente afectación de la autoestima que facilitaría el consumo. Un estudio llevado a cabo en Alemania en 314 adictos al alcohol con y sin TDAH concluía que aquellos que cumplían los criterios de este trastornos iniciaban el consumo de alcohol a edad más temprana, consumían cantidades de alcohol más elevadas, presentaban un mayor número de problemas relacionados con la justicia, mayor estrés psicosocial y una mayor proporción de alteraciones psicopatológicas, entre las que destacaban la ideación suicida y los problemas de personalidad, principalmente del tipo antisocial. También existen autores que interpretan esta comorbilidad desde la teoría de la automedicación o autotratamiento, de forma que el consumo de drogas mejoraría algunos síntomas de TDAH y con ello se facilitaría el consumo continuado y secundariamente el proceso adictivo. La presencia de impulsividad es, sin duda, un factor importante, destacado por otros investigadores, a la hora del contacto con las drogas a edades tempranas sin llegar a calibrar las consecuencias negativas. Adultos con TDAH consumidores de alcohol presentan un déficit en el control inhibitorio si lo comparamos con un grupo control lo que incrementa su sensibilidad a los efectos agudos de desinhibición del alcohol y secundariamente a la presencia de descontrol conductual, lo que coloquialmente se conoce como "tener mal beber". Finalmente, podrían existir factores genéticos relacionados con el metabolismo de la dopamina DRD4 o DRD5, que estarían implicados en la fisiopatología de ambos trastornos.

Si el diagnóstico de TDAH en adultos no está exento de dificultades y problemas dado la obligatoriedad de confirmar la presencia de sintomatología en la infancia/adolescencia, estos se hacen mas importantes por la existencia del consumo de drogas que interfiere en la recogida de datos biográficos tanto por las limitaciones en los recuerdos asociados al consumo de drogas, la ausencia de familia de referencia que complemente la anamnesis y la presencia de síntomas asociados a la intoxicación o la abstinencia que asemejan a los del TDAH y obligan al diagnóstico diferencial. A pesar de las dificultades, la importancia del diagnóstico del TDAH en población adicta a drogas es capital y debe hacerse de forma sistemática, ya que son precisamente estos pacientes los que presentan las formas más graves de consumo de drogas.

A lo largo de los últimos años ha sido ampliamente debatido el beneficio-riesgo del tratamiento psicofarmacológico del TDAH en niños-adolescentes bajo la duda de si este podría producir una dependencia directa del fármaco o un riesgo de abusar de las drogas. Nada más lejos de la realidad y que las evidencias de los ensayos clínicos no hayan podido aclarar. Todas las evidencias orientan a que el tratamiento con psicoestimulantes en la infancia-adolescencia no propicia el consumo de drogas e incluso puede disminuir el riesgo de este.

Lo que no cabe duda alguna es que la comorbilidad del TDAH con el consumo de drogas supone un factor de gravedad añadido al paciente que sufre ambos trastornos y en lo que respecta al trastorno adictivo, observamos: inicio más precoz del consumo de drogas, mayor duración del trastorno adictivo, mayor intensidad y gravedad del consumo, menores tasas de remisión, menor duración de los tiempos de abstinencia, mayor dificultad en la cumplimentación y adherencia al tratamiento, así como mayor presencia de interferencias y resistencias al tratamiento.

6 Tratamiento

El Trastorno por Déficit de Atención con Hiperactividad puede tratarse de forma efectiva en niños y adultos. Como es lógico pensar, los ensayos clínicos más numerosos han sido realizados en población infanto-juvenil. Wilens (2003) realizó un estudio sobre los ensayos existentes en el tratamiento farmacológico del TDAH en adultos, encontrando que en 15 se evaluaba la eficacia de los estimulantes mientras que en 28 se examinaban los resultados con fármacos no estimulantes (62). Estudios realizados en los últimos años en población adulta han comprobado una respuesta clínica similar a la descrita en los niños.

Tal y como señala el Consenso Europeo sobre el Diagnóstico y Tratamiento del TDAH del Adulto, el tratamiento debe ser multimodal, semejante al que se realiza en los niños, aunque adaptado a su grado de desarrollo, intensidad del TDAH y trastornos comórbidos asociados. La tabla 8 muestra el algoritmo del tratamiento óptimo.

El tratamiento multimodal debe abordar tanto el TDAH como la comorbilidad psiquiátrica, si existiera, siempre después de un extenso y detallado estudio de cada caso que nos lleve a la certeza diagnóstica. Cuando el TDAH se acompaña de comorbilidad psiquiátrica, el orden del tratamiento dependerá de la gravedad y del tipo de trastorno psiquiátrico acompañante. Por regla general se inicia con el tratamiento de los trastornos psiquiátricos graves y posteriormente, con el paciente estable, se revisa el diagnóstico de TDAH y la necesidad de tratamiento específico. Cuando estamos ante trastornos mentales menos graves, podemos iniciar el tratamiento del TDAH observando, que en muchas ocasiones, el tratamiento eficaz de este hace desaparecer el trastorno psiquiátrico acompañante. Siempre será una decisión del clínico determinar el orden de intervención y estará en función de la valoración de cada caso.

Psicoeducación sobre el TDAH y los trastornos comórbidos.
Farmacoterapia del TDAH y los trastornos comórbidos.
Asesoramiento.
Psicoterapia cognitivo-conductual (individual y grupal).
Terapia familiar.

Tabla 8.
Algoritmo de tratamiento del TDAH en adultos.

6.1. Psicoeducación

Consiste en informar al paciente y al grupo de familiares más cercano: pareja, hijos, padres, hermanos, etc. sobre las características del TDAH y el deterioro asociado. La posible existencia de comorbilidad psiquiátrica y las alternativas de tratamiento, enfatizando en la necesidad de que este sea multimodal, ¡no existen pastillas mágicas!, aún cuando con el tratamiento farmacológico la mejoría pueda ser apreciable. Explicaremos su frecuente presencia en la sociedad (prevalencia), su carácter hereditario, lo que supone que puedan existir en la familia otros miembros también con TDAH. La evolución de los síntomas desde la infancia, los porqués de su forma de comportamiento a la vez que corregir mitos y falsas creencias. Desdramatizar y tranquilizar ayudará a resolver sentimientos de inadecuación y de culpa mantenidos durante años. La motivación para la implicación en el tratamiento tanto del paciente como de los familiares próximos será fundamental en el resultado final. No debemos olvidar la invitación a contactar y/o formar parte de organizaciones de afectados en los que la autoayuda adquiere un papel fundamental como complemento al tratamiento.

6.2. Farmacoterapia

Hasta hace unos meses los estimulantes (metilfenidato y dexanfetamina) eran el tratamiento farmacológico de primera elección para el TDAH de adultos, tal y como señalan diversos consensos y guías clínicas, situándose, la atomoxetina en segunda línea seguida de otros fármacos no estimulantes tal y como se especifica en la Tabla 9, en la que además podemos comprobar los que están autorizados y comercializados en nuestro país. Sin embargo, la reciente aprobación de atomoxetina en nuestro país para el tratamiento del TDAH de adultos, circunstancia que no existe en el caso de metilfenidato ni de dexandetamina, convierte este fármaco en principal protagonista de la terapéutica farmacológica del TDAH en adultos.

Fármacos estimulantes
Metilfenidato (sin indicación en adultos salvo que hubiera sido de continuación desde la infancia/adolescencia).
Anfetamina (hasta el momento no comercializado en España).
Pemolina (hasta el momento no comercializado en España).
Modafinilo (sin indicación para el tratamiento del TDAH en España).
Fármacos no estimulantes
Atomoxetina.
Bupropion (sin indicación para el tratamiento del TDAH en España).
Reboxetina (sin indicación para el tratamiento del TDAH en España).
Antidepresivos Tricíclicos (sin indicación para el tratamiento del TDAH en España).
Clonidina (no comercializada en España).
Guanfacina (no comercializada en España).

Tabla 9.
Tratamiento farmacológico del TDAH de adultos.

Un metaanálisis realizado en 2006 por Faraone *et al.*, en el que se analizaron ensayos con 15 fármacos diferentes en un total de 4.500 pacientes TDAH adultos concluyó destacando la mayor eficacia de los fármacos estimulantes frente a los no estimulantes.

Las tres principales guías europeas para el tratamiento del TDAH de adultos: British Association for Psychopharmacology (2007); National Institute for Health and Clinical Excellence (NICE, 2008) y European Consensus (2010); marcan las formas de actuar con los diferentes fármacos apreciándose la evolución en el conocimiento del TDAH de adultos en los últimos cinco años:

British Association for Psychopharmacology (2007).

- Respuesta a metilfenidato en adultos es similar a la de los niños.
- Mayor eficacia de fármacos dopaminérgicos.
- Fármacos de liberación prolongada (metilfenidato de liberación prolongada) mejoran la seguridad.
- Tratamiento de primera línea es el farmacológico y señala como primera elección a los psicoestimulantes y la atomoxetina. Como segunda opción destaca a: bupropion, desipramania, clonidina y guanfacina.

National Institute for Health and Clinical Excellence (NICE, 2008).

- El tratamiento de primera línea será el farmacológico.
- El fármaco de primera elección metilfenidato y si no existiera respuesta terapéutica o se produjera intolerancia a los efectos adversos del fármaco atomoxetina o anfetaminas.
- La atomoxetina será de primera elección cuando exista riesgo de abuso o mal uso del tratamiento.
- Si con el tratamiento farmacológico persistiera el deterioro funcional o la respuesta fuese de tipo parcial o inexistente o fuera imposible el tratamien-

to farmacológico se orienta al paciente a la terapia cognitivo-conductual grupal.

European Consensus (2010).

- Los síntomas de TDAH pueden ser tratados de forma efectiva en los adultos.
- La ausencia de tratamiento en los TDHA en adultos provoca un alto impacto funcional.
- Tratamiento multimodal: psicoeducación, farmacológico, psicoterapéutico (cognitivo-conductual), asesoramiento, terapia familiar (Tabla 8).
- Tratamiento farmacológico de primera elección: metilfenidato o anfetamina; de segunda elección: atomoxetina. Otras posibilidades: bupropion, desipramina, clonidina, guanfacina, modafinilo.

Metilfenidato

Es el fármaco psicoestimulante más estudiado en el tratamiento del TDAH en adultos, mostrándose eficaz a dosis variable de 0,5-1,5mg/kg/día, aunque se recomienda ajustar la dosis en función de la respuesta y de la tolerabilidad de los efectos secundarios. La respuesta terapéutica se consigue hasta en el 70% de los pacientes sin efectos adversos importantes. Un metaanálisis realizado en el año 2004 por Faraone *et al*. ya mostraba la eficacia en el TDAH de adultos cuando se le comparaba con placebo. Estudios posteriores confirmaron los hallazgos previos a la vez que concedían un valor alto y clínicamente significativo al efecto atribuido al metilfenidato.

Dependiendo de la duración de su efecto, el metilfenidato se divide en: acción corta, acción intermedia y acción prolongada. En adultos tendemos al uso de las presentaciones de acción prolongada ya que mejoran la adherencia y cumplimentación al tratarse de una sola toma diaria al tiempo que su farmacocinética protege frente al mal uso y abuso de este fármaco. Los efectos secundarios más frecuentes asociados al tratamiento con metilfenidato son: cefalea, palpitaciones, disminución del apetito y posible pérdida de peso, sequedad de boca, nerviosismo y dificultad para conciliar el sueño; por lo que la Guía NICE recomienda su monitorización (Tabla 10). Existen varios estudios que han confirmado la eficacia de metilfenidato de liberación prolongada en el TDAH en adultos, especialmente importante es la revisión realizada por Ramos-Quiroga *et al*. (2009) en la que se incluyen ocho ensayos realizados en adultos entre 18 y 65 años en tratamiento con metilfenidato OROS (liberación prolongada).

Se debe monitorizar y registrar de forma rutinaria los efectos adversos en el tratamiento con este fármaco:
Pérdida de peso.
Taquicardia de reposo, arritmias.
Incremento de la tensión arterial.
Presencia de tics.

| Síntomas psicóticos (alucinaciones, delirios). |
| Síntoma de ansiedad. |

Tabla 10.
Monitorización de efectos secundarios con metilfenidato en el tratamiento del TDAH en adultos según la Guía NICE.

Atomoxetina

Psicofármaco no estimulante que actúa a través de la inhibición selectiva de la recaptación de noradrenalina. Existen varios ensayos clínicos que han mostrado su eficacia en el tratamiento del TDAH de adultos. Se administra una vez al día, por la mañana, manteniendo el efecto a lo largo de todo el día. El efecto terapéutico se alcanza con dosis entre 60 y 120 mg/día, siendo la dosis más frecuente de 90 mg/día. Entre los efectos adversos destacamos: sequedad de boca, insomnio, estreñimiento, disfunción sexual, palpitaciones y aumento de la tensión arterial, por lo que precisa de monitorización (Tabla 11). A pesar de ello, un estudio de seguimiento realizado por Adler *et al*. mostraba a las 97 semanas que atomoxetina es un fármaco eficaz, seguro y bien tolerado. Recordamos que la guía NICE recomienda este fármaco como primera elección cuando exista riesgo de abuso o mal uso del fármaco elegido para el tratamiento.

| Se debe monitorizar y registrar de forma rutinaria los efectos adversos en el tratamiento con este fármaco: |
| Pérdida de peso. |
| Aumento de la ansiedad/irritabilidad/agitación. |
| Presencia de ideación suicida/gestos suicidas. |
| Taquicardia de reposo/arritmias. |
| Incremento de la tensión arterial. |
| Dismenorrea, disfunción eréctil y disfunción eyaculatoria. |
| Función hepática. |

Tabla 11.
Monitorización de efectos secundarios con atomoxetina en el tratamiento del TDAH en adultos según la Guía NICE.

Tanto el metilfenidato como la atomoxetina están autorizados en nuestro país para el tratamiento del TDAH en niños/adolescentes pero, hasta el momento, solo la atomoxetina lo está para los inicios de tratamiento en adultos. En el caso del metilfenidato solo cuando el tratamiento se haya iniciado en la infancia-adolescencia podrá continuarse en la edad adulta cuando la evolución de la sintomatología lo requiera.

Asesoramiento

La experiencia de la práctica clínica diaria con adultos TDAH nos enseña que el tratamiento farmacológico por sí solo no resuelve las distintas disfunciones de estos pacientes que, por lo general tienen una larga historia de problemas en diferentes áreas de su vida y secundariamente el deterioro de la autoestima. El asesoramiento, instrucción personalizada o *coaching* va dirigido al conocimiento de las características particulares del trastorno en cada sujeto, a la aceptación del mismo y a la adquisición de las habilidades prácticas necesarias para el afrontamiento de las obligaciones y situaciones de la vida diaria: gestión del tiempo, planificación de tareas con inicio y final, organización de obligaciones (casa, trabajo, ocio), seguimiento y gestión de las finanzas de la casa, aprendizaje en el inicio y finalización de las tareas, entender las propias respuestas emocionales relacionadas con el TDAH, etc. El instructor ayuda al paciente a identificar objetivos y a desarrollar las estrategias necesarias para conseguirlos.

Psicoterapia

El tratamiento psicofarmacológico suele producir mejoría en los síntomas principales del TDAH, sin embargo esta mejoría no siempre se acompaña de la mejoría funcional. Es ahí donde toma protagonismo el tratamiento psicosocial. En muchas ocasiones encontraremos pacientes o familias que rechazan el tratamiento farmacológico (miedo a los efectos secundarios, a que los fármacos puedan producir dependencia, etc.) y centran todas las posibilidades terapéuticas únicamente en la psicoterapia. Sin embargo, la investigación actual no respalda la eficacia de la psicoterapia como único tratamiento del TDAH del adulto, ya que no alivia los síntomas nucleares del trastorno y sí se considera un tratamiento complementario importante en las personas que prefieren una modalidad psicológica o si persisten comorbilidades o respuestas parciales o síntomas residuales tras el tratamiento farmacológico.

Hasta el momento existen pocos estudios controlados y por ende escasas evidencias que avalen la eficacia de los tratamientos psicosociales en el TDAH de adultos. El mayor número de ensayos se centran en la terapia cognitivo-conductual (TCC), aunque su utilización en adultos es reciente. La TCC se orienta a los pensamientos y creencias negativas desarrolladas por los adultos TDAH a lo largo de su vida para inducir cambios en las emociones y en las conductas. También es eficaz en el tratamiento de los trastornos comórbidos (depresión, ansiedad, personalidad) y los problemas funcionales (organización, planificación, etc.). Estudios realizados en los últimos años señalan la eficacia de estos tratamientos entre los que destacamos: Terapia Dialéctico Conductual (TDAC) de Philipsen *et al.*, trece sesiones en formato grupal, de periodicidad semanal en las que se desarrollan: psicoeducación, entrenamiento en *mindfulness*, análisis funcional de conductas disfuncionales, etc.; Rehabilitación Cognitivo-Conductual de Virta *et al.*, programa de terapia grupal que orienta las diez sesiones con carácter semanal a los déficit neuropsicológicos; Terapia Cognitivo-Conductual de Bramham *et al.*, intervención breve en formato grupal que a través de seis sesiones de periodicidad mensual se orienta al tratamiento de la ansiedad y depresión comórbida al TDAH; Entrenamiento en *Mindfulness* de Zylowska *et al.*, programa grupal centrado en el entrenamiento en *mindfulness* y meditación en adolescentes y adultos con TDAH. En nuestro país, destacamos el Tratamiento Cognitivo-Conductual para adultos con TDAH de Ramos-Quiroga *et al.*, programa mixto (grupal-individual) formado por 16 sesiones en las que se desarrollan a lo largo de un año seis módulos: información y motivación, organización y planificación, atención, pensamiento adaptativo, impulsividad y dilación y mantenimiento de los progresos. No obstante las evidencias más importantes las obtenemos en la combinación de tratamiento farmacológico con TCC.

7 Tratamiento del TDAH y adicción a drogas

En el caso de que coexistan el TDAH con la adicción a drogas tendremos que ser especialmente prudentes en cuanto al abordaje farmacológico por las interferencias y posibilidad de interacciones con las drogas de abuso. Por otra parte, la existencia de un consumo activo es consecuencia de un importante desajuste del paciente que conduce a la deficiente cumplimentación de las pautas de tratamiento (infra o sobredosificación), a la mala evolución y finalmente al abandono del tratamiento. Teniendo en cuenta estas premisas, las orientaciones de los consensos a nivel internacional y nuestra experiencia clínica, proponemos el algoritmo de tratamiento para pacientes con TDAH y adicción a drogas (Tabla 12).

Complementar programa de desintoxicación o estabilización del consumo (reducción de daños).
Completar valoración diagnóstica detallada conforme a protocolo y confirmar diagnóstico.
Inicio de psicoeducación sobre el TDAH y la adicción a drogas.
Explicar características del tratamiento.
Valorar la capacidad de cumplimiento de la pauta de tratamiento.
Realizar balance riesgo/beneficio del tratamiento psicofarmacológico.
Valorar la necesidad de tratamiento previo de otras patologías comórbidas (si existieran).
Tratamiento psicofarmacológico.
Atomoxetina por su indicación en adultos además de ser de primera elección cuando exista riesgo de abuso o mal uso del tratamiento (NICE).
Metilfenidato de liberación prolongada si ausencia de respuesta.
Tratamiento psicoterapéutico.
Continuar con la psicoeducación.
Psicoterapéutico (cognitivo-conductual) del TDAH y Deshabituación Rehabilitación de la Adicción.
Asesoramiento.
Terapia familiar.

Tabla 12.
Algoritmo de tratamiento del TDAH con adicción a drogas.

NOTAS BIBLIOGRÁFICAS

ADLER, L. A.; SPENCER, T. J.; MILTON, D. R.; MOORE, R. J. y MICHELSON, D. (2005). "Long-term, open label study of the safety and efficacy of atomoxetine in adults with attention-deficit/hyperactivity disorder: an interim P". *J Clin Psychiatry*, 66: 294-299.

AMERICAN PSYCHIATRIC ASSOCIATION (2013). *Diagnostic and Statistical Manual of Mental*.

BARKLEY, R. A. (2006). *Attention-deficit hyperactivity disorder: A handbook for diagnosis and treatment* (3a ed.). New York. Guilford.

BARKLEY, R. A. y GORDON, M. (2002). "Research on comorbidity, adaptative functioning and cognitive inpairments in adults with ADHD: implication for a clinical practice". En GOLDTEIN, S. y ELLISON, A. T. (Eds). *Clinician's guide to adult ADHD: assessment and intervention*. San Diego. Academic Press; 43-69.

BARKLEY, R. A.; FISCHER, M.; SMALLISH, L. y FLETCHER, K. (2002). "The persistence of attention deficit/hyperactivity disorder into young adulthood as a function of reporting source and definition of disorder". *J Abnormal Psychology*, 111 (2). 279-289.

BARKLEY, R. A.; MURPHY, K. y BAUERMEISTER, J. (1998). *Attention-deficit hyperactivity disorder: a clinical workbook* (2a ed.). New York. Guilford Press.

BELENDIUK, K. A.; CLARKE, T. L.; CHRONIS, A. M. y RAGGI, V. L. (2007). "Assessing the concordance of measures used to diagnose adult ADHD". *Journal of Attention Disorders,* 10: 276-287.

BIEDERMAN, J.; FARAONE, S. V.; SPENCER, T.; WILENS, T. *et al.* (1993). "Patterns of psychiatric comorbidity, cognition, and psychosocial functioning in adults with attention deficit hyperactivity disorder". *Am J Psychiatry*, 150 (12) 1792-1798.

BIEDERMAN, J.; FARAONE, S.; MILBERGER, S.; CURTIS, S.; CHEN, L.; MARRS, A.; OULLETTE, C.; MOORE, P. y SPENCER, T. (1996). "Predictors of persistence and remission of ADHD into adolescence: results from a four-year prospective follow-up study". *Journal of the American Academy of Child and Adolescent Psychiatry*, 35 (3). 343-351.

BIEDERMAN, J.; WILENS, T. E.; MICK, E. *et al.* (1995). "Psychoactive substance use disorders in adults with attention-deficit/hyperactivity disorder (ADHD). effects of ADHD and psychiatric comorbidity". *Am J Psychitary*, 152: 1652-1658.

BOONSTRA, A. M.; OOSTERLAAN, J.; SERGEANT, J. A. y BUITELAAR, J. K. (2005). "Executive functioning in adult ADHD: a meta-analytic review". *Psycho Med*.

BRAMHAM, J.; YOUNG, S.; BICKERDIKE, A.; SPAIN, D.; MCCARTAN, D.; y XENITIDIS, K. (2009). "Evaluation of group cognitive behavioural therapy for adults with ADHD". *Journal of Attention Disorders*, 12: 434-41.

BRITISH ASSOCIATION FOR PSYCHOPHARMACOLOGY. (2007). "Evidence-based guidelines for management of attention-deficit/hyperactivity disorder in adolescents in transition to adult services and in adults: recommendations from the British Association for Psychopharmacology". *Journal of Psychopharmacology*, 21 (1). 10-41

BROWN, T. E. (1996). "Brown Attention-Deficit Disorder Scales". *Manual* San Antonio. The Psychological Corporation.

CONNERS, C. K.; ERHART, D. y SPARROW, E. (1999). *Conner's Adult ADHD Rating Scales, technical manual*. New York. Multi-Health Systems.

DUPAUL, G.; POWER, T. J.; ANASTOPOULOS, A. D. y REID, R. (1998). *ADHD rating scales, IV: checklists, norms, and clinical interpretation*. New York. Guilford Press.

EPSTEIN, J. N.; JOHNSON, D. y CONNERS, C. K. (2000) *Conner's Adult ADHD Diagnostic Interview for DSM IV*. North Tonawanda. NY. Multi-Health Systems.

EYRE, S. T.; ROUNSAVILLE, B. J. y KLEBER, H. D. (1982). "History of Childhood Hiperactivity in a Clinic Population of Opiate Addicts". *The Journal of Nervous and Mental Disease*, Vol 170, No 9.

FARAONE, S. V. y UPADHYAYA, H. P. (2007). "The effect of stimulant treatment for ADHD on later substance abuse and the potential for medication misuse, abuse, and diversion". *J Clin Psychiatry*, 68 (11). 28.

FARAONE, S. V.; BIEDERMAN, J. y MICK, E. (2006). "The age-dependent decline of attention deficit hyperactivity disorder: a meta-analysis of follow-up studies". *Psychol Med*, 36 (2). 159-165

FARAONE, S. V.; BIEDERMAN, J. y MONUTEAUX, M. C. (2000). "Toward guidelines for pedigree selection in genetic studies of attention deficit hyperactivity disorder". *Genetic Epidemilogy*, 18 (1) 1-16.

FARAONE, S. V.; BIEDERMAN, J.; SPENCER, T.; ALEARDI, M. y KEHNER, G. (2006). "Comparing the efficacy of medications for ADHD using meta-analysis". *Program and abstracts of the 19th U.S Psychiatric & Mental Health Congress*. New Orleans. Louisiana. Abstract 131.

FARAONE, S. V.; DOYLE, A. E. y KNOERZER, J. A. (2001). "Heritability of attention-deficit/hyperactivity disorder". *Economics of Neuroscience*, 3 (5). 54-57.

FARAONE, S. V.; SPENCER, T.; ALEARDI, M. y BIEDERMAN J. (2004). "Meta-analysis of the efficacy of methylphenidate for treating adult attention-deficit/hyperactivity disorder". *J Clin Psychopharmacol*, 24: 24-9.

FAYYAD, J.; DE GRAAF, R.; KESSLER, R. C.; ALONSO, J.; ANGERMEYER, M.; DEMYTTENAERE, K.; DE GIROLAMO, G.; HARO, J. M.; KARAM, E. G.; LARA, C. *et al.* (2007). "Cross-national prevalence and correlates of adult attention-deficit hyperactivity disorder". *Br J Psychiatry*, 190: 402-409.

FILLMORE, M. T. (2009). "Increase sensitivity to the disinhibiting effects of alcohol in adults with ADHD". *Exp Clin Psychopharmacol.* Abril; 17 (2). 113-121.

HERVEY, A. S.; EPSTEIN, J. N. y CURRY, J. F. (2004). "Neuropsychology of adults with attention-deficit/hyperactivity disorder: a meta-analytic review". *Neuropsychology*, 18 (3). 485-503.

JOHANN, M.; BOBBE, G.; LAUFKÖTTER, R.; LANGE, K. y WODARZ, N. (2004). "Attention-deficit/hyperactivity disorder and alcohol dependence: a risk constellation". *Psychiatr Prax,* 31 Suppl 1: 102-104.

KESSLER, R. C.; ADLER, L.; AMES, M.; BARKLEY, R. A.; BIRNBAUM, H.; GREENBERG, P.; JOHNSTON, J. A.; SPENCER, T. y USTUN, T. B. (2005). "The prevalence and effects of adult attention deficit/hyperactivity disorder on work performance in a nationally representative sample of workers". *J Occup Environ Med*, 46 (6) 565-572.

KESSLER, R. C.; ADLER, L.; AMES, M.; DEMLER, O.; FARAONE, S.; HIRIPI, E. *et al.* (2005). "The World Health Organization Adult ADHD Self-Report Scale (ASRS). a short screening scale for use in the general population". *Psychol Med*, 35: 245-56.

KESSLER, R. C.; ADLER, L.; BARKLEY, R.; BIEDERMAN, J.; CONNERS, C. K.; DEMLER, O. *et al.* (2006). "The prevalence and correlates of adult ADHD in the United States: results from the National Comorbidity Survey Replication". *American Journal Psychiatry*, 163 (4). 716-723.

KOOIJ, S.; BEJEROT, S.; BLACKWELL, A.; CACI, H.; CASAS-BRUGUÉ, M.; CARPENTIER, P. J.; EDVINSSON, D.; FAYYAD, J.; FOEKEN, K. *et al.* (2010). "Declaración de consenso europeo sobre el diagnóstico y el tratamiento del TDAH del adulto: la European Network Adult ADHD". *BMC Psychiatry*, 10, 67. http://www.biomedcentral.com/1471-244X/10/67.

LARA, C.; FAYYAD, J.; DE GRAAF, R.; KESSLER, R. C.; AGUILAR-GAXIOLA, S.; ANGERMEYER, M.; DEMYTTENEARE, K.; DE GIROLANO, G.; HARO J. M.; JIN, R. *et al.* (2009). "Childhood predictors of adult attention-deficit/hyperactivity disorder: results from the World Health Organization World Mental Health Survey Initiative". *Biol Psychiatry*, 65 (1). 46-54.

LEVIN, F. R.; EVANS, S. M.; MCDOWELL, D. M. *et al.* (1998). "Methylphenidate treatment for cocaine abusers with attention-deficit/hyperactivity disorder: a pilot study". *J Clin Psychiatry*, 59: 300-305.

LIE, N. (1992). "Follow-ups of children with attention deficit hyperactivity disorder (ADHD). Review of literature". *Acta Psychiatr Scand Suppl*, 368: 1-40.

MANNUZZA, S.; KLEIN, R. G. y MOULTON, J. L. (2003). "Persistence of Attention-Deficit/hyperactivity Disorder into adulthood: what have we learned from the prospective follow-up studies?" *J Atten Disord*, 7 (2) 93-100.

MEDORI, R.; RAMOS-QUIROGA, J. A.; CASAS, M.; KOOIJ, J. J.; NIEMELÄ, A.; TROTT, G. E. *et al.* (2008). "A randomized placebo-controlled trial of three fixed dosages of prolonged-release OROS methylphenidate in adults with attention-deficit/hyperactivity disorder". *Biol Psychaitry*, 63: 981-989.

MESZAROS, A.; CZOBOR, P.; BALINT, S.; KOMLOSI, S.; SIMON, V. y BITTER, I. (2009). "Pharmacotherapy of adult attention deficit hyperactivity disorder (ADHD). a meta-analysis". *The International Journal of Neuropsychopharmacology/official scientific journal of the Collegium Internationale Neuropsychopharmacologicum* (CINP), 12 (8). 1137-1147.

MICHELSON, D.; ADLER, L.; SPENCER, T.; REIMHERR, F. W.; WEST, S. A.; ALLEN, A. J. *et al*. (2003). "Atomoxetine in adults with ADHD: two randomized, placebo-controlled studies". *Biol Psychiatry*, 53: 112-20.

MILLSTEIN, R. B.; WILENS, T. E.; BIEDERMAN, J. y SPENCER, T. J. (1997). "Presenting ADHD symptoms and subtypes in clinically referred adults with ADHD". *Journal of Attention Disorder*, 2: 159-166.

MODESTIN, J.; MATUTAT, B. y WURMLE, O. (2001). "Antecedents of opioid dependence and personality disorder: attention-deficit/hyperactivity disorder and conduct disorder". *Eur Arch Psychiatry Clin Neurosci*, 251 (1). 42-47.

MURPHY, K. R. y BARKLEY, R. A. (1996) "Attention deficit hyperactivity disorder adults: Comorbidities and adaptive impairments". *Comprehensive Psychiatry*, 37: 401.

NATIONAL ACADEMY FOR THE ADVANCEMENT OF ADHD CARE. (2003). "Determining and achieving therapeutic targets in attention-deficit/hyperactivity disorder". *Journal of Clinical Psychiatry*, 64: 265-267.

NICE (2008). "Attention Deficit Hyperactivity Disorder: The NICE guideline on diagnosis and management of ADHD in children, young people and adults". *The British Psychological Society and The Royal College of Psychiatrists*.

OHLMEIER, M. D.; PETERS, K.; TE WILDT, B. T.; ZEDLER, M.; ZIEGENBEIN, M.; WIESE, B.; EMRICH, H. M y SCHNEIDER, U. (2008). "Comorbidity of alcohol and substance dependence with attention-deficit/hyperactivity disorder (ADHD)". *Alcohol and alcoholism* (Oxford, Oxfordshire), 43 (3). 300-304.

PARY, R.; LEWIS, S.; MATUSCHKA, P. R.; RUDZINSKIY, P.; SAFI, M. y LIPPMANN, S. (2002). "Attention deficit disorder in adults". *Annals of Clinical psychiatry*, 14: 105-111.

RAMOS-QUIROGA, J. A.; BOSCH, R.; CASTELLS, X.; NOGUEIRA, M.; GARCÍA E. y CASAS, M. (2006). "Attention déficit Hyperactivity disorder in adults: a clinical and therapheutic characterization". *Rev Neurol*, 42: 600-6.

RAMOS-QUIROGA, J. A.; COROMINAS, M.; CASTELLS, X.; BOSCH, R. y CASAS, M. (2009). "Metilfenidato OROS para el tratamiento de adultos con un trastorno por déficit de atención/hiperactividad". *Expert Rev Neurother*, 9 (8). 1121-1131.

RAMOS-QUIROGA, J. A.; MARTÍNEZ, Y.; NOGUEIRA, M.; BOCH, R. y CASAS, M. (2008). *Manual de tratamiento psicológico para adultos con TDAH*. Mayo ediciones.

RODRÍGUEZ-JIMÉNEZ, R.; CUBILLO, A. I.; PONCE, G.; ARAGÜÉS, M. y JIMENEZ-ARRIERO, M. A. (2009). "Trastorno por déficit de atención e hiperactividad en el adulto: evaluación y diagnóstico". En QUINTERO-GUTIÉRREZ, F. J.; CORREAS, J. y QUINTERO, F. J. (ed). *Trastorno por déficit de atención e hiperactividad (TDAH) a lo largo de la vida.* Elsevier Masson.

ROSLER, M.; FISCHER, R.; AMMER, R.; OSE, C. y RETZ, W. (2009). "A randomised, placebo-controlled, 24-week, study of low-dose extended-release methylphenidate in adults with attention-deficit/hyperactivity disorder". *Eur Arch Psychiatry Clin Neurosci*, 259 (2). 120-129.

ROSLER, M.; RETZ, W.; THOME, J.; SCHNEIDER, M.; STIEGLITZ, R. D.; y FALKAI, P. (2006). "Psychopathological rating scales for diagnostic use in adults with attention-deficit/hyperactivity disorder". *European Archives of Psychiatry and Clinical Neuroscience*, 256 (1). 3-11.

ROSTAIN, A. L. (2008). "Attention-deficit hyperactivity disorder in adults: evidence based recommendations for management". *Posgrad Med*, 120 (3). 27-38.

ROSTAIN, A. L. y RAMSAY, J. R. (2006). "A combined treatment approach for adults with ADHD - Results of an open study of 43 patients". *Journal of Attention Disorder*, 10: 150-159.

RUBIO, G. *et al*. (2001). "Validación en población española adulta de la Wender-Utah Rating Scale para la evaluación retrospectiva de trastorno por déficit de atención e hiperactividad en la infancia". *RevNeurol*, 33: 138-44.

SAFREN, S. A. (2006). "Cognitive-behavioral approaches to ADHD treatment in adulthood". *J Clin Psychiatry*, 67 (8) 46-50.

SAFREN, S. A.; OTTO, M. W.; SPRICH, S.; WINETT, C. L.; WILENS, T. E. y BIEDERMAN, J. (2005). "Cognitive-behavioral therapy for ADHD in medication-treated adults with continued symptoms". *Behaviour Research and Therapy*,43: 831-842.

SCHOECHLIN, C. y ENGEL, R. R. (2005). "Neuropsychological performance in adult attention-deficit hyperactivity disorder: Meta-analysis of empirical data". *Archives of Clinical Neuropsychology*, 20: 727-744.

SEARIGHT, H. R.; BURKE, J. M. y ROTTNEK F. (2000). "Adult ADHD: Evaluation and treatment in family medicine". *American Family Physician*, 62: 2077-2091.

SIMON, V.; CZOBOR, P.; BALINT, S.; MESZAROS, A. y BITTER, I. (2009). "Prevalence and correlates of adult attention-deficit hyperactivity disorder: meta-analysis". *Br J Psychaitry*, 194 (3). 204-211.

SOBANSKI, E. (2006). "Psychiatric comorbidity in adults with attention-deficit/hyperactivity disorder (ADHD)". *Eur Arch Psychiatry Clin Neurosci*, 256 (Suppl 1). 26-31.

SPENCER, T.; BIEDERMAN, J. y WILENS, T. (2004). "Nonstimulant treatment of adult attention-deficit/hyperactivity disorder". *Psychiatr Clin Am*, 27: 373-83.

SPENCER, T.; BIEDERMAN, J.; DOYLE, R.; SURMAN, C.; PRINCE, J. *et al*. (2005). "A large, double-blind, randomized clinical trial of methylphenidate in the treatment of adults with attention-deficit/hyperactivity disorder". *Bio Psychiatry*, 57: 456-63.

SULLIVAN, M. A. y RUDNIK-LEVIN, F. (2001). "Attention-deficit/hyperactivity disorder and substance abuse. Diagnostic and therapeutic considerations". *Annals of the New York Academy of Sciences*, 931: 251-270.

TCHEREMISSINE, O. V. y SALAZAR, J. O. (2008). "Pharmacoterapy of adult attention-deficit/hyperactivity disorder: review of evidence-based practices and future directions". *Expert Opin Pharmacotherapy*, 9: 1299-1310.

TZELEPIS, A.; SCHUBINER, H. y WARBASSE, L. H. (1995). "Differential diagnosis and psychiatric comorbidity patterns in adult attention deficit disorder". En NADEAU, K. G. *An comprehensive guide to attention deficit disorder in adults: research, diagnosis and treatment*. New York. Brunner/Mazel, 35-57.

VIRTA, M.; VEDENPA, A.; GRÖNROOS, N.; CHYDENIUS, E.; PARTINEN, M.; VATAJA, R. *et al*. (2008). "Adults with ADHD benefit from cognitive behaviourally oriented group rehabilitation: a study of 29 participants". *Journal of Attention Disorders*, 12: 218-26.

VOLKOW, N. D. y SWANSON, J. M. (2003). "Variables that affect the clinical use and abuse of methylphenidate in the treatment of ADHD". *Am J Psychiatry*. 160 (11). 1909-1918.

WARD, M. F.; WENDER, P. H. y REIMHERR, F. W. (1993). "The Wender Utah Rating Scale: an aid in the retrospective diagnosis of childhood attention deficit hyperactivity disorder". *American Journal of Psychiatry*, 150: 885-890.

WEISS, G.; HECHTMAN, L. y MILROY, T. (1985). Psychiatric status of hyperactives as adults: A controlled prospective 15-year follow-up of 63 hyperactive children. *J Am Acad Child Psychiatry*, 24: 211-220.

WERNICKE, J. F.; ADLER, L.; SPENCER, T.; WEST, S. A.; ALLEN, A. J. y HEILIGENSTEIN, J. *et al*. (2004). "Changes in symptoms and adverse events after discontinuation of atomoxetine in children and adults with attention-deficit/hyperactivity disorder: a prospective, placebo-controlled assessment". *J Clin Psychoplarmacol*, 24: 30-5.

WILENS, T. E. (2003). "Drug therapy for adults with attention-deficit hyperactivity disorder". *Drugs,* 63: 2395-2411.

WILENS T. E. y DODSON, W. (2004). "A clinical perspective of attention-deficit/hyperactivity disorder into adulthood". *J Clin Psychaitry*, 65: 1301-11.

WILENS, T. E.; FARAONE, S. V. y BIEDERMAN, J. (2004). "Attention-deficit/hyperactivity disorder in adults". *JAMA*, 292: 619-623.

WILENS, T. E.; FARAONE, S. V.; BIEDERMAN, J. y GUNAWARDENE, S. (2003). "Does stimulant therapy of attention-deficit/hyperactivity disorder beget later substance abuse? A meta-analytic review of the literature". *Pediatrics,* 11.179-185.

WILENS, T. E.; SPENCER, T. J. y BIEDERMAN, J. (2000). "Attention-deficit/hyperactivity disorder with substance use disorders". En BROWN, T. E. (Ed.). *Attention-deficit disorders and comorbidities in children, adolescents, and adults*. Washington. DC, American Psychiatric Press, 319-339.

WILSON, J. J. y LEVIN, F. R. (2001). "Attention deficit hyperactivity disorder (ADHD) and substance use disorder". *Curr Psychaitry Rep*, 3 (6). 497-506.

WOODS, S. P.; LOVEJOY, D. W. y BALL, JD. (2002). "Neuropsychological characteristics of adults with ADHD: A comprehensive review of initial studies". *Clinical Neuropsychologist*, 16: 12-34.

WORLD HEALTH ORGANIZATION. (1993). "The ICD-10 Classification of mental and Behavioural Disorders". *Diagnostic Criteria for Research. WHO*. Geneva.

YOUNG, S. y BRAMHAM, J. (2009). *TDAH en adultos. Una guía psicológica para la práctica*. México. Manual Moderno.

ZYLOWSKA, L.; ACKERMAN, D. L.; YANG, M. H.; FUTRELL, J. L.; HORTON, N. L.; HALE, T. S. *et al*. (2008). "Mindfulness mediation training in adults and adolescents with ADHD: a feasibility study". *Journal of Attention Disorders*, 11 (6). 737-46.

Perspectiva psicolegal en el TDAH

Cristina Andréu Nicuesa

> *"Vivir es una ininterrumpida corriente impulsiva".*
>
> STUMPF.

Introducción

Existe una elevada comorbilidad del TDAH del adulto con Trastorno Antisocial de la Personalidad, Trastorno Límite de la Personalidad y abuso de sustancias, frecuentes en población forense y penal. Estos diagnósticos comparten algunas alteraciones en funciones ejecutivas, atencionales y especialmente del control de la impulsividad, también presentes en el TDAH. En este capítulo se plantean algunas cuestiones sobre la evaluación forense y sus futuros efectos sobre la valoración de la imputabilidad en personas con disfunciones neurofisiológicas y neuropsicológicas en los circuitos que regulan la atención y la impulsividad.

1.1. Prevalencia del TDAH en la población penal

Según el Registro Nacional Sueco de pacientes con TDAH, con 25.656 pacientes, entre 2006 y 2009 un 36,6% de los pacientes y un 15,4% de las mujeres con TDAH habían sido condenados por algún delito (Liechetenstein *et al.*, 2012). El tratamiento farmacológico redujo un 32% las tasas de delitos en hombres y un 41% en mujeres, por lo que los autores concluyeron que el tratamiento en estos pacientes reduce drásticamente la reincidencia delictiva.

Otros estudios en Estados Unidos, Canadá, Noruega, Finlandia, Suecia y Alemania ofrecen resultados semejantes. Hasta dos tercios (66%) de delincuentes jóvenes y la mitad de la población en prisión adulta obtendrían resultados positivos para el diagnóstico de TDAH durante la infancia. De ellos, entre el 15% de los varones y el 10% de las mujeres siguen presentando sintomatología en la etapa adulta. Los incidentes por los que fueron condenados son hasta 8 veces de mayor agresividad que los de otros presos y hasta 6 veces más agresivos que en presos con diagnóstico de Trastorno Antisocial de la Personalidad (Rosler, Retz y Retz-Junginger, 2004). Esta mayor agresividad se relacionaría con la violencia expresiva, de carácter emocional e impulsiva, frente a una violencia más instrumental, con mayor grado de control e intencionalidad en el caso de los antisociales.

El estudio PRECA (2011), que ha estudiado a una muestra de 700 internos penitenciarias en España, encuentra que la patología psiquiátrica es 5 veces más frecuente en establecimientos penitenciarios que en la población general; se calcula que un 15 por ciento de la población general sufre a lo largo de su vida una enfermedad mental, cifras que ascienden al 85 por ciento en el ámbito penitenciario.

Los autores estiman que, según los diferentes estudios de prevalencia, de las aproximadamente 70.000 personas que hay en prisión en España, unas 3.000 padecerían trastorno psicótico, 6.000 una depresión mayor, 12.000 un trastorno límite de la personalidad y cerca de 20.000 tendrían trastornos antisociales de la personalidad. Los resultados muestran una importante influencia del consumo de drogas en la aparición de la patología, así como una importante relación del consumo de drogas (múltiples) asociado a trastornos de la personalidad y la comisión de delitos violentos.

Sanz-García, Dueñas y Muro (2010) encuentran una prevalencia del 39% de adultos con TDAH en su muestra penitenciaria española. Los resultados obtenidos en la investigación han establecido que los pacientes penitenciarios con TDAH delinquen más jóvenes, con una media de comisión del primer delito de 22 años frente a los 29 años de media del resto de reclusos con otras patologías psiquiátricas; cometen mayor número de delitos, con una media de 7,8 delitos frente a los 3,9 del resto de pacientes; y presentan mayores consumos de drogas desde edades más tempranas y en cantidades más elevadas. Los internos penitenciarios con TDAH diagnosticados tenían una menor estabilidad de pareja, un nivel educativo inferior, una situación laboral previa a su reclusión más precaria y más factores de riesgo para contraer infecciones, debido a un mayor uso de la prostitución y a un número mayor de relaciones sexuales sin protección. Esto se traduce en mayores tasas de VIH y de Hepatitis C, con una tasa de casos positivos del 51%. Además, se registraron en estos pacientes un número mayor de intentos autolíticos y una mayor frecuencia de sintomatología depresiva y de comorbilidad del TDAH con trastornos de la personalidad y con el uso de psicofármacos. Los pacientes con TDAH no diagnosticados como tales, recibían más medicación que el resto de los pacientes. No hubo diferencias con los internos sin TDAH respecto a la comisión del tipo de delitos (71,1% delitos contra la propiedad, 4,4% delitos sexuales, 2,2% crímenes violentos, 8,9% violencia de género, 4,4 % contra la salud pública y 8,9% otros delitos).

2 Problemas legales de las personas con TDAH

2.1. Problemas en la conducción de vehículos

Los jóvenes con TDAH tienen cifras de infracción de las normas de circulación y de siniestralidad muy superiores a las que pueden mostrar los sujetos sin TDAH.

Las irregularidades se manifiestan en tendencia a conducir antes de la edad permitida, menor respeto a las señales de conducción, exceso de velocidad y frecuentes multas. Los tiempos de reacción frente a las demandas del tráfico se ven afectadas en el TDAH, lo que produce una conducción insegura. Los sujetos con TDAH cuadriplican el número de accidentes respecto al resto de la población. Un 40% de conductores con TDAH tuvo dos accidentes en un año y un 20% llegó a tener tres accidentes en un año. Los accidentes parecen estar originados por los factores referidos anteriormente y por la facilidad para dispersar su pensamiento, además de las dificultades para mantener la atención concentrada durante un tiempo prolongado.

El tratamiento farmacológico puede contribuir a reducir el riesgo en la conducción de personas con TDAH: en un estudio de simulación de conducción, los pacientes de TDAH tratados farmacológicamente mejoraron los tiempos de reacción ante sucesos imprevistos en la conducción, redujeron los comportamientos de riesgo en la conducción y redujeron el número de accidentes (Biederman *et al.*, 2012).

2.2. Problemas con el abuso de sustancias

La patología dual TDAH con Trastorno por el Uso de Sustancias (TUS) se da en aproximadamente el 60% de los adultos con TDAH. El 52% de los niños que presentaron TDAH en su infancia presentaron un trastorno por consumo de sustancias a lo largo de su vida, mientras que ese porcentaje en la población general fue del 27% (Biederman, Petty, Woodworth, Lomedico, Hyder y Faraone, 2012). En pacientes adultos que consultan por TDAH se ha hallado que entre el 17-45% presentan abuso de alcohol y entre el 9-30% abuso de otras drogas (Wilens, Biederman y Mick, 1998). Los pacientes con TDAH y consumos adictivos tienen un mayor riesgo de recaídas tras la desintoxicación.

El tratamiento farmacológico durante la infancia a los niños con TDAH reduce la probabilidad de abuso de sustancias durante la etapa adulta en casi la mitad, comparado con niños que no recibieron tratamiento. Este importante resaltar este punto a las familias de niños con TDAH, que en ocasiones temen que la medicación con estimulantes predisponga al consumo futuro de drogas: los resultados indican justamente lo contrario, el tratamiento tiene un efecto protector.

2.3. Trastorno antisocial de la personalidad

Se estima que entre el 10 y el 15% de los niños y adolescentes con TDAH presentan en la edad adulta un comportamiento antisocial.

Los Trastornos de Conducta (TC) y el Trastorno Oposicionista-Desafiante (TOD) en la infancia están considerados entre los más frecuentes de las comorbilidades del TDAH. Se ha estimado que entre el 30 y el 50% de los delincuentes jóvenes han sido diagnosticados previamente como sujetos que padecen TDAH. Los jóvenes que presentan ambos cuadros, TDAH y TC, muestran problemas de comportamiento más graves y persistentes que aquellos que padecen sólo TDAH o TC.

El incremento de la conducta delictiva en el TDAH respecto a la población general, puede estar mediada por otros factores. La separación de los aspectos cognitivos y conductuales de la impulsividad es relevante de cara a diferenciar los mecanismos subyacentes. En el TC es frecuente una impulsividad más relacionada con la intolerancia a la frustración que con la dificultad cognitiva para inhibir una respuesta. La presencia de TDAH, aunque aumenta el riesgo de la persistencia de los TC una vez iniciados, no es un predictor de actos antisociales graves, sino que otros factores como el entorno social, los resultados académicos y el entorno familiar del niño parecen tener mayor relación con actos violentos graves del adulto que las variables clínicas. Cuando se ha comparado el entorno familiar de niños con TDAH con el de niños con TDAH y TOD o TC, se ha evidenciado que en las formas puras de TDAH existe un grado mucho menor de psicopatología y estrés familiar, por lo que el entorno familiar y su manejo de los comportamientos del niño es relevante para la evolución de los síntomas o la aparición de trastorno de la personalidad.

Actualmente sabemos que, en muchos sujetos con Trastorno Antisocial de la personalidad, las técnicas de neuroimagen muestran diferencias estructurales o funcionales vinculadas al lóbulo frontal y al área ventromedial y dorsolateral, que se relacionan con la autorregulación, la planificación y la toma de decisiones. Otras áreas del cerebro que también se han señalado vinculadas a la psicopatía son las relacionadas con la afectación del lóbulo frontal y de la amígdala, con reducción del volumen de la corteza prefrontal y cambios en componentes del sistema límbico involucrados en el procesamiento emocional. Igualmente, se han señalado diferencias en el hipocampo y otras estructuras relacionadas con el aprendizaje de las experiencias. Los criminales psicópatas tienden a mostrar una menor activación en las regiones subcorticales izquierdas, amígdala, hipocampo y tálamo, y una mayor activación en las regiones homólogas del hemisferio derecho. El grupo de Raine (Raine *et al.*, 1998) realizó un estudio en el que dividieron a un grupo de homicidas en dos: depredadores (agresión premeditada) y afectivos (agresión impulsiva). La corteza prefrontal de los asesinos afectivos tenía tasas de actividad mas bajas; mientras que los asesinos depredadores tenían un funcionamiento frontal relativamente bueno. Ambos grupos presentaban mayores tasas de actividad subcortical derecha que los del grupo control. Por esta mayor actividad subcortical ambos grupos pueden tener tendencia a comportarse agresivamente, pero el relativamente buen funcionamiento prefrontal de los depredadores les permite regular sus impulsos agresivos y utilizar la planificación para sus homicidios; mientras que los asesinos impulsivos tienen arranques agresivos, impulsivos y desregulados.

2.4. Trastorno límite de la personalidad

En el Trastorno Límite de la personalidad (TLP) existe una importante desregulación emocional junto a una marcada predisposición a actuar de un modo impulsivo, aunque su impulsividad es característicamente autolesiva, y con accesos de ira, así como relacionada con el consumo de sustancias y en menor medida, otras manifestaciones impulsivas como atracones, sexualidad compulsiva o juego patológico. Los pacientes con TLP presentan dificultades para el control de impulsos, sobre todo en un contexto estresante.

Diversos estudios con técnicas de neuroimagen funcional en pacientes con TLP, han demostrado la implicación de la corteza prefrontal y, más específicamente, de las regiones orbitofrontales, en las respuestas impulsivas y agresivas que caracterizan la conducta de estos pacientes (Soloff *et al.*, 2003). Descripciones tempranas sobre el trastorno *borderline* de la personalidad en niños, están repletas de referencias a problemas cognitivos y de la maduración cerebral. Estos hallazgos se correlacionan con los estudios llevados a cabo en pacientes con TLP y en los que pruebas de neuroimagen reflejan un significante hipometabolismo en regiones frontales y prefrontales y alteraciones en el funcionamiento de la amígdala (Corrigan, Davidson y Heard, 2000). De la misma forma, el estudio de las alteraciones cognitivas en estos pacientes ha mostrado una disfunción cerebral en regiones prefrontales dorsolaterales y orbitarias.

Durante años, la investigación sobre el trastorno límite de la personalidad se ha centrado en la atención a los componentes conductuales como los actos impulsivos, relaciones interpersonales tormentosas y las automutilaciones. Las anomalías neurocognitivas, no obstante han sido pasadas por alto aunque pudieran ser igualmente importantes. De hecho, en un estudio llevado a cabo ya en 1991, se relacionó el riesgo de suicidio en el TLP con el funcionamiento cognitivo y no con niveles de depresión (Burrguess, 1991). Un estudio de Ruocco (2005) reveló diferencias significativas entre TLP y el grupo control sano en múltiples dominios neuropsicológicos (atención, flexibilidad cognitiva, aprendizaje y memoria, planificación, velocidad de procesamiento y habilidades visoespaciales). Según este autor los datos obtenidos son compatibles con los obtenidos en otro estudio y que muestran correlaciones significativas entre medidas neuropsicológicas de la función del lóbulo frontal y sintomatología TLP (Ruocco y Trobst, 2003). Algunos estudios han mostrado que la rehabilitación neurocognitiva puede ser eficaz con resultados extrapolables al funcionamiento cotidiano del paciente TLP, dado que puede mejorar muchas de las dificultades de la vida diaria y, por tanto, su percepción de calidad de vida (Arza *et al.* 2009).

2.5. Trastorno Obsesivo Compulsivo (TOC) y otros que cursan con trastorno de la impulsividad

La comorbilidad entre en TOC y el TDAH ha sido bien establecida y de modo bidireccional. Alrededor del 30% de los adolescentes con TOC presentan también TDAH y los síntomas de este último debutan antes que los del TOC. No se han observado diferencias en los síntomas TDAH en niños con y sin TOC, ni en los subtipos de TDAH, aunque el más frecuente ha sido el subtipo combinado. Sin embargo, al contrario, sí parece que la presencia de TDAH modula la presentación del TOC: los adolescentes con TOC y TDAH asociado presentaban más problemas sociales, de atención y conducta externalizados, mientras que los adolescentes con TOC pero sin TDAH presentaban un perfil de quejas somáticas, problemas de ideas obsesivas y síntomas internalizantes (Geller, 2006).

Algunos estudios sugieren una etiología común entre algunas formas de TOC y TDAH, a partir de estudios inmunológicos y de neuroimagen. La comorbilidad del TOC con TDAH puede resultar en un marcador de heterogeneidad del TOC que ayude a clarificar su etiología, evolución y terapéutica (Geller *et al.*, 2001).

El TOC (en particular el de acumulación de objetos) puede provocar la intervención judicial cuestionando la capacidad legal del sujeto para su autogobierno; en ocasiones las ideas obsesivas dan lugar a conductas de acoso y/o amenazas a terceros, e incluso a agresiones graves.

Por otro lado, se encuentra un 23,3% de comorbilidad del TDAH con el *Trastorno Bipolar* (TB) (Karaahmet *et al.*, 2013), con mayor número de episodios maníacos en los pacientes con TDAH y TB que en los pacientes bipolares sin TDAH. En particular la fase maníaca, puede producir comportamientos impulsivos relacionados con la conducta sexual, agresiones, atentado a la autoridad, alteraciones del orden público o gasto económico injustificado que requieren la intervención policial/judicial.

Otros comportamientos que pueden dar lugar a intervención judicial relacionados con problemas en el control de los impulsos son el trastorno explosivo intermitente, la ludopatía, la piromanía y la cleptomanía, aunque su asociación con el TDAH no ha sido bien establecida.

3. Impulsividad y funciones atencionales ejecutivas como hilo conductor

En el TDAH hay dos tipos principales de problemas, inatención y desorganización por una parte, y conductas hiperactivas e impulsivas, por la otra. Estas conductas pueden presentarse juntas pero también pueden ser independientes, dando lugar a tres subtipos: inatento, hiperactivo-impulsivo y combinado. Tanto la atención y funciones ejecutivas como el control de la impulsividad están sujetas a procesos madurativos, y también a factores moduladores de esta evolución de carácter familiar, escolar y social.

Sabemos que la capacidad de concentración, las habilidades de planificación ejecutivas, la habilidad de inhibir una respuesta, el nivel de actividad y de impulsividad, todas existen en una curva de distribución normal. Existen en un continuo que puede dar lugar a distintas combinaciones.

Las características que definen el TDAH no son exclusivas de este diagnóstico; tanto la impulsividad como los déficits atencionales y ejecutivos están presentes en otras patologías cuya comorbilidad con el TDAH adulto ha resultado clínicamente significativa, como el TOC y los trastornos de la personalidad antisocial y límite. Desde un punto de vista neuropsicológico se ha demostrado en las personas impulsivas -con diferentes diagnósticos pero la impulsividad como elemento común- una disfunción en los circuitos prefrontales (zona orbitofrontal, ventromedial y córtex cingulado anterior), junto con una alteración de varias estructuras subcorticales (amígdala, núcleo accumbens e hipocampo), sus conexiones y en el equilibrio relativo de la actividad de estas regiones (Alcázar-Córcoles *et al.*, 2010). Existen al menos dos circuitos neuronales implicados en estos síntomas, que contienen diversas estructuras anatómicas y funcionales: el circuito más involucrado en los aspectos cognitivos del TDAH sería el dorsolateral prefrontal y el ventromedial en el control de la impulsividad y de la autorregulación emocional.

De los circuitos frontoestriados (esqueleto motor, óculo motor, dorsolateral prefrontal, lateral orbitofrontal y circuito cingulado anterior), el circuito más involucrado en los aspectos cognitivos del TDAH es el dorsolateral prefrontal, al cual se le atribuyen las funciones de planificación, memoria de trabajo, control de la atención, flexibilidad cognitiva e inhibición de respuesta cognitiva y modulación de la respuesta emocional en la toma de decisiones (Bechara, Damasio y Damasio, 2000; Bechara *et al.*, 2001). La actividad de este circuito se ha asociado al rendimiento en tareas clásicas de función ejecutiva, como las pruebas de fluidez verbal, tareas de *n-back, go-no go*, el Test Stroop, Test de Laberintos, la Torre de Hanoi o la prueba de Clasificación de Tarjetas de Wisconsin, entre otros.

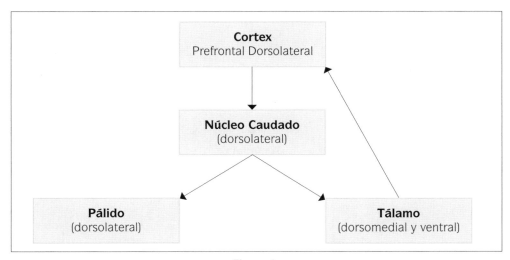

Figura 1.

Circuito Prefrontal Dorsolateral.

Por otro lado, la hiperactividad/impulsividad sería secundaria a fallos en la autorregulación de las emociones, motivación y arousal. Ello comporta la capacidad para dirigir la conducta en ausencia de recompensa externa y contribuir, en este sentido, a demorar respuestas impulsivas y mantener el autocontrol emocional.

Las conductas impulsivas se regulan en, al menos, tres regiones encefálicas:

- **Corticales**: la región orbitaria de la corteza prefrontal.
- **Subcorticales**: el núcleo accumbens del estriado, región ventromedial del hipotálamo y región basolateral de la amígdala.
- **Mesencefálicas**: área tegmental ventral (ATV) y núcleo dorsal del rafe.

La presencia de comorbilidades con el TDAH, como los trastornos por uso de sustancias o los trastornos de la personalidad del cluster B (especialmente el trastorno límite y el trastorno antisocial), el Trastorno de Conducta y el Trastorno Obsesivo Compulsivo comparten la desregulación de la impulsividad, relacionada con alguno o varios de los circuitos que se encuentran en el circuito de la recompensa/emoción o la amígdala (respuesta emocional) o en la disminución de la capacidad inhibitoria prefrontal (Fishbein, 2000; Verdejo-García, Bechara, Recknor y Pérez-García, 2007). Por otra parte, las conexiones talámico-amigdalinas serían el sustrato neuroanatómico de los componentes afectivos y motivacionales del TOC, ya que es en la amígdala donde tiene lugar la valoración del peligro, la priorización de las demandas de procesamiento de la información y la asignación de significado a los diferentes estímulos. La amígdala influye en la actividad cortical a través de vías ascendentes y sobre el estriado, y promueve las conductas automáticas como respuesta al peligro; tiene un protagonismo central en la neurobiología de los trastornos de ansiedad y afectivos.

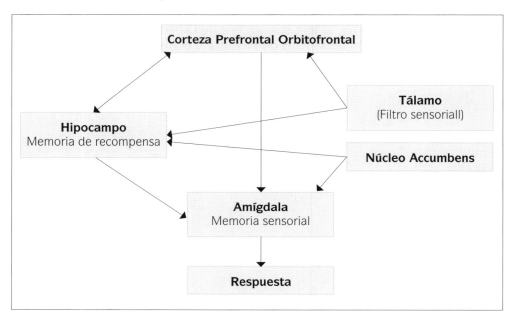

Figura 2.
Circuito relacionado con la impulsividad.

En resumen, aunque los modelos propuestos distan mucho de ser uniformes, existe un relativo consenso a que las conexiones de los ganglios basales, con sus conexiones con el tálamo, la amígdala y los lóbulos frontales, mediados por dopamina, noradrenalina, serotonina y GABA principalmente, están implicados en el TOC, el TDAH, el síndrome de Tourette, el Trastorno Oposicionista y otros.

Al menos en parte, la comorbilidad no deja de ser un artefacto conceptual derivado de la forma arbitraria en la que se han definido los trastornos mentales en los manuales de clasificación. El cerebro no está organizado pensando en las clasificaciones diagnósticas, sino formando sistemas funcionales que cubren necesidades importantes para la adaptación del sujeto.

Tanto el TDAH como la mayoría de los trastornos a los que se asocia no son entidades discretas, sino que se trata de dimensiones conductuales que se distribuyen según un modelo continuo, que además está sujeto a maduración. Pequeñas y sutiles variaciones funcionales o desequilibrios en los mecanismos involucrados en estas funciones básicas del cerebro, la atención/funciones ejecutivas y la regulación de la motivación e impulsividad, pueden dar lugar a distintas expresiones conductuales, cognitivas y emocionales, que varíen su expresión según el tipo de disfunción y el momento evolutivo en que ésta se produzca. A su vez, distintas disfunciones pueden producirse tanto por factores orgánicos (congénitos o adquiridos) como por factores psicosociales (crianza, estilos educativos, condiciones familiares) que modifiquen las conexiones neuronales y alteren el complejo equilibrio de estos sistemas. Estas disfunciones darían lugar a expresiones fenotípicas diferentes de las dimensiones básicas de la atención/funciones ejecutivas y/o autocontrol/impulsividad, que comparten un mismo substrato neurofisiológico y neuropsicológico en el cerebro (prefrontal dorsolateral y orbitofrontal/ventromedial respectivamente), aunque hoy son concebidas como categorías diagnósticas diferentes.

4 Consideraciones psicolegales en personas con TDAH

En el Derecho Penal, la imputabilidad es un concepto jurídico por el que se valora si el sujeto juzgado es capaz de conocer la realidad y ejercer su libertad conforme a ese conocimiento, o bien si tiene capacidad para discernir entre el bien y el mal y actuar conforme a ese discernimiento. La valoración de las causas que pueden modificar la imputabilidad en el Código Penal español sigue una fórmula mixta, bio/psicopatológico-psicológico, es decir, exige una base patológica (alteración, anomalía, etc.) y un efecto psicológico (alteración del factor cognoscitivo y/o volitivo).

En el orden Penal, el TDAH puede afectar en algunos supuestos la capacidad de respuesta del sujeto. Por ejemplo, en el caso de estímulos complejos, puede disminuir la capacidad de atender a todos los estímulos necesarios y provocar desatención a las normas aplicables, como puede ocurrir en algunos casos de conducción de vehículos.

El TDAH puede afectar al componente volitivo en las llamadas respuestas de *acting-out*, reacciones en corto-circuito, en las que el sujeto reacciona de modo impulsivo, con una fuerte descarga emocional.

La comorbilidad en un mismo sujeto del diagnóstico de TDAH con otros como Trastorno de la Personalidad, abuso de sustancias, TOC u otros, puede dar lugar a una disminución de la responsabilidad en los casos penales, siempre que los hechos juzgados guarden relación con los síntomas presentes, además de orientar la necesidad de adoptar un tratamiento especializado como medida de seguridad o complementaria a la pena.

Por tanto, encontramos en los sujetos con impulsividad alteraciones que afectan a la función ejecutiva y modifican, al menos parcialmente, las bases biopsicológicas de la imputabilidad. Goldberg plantea un nuevo constructo legal de "*incapacidad de guiar el comportamiento propio pese a la disponibilidad del conocimiento requerido*" para recoger la relación peculiar entre la disfunción del lóbulo frontal y la potencialidad para el comportamiento delictivo. Los estudios de trastornos del lóbulo frontal reúnen bajo el mismo foco las neurociencias, la ética y la ley. A medida que se objetiven deficiencias en el funcionamiento neurofisiológico y neuropsicológico en algunos comportamientos y seamos capaces de evidenciarlo ante los órganos judiciales, la defensa basada en el lóbulo frontal puede surgir como una estrategia legal; de hecho este conocimiento viene agrupándose bajo la etiqueta de Neuroderecho.

En el orden civil, en los casos más graves, la existencia de TDAH con dificultades en el control de los impulsos puede afectar a la capacidad para el autogobierno de la persona parcialmente, y en especial en relación al control de su patrimonio o a la obligatoriedad de seguir tratamiento facultativo. En algunos casos, también puede afectar a la capacidad para desempeñar las funciones de guarda y custodia en relación a menores en procesos de separación o para ejercer la tutela o curatela de terceros incapacitados.

En el orden administrativo, la existencia de TDAH puede contraindicar la concesión de permisos de armas o de conducción de vehículos, cuando el paciente presente comportamientos fuertemente impulsivos u otros trastornos asociados.

Por otro lado, la elevada prevalencia de TDAH entre población penitenciaria y su comorbilidad con otros trastornos con los que comparte las conductas impulsivas, origen de muchos ilícitos penales, conduce a la necesidad de realizar un cribado del TDAH en población forense y una valoración de funciones ejecutivas de manera sistemática, que permita a su vez instaurar un tratamiento más eficaz. A pesar de su alta prevalencia en población penitenciaria, el diagnóstico de TDAH prácticamente está ausente en el diagnóstico forense, como lo evidencia su ausencia en un rastreo de sentencias judiciales de los últimos dos años consultadas en la Base de Jurisprudencia del Consejo General del Poder Judicial, realizado con motivo de este trabajo.

Es imprescindible, por lo tanto, introducir técnicas de cribado del TDAH en la evaluación forense, así como concienciar a los distintos operadores jurídicos y peritos de su elevada comorbilidad con otros diagnósticos forenses comunes como los trastornos de personalidad o el abuso de sustancias. Y ello a efectos tanto de la valoración de la responsabilidad penal como de la orientación de medida y tratamiento más adecuado. Existen diversos cuestionarios para una primera aproximación, como el Cuestionario Autoinformado de Cribado del TDAH del Adulto ASRS-V1.1 o la Escala de Autovaloración de Adultos (EAVA), ambos disponibles a través de la Organización Mundial de la Salud.

Es además necesario desarrollar perfiles de funcionamiento neuropsicológico, en particular relativos a las funciones ejecutivas, en las patologías frecuentes en población forense y comórbiles con el TDAH, en especial los trastornos de la personalidad y otros trastornos del control de los impulsos. Continuar con diagnósticos puramente fenomenológicos en los trastornos de personalidad, a superar en el ámbito forense, obvia el conocimiento actual sobre disfunciones neuropsicológicas en estos trastornos. Es un reto de la investigación y de la práctica en psicopatología y neuropsicología forense, y no sólo en TDAH sino también en otras patologías en las que las disfunciones cerebrales y neuropsicológicas dificultan una adecuada integración entre emoción y conducta.

NOTAS BIBLIOGRÁFICAS

ALCÁZAR-CÓRCOLES, M. A.; VERDEJO-GARCÍA, A.; BOUSO-SAINZ, J. C. y BEZOS-SALDAÑA, L. (2010). "Neuropsicología de la agresión impulsiva". *Rev Neurol*, 50, 291-299.

BECHARA, A.; DAMASIO, A. y DAMASIO, A. R. (2000). "Emocion, decisión-making and the orbiotofrontal cortex". *Cereb Cortex*, 10, 295-307.

BECHARA, A.; DOLAN, S.; DENBURG, N.; HINDES, A.; ANDERSON, S. W. y NATHAN, P. E. (2001). "Decision-making deficits, linked to a dysfunctional ventromedial prefrontal cortex, revealed in alcohol and stimulant abusers". *Neuropsychology*, 39, 376-389.

BIEDERMAN, J.; FRIED, R.; HAMMERNESS, P.; SURMAN, C.; MEHLER, B.; PETTY, C. R.; FARAONE, S. V. *et al.* (2012). "The effects of lisdexamfetamine dimesylate on driving behaviors in young adults with ADHD assessed with the manchester driving behavior questionnaire". *J Adolesc Health*, 51 (6), 601-607.

BIEDERMAN, J.; PETTY, C. R.; WOODWORTH, K. Y.; LOMEDICO, A.; HYDER, B. A. y FARAONE, S. V. (2012). "Adult outcome of attention deficit/hyperactivity disorder: a controlled 16-year follow-up study". *Journal of Clinical Psychiatry*, 73, 941-950.

BIEDERMAN, J.; WILENS, T. E.; MICK, E.; FARAONE, S. V. y SPENCER, T. (1998). "Does attention deficit hyperactivity disorder impact the developmental course of drug and alcohol abuse and dependence?" *Biol Psychiatry*, 44, 269-273.

BURRGUESS, J. W. (1991). "Relationship of depression and cognitive impairment to self-injury in borderline personality disorder, major depression, and schizophrenia". *Psychiatry Res*, 38, 77-87.

CORRIGAN, F. M.; DAVIDSON, A. y HEARD, H. (2000). "The role of dysregulated amygdalic emotion in borderline personality disorder". *Medical Hypotheses*, 54 (4), 574-579.

DAIGRE, C.; RAMOS-QUIROGA, J. A.; VALERO, S.; BOSCH, R.; RONCERO, C.; GONZALVO, B. *et al*. (2009). "Adult ADHD Self-Report Scale (ASRS-v1.1) symptom checklist in patients with substance use disorders". *Actas Esp. Psiquiatr.* 37(6), 299-305

FISHBEIN, D. H. (2000). "Neuropsychological dysfunction, drug abuse and violence: conceptual framework and preliminary findings". *Crim Justice Behav*, 27, 139-159.

GELLER, D. A. (2006). "Obsessive-compulsive and spectrum disorders in children and adolescents". *Psychiatr Clin N Am*, 29, 353-370.

GELLER, D. A.; BIEDERMAN, J.; FARAONE, S. V.; BELLORDRE, C. A.; KIM, G. S., HAGERMOSER, L., *et al*. (2001). "Disentangling chronological age from age of onset in children and adolescents with obsessive-compulsive disorder". *International Journal of Neuropsychopharmacology*, 4, 169-178.

KARAAHMET, E.; KONUK, N.; DALKILIC, A.; SARACLI, O.; ATASOY, N.; KURCER, M. A. y ATIK, L. (2013). "The comorbidity of adult attention-deficit/hyperactivity disorder in bipolar disorder patients". *Compr Psychiatry*, 54 (5), 549-555.

LICHTENSTEIN, P.; HALLDER, L.; ZETTERQVIST, M.; SJÖLANDER, A.; SERLACHIUS, E.; FAZEL, S.; LANGSTRÖM, N. y LARSSON, H. (2012). "Medication for Attention-Hiperactivity Disorder and Criminality". *The New England Journal of Medicine*, 367 (21), 2006-2014.

PRECA (2011). *Informe de prevalencia de trastornos mentales en Centros Penitenciarios Españoles* (Estudio PRECA). (Versión electrónica). Recuperado el 25 de febrero de 2013. URL: http://www.derechopenitenciario.com/comun/fichero.asp?id=2505.

RAINE, A.; MELOY, J. R.; BIHRLE, J. R.; STODDARD, J.; LACASSE, L. y BUCHSBAUM, M. S. (1998). "Reduced prefrontal and increased subcortical brain functioning assessed using positron emission tomography in predatory and affective murderers". *Behav Sci Law*, 16, 319-332.

ROSLER, M.; RETZ, W. y RETZ-JUNGINGER, P. (2004). "Prevalence of attention deficit-hyperactivity disorder (ADHD) and comorbid disorders in young male prison inmates". *Eur Arch Psychiatry Clin Neurosci*, 254 (6), 365-7.

RUOCCO, A. C. (2005). "Reevaluating the distinction between Axis I and Axis II disorders: the case of borderline personality disorder". *J Clin Psychol*, 61, 1509-1523

RUOCCO, A. C. y TROBST, K. K. (2003). "Frontal lobe functioning and personality disorder symptomatology". *Arch Clin Neuropsychol*, 18, 737-742.

SANZ-GARCÍA, O.; DUEÑAS, R. M. y MURO, A. (2010). Consequences of non-treated ADHD: Study in a prison psychiatric population. Comunicación a Congreso. Recuperado el 7 de Agosto de 2013. URL: http://hdl.handle.net/10401/1533.

SOLOFF, P. H.; MELTZER, C. C.; BECKER, C.; GREER, P. J.; KELLY, T. M. y CONSTANTINE, D. (2003). "Impulsivity and prefrontal hypometabolism in border-line personality disorder". *Psychiatry Res*, 123 (3), 153-163.

VERDEJO-GARCÍA, A.; BECHARA, A.; RECKNOR, E. C. y PÉREZ-GARCÍA, M. (2007). "Negative emotion-driven impulsivity predicts substance dependence problems". *Drug Alcohol Depend*, 91, 213-219.

WILENS, T.; BIEDERMAN, J. y MICK, E. (1998). "Does ADHD affect the course of substance abuse? Findings from a sample of adults with and without ADHD". *Am J Addict*, 7, 156-163.

PARTE DOS

De las emociones a las cuestiones de género y algo más

Naturaleza del TDAH en adultos. De la "condición" a la "situación"

E. Manuel García Pérez
Ángela Magaz Lago

> *"Si usted no sabe de dónde viene, corre el riesgo de no saber dónde se encuentra actualmente. Usted se encuentra perdido".*
>
> Mariano Pérez Moreno.

Con la denominación TDAH (acrónimo de Trastorno por Déficit de Atención con Hiperactividad) se describe, desde el año 1990, una "situación clínica" atribuida históricamente a niños y adolescentes. Hasta el citado año en el que la Organización Mundial de la Salud acordó sustituir el término clínico de *Síndrome de Déficit de Atención con Hiperactividad*, como medio de identificar una supuesta "condición patológica" para justificar, la cual no se habían conseguido suficientes evidencias empíricas, pese a los muy numerosos estudios llevados a cabo. Habida cuenta de que la mejor manera de saber "dónde nos encontramos" es conocer y tener presente "de dónde venimos", conviene hacer un breve resumen de la evolución de este constructo.

Como es bien sabido por todos los investigadores y profesionales en este tema, es 1902 el año en el que el pediatra inglés George Still presenta a una "clase" de niños caracterizada por unas manifestaciones comportamentales muy específicas: hiperactividad, hiperkinesia, escaso autocontrol de su conducta en múltiples contextos, escaso tiempo de dedicación (atención sostenida) a cualquier tipo de tareas que requiera quietud y sosiego, impulsividad elevada, labilidad emocional (se irritan, entristecen o alegran de manera desproporcionada a los estímulos del entorno), conductas de rebeldía, desobediencia, agresiones a objetos, personas o animales, y otras más. Todo ello con unas consecuencias globales que se podrían denominar en un lenguaje actual como: inadaptación social, familiar, personal y escaso rendimiento escolar.

La propuesta de Still (1902) de agrupar a estos niños en una categoría fue muy bien acogida por los pediatras de la época, quienes coincidían con él en la identificación de estos niños como un grupo al que se prestaba asistencia en sus consultas. De esta manera, emerge en la Pediatría un grupo de individuos con una "patología nueva". Ante la necesidad de ofrecer una explicación a esta supuesta patología, Still propone una hipótesis: estos niños sufren de un "Déficit del Control Moral" (DCM). ¿Qué significado podía tener tal denominación? Resumidamente: que "eran niños malos", lo cual resultaba congruente con los planteamientos en boga en los últimos años del siglo XIX y principios del XX. Esto es: los genes determinan el carácter, el temperamento, la personalidad, los hábitos de conducta de las personas. Se nace bueno, tal como "Abel", de quien la Biblia afirmaba que "era bueno" y malo tal como "Caín", de quien se indicaba que "era malo".

Así pues, este grupo o clase de niños nacían "malos" (con un *déficit del control moral*) y esto requería un tipo de "tratamiento". De manera similar a cualquier otra patología, según la hipótesis explicativa de la misma, se genera un tipo u otro de intervención terapéutica. En este caso, la terapéutica era de tipo estrictamente psicoeducativo; esto es: padres y maestros debían educar a los menores con este DCM con severidad, mínima tolerancia de sus comportamientos inadecuados, incluyendo castigos físicos que se considerasen adecuados, y recompensa de sus comportamientos adecuados. En resumen: un sistema educativo equilibrado y eficaz de recompensas y castigos. Tal parece que el planteamiento terapéutico era el adecuado, al menos de acuerdo a la hipótesis explicativa del problema.

¿Cuánto tiempo se actuó de esta manera? Pues desde 1902 hasta 1937, año en el que Charles Bradley pone a prueba los efectos de la benzedrina (Bradley, 1902) y abre las puertas a la consideración de la situación de inadaptación relacionada con la condición del menor como una patología cerebral. Habida cuenta de que la ingesta de una sustancia (psicotrópica, no se olvide) modifica el comportamiento (no la conducta, sólo el comportamiento[1]) se procede a considerar que la "normalización temporal del comportamiento" es una evidencia de una "patología cerebral". Algo similar, si se admite el paralelismo, con los cambios temporales que la ingesta de alcohol produce en el comportamiento de retraimiento e inhibición social de hombres y mujeres inseguros, tímidos, mejorando sus interacciones sociales mientras se encuentran bajo los efectos del alcohol. De acuerdo a este modo de interpretar la realidad también se debería considerar la timidez como una patología cerebral (algo que ya se lee en algunos foros, si bien más con cierta ironía que con seriedad[2]).

Conviene recordar que las medidas psicoeducativas puestas en marcha en familias y colegios, durante más de treinta años, con estos menores, dieron resultados excelentes: en muchos casos, resolviendo las diversas situaciones de inadaptación. Ejemplo espectacular de las mismas sería el caso del Premier

---

1. Para clarificar la diferencia entre comportamiento y conducta puede verse el siguiente vídeo didáctico en youtube: http://www.youtube.com/watch?v=Cfj2VgZ6ofk&feature=em-upload_owner

2. http://www.losarchivosdelatierra.com/inicio/2012/2/12/dsm-5-ahora-la-timidez-sera-tratada-como-una-enfermedad-ment.html).

La naturaleza del TDAH en adultos. De la "condición" a la "situación"

8

Británico Sir W. Churchill, cuya biografía es de sobra conocida y de quien no se tiene la menor noticia de que tomara ningún psicoestimulante distinto del té, el whisky y los puros. Pues bien, pese a las experiencias previas, la constatación del efecto de la calma paradójica de la benzedrina, añadido a la evolución del pensamiento científico sobre el papel de los genes en la determinación del comportamiento y los estudios paralelos sobre las dificultades de aprendizaje en niños (Kephart, Strauss, 1955; Cruickshank, 1977 y otros) favoreció la creencia, en modo alguno documentada, de que las características conductuales de los menores con DCM se podrían explicar por un posible "daño cerebral". Ahora bien, ante la falta de evidencias empíricas de tal daño, se consideró que "*existir, existía, pero que no se veía...*" de modo que la categoría diagnóstica "Déficit del Control Moral" pasó a denominarse "Daño Cerebral Mínimo" (*Minimal Brain damage*). A los padres y profesores se les indicó que los menores tenían un pequeño daño cerebral, lo que explicaba su comportamiento anómalo. Este cambio de hipótesis explicativa resultaría trascendental, ya que cambiaba el núcleo del tratamiento, desplazando a la periferia las medidas psicoeducativas, dejando que ocupase el lugar central la medicación psicoestimulante.

Los años sucesivos dieron paso a cambios en la denominación del constructo. El primer cambio se produjo a los pocos años, ya que los médicos alarmados por firmar diagnósticos de daño cerebral sin ninguna evidencia empírica del mismo, se preocuparon por las medidas legales que podrían tomar los padres y rápidamente cambiaron la denominación de "Daño Cerebral Mínimo", por la más confortable y segura de "Disfunción Cerebral Mínima" (curiosamente las siglas permanecían idénticas: *m.b.d., Minimal Brain Dysfunction/Damage*).

La disfunción parecía evidente, pero no había daño alguno. La medicación seguía siendo el núcleo central del tratamiento y eso ahorraba a las escuelas esfuerzos de adaptación curricular y a los padres más atención educativa. Subsidiariamente, cronificaba la atención médica durante años: consumo de fármacos y consultas médicas.

Las clasificaciones internacionales de mayor aceptación y prestigio incorporaron esta "supuesta patología" a sus manuales: CIE, en el caso de la OMS y DSM, en el caso de la APA. No obstante, el denominado "Síndrome de Déficit de Atención con Hiperactividad" nunca se incorporó a los grupos de enfermedades físicas, sino, en ambos casos, CIE y DSM, al de las enfermedades mentales.

En 1990, la OMS, tras considerar la falta absoluta de evidencias empíricas de que el denominado "Síndrome de Déficit de Atención con Hiperactividad (SDAH), tuviera una base biológica patológica, acordó modificar su denominación por otra más adecuada al conocimiento científico de "Trastorno por Déficit de Atención con Hiperactividad" (TDAH); suprimió los indicadores de *labilidad emocional* y de *impulsividad*, como requisitos imprescindibles para su diagnóstico y especificó con total claridad y rotundidad que solamente habría "trastorno" cuando se evidenciase sin duda alguna la presencia de inadaptación social, familiar o escolar. Obviamente, esta inadaptación se presenta en la mayoría, si no en todos, los trastornos mentales, por lo cual, para atribuirla al "déficit de atención con hiperactividad" era imprescindible tener la seguridad de que los indicadores conductuales estaban presentes desde la primera infancia (3-4 años) y se presentaban en cualquier contexto social o físico.

Por su parte, la Asociación Americana de Psiquiatría (APA) dos años más tarde se adhirió a los planteamientos de la OMS y también abandonó el concepto de enfermedad biológica (síndrome) sustituyéndolo por el de "trastorno". La diferencia más significativa de los acuerdos plasmados en el DSM-IV (1992) respecto a la CIE-10 (1990) se centraron en considerar la presencia de un mismo trastorno con una presentación en tres subtipos. Esto ha dado lugar a un proceso de confusión entre los diversos profesionales que, pese a los estudios publicados desde los años 90 hasta la fecha (Barkley, 1990, 1995; Carlsson y Mann, 2002, 1986; Carlsson, Lahey y Neeper, 1986; Bauermeister, 1992) la APA no ha modificado, sino ampliado con un cuarto y en absoluto documentado subtipo, en la última versión de su Manual de Diagnóstico Estadístico (DSM-V, 2013). La situación ha llegado a ser tan alarmante que, entre otras entidades y profesionales de prestigio en la Psiquiatría, el Instituto de Salud Mental de los Estados Unidos (NIHM) ha hecho público su rechazo a este sistema clasificatorio anunciado que abandona su uso en investigaciones futuras[3].

No obstante lo anterior, los acuerdos de los grupos de trabajo de la OMS (1990) y de la APA (1992) han permitido establecer ciertas conclusiones con respecto al TDAH. A saber:

- Los indicadores conductuales ya descritos y asignados a los menores con déficit del control moral, con daño cerebral mínimo, disfunción cerebral mínima, síndrome de déficit de atención con hiperactividad… podían considerarse indicadores de una condición de naturaleza biológica, congénita, heredada de los progenitores, que constituiría un factor de riesgo para diversas situaciones de inadaptación. Esta condición estaría presente durante toda la vida de la persona, tal como la introversión/extraversión, el temperamento, la inteligencia…

- La denominación de trastorno solo sería admisible cuando se evidenciase una situación relativamente estable de inadaptación (los síntomas interfieren significativamente en la vida de la persona).

- El trastorno, como otros muchos trastornos en salud mental, podría valorarse en intensidad y amplitud: cuánto afecta a la persona (poco, bastante, mucho) y en cuántas áreas de su vida (amigos, familia, escuela, personalmente…).

- El trastorno podría prevenirse si los centros de atención primaria pediátrica dispusieran de un Protocolo de Detección de menores con la condición (algo que ya está en marcha en algunas Consultas mediante el empleo de las escalas EMA-DDA) (García Pérez y Magaz, 2011) y se tomaran medidas psicoeducativas en el hogar familiar y en el centro escolar.

- A fecha de hoy (2013) no existe la menor evidencia empírica de daño cerebral, disfunción cerebral, ni patología de base biológica alguna, pu-

---

3.   http://aspercan-asociacion-asperger-canarias.blogspot.com.es/2013/05/el-nihm-del-gobierno-de-eeuu-abandona.html.

*La naturaleza del TDAH en adultos. De la
"condición" a la "situación"*

8

diendo muy bien, ser considerada la denominación "déficit de atención con hiperactividad", una etiqueta empleada por los profesionales para describir a un grupo de personas con una condición biológica determinada, de naturaleza tan poco conocida como la introversión o extroversión, la inteligencia límite, la deficiencia mental, la sobredotación, la creatividad musical, etc. Tal condición, al ser de naturaleza biológica, se encuentra en los historiales biográficos de familiares directos (padres, tíos, abuelos, hermanos, etc.), necesariamente tiene que ponerse de manifiesto en algún tipo de funcionamiento cerebral, lo cual ya ha sido documentado desde hace decenas de años (Satterfield y Dawson, 1971; Zentall y Zentall, 1983) sin que tal diferencia biológica tenga necesariamente que ser considerada una patología neurológica, ¿o acaso es considerada patología neurológica la introversión, la inteligencia superior o la creatividad musical de Mozart?

- Y la cuestión que nos ocupa en este libro, dedicado al estudio del TDAH en adultos: si la condición "DAH" es congénita, ¿cómo es posible que el TDAH no tenga cabida en las clasificaciones internacionales de los trastornos mentales en adultos?

Por nuestra parte, la dedicación profesional (investigadora y clínica) con las personas con diversos trastornos por déficit de atención, con y sin hiperactividad, nos ha permitido conocer una realidad ampliamente compartida por diversos profesionales e investigadores, algunos de los cuales también participan en este texto: la condición "DAH", aunque no constituya patología cerebral alguna, sí es indiscutiblemente un factor de riesgo para un desarrollo armónico y adaptativo a lo largo de las diversas etapas de la vida.

El desconocimiento de los padres, maestros y otros educadores que interactúan con los niños desde su primera infancia, del hecho de que un menor posea esta condición y las características de la misma, suele favorecer la aparición de trastornos de conducta en el entorno familiar, de los mismos en el escolar, de un rendimiento académico insuficiente, de rechazo social por iguales, celopatías por comparación con compañeros, hermanos y otros familiares... todo lo cual lleva a un progresivo deterioro de la autoestima del menor, de una situación crónica de ansiedad, inseguridad personal, imposibilidad de establecer un autoconcepto ajustado y, antes o después, una situación de inadaptación estable en diversos ámbitos de la vida.

Por otra parte, una persona no es portadora de una "condición única"; esto es: cada persona tiene un conjunto de cualidades: inteligencia, temperamento, talla, estructura ósea... de modo que no se puede describir a un menor, adolescente o adulto de una manera tan simple como que "es hiperactivo". Esto sería equivalente a hacerlo con un invidente como que "es ciego". Y ya está explicado todo lo que le ocurre en la vida...

El modelo biopsicosocial expuesto por los autores describe funcionalmente el proceso que lleva a un niño con la condición a encontrarse años más tarde en situación de TDAH (García Pérez y Magaz, 2010).

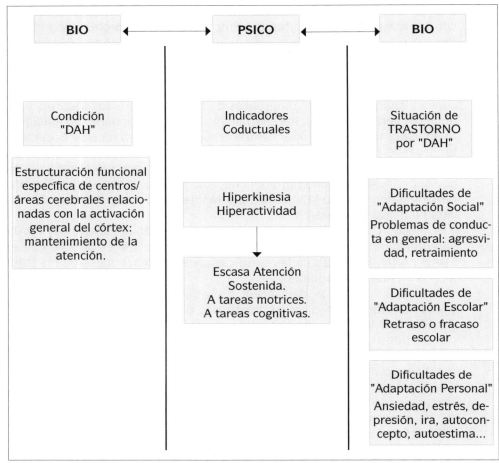

Figura 1.
Modelo biopsicosocial.

Las personas poseen una característica: DAH, de manera congénita. La forma en que el ambiente interactúa con ellos desde la primera infancia es determinante para la instauración progresiva de un cuadro clínico de inadaptación familiar, social, escolar y/o personal.

Este modelo conceptual establece la necesidad de analizar las diversas manifestaciones conductuales del TDAH, no como un síndrome conductual, sino como un conjunto de problemas relacionados funcionalmente entre sí, de la manera siguiente:

El núcleo del problema está constituido por una diferencia biológica en este grupo de personas, caracterizada por un funcionamiento cerebral diferente, con respecto a la norma de la especie. Esta diferencia en el funcionamiento biológico puede analizarse desde diversas perspectivas:

- Desde una perspectiva bioquímica, el DAH puede manifestarse como una diferencia en el equilibrio de neurotransmisores en de-

La naturaleza del TDAH en adultos. De la
"condición" a la "situación"

8

terminadas zonas del cerebro; sin embargo, esta diferencia no es exclusiva de este trastorno, por lo cual, no es posible utilizar estos hallazgos como elemento diagnóstico (Zametkin y Rapoport, 1987, en Cabanyes, J. y Polaino-Lorente, 1997; Taylor, E., 1991).

- Desde una perspectiva bioeléctrica, puede manifestarse como ciertas alteraciones en el trazado EEG; sin embargo, como en el caso anterior, cuando se presentan tampoco constituyen un elemento de identificación del DAH (Cabanyes, J. y Polaino-Lorente, 1997).
- Desde una perspectiva neuropsicológica, parece manifestarse un rendimiento deficitario en tareas en las que intervengan ciertas áreas del lóbulo frontal. Igualmente, estos resultados son inconsistentes para constituir elementos diagnósticos relevantes (Cabanyes, J. y Polaino-Lorente, 1997).
- Desde una perspectiva comportamental, la manifestación directa del trastorno, lo que consideramos, por lo tanto, "núcleo del problema", lo constituye una actividad motriz excesiva y un cambio de atención muy frecuente (Taylor, E., 1991).

En la primera infancia, desde los seis-doce meses hasta los cinco-seis años, la hiperkinesia en todo lugar y todo momento es la observación más común; a partir de los siete años y, mucho más, a partir de los diez-doce años, la hiperkinesia generalizada se reduce, manifestándose en comportamientos motrices más sutiles: tamborilear los dedos, cambios frecuentes de postura corporal, caminar de un sitio para otro, jugar con objetos en las manos... y aparece más claramente la hiperactividad, entendida ésta como el hecho de estar siempre ocupado en algo, no estar ocioso prácticamente nunca. Dada la constatación de que durante el tiempo de actuación de sustancias psicoestimulantes (especialmente metilfenidato), administradas a niños o adolescentes con TDAH, se reduce de manera drástica la hiperkinesia y aumenta la capacidad atencional de los sujetos, consideramos plausible la hipótesis de que la sustancia química sustituye funcionalmente a la hiperkinesia/hiperactividad y al cambio atencional frecuente.

Aceptada esta afirmación como principio axiomático (toda teoría tiene necesariamente que elaborarse a partir algún axioma inicial...), interpretamos la hiperkinesia-hiperactividad y el cambio atencional frecuente como recursos conductuales, espontáneos y naturales del organismo, para compensar el déficit constitucional.

Si prolongamos en el tiempo este esquema conceptual podemos entender que un adulto, poseedor desde su nacimiento de la condición DAH, y de otras cualidades ligadas a otras condiciones, ha interactuado durante años (infancia, adolescencia y juventud) con diversas y numerosas personas de su entorno familiar, escolar y social. Ha tenido múltiples experiencias (algunas de éxito y otras de fracaso). Ha aprendido a realizar atribuciones diversas a sus éxitos y fracasos. Ha recibido asistencia profesional de médicos, psiquiatras, psicólogos, educadores, amistades o familiares influyentes en su vida. Por todo lo anterior, las posibilidades de que diversas situaciones de inadaptación (familiar, laboral, social o personal) se encuentren ligadas funcionalmente de manera exclusiva a la condición DAH es muy difícil. Frecuentemente, las diversas situaciones de inadaptación son el resultado de las múltiples experiencias vividas durante años, las cuales, obviamente, han sido moduladas por la condición DAH pero, del mismo modo que bastantes niños y adolescentes con la condición evolucionan sin presentar nunca situaciones de TDAH, algunos adultos con DAH pueden llegar a situaciones de "trastorno/inadaptación" sin que la razón fundamental de la misma sea la posesión de dicha condición (DAH).

NOTAS BIBLIOGRÁFICAS

AMERICAN PSYCHIATRIC ASSOCIATION (1994). *Diagnostic and statistical manual of mental disorders* (4ª Ed.). Washington, DC. Author.

BARKLEY, R. A. (1990). *Attention-deficit hyperactivity disorder: A handbook for diagnosis and treatment*. New York. Guildford Press.

BARKLEY, R. A. (1995). *Taking charge of ADHD*. New York. Guildford Press.

BARKLEY, R. A.; DUPAUL, G. J. y MCMURRAY, M. B. (1990). "A comprehensive evaluation of attention deficit disorder with and without hyperactivity". *Journal of Consulting and Clinical Psychology,* 58(6), 775-789.

BAUERMEISTER, J. J. *et al.* (1992). "Are attentional-hyperactivity deficits unidimensional or multidimensional syndromes? Empirical findings from a community survey". *Journal of the American Academy of Child and Adolescent Psychiatry*, 31, 423-431.

BRADLEY, C. (1937). "The Behavior of Children Receiving Benzedrine". *American Journal of Psychiatry*, 94: 577-581.

CARLSON, C. L. y MANN M. (2002). "Sluggish cognitive tempo predicts a different pattern of impairment in the attention deficit hyperactivity disorder, predominantly inattentive type". *Journal of Clinical Child,* 3, 123-129.

CARLSON, C. L.; LAHEY, B. B. y NEEPER, R. (1986). "Direct assessment of the cognitive correlates of attention deficits disorders with and without hyperactivity". *Journal of Psychopathology and Behavioral Assessment*, 8, 69-86.

CRUICKSHANK, W. (1977). "Myths and Realities in Learning Disabilities". *Journal of Learning Disabilities*. Vol. 10 No. 1, 51-58.

GARCÍA PÉREZ, E. M. y MAGAZ, A. (2000). *Curso Autónomo de Conceptualización, Identificación, Valoración y Tratamiento de los TDAS. Manual de Referencia.* Bilbao. COHS, Consultores en CC.HH.

GARCÍA PÉREZ, E. M. y MAGAZ, A. (2000). *Mitos, Errores y Realidades sobre la Hiperactividad Infantil. Guía para Padres y Profesionales.* Bilbao. COHS, Consultores en CC.HH.

GARCÍA PÉREZ, E. M. y MAGAZ, A. (2011). *Escalas Magallanes de Detección de Déficit de Atención: EMA-D. D. A.* Bilbao. COHS, Consultores en CC.HH.

*La naturaleza del TDAH en adultos. De la
"condición" a la "situación"*

8

GARCÍA PÉREZ, E. M. y MAGAZ, A. (2011). *Escalas Magallanes de Identificación de Déficit de Atención: ESMIDAs.* Bilbao. COHS, Consultores en CC.HH.

KEPHART, N.; STRAUSS, C. *et al.* (1955). *Psychopathology and Education of the Brain-Injured Child.* New York. Grune & Stratton.

LAHEY, B. B. *et al.* (1987). "Attention deficit disorder with and without hyperactivity: Comparison of behavioral characteristics of clinic referred children". *Journal of the American Academy of Child and Adolescent Psychiatry*, 26, 718-723.

LAHEY, B. B. y WILLCUTT, E. G. (2002). "Validity of the diagnosis and dimensions of attention deficit hyperactivity disorder". En JENSEN, P. S. y COOPER, J. R. (Eds.). *Attention deficit hyperactivity disorder: State of the science; best practices.* (pp. 1-1 a 1-23). Kingston NJ. Civic Research Institute.

LAHEY, B. B.; PELHAM, W. E.; SCHAUGHENCY, E. A.; ATKINS, M. S.; MURPHY, H. A.; HYND, G. W.; RUSSO, M.; HARTDAGEN, S. y LORYS, A. (1988). "Dimensions and types of attention deficit disorder with hyperactivity in children: A factor and cluster analytic approach". *Journal of the American Academy of Child and Adolescent Psychiatry*, 27, 330-335.

LAHEY, B. B.; SCHAUGHENCY, E. A.; FRAME, C. L. y STRAUSS, C. C. (1985). "Teacher ratings of attention problems in children experimentally classified as exhibiting attention deficit disorder with and without hyperactivity". *Journal of the American Academy of Child Psychiatry*, 24, 613-616.

LAHEY, B. B.; SCHAUGHENCY, E.; HYND, G.; CARLSON, C. y NIEVES, C. (1987). "Attention deficit disorder with and without hyperactivity: Comparison of behavioral characteristics of clinic referred children". *Journal of the American Academy of Child and Adolescent Psychiatry*, 26, 718-723.

MCBURNETT, K.; PFIFFNER, L. J. y FRICK, P. J. (2001). "Symptom property as a function of ADHD type: An argument for continued study of sluggish cognitive tempo". *Journal of Abnormal Child Psychology*, 29, 207-213.

MILICH, R.; BALENTINE, A. C. y LYNAM, D. R. (2001). "ADHD/combined type and ADHD/predominantly inattentive type are distinct and unrelated disorders". *Clinical Psychology: Science and Practice*, 8, 463-488.

POLAINO-LORENTE, A. *et al.* (1997). *Manual de Hiperactividad Infantil.* Madrid. Unión Editorial.

SATTERFIELD, J. H y DAWSON, M. E. (1971). "Electrodermal Correlates of Hiperactivity in Chidren". *Psychophysiology.* Vol. 8, No. 2.

STILL, G. F. (1902). "Some abnormal psychical conditions in children". *Lancet*; 1: 1008-1012; 1077-1082; 1163-1168.

TAYLOR, E. (1986). *El Niño Hiperactivo.* Barcelona. Martínez-Roca.

ZENTALL, S. S. y ZENTALL, T. R. (1983). "Optimal Stimulation: 'A Model of Disordered Activity and Performance in Normal and Deviant Children'". *Psychological Bulletin*, Vol. 94, No. 3, 446-471.

TDAH en adultos, del diagnóstico y sus comorbilidades al enfoque multimodal del tratamiento

M. Nieves Herrera Conde

> *"No te rindas, que la vida es esto. Continuar el viaje, perseguir tus sueños, destrabar el tiempo, correr los escombros y destapar el cielo".*
>
> Mario Benedetti.

Introducción

El TDAH es el trastorno psiquiátrico no diagnosticado más común en la edad adulta. Durante mucho tiempo se ha pensado que los niños y niñas superaban el trastorno por déficit de atención e hiperactividad al llegar a la adolescencia, hoy las investigaciones muestran que hasta un 70 por ciento de los niños que presentaban TDAH en la infancia continúan teniendo dificultades en la vida adulta. El término "TDAH en adultos" tiene la virtud de poner nombre a un problema muchas veces invisible, así como también diferenciar el problema de otros más serios y que comparten síntomas comunes. Para muchos adultos con TDAH y sus familias, vivir con el trastorno es como hacer una carrera con una mochila inmensa cargada de ladrillos porque, por lo general, al llegar a la adultez ya han hecho su aparición muchas comorbilidades que han tenido su impacto a lo largo de la vida.

El TDAH es un trastorno neurobiológico de inicio en la infancia, que persiste en el tiempo con modificaciones en sus manifestaciones conductuales, hasta la edad adulta (Faraone. *et al*., 2000). Es un trastorno poligenético y multifactorial, con influencia cuantitativa y expresión variable dependiendo de los factores ambientales diversos, lo que lo hace más complejo (Cardo y Servera, 2008). Los estudios al respecto señalan que en la genética del TDAH del 60 al

90 por ciento es herencia, o sea combinación de genes, factores ambientales e interacciones. De ahí que casi nunca los genes actúen solos, sino en interacción con factores del ambiente y esto nos permite comprender que la genética nos da los límites, pero el ambiente decide el alcance. Por ello los ajustes ambientales y su influencia, el acceso al tratamiento y el apoyo psicosocial con que cuente el paciente, resultarán de vital importancia para su calidad de vida y de las personas con las cuales convive y se desarrolla (Brown, 2006).

Las investigaciones señalan que la prevalencia del TDAH en niños es de entre 4-12 por ciento, de los cuales dos tercios continuarán con sintomatología en la edad adulta, o sea que un 15 por ciento aproximadamente mantendrán el diagnóstico completo y un 50 por ciento lo hará en remisión parcial. La prevalencia en la edad adulta se estima en un 3 al 5 por ciento, Ramos-Quiroga. et al. (2012), y aunque el subtipo que más persiste en esta edad es el combinado, también pueden perdurar el inatento y el hiperactivo-impulsivo e incluso las formas más leves del trastorno. Estudios de seguimiento en la población adulta afectada, muestran que al menos del 30 al 50 por ciento del total de los pacientes diagnosticados en la niñez continúan presentando un deterioro en su desempeño, asociándose a un impacto importante en términos clínicos, funcionales y de calidad de vida. Datos interesantes se aportan en un estudio de genética del TDAH en adultos, en el que se plantea que el trastorno puede verse como parte de un continuo de síntomas de expresión variable, donde el individuo puede a lo largo de la vida asumir diferentes características fenotípicas en función de su vulnerabilidad genética y factores ambientales (Bramham, 2005; Weiss. et al., 1993). Se aprecia presencia en la infancia y persistencia en la edad adulta de impulsividad, inatención e hiperactividad. Sin embargo, la presencia de estos síntomas difiere de su presentación en la infancia. Algunos estudios mencionan que en la medida que el TDAH avanza, la hiperactividad parece disminuir y los problemas de atención persisten durante toda la edad adulta. No obstante es importante tomar en cuenta que la mayoría de los pacientes adultos con TDAH no están diagnosticados y permanecen ajenos a los potenciales beneficios de un buen diagnóstico y sus comorbilidades y una intervención terapéutica adecuada. Por eso una preocupación de los estudiosos del TDAH, la forma en que se presentan los síntomas de manera retrospectiva en la vida adulta, lo que constituye un elemento decisivo tanto para el diagnóstico como para el proceso de intervención, ya que tanto los factores ambientales, como los conflictos familiares crónicos, el decremento en la cohesión familiar, un limitado nivel de ingresos, los conflictos laborales y las dificultades en las relaciones sociales, entre otros factores ambientales a los que se puede enfrentar el individuo, modifican su expresión sintomática o la remisión total o parcial de los síntomas en un gran número de afectados. Todo parece indicar que la impulsividad viene a tener un papel esencial en la vida adulta de una persona con TDAH, lo que muestra las dificultades de autorregulación conductual que presentan estas personas: los cambios de empleos, la pérdida de tiempo, la toma de decisiones irreflexivas y precipitadas, los conflictos interpersonales con los compañeros y los empleadores, el descontrol de las finanzas, la inestabilidad en las relaciones de pareja, etc.; y se asocia de manera significativa con la hiperactividad en términos de búsqueda de sensaciones y de cambios en ocasiones sin sentido, que hacen aún más inestable su adaptación al ambiente en el que se desarrollan (Morales. *et al.*, 2011). De la misma manera, los problemas de atención favorecen las alteraciones en la organización de repertorios sociales y adaptativos de los sujetos, cometen errores con más frecuencia, no escuchan cuando se les habla, dificultan la realización en tiempo de sus responsabilidades y de manera significativa afectan la planificación y organización de las actividades que realizan.

La falta de atención característica en los adultos con TDAH, presenta manifestaciones conductuales muy similares a las que se dan en la infancia y en la adolescencia, especialmente en lo relacionado con la realización de esfuerzos mentales sostenidos (necesitan cambiar de actividad antes de poder continuar realizando la misma tarea, les cuesta prestar atención cuando las otras personas hablan, cometen errores debidos a que se distraen mientras están ejecutando una tarea, por interferencia de estímulos irrelevantes), hiperfocalizan en aquellas tareas que resultan más interesantes o gratificantes, posponiendo u olvidando aquellas que resultan importantes, perdiendo de esta manera el sentido del tiempo, teniendo que asumir consecuencias significativas por su impacto en la familia como la pérdida del empleo. Asimismo, como ocurría en la infancia, son personas que a menudo pierden objetos y documentos importantes porque no recuerdan dónde los guardaron o porque los olvidaron en algún lugar.

Lo que es una realidad en el adulto con TDAH es que, a pesar de haber presentado los síntomas durante toda la vida, tienden a consultar los servicios de salud para la atención terapéutica de manera tardía, generalmente cuando, como consecuencias del estrés psicosocial a que se encuentran sometidos, comienzan a aparecer los síntomas que deterioran su desempeño a pesar de haber puesto en práctica hasta el momento determinadas estrategias compensatorias. La edad adulta constituye un reto para cualquier persona por el tipo de tareas que deben enfrentar y las responsabilidades y decisiones que de las mismas se derivan. Pero resulta un reto mayor para los adultos con TDAH, ya que tienen que enfrentar cada día los mayores retos de sus funciones ejecutivas, tanto en su trabajo como en la vida familiar. Brown, (2006) afirma que "*el TDAH no es una enfermedad sino que, por el contrario, es un trastorno que está vinculado estrechamente con la experiencia cotidiana*". El aumento de las demandas de la actividad laboral, las responsabilidades en la familia, la carga administrativa en el puesto de trabajo, las relaciones sociales, las relaciones de pareja, la crianza de los hijos, entre otros, son retos importantes a los que se debe enfrentar un adulto con TDAH a pesar de su disfunción ejecutiva. El diagnóstico de TDAH en el adulto se basa especialmente en el antecedente de TDAH en la infancia. Niños con TDAH tienen mayor riesgo de sufrir algunas comorbilidades junto con su trastorno durante la infancia y adolescencia, en especial trastornos de ansiedad, afectivos y obsesivos compulsivos, abuso de drogas, y personalidad antisocial (Biederman. *et al.*, 2000). Los adultos presentan una variedad aún más complicada de trastornos psiquiátricos que los niños. Pero también la expresión de los síntomas puede ser diferente en función de los sexos. Estudios indican que no se aprecia una gran diferencia porcentual entre la cantidad de mujeres y hombres con síntomas de TDAH en la edad adulta, tal como se describe en la infancia. En los hombres suele ser motivo significativo de consulta la impulsividad asociada a conductas explosivas, la irritabilidad, una mayor intolerancia a la frustración, los conflictos crónicos con la autoridad, las conductas extremas y temerarias en los deportes y la conducción de vehículos, los juegos de azar, el consumo de sustancias, las deudas y la tendencia frecuente a cambiar de trabajo, carrera o parejas. O sea que los hombres con TDAH tienden a una conducta más disruptiva, lo que explicaría la mayor probabilidad de un diagnóstico desde la infancia. De manera diferente, las mujeres consultan más por dificultades de atención, memoria, trastornos alimentarios y abuso de sustancias y son menos diagnosticadas en la infancia, por lo que ya en la adultez las comorbilidades han hecho un gran estrago en su vida y afrontan serias dificultades con el manejo de los estados de ánimo, ansiedad y depresión en ocasiones graves. De esta forma, se genera un verdadero círculo vicioso en el que las consecuencias del TDAH favorecen la depresión y ésta, a su vez, descompensa el TDAH (González, *et al.*, 2007).

Otro aspecto que, aunque controversial, no deja de ser interesante, es el relacionado con el TDAH y las características del entorno social en que se desarrolla la persona. Aunque no se ha establecido una relación causal entre los modos de vida y el TDAH, parece factible que el modelo de la sociedad actual, pueda estar contribuyendo a generar una mayor disfuncionalidad del TDAH (Cardo, *et al.*, 2008). Resulta importante la proliferación de los modelos que favorecen refuerzos externos y las recompensas inmediatas (videojuegos, dibujos animados, televisión, Internet, publicidad, etc.), la sociedad de consumo, la profusión de un enfoque materialista en lo cotidiano, la lucha contra el tiempo, las pocas oportunidades de ocio, la disfunción de las familias, la inestabilidad de las relaciones de pareja, etc., que brindan pocas oportunidades para favorecer y entrenar la atención sostenida, la cultura del esfuerzo, la demora de recompensas, las estrategias reflexivas y el autocontrol. Todo ello supone un esfuerzo importante en la estructura psicosocial del ambiente, incluida la familia, el reforzamiento por parte de los factores encargados de los límites, los modelos de conducta organizada y funcional y la participación de todos los factores involucrados, para que el entorno social funcione y sea un verdadero soporte para las personas con TDAH.

Si bien el TDAH es una condición de vida, es importante tener en cuenta que con un buen diagnóstico y tratamiento es condición de contexto. La persona no cambia sus estructuras neurobiológicas, ahí continúan durante toda su vida; pero el contexto sí cambia y es aquí donde se hace la diferencia entre un TDAH y otro. Se pueden apreciar los rasgos desde una edad temprana y en su evolución en la vida, pero lo que esa persona puede llegar a hacer con su vida a pesar de tener TDAH depende del entorno social y sus factores protectores. Debido a que el TDAH es un trastorno que afecta todos los órdenes de la vida, es por eso que es una condición de vida. Es el trastorno mental más estudiado en todo el mundo y es por ello al que se le asignan mayores recursos de investigación y en el que se tienen los mejores y más seguros tratamientos. Es considerado como un verdadero problema de salud pública en una gran cantidad de países, ya que se sabe que muchas de las personas que no identifican el TDAH a lo largo de su vida, siguen su curso y su calidad de vida se deteriora de manera significativa, con un gran coste personal y social. Es el trastorno que produce más afectación social en todas las facetas de la vida y solo el 11 por ciento de los adultos se diagnostica (Barkley, 2009).

Tiene sentido entonces cuando se plantea la necesidad del diagnóstico y el tratamiento del TDAH, desde las edades más tempranas. El TDAH no tratado erosiona la esperanza y provoca mucho sufrimiento a los sujetos y sus familias (Brown, 2006). En los últimos años se ha incrementado sustancialmente el número de personas que son diagnosticadas con TDAH y precisamente este crecimiento es uno de los puntos controversiales en relación con el trastorno. Lo que parece más probable es que hoy son más las personas que reconocen estas alteraciones como síntomas de un trastorno que puede ser tratado y que le ocasiona una disfunción importante en sus vidas. Además, los resultados clínicos sobre la validez del diagnóstico y la eficacia del tratamiento están sólidamente confirmados por la investigación y es cada vez más alto el número de personas a quienes se les diagnostica TDAH y se tratan con éxito. En la medida que psicólogos, médicos, maestros y familias, son testigos de las mejorías que se obtienen con el tratamiento de los síntomas de TDAH, muchos de ellos suelen estar más alerta a la presencia de los síntomas y se interesan y sugieren el diagnóstico y la intervención oportuna.

En los últimos años se ha incrementado de forma notable la investigación centrada en el TDAH en adultos y se han aportado más datos con respecto a la seguridad y eficacia de diferentes tratamientos. A pesar de este alto coste que genera en adultos y del que se dispone de tratamientos eficaces, todavía se trata de un trastorno infra-diagnosticado y escasamente tratado (Ramos-Quiroga, *et al*., 2009). Los resultados del National Comorbidity Survey Replication, indican que se tratan sólo un 11 por ciento de los adultos con TDAH (Kesler, *et al*., 2005). Se sabe que sólo un bajo por ciento de los adultos que consultan por TDAH, han sido diagnosticados en la infancia o en la adolescencia (Faraone. *et al*., 2004). En los momentos actuales se cuenta con diferentes instrumentos de evaluación del TDAH adaptados a la edad adulta que permiten un diagnóstico fiable del trastorno.

2 Sobre el diagnóstico del TDAH y sus comorbilidades

Evaluar el TDAH en adultos es un proceso complejo en el que es necesario integrar todos los datos clínicos disponibles, realizar una retrospectiva de los síntomas en la infancia, utilizar criterios diagnósticos que no han sido diseñados especialmente para adultos y que por lo mismo no siempre dan un cuadro clínico completo de lo que sucede a estas edades e incluir un diagnóstico diferencial, porque algunos síntomas del TDAH son los mismos que los de otros trastornos y por lo general después de tantos años sin tratamiento han hecho grandes estragos en la vida de la persona que los presenta. Se debe disponer de un protocolo estandarizado que ha de incluir la historia clínica del paciente, cuestionarios administrados acerca de los síntomas, rendimiento neuropsico-lógico a través de diferentes pruebas y evaluación de las comorbilidades. La historia clínica del paciente es su historia de vida que, bien estructurada por el especialista en salud mental, debe llevar a identificar los síntomas, su persistencia en el tiempo y sus comorbilidades. Algunos autores han propuesto cuatro preguntas clave, que ayudan a centrar la atención en los aspectos esenciales del diagnóstico (Ramos-Quiroga, *et al.*, 2006).

- Si existen evidencias clínicas de la presencia de los síntomas del TDAH en la infancia y un deterioro significativo y crónico en diferentes ámbitos. Esto hace referencia a los síntomas, momento de su aparición, impacto en los diferentes entornos de relación: familia, escuela o trabajo, relaciones sociales con los pares e impacto en la estabilidad emocional de la persona.
- Si existen evidencias acerca de la relación entre los síntomas actuales y que llevan al paciente a consultar al especialista en salud mental y un deterioro sustancial y consistente en los diferentes entornos de relación. Se refiere a lograr claridad en las razones por las que asiste a consulta, cuáles son los síntomas que están apareciendo y en qué medida interfieren en su funcionamiento en los distintos entornos de relación. Se deberán tener presentes aquellos síntomas que persisten o no desde la infancia, los que hablan de su cronicidad.
- Se evaluará si los síntomas que refiere el paciente se explican mejor por la presencia de otro trastorno médico o psiquiátrico.
- Se analiza la presencia de otros trastornos comórbidos con el TDAH. El establecimiento de las comorbilidades, tomando en cuenta que, tanto el TDAH como la mayoría de los trastornos con los que se asocia, forman parte de un continuo de dimensiones conductuales y el TDAH es el extremo de ese continuo. Es por ello indispensable analizar el impacto de esas conductas en la vida de la persona en su relación con el entorno social de referencia. El determinar las comorbilidades condiciona una forma de presentación del trastorno, su pronóstico y la determinación del tipo de abordaje terapéutico que se requiere (Artigas, *et al.*, 2003). (Ejemplo: un paciente adulto con TDAH y Trastorno por Abuso de Sustancias). Al proponer un tratamiento farmacológico es necesario tener en cuenta ambos trastornos, así como el trabajo terapéutico diferenciado y la atención a su entorno psicosocial familiar y personal. Otro elemento importante al determinar las comorbilidades es el análisis de la probabilidad de que uno u otro trastorno aparezca cuando el otro está presente, de manera más frecuente que en la población en general. Así se considera que el TDAH y el abuso de sustancias son comórbidos, porque la probabilidad de que un paciente con un Trastorno de Abuso de Sustancia padezca TDAH, es mucho mayor que para el resto de la población en general. La gravedad de los síntomas del TDAH y sus respuestas al tratamiento pueden variar considerablemente, en función de la gravedad creciente o reducida de las comorbilidades y o de la interacción entre ellos en un momento determinado.

El proceso de diagnóstico no solo implica investigar si se cumplen los síntomas y sus comorbilidades, los diferentes tipos de escalas pueden ayudar en este objetivo al igual que la entrevista; pero también resultan importantes los tests psicométricos de funcionamiento cognoscitivo y las pruebas neuropsicológicas que posibilitan la evaluación de las disfunciones ejecutivas y los instrumentos que facilitan el diagnóstico de otros síntomas de psicopatología asociada en el paciente. Todos ellos permiten calibrar variables clínicas específicas asociadas al TDAH, e ir más allá de la observación y el juicio inmediato, medir los procesos con mayor precisión y observar de forma estandarizada y objetiva cómo funciona el paciente. Lo importante es poder recopilar los datos clínicos válidos para emitir un juicio sobre la presencia de los síntomas y proporcionar una descripción dimensional de su gravedad y el grado de afectación con respecto a la población de su misma edad (Brown, 2003). Un buen diagnóstico es condición para la estructuración de un buen plan de intervención y antecedente de un buen pronóstico. La evaluación constituye el inicio de una relación terapéutica, ya que no termina con el diagnóstico. La etapa siguiente, o sea la intervención o la selección del tratamiento y su puesta en práctica, requieren de la información obtenida mediante el proceso de evaluación. La intervención necesita una evaluación permanente, la determinación de los indicadores de progreso que se van obteniendo nos permiten analizar los avances y, al mismo tiempo, aquellos síntomas y sus manifestaciones conductuales que necesitan y siguen exigiendo un trabajo continuado o algún tipo de intervención adicional y cuáles son aquellos de problemas que van surgiendo en la medida que el paciente se va enfrentando a nuevas tareas, para las cuales son necesarios recursos que no posee debido a su TDAH y sus comorbilidades. El proceso de intervención, visto como una continuación de la evaluación inicial, es parte de las relaciones entre el clínico y el paciente y al mismo tiempo una valoración continua de la eficacia de los tratamientos.

3 Enfoque multimodal del tratamiento

El informe del National Institute of Mental Health (NIMH) asigna a los tratamientos combinados un papel esencial en la atención al TDAH. La experiencia clínica del TDAH muestra que la intervención multimodal es la que ofrece una mayor eficacia a largo plazo en la población afectada. Este tipo de abordaje debe considerar, dentro de sus objetivos generales, no sólo el aspecto farmacológico, sino también la intervención en el contexto psicosocial del afectado y su familia desde un modelo integral y debe tomar en cuenta además las relaciones entre los distintos profesionales que atienden al paciente y su familia (Fig. 1). Los objetivos del tratamiento son principalmente el control de los síntomas del TDAH, la comorbilidad asociada, la repercusión sobre los distintos entornos de relación y, como consecuencia, la mejora de la calidad de vida del paciente y su familia. Las intervenciones de manera aislada y fuera del contexto de actuación del sujeto no aportan resultados consistentes y con una duración en el tiempo, ya que las mismas no toman en cuenta de manera integral el impacto de los síntomas en los diferentes entornos de relación y no focalizan el papel esencial que este entorno tiene en la manera en que los síntomas se manifiestan e impactan en la vida del adulto con TDAH. Por eso son múltiples las ventajas de trabajar desde este enfoque multimodal:

- Constituye un enfoque integral para el abordaje de la condición porque involucra no solo al paciente, sino a su entorno de relación.
- Favorece el trabajo con los síntomas y sus consecuencias desde el entorno del afectado.
- Considera como uno de los factores protectores más relevantes a la familia.
- Facilita la evaluación de opciones de tratamiento en función de los progresos y la manifestación de las comorbilidades
- Posibilita el control y la evolución de los síntomas desde los diferentes entornos de del paciente y en interacción y permite la intervención pertinente.

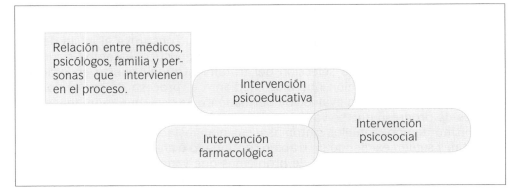

Figura 1.

Enfoque multimodal del tratamiento.

4 Intervención farmacológica

La intervención farmacológica es necesaria y resulta más efectiva cuando se combina con la intervención psicosocial y psicoeducativa. Los medicamentos ofrecen una mejora y no una curación debido a que el TDAH es una condición neurobiológica y esto es importante que tanto el paciente como su familia lo comprendan. Los medicamentos, si bien son necesarios, no bastan para alcanzar las habilidades que un adulto con TDAH necesita y no ha alcanzado desarrollar (Brown, 2006). En ocasiones la opción de la medicación es rechazada y no tomada en cuenta, debido a los mitos que en relación con los efectos de la misma se plantean. Lo cierto es que las investigaciones confirman que, si bien un entrenamiento en estrategias conductuales y en funciones ejecutivas resulta importante y necesario para hacer funcional a un adulto con TDAH, resulta muy difícil que tenga éxito sin el apoyo de la medicación oportuna. El uso de los medicamentos, especialmente en el adulto con TDAH, va a propiciar la mejora en la exactitud y velocidad de procesamiento, el mantenimiento del estado de alerta, la automonitorización de la acción, el control del esfuerzo, la memoria prospectiva y de trabajo, la adopción de estrategias más adaptativas para la solución de problemas, la autorregulación de la conducta y el autocontrol. Existen múltiples fármacos que han mostrado resultados favorables en diversos ensayos clínicos en el tratamiento del TDAH en adultos. En los momentos actuales se cuenta con fármacos estimulantes y no estimulantes y existen datos suficientes referentes a la eficacia y seguridad en su uso. Los fármacos psicoestimulantes, en especial el metilfenidato, son la primera opción terapéutica para el manejo del TDAH en adultos y actúan preferentemente sobre la corteza prefrontal, responsable en gran medida de los síntomas atencionales. Los psicoestimulantes han demostrado su efectividad y seguridad en diversos estudios controlados, al mejorar no sólo los síntomas y el deterioro asociado al comportamiento, sino también problemas como la baja autoestima, la irritabilidad, los cambios en el humor y los estados de ánimo, los déficits cognitivos y el funcionamiento social, familiar y de pareja. Otros estudios respaldan que el metilfenidato induce mejoras en medidas de atención, impulsividad cognitiva, tiempo de reacción, memoria a corto plazo y aprendizaje de material verbal y no verbal en pacientes con TDAH. También se refieren a su eficacia dependiente de la dosis, en un amplio espectro de las alteraciones conductuales asociadas al TDAH, incluyendo la impulsividad, el oposicionismo, el aumento del ruido, las conductas disruptivas y en el funcionamiento social, constituyendo un aspecto importante en la prevención del desarrollo de una personalidad inadaptada y antisocial. Se ha demostrado la utilización de psicoestimulantes que disminuyen el riesgo de abuso o dependencia a sustancias (Faraone, *et al.*, 2004). La atomoxetina es el único fármaco no estimulante con la indicación de la Food and Drug Administration Estadounidense para el tratamiento del TDAH en niños y adultos. Se ha constatado su eficacia y seguridad en el tratamiento del TDAH y se ha recomendado su elección en casos de potencial abuso de fármacos, ya que no tiene riesgo en este sentido. Asimismo, podría ser de primera elección para pacientes con trastornos por tics, porque no sólo no los provoca o empeora, sino que los disminuye. Se ha estudiado su eficacia en niños con ansiedad comórbida y trastornos del sueño y tiene la ventaja de presentar un efecto continuo en el tiempo, a diferencia de los psicoestimulantes. Se ha evidenciado su eficacia en adultos con TDAH al compararse con placebo y demuestra un mayor efecto en el sexo femenino y ante la presencia de altos niveles de síntomas emocionales. Entre los sujetos respondedores al fármaco, alrededor de un 60% mejora los síntomas de hiperactividad, impulsividad y la disregulación emocional.

5 Intervenciones psicosociales

Las intervenciones psicosociales comienzan desde el diagnóstico mismo, ya que es muy recomendable que se le brinde información al paciente acerca del trastorno, para que pueda implicarse de manera proactiva en el proceso terapéutico. Tienen como propósitos informar acerca de la naturaleza del trastorno y sus comorbilidades, sus causas y evolución, así como dar a conocer los riesgos y beneficios de la intervención terapéutica, actúan directamente en la modificación y el mejoramiento del entorno social del paciente. Permiten además ajustar los tratamientos según el curso del trastorno y los resultados que se vayan obteniendo, así como la enseñanza de manejo y protección a los pacientes y familiares. Se dirigen a los familiares que interactúan con el sujeto, a profesores, entrenadores deportivos, empleadores y todo aquel que de alguna manera intervenga en los esfuerzos del sujeto para intentar vivir con los retos que tener TDAH implica durante toda la vida. Las intervenciones psicosociales constituyen el antídoto al sentimiento de aislamiento e indefensión que en ocasiones llega a desmoralizar a tantos sujetos y familias afectadas por el TDAH. Haber crecido con un TDAH no tratado, seguramente ha expuesto al sujeto a frustraciones y situaciones embarazosas que han ido creando una barrera a la autoconfianza y a la desesperanza personal (Brown, 2003). Sin intervenciones psicosociales, los beneficios de la medicación nunca van a poder ser experimentados en todo lo que ello significa en la atención al TDAH.

Forman parte de las intervenciones psicosociales un conjunto de actividades conductuales y sociales dirigidas a tratar con el paciente y su entorno, familia, pareja, sus jefes, amigos significativos. Entre ellas se destacan conversaciones entre los clínicos y los pacientes, sesiones con familias acerca de estrategias de control conductual, terapia familiar y de parejas, etc. Aprender desde sus estrategias y en relación con el entorno, ayuda al paciente con TDAH a aceptar el trastorno y encontrar formas alternativas de afrontarlos con el apoyo y la aceptación de otros, especialmente de la familia, lo que permite un encuadre del TDAH como problema del sistema familiar y no únicamente del paciente (Ramos-Quiroga, *et al.*, 2006). De la misma manera, estas intervenciones psicosociales actúan de forma eficiente conjuntamente con la medicación, ya que sin los informes del paciente y su familia sobre los efectos adversos, limitaciones y beneficios, es poco probable que la medicación pueda ser ajustada a las necesidades y se reciban los apoyos adecuados.

6 Intervenciones psicoeducativas

Las intervenciones psicoeducativas son aquellas que se estructuran directamente con el paciente con la ayuda de diferentes profesionales y están dirigidas a la atención del manejo de los síntomas que afectan a la inserción del adulto en su vida laboral, familiar, personal, de pareja y social. Pueden ser utilizadas como terapias en sí mismas o bien como un componente de una terapia más extensa y pueden llevarse a cabo de manera individual o grupal. Se considera que la aproximación más efectiva para tratar el TDAH en adultos es la cognitivo-conductual, tanto cuando se trate de una intervención individual, como grupal (Young, *et al.*, 2009). El principal motivo de su efectividad es porque se trata de una terapia estructurada encaminada a la formación y cambio de conductas. Los adultos con TDAH, al igual que los niños y niñas, requieren una organización estructurada y rígida para seguir las pautas correctamente pero, por otro lado, las tareas largas, continuas y con beneficios a largo plazo no les resultan atractivas suponiéndoles un gran esfuerzo, ya que por su misma condición de TDAH tienen dificultades con el retraso de las recompensas. En el trabajo terapéutico con el adulto será necesario trabajar diferentes estrategias encaminadas a dar atención a los síntomas y en especial a sus manifestaciones conductuales, que en definitiva son las que afectan su inserción en el ambiente psicosocial de referencia. Así, resultan necesarias estrategias de organización (ambientes estructurados y predecibles, rutinas específicas, agendas y variados organizadores, ayudas visuales, etc.), estrategias de solución de problemas, estrategias de autocontrol y autorregulación, estrategias para la administración y ahorro del dinero, estrategias para la administración y control del tiempo; estrategias de motivación, adiestramiento individual a adultos para la mejora de la eficacia laboral, participación en grupos de autoayuda y psicoterapia para la atención a las comorbilidades. En los últimos años se ha planteado un especial interés en el entrenamiento o *coaching*. En general, los entrenadores ayudan a los individuos a alcanzar su máximo potencial en la vida. La relación que establecen con el adulto con TDAH pretende ayudarlo a alcanzar mejores resultados en sus vidas, en lo académico, en lo profesional y en lo social o en cualquier área de la vida que deseen mejorar. Mediante la asistencia individualizada y el apoyo, los entrenadores ayudan a las personas a concentrarse en la posición que ocupan en ese momento, a dónde quieren llegar y cómo pueden lograrlo. Resulta de vital importancia en el tratamiento psicoeducativo la colaboración del adulto con TDAH. Se necesita elaborar y establecer programas y metas terapéuticas de manera conjunta entre los terapeutas y el paciente. No debe obviarse que es muy probable que el adulto con TDAH que llega a la consulta, ya haya tenido un gran trecho andado en este problema de la atención psicoeducativa, con buenos o malos resultados, y que además pueda ser que asista por vez primera a la consulta y reciba el diagnóstico después de una serie de fracasos. Es importante que desarrollen confianza con la persona encargada de brindar la atención psicológica y, para ello, el terapeuta debe contar entre otras con las siguientes cualidades: saber brindar apoyo y ser un buen intérprete para poder entender lo que le está sucediendo al paciente y pueda orientarlo de manera efectiva a él y su familia; eficiente estructurador con el fin brindarle las bases para sus dificultades de organización y planeación; buen educador para saber utilizar de manera adecuada y eficiente las estrategias terapéuticas y un hábil entrenador para construir puentes entre el mundo interno y externo del paciente para superar los obstáculos en el logro de sus progresos (Nadeu, 1995). El desarrollo de una relación terapéutica exitosa es importante, independientemente del modelo de tratamiento que se asuma en un momento determinado.

Una de las contribuciones más importantes de las intervenciones psicosociales y psicoeducativas que se aplican a adultos con TDAH es el desarrollo de una esperanza realista que apoye y alimente los esfuerzos del paciente y sus familias para trabajar en pos de un cambio constructivo (Brown, 2006). Es importante no alimentar falsas esperanzas y ser realistas en relación al tratamiento y sus efectos en la calidad de vida, evitando así las formulaciones simplistas para un problema tan complejo como es el TDAH, especialmente cuando el diagnóstico se consigue en la edad adulta y la persona ha ido acumulando una gran carga de frustraciones, desesperanzas y muchos trastornos asociados. Es importante esclarecer cuáles son los factores negativos y positivos en relación al diagnóstico del adulto afectado, que incluya tanto las dificultades personales que está presentando, como aquellas que se derivan de su relación con los entornos psicosociales, familia, pareja, relaciones laborales y profesionales, etc.

Otro aspecto importante a tener en cuenta es enfocarse en las fortalezas del paciente. Hacerlo resiliente es un factor protector importante del adulto con TDAH y puede resultar un buen enfoque para reestructurar de manera positiva el resultado negativo de muchos años sin diagnóstico y sin un tratamiento adecuado, lo cual conduce a enrumbar el camino con una esperanza de éxito. Ser resiliente refleja la adaptación positiva del adulto con TDAH a pesar de estar inmerso en situaciones de riesgo debido a su condición. La autoconciencia, el autocontrol, la perseverancia, el planteamiento de metas, la disposición a utilizar apoyos sociales y estrategias de control emocional, el sentido de coherencia como la forma de verse a sí mismo ante el mundo, constituyen los factores protectores de la evolución del TDAH a largo plazo al valorar los progresos de las intervenciones psicoeducativas y psicosociales. Es necesario que el sujeto crea en las posibilidades de autoeficacia y que sea proactivo, ayudando a repercutir de manera satisfactoria en el desarrollo de su habilidad para compensar y adaptarse continuamente a las condiciones del entorno. Es importante reconocer que una persona con TDAH, al comenzar el tratamiento, inicia un viaje hacia la recuperación de su salud mental y la posibilidad de llevar una vida con sentido mientras se esfuerza por alcanzar su máximo potencial y el mejoramiento de la calidad de vida de sí mismo y su familia. Para estas personas, la recuperación se entiende mejor como el manejo continuo de los síntomas del TDAH y, a pesar de los numerosos problemas que enfrentan, existen recursos que pueden ayudarlos a alcanzar un nivel de bienestar caracterizado por la independencia, la interdependencia saludable, la esperanza, la motivación y la satisfacción personal. Lo más importante es que el adulto entienda que es necesario aprender a "encajar" el TDAH en sus vidas y ajustar las aspiraciones futuras a la realidad.

▓▓▓ NOTAS BIBLIOGRÁFICAS

ARTIGAS-PALLARES, J.; GARCÍA, K. y REGAN, E. (2003). "Comorbilidad en el TDAH". *II Congreso Internacional de Neuropsicología en Internet*. 1-31 Mayo (paper).

BARKLEY, R. A. (2009). "Avances en el diagnóstico y la subclasificación del trastorno por déficit de atención/hiperactividad: qué puede pasar en el futuro respecto al DSM-V". *Rev Neurol*, 48, 101-106.

BIEDERMAN, J.; MICK, E. y FARAONE, S. (2000). "Age dependent decline of symptom of attention déficit hiperactivity disorder: impact of remission definition and symptom type". *Am J Psychiatry*, 157, 816-818.

BRAMHAM, J.; YOUNG, S. y MORRIS, R. (2005). "Neurophychological déficits in adult with ADHD: do they improve with age?" *Presentd at the British Neuropsychiatry Association Conference*. Febrero (paper).

BROWN, T. (2003). *Trastornos por déficit de atención y comorbilidad en niños, adolescentes y adultos*. Barcelona. Masson.

BROWN, T. (2006). *Trastorno por déficit de atención. Una mente desenfocada en niños, adolescentes y adultos*. Barcelona. Masson.

CARDO, E. y SERVERA, M. (2008). "Trastorno por déficit de atención/ hiperactividad, estado de la cuestión y futuras líneas de investigación". *Rev Neurol*, 46, 365-372.

FARAONE, S. y SPENCER, J. (2004). "Meta-analisys of the efficacy of methylphenidate for treating adult attention-deficit hiperactivity disorder". *Journal of Clinical Phychopharmacology*, 24 (1), 24-29.

FARAONE, S.; BIEDERMAN, J.; SPENCER, T.; WILENS, T.; SEIDMAN, L. y MICK, E. (2000). "Attention-deficit/hiperactivyty disorder in adults: an overview". *Biol Psychiatry*, 48, 9-20.

FARAONE, S.; SPENCER, T.; MONTANO, B. y BIEDERMAN, J. (2004). "Attention-deficit/hiperactivity disorder in adults: a survey of curreny practice in psychiatry and primary care". *Arch Intern Med*, 164, 1221-1226.

GONZÁLEZ, J.; GALDOMES, D.; OPORTO, A.; NERVI, A. y VON BERN-HARDI, R. (2007). "Trastorno por déficit de atención/hiperactividad del adulto: Estudio descriptivo en una unidad de memoria". *Rev Neurol*, 44, 519-526.

KESSLER, R.; CHIU, W.; DEMLER, O.; MERIKANGAS, K. y WALTERS, E. (2005). "Prevalence, severity and comorbidity of 12-month DSM-IV, disorders. National Comorbidity Survey Replication". *Arch Gen Psychiatry*, 62, 617-627.

MORALES, E.; MARTÍNEZ, A. y SAYERS, S. (2011). "Validación de la escala de autodetección del Trastorno por déficit de atención/hiperactividad-adultos, (EATDAH-A) en población adulta en Puerto Rico con TDAH". *Salud y Sociedad 1*, (Vol 2), 32-42.

NADEU, K. (1995). *A comprehensive guide to attention deficit disorder in adults*. New York. Bruner/Mazel.

RAMOS-QUIROGA, J.; CHALITA, P.; VIDAL, R.; BOSCH, R.; PALOMAR, G.; PRATS, L. y CASAS, M. (2012). "Diagnóstico y tratamiento del trastorno por déficit de atención/hiperactividad en adultos". *Rev Neurol*, 54 (Sup 1), 105-115.

RAMOS-QUIROGA, J.; DAIGRE, C.; VALERO, S.; BOSCH, R.; GÓMES, N.; NOGUEIRAS, M.; PALOMAR, G.; RONCERO, C. y CASAS, M. (2009). "Validación al español de la escala de cribado del trastorno por déficit de atención/ hiperactividad en adultos. (ASRS V. 11). Una nueva estrategia de puntuación". *Rev Neurol*, 48, 449-452.

RAMOS-QUIROGA, J.; BOSCH, R.; CASTELLS, X.; NOGUEIRAS, M.; GAR-CÍA, E. y CASAS, M. (2006). "Trastorno por déficit de atención en adultos: caracterización clínica y terapéutica". *Rev Neurol*, 42, 600-605.

WEISS, G. y HECHTMAN, L. (1993). *Hiperactive children grown*. New York. The Guilford Press.

YOUNG, S. y BRAMHAM, Y. (2009). *TDAH en adultos. Una guía psicológica para la práctica*. México. Manual Moderno.

 Cómo afecta emocionalmente el TDAH en los adultos

Doris Ryffel-Rawak

[
"Sin emociones no hay inteligencia que valga".

Eduardo Punset.
]

El estudio de los criterios del Trastorno por Déficit de Atención e Hiperactividad más detallados en el nuevo Manual Diagnóstico y Estadístico de los Trastornos Mentales, el DSM-5 es sumamente interesante y esclarece dudas y preguntas. Si bien en lo que se refiere al diagnóstico diferencial se menciona la inestabilidad emocional y la irritabilidad, llama la atención el hecho que no se hace hincapié sobre estos síntomas. En mi experiencia de los pasados 20 años con pacientes con TDAH, éstos representan el "pan de cada día" en la consulta especializada en tratar estos pacientes.

El TDAH en pacientes adultos se presenta como un cuadro clínico de suma complejidad por la combinación de síntomas de variada índole. Es imprescindible un diagnóstico sustancial para llegar a comprender el sufrimiento de los afectados. Son personas que dicen de sí: *"me siento diferente"*. No se trata del hecho de que sean diferentes, por supuesto que no lo son, no son ni más buenos, ni más malos que otras personas, la diferencia está basada en el sentimiento de sentirse diferente y esto a lo largo de la vida. A continuación una paciente, quien relata típicamente ese sentimiento:

"De alguna forma me siento como liberada, ahora que fui capaz de llorar. Esta mañana al despertar, me hice las preguntas: ¿qué es lo que me sucede? ¿Qué ocurre con mi vida? Recordé el tiempo de unos años atrás, cuando trabajé como diseñadora gráfica. Sentí una sensación como si se abrieran las nubes y el sol se hiciera paso y las atravesaba. Tal cual si manejase en un Ferrari con el freno de mano puesto y avanzara sólo a paso de tortuga. Y de pronto solté el freno de

mano, de 0 km por hora alcancé la velocidad de 100 km por hora. La mayor parte de mi vida transcurre como cubierta bajo un velo gris, con el freno de mano incrustado. No me es posible vivir y obrar a la par con mi potencial, algo me bloquea, me frena una energía negativa. Llevo una vida tan intensa, me siento agotada, como si tuviera 65 años y no 35 años, como si estuviera a punto de jubilarme".

Pues bien, ¿cómo explicar este estado anímico de tristeza, bajo rendimiento y agotamiento? Una posible explicación se basa en los síntomas de desatención. Pero es solamente una explicación en parte. Pacientes adultos están obligados a construir estrategias para un rendimiento más o menos eficaz en la vida diaria. Es una lucha continua en contra de la desorganización, la distractibilidad, la impuntualidad, el ser olvidadizo. Significa un fatigoso esfuerzo, especialmente sin una medicación adecuada.

Otra posible explicación son los cambios abruptos del estado anímico. Sabemos que los pacientes adultos sufren, por más mínimos que sean los motivos, cambios repentinos, de un extremo al otro entre euforia y tristeza. El entorno reacciona en general con incomprensión, hecho por el cual, en consecuencia, los afectados se sienten diferentes al resto del mundo que los rodea.

Más allá de los síntomas enumerados y descritos en otro lugar, uno de los rasgos más típicos de todas las personas afectadas es su hipersensibilidad. Las personas reaccionan emocionalmente en forma acentuada, son más susceptibles, más irritables, tienen, se podría decir, la piel más fina, más permeable. Todo es vivido en forma especialmente intensa.

En las personas hipersensibles los cinco sentidos están desarrollados al máximo. En forma simplificada se puede decir que ven y visualizan más, huelen, escuchan, saborean en forma más intensa que otras personas no hipersensibles y el sentido del tacto se despliega en forma singular. En muchos casos la intuición incluso, como "sexto sentido", se encuentra más acentuada, una perspicacia que les permite ser capaces de percibir situaciones más allá de lo que ve y siente una persona que no es hipersensible y sensitiva. Por supuesto que hay personas hipersensibles que no tienen TDAH pero, y recalco, las personas con TDAH son en su gran mayoría hipersensibles.

"Mi TDAH es como una cascada de agua. A veces como una catarata que se vuelca sobre las rocas con una fuerza intensa, otras veces como un pequeño arroyo se desplaza plácidamente en su cuna". (Paciente, 28 años).

"Hay momentos en mi vida que desearía no ser yo, siento en la punta de mis dedos una sensación de cosquilleo, un escalofrío me recorre la espalda y presiento cosas que van a suceder y realmente suceden". (Paciente, 44 años).

Debemos tomar en cuenta que el TDAH es un trastorno a lo largo de la vida, es decir que comienza en la infancia, sigue en la adolescencia y en la mitad de los casos diagnosticados prosigue en la vida adulta. Ya en los niños se observa que son "sufridos", se sienten diferentes a los compañeros o más bien éstos les dan a entender que a menudo no son deseables en los juegos de grupo. Los varones, frecuentemente hiperactivos, son propensos a situaciones de peligro. Son recriminados primero por los padres, más adelante por los maestros. Sabemos que el TDAH es un trastorno altamente hereditario, esto significa que a menudo ya sea el padre o la madre o ambos padecen TDAH. Las madres tienden a sobreproteger a los hijos tratando de resguardarlos de todo y todos, los padres de lo contrario a menudo pueden reaccionar en forma impulsiva y enfurecer exageradamente. Ni una, ni la otra forma son reacciones saludables para que el niño crezca, madure y desarrolle una autoestima estable. Mayormente, las niñas son menos hiperactivas que los varones, llaman la atención por su ensimismamiento, el ser dispersas y sumidas en ensoñaciones de la más variada índole. En general, tienen menos problemas en "hacerse de amigas" pero igual que los varones tienden a sentirse diferentes y son ellas mismas las que se autocastigan quedando fuera de los juegos grupales por temor a cometer errores y pasar vergüenza. De esta forma, tampoco les es posible generar una autoestima firme.

Estos niños comienzan la escuela primaria. El rendimiento escolar será mejor o peor según el grado del déficit atencional y el coeficiente intelectual. Asimismo, la hiperactividad y la impulsividad influirán en forma marcada los progresos escolares. Sin culpabilizar a nadie, estos niños dependen, más que cualquier otro niño, de la comprensión de los maestros involucrados. Hasta hoy en día existen aquellos maestros y profesores que denominan el TDAH como "una enfermedad que está de moda". Dicho de otra forma, estos niños de por sí ya sensibles, tendrán mayor dificultad en lograr los objetivos planificados. La etapa de la adolescencia es prácticamente para todo joven una etapa de búsqueda, de incertidumbre y de ansiedad. Sin ir más allá, se trata de explicar cómo los afectados de TDAH llegan a la vida adulta con una mochila a los hombros cuyo peso, de caso en caso variado, conlleva grandes problemas en el futuro de cada uno. No extraña por lo tanto la evolución de una hipersensibilidad aguda. Al "abrir" la mochila estaremos confrontados con tristeza. Es la tristeza de saber que en realidad el potencial existe y sin embargo las metas propuestas no se logran. Enojo. Enojo por las frustraciones sufridas en el pasado y en el presente. Confusión. A pesar de la buena voluntad y las buenas intenciones, los proyectos quedan "por el camino" y a primera vista no existe una explicación. Falta de autoestima. Las experiencias negativas se repiten, una y otra vez. Cuando los adultos con TDAH llegan a los denominados extremos, en su vida laboral, social y en la familia pueden llegar a perder el control, el abuso de alcohol y drogas no está lejos y tampoco el desarrollo de una depresión.

El TDAH es un trastorno neurobiológico, un fenómeno bio-psico-social. Para poder comprender qué funciones biológicas están perturbadas en el TDAH, es necesario conocer algunos aspectos fundamentales sobre la estructura y las funciones de nuestro cerebro. El cerebro es el órgano de estructura más compleja que tiene el ser humano. Todas nuestras posibilidades y rendimientos, incluso las funciones psíquicas, pueden actualmente, por lo menos en forma parcial, ser explicadas sobre la base de procesos metabólicos y bioquímicos. Nuestra forma de pensar, recordar, sentir, aprender, así como en general nuestros procesos conscientes e inconscientes, están inscriptos en nuestro cerebro de acuerdo a leyes fisiológicas programadas y codificadas. Desde el punto de vista anatómico, el cerebro es una compleja red de cien mil millones de neuronas en las que, a su vez, cada una de ellas está ligada a mil lugares de trasmisión de los estímulos en las sinapsis. Esta gigantesca e irrepresentable red de neuronas está parcelada en áreas anatómicas y funcionales diferentes. Para el cumplimiento de estas funciones es necesario el intercambio de información entre las diferentes áreas. La trasmisión del estímulo de una célula a otra se efectúa mediante substancias trasmisoras, las llamadas "aminas neurotras- misoras". En forma simplificada puede decirse que nuestra forma de pensar, sentir y actuar dependen del funcionamiento intacto del sistema de neurotrasmisores. El pensar, sentir y actuar están interrelacionadas entre sí y dependen el uno del otro. Nuestro cerebro insume constantemente el 20% de nuestra energía corporal en forma de oxígeno y glucosa; esto significa que necesita un continuo aporte de sangre. Una actividad cerebral disminuida (por ejemplo a causa de una carencia de neurotrasmisores) se expresará por una escasa necesidad energética; esto significa que la perfusión sanguínea de estas áreas cerebrales será menor que en el caso de una actividad cerebral normal. En el TDAH los neurotrasmisores involucrados son la Dopamina y la Noradrenalina. Estos neurotrasmisores son en las personas con TDAH, rápidamente metabolizados en la sinapsis por lo cual existe una hipofun- ción de las zonas en donde predomina la Dopamina y la Noradrenalina, que son los ganglios de la base del cerebro y los lóbulos frontales. Desde el punto de vista neuroanatómico los estudios mediante el uso de resonancia magnética (MRI), han confirmado que los pacientes con TDAH presentan disminuciones cuantificables en la masa neural en el núcleo caudado, el globo pálido y el cuerpo calloso.

En cuanto a la perspectiva genética, ésta ya ha sido mencionada. El TDAH es altamente hereditario, en las familias en las cuales un miembro padece de TDAH, el trastorno es 4 veces más frecuente. Y si se trata de gemelos idénticos, la frecuencia es aún más alta.

Sin entrar en detalles más específicos, retomemos el hilo del cuadro clíni- co. Para el médico con experiencia en el diagnóstico y tratamiento de pacientes con TDAH, el diagnóstico puede presentarse "simple y claro" a primera vista. No obstante, es imprescindible considerar todos los factores de relevancia. En pri- mer lugar los criterios según el DSM-5. Decisivo también es el árbol genealógico familiar ya que se trata de un trastorno altamente hereditario. Si fuera posible la información relacionada al paciente recibida por terceros, cónyugues, padres o parientes cercanos, es fundamental ya que ésta puede proporcionar datos sig- nificativos. Diferentes cuestionarios debidamente estructurados pueden ser una ayuda adicional para el establecimiento de un diagnóstico correcto. Los numerosos estudios efetuados en base a tests no deben ser sin embargo sobrevalorados, a pesar de su utilidad en determinados casos. Los acontecimientos escolares, tanto positivos como negativos y el coeficiente intelectual deben ser tomados en cuenta en forma conjunta para llegar a un diagnóstico. Queda sobreentendido que un exa- men médico general deberá ser efectuado. Los adultos con TDAH a menudo sufren comorbilidad con otras enfermedades psíquicas; más adelante nos preocupará el diagnóstico diferencial.

Siendo la temática en cuestión las emociones y el TDAH, a continuación detallo una serie de síntomas, más allá de los criterios diagnósticos del DSM-5. Si bien no necesariamente se presentan en conjunto en todos los adultos, son sínto- mas típicos los cuales dan una pauta de cómo pueden sentirse las personas afecta- das. Todos los síntomas enumerados están relacionados, de una u otra forma, con los sentimientos y las emociones.

- Dificultad para mantener la atención focalizada con la intensidad necesaria en las tareas, estudios y otras actividades.

- Fácilmente distraídos, especialmente en tareas que resultan aburridas. Ensoñaciones frecuentes.
- Poca capacidad de concentración.
- Pobre percepción del tiempo y como consecuencia gran variabilidad en la ejecución de tareas.
- Baja autoestima, autoimagen negativa.
- Hipersensibilidad y alto límite de irritabilidad, búsqueda sensorial.
- Perturbación de la autoregulación de afectos y emociones, reacciones impulsivas de enojo, ira.
- Inestabilidad emocional, cambios bruscos del estado anímico. Fluctuación entre estados depresivos y eufóricos sin autodominio.
- Tolerancia reducida a las frustraciones y el estrés.
- Perturbación de la memoria de trabajo y, en consecuencia, poco automanejo, autocontrol y autocuestionamiento.
- Poca perseverancia, rápidamente agotados.
- Perturbación del autocontrol verbal y motor, tendencia a ser entrometidos, hablar y actuar sin antes reflexionar. En continuo movimiento o intranquilidad interior.
- Dificultad para entablar relaciones de pareja. Egocentrismo.
- Abuso de alcohol, drogas y medicamentos.
- Predisposición a la hipersexualidad, especialmente en la adolescencia.
- Defectuosa percepción en cuanto a riesgos y peligros.
- A menudo sumido en preocupaciones y temores.
- A menudo relaciones sociales dificultosas.
- Evolución de estados depresivos.
- Desbordantes ideas, proyectos y fantasías. ¿Creatividad?

Sabemos que no es un sólo síntoma que lleva a formular el diagnóstico, sino más bien la presencia de varios síntomas, el grado de los mismos y en consecuencia el grado de sufrimiento que conlleva a problemas en la pareja y familia, en el empleo y carrera y en general en el ámbito social.

En un 70 a 80% de los adultos el TDAH es acompañado por otras enfermedades psíquicas. Las comorbilidades más frecuentes son la depresión, los trastornos maníaco depresivos, los trastornos de ansiedad y los trastornos obsesivos compulsivos. Todas estas comorbilidades presentan a su vez un gran factor de riesgo para el abuso de drogas, medicamentos y alcohol. En el momento de efectuar el diagnóstico diferencial es importante tomar estos trastornos en cuenta, ya que muchos síntomas coexisten tanto en el TDAH como en los trastornos arriba mencionados. Un diagnóstico diferencial correcto es relevante para el tratamiento en lo que se refiere a la medicación y también a la psicoterapia. Para citar un ejemplo: una depresión que tiene de fondo un TDAH será consecuentemente tratada con una combinación de medicación con estimulantes y antidepresivos. Otro ejemplo: los trastornos maníaco depresivos no deben ser confundidos con la inestabilidad emocional tan típica en el TDAH. En el TDAH se trata de cambios repentinos, es decir una fluctuación entre estados depresivos y eufóricos pero sin permanecer largo tiempo en uno u otro estado. Para el diagnóstico de un trastorno bipolar el paciente debe permanecer por lo menos cuatro días consecutivos en el estado de euforia.

1 Caso clínico

La Sra. Margarita C. una paciente de 36 años, llama la atención con su melena ondulada, rubia teñida, su ropa juvenil y osada. Llega a la consulta luego de varias psicoterapias además de una estadía en una clínica psicosomática. Relata que todo le ha servido de ayuda, sin embargo aún no ha encontrado lo que busca, sin saber exactamente de qué se trata. Es madre de tres niños, a menudo se siente al borde de sus fuerzas. No es el trabajo en sí que la abruma, sino sus estados de ánimo cambiantes. Hay días en los que tiene energía y logra hacer muchas cosas, y luego otros días en los que no logra hacer casi nada. En esos días lo que más le gustaría sería quedarse en la cama y dejar la responsabilidad en manos de otros, como si fuera nuevamente la niña pequeña y miedosa que busca protección y seguridad en su madre. Margarita no tiene control sobre estos cambios de ánimo, a veces eufórica, otras muy deprimida, y no sabe cómo influenciarlos. En su entorno sólo encuentra incomprensión y ya siendo de por sí muy sensible se siente ofendida. Por las mañanas es cuando tiene más dificultades, hasta que su "motor" se pone en marcha. En su cabeza predomina el caos, con miles de ideas al mismo tiempo. A menudo reacciona de forma impulsiva, lo que no es apreciado por sus congéneres. En lugar de reflexionar tranquilamente, actúa demasiado rápido. Margarita es consciente sobre sus cualidades positivas, tiene intereses muy variados y que puede ser muy entretenida. Es activa en deportes, tiene muchas ideas creativas, pero no las pone en práctica por falta de valor.

Los antecedentes: el padre es maníaco depresivo y eso la ha marcado durante su niñez. La atmósfera familiar era impredecible. El padre la intimidaba a menudo con ataques histéricos repentinos. Los cambios de trabajo eran rutina. La madre, por el contrario, fue muy protectora, siempre estaba para apoyarla, era la encargada de la familia.

"En la escuela, sobre todo en los primeros tres años, tuve grandes dificultades para leer, escribir y con las matemáticas. Me quisieron hacer repetir el tercer año, sin embargo, mi maestra (era muy autoritaria, pero yo la adoraba) pensaba que yo era capaz de pasar a cuarto año y pensaba que yo ya cambiaría. Yo sentía que ella era una de las pocas que creía en mí.

Los primeros dos años de escuela fueron horrorosos para mí. Nadie me comprendía. Cada mañana lo mismo: durante el desayuno no podía tragar nada. Me sentía como paralizada por el miedo. Yo contaba los minutos, me hamacaba y gemía para tranquilizarme, hasta que salíamos.

La despedida en el portón del colegio era trágica para mí. Mi madre se sentía impotente frente a esta escena. Nunca estuvo enojada conmigo, pero tampoco lograba transmitirme la autoconfianza suficiente para que yo pudiera superar todo sin sufrir; muchas veces, incluso, yo vomitaba. Los recreos no los pasaba como los demás niños jugando en el lugar destinado para ello, prefería encerrarme en el baño o pararme en una esquina y observar a los otros niños pero yo deseaba ser tan feliz como los demás niños.

Cuando terminaba la escuela, el mundo volvía a estar en orden. El brillo del sol estaba nuevamente en casa. Era una niña muy sociable, muy querida, creati-

va, y tenía muchas amigas a mi alrededor. Estas amistades eran imprescindibles para mí. Contribuían a formar mi autoestima, sin ellas me sentía sin ningún valor. Era adicta a las amistades. Siempre sobrevaloré a los demás y me subvaloré a mí misma.

Tenía un gran sentido de la justicia, era sensible, vulnerable y siempre enso-ñada. Luego de terminar mis estudios como maestra de deportes, enseñé durante un año. Lentamente volví a sentir el miedo conocido de mi juventud. En el momento que surge algo nuevo en mi vida, desconocido, regresa el sentimiento de fracaso, malestar y trastornos psicosomáticos.

El periodo más feliz de mi vida fueron los tres embarazos. Esa época fue para mí positiva en todos los aspectos. Prácticamente no experimenté malestar, y si lo sentía, me decía a mí misma que era posible lograrlo y que era parte de todo. No sentí una fuerza mental de ese tipo en ningún otro periodo de mi vida. Me sentía importante, reconocida y tenía un compromiso. ¡Ya no estaba sola! No más vacío interior, siempre alguien presente. Aún hoy me pierdo en ensueños, vuelvo a recordar aquellos tiempos y sensaciones tan hermosas".

1.1. Evaluación y evolución a grandes rasgos

Se trata de un caso típico de TDAH. La carga familiar de parte del padre por un lado, el marcado déficit atencional, así como la sobre-excitación y la ines-tabilidad emocional que continúan en la vida adulta. La paciente ya medicada con un antidepresivo por el médico de cabecera, logra cierta estabilidad, pero sin una influencia sobre su déficit atencional, la incapacidad de realizar tareas o sobre su impulsividad. Bajo una medicación combinada con antidepresivos y estimulantes, asimismo que una psicoterapia, de tipo cognitivo conductual, la paciente puede comprobar un efecto positivo. Se siente más tranquila, es menos impulsiva, el caos en su cabeza desapareció y, de esta forma, puede realizar en forma estructurada las tareas diarias.

En conclusión por lo antedicho, el TDAH se define como un trastorno suma-mente complejo. Las personas que padecen TDAH son extremadamente vulnera-bles, altamente sensibles, emocionalmente inestables con un bajo umbral de irri-tabilidad. No extraña la posible evolución de una depresión crónica o el abuso de drogas, medicamentos o alcohol. A su vez debe tenerse en cuenta la probabilidad de padecer simultáneamente otros trastornos mentales.

Para finalizar, algunas palabras en lo que respecta el TDAH y la creatividad. Hay personas, incluso médicos y psicólogos especializados, que propagan la idea de que el padecer TDAH va conjuntamente con el ser creativo. Si bien es un enfo-que positivo y todo psiquiatra y psicoterapeuta debe trabajar con el principio de la esperanza, tampoco se debe exagerar.

Para ser una persona creativa no es suficiente ser sensible, ver, escuchar, sa-borear, oler y tener el sentido del tacto más desarrollado. Es necesario tener ideas originales, la facultad de pensar en forma asociativa y analítica para ser capaz de crear algo novedoso. Cuando permitimos que nuestros sentimientos, emociones y fantasías vuelen al libre albedrío, procesos conscientes e inconscientes tomarán su cauce. Es la apertura para nuevas perspectivas que permite un enfoque diferente de la realidad. Esta apertura da lugar al proceso creativo. No interesa que se trate de las artes plásticas, la literatura, la música, el teatro o, incluso, la ciencia con ingeniosos inventos. Siempre se trata de una descarga de energía, es la necesidad de sentirse vivo o, dicho de otra forma, es el amor hacia la vida y el temor a la muerte.

Adultos con TDAH son hipersensibles, originales, intuitivos y abiertos a todo nuevo estímulo. Para que estos recursos sean válidos en el sentido que puedan ser focalizados en un proceso creativo, varios factores deben estar presentes. En primer lugar depende del grado de intensidad del trastorno y la agudeza de las comorbilidades. Una persona con grandes problemas en su entorno, ya sea en la pareja, en la familia, en el empleo o "simplemente" consigo misma, no será capaz de ser creativa. La resiliencia individual tampoco debe ser descartada. Además del hecho que el pensar, sentir y actuar se influencian entre sí con efecto recíproco. Quienes padecen un TDAH, a menudo tienen ideas grandiosas pero no tienen la capacidad de canalizar las mismas, la perseverancia necesaria para llevar a cabo un proyecto, rápidamente se desalientan, pierden el interés o comienzan algo nuevo. El proceso creativo queda por el camino, las obras sin terminar.

Resta por decir con el diagnóstico confirmado, el tratamiento farmacológico y psicoterapéutico correcto, también quienes padecen un TDAH pueden vivir una vida plena y feliz.

EMBROLLO

Cerebro
un embrollo
orden
me pide el estómago
amores
desamores
exceso en todo
duraznos
nísperos
damascos
libros, películas,
teatro
un derroche sinnúmero
sincerarme debería
con postura
cambiar de programa.

Doris Rawak **"Sutilezas"**

NOTAS BIBLIOGRÁFICAS

BARKLEY, R. A. (1997). *ADHD and the Nature of Self-Control.* New York. Guilford Press.

BARKLEY, R. A. (2006). *Attention Deficit Hyperactivity Disorder. A Handbook for Diagnosis and Treatment.* London, New York. Guilford Press.

BARKLEY, R. A.; MURPHY, K. y FISHER, M. (2008). *ADHD in Adults. What the Science says.* New York. Guilford Press.

BROWN, T. E. (2000). *Attention Deficit Disorders and Comorbidities in Children, Adolescents and Adults.* Washington. American Psychiatric Press.

BROWN, T. E. (2005). *Attention Deficit Disorder. The Unfocused Mind in Children and Adults.* New Haven. Yale University Press.

BROWN, T. E. (2013). *A New Understanding of ADHD in Children and Adults: Executive Function Impairments.* Oxford, New York. Routledge.

CIOMPI, L. (1997). *Die emotionalen Grundlagen des Denkens.* Stuttgart. Sammlung Vandenhoeck.

DAMASIO, A. R. (1999). *The Feeling of What Happens. A Harvest Book.* San Diego, New York, London. Harcourt, Inc

DSM V (2013). *Diagnostic and Statistical Manual of Mental Disorders.* Fifth Edition. American Psychiatric Association.

LEDOUX, J. (2001). *Das Netz der Gefühle.* München. Deutscher Taschenbuch Verlag.

RAWAK, D. (2008). *Sutilezas.* Montevideo y Linardi y Risso.

RYFFEL-RAWAK, D. (2004). "Trastorno por Déficit Atencional e Hiperactividad en los Adultos". *Revista de Psiquiatría Biológica del Uruguay.* Nr. 4.

RYFFEL-RAWAK, D. (2007). *ADHS bei Erwachsenen. 2.* überarb. Aufl. Bern. H. Huber Verlag.

RYFFEL-RAWAK, D. (2007). ADHS und Partnerschaft- eine Herausforderung. Bern. H. Huber Verlag.

RYFFEL-RAWAK, D. (2007). *Wir fühlen uns anders!* 2. überarb. Aufl. Bern. H. Huber Verlag.

RYFFEL-RAWAK, D. (2010). *ADHD in Adults (Characterization, Diagnosis and Treatment.* Cambridge. Cambridge University Press.

RYFFEL-RAWAK, D. (2010). *ADHS bei Frauen-den Gefühlen ausgeliefert.* 3. Aufl. Bern. H. Huber Verlag.

WENDER, P. H. (1995). *Attention Deficit Hyperactivity Disorder in Adults.* New York, Oxford. Oxford University Press.

El TDAH en los varones y los problemas con la pareja

María de los Ángeles López Ortega

> *"Se debe intentar y una y otra vez la odisea del amor. La aventura máxima de todas las posibilidades humanas es encontrar un amor maduro, intenso, legítimo y excepcional".*
>
> Horacio Jaramillo Loya.

Especialmente los varones con TDAH pudieran parecer como los clásicos solteros mujeriegos, seductores e inestables; hombres y mujeres con este trastorno se divorcian frecuentemente y se casan en más de una ocasión, muchas veces debido a la búsqueda de situaciones nuevas que los estimulen. Pero muchas veces estas personas en el fondo desearían ser amadas y tener a una pareja a quien amar, tienen el anhelo de ser aceptadas y tienen mucho miedo de quedarse solas.

Por un lado los hombres con TDAH quieren cambios, una vida estimulante y aventura, pero por otra parte desean estabilidad y les es frustrante que tras varios intentos no la puedan encontrar. Necesitan realmente saber qué es lo que quieren en la vida, asumir los sacrificios que eso implica (renunciar a la búsqueda constante de estímulos que lleva a la promiscuidad, ya que se requiere un compromiso con la pareja para efectivamente sentir el amor; la promiscuidad podría darles momentos estimulantes pero también llevarlos tarde o temprano al vacío existencial o al abandono) (López, 2011) y también necesitan saber cuidar de la relación, seguir conquistando cada día a su pareja y no sólo seducirla para obtener el estímulo que les hace falta y luego descuidar y abandonar la relación (física o emocionalmente).

Existen múltiples problemas en una pareja donde existe el TDAH; en este capítulo se van a hablar de los problemas desde el erotismo y la vida sexual que atraviesa una pareja donde es el varón quien padece el TDAH.

Según estudios de seguimiento de personas con TDAH, las historias afectivo-sexuales de estos individuos son también diferentes a las de los controles sanos.

Tienen más probabilidades de haber mantenido sus primeras relaciones sexuales antes de los 15 años (Benito Moraga, 2008), suelen tener actividad sexual más arriesgada (más parejas, menos uso de anticonceptivos debido a la impulsividad) y este patrón más arriesgada conduce a un incremento en el embarazo durante la adolescencia y enfermedades de transmisión sexual (Barkley, Murphy, y Fisher, 2007 y Benito Moraga, 2008).

De acuerdo a Francesco Alberoni (2006), el erotismo masculino es ansia egoísta de goce. La fantasía erótica masculina se opone a la femenina: ella busca la continuidad, la intimidad y la vida común, mientras que la del hombre se esfuerza por excluir el amor, el compromiso, los deberes e incluso la vida social.

Las mujeres procuran mantener atado a su hombre, pero él hace cualquier cosa por conservar su caprichosa libertad; si hay problemas, compromisos externos desagradables, el hombre se libera, se aleja (Alberoni, 2006).

En un varón con TDAH, este alejamiento se da aún más rápido debido a que son muy sensibles a la desaprobación (y más cuando la autoestima es baja), al primer reclamo, mirada de desaprobación, terminará huyendo sin dar mayor explicación. El alejamiento se puede dar físicamente (días sin saber de él o emocionalmente cuando, viviendo bajo el mismo techo, él pareciera encerrarse en su propio mundo, se muestra poco comunicativo y sin disposición para escuchar ni dialogar con su pareja).

Pero hay otro aspecto que causa dolor y confusión: la característica del hiperenfoque en los primeros encuentros y después la pérdida del interés hacia su pareja por parte del que tiene TDAH.

Jonathan Scott Halverstadt (1998) señala que uno de los problemas de las personas con TDA es que rápidamente pueden sentir tedio de sus relaciones y ese fastidio no tiene que ver con sus parejas sino con la constante búsqueda de estimulación, característica de las personas con este trastorno. Justo cuando la relación de pareja comienza a crecer hacia un nivel más profundo, el compañero con TDA comienza a aburrirse y culpa de su sensación a la pérdida del amor, porque ellos han perdido esa sensación de "estar enamorados". Cuando esa sensación de enamoramiento desaparece, también lo hace el compañero con TDAH. El autor explica que cuando nos enamoramos nuestros cuerpos producen bioquímicos llamados endorfinas. Estos agentes bioquímicos nos hacen sentir cálidos y con una sensación de bienestar. Todos, con TDAH o sin él, solemos experimentar esa sensación de estar enamorados generado por la bioquímica. Pero las personas con TDAH pueden sentirse más atraídas por tener esas experiencias por el efecto estimulante que tiene en su cerebro. De hecho algunas personas con TDAH suelen automedicarse con endorfinas, la novedad de una situación los estimula, pero cuando esta sensación pasa y deja de ser excitante, se aburren y la relación suele terminar; lo que en realidad pasa es que las personas con TDAH han dejado de tener la estimulación neurobiológica y esto los asusta, haciendo que se alejen de sus parejas.

Este autor también explica que muchas de las personas con TDAH tienen un aprendizaje kinestésico y la manera de experimentar la realidad es a través de sentimientos viscerales, y no de una línea lógica de compromiso. Es por eso que las personas con TDAH necesitan esa experiencia corporal de enamoramiento para sentirse bien con ellos mismos y cuando esa sensación desaparece creen que el amor se ha terminado.

Sólo durante los primeros encuentros la relación será satisfactoria, debido a la novedad y que el varón con TDAH será capaz de hiperenfocarse en su pareja, haciéndola sentir súper especial, pero después, una vez que él necesite nuevos estímulos; la abandonará, si no físicamente al menos sí emocionalmente, dejándola a ella terriblemente confundida; ella se sentirá rechazada, bajará su autoestima, se preguntará qué fue lo que pasó, qué hizo mal. El peor de sus temores se hace realidad: el hecho de ser abandonada; el peor enemigo del erotismo: la pérdida de interés de su pareja en ella.

Esto la lleva irremediablemente a querer luchar, rescatar, pero sus esfuerzos serán en vano, así que llevará un proceso de duelo que a veces puede llegar a convertirse en patológico o no resuelto por la dificultad experimentada en renunciar a esa pareja por la que hubo una enorme atracción, un enamoramiento fugaz y que de la noche a la mañana se termina. Esto es difícil de aceptar, sale de los límites de la razón, a diferencia de otras relaciones en las que hay señales de que poco a poco se va terminando la pasión, se va llegando a la monotonía, en la relación con una persona con TDAH todo sucede rápidamente, se desmorona la relación en un momento en que todo parecía viento en popa.

A la pareja sin TDAH le llega la depresión normalmente, tiene problemas para controlar la ira, a la mujer en especial le cuesta trabajo dejar de reprochar, ella misma se desconoce, sabe que este no es su verdadero yo, en realidad está ella muy herida, víctima de la injusticia, y lo más incomprensible es que su pareja le causa un daño sin quererlo, sin haber mala intención, simplemente es la naturaleza del trastorno que lo hace ser, sentir, pensar de una manera diferente al resto de las personas.

Alberoni (2006) dice que el "Don Juan" busca el desenfreno impúdico, la emoción de experimentar el éxtasis de lo increíble; debe impedir que la oleada erótica de la mujer lo envuelva, lo ate y llegue a ser continuidad, ya que si esto último ocurriera, el estupor de la seducción se acaba.

Sigmund Freud, en su artículo *Algunos tipos de carácter dilucidados por el trabajo psicoanalítico* (1916/2000), explica que en el tipo de personas "que fracasan cuando triunfan", existen algunos hombres que enferman cuando se les cumple un deseo hondamente arraigado y por mucho tiempo perseguido. Es como si no pudieran soportar su dicha, la contracción de la enfermedad subsigue al cumplimiento del deseo y aniquila el goce de éste.

En estos casos la frustración interior ha producido efectos por sí sola, y ha surgido únicamente después de que la frustración exterior cedió lugar al cumplimiento del deseo. El estallido del conflicto se da debido a los poderes de la conciencia moral que le prohíben a la persona extraer de ese feliz cambio objetivo el provecho que había esperado durante largo tiempo (Freud, 1916/2000).

El trabajo psicoanalítico enseña que las fuerzas de la conciencia moral que llevan a contraer la enfermedad por el triunfo y no, como es lo corriente, por la frustración, se entraman de manera íntima con el complejo de Edipo, la relación con el padre y con la madre, como quizá lo hace la conciencia de culpa general (Freud, 1916/2000).

Algunos adultos con TDAH se deprimen al alcanzar el éxito porque experimentan un duelo por la pérdida de la búsqueda del estímulo en la obsesión por alcanzar el éxito, una vez que lo alcanzan y se dan cuenta de que no era tan grandioso como creían, o al no permitirse gozar en él (explicación desde la histeria), se deprimen.

José E. Milmaniene (2000) señala que los hombres histéricos atraen y después no pueden sostener a la mujer a la que conquistaron, sólo seducen cuando se sienten seguros, ya que este momento es pura promesa de Falo, pero cuando la seducción se revierte y es la otra parte (la mujer) quien lo desea, entonces éste huye, debido a que se incrementa la angustia de castración.

Quizás esta podría ser otra de las razones de la pérdida rápida del interés de los varones en su pareja y en la relación. Una vez que consiguen seducir o enamorar a su pareja, se acaba el estímulo para ellos y es probable que se depriman; esto, a su vez, confunde a la pareja, la hiere, causando inseguridad, pérdida de la confianza, enojo, angustia y en algunos casos depresión también.

De acuerdo a Daniel G. Amen (2006), puede llegar a haber problemas en la pareja relacionados con la intimidad cuando uno persona tiene TDAH y la otra no. Por ejemplo, menciona que algunos se quejan de que al tener relaciones sexuales pareciera que el compañero no estuviera realmente ahí, notan distracciones o problemas relacionados con la impulsividad.

Algunos pacientes han reportado lo contrario, que las relaciones sexuales son buenas, el problema es que las personas con TDAH necesitan tenerlas más seguido que el que no tiene TDAH, parecieran insaciables; Hallowell y Ratey (2001) dicen que o hay dificultades para prestar atención durante el acto sexual o hay una hipersexualidad a la que le prestan un exceso de atención.

Amen (2006) dice que en el terreno de la sexualidad pudiera haber problemas relacionados con la enorme sensibilidad al tacto, olores, ruidos y sabores; también puede haber distracción, desorganización o las heridas del pasado pudieran llegar a influir también en la intimidad. También ciertos medicamentos para tratar el TDAH, o la depresión o la ansiedad, entre muchos otros, podrían afectar también al deseo sexual o incluso a la sensibilidad genital o al estado del ánimo.

Algunos varones con TDAH podrían olvidar el romance que es importante para muchas mujeres y querer ir de inmediato al acto sexual, lo que podría provocar la ira de sus compañeras.

El adulto TDAH a veces puede tener parecido con el comportamiento de un adolescente; Juan David Nasio (2011) dice que el adolescente está dotado de un yo inmaduro por estar inacabado, se siente mal amado más que amado, débil más que fuerte, dominado más que dominante, víctima más que manipulador y culpable más que acusador. Todo lo anterior también se aplica a un adulto con TDAH, quien, debido a las características propias del trastorno, desde la infancia viene sintiéndose diferente a todos los demás, incomprendido por las personas a su alrededor y por lo mismo se llega a sentir rechazado, mal amado, débil, dominado o controlado (muchas veces por las personas que lo aman o dicen amarlo), víctima y culpable (de herir sin querer con sus conductas a las personas que más ama o a aquellas que más ayuda o comprensión le han dado, culpable de defraudar a algunas personas y por no poder cumplir las expectativas de los demás). Todo lo anterior no es sólo producto de su imaginación, en parte tienen algo de razón, pues al revisar el historial de varios adultos TDAH se encuentra que sí fueron víctimas de maltrato en la infancia y en la adolescencia, a veces por parte de los padres, quienes al no tener información sobre el trastorno, desesperados por la conducta de su hijo y al no poder manejar la frustración que sentían al no tener al hijo que cubriera con sus expectativas, de repente podían llegar a ejercer violencia física sobre ellos (nalgadas, azotes con el cinturón, pellizcos, cachetadas, aventones, entre muchos otros), violencia verbal (insultos, apodos tales como "burro", "distraído", "torpe", "loco", "grosero", etc.) y violencia psicológica (amenazas, chantaje emocional, manipulación, amor condicionado, ignorarlos, tomarlos poco en serio, hacerlos sentir poco valorados o queridos).

También hay informes de adultos TDAH maltratados psicológica y verbalmente por maestros y por compañeros de clase (esto último conocido ahora como *bullying*). Aunque se sabe que algunos niños y adolescentes TDAH pueden ser los agresores, debido a su impulsividad y falta de control en su conducta, también ellos llegan a ser víctimas de otros niños.

Toda la violencia anteriormente descrita marca la vida de la persona, provocando en la adultez baja autoestima y también un estancamiento en la etapa de la adolescencia en cuanto a nivel psíquico se refiere. Se sabe que parte de la conducta de una persona con TDAH se debe en parte al funcionamiento en su cerebro y aquí no se va a discutir eso, sino a dar aportaciones en cuanto a la psique partiendo de la teoría psicoanalítica.

Regresando con lo expuesto por J. D. Nasio (2011), el peligro más temido por un joven que se siente débil, sometido o culpable es que justamente se sospeche que sea así. Por lo tanto los adolescentes son capaces de hacer cualquier cosa antes que sentir la vergüenza de ser descubierto tal y como se sienten en lo más profundo de ellos y, para evitar esto, rechazan toda palabra, pedido o exigencia de los adultos, quienes podrían desenmascarar su debilidad, inferioridad o dependencia. Esto mismo sucede en los adultos con TDAH, de ahí que sean criticados por su narcisismo, egoísmo y egocentrismo.

Nasio (2011) explica que la mayoría de los conflictos que estallan entre el adolescente y sus progenitores están motivados por el miedo (que a veces es inconsciente) de exponerse a la humillación y de verse como inútil ante los ojos de sus padres y de todos y, peor aún, ante los propios. Es por eso que, para no sentirse débil, se comporta de forma agresiva y ataca. La humillación de la que se hablaba y la que le resulta dolorosa y temida es la de hacer feliz a un adulto que le hace un pedido. Esta misma dinámica se aplica entre un adulto TDAH y su pareja, cuando esta última le hace una petición, el otro buscará la manera de no complacer porque lo colocaría en una posición servil, se sentiría controlado. Nasio (2011) profundiza en esto y comenta que el miedo radica en sentirse inútil, incapaz y afectivamente dependiente, hay un miedo a satisfacer la expectativa de los padres y hacerlos felices (en el caso del adulto implica satisfacer a su pareja y hacerla feliz), es como si no quisiera que los padres (o la pareja) estuvieran orgullosos de él, ya que si esto ocurriera, volvería a ser un niño dependiente, un objeto servil de su placer y eso les espanta. Prefieren hacer sufrir haciendo todo lo contrario de lo que querían que hicieran.

Resumiendo las ideas de Nasio, un adolescente histérico y rebelde (o un adulto TDAH que no ha logrado superar la etapa de la adolescencia) lo que más teme es la humillación de que lo vean fallar y mostrarse demasiado conforme al hijo o hija ideal (o pareja ideal, llámesele novio-novia, esposo-esposa o amante) ,que según él sus padres o pareja soñarían tener. Aquí entra en juego el fantasma de la humillación, la angustia de la castración; es decir, la angustia de perder lo más valioso que tiene, el falo que en este caso es su propio yo, su amor propio (aquello que fue tantas veces pisoteado en el pasado del adulto TDAH y que ahora se pone como meta conservar a toda costa, a pesar de no poder vivir su adultez con la madurez y plenitud que le tocaría).

No hay temor por parte del adolescente a perder ni la virilidad ni el encanto ni capacidad de seducción, ni siquiera el amor del compañero o compañera, el miedo radica a perder la estima de sí mismos, explica Nasio (2011) (en el adulto TDAH, implica el temor a perder el amor por ellos mismos tan difícil de conseguir, después de haber pasado toda una infancia y adolescencia luchando por encontrarla a pesar de los regaños, rechazos, errores, etc. que sufrieron).

Así que detrás de un adolescente o un adulto TDAH con comportamiento susceptible, agresivo e intransigente, se esconde un pequeño niño asustado por los fantasmas de su imaginación. Entonces, como mecanismo de defensa para consolidar su yo al cual considera muy vulnerable, lo que hace es quererlo con un amor propio excesivo; es decir, aparece lo que Nasio (2011) denomina "narcisismo hipertrofiado del adolescente".

Esta sobreprotección del propio yo vivido como muy frágil se traduce entonces por la necesidad de mantenerse a distancia de todo adulto que podría solicitarlo y develar así su debilidad (el adulto TDAH también presenta una tendencia a aislarse y a evitar a las personas, muchas de ellas son sus seres más queridos: familiares, pareja y amigos), lo cual es un comportamiento histérico de hipersensibilidad a la frustración, de insatisfacción constante y de hostilidad epidérmica contra el mundo de los adultos. Adopción de un rechazo contra toda obligación o toda presión procedente de los padres, en el caso del adolescente (Nasio, 2011) y en el caso del adulto TDAH hacia las presiones procedentes de la pareja principalmente o de amigos, familiares y en ocasiones de otras figuras de autoridad como los jefes.

Detrás de un comportamiento angustiado, triste o rebelde del adolescente neurótico, Nasio (2011) señala que se esconde en lo más profundo del joven un lento, doloroso y sordo trabajo interior de alejamiento progresivo del niño que ha sido, pero también de construcción igualmente progresiva del adulto por venir (en el caso del adulto TDAH, el problema radica en que este trabajo se alarga indefinidamente, no acaba de construir a este adulto, quizás la solución radique en elaborar el duelo de la infancia primero, y luego el duelo de la adolescencia para llegar a la etapa del adulto maduro, perdonando a quienes lo hayan lastimado o no le hayan permitido ser él mismo en el pasado e incluyendo el perdón a sí mismo por no haber podido cumplir las expectativas de los demás en un momento dado).

Nasio (2011) explica que el sufrimiento de un adolescente neurótico se debe a los desgarramientos que sufre entre las exigencias de su cuerpo y las exigencias de su moral (en el caso de un adulto TDAH las exigencias de un cuerpo que se cansa más que el del resto de las personas debido a que poner atención le exige un mayor esfuerzo que al resto y eso lo fatiga, lo que provoca que tenga que consumir estimulantes tales como bebidas con cafeína e incluso fármacos, un nerviosismo a lo largo del día que se podría traducir como ansiedad, por parte de las exigencias de su moral, el querer ser una persona capaz de valerse por sí misma, organizada, atenta, exitosa, reconocida, aceptada y respetada por las personas a su alrededor). Nasio (2011) también dice que se debe a un malentendido profundo entre el adolescente y sus padres, ya que éstos no aceptan a su hijo tal como ha llegado a ser y el joven, por su lado, piensa que no puede realizar sus propios sueños a causa de la actitud de los padres, ya que se imagina impedido por éstos de ser él mismo y de hacer lo que cree que tiene que hacer (en el caso de un adulto TDAH que le cuesta "sentar cabeza" o que ha tenido un historial de fracasos en las relaciones de pareja, que pueden incluir hasta el divorcio en algunas ocasiones, siente que al tener una pareja ésta no lo dejará ser, que puede adoptar el papel que sus padres tuvieron en un cierto momento y esto podría impedir su realización personal y profesional).

Nasio (2011) asegura que los padres de un adolescente deben asumir dos pérdidas: la pérdida del niño que ahora ha crecido y la pérdida de su ilusión de un adolescente ideal, contento consigo mismo, sin demasiadas dificultades escolares, amante de la familia y de los valores. A esto yo me atrevería a decir que la pareja de un adulto TDAH debe hacer el duelo por la pérdida de la pareja amorosa que en un principio fue y por la pérdida de la ilusión de una pareja ideal, contenta, sin demasiados problemas personales, amante de la familia, la convivencia y los valores.

Nasio (2011) explica que hay un fantasma que tiene una doble función en el adolescente perturbado, por un lado de protector, ya que en lugar de sentirse amenazado desde el interior por su propia inconsistencia, el joven se siente amenazado desde el exterior por la presión de los adultos (en el caso del adulto TDAH amenazado por sus seres más significativos); este fantasma por otro lado desencadena los comportamientos tanto impulsivos como depresivos del joven (la impulsividad sigue siendo un problema para el adulto TDAH, ésta lo lleva a mentir, a tener conductas arriesgadas, a tener un pobre control emocional, a prometer cosas que no puede cumplir, entre muchas otras conductas, y también se observa que muchos adultos TDAH padecen de depresión).

El fantasma adquiere en el inconsciente, de acuerdo con Nasio (2011), la forma de una escena imaginaria donde intervienen dos personajes, de los cuales uno domina y humilla al otro; es decir, un adulto dominador desprecia a un ser débil (quizás por eso algunos no pueden manejar el miedo en los demás o la tristeza, porque la asocian a ese ser débil con el que se identifican, pero que les aterra reconocer). El adolescente desesperado obedece al impulso de su fantasma inconsciente de humillación, salvo que en su comportamiento desempeña el papel activo del adulto dominador y ya no el pasivo de la víctima humillada. Mientras que el fondo de sí mismo el adolescente se identifica con la víctima humillada, en la vida real y en respuesta a una situación supuestamente ofensiva, se siente amenazado, se rebela bruscamente y asume el rol del dominador (así también actúa en ocasiones el adulto TDAH en sus relaciones de amistad, familiares y de pareja), ya que al rebelarse el sujeto juega su fantasma sin saber que su comportamiento duro está determinado por dicho fantasma.

Para Nasio (2011) ser adulto es vivir sin temor de jugar como un niño y sin vergüenza de mostrarse obediente, ser apto para reconocer las propias imperfecciones y aceptarse tal como se es, estar cómodo consigo mismo y disponible con los otros y haber aprendido a amar al prójimo y a amarse a sí mismo de otra manera que cuando se era un niño (yo añadiría que para un adulto TDAH ser maduro es no tener vergüenza de complacer, comprender que estar disponible para los demás no es humillarse, no es ser servil). El problema del adolescente y del adulto TDAH es que, además de sus dificultades y temores, tienen que soportar la ansiedad de las expectativas de sus seres queridos, y eso los exaspera. Por otro lado el adulto TDAH necesita sentirse reconocido y fortalecido por tal reconocimiento, aunque el precio que tiene que pagar por esto sea amar y dejarse amar.

No todo es negativo al tener una pareja con TDAH, también tanta sensibilidad puede ser benéfica para la pareja; la distracción también puesto que pueden pasar desapercibidos también algunos defectos de la pareja; también pueden ser muy creativos, por su forma distinta de pensar pueden llegar a tener soluciones poco comunes a los problemas; por la búsqueda de estímulos pudieran llegar a ser muy divertidos, aventureros y audaces.

En conclusión, para poder superar los problemas de pareja ocasionados por el trastorno se necesita de la comprensión y aceptación de las personas que rodean al adulto TDAH, pero también implica que éste trabaje con un especialista en salud mental sobre los duelos pendientes de la infancia y posteriormente de la adolescencia y encontrar una interpretación para el síntoma actual, que muy probablemente sea la repetición de un síntoma del pasado. Martha Alicia Chávez (2003) dice respecto de los duelos: todo pasa y esto también pasará, así que con un poco de lucha se pueden superar las pérdidas y tener la oportunidad de llevar una vida plena y feliz, con un buen trabajo es posible que se pueda adquirir un yo maduro.

Es importante la atención de los síntomas desde que aparecen en la infancia o a más tardar en la adolescencia para evitar muchos de los problemas que se dan en la adultez. Es triste ver cómo se va dañando la autoestima de las personas etiquetadas con TDAH y cómo el problema crece y se complica por no haberse brindado la atención a tiempo. Hay que tener cuidado con las prescripciones de medicamentos, estos no solucionan los problemas de raíz: la función paterna, la función materna, los límites, la melancolía, etc. que están implicados muchas veces con el TDAH.

También es importante aprender a comunicarse en pareja, si el hombre y la mujer dialogan y aprenden sobre el TDAH se culparán menos entre ellos, manejarán mejor la frustración y su enojo, tendrán menos decepciones, más soluciones, podrán disfrutar de la relación y la sexualidad, y no caer en la rutina que acaba con las parejas.

NOTAS BIBLIOGRÁFICAS

ALBERONI, F. (2006). *El erotismo*. Barcelona. Gedisa.

AMEN D. (2006). *ADD in Intimate Relationships. A comprehensive guide for couples*. EEUU. Mind Works Press.

BARKLEY, R.; MURPHY, K. y FISHER, M. (2007). *ADHD in adults: what the science says*. United States of America. Guilford Press.

BENITO MORAGA, R. (2008). *Evolución en el Trastorno por déficit de atención e hiperactividad (TDAH) a lo largo de la vida.* Madrid. DRAFT Editores.

CHÁVEZ, M. A. (2003). *Todo pasa... y esto también pasará.* México. Random House Mondadori.

FREUD, S. (2000). "Algunos tipos de carácter dilucidados por el trabajo psicoanalítico", 1916. *Obras completas*, volumen XIV. Buenos Aires. Amorrortu.

HALVERSTADT, J. (1998). *ADD & Romance. Finding Fulfillment in Love, Sex & Relationships.* EEUU. Taylor Trade Publishing.

HALLOWELL, E. M. y RATEY, J. J. (2001). *TDA: controlando la hiperactividad. Cómo superar el déficit de atención con hiperactividad (ADHD) desde la infancia hasta la edad adulta*. Barcelona. Paidós.

LÓPEZ ORTEGA, M. (2011). "Retos en la relación de noviazgo ante el Trastorno por Déficit de Atención con o sin Hiperactividad (TDA/TDAH) de uno de los miembros de la pareja". Comunicación presentada en: *12° Congreso Virtual de Psiquiatría. Interpsiquis 2011.* Psiquiatria.com. Febrero de 2011. Disponible en URL: http://hdl.handle.net/10401/2135. Citado el 28 de febrero de 2011.

MILMANIENE J. (2000). *Extrañas Parejas*. Argentina. Paidós.

NASIO J. D. (2011). *¿Cómo actuar con un adolescente difícil? Consejos para padres y profesionales*. Buenos Aires. Paidós.

La incidencia en la vida de pareja

Estrella Joselevich

> *"¡Oh amigos, cesad esos ásperos cantos! Entonemos más bien otros tanto más agradables y alegres. ¡Alegría, Alegría!".*
>
> Ludwig Van Beethoven.

1 Introducción

Sí, existen parejas con un miembro con TDAH leve y viven su interrelación con afectos, confianza, gratificaciones, en un funcionamiento medianamente adecuado.

Nos produce alegría -y algunas veces sorpresa- comprobar que esto se dé, que sea posible.

En este punto de partida nos referimos básicamente a un TDAH leve que presenta una modalidad más que un trastorno intenso y/o en gente viviendo en un contexto relativamente estable, suficientemente seguro.

Y lo encaramos decididamente así, como un claro mensaje acerca de que es factible llevar una relación funcional con satisfacciones. Estas personas saben que a veces sufren por los efectos que implica tener un TDAH.

* Sostienen el estar unidos con acercamientos placenteros, con diálogos abiertos y en los que puede existir buen humor, nutrición, posibilidades de reconocer al otro y reconocerse a sí mismo en sus actitudes con una notoria vivencia de aquella que "le gusta" y afirma del otro y de sí.
* Valoran aspectos positivos que les pueden atraer como la creatividad, la energía, el ofrecer soluciones, algunas veces la hiperfocalización al atender a algo.

- Registran las frustraciones presentes sin atribuirles significados de descuidos o ataques contra la/él otro/a.
- Notan la irregular aparición de los síntomas pero no suelen tomarlo a título personal.
- Frecuentemente, aunque aparezcan como autocentrados, no lo decodifican como que son egoístas.
- Ni facilitan la sobreprotección ni la dependencia marcada.
- Ambos manifiestan deseos de comprensión mutua y también de colaboración.
- Tratan de no dar ni tomar los fenómenos típicos como excusas detrás de las cuales se escudan.
- Buscan recursos útiles para encaminar las dificultades.
- Saben que se producen tropiezos, frustraciones y buscan que esto no tiña todo el contacto. Arman espacios recreativos, con cierta relajación.
- Pueden detectar "alertas rojas" que disparan las situaciones con incompetencias y déficits.

Por supuesto, en el curso de su evolución o debido a perturbaciones negativas desde el contexto o interiores en un individuo, se puede provocar una mayor frecuencia e intensidad sintomática, lo cual afecta a la relación.

1.1. La importancia del amor

Resaltamos la importancia de la presencia del amor ya que es una dimensión trascendente, da sentido y energiza a la pareja. Esta idea abona la posibilidad del cambio, el crecimiento, la defensa de la unión y, sin embargo, ¡se encuentra ausente en tantos textos de Psicopatología y Psicoterapia! Nosotros nos permitimos subrayar su importancia, como agentes en salud mental.

> "¡Ese podría ser yo! Tantas decisiones tomé sin pensar ni medir ninguna consecuencia (...) y ni hablar de la cantidad de cosas que olvido o pierdo. Es que siempre estoy en movimiento (...) Picaba acá, picaba allá. Por el camino de ir a hacer una cosa, siempre aparece algo de 'atrás de un mate' y 'allá voy'. Dejaba todo sin terminar. Me costó el divorcio, mi mujer no aguantó más. Y perdí a mi familia. Yo no sé si era mi carácter o una enfermedad."

> Ismael, 36 años, peón de montaña de las Sierras de Córdoba (Argentina).

2 ¿Cómo incide el TDAH en la pareja?

Los síntomas del TDAH y todas sus consecuencias secundarias no ocurren en el vacío, "lo padecen personas" en sus devenires.

Los sucesos y los comportamientos pueden parecer semejantes a los de cualquier otra pareja. Sin embargo, la frecuencia, la intensidad, la cronicidad y el hecho de que los síntomas abarquen distintas áreas de la vida conyugal, hacen que las dificultades sean especialmente significativas.

Si bien en una persona con TDAH la sensibilidad, la posibilidad de expresar ideas creativas y el entusiasmo la hacen socialmente atractiva, sus vínculos incluyen sus conflictos: la pobre destreza para la comunicación, las limitaciones con la memoria y la memoria de trabajo, con las transiciones en el campo atencional, las actitudes impulsivas, el olvido de cosas importantes para el prójimo, su insuficiencia para regular las emociones, la presencia de conductas invasivas, limitaciones en el registro de sí y para regular las motivaciones, con un déficit en el manejo del tiempo. Y, tal como decíamos, las aguas se vuelven turbulentas.

2.1. Llegan a la consulta

Cynthia y Matías llegan a la consulta con dudas y cuestionamientos. Están casados desde hace seis años y a pesar de que Matías fue diagnosticado con TDAH, Cynthia no cree en el dictamen psicológico y psiquiátrico, y lo dice: *"Es un vago, un aprovechador, un desatento, desinteresado. Este trastorno es sólo una moda de la que él se beneficia. Me está engañando y se autoengaña. Inicialmente creía que él era altamente energético, con ideas, propuestas de proyectos a desarrollar en conjunto. Pero todo quedaba en el aire, a mitad de camino o en el olvido. Deja todo en desorden, es una gran desorganización, un atropellado. Así perdió dos trabajos. En fin… no le importa de mí, porque a veces sí que presta atención y hace lo que quiere o le interesa mucho. Es a veces sí, a veces no. De golpe decide algo importante solo, sin pensar antes, aunque nos afecte a los dos. Yo me siento mal, harta"*.

Matías efectivamente tiene TDAH. Su inconsistencia para concentrarse es alta, no detecta cuánto o cuándo se desconectó. Sus distracciones son involuntarias. Se está funcionando con alteraciones, en el fluir de la atención, en el cambio del foco y en la continuidad del hilo y, por lo tanto, en las transiciones. La incompetencia es extensa, la impulsividad lo invade.

Cuanto mayor estrés, aburrimiento o tareas difíciles tiene por delante (esto sucede con otros comportamientos típicos del TDAH), sus síntomas se le acentúan. Además de otros signos primarios y secundarios en los cuales no se autorregula a voluntad, este conjunto de factores contribuyen a que se demore más tiempo en completar tareas. Fue necesario un nítido camino con aporte de diversas fuentes de información para que Cynthia aceptase que en Matías no se daba un diagnóstico falso (falso positivo) sino que el diagnóstico era real. Dado que era inteligente y dispuesta a aprender de la "ciencia" ensanchó su panorama para informarse. Ambos compartieron la formación acerca del problema y cómo se expresaba y, con un tratamiento adecuado, lograron también reconocer aspectos positivos y pensamientos creativos que Matías producía y su habilidad para detectar fallas y ofrecer elementos novedosos. Él "aceptó sus problemas" y ella pudo con el tiempo encontrar nuevamente una fuente de gratificación -¡hasta admiración!- hacia él. Este *feedback* sincero fue importante en la evolución positiva de la relación, y, a través de una asistencia multimodal, Matías logró regularse en forma algo más voluntaria.

3 Los oleajes y la calidad de vida

Las expresiones del TDAH se manifiestan en la pareja como oleajes que van y vuelven, por lo general en forma dinámica e infinita. Genera problemas en la cotidianeidad del hogar, en lo económico, en la intimidad sexual o en la comunicación más intima. Como es obvio, el oleaje incide en los vínculos de los cuales forma parte integral. Confluyen como cascadas que van cayendo hacia múltiples niveles.

El golpeteo repetitivo de estos oleajes cotidianos afecta profundamente la calidad de vida, amenazándola seriamente aunque no conforma una patología de las más graves descriptas por la Psiquiatría.

Las consecuencias inciden fuertemente en ambos. Por ejemplo, puede que el paciente sea inquieto o invasivo, que se sienta incómodo ante el reposo y la rutina y precise continuas novedades, estímulos atractivos; y que su pareja desee cierta estabilidad o andares más sosegados, momentos relajados, cierto orden. Aparecerán entonces inevitables tensiones debido a estos estilos contrapuestos. La tendencia a lo estimulante o el deseo de sosiego será "un tema" en la relación. Tendrá que haber negociaciones en el compartir y las adaptaciones internas en el vínculo serán necesarias.

Desde otra mirada, puede construirse un territorio propicio para aprender de la diversidad, ayudando a conservar los canales de comunicación abiertos.

3.1. Las idas y vueltas de la comunicación

Ella trabaja medio día; él nueve horas por día. Están casados desde hace cinco años y no tienen hijos. Cuando él llega la noche, cansado y hambriento, ella dice: "*No pude preparar la comida, ni hacer la cama. Quise hacer el resto de las tareas de la casa, pero me fui enredando. Fui al supermercado, pero me olvidé la lista y no compré leche ni pan. Encima -agrega- me llamaron del trabajo para hacerme preguntas sobre una tarea que debería haber entregado hoy mismo y me quedó sin completar. ¡Me dio vergüenza que tuvieran que llamarme, una vez más! Soy medio inservible a veces*".

Él reacciona molesto, sin embargo cree que su mujer hizo el intento y le propone alguna opción posible, alguna medida práctica. Muestran reconocimiento, honestidad, entre sí. Por ejemplo: a él le cuesta abrir su cariño explícitamente y dice que "*ella por suerte*" lo expresa y "*así yo cambié*".

Ella reconoce su propia modalidad, da cuenta de sus conductas ante él y ante sí misma. El por su parte le ofrece soluciones prácticas, no la agravia, ni le atribuye una intencionalidad negativa ni niega sus propias necesidades. Agrega que cuando él tuvo una enfermedad importante, de la cual se curó, ella estuvo "*híperatenta a mí, me cuidó sin descanso varias semanas. No sé cómo, pero lo hizo. Y eso significó mucho para mí*". Este intercambio incluye el ayudar/ser ayudado. La diada y cada uno confirman sus identidades propias, sostienen su individualidad, pueden sentir flexibilidad en la cercanía. La relación entre ambos puede funcionar, pero como un sistema en el cual sin embargo surgen alertas con sufrimientos y debilidades que justifican una asistencia.

Por cierto, que en otros vínculos se generan otro tipo de mensajes: acusaciones, construcción de creencias equivocadas *"A vos no te importo"*, *"Sos una irresponsable"* o desconfianzas, sospechas de engaños y desgastes. La consecuencia de esto puede ser la depresión del cónyuge, la caída mayor de su autoestima, acentuar, pasiva y disimuladamente, agresiones, como por ejemplo el distanciamiento en las relaciones sexuales, el quitarle al otro dinero a escondidas. Más aún, puede también estar "justificando" el volverse violento, cruel o maltratante.

Además, puede existir en ciertas relaciones una codependencia que se constituye como eje de una disfunción y donde la autonomía es parcial. En nuestra experiencia clínica este es, en general, un acuerdo implícito y está fundado en que A organiza y da apoyo a B, y B sostiene la identidad de A como el sostenedor, "el que sí logra". Esto disminuye el desarrollo de las personas allí incluidas, limitándolos con severidad y convirtiendo las comunicaciones tanto analógicas como digitales en cementadas y mutilantes, cuadro que vuelve imprescindible una asistencia específica. Las constricciones y la mutua dependencia así organizada, sostienen y definen la existencia misma del vínculo, cuyo equilibrio disfuncional rígido puede sufrir quiebros sin un tratamiento adecuado. En estos casos se trata de cambiar la dependencia nociva.

4 La responsabilidad

El entramado dinámico de los comportamientos derivados del TDAH presenta perfiles complicadísimos. Uno de ellos es el de responder por los propios comportamientos ante uno mismo y ante el otro -territorio delicado- en estas relaciones.

Recibe un claro término en inglés: *accountability*, sin una palabra similar o tan clara en castellano. Se refiere a dar cuenta responsable de los actos y comportamientos.

Tema del cual surgen innumerables anécdotas que muestran las consecuencias secundarias, algunas de ellas se llevan de formas constructivas, otras con ciertos ángulos ríspidos y lados que lastiman.

Cada una de las parejas suele encontrar y crear maneras propias para manejarse con ello. Pueden ser abiertas, explícitas, recurrir al humor, al perdón y la reconciliación.

Pueden llevarlo con honestidad, reconociendo lo sucedido, lo cual claramente tiende a disminuir la culpa o vergüenza o los disimulos y es protector de la autoestima.

Podrá surgir como una pequeña referencia: *"Me colgué"* o el dar una explicación: *"no me di cuenta de la hora"*. E incluso con gestos o hechos de pequeña disculpa, por ejemplo una corta nota colocada a la vista. Todo lo cual es igualmente molesto para el otro, frustrante o irritante, pero que generalmente no se interpreta como un comportamiento "*hecho a propósito*" ni "*en contra mío*". Al contrario, al dar cuenta de lo que uno hizo o dejó de hacer, colabora en la afirmación de su unión. El "otro" puede sentirse respetado y se constituye así una construcción relacional de identidad positiva que permite una comunicación abierta en los sentimientos, las necesidades, entre otros datos.

Por supuesto, esto no implica usar el TDAH como excusa ni como escudo pseudoprotector, sino de disponer de flexibilidad en la consideración de los comportamientos.

Si la expectativa con respecto a los comportamientos es ideal o muy elevada, las frustraciones y sentimientos de fracasos aumentarán, ya que no se respetan las incompetencias involucradas.

Probablemente, el miembro con TDAH podrá "fallar" más y eso no significa falta de ética ni de afecto. Es sólo que, aunque quiera, realmente, no siempre puede. El control voluntario de los propios comportamientos no es tan accesible, ni tampoco el detectar el error.

En general podrán presentarse dificultades en la percepción de una secuencia predecible, en el día a día. Ni se predicen bien las respuestas posibles del otro a los comportamientos propios realizados ni tampoco se logra anticipar las respuestas sociales. Y se encuentran con limitaciones para aceptar y ser consecuente con reglas en la práctica, más aún, muchas veces en tenerlas presentes o recordarlas. Por ende, ¿cómo podrá dar cuenta de sus actos responsablemente?

Es posible que un adulto que arrastra desde niño rasgos típicos de TDAH haya recibido en incontables ocasiones y lugares, frases como "*no cumpliste con tu tarea*", "*perdés u olvidás tus materiales*", "*llegás tarde*", "*no escuchás*", "*estás en la luna*", "*interrumpís a cada momento*", "*explotás por cualquier cosa*", este conjunto de mensajes negativos sobre la conducta influye marcadamente. Más aún, unido a una identidad de personalidad negativa, teñida por la vergüenza de los mensajes denigratorios: "*sos un perdedor*", "*contigo no contamos*", "*me das vergüenza con tu irresponsabilidad*", entre otros, que eran dirigidos a la persona en sí misma y vividas como abusos e invasiones desde el exterior.

Su autoimagen está cargada de descalificaciones que continúan vigentes en su interior y su autoestima. Esto conlleva, al escuchar o sentir, reclamos, quejas, ironías desde su pareja, un malestar complicado y hasta insostenible para el individuo; responder con responsabilidad ante tantas demandas conforma casi una imposibilidad.

Unido a la hipersensibilidad típica y a las limitaciones impulsivas para el autocontrol, esto facilita fuertes reacciones, enojos, inundación emocional, rechazos, sufrimiento o un encapsularse. Zona de peligro en el vínculo, con riesgos de un estrés elevado que presiona negativamente y aumenta la incompetencia, arrastrando a divorcios, ataques, infidelidades… y demás.

Vale la pena detenernos en algunos aspectos más resaltantes en determinados consultantes.

Pablo y Ana M. llevan 8 años casados, llegan a la consulta derivados por un psiquiatra que los atendió realizando un diagnóstico diferencial. Al comunicarse con la terapeuta, el psiquiatra comentó que estaba reflexionando acerca del tipo de medicación a indicar. Opina que la señora padece rasgos de personalidad *borderline*, con TDAH comórbido, que el señor es algo obsesivo y controlador, con escasa tolerancia ante los síntomas de ella. La pareja está decidiendo una separación, con litigios importantes.

Ana M., en el momento de la consulta, aparece con una autoestima baja, con altísima vulnerabilidad, *"él me conoció así"* que *"por ahí estaba arriba de una nube"*, o *"perdía cosas"* o *"dejaba sin terminar lo que empezaba"*, *"que me ponía triste fácil"*; *"trato de ordenarme"*, o *"voy a pagar una cuenta pero en el camino veo otro producto que me gusta, lo compro y me quedo sin dinero"*. *"Pablo me ningunea, no me incluye para las decisiones importantes o en algunas reuniones"*. El dar cuenta de los actos no alcanzaba para sostener los aspectos positivos.

Él justifica que a veces la menosprecia porque es muy irresponsable, por ejemplo, debido a ella están con deudas; se olvidó de la reunión del colegio del nene entonces no saben bien qué está pasando. También justifica su ser controlador por los gastos *"que ella hace de golpe"*, llegando a insultarla. Su propia tendencia a la violencia surgía.

"Además tiene como altibajos, su estado de ánimo, ni sé cómo explicarlo". *"O me dice que está depre"*. *"¡Basta, a mí se me va la vida en esto!"*.

En la devolución de la completa evaluación era importante construir un clima de mayor aceptación mutua y de introducir la posibilidad de que se considere un compás de espera antes de proceder a una separación efectiva. Para ello se realizó una entrevista conjunta psiquiatra-psicoterapeuta con ellos dos, acercándoles datos e implicancias secundarias de lo que les sucede. Una vez que aceptaron considerar esto, se trabajó con una asistencia multimodal amplia, aclarando caminos a seguir e implicancias. La atención requirió incluir, a través de entrevistas de pareja, tanto los aspectos ya mencionados como la modalidad de Pablo, que él nunca antes había revisado.

Es importante distinguir que, sin embargo, en ciertas oportunidades, la responsabilidad junto con un dejar para después, ¡hasta puede facilitar un espacio para pensar antes de actuar evaluando posibles consecuencias de los actos!

5 Y así, llegamos a la procastinación

La procastinación crónica conforma un problema serio, destructivo, pues conlleva "después lo completo" y el "no ponerse a lo que tiene que hacer". Dado que estas personas con baja activación, ante determinadas circunstancias del medio (presión, por ejemplo) o internas (alto interés, por ejemplo) o crisis, la atribución de significado de estos comportamientos por parte del otro miembro de la pareja o del propio individuo suele ser altamente negativo. Estos pueden estar sin activarse, "como sin pilas" tal el dicho de Margarita a su esposo, y repentinamente se ponen activos. Este "a veces sí, a veces no" confunde y perturba, más aún si no se sabe que esto se produce de manera variable y situacional.

Tomás, con dificultades en su pareja por sus olvidos, impuntualidades, sobre todo, según palabras de Viviana, por *"su dejar para después"* tareas a las que se compromete y/o dejarlas incompletas, por no escucharla realmente, por sus decisiones sin medir las consecuencias y porque *"por cualquier cosita salta"* y explota, *"se frustra enseguida y siempre las cosas tienen que ser como o lo que él quiere"*; *"Todo lo que no está en su zona de interés lo atrasa, no lo empieza siquiera"*; *"Ya estoy amargada, con el montón de veces que deja sin hacer…"*; *"O si es algo un tanto difícil o aburrido para él, posterga y posterga"*; *"Y, claro, cuando a él algo le atrae o es algo nuevo, sí se pone y entonces tal vez uno le hable y está tan metido en eso que ni escucha"*. El propio Tomás, aceptando que todo ello sucede, dice *"no lo hago a propósito"*; *"La quiero mucho pero…"* los malos entendidos aumentaban, los reclamos pasaban a acusaciones, las fallas en la comunicación notorias, la incomprensión acentuada, las amenazas creaban nubarrones oscuros.

6 Nos acercamos a los círculos viciosos

En repetidas oportunidades articulan círculos viciosos en los cuales, más allá de los contenidos específicos, los mecanismos se disparan en conflictivas y desgastantes disfunciones. Los efectos acumulativos de estos ciclos resultan en mayores sufrimientos y generalmente contribuyen a generar o reforzar una identidad relacional negativa, y circuitos negativos que se vuelven repetitivos y autoperpetuantes. De forma tal que la necesidad de desarrollar un acuerdo para realizar alguna tarea, inclusive la mera idea de ello, ya se convierte en un estímulo disparador. Y se produce un punto de partida en el cual la persona que no tiene TDAH anticipa y predice: *"él no lo va a hacer"*, *"es inútil pedirle algo"*, *"no confío"*. Se instala una modalidad nociva que tiende a rigidificarse y teñir múltiples situaciones, más allá de aquellas iniciales que las establecieron. Constituyen mecanismos peligrosos en el día a día y deben ser encarados a través de todo el proceso asistencial, más allá de los variadísimos contenidos. Sobre todo, cuando la sintomatología del TDAH es intensa y frecuente, y sin reconocer la presencia de dicho trastorno, el sistema que conforma el vínculo puede construirse como una rueda que gira sobre sí misma.

Con la evolución se agregan demandas sobre los miembros de la pareja, ya sean previstos o imprevisibles y en diferentes épocas. Y cuando las personas no diluyen o disminuyen estos ciclos, corren el riesgo de aumentar su preponderancia ya que se articulan con límites cerrados, sin aperturas hacia el corregir.

Así, Julio, es un ejemplo simple de acuerdo con su esposa; Marina queda en ocuparse de arreglar una canilla que gotea, lo cual él sabe realizar aunque no le gusta ni le interesa. Y esto es lo que sucedió en la práctica, expresado en un esquema rudimentario:

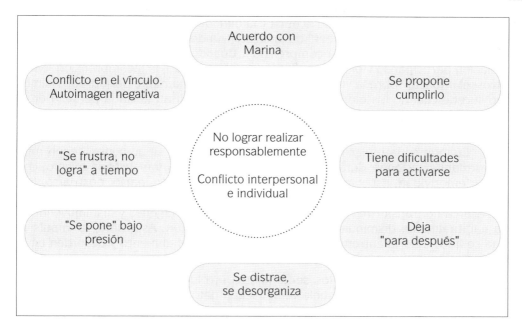

Además, recordemos nuevamente datos de peso fuerte como son la existencia de otros cuadros psicopatológicos que pueden estar presentes complicando enormemente la relación y que podrán cristalizar más aún estos ciclos.

7 Y siempre la vulnerabilidad

Escuchamos innumerables declaraciones durante los procesos asistenciales con revelaciones contundentes acerca del fenómeno de la vulnerabilidad. Tanto, que la Dimensión Vulnerabilidad en dichos adultos conforma una zona amplia dadas las vivencias de incompetencias, debilidades, déficits, en la vida de la interrelación. Es de recordar que el individuo con TDAH suele ser hipersensible, la vulnerabilidad estará también en directa relación con ello y con la intensidad de los sentimientos positivos y los sufrimientos y conflictos amontonados desde la infancia. Así, participan factores tales como:

- La visión de la propia persona acerca de sus desempeños y caminos.
- Recursos y fortalezas del sujeto, y el tipo e intensidad del TDAH que padece.
- Las actitudes y opiniones del medio hacia ella, tanto aquellas agradables y fortalecedoras, como las descalificatorias, inestables y hasta caóticas.
- Otros elementos que, desde el contexto, influyan decididamente.

La explicitación de la vulnerabilidad en la relación, despliega un panorama accesible a la franqueza sobre ello, a explorar las maneras en que se da y a registrar matices que esto puede desplegar. Conlleva un mayor riesgo de fragilidad en la personalidad, que si está adecuadamente manejado a través de la evolución, puede abrir a senderos de la ética y la dignidad, con valentía. De forma que, en el vínculo amoroso, el "saber" de la existencia de la vulnerabilidad, y si existe capacidad de respeto, agrega comprensión. Cuando, por el contrario, en la interrelación participan la violencia, el desapego, la crueldad, la incomprensión -entre otros- el impacto sobre la vulnerabilidad se vuelve sumamente perjudicial. Asimismo sucede cuando los mensajes denigratorios se realizan hacia la persona en sí misma (ejemplo: "*sos un desastre*", "*en vos no se puede confiar*") más que a sus conductas. Esto deja huellas profundas y arma espirales de derrota y bochorno.

Cuando es la mujer la que posee TDA, todo esto se aumenta, según múltiples manifestaciones, durante el periodo premenstrual y menstrual mismo, con mayor emotividad, así como durante embarazos, preparto, parto, postparto, lactancia, etc. El sufrimiento parece ser más perdurable envolviendo fantasías diversas acerca de transformaciones corporales, temores, imágenes y disminuyendo la ya habitualmente disminuida tolerancia a la frustración. Asimismo, la impulsividad se hace notoria entremezclada, por ejemplo, en el aumento y desorden en la alimentación.

La perdurabilidad de los sentimientos involucrados en la vulnerabilidad, suele ser significativa, como suele verse (según datos en la clínica psicoterapéutica) más marcado en algunas depresiones postparto en mujeres con TDA.

El área de la intimidad resulta imbuida por la vulnerabilidad, en toda circunstancia, y se presenta como una vía regia por la cual transcurre el sentimiento de vulnerabilidad. Y allí, sin duda, la sexualidad ocupa un lugar preponderante y fundamental. Por ende, insistimos en que la dimensión vulnerabilidad es trascendente. Este sentir resulta entonces resonante para ambos en el vínculo y estará muy unido a la afirmación de la autoestima.

Al ser este un trastorno fundacional que debilita, la vulnerabilidad que conlleva eleva substancialmente el riesgo de que esté expuesta a sufrir otros trastornos comórbidos. La patología simultánea es más complicada y siempre será imprescindible un exhaustivo diagnóstico diferencial.

Así, se asistirá lo que corresponda sin cometer el error de que en dicha asistencia se atienda a lo que no es el real problema y se deje sin atención al problema.

8 En la afirmación y la autoestima

Es tan profundo el efecto fortalecedor de una buena afirmación, que conforma una dimensión clave para un adecuado andar, proveyendo el anclaje de una identidad positiva con cimiento potente para poder manejar las consecuencias secundarias negativas de un TDAH desde los vectores graduables entre cercanía/distancia, dependencia/independencia y dar cuenta de los hechos ante sí/ante el otro, factores ya mencionados.

Para la afirmación mutua es importante saber revisar y encontrar distintas formas de relacionarse tanto en la intercomunicación analógica como en la digital, frente a las circunstancias que típicamente les traen dificultades. Así, la fluidez en este devenir articulará hábitos a favor de la seguridad y la confianza. No olvidemos: ambos sufren, aunque de forma diferente.

Pueden llegar a novedosos decisiones para iniciar sendas confirmatorias, concretándolas en el día a día.

La afirmación es tanto al otro como a sí mismo, cuando la circunstancia lo amerita y se da por variadas vías:

- Palabras: ¡bien!, ¡lindo!, ¡fenómeno!
- Frases: "*¡me gustó lo que hiciste!*", "*¡qué suerte que avanzaste con eso!*" "*¡me hizo sentir bien que pagaste la factura!*", "*¡seguramente vas a poder!*", "*¡me resultó útil a mi también el gráfico que hiciste!*"
- Gestos: sonrisa - guiño - un beso - palmear suavemente la espalda - una felicitación
- Actitudes corporales: acercarse sin invadir, señales de "¡hurra!", mirarlo de vez en cuando.
- Respeto por la decisión del otro al hacerse cargo de algo.
- Dejarle un pequeño regalito por una conducta específica.
- Poder recibir los acercamientos del otro.
- Otorgarse independencia y cercanía y otorgársela al otro desde la mutua dignidad.

Por supuesto los tonos, miradas, gestos, posturas del emisor de dichos mensajes deben ser armónicos con el contenido positivo. Las contradicciones, con ironías, burlas, gestos negativos, gestos de duda, entre otros, sólo empeo-.rarán el vínculo.

El estímulo al desempeño independiente es valioso, aún si se sabe que será paso a paso, que habrá tropiezos y variabilidad, y reconociendo ciertas limitaciones. El fortalecimiento será gradual, y es fundamental conservar un estado de ánimo positivo hacia los recursos factibles, ¡elogiando los logros!

Cuando un recurso no dé buenos resultados, es útil ubicar y elegir otros y no insistir tercamente. Es posible elegir y diseñar lo que mejor "les calce" y ayude a mejorar. ¡Inventar los propios resulta valioso!

El camino hacia una buena identidad requiere perseverancia, acompañamientos, motivación, humildad y validaciones "pequeñas" concretas, resaltando lo positivo, y generalmente una psicoterapia especializada para revisar las lastimaduras al *self*, "al carozo del sí mismo" y a la relación.

En relaciones marcadamente disfuncionales, en individuos con conflictos profundos y trastornos simultáneos, se necesitará sin duda una asistencia prolongada que incluya un trabajo interdisciplinario.

Unidos desde hace ocho años y con dos hijos, llegan a una consulta cansados por sus problemas acumulados, sus desencuentros para llevar adelante su hogar con cierto orden y actualmente ansiosos y por momentos deprimidos. Él era divorciado, este era su segundo casamiento.

Ambos son creativos, él es escritor generando producciones originales en publicaciones con críticas favorables, ella pinta y ha realizado instalaciones artísticas en galerías de arte y museos. Por otra parte él es deportista y, según ella, le atrae lo que tiene excitación, riesgo y lo que le es novedoso.

Están muy comprometidos con sus actividades, sumamente atractivas para ellos. Han adquirido una importante capacitación "porque nos gustaba tanto lo que hacíamos" y "es cierto que logramos completarlos con ayuda de nuestras familias en todo", "cuando nos ponemos cada uno en su trabajo, nada nos distrae, nos concentramos totalmente", "las nenas se quejan de que no les prestamos atención, ni siquiera las escuchamos en esos momentos, y es verdad", "por suerte tenemos además empleada doméstica todo el día, si no sería un lío tremendo con las nenas, la casa, todo".

Esta dedicación intensa cuando realizan sus trabajos es lo que les permite completar sus obras "*esto*", agrega ella, y "*que siempre como nos ponen fechas límites para entregar las distintas obras, tenemos que ponernos y terminarlos. Si no, quedan por ahí o sin terminarse*". "*La casa está siempre desorganizada, salvo que mi madre venga y ordene*", "*alguna vez hasta nos recuerdan los cumpleaños de las nenas, somos terribles…*", "*y, todo lo que perdemos por el desorden con el dinero, olvido de objetos o por ejemplo: ¡hasta dejamos sin pagar el seguro del auto y cuando él tuvo un choque, no hubo cobertura vigente!*".

Al principio de la relación se manifestaban atraídos físicamente y por esa "fuente de creatividad", búsqueda de lo estimulante, detección de amplios panoramas, sensibilidad y una combinación de la energía de él con la "mayor tranquilidad" y posibilidad de "elevarse" de la realidad concreta que por momentos mostraba ella. Ambos habían sido diagnosticados con TDAH en años anteriores, aunque no recordaban el año de ello.

Dicen amarse y pedir la consulta por pedido insistente de ella que está agobiada por sus propios rasgos y los de él, preocupada por el futuro de ellos como padres. Había enfermado uno de los padres de ellos, lo cual implicaba mayor responsabilidad a asumir y una disminución de la ayuda cotidiana que recibían.

La desorganización aumentaba, así como la impulsiva toma de decisiones, la procastinación, "somos cada vez más incompetentes en tantas cosas", se lamentaba María como haciendo alusión a una indefensión aumentada en la evolución.

"*Estamos yendo a una calle sin salida. Hace rato (años) sabíamos que ambos tenemos TDAH, y por fin nos decidimos a pedir entrevista*"; si bien fueron diagnosticados en aquella oportunidad, no dieron espacio a sopesar las incidencias en su disminución de calidad de vida. Se encaminaron a partir de aquí con una asistencia multimodal. En el momento de la consulta se encontraban en "alerta roja". Necesitaban en este sentido una nueva visión sobre el vínculo, sus características, riquezas, limitaciones.

La asistencia psicológica abarcó diversos aspectos de los cuales señalamos algunos:

- Clara información acerca de lo que pasaba con referencia a las consecuencias secundarias. Psicoeducación. Ofrecimiento de fuentes de información pertinentes a su estilo, interés y posibilidad de motivaciones efectivas: recursos con interés creativo-artístico.
- *Coaching*.
- Psicoterapia especializada de parejas y familias.
- Elección de técnicas específicas para la organización: lista clara, nítida, ubicada en lugares visibles. Timbres en determinados horarios, en particular para compartir con las nenas. Producción instalaciones-señales para el orden. Ej.: estatuas con ganchos coloridos, títere manejable para "señalar una tarea a realizar" "señal tarea realizada", colocación de perchas distintivas y llamativas para colgar cada objeto "en su lugar".
- Armar agendas.
- Acordar turnos acotados.
- Chequeo diario del desempeño.

En la comunicación:

- Dar afirmación positiva a comportamientos bien hechos, en forma continua, cercana.

Recordar día por día:

- La tolerancia a los errores.
- La variable aparición de los síntomas.
- La hipersensibilidad.
- La necesidad de fortalecer la autoestima.
- La estima mutua.

9 Decidiendo caminos asistenciales

La decisión asistencial es compleja por lo cual es fundamental estar atento a las consideraciones acerca del camino más útil. El TDAH no constituye un síndrome relacionado con una causa o base unívoca y al cual se le pueda dar una solución específica preponderante única. Para los equipos asistenciales y para aquellos que padecen sus efectos, se suelen plantear interrogantes que tejen en diversas oportunidades preguntas abiertas y dudas.

La mirada sobre las variables en juego requiere ir estableciendo distinciones en ese amplio espectro, sus variantes y especificidades, despejando dudas diagnósticas.

La actitud profesional requerirá de alta empatía para captar la conflictiva y los recursos potenciales desde un abanico reflexivo sumamente cuidadoso. "*Lo simple acá no suele encontrarse*", como podría ejemplificarse con Josefina y Carlos y sus sufrimientos.

La identidad negativa de sí se asentaba para ella en la vida de pareja a través del cúmulo de frustraciones o bajos logros que percibe de sí misma, en sus demostraciones pobres de afecto o sus comportamientos poco responsables e impulsivos tanto en el lenguaje hablado como en la acción en los hechos cotidianos. Se resentía consigo misma por sus bajos desempeños y se fue tornando más enojada. Además, sus autoacusaciones eran mayores de lo que Carlos la acusaba, se avergonzaba, se veía disminuida. Esto la fue acercando a sentir celos, a creer que él seguramente preferiría a otra mujer "mejor" que ella misma, aunque no es que tuviera indicios reales. Ella "fallaba" y no estaba a la altura de sus propias expectativas.

Carlos era "de aguantar", según ambos opinaban, pero estaba confuso, cansado y no veía salida a la relación.

Con la evaluación diagnóstica resultaron asombrados, casi shockeados por la sorpresa de lo que iban enterándose. Ella fue diagnosticada con TDA cuya existencia como trastorno les era completamente ignorada, simultánea a una depresión reactiva.

Aceptaron una asistencia multimodal de la cual señalaremos acá un aspecto parcial como ejemplificación de uno de los varios objetivos de la psicoterapia especializada.

Se rastrearon algunos datos de la historia de vida (además de lo revisado durante el diagnóstico previo) y en el caso de Josefina, surgieron un sinnúmero de mensajes descalificatorios desde sus padres, hermanos, compañeros, docentes. "Creo que siempre me sentí que no llegaba a lograr lo que hacía falta", "era insuficiente".

Por el lado de Carlos surgieron aspectos de una ideología en la cual "ayudar al otro" es fundamental. De joven había cuidado a su madre enferma durante tres años, hasta su cura.

Él se veía a sí mismo en la pareja lejos de poder realizar eso en forma eficaz y entonces estaba "fuera de lugar" en su propio mandato. "Pero nunca me había dado cuenta de esto"

Durante las entrevistas se trabajó con la imagen de sí de cada uno de ellos y en la interrelación, ampliando la comunicación entre ellos. En esta fase de la terapia se abordó este tema a través de diálogos y de recursos psicodramáticos para alcanzar vivencias claras y fuertes de sus propias emociones. La contención cuidadosa de estos pasos facilitó el reconocer de distinta manera al otro y a sí. Tal fue el que Josefina le contase sobre sus fantasías y temores celosos, en directa correlación con su "ser insuficiente" y que Carlos expresase su amor de forma "más abierta".

En la siguiente fase se comenzaron a incluir recursos de terapia cognitivo-conductual para alcanzar paulatinamente y fortalecer la utilización de técnicas.

Josefina y Carlos clarificaron también en dicho proceso cuáles eran los síntomas existentes y sus consecuencias secundarias, entendiendo que no eran fácilmente regulables a voluntad. Ajustaron sus expectativas con criterios realistas y graduados. Revisaron los deseos y habilidades que quedaban subsumidos por los fracasos, para dedicarse a elegir algunos y detectar formas accesibles de desarrollarlos. Ella consiguió distinguir su "tener TDA y sus consecuencias" de su persona total.

Josefina pidió mantener entrevistas con su familia de origen y Carlos luego también. Constituyeron experiencias potentes ya que en un principio ambas familias dudaban tanto del diagnóstico como de las posibilidades de algún cambio.

Esto ¡por suerte! resultó útil, comenzando por una nueva aceptación, luego por establecer una diferencia en los significados que atribuían a los distintos signos. Además se trabajó para que todos ellos no se sujetasen al equilibrio homeostático disfuncional frenando lo nuevo -punto al que conviene que los profesionales estén alerta-, y algunos de ellos hasta luego colaboraron apoyando comportamientos positivos.

Cuando existe este freno a lo nuevo en la psicoterapia, puede bloquear el proceso, por lo que detiene el cambio favorable.

Es útil insistir en el valor de la afirmación clara a los signos nuevos, mejores y concretos. La autoestima tan lastimada construida en las interrelaciones a través de años necesita sucesos altamente potentes a favor para ir hacia una identidad más afirmada y positiva, de un "ser insuficiente" a un "ser adecuado".

Así, con Carlos se redefinió el mandato de "ayudar al otro", otorgándole flexibilidad, con una "lente" para focalizar a Josefina en sus necesidades, deseos y circunstancias y no aplicar el mandato indiscriminadamente, invadiendo con un cierto abuso no conciente. Él se sintió "valioso en sí" y sin que le fuese imprescindible ser dependiente de su mandato.

Josefina decidió colocar en el espejo del baño una fotografía en que ella sonreía, y cuando realizaba algo que quería hacer, miraba dicha foto, para sonreírse a sí misma, recurso que utilizó durante 3 meses. "Veía mi logro".

Con el tiempo, y con una psicoterapia prolongada -dos años- a Josefina le fueron disminuyendo la medicación en su tratamiento, y se espaciaron las entrevistas de pareja.

Estos han sido solo recortes sobre la asistencia de esta pareja.

En los procesos vitales para las personas con TDAH la hipersensibilidad y la dificultad para la autorregulación emocional juegan un papel preponderante.

Así, esto es claramente visible en muchos vínculos en los que el autocontrol afectivo es deficitario, la persona "salta" impulsivamente o se rigidifica encapsulando las emociones, tal vez facilitando indirectamente tensiones y sintomatologías psicosomáticas.

En el interjuego relacional los oleajes móviles de ello impactarán crónicamente, y en la interioridad individual también.

Combinando con influencias medioambientales diversas: culturales, socioeconómicas, familiares, crisis inesperadas o esperables, etc., los déficits en la regulación afectiva inciden cotidianamente.

Resulta imprescindible tomar en consideración este panorama que puede ser debilitante, en especial con los síntomas específicos que en estos cuadros son de aparición variable y con dependencia situacional.

Patricia y León, de 35 y 38 años, viven en una ciudad alejada de Buenos Aires, adonde viajan para las consultas.

Presentan una dinámica de opuestos entre víctima (ella) y victimario (él), centralizado en que él es algo explosivo, con cambios de humor, ha tenido accidentes con auto, quemaduras al volcarse agua hirviendo "por apurado", siente un motor encendido adentro y "se impacienta fácil y me habla muy mal".

Ella se siente víctima de la situación ya que además él "*salta fácil enojado por pavadas, nunca reconoce sus olvidos, llegadas tarde o cuando pierde papeles importantes*", "*primero tuvo la quiebra en el negocio que heredó, después lo echaron de tres trabajos porque desordena lo que tiene que hacer y por discutir con compañeros*", "*a veces ni recuerda qué materiales necesita para trabajar y se hace el que no le importa*", "*tampoco me agradece cómo yo cubro tareas de él en casa, como que ni se da cuenta, no se fija en mí*", "*él es, lo que él quiere, cuando quiere, ni soporta frustrarse ni aburrirse y ¡ya! Saltó a otra cosa*", "*o si no hay que enojarse y así, a último momento, se pone y lo hace: como un chico*", "*o empieza muchas cosas y las así*", "*siempre de aquí para allá, inquieto, y si le digo algo, se molesta mucho*", "*se arrebata, interrumpe, usa tonos feos y fuertes*".

Al borde de una separación decidieron "darse una nueva oportunidad", luego de conocido el diagnóstico de TDAH en él. Él fue el que más insistió en esta dirección, subrayando su amor por ella, y reconociendo que "*esas cosas me pasaron siempre, es verdad*" y "*no lo hago a propósito, me pasa*". Ella aceptó, creyendo en sus palabras y con la comprensión de lo que iluminaba todo el diagnóstico. Estaban ambos sumamente impresionados por la vastedad de momentos y maneras en que esto influía. Se mostraron temerosos y asustados, dado este trastorno fuerte. Decidieron con su psiquiatra el camino de una asistencia multimodal en la cual, en un principio, él fue medicado.

A todo este proceso contribuyó su fuerte creencia religiosa, su fe, y la influyente actitud del cura de su iglesia, quién acompañó e impulsó este camino. Con explícita autorización por parte de ellos tanto al cura como a la psicoterapeuta, existió una fluida comunicación entre estos dos, lo cual fortaleció el ánimo positivo hacia el cambio y facilitó en ellos, al decir de Carlos, el poder "*separar la hierba buena de la maleza*".

Ella pudo sentirse algo más autónoma en su límite propio, sin que, envuelta en los comportamientos de él, esto "*me lleve*" -con bordes propios más indefinidos- a cubrir la falla de logros de él y a tolerar algunas de sus explosiones emocionales sin protegerse mejor. Comenzó a sentirse más fuerte "*con más derechos al buen trato*".

Él también incorporó posibilidades de una mejor "elección a voluntad" en sus reacciones impulsivas, decidiendo con cierta reflexión antes de pasar al acto, disminuyendo paulatinamente sus hiperreacciones.

Sin explayarnos en la descripción más completa y retomando ciertas consideraciones acerca del formato de la psicoterapia realizada, resaltaremos la atención en red entre sistemas involucrados.

El religioso, Padre Miguel, y la terapeuta a cargo, además por supuesto de ambos, Patricia y León, conocían y compartían el paso a paso de las intervenciones, tanto psicoeducacionales como estrictamente psicoterapéuticas (respetando datos pertinentes a la confidencialidad profesional).

Patricia y León estaban conformes y contenidos con esto, incluidas las presencias conjuntas de los cuatro en dos entrevistas en que el Padre Miguel viajó a Buenos Aires. A posteriori de toda la etapa asistencial, propiamente dicha, con la secuencia de entrevistas necesarias, ellos continuaron solicitando algunas entrevistas esporádicas para tratar temas puntuales. Como bien expresó el religioso *"esta gente tiene amor, auténticos deseos de mantener la pareja, y son buenas personas"*. El trabajo conjunto aumentó confianza en el proceso y en cada uno de ellos dos, agregando más esperanza en el andar con modificaciones. Se trataba de dos personas con cariño y posibilidades interiores, cuyas creencias se armonizaban con estas circunstancias.

Se plantea así una interesante frontera a pensar con extremo cuidado profesional: ¿qué instancias o personas del medio propio de los consultantes aún más allá de la familia, puede ser útil incluir en las comunicaciones y/o entrevistas, en qué situaciones, cómo y para qué? Es fundamental el resguardo de la dignidad de los consultantes y su protección, en cuanto a la confidencialidad y otros ítems.

Nuestra posición protege a los consultantes en variados puntos, uno de ellos en el de no caer en "modas" que rotulan rápidamente "regalando" falsos diagnósticos, ni tampoco ignorando el daño potencial al no reconocer dicho trastorno. Resulta trascendente el evitar la sobresimplificación en esta multifacética tarea.

Otro punto es el de evaluar las propias habilidades del terapeuta a cargo. El terapeuta sólo puede incluir tanto perspectivas como actitudes clínicas en las que esté realmente capacitado para manejarse profesionalmente. Todos tenemos limitaciones con respecto a aquellas situaciones con las que podemos trabajar. En especial, recordando que se trata de personas que arrastran tal vez muchos años de fracasos o bajos logros y sufrimientos, debe poder introducir formatos clínicos y técnicas asegurando una continuidad en ellos. Asimismo, debe estar experimentando en la comprensión de estos consultantes y sus circunstancias, para captar, diferenciar y poder asistir en la práctica clínica a numerosas cuestiones. Tales serían, por ejemplo, actitudes en la regulación del tiempo, impuntualidades, confusión de fechas de entrevistas, ausencias diversas, interrupciones por el surgimiento de alternativas novedosas, distracciones, hipersensibilidades e hiperreacciones, alteraciones en el acuerdo económico, pérdida de objetos pertinentes a las entrevistas, entre otras. Alertas a diversas circunstancias que pueden constituir ciertos peligros al proceso, como serían las ventajas que obtendrían de sostener la relación así disfuncional, la impotencia/desilusión adquirida ante eventuales fracasos asistenciales previos, son otros ejemplos.

Dentro de la tarea, el ir otorgando validación y autonomía progresiva es también un factor relevante. El panorama que hemos delineado sólo alcanza a considerar parcialmente la temática de este capítulo. Nos es claro que la vastedad de las implicancias de este trastorno exceden a esta presentación.

Así como los intercambios transdisciplinarios internacionales, los aportes y modificaciones en el DSMV, entre otros, resultarán fundamentales mapeos y redefiniciones fructíferas y trascendentes.

Su pareja	Nunca	A veces	Casi siempre	Siempre
¿Opina que usted toma decisiones sin pensar?				
¿Le dice que usted actúa con demasiada rapidez o sin haber reflexionado?				
¿Opina que usted no le presta atención cuando él/ella le habla? ¿Qué no lo/la escucha?				
¿Va "detrás de usted" corrigiendo errores que le echa en cara?				
¿Le pregunta, "ya te colgaste de una nube"?				
¿Se molesta porque usted no cumple con lo que dice que va a hacer?				
¿Le dice que usted no recuerda dónde puso los objetos?				
¿Le dice que a cada rato se voló a la luna?				
¿Opina que a veces estás tirado como una bolsa de papas y no se pone a hacer?				
¿Opina que usted pierde el tiempo?				
¿Cree que a usted no le gusta reconocer que estuvo equivocado/a?				
¿Cree que usted es demasiado sensible?				
¿Lo acusa de que usted no lo/la escucha?				
¿Opina que usted habla mucho?				
¿Le recrimina que usted lo/la interrumpe cuando está hablando?				
¿Le dice que usted se olvida de llevar a cabo algo que se comprometió a hacer?				
¿Se siente sola porque dice que usted se enfrasca totalmente en algunas actividades?				

Su pareja	Nunca	A veces	Casi siempre	Siempre
¿Opina que usted muchas veces discute?				
¿Le dice que usted siempre necesita tener razón?				
¿Lo/la rechaza porque usted discute en su presencia con otros?				
¿Cree que a veces no se lo puede tocar? ¿O se retrae de golpe?				
¿"Se cierra" con usted por estas cosas?				
¿Le dice "Sí, grandes ideas, pero las empezáis y después ahí quedan, sin terminar?				
¿Le dice que está cansado/a de su desorganización?				
¿Le dice que está cansado/a de su irresponsabilidad?				
¿Le dice que usted es de llanto demasiado fácil?				
¿Opina que usted hace cosas sin medir las consecuencias de sus actos?				
¿Le dice que se pone mal porque usted se olvida de las fechas (aniversarios, etc.)?				
¿Le reclama porque deja las cosas para después, "para último momento"?				
¿Se enoja?				
¿Toma distancia?				
¿Le dice que usted pierde el control?				
¿Le dice que usted dice cualquier cosa que se le ocurre sin tener en cuenta la situación ni los sentimientos del otro?				
¿Le dice que lo/la quiere pero que no aguanta lo que hace, su comportamiento?				
¿Le dice que usted no tolera una frustración?				
¿De golpe parece que "te fuiste" "no estás ahí"?				
¿Opina que usted es impaciente?				

Su pareja	Nunca	A veces	Casi siempre	Siempre
¿Le dice que usted establece sus propias reglas?				
¿Se da cuenta de que usted se frustra y de que se siente mal al no poder llevar adelante sus proyectos?				
¿Prefiere no contarle algo personal porque cree que usted no lo/la escucha?				
¿Compensa alguna cosa que usted no logra hacer?				
¿Lo/la sobreprotege a usted?				

Tabla 1.
Cuestionario para ser respondido por la persona con TDAH.

9.1. Cómo responder al cuestionario

Si usted o su pareja tienen TDAH y le interesa detectar alguno de los fenómenos que tal vez se están produciendo en su vínculo, le aconsejamos entonces que lea detenidamente cada pregunta y la responda. Básicamente está dirigido a la persona que sí tiene TDAH y su impresión sobre las actitudes que nota en el otro cónyuge hacia sí.

Sugerimos que durante la lectura del cuestionario y la posterior consignación de las respuestas correspondientes no mantenga una conversación con su pareja. Es preferible no responder una pregunta que responderla influido por la opinión de otro. Luego, si lo desean, podrán comentar las respuestas.

Si este cuestionario lo afecta, si cree que las actitudes y los sentimientos que allí se sondean son significativos en su vida, es posible que descubra el beneficio que representa la detección y el tratamiento del TDAH en adultos para encauzar con menos sufrimiento su relación de pareja.

NOTAS BIBLIOGRÁFICAS

ARANCE MALDONADO, J. A. (2013). *Trastorno por déficit de atención/hiperactividad: del tipo inatento al tipo restrictivo en el DSM - 5 - 2013.*

ARANCE MALDONADO, J. A. *Diez ventajas de ser hiperactivo* en http://tdahenadultos.blogspot.com/2012/01/diez-ventajas-de-ser-hiperactivo.html

BARKLEY, R. (2010). *ADHD: Executive Functioning, Life Course Outcomes & Man-agement with R. Barkley.* Wisconsin. Pesi Publishing & Media.

BARKLEY, R. (2010). *Optimizing ADHD Treatment: Impact of Co-Ocurring Disorders LMI*. Premier Education Solutions. www.pesi.com

BARKLEY, R. (2010). *Talking Charge of Adult ADHD*. New York. The Guilford Press.

BARKLEY, R. (2011). "A New look at ADHD: Treatment for Multiple Mental Health Disorders for Emotional Regulation". En BARKLEY, R. *Premier Education Solutions*.

BARKLEY, R. (2011). *TDAH no es un Don*. Canadá. www.fundacioncadah.org

BARKLEY, R. (2011). *TDAH Tipo adquirido*. Canadá. www.fundacioncadah. org.

BARKLEY, R. (2013). *ADHD in Adults: Diagnosis, Impairments, and Management with R. Barkley* - www.pesi.com.

BROWN, R. y GERBARG, P. (2012). *Non Drug Treatments for ADHD*. New York. 500 Fifth Ave.

BROWN, T. (2005). *Attention Deficit Disorder* - New Haven & London. Yale University Press Health & Wellness. New York. Psychology Press. Taylor & Francis Group.

BROWN, T. (2013). *New Understanding of ADHD in Children & Adults: Executive Function Impairments*. New York. Routledge.

BROWN, T. y SURMAN, C. (2009). *Addressing the Complexities of ADHD in Adults: An Expert Interview*. New York. Medscape Psychiatry.

BROWN, T.; REICHEL, P. y QUINLAN, D. (2009). "Executive Function Impairments in High IQ Adults with ADHD". *Journal of Attention Disorders*. Vol. XX. Number X. Yale University School of Medicine.

BURGE, M. (2012). *The ADD Myth*. San Francisco. California. Conari Press.

DSM-V. (2013). *Qué modificaciones nos esperan*. UNED. Portal.uned.es/pis/portal.

GOLDSTEIN, S.; MAGLIERI, J. y DE VRIES, M. (2011). *Learning & Attention Disorders in Adolescence & Adulthood: Assessment & Treatment*. 2 edición. Wiley. National Mental Health Resource Center.

JOSELEVICH, E. (2000). *Síndrome de Deficit de Atención con o sin Hiperactividad A.D./H.D.* Argentina. Paidós.

JOSELEVICH, E. (2004). *¿Soy un adulto con AD/HD? Comprensión y estrategias para la vida cotidiana*. Argentina. Paidós.

JOSELEVICH, E. (2008). *AD/HD Síndrome de déficit de atención con o sin hi-peractividad. Qué es, qué hacer. Recomendaciones para padres y docentes*. Argentina. Paidós.

KESSLER, Z. (2013). *ADHD According to Zoe: The Real Deal on Relationships. Finding your Focus & Finding your key*. Oakland. New Harbinger Publications.

ORLOV, M. (2010). *The ADHD Effect on Marriage*. Florida, EEUU. Specialty Press, Inc. Plantation.

PLISZKA, S. (2011). *Treating ADHD & Comorbid Disorders*. EEUU. The Guilford Press.

RAMOS QUIROGA, J. A.; CHALITA, P. J.; VIDAL, R.; BOSCH, R.; PALOMAR, G.; PRATS, L. y CASAS, M. (2012). "Diagnostico y tratamiento del trastorno por déficit de atención/hiperactividad en adultos" - www.neurologia.com *Rev. Neurol*, 54 (Supl 1). S105-S115

RATEY, N. (2008). *The Disorganized Mind*. New York. St. Martin's Press.

SOLANTO, M. (2011). *Cognitive - Behavioral Therapy for Adult ADHD*. London. The Guilford Press.

TSE HUDI, S. (2012). *Loving Someone with ADD*. Oakland, EEUU. New Harbinger Publications, Inc.

ADEfES. Adultos eficaces con entrenamiento sistemático. Protocolo de intervención con adultos diagnosticados de TDAH

E. Manuel García Pérez

"'El hombre es él y sus circunstancias', resumió Ortega y Gasset. Pues bien, el hombre que no filosofa (que no piensa sobre sí mismo) es solo sus circunstancias. Al no saber por qué son y, en esa medida, qué son, él y las cosas, ese hombre no puede valorarlas ni, por tanto, escoger entre ellas. Es un hombre sin opciones que no tiene más norte que el que le da el cauce que forman las circunstancias desde las internas, como sus instintos o capacidades, hasta las externas, como su situación económica o social en que nació".

Fernando Berckemeyer Olaechea.

Introducción

Aunque las clasificaciones internaciones CIE-10 y DSM-IV/IVTR/V no incluyan el Trastorno por Déficit de Atención con Hiperactividad (TDAH) como una categoría clínica en adultos, son múltiples los investigadores y clínicos que así lo han venido considerando desde hace algún tiempo (Goldstein, 2002; Barkley, Murphy y Fisher, 2010; Faraone, Faraone, Biederman, y Mick, 2006; Asherson *et al.*, 2012).

Resulta por otra parte evidente que si algunos individuos poseen una condición de origen biológico que se pone de manifiesto en la infancia, necesariamente esa condición estará presente toda la vida de la persona (ej.: color de los ojos, de la piel, temperamento básico, inteligencia, etc.). Por lo tanto, si durante la niñez determinado porcentaje de la población posee la condición "déficit de atención con hiperactividad" y esta condición constituye un factor predisponente del sujeto para llegar a situaciones diversas de inadaptación (familiar, escolar, social o personal) lo que permite el diagnóstico clínico de "trastorno por (a causa de) déficit de atención con hiperactividad", sería de esperar que en la adultez, algunas personas con la condición DAH que no hayan adquirido las habilidades necesarias para desenvolverse con eficacia en su entorno, se mantengan en situaciones de inadaptación familiar, laboral, social o personal. Esta situación, de poder relacionarla funcionalmente con las características de la condición DAH, justificaría de algún modo el diagnóstico clínico de TDAH en adultos.

Cuando el clínico se encuentra con una demanda de ayuda de un adulto (acordemos un rango de edad situado entre los 25 y los 45 años) es porque este adulto se encuentra desde hace un tiempo (desde luego más de un año) en una situación de inadaptación. Inadaptación que debe ser evaluada detenidamente:

- ¿Se trata de **inadaptación familiar:** dificultades en la relación con familiares con los que convive?
- ¿Se trata de **inadaptación laboral**: dificultades en la relación con compañeros de trabajo, jefes o subordinados?
- ¿Se trata de **inadaptación social en general**: dificultades para iniciar, mantener y conservar relaciones satisfactorias con amistades?
- ¿Se trata de **inadaptación personal**: se considera una persona sin buenas cualidades, incompetente para cualquier cosa, una persona que ha fracasado en la vida, verbaliza un pésimo autoconcepto y muy baja autoestima?

Las respuestas afirmativas a estas cuestiones ponen en evidencia la necesidad de ayuda profesional, no cabe duda. Pero esta situación, más o menos diferente según los casos, puede presentarse en personas con la condición DAH y en personas sin ella, por lo cual se requiere una valoración inicial que permita confirmar o descartar la presencia de la condición. Supera el objetivo de este capítulo detenernos en explicar el uso de las Escalas Magallanes de Identificación y Valoración de los Trastornos por Déficit de Atención con Adultos, (ESMIDAs), por lo que remitimos a los lectores al manual técnico de este instrumento (García Pérez y Magaz, 2011).

Ahora bien, aunque los resultados de la ESMIDA de adultos nos permiten confirmar, en un caso determinado, la presencia de la condición DAH, esta información no resulta en modo alguno suficiente para establecer de manera concreta un diagnóstico de TDAH. En ningún caso podemos obviar que el desarrollo humano conlleva múltiples experiencias vitales; interacciones con profesores, padres, hermanos, otros familiares, amigos, conocidos, etc., que son fuente indiscutible de aprendizajes directos y vicarios. La lectura de libros, la exposición a películas comerciales, series de TV, la formación laboral, los estudios mediante cursos, seminarios y otras actividades similares, ofrecen múltiples oportunidades para conocer, aprender, adquirir y consolidar diversos valores, soporte de actitudes y éstas, a su vez, base de muchos hábitos de conducta. Todo adulto es una persona que tiene una biografía personal, tanto más amplia cuantos más años tiene y más y más diversas experiencias ha tenido a lo largo de su vida. Estas experiencias constituyen interacciones entre el individuo y el entorno en que vive, de tal modo que el individuo emplea sus recursos, capacidades y destrezas, de acuerdo a su naturaleza, ante los cuales el entorno reacciona de acuerdo a sus propios conocimientos y características. De este modo podemos conocer la historia biográfica de un niño que, siendo portador de la condición DAH, ha tenido unos padres tolerantes, comprensivos, conocedores de sus características o bien poseedores de la misma condición y por lo tanto más predispuestos a comprender y admitir la hiperkinesia y las dificultades para mantener la atención en juegos y tareas

ADEfES. Adultos eficaces con entrenamiento sistemático.
Protocolo de intervención con adultos diagnosticados de TDAH

13

escolares. Estos padres han desarrollado estrategias de apoyo al menor, le han proporcionado algunas ayudas extraescolares y han dado a conocer al profesorado las características de su hijo. Por su parte, el profesorado habitual del menor, durante la primera y segunda infancia, ha sido conocedor de sus características y ha realizado ajustes metodológicos en el aula, le ha proporcionado ayudas atencionales, ajustando las tareas y las evaluaciones y, con todo ello, ha favorecido un progreso adaptativo en todos los ámbitos: escolar, social y personal.

Por otra parte, podemos conocer el caso contrario, padres desconocedores de las características de su hijo, actuando, muy probablemente de buena fe, pero con hiperexigencias, intolerancia, excesos de recriminaciones y castigos, comentarios desvalorizantes al menor, comparaciones frecuentes con hermanos y otros familiares. Profesores, igualmente desconocedores de la condición del menor, que no han sabido o podido llevar a cabo ajustes educativos, que le han requerido la misma cantidad y rapidez en tareas, las mismas evaluaciones en tiempo y metodología. En ambos casos, los dos menores poseían una característica común, pero se desenvolvían en un medio familiar y escolar muy diferente. Uno, el primero, no llegó a desarrollar un "trastorno" ya que nunca se encontró en una situación de inadaptación en ningún ámbito. El otro, segundo, fue desarrollando progresivamente un "trastorno", caracterizado por inadaptación familiar, escolar, social y muy probablemente personal, con deterioro de su autoconcepto y autoestima. El primero solamente presentaba episodios esporádicos de ansiedad, de ira, asociados puntualmente a situaciones de estrés o frustración, propias de la vida. En cambio en el segundo se fue cronificando un estado de ansiedad, acostumbrándose a sentir frecuentemente ira, que pudo ser origen de agresiones contra objetos, personas o contra sí mismo. Si en este momento el lector me permite un salto en el tiempo, abandonamos la descripción de niños y adolescentes con DAH y revisamos dos casos, reales y totalmente documentados, de adultos con DAH. Esto nos permitirá comprender la evolución de una situación infanto-juvenil a una situación de adultos con y sin trastorno por DAH, a la vez que sentará las bases del Protocolo ADEfES que describiremos a continuación.

1.1. Caso 1

Jaime es un varón de 37 años, casado y con un niño de 12 años que acude a consulta por graves problemas en su vida. Informa que su relación con la esposa es buena en términos generales, pero que cuando discuten él se irrita en exceso, grita y no es capaz de razonar. Reconoce que su esposa "le sabe llevar" y en poco tiempo se normaliza la situación. No reporta problemas con su hijo, de cuya educación se ocupa fundamentalmente la esposa. Su historia es de malas relaciones con su padre. Se portaba muy mal cuando era pequeño. No quería estudiar porque "le mareaba leer libros". En el colegio estaba siempre castigado y no obtuvo el Graduado Escolar. Es, por lo tanto, un obrero no cualificado que cambia frecuentemente de empleo. Nunca tuvo amigos y no los tiene actualmente. En los trabajos que ha tenido, para no discutir, no suele mantener relaciones con los jefes ni compañeros. Se describe a sí mismo como una persona de carácter difícil, se percibe frecuentemente nervioso y comenta que lo único que le tranquiliza es tener relaciones sexuales. Solamente mantiene relaciones sexuales con su esposa, con una frecuencia diaria desde el matrimonio, pero como esto no le resulta suficiente, se masturba con mucha frecuencia durante el día. Emplea fantasías o revistas pornográficas de bajo coste (por su bajo nivel de ingresos). Dice que solamente se siente tranquilo después de obtener una satisfacción sexual; si bien, vuelve a sentir ansiedad a las cuatro o cinco horas. De los trabajos que ha tenido siempre se ha marchado él, no habiéndole despedido nunca. Sus jefes siempre han apreciado su capacidad de trabajo y él reconoce que no le cuesta trabajar pero que "se aburre" de hacer el mismo trabajo mucho tiempo. No tiene aficiones, ni fuma, ni bebe de manera habitual. Cuando acude a consulta lo hace a instancias de su esposa, después de haber visto un programa en televisión sobre el TDAH. Durante la segunda entrevista describe un episodio de autolesión que se acaba de producir en la misma mañana: En la actualidad estaba trabajando de camarero en un establecimiento mediano. Durante la mañana estuvo pensando en sí mismo, sobre su pasado de fracasos y sobre sus pensamientos sexuales frecuentes. La suma de todo le llevó a un estado de intensa tristeza y culpabilidad. Se valoró como una persona mala y merecedora de un castigo. Ante lo cual, encendió un cigarrillo y procedió a quemarse el brazo izquierdo apoyando el cigarrillo sobre la piel. Pese al dolor, no emitió queja alguna, pero al llegar a la décima quemadura, su jefe lo vio y acudió a donde estaba, preguntándole qué estaba haciendo. Como la respuesta fue: "*me estoy castigando porque soy una mala persona*", el jefe le sugirió que fuese a un especialista, suspendiendo su contrato en ese mismo momento. La explicación del despido la dio el mismo paciente al comentar que su jefe pensaba que estaba loco y que igual podría quemar a un cliente y crearle un problema. Comentó esto con naturalidad, reconoció el dolor de las quemaduras, pero aseguraba que lo toleró sin dificultad porque era su castigo por ser malo.

Abreviadamente, nos encontrábamos con un paciente adulto que cumplía todos los indicadores de DAH de la ESMIDA (versión adultos), ningún indicador de DA de la misma escala y que, sorprendentemente, en la escala de valoración de la intensidad y amplitud del trastorno las puntuaciones resultaban bajas en el ámbito laboral y social, medias en el familiar y alcanzaba la puntuación máxima en el ámbito personal.

Evaluada su capacidad intelectual con la Batería Cervantes, se puso de manifiesto un nivel intelectual medio, si bien la ejecución de las tres pruebas debió realizarse con un breve descanso entre cada una de ellas; pese a su brevedad, el paciente mostraba cierta fatiga cognitiva al tener que mantener la atención en la prueba. Posteriormente, durante la administración de la Escala Magallanes de Atención Visual, en su nivel 2, el paciente no fue capaz de mantenerse los 12 minutos de tiempo de aplicación mínimo, abandonando la prueba a los 9 minutos y negándose rotundamente a seguir. Una valoración aproximada de los resultados dio de manifiesto que no cometió ningún error, una sola omisión en la penúltima línea, acertando todas las figuras que revisó. Estos resultados, incluyendo el Registro de Ejecución, resultan totalmente congruentes con una persona con la condición DAH que no ha recibido entrenamiento alguno en autocontrol de las tareas a ejecutar. Completamos la evaluación del caso con una entrevista con la esposa, quien corro-

ADEfES. Adultos eficaces con entrenamiento sistemático.
Protocolo de intervención con adultos diagnosticados de TDAH

13

bora toda la información proporcionada por el paciente, añadiendo algunos detalles que no es necesario mencionar, confirma con la ESMIDA-parejas, las pautas de
comportamiento propias de un adulto con DAH y manifiesta su total disposición a
colaborar en el tratamiento pues tiene un gran afecto a su esposo.

La evaluación del estilo cognitivo de interacción social (ADCA-1) pone de manifiesto que el paciente tiene un acusado estilo pasivo-agresivo. Su temperamento
básico resulta ser de naturaleza "pasional" (según Cuestionario "Cómo Soy"). Su
adaptación personal es mínima (EMADAP) y sus niveles de ansiedad y estrés habituales superan el percentil 75 (EMANS y EMEST). Finalizada esta fase de evaluación del paciente tras completar los cuestionarios y escalas anteriores, se procede
a iniciar el Protocolo ADEfES.

1.2. Caso 2

Luisa es una mujer de 35 años, casada y con un niño de 9 años. Luisa
acude a consulta debido a las frecuentes discusiones conyugales con su esposo,
quien considera que "*está mal de la cabeza*" y requiere nuestros servicios como
psicólogo clínico para ver "*qué podemos hacer con ella*". La paciente informa
de que es una mujer muy nerviosa, muy insegura, que lleva una vida muy difícil
desde la infancia y que su esposo nunca la ha ayudado, sino que la menosprecia, la insulta y solamente le dirige recriminaciones.

En su historia biográfica empiezan a destacar indicadores conductuales
de la condición DAH. Al preguntarle retrospectivamente hasta la edad que ella
recuerda, cumple todos los indicadores de DAH en las áreas de hiperactividad-
hiperkinesia, déficit de atención sostenida a tareas motrices y déficit de atención sostenida a tareas cognitivas (la denominada impulsividad). Recuerda que
en el colegio los profesores se quejaban de que no se estaba quieta en su sitio,
hablaba mucho con las compañeras y le costaba mantener la atención y terminar sus tareas. Frecuentemente llevaba malas notas a casa, si bien nunca repi-
tió curso alguno y obtuvo el Graduado Escolar. Estudió Auxiliar de Enfermería
con éxito y aprobó unas Oposiciones al Sistema Nacional de Salud.

De esta etapa recuerda con muchísimo dolor que cuando se acercaba a
su padre para darle un beso, éste le decía: "*no quiero besos, quiero que trai-
gas buenas notas*". Informa de recordar solamente dos besos de su padre: el
día que hizo la Comunión y el día que se casó. No obstante la relación con su
padre siempre ha sido buena. No informa nada destacable de la relación con
su madre.

Sus relaciones con iguales fueron difíciles porque los chicos que le gustaban no se fijaban en ella. Recuerda con especial dolor el día que, estando en un
grupo de amigos, se dejó llevar por un impulso y le dio un beso y un abrazo a
un amigo que le gustaba. La reacción de éste fue muy mezquina, recriminándole
con muy duras palabras esta acción (al autor le cuesta reproducirlas aquí), me-
nospreciándola delante del grupo de amigos. Este hecho le influyó de manera
tan determinante que en el futuro solamente esperó a encontrar algún chico que

se interesase por ella. Su actitud abierta y de amplia extraversión se modificó a un retraimiento social que se acompañaba de niveles elevados de ansiedad. Años más tarde conoció a un chico de carácter rígido, perfeccionista y "muy serio" que se interesó por ella, la cortejó y ella "se dejó querer"; según sus propias palabras porque era la primera persona que se interesaba por mí. Reconoce ahora que fue un error, porque el chico no la valoraba, solo apreciaba su sometimiento a sus deseos. Se casó y tuvieron el hijo actual. Desde el matrimonio su relación fue de mal en peor con recriminaciones diarias debido a "*pequeños fallos que tengo*", "*se me olvidan cosas, se me caen algunas cosas, a veces no me queda bien la comida*" Con todo lo peor resulta ser la educación del hijo que ella basa en el amor, la tolerancia, la comprensión y la firmeza pero sin dureza. Indica que su esposo es rígido, inflexible, perfeccionista con el hijo; no emplea ninguna forma de violencia física pero, al igual que hace con ella, se esmera en emplear ironía, sarcasmo, comentarios desvalorizantes, lo que ha llevado al niño a un estado de permanente temor a que el padre se enfade con él por cualquier nimiedad.

La situación ha ido empeorando ya que la paciente aguanta para sí, pero no para su hijo a quien defenderlo le cuesta graves discusiones con el esposo. El menor asustado ante sus broncas se pone delante de la puerta de la calle y les grita "*callaros que, si no, os vais a separar*".

Una entrevista con el esposo permite confirmar prácticamente todas las informaciones y valoraciones expuestas por la paciente. La administración de la ESMIDA-parejas al padre coincide al 99% con la condición DAH en su esposa. Completamos la valoración de Luisa con la Batería Cervantes, que muestra un nivel intelectual Medio-Alto, una EMAV-2, que confirma buena calidad atencional, pero escasa atención sostenida; una adaptación personal muy baja (EMADAP); un estilo cognitivo intensamente pasivo-dependiente; niveles de ansiedad y estrés por encima de los percentiles 75 y 80 respectivamente. La propuesta de tratamiento realizada a ambos, paciente y esposo, es iniciar el Protocolo Magallanes de TDAH en adultos.

2 Protocolo Magallanes de Intervención en TDAs con pacientes adultos

El Protocolo ADEFES, acrónimo de "Adultos Eficaces con Entrenamiento Sistemático", es una metodología específica pero flexible que permite a adultos con diagnóstico fiable de TDAH, en unas diez a quince sesiones, a lo largo de cuatro a cinco meses, adquirir las destrezas necesarias para superar satisfactoriamente cualquier situación de inadaptación sin necesidad de utilizar fármacos.

Este protocolo, a diferencia del diseñado para niños (NEfES) que requiere la participación de padres y profesores para modificar algunos aspectos del medio social, se centra casi exclusivamente en el paciente adulto, a quien se le ofrece la posibilidad de aprender sobre sí mismo y de adquirir ciertas habilidades

ADEfES. Adultos eficaces con entrenamiento sistemático.
Protocolo de intervención con adultos diagnosticados de TDAH

13

de tipo cognitivo e instrumental mediante las cuales puede cambiar algunos aspectos de su vida que le ocasionan malestar físico y emocional. Los componentes de este protocolo son los que indicamos a continuación.

2.1. Actuación sobre el medio

Si el paciente adulto no tiene pareja y vive con sus padres y/o hermanos, se proporciona información a los padres sobre la naturaleza del DAH, explicándoles que las personas son diferentes entre sí en algunas características y similares en otras. Durante la evaluación del caso de su hijo/a hemos podido conocer que éste/a posee la condición "déficit de atención con hiperactividad", la cual posiblemente ha heredado de alguno de ellos o de sus abuelos. La condición DAH se caracteriza por un comportamiento que podríamos describir como de una elevada sensibilidad a los cambios del entorno (las personas con DAH perciben los más mínimos cambios que se producen a su alrededor: ruidos, olores, imágenes… que atraen su atención de manera automática e involuntaria), también les cuesta mantenerse atentos a una tarea de tipo cognitivo (leer con detenimiento las instrucciones de uso de un aparato) o de tipo motriz (ordenar un garaje, unos cajones… y no abandonar antes de terminarlo). Son personas normalmente atareadas en algo, que no pueden estar sin hacer nada, ya que la inactividad les provoca cierto nerviosismo (nunca los verán tumbados en la playa o en una hamaca largo tiempo sin moverse, hablar con alguien o estar haciendo algo).

Este comportamiento es habitual desde la primera infancia y se explica porque posiblemente las personas con DAH son una muestra de la variabilidad genética de la especie humana, resultando minoritaria hoy en día (alrededor de un 5% de los varones y un 1,2% de las mujeres), pero que pudo ser mayoritaria cuando el ser humano no era sedentario, sino cazador y requería de un cerebro adaptado a la percepción óptima de animales a cazar o de animales que le pudieran cazar.

Esto se traduce en un cerebro que durante el sueño funciona igual que otros, pero que al despertar prepara la corteza cerebral para vivir como un "hombre-centinela".

Hace bastantes años un médico fisiólogo propuso esta explicación y hasta ahora ha resultado muy adecuada para entender a estas personas (Statterfield y Dawson, 1971; Zentall y Zentall, 1983). En la actualidad, con mejores medios técnicos, se están estudiando con más detalle estas diferencias en el funcionamiento de las personas con la condición DAH (Ramos-Quiroga, Bosch, Escuder, Castells y Casas, 2005; Faraone, Faraone y Mick, 2010).

Por ello, ellos deben cambiar de actitud con respecto a su hijo/a y renunciar a pedirle que se comporte como los demás, ya que él es diferente. Deben comprender, tolerar y apoyarle durante los cambios que va a realizar en las próximas semanas, durante las cuales le vamos a enseñar nuevas habilidades para que pueda vivir con más eficacia.

Si el paciente adulto tiene pareja, se proporciona a ésta una información idéntica a la anterior, solicitando de ella su comprensión, tolerancia y colaboración en el proceso que vamos a seguir para que adquiera nuevas actitudes y habilidades para desenvolverse mejor.

2.2. Actuación sobre el sujeto

Información sobre la naturaleza y características del DAH/TDAH

Si el paciente adulto vive solo, sin pareja, se le proporciona la misma información anterior, destacando el hecho de que su situación vital actual no es resultado "exclusivamente" del hecho de tener la condición DAH. La persona adulta tiene un perfil de valores, actitudes, hábitos, habilidades y capacidades, junto con una historia de aprendizajes, de vivencias. La interacción de todos esos elementos, al igual de la mezcla adecuada de patatas, carne, pescado, verduras, legumbres y especias da lugar al sabor y la textura de un caldero de comida (caldereta, potaje, guiso patagónico), proporciona una explicación a la situación actual que vive en este momento.

Si un guiso no está a gusto del consumidor, no se debe prescindir ni cambiar todos los elementos del mismo, sino analizarlos y modificar algunos; retirar cierto pescado, cambiar la legumbre, añadir más especies, etc. Durante la fase anterior, hemos identificado algunos elementos importantes en su vida y vamos poner en marcha un sistema para que pueda cambiar alguno, eliminar otros y añadir nuevos. Esperamos que el resultado sea un "guiso más sabroso", es decir: una vida más satisfactoria.

Entrenamientos específicos

El paciente con TDAH presenta nuclearmente los siguientes déficits:

- Estilo cognitivo de interacción social "pasivo-dependiente" o "pasivo-agresivo. No existen los pacientes con TDAH de estilo "asertivo".
- Falta de habilidades de control sobre las Emociones.
- Falta de habilidades de regulación de la atención, principalmente la atención sostenida, pero en bastantes casos también de la eficacia atencional; normalmente subsiguientes al déficit de atención sostenida.
- Falta de habilidades de autorregulación de su conducta, lo que afecta al ámbito laboral, social, familiar y personal.
- Falta de habilidades de comunicación asertiva, empleando normalmente elementos agresivos, pasivos, ironía, sarcasmos, insultos, etc.
- Falta de habilidades cognitivas de prevención y solución de problemas.

Obviamente, estos seis apartados pueden variar de manera significativa según el caso: su nivel de estudios, sus experiencias previas, su nivel intelectual; en-

ADEfES. Adultos eficaces con entrenamiento sistemático.
Protocolo de intervención con adultos diagnosticados de TDAH

13

contrándonos personas adultas con TDAH ejerciendo profesiones con éxito, tanto de tipo universitario como no universitario.

Algunas personas tienen más déficit que los mencionados e incluso estos mismos con mucha mayor intensidad. En todos los casos, este protocolo, de clara naturaleza cognitivo-conductual, se desarrolla en varias sesiones de una hora cada siete días, durante un mes. Continúa con sesiones de 50 minutos cada dos semanas, durante dos-tres meses y finaliza con una sesión de 50 minutos cada cuatro semanas, durante dos o tres meses más. Si el proceso se desarrolla con normalidad, el paciente va progresando y sigue el protocolo. Si alguna circunstancia lleva al paciente a abandonar el tratamiento, normalmente el caso no vuelve y se carece de información de los resultados de la parte llevada a cabo.

Para mejorar los déficits mencionados se emplean programas específicos de entrenamiento:

- Asertividad, para mejorar la seguridad personal y recuperar la autoestima. Obtenemos una mejora de la adaptación personal en cuatro-seis semanas.
- Con los cambios cognitivos que conlleva el entrenamiento asertivo, aumenta el grado de autocontrol sobre las emociones.
- Para mejorar su capacidad atencional se le proponen ejercicios en casa, mediante ejemplos prácticos en consulta de entrenamiento en regulación de la atención. Se le ofrecen materiales seleccionados del programa ENFOCÁTE (García Pérez, 1998), algunos juegos didácticos y videojuegos adaptados a PC o Tablet.
- Para mejorar sus relaciones sociales en todos los ámbitos se aplican unidades didácticas derivadas del programa ESCEPI-2 (García Pérez *et al.*, 2011), con situaciones de adultos y se le enseña habilidades de comunicación asertiva.

En todas las sesiones se le dan registros de anotación de sus ejercicios y experiencias, se supervisan los ya realizados y se le proporciona refuerzo social por parte del clínico, además de instigar a continuar con las correcciones o matices que se estimen convenientes en cada caso. Para satisfacer la razonable curiosidad de los lectores, indicamos aquí los resultados de este protocolo en los dos casos anteriormente mencionados.

En el caso 1, de Jaime, con autolesiones, se produjo una evolución muy favorable durante tres meses: encontró un nuevo empleo a los 20 días, mejoró su autoestima modificando sus valores pasivos y sustituyéndolos progresivamente por asertivos; mejoró sus hábitos de comunicación aumentando las relaciones sociales con los compañeros del nuevo empleo. Aprendió a relajarse con autocontrol cognitivo y técnicas de relajación progresiva. Redujo la frecuencia de sus comportamientos sexuales y aumentó el tiempo de juego con su hijo. A causa de sus bajos recursos económicos planteó la suspensión del programa, indicando que ya se encontraba mucho mejor.

En el caso 2, de Luisa, la evolución fue mucho más rápida. Cuando informó a su padre del diagnóstico de TDAH y le explicó que eso era lo que le llevaba ocurriendo desde pequeña, junto con la entrega de un ejemplar del libro **Soy**

Hiperactivo-a ¿Qué Puedo Hacer? (García Pérez, 1997) el padre rompió a llorar, la abrazó y le pidió perdón por no haberla comprendido y haberle negado pruebas de afecto. Tras comunicarle la verdadera situación de su matrimonio, que le tenía ocultado ya que vivía en otra ciudad, su padre le mostró todo su apoyo.

Tras tres sesiones de entrenamiento asertivo y unos ejercicios prácticos de autorregulación, la paciente informó al clínico que había tomado la decisión de iniciar los trámites de separación. A pesar de que el clínico consideró que pudiera tratarse de una decisión de tipo emocional y no reflexiva, la paciente le hizo un análisis detallado, sosegado y exhaustivo de su vida de pareja, concluyendo que su marido no la había querido ni amado jamás, que la despreciaba y con el cual no veía motivo para seguir conviviendo. Además, tenía la oportunidad de retomar su trabajo en seis meses más; a partir de los cuales perdería definitivamente su plaza laboral. Si retomaba su trabajo sería una persona autónoma que podría cuidar de sí misma y de su hijo.

Las sesiones posteriores (cuatro en dos meses) combinaron la enseñanza de estrategias de resolución de problemas, entrenamiento en control emocional, habilidades de comunicación asertiva y ejercicios de regulación de la atención en la vida diaria.

Al final de este periodo de tiempo la paciente se trasladó de ciudad y, aunque mantuvo durante un año contactos periódicos por teléfono con el clínico, no recibió más asistencia profesional.

NOTAS BIBLIOGRÁFICAS

ASHERSON, P. A.; ASHERSON, P.; AKEHURST, R.; KOOIJ, J.; HUSS, M. *et al.* (2012). "Under diagnosis of adult ADHD: Cultural influences and societal burden". *Journal of Attention Disorders*, 16 (5), 20S - 38S.

BARKLEY, R.; MURPHY, K. R. y FISHER, M. (2010). *ADHD in adults. What the science says*. New York. The Guilford Press.

FARAONE, S. B.; FARAONE, S. V.; BIEDERMAN, J. y MICK, E. (2006). "The age- dependent decline of attention deficit hyperactivity disorder: A meta-analysis of follow-up studies". *Psychological Medicine*, 36 (2), 159 - 165.

FARAONE, S. M.; FARAONE, S. V. y MICK, E. (2010). "Molecular genetics of attention deficit hyperactivity disorder". *Psychiatric Clinics of North America*, 33 (1), 159.

FARAONE, S. V.; BIEDERMAN, J.; SPENCER, T.; WILENS, T.; SEIDMAN, L. J.; MICK, E. *et al.* (2000). "Attention-deficit/hyperactivy disorder in adults: an overview. Biol". *Psychiatry,* 48: 9 - 20.

FARAONE, S. V.; SPENCER, T. J.; MONTANO, B. y BIEDERMAN, J. 2004. "Attention-deficit/hyperactivity disorder in adults: a survey of current practice in psychiatry and primary care". *Arch. Intern. Med*, 164: 1221-6.

ADEfES. Adultos eficaces con entrenamiento sistemático.
Protocolo de intervención con adultos diagnosticados de TDAH

13

GARCÍA PÉREZ, E. M. y MAGAZ, A. (2000). *Escalas Magallanes de Atención Visual. EMAV*. Bilbao. COHS, Consultores en CC.HH.

GARCÍA PÉREZ, E. M. y MAGAZ, A. (2011). *ADCAs. Autoinformes de Conducta Asertiva.* Bilbao. COHS, Consultores en CC.HH.

GARCÍA PÉREZ, E. M. y MAGAZ, A. (2011). *Escalas Magallanes de Adaptación: EMA.* Bilbao: COHS, Consultores en CC.HH.

GARCÍA PÉREZ, E. M. y MAGAZ, A. (2011). *Escalas Magallanes de Estrés: EMEST*. Bilbao. COHS, Consultores en CC.HH.

GARCÍA PÉREZ, E. M. y MAGAZ, A. (2011). *Escalas Magallanes de Identificación de Déficit de Atención: ESMIDAs*. Bilbao: COHS, Consultores en CC.HH.

GARCÍA PÉREZ, E. M. y MAGAZ, A. (2011). *Protocolo de Evaluación General y Específica de TDAs.* Bilbao. COHS, Consultores en CC.HH.

GARCÍA PÉREZ, E. M.; MAGAZ, A. y GARCÍA, R. (2011). *Escalas Magallanes de Ansiedad: EMANS*. Bilbao. COHS, Consultores en CC.HH.

GOLDSTEIN, S. (2002). "Continuity of ADHD in adulthood. Hypothesis and theory meet reality". En GOLDSTEIN, S. y ELLISON, A. T. (Ed.) *Clinician's guide to adult ADHD: assessment and intervention.* San Diego. Academic Press; p. 25 - 42.

RAMOS-QUIROGA, J. A.; BOSCH, R.; ESCUDER, G.; CASTELLS, X. y CASAS, M. (2005). "Perspectiva clínica. 'TDAH en el adulto'". En PICHOT, P.; EZCURRA, J.; GONZÁLEZ-PINTO, A. y GUTIÉRREZ, M. (Eds.). *Diagnóstico, evaluación y tratamiento de los trastornos psiquiátricos graves.* Madrid. Aula Médica; p. 399 - 443.

SATTERFIELD, J. H. y DAWSON, M. E. (1971). "Electrodermal Correlates of Hiperactivity in Chidren". *Psychophysiology. Vol. 8*, No. 2.

SPENCER, T.; BIEDERMAN, J. y WILENS, T. (1998). "Adults with attention-deficit/hyperactivity disorder: a controversial diagnosis". *J. Clin. Psychiatry*, 59 (Suppl 7). S59 - 68.

WILENS, T. E. y DODSON, W. (2004). "A clinical perspective of attention-deficit/hyperactivity disorder into adulthood". *J. Clin. Psychiatry*, 65: 1301 - 11.

ZENTALL, S. S. y ZENTALL, T. R. (1983). "Optimal Stimulation: A Model of Disordered Activity and Performance in Normal and Deviant Children". *Psychological Bulletin*. Vol. 94, No. 3, 446 - 471.

Educación Positiva y TDAH en adultos: una perspectiva pedagógica inclusiva

Juan José Leiva Olivencia
Rafael Pérez Galán

> *"Me siento perdido, busco un rumbo, dar sentido a mi vida, pero me cuesta muchísimo centrarme, encontrar una paz interior, una atención respetuosa conmigo mismo. La vida pasa y no controlo nada, ni el tiempo ni mi propia vida. Voy de un sitio para otro, de un pensamiento a otro, de una mirada a otra, y me siento frustrado al no comprender por qué no cambio... Quizás soy así".*
>
> Palabras de un adulto hiperactivo.

Introducción

En este capítulo vamos a indagar en un concepto que consideramos sumamente interesante para el tratamiento pedagógico y psicológico de los adultos con TDAH. Si durante mucho tiempo hemos focalizado nuestro foco de interés en el desarrollo de estrategias didácticas y conductuales para la atención del TDAH en niños y jóvenes, en estos momentos resulta imprescindible ofrecer respuestas o, por lo menos, itinerarios o caminos que ayuden a los adultos que han tenido y tienen TDAH para mejorar su calidad de vida desde una perspectiva pedagógica inclusiva, es decir, de calidad vida y respetuosa con la personalidad del adulto que vive en una sociedad dinámica y compleja.

Para ello, vamos a exponer los principales conceptos que fundamentan la Educación Positiva, un enfoque pedagógico que promueve la búsqueda del desarrollo integral de la persona desde la enfatización de las cualidades positivas de las personas y de la vida, de la creatividad y el pensamiento crítico, reflexionando sobre los matices y el cromatismo emocional y cultural que subyace en cada gesto y acción humana, porque todo puede tener un sentido positivo si así se subraya en la mente humana para el desarrollo de comportamientos que hagan sentirse a las personas hiperactivas más felices, más responsables y conscientes del devenir de su propio destino vital.

2 ¿Qué es la Educación Positiva?

La Educación Positiva se puede definir como la aplicación educativa de la Psicología Positiva. Se trata de un enfoque eminentemente práctico, didáctico e integral dirigido a valorar los aspectos positivos de una educación para la felicidad, donde todos los agentes educativos tienen un papel activo en la solución de todo tipo de problemas, tanto cognitivos, emocionales, curriculares, conductuales, etc. Obviamente, en función de qué agente o rol se tenga en una determinada institución formativa, o incluso en el papel que se ejerza en distintos contextos (familiar, social, cultural, laboral, de ocio), la Educación Positiva se puede interpretar desde diferentes puntos de vista. Así, un buen docente va a partir siempre de la idea de que educar es educarse y que el crecimiento intelectual, emocional y cultural que pueda aportar a su alumnado depende también de su propio desarrollo personal y de su aprendizaje interior. En el caso del alumno será necesario que conciba que sus posibilidades de éxito no residan únicamente en el valor pragmático de sus acciones como alumno, sino en el sentido y orientación humana y también emocional de lo que significa aprender para él, para sí mismo y para las personas que le rodean, impregnándose de las esencias de la educación (Leiva, 2013).

En el ámbito social, las personas podemos interpretar la educación desde diversos prismas. Es cierto que la actual sociedad premia en exceso la rentabilidad y utilidad práctica de los aprendizajes y en su traducción administrativa de títulos, acreditaciones, diplomas y certificaciones varias. Ahora bien, tampoco podemos negar que lo importante de aprender es precisamente eso, aprender, sin ningún tipo de aditivo ni adjetivo que le pueda quitar un ápice al gran concepto de la educación. Desde mi punto de vista aprender es un despertar interior que ayuda a la persona a seguir viviendo de una manera más activa, comprendiendo más y mejor lo que le rodea y también a sí mismo (Nhat Hanh, 1999). Por tanto, y siguiendo con esta idea, es posible plantear que dentro de esta concepción pedagógica del aprendizaje, podamos indagar en la positividad, en el vitalismo de las acciones humanas, porque todo lo humano puede tener un sentido positivo si así es buscado y entendido.

En el caso concreto de los adultos con TDAH, es fundamental la dimensión vitalista del fenómeno del aprendizaje personal y social. Así, la Educación Positiva focaliza su mirada en aquellos hechos, valores, ideas, emociones y pensamientos que ayudan a la persona a mejorar su capacidad de inclusión social y, por supuesto, su competencia de crecer individualmente, de ir nutriéndose de todas las experiencias vitales puesto que todas tienen siempre algún valor, convicción o aprendizaje positivos. Es cierto que los adultos hiperactivos viven dispersos en el pasado o en el futuro, y no en el presente, en un estado casi permanente de "piloto automático", funcionando impulsivamente y de forma mecánica sin darse cuenta de lo que realmente hace o experimenta. No obstante, este problema también afecta a numerosas personas, ya que como plantea Cury (2003) vivimos en una sociedad enferma donde las personas experimentamos el síndrome del pensamiento acelerado, y para cambiar esa situación, para modificar el estado de enfermedad de la sociedad es necesaria la transformación personal de manera única e irrepetible en cada una de las personas.

Ni que decir tiene que la Educación Positiva tiene elementos pedagógicos claves que van a beneficiar a todas la personas, especialmente aquellas que han tenido y tienen algún tipo de trastorno como es el TDAH. De hecho, vamos a delimitar brevemente la Educación Positiva en torno a los siguientes ejes conceptuales y procedimentales: la creatividad, la atención plena o *mindfulness* (Nhat Hanh, 1999), el autonocimiento de fortalezas y debilidades, la conducta de *flow* (Csikszentmihalyi, 1996 y 1998), el optimismo y la resiliencia (Grotberg, 2006; Vanistendael y Lecomte, 2002).

3. Educación positiva y tratamiento pedagógico en el adulto con TDAH: un enfoque holístico

Según Seligman y Csikszentmihalyi (2000) antes de la Segunda Guerra Mundial, la psicología tenía tres misiones: tratar la enfermedad mental, hacer las vidas de las personas más plenas e identificar el talento. Sin embargo, los autores consideran que la única que prosperó hasta nuestros días es el estudio y tratamiento de enfermedades mentales, dentro de lo cual se han hecho grandes avances. Sin embargo, las otras dos grandes orientaciones de la psicología, hacer mejor la vida de las personas y fomentar la creatividad y el talento, han sido completamente olvidadas o incluso menospreciadas. Una de las posibles causas que mencionan Peterson, Park y Seligman (2005) es que la psicología ingresó como ciencia de la mano de la medicina y no pudo desligarse del modelo médico basado en el déficit hasta hace relativamente poco tiempo.

En este punto, consideramos que un elemento clave en el desarrollo conceptual de la Educación Positiva es el optimismo, y ser optimista es o debería ser, desde nuestro punto de vista, el principal eje o motivo de desarrollo personal del adulto con TDAH. Con independencia de aspectos de género que pueden implicar algunas diferencias en el devenir vital de la persona hiperactiva (Waite, 2010), no podemos negar la necesidad motivacional de comprensión y estima que es claramente determinante en todas las personas, aunque especialmente en las personas con TDAH que sufren mucho con su manera de ser y estar en un mundo hiperestimulante pero a la vez muy rutinario (Van der Linden, Young, Ryan y Toone, 2000).

Existen cuatro habilidades cognitivas básicas para promover el optimismo: la primera consiste en reconocer e identificar los pensamientos que se cruzan por la mente en los peores momentos (Reivich, Gillham, Chaplin y Seligman, 2005). Estos pensamientos son los que casi imperceptiblemente afectan el estado de ánimo y la conducta. El segundo paso consiste en realizar una evaluación de esos pensamientos. El tercer paso consiste en generar explicaciones más certeras y alternativas y usarlas para desafiar esos pensamientos automáticos. El último paso consiste en intentar descatastrofizar la situación personal y experiencial de la persona (Seligman y Otros, 1995). Además, Seligman (2000) ha propuesto también otra técnica para incrementar el optimismo, fundamentalmente tratando de evitar los pensamientos catastróficos que automáticamente asaltan nuestra consciencia. Esto es algo que vive en numerosas ocasiones adultos con TDAH que asociados a otros trastornos psicopatológicos, inciden principalmente en una mirada negativa de la vida, de la capacidad humana para cambiar las cosas o, peor aún, en un "*miedo al miedo*", un sometimiento de la persona a un sentimiento de pérdida de control constante sobre su vida y acciones humanas donde el miedo reina en todas las facetas personales (Wender, 1998), La técnica en cuestión consiste en "disputar" (*disputing*) esos pensamientos como si hubieran sido dichos por un tercero. Para esto, propone pensar como ejemplo, qué pasaría si un colega o rival del trabajo nos acusa de fallar en nuestra labor o de no merecer nuestro puesto, seguramente de inmediato pensaríamos mil razones de por qué esa persona está equivocada y pensaríamos varios ejemplos que confirmen.

La Psicología Positiva Aplicada es la aplicación de las investigaciones realizadas en este campo para facilitar el funcionamiento óptimo, donde se trabaja para su promoción y desarrollo, desde el trastorno y la angustia a la salud, a nivel individual, grupal, organizacional y social. Como se mencionó anteriormente, esto no quiere decir que la enfermedad y el trastorno deben ser descuidados desde el punto de vista psicopedagógico, sino que deberían ser tomados como un aspecto más que conforman a un individuo con TDAH. Las potenciales aplicaciones de la Psicología Positiva incluyen:

- Aproximaciones terapéuticas que enfaticen lo positivo en la vida de la persona con TDAH.
- Promover la vida familiar y buscar formas alternativas para que las personas puedan hacer sus relaciones más provechosas y gratificantes.
- Mejorar la satisfacción laboral a través de una orientación académica y profesional adecuada a las necesidades de la persona con TDAH.
- Mejorar las organizaciones, especialmente la educativa, para que contribuyan de mejor forma al bienestar individual y su crecimiento personal.

Para abordar estas cuestiones, una buena pregunta que podemos realizar es si una persona con TDAH puede ser feliz. La respuesta es sencilla: claro que sí, al igual que cualquier otra persona, con sus dificultades añadidas de dispersión mental y de escasa autocompasión. Esto quiere decir que defendemos con claridad que el adulto con TDAH puede tener una vida absolutamente normal, pero ¿qué quiere decir normal? ¿Somos felices el resto de las personas "normales"? Quizás sí o quizás no. Debemos hablar mejor de diferentes tipos de felicidad, tal y como así nos proponen Seligman, Steen, Park y Peterson (2005); y es que la Psicología Positiva propone tres tipos principales de felicidad, las cuales no se consideran exhaustivas ni definitivas pero pueden ser tomadas como una aproximación o punto de partida para el abordaje científico (Vázquez y Hervás, 2008). La primera es llamada la "vida agradable" (*pleasant life*) que se refiere al bienestar que nos invade al disfrutar de la buena comida, del sexo, de bebida e incluso una buena película o un concierto. Este tipo de felicidad es de corta duración y está muy relacionada a la experimentación de emociones positivas en el pasado, presente y futuro. La "vida agradable" es la que se logra maximizando las emociones positivas y minimizando las negativas.

En segundo lugar se encuentra la "buena vida" (*good life*). Esta nace en cada uno cuando se disfruta haciendo algo en lo que se es bueno o incluso talentoso. Aquí se trata de identificar esos dones y saberlos usar. Esto está muy relacionado con los rasgos y fortalezas individuales, de ahí la creciente importancia de implementar diseños didácticos que incluyan el análisis personal para la educación positiva. Es por eso, que desde la Psicología Positiva se trata de identificar los rasgos y fortalezas personales para poder potenciarlos e incrementar la "buena vida" (Seligman y Csikszentmihalyi, 2000; Peterson, 2006). En este punto, ni que decir tiene que sería absolutamente básico que los profesionales de la orientación académica y profesional, así como los profesionales de la salud impulsaran iniciativas personalizadas dirigidas a adultos con TDAH para que aprendan de manera operativa qué aspectos de la personalidad son debilidades o fortalezas, y cómo encontrar caminos para transformar los pensamientos y sentimientos negativos en positivos.

El tercer tipo de felicidad es denominado "vida con sentido" (*meaningful life*), es la más duradera de las tres y se trata de encontrar aquello en lo que creemos y de poner todas nuestras fuerzas a su servicio. El voluntariado, el asociacionismo ciudadano, la proyección en un trabajo que haga crecer a la persona emocional y mentalmente y, por supuesto, lo que comúnmente se dice como "tomarse las cosas con filosofía": afrontar los desafíos con confianza, mirar hacia adelante para hacer a los demás más felices, ayudar al vecino, a la persona mayor o al niño… todo vale y gratifica si la persona con TDAH logra comprenderse, respetarse y abrirse al mundo.

Por su parte, Fredrickson (2001) crea un modelo que es adecuado y específico para mejorar las emociones positivas con la intención de superar las limitaciones que implica estudiar a las emociones positivas conjuntamente con las negativas, especialmente en los casos de adultos con TDAH que puedan tender a centrarse fundamentalmente en las ideas y emociones negativas, o, en su caso, en un camino de huida hacia un activismo vital que sirve de excusa para no pensar o reflexionar sobre sí mismo. El nombre que recibe este modelo es el de Modelo de Ampliación y Construcción de Emociones Positivas y su principal enunciado es que las emociones positivas y los estados afectivos relacionados con ellas se vinculan a una ampliación de las posibilidades de la atención, la cognición y la acción, y a una mejora de los recursos físicos, intelectuales y sociales de la persona. El punto de partida de este modelo es el rechazo de dos presupuestos clave sostenidos hasta el momento por la mayoría de los teóricos. En primer lugar, por lo general se considera que las emociones deben asociarse necesariamente a tendencias de acción específicas. El hecho de que las emociones positivas no conduzcan a acciones tan urgentes o prescriptivas como las negativas, según Fredrickson (2001), no quiere decir que no den lugar a ningún tipo de actuación, sino que sus repertorios son más variados y potencialmente más dinámicos y complejos. En segundo lugar, hasta el momento se considera que las emociones deben necesariamente provocar tendencias de acción física. Sin embargo, lo que muchas emociones positivas provocan son cambios fundamentalmente en la actividad cognitiva, los cuales en un segundo momento pueden producir igualmente cambios en la actividad física. Este es el elemento que más influye en el adulto con TDAH, lo cual debe tener en cuenta todo profesional de la educación, de la orientación o de la salud, y es que las personas hiperactivas tienden precisamente a tener dificultades en el procesamiento de determinadas emociones vinculadas a hechos o a circunstancias de la vida que son consideradas normales por la mayoría de las personas (Painter, Prevatt y Welles, 2008).

Así, en lugar de hablar de tendencias de acción, lo que Fredrickson (2001) propone cuando se refiere a las emociones positivas es hablar de tendencias de pensamiento y acción, y en lugar de suponer que son específicas pensar que hacen referencia a un repertorio sumamente amplio de competencias personales de las personas como por ejemplo: explorar, indagar, saborear, jugar, integrar. Como apuntan Fredrickson y Branigan (2005) las emociones positivas no sólo parecen ampliar momentáneamente las tendencias de pensamiento y acción del individuo, sino que también permiten aumentar los recursos personales, tales como los recursos físicos, intelectuales, sociales y comunitarios. Estos son más durables que los estados transitorios que permiten su adquisición. Por tanto, si atendemos al caso de un adulto TDAH, el efecto de la experimentación de emociones positivas incrementa notablemente los recursos personales más permanentes, y pueden ser utilizados luego en otros contextos y bajo otros estados emocionales, por esto se ha denominado a este modelo como de ampliación y construcción de las emociones positivas. Este modelo viene sustentado en aportes empíricos que demuestran que las emociones positivas amplían el foco de la atención, a diferencia de las emociones negativas que tienden a disminuirlo. Por tanto, las personas con TDAH necesitan urgentemente enfocar sus vidas de una forma positiva, afrontando con confianza y optimismo el desarrollo laboral, las relaciones de pareja y todo aquello que tiene que ver con la proyección del ser humano en el ámbito de la cultura y el ocio. Ni que decir tiene que el sexo, y globalmente la sexualidad, es un elemento clave en la vida de la persona con TDAH, y es que las relaciones sexuales satisfactorias incrementan las emociones positivas, por tanto, facilitan la mejora de la atención y la estabilidad del ajuste psicológico. También se ha demostrado que las emociones positivas promueven estrategias cognitivas específicas y aumentan los recursos intelectuales, proporcionando niveles altos de rendimiento laboral y escolar, bajo abandono académico, y promueven una mejora de la comprensión de las situaciones complejas y un alto ajuste psicológico (Fredrickson, 2001).

Como ya se ha mencionado, en el caso de las personas con TDAH las emociones positivas también amplían las posibilidades de acción y mejoran los recursos físicos, ya que si aumentan el campo del pensamiento aumentarán indirectamente el de la acción, a través de respuestas más creativas y acciones más variadas. En cuanto a los recursos sociales y de interacción comunitaria, estos también se ven incrementados, porque se facilita la creación de relaciones sociales, de cooperación y de amistad. Tener amigos, personas con quien poder hablar y confiar, es un aspecto muy importante en un enfoque pedagógico inclusivo en relación al TDAH. De hecho, si podemos responsabilizar a alguna institución de dejadez en la promoción de las relaciones interpersonales sanas es precisamente a la institución escolar (Cohen, 2006), donde todavía aprender a ser sigue siendo el factor más devaluado frente al aprender a hacer, aprender a conocer y aprender a convivir. En el caso de las personas con TDAH es fundamental una visión más abierta, comprometida y creativa de la escuela como espacio que ayuda o no al crecimiento personal, al desarrollo integral y al aprendizaje para la vida. Precisamente, otro factor que los adultos hiperactivos requieren en sus vidas es la resiliencia. Lógicamente, la repetida experimentación de emociones negativas es una característica de las personas resilientes. Es cierto que la adquisición de la resiliencia puede resultar compleja en los adultos con TDAH si en la infancia o en su juventud, en el contexto escolar o incluso en el familiar, no han visto o no se han impregnado de personas con modelos conductuales prosociales y positivos, personas llenas de vitalidad que hacen de cada día una oportunidad para ser felices haciendo felices a las personas con quienes viven y conviven: en casa, en el trabajo, en la escuela, en el mercado, etc. Las personas que poseen optimismo y alegría hacia la vida, son curiosas y abiertas a nuevas experiencias y caracterizadas por una alta emotividad positiva. Estos son modelos impagables para los niños y niñas con TDAH, pero en el caso de los adultos es necesario también tratar de hacerles ver estos modelos, más accesibles de lo que pueden llegar a pensar y sentir en un primer momento, bien por su rutina de inacción vital o bien por un activismo desordenado en lo laboral, personal y emocional. El optimismo puede ser considerado como una característica cognitiva sensible a la creencia en ocurrencias futuras positivas sobre las cuales los individuos tengan fuertes sentimientos. El optimismo no es tan sólo una fría cognición, sino que es también elemento motivador y automotivante. De hecho, las personas necesitan sentirse optimistas con respecto a algunas cuestiones de su vida diaria: el trabajo, la relación sentimental, la situación económica, el cuidado y educación de los hijos, los lazos de amistad, el desarrollo cultural y de ocio (Peterson, 2006).

Para la Psicología Positiva, la base del optimismo no reside en frases positivas o imágenes de victoria, sino que se basa en la forma en que pensamos las causas de las cosas (Bailey, Eng, Frisch y Snyder, 2007). Cada persona tiene una forma personal de atribución causal llamada "estilo explicativo" (*explanatory style*). Este estilo explicativo se forma en la infancia sin intervenciones específicas y generalmente se mantiene toda la vida. No obstante, los elementos ambientales, la intervención educativa y, por supuesto, las pautas de relación familiar y social ,van a mediatizar la comprensión de las situaciones vitales. En el caso de la persona adulta con TDAH, ni que decir tiene que esto está vinculado a cómo fue tratado de niño, si recibió no sólo medicación o tratamiento psicopedagógico, sino el hecho del afrontamiento familiar de la hiperactividad y su desarrollo escolar, tanto formal como no formal, está detrás del sistema de atribuciones que mantiene el adulto hiperactivo. Sistema que habrá sufrido derrotas pero también algunas victorias, lo cual lleva la persona en su mente y emoción.

4 ∥ La atención plena y conceptos afines: definición y aplicabilidad en el adulto

Hasta ahora hemos hecho referencia al optimismo y a la resiliencia como factores de desarrollo e intervención psicopedagógica de interés para las personas adultas con TDAH. También hemos mencionado en muchas ocasiones el concepto de emoción positiva y, por supuesto, de Psicología Positiva y Educación Positiva. Ahora bien, es digno de mencionar que las emociones positivas pueden centrarse en el pasado, en el presente o en el futuro. Entre las emociones positivas respecto al futuro cabe citar el optimismo, la esperanza, la fe y la confianza. Las relaciona-das con el presente serían la alegría, el éxtasis, la tranquilidad, el entusiasmo, la euforia, el placer y -la más importante- la fluidez. Las emociones positivas sobre el pasado incluyen la satisfacción, la complacencia, la realización personal, el or-gullo y la serenidad. Es crucial comprender que estos tres aspectos emocionales son distintos y no se hallan necesariamente ligados, pero más importante aún es el desarrollo de la atención plena como propuesta de educación positiva (Lavilla, Molina y López, 2008; Seligman, Randal, Gillham, Reivich y Linkins, 2009) y que consideramos de aplicabilidad relevante para las personas con TDAH.

La atención plena o *mindfulness*, término por el que es más conocido ya en numerosos ámbitos formativos y procedente del mundo anglosajón, se puede definir como un proceso cognitivo y emocional de carácter introspectivo y exento de una auto-observación obsesiva y/o patológica. Autores como Lavilla, Molina y López (2008) o el propio Nhat Hanh (1999) han profundizado mucho en la delimi-tación conceptual de la atención plena y hemos encontrado que, como elemento conceptual común, se define la atención plena como un estilo de vida que se basa en una calma plena, una calma consciente que permite vivir a las personas el mo-mento presente. Así, Lyubomirsky, King y Diener (2005) destacan algunos de los efectos beneficiosos y positivos de la práctica de la atención plena:

- Incrementa la capacidad de concentración.
- Reduce o aminora conductas y pensamientos automáticos.
- Favorece un mejor control mental frente a posibles pensamientos intrusivos o emociones difíciles de manejar.
- Implica efectos físicos y fisiológicos positivos en la respiración, en la regula-ción de la tensión arterial, la mejora del bienestar física.
- Supone un despertar del letargo de la visión rutinaria de la vida.

Obviamente, las mejoras y beneficios que puede suponer la práctica de la atención plena por parte de jóvenes y adultos con TDAH es algo que está todavía por estudiar. Prácticamente son inexistentes los estudios de investigación que han vinculado la gestión eficaz de las emociones y la atención plena con adultos con hiperactividad. Es de esperar que, dentro de no muchos años, dispongamos de un buen número de investigadores que se interesen por conocer y comprender los efectos de la atención plena en personas adultas con TDAH, pero también en otros ámbitos de mayor accesibilidad y control experimental como sería escuelas, centros de salud o talleres formativos o laborales de atención plena.

La aplicabilidad de la atención plena en adultos con TDAH la podemos fo-calizar partiendo de una premisa básica: la atención plena es una actitud positiva y holística hacia la vida, hacia el devenir vital. ¿Qué queremos decir? Que no se puede considerar como una mera técnica despojada o aislada de una visión ética, filosófica e incluso pedagógica de la vida. La vida es aprendizaje y también es res-peto y amor hacia los demás, hacia la naturaleza y la vida. Ahora bien, existe un condicionante importante en la potencialidad de la atención plena para los adultos con TDAH y también para todas las personas en general. Es necesario que las personas se respeten a sí mismas, deben quererse, aceptándose como son. Eso no significa inmovilidad ni miedo al cambio para la mejora personal, para el crecimiento personal. Quiere decir que las personas hiperactivas no pueden tener un sentimiento de menosprecio vital hacia sí mismos, lo cual es perjudicial para ellos y para cualquier persona que no tenga ese trastorno.

La observación serena y el aprendizaje a partir de la meditación son herramientas fundamentales de cualquier proceso de atención plena e insistimos en su carácter procesual y procedimental, en concordancia con la consideración de la vida: un viaje, una experiencia continua. Se trataría de fomentar el aprendizaje de la atención plena desde las escuelas, desde las primeras edades, lo cual sería sumamente positivo para la persona con TDAH, en la medida en que favorecería el control motórico y también mejoraría los problemas derivados de la impulsividad y el déficit atencional. Dicho esto, el objetivo de esta práctica cognitivo-emocional no es terapeutizar, sino en todo caso educar a la persona para lograr un estado de consciencia y de calma que le ayude a conocerse mejor, a regular su comportamiento y ser más conciente del momento vital presente, como modo de lograr un mayor bienestar, y, por tanto, ser más feliz.

Por otra parte, Csikszentmihalyi (1996) define el *flow* como un estado de conciencia que comienza a enfocar la atención en una meta clara y definida, donde la persona se siente envuelta, concentrada, absorbida por la tarea y las horas pasan casi sin notarlo. Este estado placentero, según el autor, puede ser controlado poniéndose retos o desafíos -tareas que no son muy difíciles ni muy simples para las propias habilidades- y con estas metas, se aprende a ordenar la información que entra conscientemente y mejorar la propia calidad de vida. La falta de emoción y de cualquier tipo de conciencia parece ser la clave de la fluidez. La conciencia y la emoción tienen por objeto corregir la trayectoria del pensamiento y la acción, pero no son necesarios cuando lo que la persona está haciendo parece rozar la perfección.

Se podría decir que el *flow* es universal, ya que se puede experimentar aunque varíe la cultura, clase social, género, edad, coeficiente intelectual y actividad realizada. Sin embargo, según Csikszentmihalyi (1998) la intensidad del *flow* varía dependiendo de la persona y la actividad realizada, es decir, de la percepción subjetiva que tenga el individuo sobre el desafío que implica la actividad y la percepción subjetiva que tenga sobre las herramientas para llevarla a cabo, es decir, sus habilidades.

Muchas personas piensan que las horas que pasan trabajando son esencialmente una pérdida de tiempo, se sienten alienados y la energía física invertida en su trabajo no hace nada para fortalecerlos. Sin embargo, para muchas personas el tiempo libre también es una pérdida de tiempo, ya que no saben qué hacer con él, el tiempo de ocio proporciona un respiro del trabajo, pero en general consiste en la absorción pasiva de información sin usar ninguna capacidad o explorar nuevas oportunidades de acción. Como resultado, la vida pasa como una secuencia de experiencias de aburrimiento y ansiedad donde la persona tiene poco control.

No es que las personas experimenten el *flow* directamente, sino que es necesario, y en el caso de las personas hiperactivas esto se puede ver incrementado, ayudar a los individuos a identificar las actividades que les son placenteras y aprender cómo invertir la atención en ellas. En este sentido, podemos afirmar que la persona está en *flow* cuando se encuentra completamente absorta por una actividad durante la cual pierde la noción del tiempo y no se da cuenta hasta que la actividad termina de cuánto la disfrutó. Este estado de fluidez o flujo es un estado de gratificación donde la experiencia, por sí misma, es tan placentera que se realiza incluso aunque tenga un gran costo, sólo por el puro motivo de hacerla, ya que le permite al individuo expresar su singularidad y al mismo tiempo va reconociendo y experimentando la complejidad del mundo en el que vive.

5 Conclusiones

Llegados a este punto es necesario recopilar algunas ideas clave para profundizar en una Educación Positiva que facilite espacios de mejora cognitiva y emocional a las personas con TDAH. Una de estas claves la encontramos en la aceptación. Quiere decir que la persona con hiperactividad tiene que reconocer la realidad que ofrece el momento presente en su vida y en el mundo, sin negarla y admitiendo la existencia de ciertas dificultades que es necesario afrontar. La segunda idea clave tiene que ver con la temporalidad. Las personas hiperactivas deben ser conscientes de que el mundo que les rodea cambia constantemente y también cambian ellas mismas. Se trata de saber renunciar a concepciones erróneas sobre la imposibilidad del cambio o de la inmovilidad personal y vital. Una tercera idea clave sería la curiosidad. Estar abiertos a la novedad, a lo nuevo y también a lo viejo con apariencia de nuevo, sin estar apegados a experiencias previas que hayan sido vividas con cierto resquemor, vergüenza o incluso miedo.

Otro aspecto clave que resulta importante trabajar desde una perspectiva psicopedagógica con adultos, bien en espacios formativos no formales o bien a través de centros de salud, centros de formación de adultos o en instancias privadas de tratamiento psicosocial, tiene que ver con la actitud hacia el pasado que posee la persona con TDAH. En este sentido, y vinculándolo con la acepción que hemos ofrecido con anterioridad de atención plena, consideramos necesario que se cultive la atención plena sin renunciar al pasado, pero el pasado que pueda ser visto como patológico, obsesivo, depresivo, triste o apático no sirve a la persona con TDAH que es adulto y que tiene por delante una vida de trabajo, de familia, de ocio, cultura, etc. Queremos decir, por tanto, que debemos atender a la dimensión temporal de las emociones y pensamientos dolorosos que con frecuencia atenazan conductas e inhabilitan la mente para poder ser libre y actuar con una mirada positiva.

Finalmente, la actitud hacia el futuro del adulto con TDAH no puede ser obsesiva con lo que vaya a ocurrir mañana, una tendencia en la que muchas personas se quedan y viven, como si castillos de humo crearan y recrearan, imaginando que la felicidad no está en el momento presente sino en el futuro, generalmente lejano, donde las cosas irán mejor en materia de relaciones amorosas, de trabajo, de estabilidad familiar, económica… La vida es una sucesión de momentos presentes que la persona hiperactiva debe aprender a valorar y a disfrutar, para así ir creciendo como persona incluida plenamente en su comunidad, en su trabajo, en su familia, en su mundo.

NOTAS BIBLIOGRÁFICAS

14

BAILEY, T. C.; ENG, W.; FRISCH, M. B. y SNYDER, C. R. (2007). "Hope and optimism as related to life satisfaction". *The Journal of g Psychology*, 2, 168 - 175.

BARKLEY, R. A. (1998). *Attention deficit hyperactivity disorder: A handbook for diagnosis and treatment*. New York. Guilford Press.

CARR, A. (2004). *Positive psychology: The science of happiness and human strengths*. New York. Routledge.

COHEN, J. (2006) "Social, emotional, ethical, and academic education: creating a climate for learning, participation in democracy, and well-being". *Harvard Educational Review*, 76, 201 - 237.

CSIKSZENTMIHALYI, M. (1996). *Fluir (Flow). Una psicología de la felicidad*. Barcelona: Kairós.

CSIKSZENTMIHALYI, M. (1998). *Aprender a fluir*. Barcelona. Kairós.

CURY, A. (2003). *Pais Brilhantes, Professores Fascinantes*. Río de Janeiro. Sextante.

FREDRICKSON, B. L. (2001). "The role of positive emotions in positive psychology: The broaden-and-build theory of positive emotions". *American Psychologist*, 56, 218 - 226.

FREDRICKSON, B. L. y BRANIGAN, C. (2005). "Positive emotions broaden the scope of attention and thought-action repertoires". *Cognition and Emotion*, 19, 313 - 332.

GROTBERG, E. (2006). *La resiliencia en el mundo de hoy. Como superar las adversidades*. Barcelona. Gedisa.

KOS, J. M.; RICHDALE, A. L. y HAY, D. A. (2006). "Children with attention deficit hyperactivity disorder and their teachers: A review of the literature". *International Journal of Disability, Development and Education*, 53 (2), 147 - 160.

LAVILLA, M.; MOLINA, D. y LÓPEZ, B. (2008). *Mindfulness o cómo practicar el aquí y el ahora*. Barcelona. Paidós.

LEIVA, J. (2013). "Las esencias de la educación. Ética y Estética de la Educación Positiva".

LYUBOMIRSKY, S.; KING, L. y DIENER, E. (2005). "The benefits of frequent positive affect: Does happiness lead to success?" *Psychological Bulletin*, 131, 803 - 855.

MEIRIEU, P. (2007). "Es responsabilidad del educador provocar el deseo de aprender". *Cuadernos de Pedagogía*, 373, 42 - 47.

NHAT HANH, T. (1999). *Sintiendo la paz. El arte de vivir conscientemente*. Barcelona. Oniro.

PAINTER, C.; PREVATT, F. y WELLES, T. (2008). "Career beliefs and job satisfaction in adults with symptoms of attention-deficit/hyperactivity disorder". *Journal of Exemplary Counseling*, 43, 8 - 188.

PETERSON, C. (2006). *A primer in positive psychology*. New York. Oxford University Press.

PETERSON, C.; PARK, N. y SELIGMAN, M. E. P. (2005). "Orientations to happiness and life satisfaction: the full life versus the empty life". *Journal of Happiness Studies*, 6, 25 - 41.

REIVICH, K.; GILLHAM, J. E.; CHAPLIN, T. M. y SELIGMAN, M. E. P. (2005). "From helplessness to optimism: The role of resilience in treating and preventing depression in youth". En GOLDSTEIN, S. y BROOKS, R. B. (Eds.), *Handbook of resilience in children* (pp. 223-237). New York. Kluwer Academic/ Plenum Publishers.

SELIGMAN, M. E. P.; STEEN, T. A.; PARK, N. y PETERSON, C. (2005). "Positive psychology progress: Empirical validation of interventions". *American Psychologist*, 60 (5), 410 - 421.

SELIGMAN, M. E. P. y CSIKSZENTMIHALYI, M. (2000). "Positive psychology: An introduction". *American Psychologist*, 55, 5 - 14.

SELIGMAN, M. E. P.; RANDAL, M.; GILLHAM, J.; REIVICH, K. y LINKINS, M. (2009). "Positive education: positive psychology and classroom interventions". *Oxford Review of Education*, 35 (3), 293 - 311.

VAN DER LINDEN, G.; YOUNG, S.; RYAN, P. y TOONE, B. (2000). "Attention Hyperactivity Disorder in Adults: experience of the First National Health Service Clinic in the United Kingdom". *Journal of Mental Health*, 9, 527 - 535.

VANISTENDAEL, S. y LECOMTE, J. (2002). *La felicidad es posible*. Barcelona. Gedisa.

VÁZQUEZ, C. y HERVÁS, G. (2008). *Psicología positiva aplicada*. Bilbao. Desclée de Brouwer.

WAITE, R. (2010). "Women with ADHD: It is an explanation, not the excuse". *Perspectives in Psychiatric Care*, 46, 182 - 196.

WENDER, P. (1998). "Attention Hyperactivity Disorder in Adults". *Psychiatric Clinics of North America 21*, 761 - 74.

¿Qué es el *coaching* TDAH?

Jorge Orrego Bravo

"Aprendemos a hacer algo haciéndolo. No existe otra manera".

John Holt.

El *coaching* es una disciplina que ayuda a las personas a definir y alcanzar sus metas. El déficit de atención con o sin hiperactividad (TDAH) es una condición que se manifiesta con dificultades en el mantenimiento de la atención y, por otra, con síntomas de hiperactividad e impulsividad.

El *coaching* TDAH para jóvenes y adultos se basa en un modelo no médico, y las intervenciones están dirigidas a apoyar a las personas fundamentalmente sanas en sus esfuerzos por alcanzar objetivos específicos, mediante tareas concretas (Ratey, 2002). Más específicamente el *coaching* TDAH en jóvenes y adultos se centra en las áreas de la vida en la que los síntomas del TDAH y la disfunción ejecutiva interfieren con el óptimo funcionamiento social, académico y profesional de los individuos (Swartz, Prevatt y Proctor, 2005).

El *coaching* es diferente de la psicoterapia tradicional en la medida de *coaching* se centra principalmente en ayudar a las personas sin patología clínica severa, a lograr objetivos específicos a través de contratos de acción (es decir, organizar y completar proyectos).

El *coaching* TDAH no hace hincapié en la evaluación integral, el diagnóstico o el desarrollo, social y emocional, o problemas médicos que puedan afectar el bienestar de la persona. Sin embargo un psicólogo clínico o un psiquiatra pueden utilizarlo perfectamente como herramienta en sus intervenciones.

Por otra parte, el *coaching* no incluye explícitamente intervenciones de modificación cognitivas, aunque el aumento de la autoconciencia sobre los efectos de las propias actitudes sobre la realización de tareas y el papel de las creencias limitantes, podría considerarse un componente cognitivo del *coaching* TDAH (Swartz *et al.*, 2005). Los entrenadores proporcionan recordatorios y retroalimentación oportuna a las personas, a menudo por teléfono o correo electrónico, además de las reuniones cara a cara, y la rendición de cuentas periódica es útil para muchos adultos con TDAH.

¿Cómo puede mejorar el *coaching* TDAH la vida?

Los problemas principales que tienen los adultos con TDAH son la falta de organización, la poca previsión y la deficiente gestión emocional. El *coaching* TDAH se centra en tres ámbitos: la organización personal, relacional y la laboral. En el ámbito laboral hay tres puntos básicos para trabajar: Las fuentes de distracción, la planeación y la clasificación (tareas, papeles, recursos). Luego de la medicación, para muchas personas la actividad física está entre los medicamentos naturales que más reduce los síntomas del TDAH y mejora la gestión emocional. En caso de que la persona con TDAH tenga un trastorno asociado, como depresión, abuso de sustancias o un trastorno de ansiedad, se deben primero tratar estos síntomas por los profesionales competentes.

El *coaching* es una disciplina que busca ayudar a las personas a alcanzar tus metas en la vida. Se pretende que la relación de *coaching* guíe a la persona a alcanzar mejores resultados en su vida: académicamente, profesionalmente, socialmente o en cualquier área de la vida que desee mejorar. Por medio de la asistencia y el apoyo individualizados, los coaches (o "entrenadores" en castellano) ayudan a la persona a concentrarse en el lugar donde se encuentra al presente, a dónde quiere llegar y cómo puede llegar allí. Aristóteles afirmó que el éxito no es un acto, sino un hábito.

El nuevo siglo ha despertado con el resurgir de la misma idea, ahora bautizada con el moderno nombre de *coaching*. La premisa fundamental que defienden los expertos es que tienes mucho más potencial del que aprovechas. El *coaching* se trata de un compendio de métodos de preparación mental para emprender iniciativas y conseguir metas potenciando tus puntos fuertes. Los obstáculos nos deberían hacer reconocer que ignoramos algo, un procedimiento, un *modus operandi*, sin embargo uno de los principales impedimentos para lograr nuestros objetivos es que sentimos vergüenza a pedir ayuda cuando no entendemos algo. Muchos adultos pasamos buena parte de la vida fingiendo que sabemos realizar las cosas, que controlamos la situación. Abrirse al aprendizaje comienza con el valor de reconocer nuestra ignorancia en algunos temas.

Los conceptos de *coaching* profesional y personal han estado presentes durante varias décadas y hay cierto consenso de que la primera mención del *coaching* aplicado a personas con Déficit de Atención/Hiperactividad (TDAH), aparece en el libro "Controlando la Hiperactividad", cuyos autores son Edward M. Halowell y John J. Ratey; allí se dice que el objetivo del entrenador o *coach* es ayudar al cliente a dejar atrás una serie de conductas nocivas y reemplazarlas por comportamientos que le faciliten cumplir obligaciones y metas.

Es preciso subrayar que el *coaching* puede entenderse como una forma de intervención psicológica. Así, por ejemplo, la terapia cognitivoconductual tiene en alta estima la observación directa por parte del terapeuta en el contexto natural de la conducta y el cambio basado en acciones concretas. El movimiento del *coaching* psicológico en Europa está creciendo cada día más. Las últimas tendencias en este campo apuestan hacia la promoción de programas de *coaching* basados en la evidencia científica. La diferencia clave entre *coaching* y la *coaching* psychology es que esta última incluye la aplicación de teoría psicológica.

2 TDAH en adultos y *coaching*

Como sabemos, el TDAH puede traer serias consecuencias en la vida de una persona si no es diagnosticado y tratado adecuadamente. Muchos estudios dan cifras alarmantes sobre la incidencia de niños, adolescentes y adultos con este problema, que presentan pobre desempeño escolar, abandono de escuela o universidad, problemas laborales y maritales, abuso de drogas, conductas antisociales, etc. Gran parte de estos problemas se deben a la falta de capacidad que tienes para organizarte, medir las consecuencias antes de actuar o hablar y controlar tus emociones, entre otras características propias del Déficit de Atención con o sin Hiperactividad. Por lo tanto, el *coaching* para el TDAH busca ayudar a la persona a elegir su futuro, a aprender nuevas habilidades y a potenciar los recursos que ya tiene.

Para lograr esto se establece una sociedad entre la persona y el *coach*, en la cual este último le da constante aliento y apoyo, además de brindarle una serie de estrategias que le permitan desenvolverse de manera asertiva y lograr sus objetivos; es decir, se trabaja para que incorpore a su vida una serie de hábitos productivos. Un punto importante del *coaching* para el TDAH es despertar la conciencia de la persona sobre el problema para aprender a manejarlo y reflexionar sobre las consecuencias de sus actos. Las personas con TDAH están cansadas de fracasar y muchas veces necesitan a alguien fuera del entorno familiar ante quien ser responsables de sus acciones.

El *coaching* TDAH les ofrece esta posibilidad porque ayuda a contrarrestar la tendencia a sabotearse a uno mismo. Otras de sus contribuciones son dar estructura, inspirar responsabilidad (capacidad de elegir la respuesta), fijar metas, organizarse, establecer prioridades y gestionar el tiempo de mejor manera. El *coaching* del TDAH busca atender los retos diarios de vivir con el TDAH. Un coach ayuda a las personas con el TDAH a llevar a cabo las actividades prácticas de la vida diaria de una manera organizada, puntual y orientada a la meta. Por medio de una asociación cercana, ayuda al cliente a aprender destrezas prácticas y a iniciar el cambio en su vida diaria.

Un *coach* o entrenador puede ayudar al adulto con el TDAH a:

- Mantener el foco.
- Traducir las metas en acciones.
- Establecer retroalimentación y aprender a usar las recompensas.

A través de las interacciones regulares, los *coaches* observan cómo los síntomas del TDAH afectan la vida de sus clientes y luego proveen entusiasmo, recomendaciones y técnicas prácticas para atender los retos específicos. Pueden ofrecer recordatorios, hacer preguntas o sugerir técnicas de manejo del tiempo. Los coaches hacen preguntas para ayudar al cliente a generar estrategias y a actuar sobre ellas. Ejemplos de tales preguntas son: ¿qué es lo que quieres?, ¿cómo lo vas a lograr? ¿cuánto vas a tardar? ¿cómo puedes activarte a ti mismo para tomar acción sobre esta meta? ¿cuándo puedes completar esta acción? ¿qué pasos has dado ya, y cuándo vas a dar los pasos que faltan?

Las reuniones regulares son una parte esencial del proceso. Estas sesiones pueden llevarse a cabo en persona, por teléfono o por correo electrónico, dependiendo de la preferencia del cliente. También existen innovadores programas de autoayuda asistidos por ordenador. Sin embargo, antes de que el proceso de *coaching* comience, el cliente y el *coach* deben tener una sesión inicial que trabaje asuntos tales como las necesidades del cliente, las expectativas tanto del cliente como del *coach* y los honorarios. La primera sesión es una reunión a fondo para hacer una evaluación de las necesidades del cliente, determinar las metas a corto y mediano plazo y desarrollar un plan de trabajo para alcanzar esas metas.

Algunas de las razones por las que las personas con TDAH acuden a un *coach* son la necesidad de:

- Organizarse.
- Tener un mejor rendimiento académico.
- Rediseñar su vida porque hay algo importante que desean cambiar.
- Ordenar mejor su tiempo para poder ejecutar lo importante.
- Mejorar sus relaciones sociales.
- Tener un punto de vista objetivo sobre sus decisiones.
- Obtener monitoreo sobre alguna actividad.
- Diseñar un plan de acción sobre un punto específico.

3 Obstáculos para el *coaching*

Hay varios asuntos que pueden complicar el proceso de *coaching*:

- No puedes usar pautas sencillas a pesar de los recursos y recordatorios del *coach*.
- Tienes una condición psiquiátrica coexistente y circunstancias de vida muy estresantes.
- Tienes una enfermedad física.

4 ¿Cómo puede mejorar el *coaching* TDAH la vida?

Teniendo en cuenta que las personas somos seres multifacéticos que jugamos diferentes roles en diferentes contextos, es importante que al mismo tiempo que te centras en las metas que quieres conseguir, tengas una idea general de cómo esas metas encajan en la compleja estructura que es tu vida. Hay tres ámbitos principales a considerar: el de la organización personal, el relacional, y el laboral. El primero, la organización personal, es un factor de vital importancia ya que éste determinará la manera en que te desenvuelves en los otros dos aspectos. Cada individuo posee esquemas de trabajo particulares, estos esquemas de trabajo comprenden la forma en que almacena y procesa la información que recibe, los estímulos ambientales que desencadenan respuestas, así como el repertorio de respuestas con que cuenta.

Considerando que el TDAH trae consigo una serie de retos en cuanto a la forma en la que procesas la información, es preciso mejorar este aspecto, y el primer paso para lograrlo es clasificando los aspectos problemáticos y trabajando cada uno de ellos de manera ordenada. Entre los principales problemas que se aborda a través del *coaching* del TDAH están la desorganización (cosas por hacer, prioridades, satisfacción de necesidades, etc.), el manejo ineficaz del tiempo, falta de concentración. Algunas de las herramientas que se pueden utilizar para mejorar la organización personal son: listas de cosas por hacer, listas jerárquicas (empezando por las cosas más urgentes e importantes) y utilizar un planificador personal. Recordemos que una persona con TDAH presenta problemas para organizarse y hacer planes, así que la idea es usar estas herramientas y subsanar estas deficiencias.

El segundo aspecto a considerar es el relacional, el cual comprende todo tipo de relaciones sociales, haciendo hincapié en las de amistad y en las familiares. Las personas con TDAH suelen tener problemas para relacionarse por su dificultad para mantenerse en un mismo "canal de comunicación" con sus interlocutores, lo cual les hace pasar de un tema a otro sin haber dado un mensaje claro. Esto puede hacerlos parecer groseros o desconsiderados, generando desconfianza o recelo a la hora de establecer relaciones. Dentro de la familia también pueden producirse tensiones ya que dada su falta de planificación y los frecuentes olvidos, el sujeto con TDAH suele descuidar obligaciones o compromisos familiares.

El coach en este caso debe hacer una evaluación de las habilidades sociales del cliente a fin de detectar las necesidades de entrenamiento, es decir, debe saber si se trata de una falta de habilidades sociales o, por el contrario, que aunque el cliente en teoría sepa cómo debe comportarse su problema sea cómo y cuándo emplear estas habilidades.

Por último, está el aspecto laboral, las dificultades que las personas con TDAH tienen en el trabajo son numerosas (impuntualidad, retraso en las fechas de entrega, acumulación de trabajo, bajo rendimiento, son algunos ejemplos de ello), lo cual tiene como consecuencia despidos, abandono de empleos y en general una gran inestabilidad laboral.

En el ámbito laboral hay tres puntos básicos para trabajar: mejorar las condiciones de trabajo eliminando cualquier fuente de distracción en la medida de lo posible, mejorar la planeación a través de la agenda y el diseño de hojas de ruta, aprendiendo a clasificar (tareas, papeles, recursos) y ordenar, a fin de minimizar el tiempo y el esfuerzo que se emplea en recolectar información.

5 ¿Cuál es la relación entre el *coaching* TDAH y la terapia?

Una distinción que es hecha a menudo es que el *coaching* aborda el presente y el futuro, mientras que la terapia se centra en el pasado, pero esto parece aplicar sobre todo a la terapia psicoanalítica. Otros dicen que el *coaching* se centra en los puntos fuertes, mientras que la terapia se centra en patologías diagnosticables, pero la psicología positiva o algunos enfoques sistémicos que no creen en la utilidad de los diagnósticos, no estarían de acuerdo con esto. En ambas, los terapeutas y entrenadores establecen una relación con un cliente. La confidencialidad es un fundamento básico de ambas relaciones. Ambas relaciones requieren un cliente dispuesto a cambiar y tomar un esfuerzo activo en el tratamiento. Ambos tratan de sentimientos y creencias, pero en niveles muy diferentes. Una distinción simple es decir que el *coaching* consiste en ayudar a las personas a gestionar más eficazmente las cuestiones prácticas con la que los adultos con TDAH siempre luchan, como la gestión del tiempo, de las finanzas, ordenar la casa/oficina, prioridades, etc; y la terapia ayuda con la ansiedad, la depresión, el consumo de sustancias, etc., frecuentemente comórbidos. Sin embargo es indiscutible un solapamiento.

El *coaching* no pretende ser un sustituto de la psicoterapia, ni es probable que se beneficien las personas que lidian con problemas psiquiátricos graves. Es un modelo destinado a mejorar el funcionamiento diario y el bienestar de las personas sin deterioro psicológico significativo. Por lo general, con los modelos tradicionales de terapia que no abordan cuestiones prácticas donde los adultos con TDAH necesitan ayuda. Ari Tuckman ha escrito acerca de un modelo de tratamiento de cuatro partes para los adultos con TDAH que incluye la educación, la medicación, el *coaching* y la terapia (Integrative Treatment for Adult ADHD: A Practical, Easy-to-Use Guide for Clinicians, 2007).

Porque el TDAH es fundamentalmente un trastorno del procesamiento de la información y la autorregulación, los adultos TDAH necesitan estrategias prácticas para ayudar a gestionar las responsabilidades y pueden necesitar la terapia para hacer frente a las consecuencias de una vida de lucha y retrocesos.

En un modelo integrador, se puede utilizar terapia y *coaching* al mismo tiempo. Cuando se trabaja con una persona en llegar al trabajo a tiempo, por ejemplo, es posible descubrir que el problema está relacionado con asuntos prácticos, como llegar a la cama demasiado tarde y distraerse por tener la televisión encendida cuando se está preparando a dormir. Pero también es posible que la persona se sienta atrapada en un trabajo que percibe inútil y evita el dolor temporalmente llegando tarde, a pesar de que esto contribuye a aumentar sus problemas a largo plazo. Es decir, en este caso, el *coaching* te ayuda a identificar y realizar metas, y la terapia a identificar las agendas ocultas que se gatillan cuando actúas en contra de tu propio interés.

6 | Conclusión

El *coaching* TDAH lo puedes pensar como una forma de terapia centrada en posibilidades, recursos y objetivos. Hay todo un trabajo de integración teórica y de evaluación de resultados esperando el aporte de la *coaching psychology*. Los problemas principales que tienen los adultos con TDAH son la falta de organización, la falta de previsión y la deficiente gestión emocional. En caso que la persona con TDAH tenga un trastorno asociado como la depresión, abuso de sustancias o ansiedad, se deben primero tratar estos síntomas, por los profesionales competentes (médicos y psicólogos).

El *coaching* TDAH se centra en tres ámbitos: la organización personal, el relacional y el laboral. En el ámbito laboral hay tres puntos básicos para trabajar: las fuentes de distracción, la planeación y la clasificación (tareas, papeles, recursos). Además de la medicación, la actividad física, el *mindfullness*, la respiración y la alimentación son los medicamentos naturales que más reducen los síntomas del TDAH y mejoran la actitud emocional, sin embargo estos interesantes recursos exceden el tema de este artículo.

NOTAS BIBLIOGRÁFICAS

ALLSOPP, D. H.; MINSKOFF, E. H. y BOLT, L. (2005). "Individualized Course Specific Strategy Instruction for College Students with Learning Disabilities and ADHD: Lessons Learned From a Model Demonstration Project". *Learning Disabilities Research & Practice*, 20(2), 103 - 118.

GOLDSTEIN, S. E. (2005). "Coaching as a treatment for ADHD". *Journal of attention disorders*, 9(2), 379-381.

HALLOWELL, E. M. y RATEY, J. J. (2005). *Delivered from distraction*. (CIUDAD) Random House Digital, Inc.

KUBIK, J. A. (2010). "Efficacy of ADHD *coaching* for adults with ADHD". *Journal of attention disorders*, 13(5), 442-453.

RATEY, N. (2002). "Life coaching for adult ADHD". En GOLDSTEIN, S. y ELLISON, A. T. (Eds.), *Clinician's Guide to Adult ADHD: Assessment and Intervention* (pp. 261-277). New York. Academic Press. Elsevier Science.

SWARTZ, S. L.; PREVATT, F. y PROCTOR, B. E. (2005). "A *coaching* intervention for college students with attention deficit/hyperactivity disorder". *Psychology in the Schools*, 42(6), 647 - 656.

TUCKMAN, A. (2007). *Integrative treatment for adult ADHD: A practical, easy-to-use guide for clinicians*. New York. New Harbinger Publications.

¿Qué pueden hacer los adultos con TDAH para mejorar y superar problemas?

María Jesús Ordóñez
Roberto Álvarez-Higuera

> *"Cualquier cosa que puedes hacer o que sueñes que puedes hacer, hazla. El coraje tiene genio, poder y magia".*
>
> W. H. Murray.

Introducción

La misión "casi imposible" (y decimos "casi" porque nosotros somos de la creencia de que no hay casi nada imposible) que le ha sido encomendada a este capítulo es la de encontrar soluciones para superar las dificultades cotidianas de los adultos con TDAH y sacar a flote lo mejor de cada uno (una briega muy gorda que dirían en tierras del sur). Pues bien, en primer lugar debemos tener claro que no hay una solución perfecta ni única para casi nada, que existen tantas como individuos y son tan variadas como las situaciones en las que debemos aplicarlas, por lo que cada persona tendrá que encontrar la suya. Así que, si lo que esperas encontrar al leer estas páginas son soluciones mágicas y rápidas, de esas de "hago zas y aparezco a tu lado", es mejor que pases a otro, porque siendo sinceros hay que decir que no existen o al menos nosotros no tenemos la fórmula; es más, aun seguimos buscando soluciones para nuestro día a día.

> *"(...) el principio de la salud está en conocer la enfermedad y en querer tomar el enfermo las medicinas que el medico le ordena (...) las cuales suelen sanar poco a poco, y no de repente y por milagro (...) y si vuestra merced quiere ahorrar camino y ponerse con facilidad en el de su salvación, véngase conmigo, que yo le enseñaré a ser caballero andante, donde se pasan tantos trabajos y desventuras, que, tomándolas por penitencia, en dos paletas le pondrán en el cielo".*

"Don Quijote de la Mancha". Miguel de Cervantes.

21 21 pasos hacia adelante

- El conocimiento sobre qué es el TDAH, lo que implica y cómo podemos afrontarlo es el primer paso a dar y supone una parte importantísima en la búsqueda de soluciones. Para nosotros, como para mucha gente, supuso una liberación, por fin sabes qué te sucede y eso es un paso de gigante. Dar palos de ciego sin saber a qué es muy angustiante y descorazonador. Por eso es muy habitual ver llantos incontrolados durante las consultas o las charlas cuando la gente se identifica con el trastorno.

  Como dice el Dr. Ramos-Quiroga, coordinador del Programa del TDAH del Hospital Vall d'Ebron y especialista en el tratamiento de TDAH en adultos, *"(...) lo más positivo es que tenemos recursos para lidiar con el TDAH y un buen conocimiento"*.

  Los medios de comunicación juegan un papel muy importante y beneficioso en la difusión del trastorno, pero en ocasiones esa información es poco objetiva o está sesgada en función de diferentes intereses, creando como efecto final la confusión. Así que una de las primeras dificultades con la que nos encontramos es el desconocimiento y los prejuicios.

  En una ocasión un veterinario con mucha experiencia le recomendó al dueño de un perro para que creciese fuerte y sano darle una cucharada de aceite de hígado de bacalao todos los días. El dueño llegó a su casa y le metió la cuchara con aceite de hígado de bacalao en la boca del pobre perro. Al día siguiente volvió a meterle a la fuerza otra cucharada de aceite en la boca. Así continuó durante meses. Todos los días luchando para que el perro abriera la boca y tragara el aceite de hígado de bacalao. Pero un día, forcejeando con el animal, el frasco de aceite se cayó al suelo. El dueño soltó la cuchara y el perro, de un salto, se fue a lamer el aceite hasta terminarlo. Y así fue como este hombre aprendió que el perro no se resistía al aceite, sino a la manera en que se lo daba.

- Una vez que ya sabes qué te pasa, ahora toca cambiar de actitud hacia ti mismo. No te sientas culpable, pide perdón y perdona. Haz un acto de reflexión y analiza cuál es tu situación personal, ¿dónde estoy? y ¿a dónde quiero llegar?, ¿cómo te encuentras anímicamente, si eres feliz, si te gusta tu trabajo, estás con las personas que quieres, qué es lo que te preocupa, en qué estas teniendo dificultades y qué es lo que te gustaría mejorar?. Tenemos que ser sinceros con nosotros mismos para empezar asumir los propios errores, nuestras equivocaciones: *"Sí señor agente, tiene usted razón, me he saltado el semáforo, lo siento"*. De esta manera, conseguimos que la actitud de nuestro interlocutor hacia nosotros se suavice, incluso que se ponga en nuestro lugar. Las grandes empresas como las fuerzas aéreas de la RAF, Toyota, ExxonMobil, empiezan a emplear la política de cuando alguien comete un error, en vez de castigar, se analiza el por qué, utilizan sistemas de detección de fallos y aprendizaje a través de ellos: *"Cada error que estamos a punto de cometer puede enseñarnos algo. Tan solo tenemos que tomarnos el tiempo necesario para investigarlo"*, refiere G. Murray, jefe de seguridad de ExxonMobil. Aprendamos del patinazo y adelante. Dicen que el que tropieza y no cae adelanta camino; pues bien, aunque caigas también adelantas camino porque algo aprenderás de la caída.

"El fracaso es simplemente la oportunidad de empezar de nuevo, esta vez de forma más inteligente".

Henry T. Ford.

- El siguiente paso será pedir ayuda. Es el abc para las situaciones de emergencia. Una vez que analizas la situación, pide ayuda. Acude a un buen especialista si es necesario y busca el apoyo de alguien (mentor, tutor o *coaching*) que te supervise, te recuerde y te acompañe. Los resultados suelen ser muy beneficiosos para ambos. En nuestro caso ha sido fundamental haber contado con la ayuda de terceras personas, desde los profesionales más familiarizados con el trastorno como son médicos, psiquiatras, psicólogos, terapeutas, pasando por nuestro entorno familiar y social. También podemos decir que no todos los profesionales ni toda la gente cercana han sabido o han podido ayudarnos, por eso el camino a veces se hace muy cuesta arriba.

  Nuestro error y el de mucha gente fue compartir con quien no debíamos la gran ilusión de empezar a ver un rayo de luz al final del túnel. Hay que saber con quién hacerlo, encontrar el momento y la forma. Las asociaciones de afectados por TDAH realizan una gran labor como fuente de información: sobre las soluciones de otros afectados (te das cuenta de que ni eres el único ni lo tuyo es lo más grave, hay muchísima gente igual y hasta en peores situaciones), los mejores profesionales en tu ciudad, avances médicos y legales, talleres, charlas, conferencias y otras actividades de gran utilidad.

- Empieza a modificar hábitos. Los cambios solemos identificarlos como un riesgo o amenaza pero cuando hay una situación que queremos mejorar sabemos que habrá que modificar algo. El cambio no garantiza la mejora pero si éste no se produce, está claro que no habrá mejora. Adopta una actitud positiva y deja de quejarte o de terribilizar.

"Ponte de espaldas y verás cómo dejas de ver lo que tenías enfrente. Parece una tontería, pero a veces es útil. Te cambia la perspectiva".

J. L. Cuerda.

- La "construcción de nichos o nidos" es el proceso por el que un organismo altera su entorno para aumentar sus posibilidades de supervivencia y debería considerarse, según los científicos, el segundo factor más importante en la evolución, después de la selección natural. Pues bien, ese nido, en el trabajo, en casa, en familia, con los amigos y cómo no, en la pareja, juega un papel fundamental para que las personas con TDAH salgan adelante. Rodéate de buena gente. Nosotros lo fuimos construyendo poco a poco y le llamamos de forma cariñosa "la tribu". Son esas personas que te quieren, te aceptan como eres y te ayudan. El funcionamiento de la nuestra, a la vista de mucha gente, es caótico, sin el orden preestablecido para muchas cosas, pero nos funciona. Entre todos vamos buscando mecanismos que nos faciliten el día a día, por ejemplo, al marchar de un sitio estamos pendientes de recoger las cosas unos de otros; tenemos varios juegos de llaves para que siempre exista una "reserva de emergencia"; utilizamos recordatorios compartidos en los teléfonos móviles; cuando surge un conflicto hay alguien que actúa de intermediario o mediador quitándole hierro al asunto y de forma muy beneficiosa para todos. En alguna ocasión han fallado los mecanismos, pero cada vez es más raro y en caso de que suceda nos lo solemos tomar con mucha filosofía.

"Ni te hagas semejante a los perversos, porque son muchos, ni enemigo de muchos porque son distintos. Enciérrate en ti mismo cuando puedas; relaciónate con los que han de hacerte mejor; admite a aquellos a quienes tú puedes hacer mejores. Esas cosas se hacen a la recíproca; y los hombres aprenden cuando enseñan".

Séneca.

- Respecto a la necesidad de precisar o no medicación, ha de ser el médico especialista el que determine si es necesario algún tipo de tratamiento farmacológico. En nuestro caso supuso una mejoría llamativa en cuanto al control de la impulsividad, los cambios de humor y sobre todo la posibilidad de mantener la atención. Por ejemplo, a la hora de conducir, existe una clara diferencia de hacerlo medicado o no. Antes en viajes de largo recorrido, la media podía ser de dos o tres multas por exceso de velocidad, cuando no; algún que otro susto por adelantamientos apurados o una "picada" con otro conductor. El cambio ha sido realmente considerable. De vez en cuando hay pequeños amagos, pero mucho más controlados.

Examen de conducir de adulto con TDAH (previo olvido de la medicación (…) estaba tonto perdido, según sus propias palabras).

−¿Pero no has visto el stop? -le dijo el profesor después de un frenazo de emergencia

−¡No, no, estaba mirando el camión!

- La inestabilidad emocional tan frecuente en los TDAH, hasta un 44% (frente a 4% en población normal), ocasiona grandes dificultades en sus relaciones personales (padres, amigos, parejas). Para ello puede ser de gran ayuda el desarrollo de la inteligencia emocional, es decir, entrenar la capacidad de reconocer los sentimientos propios y de la gente con la que nos relacionamos, identificar nuestras emociones y canalizarlas para conseguir una buena gestión de conflictos. En cuanto al control de la ira o de ese "lado oscuro", procura evitar las descargas con las personas que más te quieren, reprocharles y exigirles que tienen que saber que eres así y que te tienen que aguantar todo. Si ves que estás a punto de explotar, intenta contar hasta diez, STOP (So, TDAH, Obedece y Para) y respira profundamente (las respiraciones profundas ayudan a disminuir la tensión). Deja pasar un poco de tiempo, cambia de actividad, sal a tomar el aire, un paseo… y poco a poco todo volverá a su sitio.

"Si eres paciente en un momento de ira, escaparás a cien días de tristeza"

Proverbio chino.

- Como mejorar la comunicación:
  - Primero pensar y luego hablar. Intenta contar hasta diez, aprovecha para hacer respiraciones profundas y luego lánzate.

- Procura evitar palabras hirientes, adjetivos descalificadores, etiquetas, reproches. Se puede transmitir el mismo mensaje de muchas formas. Utiliza lenguaje positivo. Emplea las palabras mágicas: por favor, gracias. Hay palabras que pueden cerrar puertas, pero hay otras que pueden abrirlas.
- Escucha sin juzgar y mirando a los ojos.
- Mejor hacer preguntas en lugar de afirmaciones, por ejemplo, "*¿me escuchaste?*" En lugar de "*no me escuchas*".
- Evita "siempre", "nunca" y tocar temas del pasado "*(...) siempre lo olvidas, nunca lo haces (...)*".
- Prueba a bajar el tono de voz, incluso pedir "tiempo" o "v", como los niños en los juegos, para proseguir en otro momento cuando se calmen los ánimos. Los silencios en ocasiones también son muy necesarios.

• Otra de las herramientas más poderosas con que contamos es hacer uso del sentido del humor y quitar hierro a los asuntos. La risa tiene efecto analgésico, facilita la digestión y la eliminación de toxinas, mejora la circulación y fortalece el corazón. Es un arma eficaz contra la depresión y el estrés. Refuerza el sistema inmunológico y mejora la capacidad pulmonar. Además la alegría, el buen humor, tienen un efecto contagioso. Prueba a sonreír y verás cómo cambia la actitud de las personas que te rodean, o al menos la de las ovejas. En una investigación que se hizo con un rebaño de ovejas, descubrieron que éstas se iban hacia el lado donde estaban las fotos de gente sonriendo en vez de ir hacia el lado con fotos de gente seria, ¿curioso no? Intenta mantener el buen humor hasta en las peores circunstancias "*Si no puedes ayudar (...) molesta. Lo importante es participar*".

• Aprende a decir "no". Es muy habitual en los TDAH, que en su afán de querer agradar, no sepan decir no a un montón de proposiciones, muchas veces siendo de su desagrado e incluso conscientes del riesgo o las consecuencias posteriores. Tenemos que ser valientes y practicar esa negación ante cosas que realmente no queramos hacer. Nos hará más fuertes y mejorará nuestras relaciones. Para este tipo de situaciones existen diferentes soluciones, pero hay una que suele ser muy útil: la técnica sándwich (pan rico, rico -algo agradable-, el relleno flojito -la negativa- y de nuevo pan rico, rico -algo agradable-). Por ejemplo: un amigo quiere que le acompañes a una fiesta en otra ciudad y que vayáis en tu coche. Pues bien, primero le das las gracias por acordarse de ti, le dices que ha sido una buena idea pensar también en lo del coche. Después le comentas que sintiéndolo mucho, no va a poder ser porque tienes otros planes. A continuación, le puedes sugerir que se lo diga a otro amigo y que estás seguro que lo van a pasar fenomenal.

"Quien siempre dice la verdad, puede permitirse el lujo de tener mala memoria"

Theodor Heuss.

• Realiza ejercicio físico con regularidad, *mens sana in corpore sano*. El ejercicio físico debe formar parte de nuestra vida, acompañado de una dieta equilibrada. Un sinfín de publicaciones apuntan que la realización de ejercicio incrementa la capacidad de concentración. Si cada uno, dependiendo de sus posibilidades, fijara una rutina de tres o cuatro días por semana sería ideal, pero también existen otras opciones como hacer un kit-kat de forma regular, tan simple como caminar rápido 3-5 min. No hay excusa. El yoga y la meditación están resultando también muy beneficiosos tanto para mejorar la capacidad de concentración, como para reducir la ansiedad y la fatiga. La aplicación del movimiento *Slow*, realizar actividades artísticas, tiempo para pensar en verde, son también grandes herramientas a nuestro alcance. La combinación de todas ellas es fantástica, os lo podemos asegurar.

- Haz uso de la música. Cada vez hay más estudios que demuestran su poder terapéutico en patologías como el estrés y la ansiedad, pero también su capacidad de mejorar la concentración.

- Según los estudios viajar aumenta la creatividad y la capacidad para resolver problemas. Además, está probado que un cambio de ambiente es una buena forma de romper con malos hábitos y comenzar una vida nueva. Conocer gente nueva con una forma distinta de vivir nos hace reflexionar, aumenta nuestro nivel de tolerancia, nos ayuda a apreciar las cosas positivas de nuestra vida, a mejorar aspectos a los que no prestábamos atención o a valorarnos a nosotros y a nuestra gente cercana.

- Elige algún objeto próximo que te recuerde que tienes que parar, "stop". Por ejemplo: un faro, una tortuga, una foto...

- El ordenador es una herramienta fantástica para las dificultades de escritura y ortografía. En cuanto a la lectura, nosotros con frecuencia leemos cosas en común, son experiencias muy enriquecedoras y que ayudan a la comprensión lectora. Si tienes la suerte de que alguno de tus "acompañantes" es un gran lector, aprovecha sus conocimientos, si no siempre te quedará poder ver la "peli".

- Para muchas familias, como dice Carl Honore, el principal problema del mundo o uno de los principales es el reparto de las tareas domésticas. Pues bien, las dificultades para organizarse, los olvidos, los problemas de control emocional, complican aún más las cosas. En nuestro caso sigue siendo motivo de pequeños conflictos, pero con menos frecuencia y más llevaderos. El secreto: respeto y permisividad. Una combinación extraña pero que va funcionando. Sabemos que hay que mantener unos mínimos de convivencia, en cuanto a espacios comunes, pero poco a poco vamos aprendiendo a "convivir con el moco"; es decir, mantenemos ese caos pero sin agobios. De vez en cuando hay toque de atención, se hace una batida de limpieza-recogida, y aquí paz y después gloria. Démosle importancia a las cosas realmente importantes. Para mucha gente este tipo de desorganización es incomprensible, pero puede que también para nosotros sea una locura su forma de comportarse tan sumamente cuadriculada y organizada. Solución: respeto.

"La vida es un 10% lo que haces y un 90% como te lo tomas".

Irvin Berlin.

- La utilización de una agenda o calendario resulta muy útil para organizarte y más aún si cuentas con la ayuda de supervisión por parte de alguno de los tutores. Actualmente, los teléfonos móviles, con todas sus aplicaciones, suponen una herramienta fabulosa para estos menesteres. En casa utilizamos todo tipo de técnicas: en un tablón fijamos los horarios laborales y escolares de cada uno, los horarios de ocio, los compromisos semanales y las fechas importantes como citas médicas, plazos en los que venzan permisos, etc. Una vez fijadas las citas y rutinas ineludibles vemos el tiempo que queda libre para poder compartirlo y optimizarlo. También son una buena herramienta la utilización de pos-it, notas, alarmas, contratos, asambleas, fijar reglas por escrito… Estos consejos sabemos que llevarlos a la práctica puede resultar muy complejo, por eso es recomendable que haya alguien que nos ayude a comprometernos seriamente.

- Divide las tareas complejas en otras más pequeñas: por ejemplo, si tienes que ordenar un armario, el primer objetivo será ordenar uno de los cajones. Márcate metas a corto plazo (en el día, en la semana…), utiliza alarmas que te marquen el tiempo.

- Intenta realizar las tareas más complicadas en los momentos de máximo rendimiento, cada persona conoce cuáles son sus mejores horas, hay personas que son muy productivas a primeras horas de la mañana y otras para las que realizar algo antes de mediodía es una tortura. Intenta agrupar tareas del mismo tipo: por ejemplo, establece un tiempo para ver y responder correos electrónicos, marca un día para hacer colada-limpieza… Intenta hacer listas de comprobación o verificación antes de salir de casa, de viaje…

- Simplifícate, claro está hasta donde tú quieras y sea compatible con tu día a día. Con esto lo que queremos trasmitir es que, por ejemplo, el orden y la organización son necesarios pero hasta cierto punto. Hay que cumplir con las reglas y los plazos de las cosas realmente urgentes e importantes, lo demás puede esperar. Los olvidos, las pérdidas de objetos suelen ser causa de roces y discusiones en cualquier relación, así que, o empiezas a actuar de otra manera o seguirán repitiéndose los mismos patrones. Determina qué cosas son realmente prescindibles: reduce tu vestuario, la bolsa de viaje, los compromisos… así evitarás parte de esa vorágine que te complica aún más las cosas. Por otra parte, el caos sigue siendo el mejor caldo de cultivo para los investigadores, para las grandes soluciones. Es cierto que vivimos en sociedad y para ello debemos cumplir unas normas estipuladas de convivencia. A veces puede resultar demasiado complicado salirse del guión establecido, porque como animales sociales que somos, queremos ser aceptados, encajar con el resto… y nos empeñamos en organizarle la vida a los demás desde la más tierna infancia pero, de momento, nos sigue quedando la libertad de poder elegir cómo vivir la nuestra.

"La autenticidad consiste en ser fiel a quien eres incluso cuando todos los que te rodean quieren que seas otra persona".

Michael Jordan.

3 Y ahora... un salto

Podríamos hablar de "capacitismo" igual que hablamos de "sexismo" o "racismo" para referirnos a la discriminación sufrida por las personas con TDAH durante muchos años al no ser capaces. Recordemos que a lo largo de la historia ha habido diagnósticos que con el paso del tiempo han desaparecido, como la drapetomanía o la tendencia desenfrenada a querer huir que tenían los esclavos africanos. Hasta hace muy poco la homosexualidad era considerada un trastorno mental. En 1973 la edición del manual DSM la suprimió y todos los homosexuales pasaron de la locura a la cordura de un plumazo. La sociedad de alguna manera determina quién es y quién no discapacitado. ¿Discapacidad porque se va peor en lo que más se valora en los colegios: exámenes, competitividad, reglas? ¿Y qué pasa con sus habilidades extra respecto a los demás en arte, música o inteligencia práctica?

¿Qué ocurriría si los patrones culturales y sociales cambiasen porque se descubre que ahora es bueno tener ojos oscuros y piel morena? Hace años el pescado azul era "puro veneno" para la salud, ahora sabemos que es más que recomendable. De hecho se sabe que en tiempos prehistóricos las características de un TDAH fueron una gran ventaja: la hiperactividad para la caza y búsqueda de cobijo; la atención dispersa para la vigilancia y estar alerta; la impulsividad para la defensa. Hoy en día incluso, dependiendo de qué culturas o entornos, puede ser una ventaja o una desventaja.

Uno de los mayores placeres que se pueden experimentar en esta vida es llegar a conseguir lo que la gente te ha dicho previamente que no eras capaz de hacer. Después llegará el momento *"qué suerte has tenido"*, pero qué importa, para entonces poco te afectarán los comentarios de gente que prefirió apostar a otro caballo ganador. La vida es así.

4 Fracasos de famosos

A Michael Jordan no le cogieron en su escuela en el equipo de baloncesto, a Walt Disney lo despidieron de un periódico porque no tenía ideas originales y a Oprah Winfrey la despidieron como reportera de noticias porque no servía para trabajar en la televisión. Con esto se deja constancia que parece que si no realizas un trabajo de ocho horas, en un lugar fijo y sentado, mucha gente opinará que no puedes hacer nada productivo, eres poco más o menos que un inútil o un vividor, dependiendo del cariño que te tengan. Según la psicóloga Kathleen Nadeau, también con TDAH, en el ABC News: *"Las personas con TDAH tienen mucha energía y son muy buenas teniendo ideas. A menudo trabajan felizmente entre doce y quince horas por decisión propia. El mundo de los negocios no debería temer al TDAH. Todo lo contrario, debería considerar que ahí hay una potencial mina de oro"*. En la actualidad, hay empresas (Ej. Specialisterne) que prefieren contratar personas con SDM Asperger u otros trastornos del espectro autista como probadores de aplicaciones de software (75% de ellos), porque están especialmente dotados para ello gracias a sus capacidades de concentración y asombrosa memoria. Éstos por su parte pueden disfrutar de su trabajo, haciendo algo que les gusta y sin que por ello les etiqueten como "antisociales".

Según un estudio de la Universidad de California, el sentirse rechazado produce en el cerebro el mismo efecto que el dolor. Es decir, el rechazo duele, porque equivale a un *"no te quiero"* y si es algo habitual, como sucede en las personas con TDAH, la autoestima se va dañando hasta tal punto que pasas a oír, dicho con toda naturalidad, es que *"soy un desastre"*. Lo tienen más que asumido y como tal se comportan, es la indefensión aprendida. Nos lo decía un chico, después de presentarse como *"Hola, me llamo Juan y soy un desastre"*, que él sabía conducir perfectamente, pero su profesor de autoescuela, famoso en el entorno por su poca gracia, no hacía mas que machacarle, *"solo hubiese necesitado una palmadita en la espalda y todo el nerviosismo y la inseguridad se me hubiese quitado de un viaje"*. Llega un momento que asumen su papel y solo esperan de nuevo el rechazo directamente, que nadie valore su esfuerzo, a veces titánico, por eso es muy frecuente que aparezca el aislamiento, la ansiedad, la depresión. Pero, ¿sabéis que el brillo de los diamantes depende de los cortes que tengan? Pues solo hay que pensar, que cada corte, cada herida, cada rechazo, solo van a conseguir que tengamos mas brillo y mas resistencia. Muévete y busca tu camino, acabarás encontrándolo, donde menos te lo esperes. No te resignes, olvida ese *"soy un desastre"*. Sigue avanzando, persigue tu sueño, no decaigas, porque aunque te cierren muchas puertas, alguna se abrirá. Olvida el pasado y concentra toda tu energía, todas tus fuerzas en el hoy, en el mañana, en lo que te queda por hacer. Nunca es tarde para nada. Como decía el gran Séneca: *"A buena edad dices, ¿por qué no es buena? Pues, qué cosa más necia no aprender porque no has aprendido durante mucho tiempo"*. Prepara el jardín, quita las malas hierbas, remueve la tierra, abona y planta. Con cariño y dedicación hasta en condiciones adversas las plantas acaban dando sus frutos. Dicen los navegantes que *"No importa cómo soplan los vientos, sino cómo se colocan las velas"*. Olvídate de lo que piensen los demás de ti, de las etiquetas que te hayan puesto, y sigue adelante. Recuerda en momentos de flaqueza lo que decía otro de los grandes de la historia con TDAH, como fue Einstein: *"Los grandes espíritus siempre han encontrado una violenta oposición en las mentes mediocres"*. Así que ignora los comentarios dañinos, ríete de la situación y sigue, no te pares.

Principios básicos para mantenerte motivado y conseguir que las críticas no te afecten:

- Proponerse romper el patrón establecido, salirse del guión.
- Esperar grandes cosas para el futuro. Creer que siempre vamos a ir a mejor.
- Respetar al prójimo y celebrar lo pequeño.

NOTAS BIBLIOGRÁFICAS

ARMSTRONG, T. (2012). *El poder de la neurodiversidad*. Barcelona. Paidós.

BARKLEY R. A. (2013). *Tomar el control del TDAH en la edad adulta*. Barcelona. Octaedro.

CERVANTES, M. DE (1998). *Don Quijote de la Mancha*. Madrid. Alba Libros.

CUERDA, J. L. (2013). *Si amaestras una cabra, llevas mucho adelantado*. Madrid. Planeta.

DURÁN, A. J. (2012). *El ojo de Shiva, el sueño de Mahoma, Simbad… y los números*. Barcelona. Destino.

GONZÁLEZ PARDO, H. y PÉREZ ÁLVAREZ, M. (2008). *La invención de los trastornos mentales*. Madrid. Alianza Editorial.

GUERRERO, J. F. (2006). *Creatividad, ingenio e hiperconcentración: las ventajas de ser hiperactivo (TDAH)*. Málaga. Aljibe.

HALLOWELL, E. y RATEY J. (2001). *TDA: controlando la hiperactividad*. Barcelona. Paidós.

HONORÉ, C. (2013). *La lentitud como método. Cómo ser eficaz y vivir mejor en un mundo veloz*. Barcelona. RBA.

KELLY, K. y RAMUDO, P. (2006). *You mean I´m not lazy, stupid or crazy?* Nueva York. Scribner.

LANDAW, J. y BODIAN, S. (2011). *Budismo para Dummies*. Barcelona. Planeta.

ORDÓÑEZ, M. J. y ÁLVAREZ-HIGUERA, R. (2011). *No estáis solos. Un testimonio esperanzador sobre el Trastorno por Déficit de Atención e Hiperactividad*. Barcelona. Cúpula.

ORDÓÑEZ, M. J. y ÁLVAREZ-HIGUERA, R. (2012). *Tú Tampoco Estás Solo. Un testimonio esperanzador sobre el Trastorno por Déficit de Atención e Hiperactividad en adultos*. Barcelona. Cúpula.

QUINTERO, F. J.; CORREAS, J. y QUINTERO, L. (2006). *Trastorno por déficit de atención e hiperactividad a lo largo de la vida*. Madrid. Ergon.

RAMOS-QUIROGA, J.; BOSCH, R. y CASAS, M. (2009). *Comprender el TDAH en adultos*. Barcelona. Amat.

SANTANDREU R. (2011). *El arte de no amargarse la vida*. Barcelona. Oniro.

SÉNECA (2006). *Cartas a Lucilio*. Barcelona. Juventud.

SHARMA R. (2012). *El líder que no tenía cargo*. Barcelona. Debolsillo.

SOUTULLO, C. y DIEZ, A. (2007). *Manual diagnostico y tratamiento del TDAH*. Barcelona. Panamericana.

STAMATEAS, B. (2013). *No me maltrates*. Barcelona. Ediciones B, SA.

TUCKMAN, A. (2009). *More Attention, Less Deficit. Sucess Strategies for Adults with ADHD*. Florida. Specialty Press, Inc.

WILLIAMS, M. y PENMAN, D. (2013). *Mindfulness. Guía practica para encontrar la paz en un mundo frenético*. Barcelona. Paidós.

17 Mujeres con TDAH

Ellen B. Littman
Traducción de María del Pilar Montijano Cabrera

Introducción

Dada la abundante información disponible sobre el Trastorno por Déficit de Atención e Hiperactividad (TDAH), resulta fácil tener la falsa impresión de que sabemos más en torno a la experiencia de las mujeres que sufren este trastorno de lo que realmente conocemos. El TDAH es un trastorno significativo del desarrollo neurológico que se extiende a lo largo de toda la vida y que afecta al ánimo, la cognición, el comportamiento y a la funcionalidad del individuo. Ahora sabemos que múltiples factores, tanto genéticos como ambientales, interactúan para crear un espectro de vulnerabilidad neurobiológica. Diferentes técnicas de neuroimagen (el estudio de imágenes por resonancia magnética y electrofisiológicos) han puesto de manifiesto las múltiples estructuras y redes neuronales que intervienen en la expresión de este trastorno. La investigación apunta a que los propios síntomas son bastantes consistentes entre los géneros. No obstante, según avanzamos en nuestro conocimiento sobre TDAH en adultos, encontramos que los resultados relativos a las mujeres difieren significativamente de los de los hombres.

Hasta hace relativamente poco tiempo, las mujeres con TDAH han llevado una vida secreta, su vida interior ha sido prácticamente desconocida para los demás. Al no ser plenamente reconocidas, no se las ha llegado a estudiar de la manera adecuada. Al no habérselas estudiado de manera adecuada, no han sido comprendidas. Y por no haber sido debidamente entendidas, con frecuencia se las ha diagnosticado mal y han seguido tratamientos incorrectos o no plenamente ajustados. Ahora estamos empezando a comprender que las mujeres con TDAH con un mal diagnóstico y un mal tratamiento pueden llegar a encontrarse en situaciones de riesgo en muchos aspectos en los que no se encuentran los hombres con idéntico trastorno. Los secretos entrañan peligro, por lo que es esencial que arrojemos alguna luz sobre la vida interior de las mujeres con TDAH para que cese su sufrimiento en silencio.

2 El modo en que las mujeres no han sido tenidas en cuenta

La mejor manera de llegar a entender las lentes a través de las cuales se mira a las mujeres con TDAH es siguiendo las huellas de la historia del desarrollo del propio TDAH. Dicha historia, que ha conformado nuestra concepción del TDAH actual, ha estado profundamente influenciada por las características de la población sujeta a estudio. Las primeras remisiones a clínicas psiquiátricas fueron motivadas por la dificultad de encargarse de niños hiperactivos, impulsivos, obstinados, la gran mayoría de los cuales eran chicos jóvenes blancos. La investigación que utiliza esos datos clínicos supuso la base inicial a partir de la cual se establecieron los criterios de diagnóstico del TDAH. Sin pretenderlo, el comportamiento de esos chicos pasó a convertirse en el precedente con el que todos los otros comportamientos de TDAH se han ido comparando. Consecuentemente, se incorporó un cierto sesgo de género a la propia definición del trastorno.

Los criterios que describen esos comportamientos hiperactivos/impulsivos se encuentran recogidos en el *Manual Diagnóstico y Estadístico de Trastornos Mentales* (DSM) y catalogados como la Reacción Hipercinética de la Infancia en los Estados Unidos (APA, 1968). Haciendo uso de los mencionados criterios, solamente se pudo diagnosticar a una pequeña minoría de niñas, que presentaron los comportamientos extremos más parecidos a los de los niños hiperactivos que habían sido estudiados. Al ceñir el estudio exclusivamente a esas niñas que se ajustaban a los criterios ya establecidos, el sesgo se perpetuó durante décadas. Se suponía que las niñas que reunían los criterios observables eran parecidas a los niños que cumplían con los mismos. La conclusión fue que no había lugar para la consideración de diferencias de género, sino que el TDAH era más prevalente y, de un modo notable, en los niños. La investigación posterior se llevó a cabo en base a los datos que describían a esas niñas hiperactivas, con lo que aquella visión sesgada tomó aún más fuerza y alcanzó la consideración de hecho.

De manera progresiva se ha ido evidenciando que, efectivamente, aquellas niñas hiperactivas eran atípicas dentro de todo el conjunto de comportamientos relacionados con el TDAH en las mujeres. En 1980, el DSM-III actualizó de nuevo los criterios de diagnóstico para dar cabida a síntomas que hasta ese momento habían pasado inadvertidos -con o sin hiperactividad- (APA, 1980). Los estudios pusieron de manifiesto que las niñas con TDAH mostraban menos hiperactividad que los niños (Gaub y Carlson, 1997) y, súbitamente, cantidades significativas de niñas, cuyos comportamientos no guardaban mucho parecido con el de los niños hiperactivos, se convirtieron en potenciales sujetos de diagnóstico y tratamiento. Aquel que tiempo atrás pasase por ser el rasgo distintivo de TDAH (a saber: la hiperactividad) estaba siendo considerado en estos momentos como síntoma de falta de atención. El TDAH podría ser diagnosticado de acuerdo con síntomas de falta de atención, independientemente de la concurrencia o no de la hiperactividad y/o de la impulsividad.

Incluso en el momento actual, la concepción inicial de TDAH, con un claro énfasis en la hiperactividad e impulsividad, ostenta una representación superior en muchas escalas de diagnóstico, y en la manera de entenderlo que aun sostienen muchos especialistas clínicos a nivel mundial. En la CIE-10, debido a que todavía se requieren para su diagnóstico tanto la desatención como el exceso de actividad, sigue siendo menor la cantidad de mujeres que satisface estos criterios tan restringidos. Debido a ello, incluso en nuestros días, los estudios basados en los criterios de la CIE-10 perpetúan los sesgos de género. Sin embargo, se advierte que otras muestras más amplias (las que toman como base la comunidad en su conjunto) ofrecen una representación más válida con respecto a la presencia del TDAH entre la población que aquellas muestras que se circunscriben a las referidas clínicas. La utilización de muestras basadas en la población permite identificar un porcentaje de niñas considerablemente más elevado. Algunas de las investigaciones más recientes están utilizando estas estadísticas basadas en la población que, con el paso del tiempo, proporcionarán una imagen más rigurosa y acertada de lo que es el TDAH en la población femenina.

3 Obstáculos para el diagnóstico

Cuantiosas e importantes son las vías por las que ese sesgo histórico relacionado con el género ha mermado la posibilidad de que las mujeres fueran correctamente diagnosticadas. Los chicos tienden a la máxima hiperactividad en sus primeros años de vida y ese síntoma decrece con la edad. Ahora se sabe que la trayectoria de desarrollo de la aparición de los síntomas del TDAH en el género femenino es opuesta a la de los chicos. Para las niñas, estos síntomas debilitadores pueden parecer mínimos hasta la pubertad. Con el fluir progresivo de estrógenos en sus sistemas, los síntomas comienzan a hacerse más pronunciados (Huessy, 1990). A lo largo de la adolescencia, los síntomas responden a fluctuaciones en los niveles de estrógenos, con un empeoramiento de síntomas cuando los niveles de estrógenos caen durante las semanas que preceden a la menstruación. Con el conocimiento que tenemos hoy en día relativo a la conexión existente entre estrógenos y la aparición de los síntomas, cobra sentido el que muy pocas niñas con TDAH manifiesten síntomas perjudiciales observables hasta los 7 años. No obstante, hasta 2013, los criterios del DSM requerían la presencia de síntomas antes de esa edad, de acuerdo con lo recogido para la aparición en los niños. Como consecuencia de esto, a las niñas se les seguía frenando la posibilidad de que satisficiesen los criterios para el diagnóstico, incluso aunque ellas pudieran cumplir los criterios de los síntomas en sí mismos. El DSM-5 finalmente aumentó la edad de corte desde los 7 hasta los 12 años de edad, aumentando así de un modo significativo la posibilidad de que las niñas sean diagnosticadas de un modo oportuno y a su debido tiempo, y no en la vida adulta.

En los sondeos originales de chicos jóvenes, la hiperactividad decrece progresivamente según estos van alcanzando la pubertad. Dado que los diagnósticos iniciales giraron en torno a la hiperactividad como la característica distintiva, esta reducción aparente en el total de manifestaciones motrices de la misma llevó a los investigadores a concluir que se había resuelto el trastorno. De ahí que se diese por sentado que el TDAH era un trastorno que se circunscribía a la infancia, excluyendo la posibilidad de que se diagnosticase en adultos. No en vano, hasta la publicación del DSM-5 en mayo de 2013, el TDAH había sido agrupado junto a otros Trastornos de Conductas Problemáticas de la Infancia (APA, 2004). Los términos "conductas problemáticas" e "infancia" no incluyen ni describen a mujeres con TDAH, todo lo cual subraya el error de concepto que de manera involuntaria ha traído consigo unos resultados tan negativos para las mujeres con TDAH.

La CIE-10 aun incluye al TDAH en la categoría de Trastornos Hipercinéticos, que define la aparición "*que normalmente tiene lugar en la infancia o adolescencia*". No fue hasta el comienzo de los años 90 que se puso en tela de juicio el concepto de TDAH como un trastorno limitado a los niños. Nos encontramos en los albores de que los adultos con TDAH consigan diagnósticos de credibilidad. La primera vez que se ha mencionado que un adulto padece TDAH ha sido en el DSM de 2013 en los EEUU. Una vez que se aceptó que el TDAH podría perdurar en la edad adulta, se pensó que implicaría exclusivamente a un porcentaje muy pequeño de casos. En nuestros días, la persistencia de hasta un 70% de los casos hasta la edad adulta proporciona suficiente apoyo a la opinión de que el TDAH es un trastorno crónico que se extiende a lo largo de toda la vida y que comienza en la infancia (McGough *et al*, 2005). Curiosamente, la ratio de hombres con TDAH frente a las mujeres con idéntico trastorno en las clínicas de los EEUU es de 1:1 a pesar de que la ratio de niños a niñas es de aproximadamente 3:1, lo cual sugiere que se sigue ignorando este trastorno todavía en muchas niñas, mientras que las mujeres se están auto-diagnosticando y buscando ayuda.

Otra barrera adicional para el diagnóstico es el hecho de internalizar los síntomas, más típicos de las mujeres con TDAH, por lo que son más complicados de detectar para otros. Muchos de los aspectos de la experiencia de estas mujeres se describen mejor en base a conceptos abstractos que, incluso para las propias mujeres, es complejo reconocer, articular y cuantificar. Si no se les pregunta de manera explícita, es improbable que ellas voluntariamente compartan estas experiencias cualitativas internas ("*Me siento muy abrumada*"). Con todo, no es difícil que estas pistas pasen inadvertidas para los especialistas clínicos, cuyas entrevistas tienden a basarse en criterios previamente establecidos. Asimismo, las mujeres con Tiempo Cognitivo Lento, con menor atención consciente y sin conciencia autofocalizada, figuran en un lugar destacado, aunque todavía siguen pareciendo deprimidas (y no diagnosticadas de padecer TDAH) a los ojos de muchos especialistas clínicos. Si bien aumentan los diagnósticos de adultos con TDAH inatento, persiste el problema del sesgo de derivación: la probabilidad de que las mujeres con TDAH inatento sean remitidas para ser tratadas como es debido en comparación a la de los hombres en idénticas condiciones continúa siendo menor (Rucklidge, 2010).

4 TDAH y género: lo mismo, pero diferente

Los mitos perduran en lo concerniente a las mujeres y al TDAH: ella no puede padecer TDAH porque es una mujer. No puede padecer TDAH porque no es hiperactiva. No puede padecer TDAH porque era muy buena estudiante en el colegio. No puede padecer TDAH porque posee una carrera profesional brillante.

Por increíble que pueda parecer, menos de un uno por ciento de la investigación en torno al TDAH se centra en estudios sobre mujeres, y en la mayoría de esos estudios el tamaño de la muestra es pequeño. Hay suficiente evidencia para sustentar la polémica relativa a que, a pesar de la sintomatología y discapacidad similares, los resultados que se basan en estudios realizados con hombres con TDAH no siempre son extrapolables a los casos de mujeres con este mismo trastorno. Una de las razones para esto puede ser el dismorfismo sexual en el cerebro. Por ejemplo, se encontró que los cerebros de mujeres con TDAH no funcionaban de un modo distinto al de las mujeres que pertenecían al grupo de control del estudio en tareas de memoria, mientras que los cerebros de los hombres con TDAH mostraban disfunción. Podría ser que el mayor funcionamiento bilateral del cerebro femenino resulta proteger ciertas amenazas neurológicas y no otras (Valera *et al*, 2009). Es simplemente una especie de recordatorio para no pasar por alto el hecho de que todavía sabemos mucho menos de lo que creemos a cerca de la experiencia de las mujeres con TDAH.

A pesar de ello, se acepta de manera general que hay solo diferencias mínimas entre géneros en lo relativo al TDAH. Aunque existen diferencias neuro-anatómicas, no se han mostrado significativas (Castellanos *et al*, 2002). Algunas diferencias entre sexos bien documentadas en lo relativo al neurodesarrollo, como, por ejemplo, la más rápida maduración del cerebro femenino, disminuyen en cuanto a su trascendencia cuando se alcanza la edad adulta. En general, no se han encontrado diferencias significativas entre géneros en los propios síntomas del TDAH o en los grados de deterioro a raíz de esos síntomas. Recientemente, se ha comprobado que en ambos sexos, al identificar síntomas de falta de atención en relación a síntomas característicos de la hiperactividad/impulsividad, se encuentran más síntomas de falta de atención en las mujeres en relación con los hombres, no obstante la diferencia no es significativa. Por todo ello, podemos concluir que el análisis continuado de diferencias de género no ha supuesto un aspecto de atención prioritario en la investigación relativa al TDAH (Gaub y Carlson, 1997; Hartung *et al*, 2002).

Sin embargo, en diversos estudios de gran tamaño comparando hombres y mujeres con TDAH se encontró que, en efecto, las mujeres difieren sensiblemente en su grado de emotividad y en los trastornos comórbidos que desarrollan. Las mujeres con TDAH tienen una cantidad notablemente mayor de problemas con las desregulación emocional, que incluye el control del temperamento, labilidad emocional y reacciones emocionales desproporcionadas. Utilizan estrategias de afrontamiento que se encuentran más orientadas hacia la emoción en sí que hacia la tarea, y su estilo atribucional tiende más hacia un *locus* de control externo

(Rucklidge y Kaplan, 1997). Es común que padezcan una baja autoestima, más problemas de sueño y más diagnósticos psiquiátricos anteriores que otras mujeres sin TDAH (Robison *et al*, 2008). En lo que se refiere a las comorbilidades, tienen más trastorno de ansiedad generalizada, trastorno de pánico, distimia, agorafobia, y otras fobias simples en relación a los hombres con TDAH (Wilens *et al*, 2009). Estos hallazgos subrayan una vulnerabilidad emocional que puede comprometer el funcionamiento cognitivo, un rasgo que no comparten los hombres. La combinación termina por crear un cuadro de síntomas que puede encubrir el diagnóstico de TDAH subyacente y por incrementar la dificultad del tratamiento.

5 El impacto del estrógeno

En todas las mujeres, el estrógeno es un protector natural del funcionamiento de numerosos sistemas orgánicos, incluyendo el cerebro. El córtex prefrontal es una zona de intervención esencial de los receptores sensibles al estrógeno, ya que ahí este impacta a nivel cognitivo, al ánimo y al sueño. Desde la pubertad y a lo largo de toda la vida, las mujeres experimentan fluctuaciones en los niveles de hormonas sexuales considerablemente superiores a los hombres (Carlson, 2000). Además, el cerebro femenino es más sensible a estas fluctuaciones que el cerebro masculino (Stahl, 2000). El estrógeno estimula el aumento significativo de determinados receptores de dopamina, pero antes de la menstruación los niveles de estrógeno disminuyen, lo que conlleva mayores probabilidades de deprimirse, sentir pánico, irritabilidad, así como la reducción en la eficiencia cognitiva (Fink *et al*, 1996).

Para las mujeres con TDAH, estos niveles oscilantes de estrógeno y progesterona influyen en la expresión de los síntomas, además de los cambios fisiológicos que experimentan las mujeres en general. Tienen que superar problemas de memoria, cambios de humor y una irritabilidad extrema durante el periodo premenstrual. De hecho, normalmente la reactividad emocional desencadenada hormonalmente obliga a las mujeres casi irremisiblemente a buscar ayuda. Lamentablemente, la probabilidad de que sean diagnosticadas de depresión severa es cinco veces superior y de que reciban tratamiento para la depresión, tres veces superior, mientras que el TDAH subyacente continúa sin reconocerse (Quinn, 2008).

En las mujeres con TDAH gravemente afectadas por bajos niveles de dopamina, sus síntomas pueden cumplir los criterios del Trastorno de Disforia Premenstrual (TDPM). No obstante, muchos profesionales clínicos desconocen que los estrógenos pueden aumentar las respuestas de las mujeres ante determinados medicamentos estimulantes, lo que sugiere que la respuesta estimulante podría alterarse durante estados en los que los niveles de estrógeno estan bajos (Justice y deWit, 2000). Comienza a entenderse que un pequeño aumento de la serotonina puede compensar la reactividad emocional durante los periodos en los que es estrógeno se encuentra bajo. En la peri-menopausia, los niveles de estrógeno fluctúan violentamente según decrecen, al igual que la dopamina disponible. Las mujeres con TDAH se alarman con frecuencia al experimentar agravamientos de ciertos síntomas que parecen no poder explicarse. La concentración, la memoria verbal, el ánimo deprimido y la capacidad para dormir toda la noche pueden verse afectadas cuando el estrógeno disminuye durante la menopausia. Resulta esencial que los profesionales comprendan que el éxito del tratamiento del TDAH en las mujeres dependerá de cómo se aborde el panorama hormonal, que varía a lo largo de toda la vida.

6 Cómo el TDAH supone un desafío para las mujeres

Con frecuencia las mujeres reconocen su propio TDAH al identificarse con los patrones de comportamiento que se destacan cuando sus hijos son diagnosticados. Algunas mujeres buscan ayuda cuando sus vidas escapan a su control, cuando ya no pueden tolerar más sus contiendas por salir exitosas de todo cuanto les ocupa: la maternidad, las tareas domésticas, el papeleo, las finanzas, sus empleos o discusiones con sus esposos. Los factores estresantes se ven agravados cuando se aumenta la demanda de las funciones ejecutivas: cuando llegan a la universidad, cuando se mudan a una casa nueva, cuando tienen un hijo. Exigencias que apenas eran manejables antes de pasar a convertirse en mayores y más complejas. Algunas mujeres luchan por ocultar sus problemas, acostándose tarde para ponerse al día con asuntos que otras pueden fácilmente solventar durante el día. Pueden llegar a tener la impresión de que todo tiempo libre debería utilizarse de un modo constructivo: lamentan no ser capaces de organizarse de un modo adecuado... Pero tanto si el caos es evidente, como si está encubierto, las mujeres que padecen este trastorno se suelen describir a sí mismas como desbordadas, avergonzadas y agotadas.

La literatura más reciente sobre el tema demuestra que el TDAH exige un carga mayor de funcionamiento a nivel psicológico por parte de las chicas que por la de los chicos y, en la mayoría de los casos, dichas diferencias persisten en la edad adulta (Hinshaw *et al*, 2012). Como adultas surgen otras áreas adicionales de dificultad; problemas de relaciones amorosas duraderas, funcionamiento en el ámbito laboral y el cuidado de los hijos. En muchos casos, su situación se complica todavía más por la ansiedad, la depresión y otros problemas comórbidos (Babinski *et al*, 2011). La literatura sugiere que surgen costes adicionales si se diagnostica cuando la persona es adulta. Tras años en los que se experimentan los problemas derivados de sus síntomas, en los que se reciben críticas y en los que tanto padres, como profesores y compañeros las etiquetan desde la infancia, estas mujeres empiezan a verse a sí mismas como intrínsecamente defectuosas. Sin un diagnóstico de referencia que lo explique, su autopercepción negativa les conduce a estilos atributivos inadaptados que les autoculpabilizan.

Comparadas con mujeres sin TDAH, estas mujeres muestran una clara tendencia a tener niveles más altos de trastornos comórbidos, tales como depresión mayor, trastornos de ansiedad y trastorno antisocial. Tienen más problemas psicológicos, baja autoestima, menos estrategias de afrontamiento efectivas como "indefensión aprendida" y un mayor *locus* de control externo. También tienen unos niveles más bajos de rendimiento académico y más deterioro cognitivo (Gaub y Carlson, 1997). En las relaciones interpersonales tienen más problemas con sus compañeros, es más probable que todavía vivan con sus padres y que tengan más conflictos parentales que las mujeres sin TDAH (Babinski *et al*, 2011; Rucklidge y Kaplan, 2002; Biederman *et al*, 1994).

7 Expectativas socioculturales

El TDAH merma la capacidad de actuar sistemáticamente y de modo apropiado. Mientras que los hombres y mujeres con TDAH afrontan retos similares en este sentido, existe una complejidad añadida que afecta a las mujeres. Las expectativas sociales para los roles atribuidos al género femenino son sutiles, aunque omnipresentes y muy poderosas. La mayoría de las mujeres se sienten forzadas a satisfacer las mencionadas expectativas, a pesar de que cuestionan su veracidad. Inclusive en la actualidad, el rol de la mujer viene definido por el servicio a los demás y ello incluye saber escuchar, tener capacidad de empatía, ser cuidadora de otros, cooperar, planificar y organizarse, tanto en el plano personal, como de cara a los otros, estar bien preparada socialmente, comportarse de un modo apropiado y ser atractiva.

Lamentablemente, esta compleja multitarea necesaria para sacar adelante estas responsabilidades que se solapan y que atañen a la familia, al hogar, a la comunidad y a una misma, solicitan mucho más de esas funciones ejecutivas que se encuentran dañadas por el TDAH. Consecuentemente, estas mujeres tienden a trabajar el doble y mucho más duramente para conseguir solo la mitad. Sus estrategias de afrontamiento suelen estar encaminadas por lo general más hacia las emociones que hacia las tareas en sí; darán respuesta prioritaria a aquellas tareas que consideren urgentes desde su perspectiva emocional, antes que a tareas importantes desde un punto de vista más pragmático. Con frecuencia, estas mujeres abandonan para evitar la vergüenza, en lugar de ser proactivas en la resolución de conflictos. Cuando alcanzan una meta, suelen atribuir el éxito al destino y no a su propia eficacia y esfuerzo (Rucklidge y Kaplan, 1997). No obstante, se sienten obligadas a luchar por estos ideales de feminidad, incluso a pesar de que los mismos personifican un tipo de mujer que difiere significativamente de su "verdadero ser".

Las normas sociales tácitas determinan las formas aceptables en que las mujeres deben relacionarse con los demás. Se espera que constituyan un sistema de apoyo en lugar de tener ellas un sistema de apoyo. Se espera que se adapten a los demás para complacerles y no que busquen apoyos para sí mismas. Ser esposa y madre y la persona que lleva la casa exige una serie de funciones ejecutivas que están deterioradas en el caso de personas con TDAH. Por ello su experiencia resulta sencillamente infernal. Incluso en los casos en que reconocen que podrían beneficiarse si recibiesen ayuda, atienden al mensaje implícito de que las mujeres no deberían tener que pedir ayuda con aquellas tareas que la sociedad estima que son normales para su género. De ahí que silencien sus propias voces, internalicen su propia frustración y su vergüenza, mientras se colocan una máscara de "competencia" que muestra el éxito de su compensación al tiempo que esconde los costes emocionales de todos esos éxitos.

De manera opuesta a lo que le ocurre a los hombres, a quienes se les enseña a externalizar sus sentimientos, las mujeres crecen con la idea de que hay que internalizar -consentir y quedarse las respuestas negativas-, aceptar sin reparos, disculparse, admitir la culpa. La propia naturaleza implacable de sus responsabilidades hace que se sientan desbordadas, desesperadas, sobrecargadas la mayoría del tiempo. A pesar de las inversiones inmensas de tiempo, energía y esfuerzo pueden sentirse frustradas constantemente trabajando muy duro para tratar de compensar; muchas de ellas se sienten atrapadas en una espiral de lucha por satisfacer las necesidades de otros, quedándoles poca energía psíquica para actividades placenteras. No se sienten con derecho a pedir ayuda y se desconoce el alcance de su confusión y alienación. Al ocultar su vulnerabilidad, sus luchas se ocultan y nunca serán capaces de pedir la ayuda que se merecen (Solden, 1995). Desgraciadamente, muchas mujeres con TDAH se juzgan a sí mismas con mayor severidad de lo que puedan juzgar a otras personas y viven con un sentido generalizado de ineptitud y desmotivación. Con el tiempo, llegan a definirse a sí mismas en función de aquellos aspectos en los que perciben que no se ajustan a lo esperado y tienden a aislarse.

8 El centro de recompensa de dopamina

La motivación por aprender se refuerza por la recompensa y el sistema cerebral básico en lo que se refiere al aprendizaje basado en la recompensa es el centro de procesamiento de la recompensa de dopamina. En el TDAH las estructuras esenciales de este sistema están poco activadas y, debido a ello, los estímulos han de ser más llamativos, mayores, más rápidos y han de ser más agradables para conseguir la necesaria atención. La comida es una de las muchas sustancias que activan el centro de procesamiento de la recompensa de la dopamina, y supone un aspecto especialmente problemático para las mujeres. La dopamina, aumenta en respuesta a experiencias placenteras normales, incluyendo el sexo, ganar una competición, ir de compras, hacer ejercicio y la autosatisfacción que produce finalizar algo. Sin embargo, el centro de recompensa también se estimula con cafeína, alcohol, marihuana y otras drogas, incluyendo las estimulantes. El cerebro con TDAH es más reactivo a recompensas intensas e inmediatas; tiene dificultades de aprendizaje cuando la recompensa es leve o a largo plazo. En general, asociamos la disminución de los niveles de dopamina en el sistema de recompensa a déficits de aprendizaje y de motivación en el TDAH, así como el abuso de sustancias, las adicciones al sexo o a la pornografía y al juego.

La nicotina normaliza la capacidad de respuesta del cerebro con TDAH al aumentar la dopamina, algo que convierte al tabaco en un comportamiento altamente reforzante para individuos con TDAH. Estos adultos muestran una tendencia a aumentar su consumo de cigarrillos más rápidamente y tienen muchos más problemas a la hoja de dejar de fumar si los comparamos con adultos sin TDAH. Curiosamente, las mujeres con TDAH muestran una tendencia a aumentar su consumo de cigarrillos más rápidamente que los hombres y tienen muchos más problemas a la hoja de dejar de fumar, en comparación con los hombres con TDAH. Como los estimulantes, la nicotina interactúa con los estrógenos e incrementa el riesgo de dependencia en mujeres con TDAH (Van Voorhees *et al*, 2012). Como resultado, las mujeres con TDAH tienen un riesgo más alto de desarrollar dependencia de la nicotina que los hombres con TDAH o que las mujeres sin TDAH. En cuanto a los hombres, se ha demostrado que experimentan una dependencia de la nicotina más severa: fuman más y más frecuentemente y comienzan a hacerlo a una edad más temprana (Matthies *et al*, 2013). Las mujeres con TDAH consideraron los cigarrillos mucho más útiles de cara a aumentar su concentración y con vistas a disminuir su irritabilidad en comparación con los hombres con TDAH. Con factores de riesgo tan transcendentales, la importancia de disuadir a las niñas de fumar no es una mera exageración.

Muchas de las conductas impulsivas que estimulan el centro de recompensas reflejan la inhibición del comportamiento deteriorado y la falta de planificación característica de las mujeres con TDAH. Con frecuencia se ven envueltas en promiscuidad, abuso de sustancias, en algún tipo de conducción temeraria y compras compulsivas (Bernardi *et al*, 2012). Motivadas por el estado de vigilancia que este tipo de situaciones trae aparejado, pueden dar con hombres que son considerados "chicos malos" o relaciones por internet provocativas que acaban convirtiéndose en experiencias sexuales arriesgadas. Asimismo, muestran tendencia hacia actividades de alta intensidad como la conducción rápida, el esquí o montar en moto. Estos comportamientos poseen un alto potencial adictivo así como con otros resultados negativos, incluyendo estrés más alto, menos apoyo social y trauma, tanto a nivel físico como emocional. En términos de la excitación de los neurotransmisores, el subidón de adrenalina y dopamina pone fin a cualquier valoración rutinaria de asunción de riesgos y de seguridad.

9 Trastornos de la alimentación

El trastorno en la alimentación está determinado por múltiples causas, con factores determinantes de naturaleza genética, social, neurológica, psicológica y del entorno. En el TDAH, los bajos niveles de dopamina interfieren con la capacidad de auto-regularse, aumentando así la probabilidad de que las mujeres no se encuentren muy atentas a los múltiples factores que modifican los comportamientos alimenticios. Suele resultar más complicado estar pendiente de planificar las comidas, ajustarse a regímenes dietéticos, comer de manera ordenada en el tiempo, realizar algún tipo de actividad física de manera regular y evitar auto-medicarse con la comida.

Dado que el cerebro con TDAH metaboliza la glucosa de un modo no eficiente, éste envía señales de socorro demandando más glucosa. A las mujeres con TDAH siempre les apetece carbohidratos, que se transforman en glucosa. Como resultado, las mujeres se critican por ceder ante sí mismas y permitirse tomar pasta, pan y galletas, cuando sus cerebros les demandan esos tipos de comida. El chocolate es especialmente atractivo porque aumenta la glucosa en el cerebro y tiene el beneficio añadido de tener un poco de cafeína. La estimulación de este proceso incrementa la dopamina y los carbohidratos incrementan la serotonina, creando una sensación de calma. No hay duda de que las mujeres con TDAH tienen una tendencia acusada a padecer trastornos alimenticios; como suelen automedicarse con éxito, el potencial adictivo aumenta.

El TDAH es un factor de riesgo significativo para el desarrollo de hábitos alimenticios anormales en las mujeres. Se ha demostrado que la impulsividad en chicas adolescentes con TDAH aumenta la probabilidad de darse atracones, que recurran a los vómitos y se sientan insatisfechas con la imagen de su cuerpo cuando son adultas (Mikami *et al*, 2008). En tres estudios de mujeres con obesidad severa, el porcentaje de mujeres que reunían los criterios para el TDAH era mucho más alto de lo esperado en base a la prevalencia en la población general. Las mujeres obesas con TDAH padecían trastornos alimenticios significativamente más graves que las que no tenían TDAH. Además de más comilonas descontroladas y vomiteras, mostraban una tendencia más acusada y picar ente comidas, despertarse de noche a comer, comer en exceso de modo compulsivo y comer en secreto (Nazar *et al*, 2012; Docet *et al*, 2012; Florence *et al*, 2005). Por lo tanto, el potencial para los trastornos alimenticios, obesidad y enfermedades relacionadas con la obesidad es considerablemente mayor en mujeres con TDAH, siendo la impulsividad un factor de riesgo añadido. Las luchas por comer en secreto atormenta a la mayoría de mujeres con TDAH y no saldrá a la luz a menos que un profesional clínico inteligente sepa cómo preguntar sobre ello.

🔟 Problemas con el sueño

El Sistema Activador Reticular del cerebro (SAR) es el responsable de los cambios en los estados de vigilancia tanto de la atención como en las transiciones del sueño-vigilia. Cuando el SAR no está bien regulado, tanto el ciclo sueño-vigilia como el circadiano sufren. Los síntomas derivados de la falta de sueño, como la dificultad para concentrarse, la falta de atención y la disminución en la memoria operativa, hacen que se aproximan a los del TDAH y con certeza los agravan (Imeraj *et al*, 2012). Como resultado de este sistema cerebral compartido, muchos adultos con TDAH sufren una comorbilidad con trastornos circadianos y un 75% de los adultos de TDAH tienen problemas relacionados con el sueño. Pueden tener problemas para irse a la cama a una hora razonable (78%), problemas para conciliar el sueño (70%), dificultades para permanecer dormidos durante la noche (50%), dificultades para levantarse por las mañanas (70%) y somnolencia durante el día (62%). Para muchas mujeres con TDAH, sus biorritmos tienden a inclinarse hacia niveles de actividad más altos al final de la tarde, les hace también acostarse más tarde y despertarse igualmente tarde.

La producción de melatonina se desencadena cuando hay oscuridad y aproximadamente una hora o dos después del aumento de la melatonina, los individuos sin TDAH tienden a sentirse somnolientos. Al participar en actividades, y bien iluminadas durante la tarde, la producción de melatonina se retrasa y por ende, se retrasa asimismo la somnolencia (Kooij, 2007). Se ha demostrado también que la luz LED azul del ordenador y otras pantallas semejantes incrementan el nivel de alerta del cerebro, al tiempo que suprime la elevación normal de melatonina que avisa al reloj circadiano de que es la hora de dormir (Cajochen, 2011). Muchas mujeres tienden a esperar hasta el final de la tarde, cuando suelen encontrar algo de tiempo para ellas mismas, para participar en actividades relativas a los medios sociales electrónicos. Por la estimulación tanto fisiológica, como emocional, que ello supone, ésta es una actividad poco apropiada para este rato previo a irse a la cama y aumenta la posibilidad de que el sueño de estas mujeres se retrase. Muchas mujeres con TDAH permanecen despiertas hasta muy tarde y madrugan con sus hijos o por el trabajo; con frecuencia funcionan en un estado crónico de falta de sueño que socava su funcionamiento en múltiples contextos. Las mujeres con TDAH padecen más trastornos relacionados con el sueño que las mujeres sin dicho trastorno, incluyendo trastornos de movimiento relacionados con el sueño, el síndrome de piernas inquietas y trastornos respiratorios asociados al sueño como la apnea obstructiva. Las mujeres que padecen sobrepeso y que roncan tienen un alto riesgo de desarrollar apnea de sueño y sería recomendable que se sometieran a pruebas de sueño. Quedarse sin dormir debido a la apnea incrementa los problemas de concentración e irritabilidad, así como el riesgo de depresión y de aumento de peso, al tiempo que disminuye la capacidad de controlar los síntomas del TDAH durante el día.

La disminución de los niveles de estrógeno que acompaña a la menopausia frecuentemente interfiere con el sueño, contribuyendo al insomnio en mitad de la noche. Las mujeres tienden a despertarse tras unas pocas horas de sueño, quizás a orinar, y puede llevarles horas conciliar el sueño de nuevo. Esa duración del sueño más corta, con el paso del tiempo, crea un déficit de sueño que se relaciona con un índice de masa corporal más alto. Como resultado, las mujeres mayores con este trastorno con frecuencia se encuentran crónicamente privadas de sueño de modo crónico, impacientes y luchando con problemas de alimentación. Aunque a las mujeres con TDAH generalmente muestran un menor uso de marihuana que los hombres con TDAH (Babinski, 2011), algunas creen que fumar marihuana les ayudará a dormir. No obstante, un estudio reciente sugiere que, a pesar de que es cierto que les ayuda inicialmente a conciliar el sueño, fumar marihuana se asocia a una calidad del sueño más baja en las mujeres con TDAH, aunque no ocurre así en los hombres con TADH (Ly y Gehricke, 2013). Finalmente, a muchas mujeres con TADH les gusta recompensarse a sí mismas con algún tipo de chocolate al final del día. Sin embargo, el aumento de cafeína y azúcar parece confabularse para mantenerlas despiertas en lugar de inducirlas al sueño. Se ha comprobado que una terapia de luz de un panel de luz utilizado por las mañanas ayuda a reajustar el sistema circadiano. Para resolver las molestias que pudieran derivarse del sonido y de la luz, cortinas opacas y máscaras para dormir colaboran a precipitar el sueño en algunos casos, mientras que tapones para los oídos o máquinas de sonido ayudan a bloquear otros sonidos. Es preciso abordar igualmente la dificultad que supone despertase utilizando la luz del día para detener la producción de melatonina. De otro modo, las mujeres con TDAH tendrán grandes dificultades para levantarse por las mañanas.

Hipersensibilidad

La estimulación sensorial es un factor prioritario en la activación del cerebro en el TDAH. Las mujeres pueden ser proclives a una sobrecarga sensorial e irritaciones fisiológicas pueden matizar el procesamiento de otros estímulos ambientales. Por ejemplo, una mujer en la facultad dijo que no le gustaba en absoluto una clase determinada y que no tenía ningún interés en proseguir aprendiendo lo relativo a esa materia. Sin embargo, una buena parte de lo que no le gustaba de esa clase tenía que ver con el hecho de que en el aula hacía muchísimo calor, que las bombillas fluorescentes del techo emitían un zumbido y que las sillas eran duras e incómodas. Sin ser consciente de ello, todas estas molestias fisiológicas combinadas dificultaban sobremanera concentrarse en lo que explicaba aquel catedrático un tanto aburrido. Y sin embargo ella atribuía su incomodidad a la materia de la clase. Todos estos sentidos se activan fácilmente y de manera inconsciente. También son particularmente sensibles a los factores irritantes del entorno y con frecuencia padecen alergias y erupciones dermatológicas. También hay pruebas de que las mujeres con TDAH son más proclives a padecer asma y migraña, si las comparamos con las mujeres sin TDAH (Fasmer *et al*, 2011).

Muchas mujeres con TDAH tienen reacciones hipersensibles al tacto. Pueden sentirse molestas por la etiqueta en la parte trasera de una camisa o por una cinturilla ajustada en sus vaqueros. Evitan utilizar jersey de lana o llevar excesivo maquillaje en los ojos. En general, prefieren sentirse libres sin llevar ropas ajustadas o incluso joyas que encuentran molestas. Muchas mujeres con TDAH prefieren no llevar el pelo sobre los ojos y optan por llevar el pelo corto o largo recogido en una cola de caballo para quitárselo de la cara. Temen sentarse durante horas en la peluquería para colorear el pelo con productos químicos desagradables, y puede que no les guste que les realicen una manicura y una pedicura, algo que a otras muchas mujeres les gusta.

Estas mujeres pueden ser reacias a que les den abrazos o besos. El cónyuge o los hijos pueden sentirse rechazados o confundidos. Cuando las tocan de un determinado modo -demasiado brusco, demasiado suave, demasiado lento, demasiado deprisa- a estas mujeres les disgusta. Con frecuencia no pueden explicar su propio rechazo y esto puede fácilmente acarrearles más de un problema en sus relaciones. Puede que eviten los momentos de intimidad física y que se muestren reacias a insinuaciones sexuales, que puede tornarse con facilidad de ser algo placentero a molesto.

Otro aspecto interesante de su reactividad táctil es el relativo a su sensibilidad en la vejiga. Algunas mujeres reaccionan ante la sensación de unas simples gotas de orina en su vejiga y sentirán la necesidad de vaciarlas de inmediato. Esto puede crear una situación en la que tengan que ir a aliviarse incluso hasta una vez cada hora, algo que puede interferir con el normal funcionamiento diario. En el extremo opuesto se encuentran las mujeres que se hiperconcentran en la realización de cualquier tarea que les ocupe, llegando a ignorar los mensajes que les llegan de sus vejigas. El mensaje de su vejiga es importante pero no urgente; vaciar la vejiga es una actividad que les estimula muy poco. Esperar hasta que el sentimiento se convierte en algo urgente lo transforma en una actividad altamente estimulante, con un aspecto de crisis que se crea seguido por una incomodidad que alivia. En una línea similar, muchas mujeres con TDAH sufren estreñimiento. Tomarse el tiempo para evacuar es frustrante, con un bajo nivel de estimulación. Una vez más, son capaces de ignorar los bajos niveles de incomodidad fisiológica en favor de recompensas cognitivas más estimulantes, hasta que la presión se vuelve molesta y desagradable. Cada vez que esperan tanto, se crea una minicrisis a nivel fisiológico que al final termina por forzarlas a atender a la llamada de sus cuerpos.

La sensibilidad al sonido es un rasgo común en ambos géneros. Sin embargo, dado que el número de mujeres inatentas es mayor, estas son más proclives a sentirse desbordadas por los sonidos altos. Pueden mostrarse más reacias a asistir a conciertos con un nivel de ruido alto y pueden quejarse más sobre el ruido que emite su coche. Más problemático es cuando a estas mujeres les resulta intolerable el tiempo en que sus hijos lloran de manera continuada y tienen que irse de la habitación y taparse los oídos. Sensibilidades parecidas pueden ocurrir con el resto de los sentidos. Muchas mujeres con TDAH descartarán champús y desodorantes por sus fragancias; les resultan agresivos o abrumadores. Rechazarán ciertos perfumes, velas aromáticas o incienso. Pueden evitar comidas con ciertos olores o texturas, y sentirse incómodas si se manchan los dedos de comida. Pueden ser sensibles a las temperaturas extremas o a la presión barométrica, y optan por quedarse en casa en esos días.

Muchas mujeres con TDAH son hipersensibles a los cambios en su exposición a la luz del día, que puede desregular sus ritmos circadianos. Su estado de ánimo puede ser positivo en un día soleado pero los días nublados o lluviosos pueden acarrearles un bajón y un cierto letargo. Durante los meses del invierno, pueden sentirse más retiradas y deprimidas. El TDAH y el Trastorno Afectivo Estacional (TAE) comparten una variante genética, y se ha encontrado que las mujeres con TDAH, especialmente las del tipo inatento, tienen un riesgo mayor de padecer también TAE que las mujeres sin TDAH o que los hombres con TDAH. Se ha encontrado alguna evidencia que sugiere que la terapia de luz podría ayudar a aliviar los síntomas de ambos trastornos simultáneamente (Levitan *et al*, 2002).

12 Relaciones sociales

La aceptación de los demás es un factor determinante para el desarrollo de la autoestima y las mujeres con TDAH lo saben. No obstante, las reglas implícitas que rigen las relaciones de las mujeres continúan siendo un enigma para ellas mismas.

Se aferran a la creencia de que las mujeres deberían tener muchos amigos, pero subestiman las inversiones necesarias de tiempo y energía. Perciben la capacidad para conectar con otras mujeres como algo que surgirá de modo natural, pero no se sienten preparadas para iniciar o ni siquiera participar completamente en una amistad. El mantenimiento de amistades implica revisar regularmente cómo van los demás, lo que supone un bajo estímulo para ellas. No responden a llamadas o a emails, por lo que se producen retrasos considerables entre las comunicaciones. Se sienten culpables y avergonzadas, y comienzan a esperar el rechazo.

Los problemas de comunicación son a menudo el centro de sus dificultades. Les resulta complicado estar atentas a sus propios sentimientos y a los de otra persona al mismo tiempo. Debido a que su propia experiencia predomina, pueden estar ajenas a la experiencia de otros, por lo que puede parecer que giran exclusivamente alrededor de sí mismas o que les resulta indiferente lo que les ocurra a los demás. Mientras que esta postura resulta aceptable para los hombres, no ocurre así en el caso de las mujeres. Si se centran en consultar cómo se encuentran otros es a costa de sus propios sentimientos, pueden encontrarse en relaciones con individuos que son más controladores, y llegar a aceptar situaciones que no resultan precisamente de su interés. Al final, su status de víctima puede desembocar en resentimiento, cuando se dan cuenta de que sus necesidades no están siendo reconocidas.

Las mujeres con TDAH que son sociables pueden ser inicialmente carismáticas, habladoras e irradiar mucha energía. Transcurridos unos minutos, pueden parecer obtusas, interrumpir a los demás o dirigir la conversación hacia ellas mismas. Con frecuencia perciben la negatividad de los demás y pueden llegar a parecer penetrantes, competitivas, exigentes o volátiles. Estas mujeres tienden a automedicarse para aliviar la frustración de la interacción, y puede que intenten enganchar a amigos en actividades que incluyan alcohol, marihuana o incluso irse de juerga o de compras. Puede que no capten pistas sutiles de desvinculación y, una vez rechazadas, tienden a culpar a otros por la mala comunicación.

Las mujeres que se encuentran en el polo opuesto evitan situaciones sociales. Consideran el proceso de socialización como un excesivo trabajo: elegir la ropa, vestirse, ponerse maquillaje y joyas, y desplazarse a un lugar determinado. Se molestan con facilidad y prefieren quedarse en casa en lugar de afrontar una situación que suponen incómoda (demasiada gente, calor, ruido excesivamente alto), y que va a durar demasiado tiempo. Con frecuencia se sienten sobre-estimuladas en los grandes almacenes y temen que cualquier amiga les pida ir de compras, algo que les encanta a muchas mujeres. Muchas evitan los grupos y se sienten agotadas en una comida con varias mujeres. Amilanadas por el juego verbal rápido de muchas mujeres, optan por retirarse, avergonzadas de no pillar el sentido de un chiste, o de no haber leído el libro del que todo el mundo esta hablando. Entran y salen de las conversaciones, perdiendo interés en el tema y distrayéndose por las carcajadas de otros. El objetivo que elude la mayoría de las mujeres con TDAH es la ambigüedad, en la que no pueden sentirse en armonía con sus propias necesidades y con las de otros (Littman, 2002).

Las decepciones y frustraciones se retienen en el interior, en lugar de manifestarlas. Algunas pueden distanciarse de relaciones íntimas para prevenir malos entendidos y evitar el rechazo. La vergüenza que experimentan cuando pasan por alto devolver llamadas, peticiones expresas de respuesta o enviar una tarjeta de felicitación, es tan intensa que están dispuestas a sacrificar la relación antes que enfrentarse a lo que suponen que será la respuesta de su amiga. Están tan centradas en sus ineptitudes que los retrasos en las comunicaciones se interpretan como muestras de que sus amigas están enfadadas con ellas; rara vez se paran a pensar que su amiga puede tener distracciones en su propia vida (Littman, 2002).

3 Autoestima maltrecha

Las mujeres con TDAH se sienten obligadas a aparentar ser más parecidas a otras mujeres para evitar el rechazo. Por ello, es menos probable que se abran a sus propias vulnerabilidades y menos probable que confíen. Se convierte en una profecía autocumplida y no llegan a disfrutar de ser conocidas realmente por su amiga, que interpreta erróneamente la conducta que observa. Otras mujeres con TDAH participan en relaciones insanas o destructivas porque parece una opción mejor que no tener amigas (Solden, 1995). Silencian su propia iniciativa antes de arriesgarse a un conflicto que podría conducirlas al rechazo. Temiendo el abandono, algunas aceptan las críticas crueles y el castigo, convencidas de que una mujer que no cumple con las expectativas depositadas en virtud de su rol por razón de género se lo merece. Algunas mujeres con TDAH aceptan relaciones emocionalmente insultantes, e incluso físicamente ultrajantes y abusivas, por tener una autoestima muy baja. Aceptan la culpa que se amontona sobre ellas, creyendo que se merecen el castigo debido a sus deficiencias (Littman, 2002).

El temor a ser descubiertas como impostoras está omnipresente. Intentan parecerse a las demás, pero en realidad se sienten muy diferentes. Muchas mujeres con TDAH comparten la fantasía de que sonará el timbre y abrirán la puerta, permitiendo así que alguien sea testigo de papeles amontonados, las ropas sobre el fondo del armario, el aluvión de objetos innecesarios. Se compran un sinnúmero de artículos prometedores para ayudarlas a organizar sus cosas, sus documentos y sus pensamientos. Luchan con ansiedad casi permanente por tener en condiciones sus hogares y tratan de evitar tener invitados para cenar. Los preparativos para sus invitados suponen una auténtica pesadilla, pues implica tener que meter precipitadamente un montón de papeles en bolsas para quitarlos de en medio y ocultar un sinfín de cosas de modo precario en los armarios. Aunque aún no está del todo clara la relación entre TDAH y el hecho de acumular, la falta de atención es el factor que más claramente indica la tendencia a acumular y aquellas personas con trastornos de control de impulsos muestran tasas muy altas de acaparamiento (Tolin y Villavincencio, 2011). Lamentablemente, a pesar de sus valientes esfuerzos, las mujeres con TDAH se centran en su desorganización, le dan más importancia de la que realmente tiene y destacan el hecho de que serán juzgadas por sus fallos a los ojos de la sociedad.

14 Relaciones románticas

Las mujeres con TDAH experimentan más deterioro en sus relaciones románticas que las mujeres sin este trastorno (Babinski *et al*, 2011). Para las esposas con TDAH en general, los comportamientos a los que se atribuye un mayor impacto negativo en el matrimonio son los relativos a la comunicación, al funcionamiento ejecutivo y al manejo de su afecto. Es llamativo el hecho de que los maridos de mujeres con TDAH resultaron ser bastante menos tolerantes con sus mujeres si los comparamos con las esposas de hombres con TDAH. Los maridos identificaban el trastorno de sus mujeres como un factor más determinante de cara a la falta de satisfacción marital de lo que lo consideraban las esposas de maridos con este mismo trastorno. Este hallazgo tan significativo sugiere que el problema no es solo los comportamientos en sí mismos, sino, de hecho, que el TDAH impide a las mujeres que satisfagan las expectativas basadas en roles de género (Robin y Payson, 2002).

Las mujeres con TDAH experimentan cambios rápidos de humor y de atención, lo que puede fácilmente perjudicar comunicaciones a nivel íntimo. Pueden dejar pasar o interpretar erróneamente ciertos indicios sexuales y ser contundentes en situaciones que requieren delicadeza. Muchas tienen dificultad para llegar al orgasmo en una relación sexual; sus mentes pueden desviarse hacia pensamientos más mundanos dado que las sensaciones físicas pueden volverse repetitivas y molestas. No sorprende que el divorcio y/o la separación sean aún más frecuentes cuando el TDAH es uno de los factores estresantes en la relación (Phelan, 2000).

Los adultos de edad más joven con TDAH se implican en comportamientos sexuales más arriesgados que aquellos sin TDAH. Comienzan antes sus relaciones sexuales, tienen relaciones sexuales con coito a una edad más temprana y se implican en más sexo esporádico con conocidos (Flory *et al*, 2007). Las mujeres jóvenes e impulsivas con TDAH son más dadas a tener múltiples parejas para el sexo (> 3 en 12 meses) que aquellas sin TDAH, lo que puede reflejar su dificultad para mantener relaciones a largo plazo. Las mujeres impulsivas que buscan estímulos fuertes tienden a escoger parejas arriesgadas para el sexo. Algunas mujeres más distraídas, por su parte, tienden a preferir el alcohol antes que el sexo; al reducir sus inhibiciones y deteriorar su juicio, entonces es más probable que elijan parejas arriesgadas para el sexo (Hosain *et al*, 2012). En ambos casos, con el incremento de la impulsividad, algunas mujeres con TDAH son más proclives a practicar sexo sin protección con compañeros que no son de confianza, con lo que aumenta el riesgo de contraer enfermedades de transmisión sexual y embarazos no deseados.

15 Coeficiente intelectual alto

Un coeficiente intelectual alto es un arma de doble filo para las mujeres con TDAH. Independientemente de lo complicado que resulte cualquier tarea si cuentan con una inteligencia promedio, las que cuentan con un nivel intelectual superior dan por sentado que las tareas deberían resultarles sencillas. Al creer que el intelecto trae inherentemente aparejado una expectativa de éxito, se sienten todavía más confundidas y avergonzadas cuando experimentan dificultad. A muchas de estas mujeres les ha ido bien en la escuela, lo que aumenta su autoestima; de hecho, revisan sus propios éxitos con frecuencia, se tranquilizan pensando que triunfaron en el pasado alguna vez. No obstante, esos recuerdos solo sirven para fomentar sus sentimientos de que son "impostoras". A muchas de ellas les iba muy bien cuando vivían con sus padres; se organizaban bien y se motivaban con unos padres que les apoyaban. Pero una vez que se iban a vivir de modo autónomo, se sentían agobiadas y desbordadas por el desafío de tener que estructurar sus propias vidas. Progresivamente, comienzan a desmoralizarse por lo que ellas interpretan como una experiencia de fracaso en todos los contextos. Esta percepción de fracaso se interioriza como un rasgo central de su propia perspectiva sobre sí mismas. Muchas mujeres inteligentes con TDAH se centran en comparaciones desfavorables de sí mismas con sus semejantes y sienten constante vergüenza (Littman, 2002).

Estas mujeres tienen las capacidades de compensar sus desafíos en lo referente a su funcionalidad ejecutiva, pero a un coste emocional muy alto. Al invertir tremendas cantidades de tiempo y de energía en su faceta pública, confían en comportamientos obsesivos relativos en relación a la organización y a la estructura. Se encuentran en un estado de hipervigilancia para controlar sus respuestas y que resulten adecuadas; sin embargo, su ansiedad irrefrenable nunca les permite relajarse. Ese constante exceso de atención en tratar de presentar una fachada impoluta puede abrir la puerta a un perfeccionismo nada saludable. Sin tener en cuenta el nivel de éxito que logren alcanzar al compensar, continúan sintiéndose expuestas y con la impresión de que arrastran cargas pesadas. Muchas pueden irse muy tarde a dormir, por finalizar o revisar algún trabajo que otras mujeres serían capaces de hacer mucho más rápidamente. Incluso aunque el producto final sea un éxito, es a costa de un desgaste emocional y físico considerable. Paradójicamente, el resultado de hacer frente aparentemente tan bien, es que su drama permanece oculto, pero no por ello resulta menos dañino. Nunca pedirán ayuda ni revelarán sus vulnerabilidades incluso a sus esposos. Estas mujeres son las últimas en ser diagnosticadas, si es que llegan a diagnosticarse alguna vez (Littman, 2002).

16 Empleo

Las mujeres con TDAH experimentan significativamente más dificultades profesionales que aquellas sin TDAH. Tienen cambios de trabajo más frecuentes, permanecen en el trabajo menos tiempo y las despiden más fácilmente. Las mujeres con TDAH con problemas ocupacionales crónicos tienden a tener problemas de depresión y abuso de sustancias (Gjervan *et al*, 2010). Se considera que tienen problemas con la gestión del tiempo, incluyendo el llegar tarde, problemas a la hora de organizarse, por mostrarse incapaces de establecer prioridades a la hora de acometer diversos proyectos, dificultades para seguir instrucciones, y reactividad emocional. Sin embargo, cuando son despedidas, no suelen recordar qué resultó problemático en su desempeño, de modo que son incapaces de aprender de la experiencia. Dos aspectos importantes de cara al éxito laboral son la armonía laboral y el esmero, y las mujeres jóvenes con TDAH suelen tener resultados significativamente más bajos en estas medidas si se las compara con mujeres sin el mencionado trastorno (Parker *et al*, 2004). La disfunción ejecutiva contribuye a la falta de exactitud, y tanto la dificultad a la hora de finalizar las tareas, como la reactividad emocional contribuye a la frustración frecuente y a la manifestación de enojo.

Con TDAH con frecuencia perciben que han sido menospreciadas o malinterpretadas. Se sienten incapaces de afrontar la situación con sus superiores o compañeros de trabajo y pueden desarrollar un resentimiento que en ocasiones manifiestan. Suelen tener empleos de menor categoría, posiblemente debido a sus logros académicos relativamente bajos (Babinski *et al*, 2011), lo que les lleva a un estatus socioeconómico más bajo. Es menos probable que tengan empleos tradicionales como su principal fuente de ingresos, y tienden a menospreciar sus esfuerzos cuando cobran por los servicios prestados.

17 Maternidad

En muchas culturas, se espera que las madres sean las que organicen todo lo relativo a las esferas doméstica y familiar -roles que requieren atención, organización, planificación, establecimiento de prioridades y la capacidad de conciliar múltiples responsabilidades-, un papel que impone constantes exigencias a las funciones ejecutivas con una coreografía extremadamente pobre en las personas que sufren el TDAH. La autoestima es el factor individual más importante en el caso de la eficacia maternal (Leerkes y Crockenberg, 2002). Desgraciadamente, las madres con TDAH se debaten entre una baja autoestima, una baja tolerancia a la frustración y reactividad emocional. Inclusive durante el embarazo, las mujeres con TDAH ponen en duda sus habilidades de cara a una maternidad efectiva (Ninowski *et al*, 2007). Cuanto más severo sea el TDAH, mayor será la ansiedad y la hostilidad, y más se apoyarán en un *locus* de control externo, menos competentes se sentirán y menos probable será que crean que su eficacia afecta a sus bebés (Watkins y Mash, 2007). Estos hallazgos sugieren que las expectativas maternales negativas se predicen por la severidad de su TDAH, con independencia de las interacciones reales con sus hijos (Banks *et al*, 2008).

Dado que el TDAH es un factor hereditario en un muy alto grado, es probable que las madres con TDAH tengan al menos un hijo con dicho trastorno, lo que contribuye a hacer de las exigencias parentales una condición aún más estresante. Resulta complicado para las madres con TDAH atender a las frecuentes peticiones de un bebé cuando sus propias necesidades son percibidas también como urgentes. Viven con frecuencia en un estado de frustración muy acentuado, esforzándose por no perder los nervios. No en vano, se ha comprobado que las madres con síntomas avanzados de TDAH se ven envueltas en prácticas maternales más negativas con sus hijos que las madres que carecen de esos síntomas (Biederman *et al*, 2002; Chronis-Tuscano *et al*, 2008; Murray y Johnston, 2006), algo que predice resultados negativos para sus niños (Chronis *et al*. 2007; Johnston y Mash 2001). Comentarios impulsivos negativos y demasiados castigos pueden confundir y desmoralizar a sus hijos. Reducir el impacto negativo de los padres da como resultado una sensible mejora en la conducta disruptiva de los niños según cuentan las propias madres, si bien aquellas madres con TDAH severo no llegan a inhibir sus comportamientos maternales negativos tras el tratamiento y perciben menos cambios en el comportamiento de sus hijos cuando son ellos mismos los que padecen TDAH severo. Esos niños tienen un riesgo más alto de resultados negativos como consecuencia de una paternidad inadaptada (Chronis-Toscano, 2011).

Las madres de hijos con TDAH se desenvuelven mejor en aquellos casos en los que la vida familiar se estructura en consonancia a rutinas predecibles. Sin embargo, es notablemente complicado para ellas crear y mantener una cierta estructura. Suelen ser menos efectivas que las otras madres a la hora de controlar el comportamiento de sus hijos, menos consistentes a la hora de mantener una determinada disciplina y menos efectivas a la hora de resolver problemas relacionados con la crianza de sus hijos (Murray y Johnston, 2006). Al mismo tiempo que se enfadan con facilidad, también son propensas a provocar confrontaciones. Pueden amenazar con consecuencias duras y, a continuación, sentirse culpables y perdonar el castigo. Cuando establecen límites, rara vez continúan adelante con las consecuencias. Alternativamente son permisivas con sus hijos, a los que a veces consideran como un pozo sin fondo, y a continuación imponen un control férreo. Estos mensajes inconsistentes provocan ansiedad en sus hijos y pueden perjudicar la previsibilidad emocional que subyace a las relaciones de apego seguras.

Sin darse cuenta, la reactividad emocional y la baja tolerancia a la frustración de las madres con TDAH puede conducir a respuestas extremas. Pueden expresar su rabia por medio de ataques verbales o incluso físicos al niño (Kaplan *et al*, 1998), aunque casi de inmediato tienden a lamentar la pérdida de control. Sin apoyo, una madre muy reactiva puede convertir las situaciones de estrés cotidianas en un entorno en el que el insulto verbal se convierte en crónico para sus hijos.

De manera involuntaria, las madres con TDAH pueden cometer descuidos con respecto a la seguridad de sus hijos. Dado que es menos probable que ellas reconozcan peligros potenciales, son menos eficaces a la hora de proteger a sus hijos de agresiones físicas y emocionales. Pueden ser extremadamente sobreprotectoras en determinadas facetas, como por ejemplo obligar a sus hijos a llevar gorro y guantes cuando hace frío, pero no ser conscientes de otras amenazas más sutiles. Cuando se presenta el problema, pueden sentirse atrapadas en una emboscada y culpar a sus hijos de la situación. Estas madres están menos capacitadas para ser un modelo a seguir y enseñar a sus hijos a identificar los peligro de manera apropiada. Por ello, los niños con TDAH puede que no sean capaces de advertir entornos peligrosos o las aproximaciones de adultos depravados mientras que los niños sin este trastorno pueden prestar mayor atención a sus propias señales de malestar y retirarse de estas situaciones. La compleja interacción de todos estos factores incrementa la probabilidad de que los niños de familias con TDAH lleguen a experimentar diversos traumas.

18 Trauma

El córtex prefrontal del cerebro es especialmente susceptible al maltrato físico y psicológico temprano, dado que es la última parte del cerebro en alcanzar la madurez, lográndose la mielinización completa a finales de los veinte años. Esta es la parte del cerebro que está implicada en la desregularización que caracteriza tanto al TDAH como al trauma. En retrospectiva, las mujeres con TDAH diagnosticadas cuando ya son adultas manifiestan más insatisfacción con su infancia en lo relativo a las relaciones con sus padres, compañeros y profesores. Los recuerdos de su infancia incluyen comentarios más negativos y menos control sobre sus propias vidas que las mujeres sin este trastorno (Rucklidge y Kaplan, 2000). Curiosamente, algunas mujeres con TDAH consideran que los comentarios negativos que recibieron fueron justos y apropiados, ya que su rendimiento era por lo general decepcionante. No obstante, los estudios sugieren que las mujeres con TDAH dicen haber experimentado más maltrato psicológico durante su infancia y desatención que las mujeres sin dicho trastorno. Cuando se compara con los hombres con TDAH, las mujeres han sufrido más abuso sexual y negligencia física (Rucklidge *et al*, 2006).

El trauma temprano crónico, caracterizado por varios tipos de negligencia y abuso, es habitual en hogares caóticos con TDAH, en donde uno o más de los padres, y uno o más hijos tiene TDAH. Este tipo de riesgo avisa a los sistemas nerviosos de las niñas pequeñas para que permanezcan en un estado permanente de alerta, buscando situaciones potencialmente peligrosas. Esta desregulación del Sistema nervioso central no permite que se desarrollen normalmente las funciones ejecutivas lo que se traduce en dificultades para la autorregulación. Curiosamente, muchos no son conscientes de los parecidos tan llamativos entre la manera en la que se presentan los síntomas del TDAH y los síntomas de los traumas. Como respuesta a la sobre-estimulación del trauma, hay algunos que experimentan expresiones de excitación de la ansiedad y del miedo, incluyendo la sobre-activación (alerta máxima) y la agresión, imitando la aparición hiperactiva/impulsiva del TDAH. Quienes intentan inhibir su reactividad física y emocional experimentan bloqueo y disociación, que se parece a la aparición de la presentación del TDAH inatento (Littman, 2009). Un diagnóstico diferencial puede poner a prueba a los profesionales clínicos cuya preparación en estos campos no sea suficiente ni adecuada.

Puesto que las mujeres con TDAH hablan de traumas tempranos e importantes, y los síntomas de ambos trastornos se solapan de manera notable, puede no resultar evidente cuando concurran ambos condicionantes. El solapamiento de la disfunción ejecutiva y de la desregulación emocional tiende a convertirse en síntomas incluso más severos que pueden no responder a medicación de un modo predecible (Weinstein *et al*, 2000). Las mujeres traumatizadas incrementan sus niveles de adrenalina y norepinefrina, y el objetivo es reducir los niveles de estos neurotransmisores para re-estabilizar sus sistemas. No obstante, estos niveles de neurotransmisores se incrementan incluso más cuando se tratan con estimulantes que afrontan las deficiencias de dopamina. Para asegurar la valoración más exacta de mujeres con TDAH es esencial considerar la alta probabilidad de un trauma comórbido como resultado de abusos durante la infancia. Al incluir la historia con información sobre el trauma en cada evaluación de TDAH, es mucho menos probable que se pase por alto esta comorbilidad (Littman, 2009).

19 Vergüenza

La lucha para someterse y ajustarse a las expectativas de roles de género les provoca sentimientos de incompetencia. Lamentablemente, creen que a pesar de invertir sus mejores esfuerzos, no pueden salir adelante de un modo consistente. Tienden a retirarse por vergüenza. Tienden a sentirse injustamente criticadas y distanciadas de sus semejantes. Con una alta probabilidad de comorbilidad ansiosa y/o depresiva, las incesantes críticas y el rechazo pueden sentirse desbordadas y con obligaciones ineludibles. Estas interacciones negativas llegan a convertirse en experiencias traumáticas cotidianas y no podemos pasar por alto su impacto acumulativo.

Atormentadas por un sentimiento de desmoralización y desesperación, no sorprende que la mayoría de las mujeres con TDAH luchen con baja autoestima. Pueden estar hiperconcentradas en sus errores cuando se ponen de manifiesto, quizás sin darse cuenta. Pueden empezar a juzgarse muy cruelmente en comparación con sus semejantes. La vergüenza puede nutrirse a sí misma, haciendo que ellas lleguen a definirse cada vez más negativamente. Mientras su autoestima continúa erosionándose, ellas se desmoralizan de manera paulatina. Las mujeres con TDAH tienden a dudar de su propia experiencia porque creen que a menudo les traiciona. Sin intervención, este sentimiento de indefensión y de desesperanza aumenta tremendamente el riesgo de obtener resultados negativos.

20 Resultados negativos

Estudios recientes han explorado el impacto que suponen las autopercepciones negativas en mujeres con TDAH. Se ha demostrado que las mujeres jóvenes con TDAH tiene un riesgo 2,5 veces superior de desarrollar depresión que las mujeres sin TDAH. Este tipo de depresión en mujeres con TDAH se asocia a una edad más temprana de aparición, más de dos veces la duración de los síntomas, más graves las deficiencias relacionadas con la depresión, una mayor tasa de suicidios, y una mayor probabilidad de que se requiera la hospitalización si la comparamos mujeres jóvenes sin TDAH (Biederman *et al*, 2008).

Los estudios al respecto sugieren que el TDAH en sí mismo no puede asociarse de modo contundente al aumento de la posibilidad de intentar suicidarse. Sin embargo, tener uno o más trastornos psiquiátricos comórbidos confiere un riesgo superior (en una proporción de cuatro a doce) de intentar suicidarse. De entre las mujeres que trataron de suicidarse, aquellas que estaban solteras tenían mayor riesgo que las casadas, y las mujeres que no habían concluido sus estudios en el instituto tenían mayor riesgo que las que graduadas (Agosti *et al*, 2011). Estos hallazgos sugieren que el TDAH combinado con otras condiciones comórbidas es un indicador mucho más fiable del intento de suicidio.

En un estudio longitudinal de 10 años de duración que hacía el seguimiento a un grupo de mujeres jóvenes que habían sido originalmente diagnosticas de TDAH cuando eran niñas, se observó que las mujeres jóvenes experimentaron de un modo notable más síntomas psiquiátricos y deterioro funcional en una amplia gama de medidas con respecto a mujeres sin TDAH. Aunque más del 40% de las mujeres ya no cumplían los criterios del TDAH según DSM-IV TR en el momento de realizar el seguimiento, la mitad de ellas había tenido conductas autolesivas, como realizarse cortes, y casi una quinta parte había intentado quitarse la vida (Hinshaw *et al*, 2012). Puesto que estas tendencias caracterizan a las mujeres más impulsivas, y no a las que inicialmente se diagnostica como distraídas, se sugiere que la impulsividad desempeña un cierto papel a la hora de forzar a estas mujeres jóvenes a actuar sobre su dolor interiorizado. A pesar del diagnóstico en la edad adulta, las mujeres que originalmente habían sido diagnosticadas de TDAH hiperactivo/impulsivo se deterioraron de manera progresiva, se desmoralizaron, y al final terminaron por autodestruirse. Estos hallazgos subrayan de un modo evidente la importancia de la vigilancia a largo plazo a la hora de controlar y tratar chicas adolescentes con TDAH mientras ellas superan su compleja transición hacia la juventud -con especial atención a aquellas que se muestren impulsivas.

21 Resumen

Cuando las mujeres con TDAH no son diagnosticadas, no se incluyen en los sondeos de posibles sujetos para nuevas investigaciones, sus cifras y experiencias no están documentadas con exactitud, continúan llevando vidas secretas. Hasta que no encontremos la forma de poder acceder a la experiencia de todas las mujeres con TDAH, continuarán vagando en un mundo que se percibe como menos predecible y menos seguro que el de sus semejantes. Reactivas más que proactivas, pierden seguridad en esos juicios y capacidades que con tanta frecuencia les traicionan. Con cada nueva experiencia que evitan, sus vidas se reducen en cierta manera, y la esperanza brilla de un modo más tenue. Sus autoatribuciones negativas, más que los desafíos que les plantea su propio TDAH, alimentan la angustia que tanto las debilita.

Ninguno de estos resultados son inevitables, pero dejemos que estos hallazgos sirvan de llamada de atención. Incluso cuando las mujeres con TDAH parecen tener menos síntomas, y aprenden a compensarlos con éxito, continúan sufriendo en silencio. A pesar de aparecer en la pantalla del radar de la sociedad actual, la probabilidad de ser diagnosticadas es bajísima. Mientras más tarde se las diagnostique, mayor será la probabilidad de que desarrollen trastornos comórbidos como ansiedad, depresión, trastornos del sueño, y uso de sustancias a lo largo de toda su vida. Además, mientras más tarde se las diagnostique, mayor será la probabilidad de que su autoestima se deteriore debido a dudas sobre su valía personal y a la vergüenza. La combinación de todos estos factores las aleja de resultados favorables.

Resulta esencial que los investigadores exploren por qué el TDAH exige un peaje mayor en el funcionamiento psicológico de las mujeres que en el de los hombres. Puede ser que la tormenta perfecta de la genética, la neurología, la internalización de síntomas, las fluctuaciones hormonales, las expectativas de la sociedad y una desmoralización ascendente se sumen para crear una única trayectoria de estrés para las mujeres. Especialmente a la luz de la continua discriminación por motivos de género es crucial que los profesionales de la salud mental se familiaricen con la manera sutil en la que se presenta en mujeres inatentas, así como los enormes riesgos que afrontan las mujeres impulsivas. En todos los casos, nuestra mayor concienciación y sensibilidad a sus vidas íntimas nos permitirá apoyarlas mejor en los múltiples desafíos que han de afrontar creando tratamientos que solucionen sus necesidades únicas. Se ha dicho que "*Las mujeres que se comportan bien rara vez hacen historia*" (Ulrich, 2007). Las mujeres con TDAH necesitan saber que, en lugar de silenciadas por la verguenza, queremos darles la posibilidad de ser escuchadas, y que estamos escuchándolas.

▓ NOTAS BIBLIOGRÁFICAS

AGOSTI, V.; CHEN, Y. y LEVIN, F. (2011). "Does attention deficit hyperactivity disorder increase the risk of suicide attempts?" *Journal of Affective Disorders*, 133 (3), 595 - 599.

AMERICAN PSYCHIATRIC ASSOCIATION (2013). *Diagnostic and statistical manual of mental disorders*, fifth edition. Arlington, VA.

BABINSKI, D.; PELHAM, W.; MOLINA, B.; WASCHBUSCH, D.; GNAGY, E.; YU, J.; SIBLEY, M. y BISWAS, A. (2011). "Women with childhood ADHD: comparisons by diagnostic group and gender". *Journal of Psychopathological Behavior Assessment*, 33(4), 420 - 429.

BANKS, T.; NINOWSKI, J.; MASH, E. y SEMPLE, D. (2008). "Parenting behavior and cognitions in a community sample of mothers with and without symptoms of attention-deficit/hyperactivity disorder". *Journal of Child and Family Studies*, 17, 28 - 43.

BERNARDI, S.; FARAONE, S.; CORTESE, S.; KERRIDGE, B.; PALLANTI, S.; WANG, S. y BLANCO, C. (2012). "The lifetime impact of attention-deficit hyperactivity disorder: results from the national epidemiologic survey on alcohol and related conditions". *Psychological Medicine*, 42 (4), 875 - 887.

BIEDERMAN, J.; BALL, S.; MONUTEAUX, M.; MICK, E.; SPENCER, T.; MC-CREARY, M.; COTE, M. y FARAONE, S. (2008). "New insights into the comorbidity between ADHD and major depression in adolescent and young adult females". *Journal of the American Academy of Child & Adolescent Psychiatry*, 47(4), 426-434.

BIEDERMAN, J.; FARAONE, S.; SPENCER, T.; WILENS, T.; MICK, E. y LAPEY, K. (1994). "Gender differences in a sample of adults with attention deficit hyperactivity disorder". *Psychiatry Research*, 53, 13 - 29.

BIEDERMAN, J.; FARAONE, S.; SPENCER, T.; MICK, E.; MONUTEAUX, M. y ALEARDI, M. (2006). "Functional impairments in adults with self-reports of diagnosed ADHD: A controlled study of 1001 adults in the community". *Journal of Clinical Psychiatry*, 67, 524 - 540.

CASTELLANOS, F.; LEE, P.; SHARP, W.; JEFFRIES, N.; GREENSTEIN, D.; CLASEN, L. *et al* (2002). "Developmental trajectories of brain volume abnormalities in children and adolescents with attention-deficit/hyperactivity disorder". *Journal of the American Medical Association*, 288, 1740-1748.

CHRONIS-TUSCANO, A.; CLARKE, T.; RAGGI, V.; DIAZ, Y.; ROONEY, M. y PIAN, J. (2008). "Associations Between Maternal Attention-Deficit/Hyperactivity Disorder Symptoms And Parenting". *Journal of Abnormal Child Psychology*, 36 (8), 1237 - 50.

CHRONIS-TUSCANO, A.; O'BRIEN, K.; JOHNSTON, C.; JONES, H.; CLARKE, T.; RAGGI, V.; ROONEY, M.; DIAZ, Y.; PIAN, J. y SEYMOUR, K. (2011). "The relation between maternal ADHD symptoms and improvement in child behavior following brief behavioral parent training is mediated by change in negative parenting". *Journal of Abnormal Child Psychology*, 39(7), 1047 - 1057.

CRAWFORD, M. (2006). "Object relations and self-representations in women with attention deficit disorders". *Proquest*,137.

DOCET, M.; LARRANAGA, A.; PEREZ-MENDEZ, L. y GARCIA-MAYOR, R. (2012). "Attention deficit hyperactivity disorder increases the risk of having abnormal eating behaviours in obese adults". *Eating and Weight Disorders*, 17(2), e132 - 136.

FASMER, O.; HALMOY, A.; EAGAN, T.; OEDEGAARD, K. y HAAVIK, J. (2011). "Adult attention deficit hyperactivity disorder is associated with asthma". *BMC Psychiatry*, 11, 128.

FASMER, O.; HALMOY, A.; OEDEGAARD, K. y HAAVIK, J. (2011). "Adult attention deficit hyperactivity disorder is associated with migraine headaches". *European Archives of Psychiatry and Clinical Neuroscience*, 261(8), 595 - 602.

FINK, G.; ROSIE, R.; GRACE, O. y QUINN, P. (1996). "Estrogen control of central neurotransmission: effect on mood, mental state, and memory". *Cell Molecular Biology*, 16, 325 - 344.

FLEMING, J.; LEVY, L. y LEVITAN, R. (2005). "Symptoms of attention deficit hyperactivity disorder in severely obese women". *Eating and Weight Disorders*, 10, e-10 - 13.

FLORY, K.; MOLINA, B.; PELHAM, W.; GNAGY, E. y SMITH, B. (2007). "ADHD and risky sexual behavior". *The ADHD Report*, 15(3), 1 - 4.

GAUB, M. y CARLSON, C. (1997). "Gender differences in ADHD: a meta-analysis and critical review". *Journal of the American Academy of Child and Adolescent Psychiatry*, 36, 1036 - 1045.

GJERVAN, B.; TORGERSEN, T.; NORDAHL, H. y RASMUSSEN, K. (2012). "Functional impairment and occupational outcome in adults with ADHD". *Journal of Attention Disorders*, 16(7), 544 - 552.

HINSHAW, S.; OWENS, E.; ZALECKI, C.; HUGGINS, S.; MONTENEGRO-NEVADO, A.; SCHRODEK, E. y SWANSON, E. (2012). "Prospective follow-up of girls with attention-deficit/hyperactivity disorder into early adulthood: continuing impairment includes elevated risk for suicide attempts and self-injury". *Journal of Consulting and Clinical Psychology*, 80(6), 1041 - 1051.

HOSAIN, G.; BERENSON, A.; TENNEN, H.; BAUER, L. y WU, Z. (2012). "Attention deficit hyperactivity symptoms and risky sexual behavior in young adult women". *Journal of Women's Health*, 21(4), 463 - 468.

HUESSY, H. (1990). "The pharmacotherapy of personality disorders in women". *Presented at the 143rd annual meeting of the American Psychiatric Association*, NY.

IMERAJ, L.; SONUGA-BARKE, E.; ANTROP, I.; ROEYERS, H.; WIERSEMA, R.; BAL, S. y DEBOUTTE, D. (2012). "Altered circadian profiles in attention-deficit/hyperactivity disorder: an integrative review and theoretical framework for future studies". *Neuroscience & Biobehavioral Reviews*, 36(8), 1897 - 1919.

JUSTICE, A. y DEWIT, H. (2000). "Acute effects of estradiol pretreatment on the response to d-amphetamine in women". *Neuroendocrinology,* 71, 51 - 59.

LEVITAN, R.; MASELLIS, M.; BASILE, V.; LAM, R.; JAIN, U.; KAPLAN, A.; KENNEDY, S.; SIEGEL, G.; WALKER, M.; VACCARINO, F. y KENNEDY, J. (2002). "Polymorphism of the serotonin-2A receptor gene (HTR2A) associated with childhood attention deficit hyperactivity disorder (ADHD) in adult women with seasonal affective disorder". *Affective Disorders*, 71(1-3), 229 - 233.

LITTMAN, E. (2002). "Gender differences in AD/HD: the sociocultural forces". En NADEAU y QUINN, P. (2002). *Gender Differences in AD/HD: Diagnosis and Treatment*. Advantage Books, 55-69.

LITTMAN, E. (2009). *Toward an understanding of the ADHD-trauma connection*. Published online at DrEllenLittman.com.

LY, C. y GEHRICKE, J. (2013). "Marijuana use is associated with inattention in men and sleep quality in women with Attention-Deficit/Hyperactivity Disorder: a preliminary study". *Psychiatry Research*, agosto, epub before print.

MATTHIES, S.; HOLZNER, S.; FEIGE, B.; SCHEEL, C.; PERLOV, E.; EBERT, D.; TEBARTZ VAN ELST, L. y PHILIPSEN, A. (2013). "ADHD as a serious risk factor for early smoking and nicotine dependence in adulthood". *Journal of Attention Disorders*, 17(3), 176-86.

MCGOUGH, J.; SMALLEY, S.; MCCRACKEN, J.; YANG, M.; DEL'HOMME, M.; LYNN, D. y LOO, S. (2005). "Psychiatric comorbidity in adult attention deficit hyperactivity disorder: findings from multiplex families". *American Journal of Psychiatry*, 162(9), 1621 - 1627.

MIKAMI, A.; HINSHAW, S.; PATTERSON, K. y LEE, J. (2008). "Eating pathology among adolescent girls with attention-deficit/hyperactivity disorder". *Journal of Abnormal Psychology*, 117, 225 - 235.

MURRAY, C. y JOHNSTON, C. (2006). "Parenting in mothers with and without attention-deficit/hyperactivity disorder". *Journal of Abnormal Psychology*, 115(1), 52 - 61.

NAZAR, B.; PINNA, C.; SUWWAN, R.; DUCHESNE, M.; FREITAS, S.; SERGEANT, J. y MATTOS, P. (2012). "ADHD rate in obese women with binge eating and bulimic behaviors from a weight-loss clinic". *Journal of Attention Disorders*, agosto.

NINOWSKI, J.; MASH, E. y BENZIES, K. (2007). "Symptoms of attention-deficit/hyperactivity disorder in first-time expectant women: relations with parenting cognitions and behaviors". *Infant Mental Health Journal*, 28, 54-75.

PARKER, J.; MAJESKI, S. y COLLIN, V. T. (2004). "ADHD symptoms and personality: relationships with the five-factor model". *Personality and Individual Differences*, 36, 977 - 987.

PHELAN, T. (2002). "Families and ADHD". En GOLDSTEIN, S. y TEETER ELLISON, E. (2002). *A Clinicians Guide to Adult ADHD*. Elsevier Science.

ROBIN, A. y PAYSON, E. (2002). "The impact of ADHD on marriage". *The ADHD Report*, 10(3), 9 - 14.

ROBISON, R.; REIMHERR, F.; MARCHANT, B.; FARAONE, S.; ADLER, L. y WEST, S. (2008). "Gender differences in 2 clinical trials of adults with attention-deficit/hyperactivity disorder: a retrospective data analysis". *The Journal of Clinical Psychiatry*, 69(2), 213 - 221.

RUCKLIDGE, J. (2010). "Gender differences in attention-deficit/hyperactivity disorder". *Psychiatric Clinics of North America*, 33(2), 357 - 373.

RUCKLIDGE, J. y KAPLAN, B. (1997). "Psychological functioning of women identified in adulthood with attention-deficit/hyperactivity disorder". *Journal of Attention Disorders*, 2(3), 167 - 176.

RUCKLIDGE, J. y KAPLAN, B. (2002). "The effects of a late diagnosis upon women with ADHD: lost lives and the power of understanding". En NADEAU, K. y QUINN, P. (2002). *Gender Issues and ADHD*. Advantage Books: MD, 130 - 142.

SOLDEN, S. (1995). *Women with attention deficit disorder: embracing disorganization at home and in the workplace*. California. Underwood Books.

TOLIN, D. y VILLAVINCENCIO, A. (2011). "Inattention, but not OCD, predicts the core features of hoarding disorder". *Behavioral Research Therapy*, 49(2), 120-125.

ULRICH, L. (2007). *Well-behaved Women Seldom Make History*. New York. Knopf.

VALERA, E.; BROWN, A.; BIEDERMAN, J.; FARAONE, S.; MAKRIS, N.; MONUTEAUX, M.; WHITFIELD-GABRIELI, S.; VITULANO, M.; SCHILLER, M. y SEIDMAN, L. (2009). "Sex differences in the functional neuroanatomy of working memory in adults with ADHD". *American Journal of Psychiatry*, 167(1), 86 - 94.

VAN VOORHEES, E.; MITCHELL, J.; MCCLERNON, F.; BECKHAM, J. y KOLLINS, S. (2012). "Sex, ADHD symptoms, and smoking outcomes: an integrative model". *Medical Hypotheses*, 78(5), 585 - 593.

WATKINS, S. y MASH, E. (2009). "Sub-clinical levels of symptoms of attention-deficit/hyperactivity disorder and self-reported parental cognitions and behaviours in mothers of young infants". *Journal of Reproductive and Infant Psychology*, 27(1), 70 - 88.

WILENS, T.; BIEDERMAN, J.; FARAONE, S.; MARTELON, M.; WESTERBERG, D. y SPENCER, T. (2009). "Presenting ADHD symptoms, subtypes, and comorbid disorders in clinically referred adults with ADHD". *Journal of Clinical Psychiatry*, 70(11), 1557 - 1562.

WORLD HEALTH ORGANIZATION (1992). *International statistical classification of diseases and health related problems, second edition, tenth revision (ICD-10)*.

PARTE TRES

Los jóvenes TDAH de hoy en la universidad

Actuaciones de éxito en la escuela del siglo XXI con alumnos adultos con TDAH

Rafael Pérez Galán
Juan José Leiva Olivencia

> *"Hay que advertir que esta es la etapa de la vida más difícil para cualquier persona. Por tanto, los problemas propios de la adolescencia (rebeldía, malestar personal, inestabilidad emocional, confusión en general...) se acentúan en el adolescente hiperactivo".*
>
> Ávila y Polaino.

1 El TDAH en la edad adulta: notas para un acercamiento conceptual más positivo

Aunque durante muchos años se tenía la falsa idea de que el TDAH desaparecía con la adolescencia, recientes investigaciones demuestran una realidad bien distinta: el TDAH en adultos o adolescentes también existe. Según algunos estudios, hasta un 30-80% de los niños diagnosticados continúan teniendo síntomas en la adolescencia y más del 50% tienen TDAH cuando son adolescentes o adultos.

Igual que sucede con los niños, en los adultos el TDAH se manifiesta de formas muy diversas. Hay algunos casos graves de TDA en adultos, en los que la persona apenas puede llevar a cabo sus actividades cotidianas, debido a su endémica desorganización, a su incontrolable impulsividad o a su total incapacidad para seguir el hilo conductor de cualquier asunto. Además, la persona puede padecer trastornos ocasionados por síntomas secundarios de poca autoestima o depresión. Por otra parte, hay casos leves de TDAH en que los síntomas apenas son manifiestos (Halowell y Ratey, 2001).

No obstante, bien es verdad que existe una gran variabilidad en la evolución del propio trastorno que dependerá de muchos factores y variables: establecimiento de tratamiento adecuado, seguimiento de terapias cognitivo-conductuales, reforzamiento de la autoestima y percepción valiosa de uno mismo, ejecución de tareas en relación a gustos y preferencias, adecuado seguimiento de la familia, diagnóstico preventivo y precoz, entre otras. De esta forma, y como afirman muchos estudios, muchos adultos con TDAH han compensado sus deficiencias y han aprendido a controlar las consecuencias negativas, que no constituyen un impedimento importante en el desarrollo de buena parte de su actividad. Sin embargo, otros no han desarrollado adecuadamente algunas de las facetas básicas de la persona, sufriendo trastornos de la personalidad, alteraciones emocionales graves, problemas afectivos o laborales, mayores tasas de accidentes de tráfico, adicciones a las nuevas tecnologías y dificultades en las relaciones sociales.

No obstante, casi todos los manuales al uso sobre TDAH hablan de los defectos de ser TDAH, también en edad adulta, y pocas investigaciones arrojan luces sobre las virtudes y potencialidades de ser hiperactivo. El profesor Guerrero López (2006), en su libro *Creatividad, ingenio e hiperconcentración: las ventajas de ser hiperactivo*, habla de un potencial latente y de un lado positivo que favorecen con notoriedad que cada sujeto pueda ser lo que quiera en función de las medidas adecuadas que se tomen tanto en su entorno social y académico como cultural. Brevemente, estas podrían ser algunas de las características más positivas y heterodoxas que el profesorado debe potenciar y servirse de ellas para su proceso de enseñanza- aprendizaje con este alumnado: como la hiperconcentración en aquello que le gusta, la manifiesta potencialidad para el deporte (ejemplos evidentes los tenemos en Lewis Hamilton, Michael Phelps…) su fina agudeza para los descubrimientos, la cocina, la música, la expresión artística, la literatura, su sentido del humor, su creatividad, incluso sus extravagancias.

Por tanto, podemos afirmar, que los alumnos y alumnas con TDAH en edad adulta no deben pasar inadvertidos al profesorado y tienen derecho a una enseñanza de calidad que les sirva para su adecuada inserción social y laboral, ya que el código genético de este alumnado no viene necesariamente impreso con unos estigmas y códigos insoslayables que les condenen en nuestras aulas y, más grave aún, fuera de las aulas de nuestros colegios.

De esta forma, los alumnos con TDAH en edad adulta y en centros de educación superior, lejos de ser alumnos destinados al fracaso o abandono escolar, deben ser reconducidos a través de enseñanzas y metodologías centradas en las propias virtudes y talentos de estos sujetos y no que les supongan un hándicap para seguir los procesos de enseñanza-aprendizaje como conseguir óptimos resultados académicos. Esta educación, como veremos en capítulos sucesivos, deberá centrarse en situaciones de éxito que potencien recursos y estrategias que les conviertan en verdaderos protagonistas y constructores de su enseñanza, sin ser excluidos para nada del sistema. Ramón Flecha (2012: 21) lo deja claro cuando afirma de manera rotunda lo siguiente:

> "A las poblaciones desfavorecidas (alumnos con diversidad funcional y TDAH) se han entregado profesionales que han dedicado mucho tiempo, pero que les han dado tratamientos que empeoraban la enfermedad en vez de curarla. En realidad, la atención a la diversidad ha legitimado la desigualdad, la ha disculpado. Se ha centrado fundamentalmente en separar, sacar del aula, poner en grupos de niveles más bajos, adaptaciones individualizadas al margen del grupo… Todo eso ha sido nefasto".

La escuela obligatoria ante los alumnos con TDAH. Bases teórico-didácticas y calidad educativa

18

"Los niños con dificultades siempre necesitan más tiempo, pero (...) un enfoque constructivista puede obstaculizar un mínimo el proceso de aprendizaje del niño, por tanto no provoca estancamiento y habitualmente puede hacerlos avanzar al máximo de sus posibilidades".

Neus Roca y otros, (1995: 137)

Hasta no hace muy poco tiempo ha habido un estancamiento e incluso un retroceso, diríamos, en los avances escolares para atender a las personas con diversidad funcional, de tal forma que hasta el Proyecto Europeo (2010) nos ha tenido que recordar en el documento *Planificación de políticas para implementar la educación inclusiva. Análisis de los retos y oportunidades en la elaboración de indicadores*, que el futuro trabajo a escala europea sobre estrategias inclusivas debe fomentar las sinergias entre los distintos responsables, homogeneizando las actividades de recogida y procesamiento de datos. Las sinergias necesarias para la planificación precisan una plataforma a modo de marco que propicie entre los responsables de la recogida de datos a escala europea colaborar eficazmente, compartir conocimientos y experiencia y definir futuras estrategias comunes. Tal plataforma, que podía basarse en el trabajo de la Agencia Europea para el desarrollo de la educación del alumnado con necesidades educativas especiales, apoyaría el trabajo de otros responsables europeos así como la recogida de datos nacionales sobre educación inclusiva. Todo esto mezclado con una importante apatía institucional, profesional y social para impulsar la inclusión educativa, en general (Echeita, Verdugo, 2004, 2005), y en el caso que nos ocupa de la inclusión particular de niños con diversidad funcional con TDAH. Sin embargo, la situación actual, a pesar de sus avances y retrocesos en materia de atención a sujetos excepcionales, parece que habría que hablar más de luces que de sombras. De esta forma, se ha producido un gran avance en el gobierno español y en algunas administraciones autonómicas, en nuestros caso en Andalucía, por la mejora del proceso inclusivo, ya que cada vez más se ha intentado dar voz e invitar al diálogo a profesionales, personas con diversidad funcional y a todas aquellas personas comprometidas e interesadas en el desarrollo de prácticas inclusivas.

El colectivo de personas con diversidad funcional con TDAH sigue siendo un colectivo muy vulnerable actualmente en la escuela obligatoria, como aseguran Guerrero López y Pérez Galán (2011), cuando hablan de que los niños y niñas de exclusión social normalmente proceden de familias desestructuradas y poco favorecidas socioculturalmente. Así pues, sobre ese grupo recae buena parte de las amonestaciones, sanciones y expulsiones en nuestros centros educativos, y esto es bien conocido por los profesionales de la enseñanza, pero también resulta mucho menos conocido otro sector de las clases que acumula todo tipo de sanciones y de fracaso escolar sin una "causa aparente", como es el colectivo de alumnos con tdah, de tal manera que cada vez que la enseñanza y el conocimiento se tornan más complejos más difícil se hace su inclusión en una escuela de calidad. Como bien afirma Berstein, cada vez que la enseñanza adquiere más complejidad el colectivo de personas vulnerables, entre ellas los sujetos con TDAH y sus familias, se resienten más educativamente hablando, ya que necesitan de una doble escuela: la de la institución y la de fuera de ella.

Muchos de los alumnos con TDAH, en tramos educativos superiores, parece ser, como sostienen Echeita y otros (2009), que no viven en los centros escolares con plenitud ese sentimiento de pertenencia, básico para una inclusión real y efectiva. Por tanto, y en el caso que nos ocupa de nuestra Comunidad Autónoma Andaluza, para garantizar un modelo educativo inclusivo es necesario articular una serie de cambios profundos en las políticas, en la cultura y en las prácticas, orientándolas de manera clara hacia la potenciación de actuaciones que se encaminen al logro de los mayores niveles de cualificación posibles en "todo el alumnado". Así se refrenda en el marco de la LOE, en su Artículo 1, cuando se decanta decididamente por un modelo inclusivo estableciendo dos principios básicos:

* La calidad de la educación para todo el alumnado, independientemente de sus condiciones y circunstancias
* La equidad, que garantice la igualdad de oportunidades, la inclusión educativa y la no discriminación que actúe como elemento compensador de las desigualdades personales, culturales, económicas y sociales, con especial atención a las que deriven de discapacidad.

De igual forma ocurre en Andalucía (Ley 17/2007, de 10 de diciembre), que en su artículo 113.5 habla de que: "*la escolarización del alumno con necesidades específicas de apoyo educativo se rige por los principios de normalización, inclusión escolar y social, flexibilización, personalización de la enseñanza y coordinación interadministrativa*". Por tanto, podemos decir, según Ainscow (2002), que se consolida y se refuerza el compromiso con un modelo inclusivo de educación en el que "*cada alumno y cada alumna importan*". Sin embargo, la realidad, caprichosa, continuamente nos advierte de que esto no es así y que los alumnos con TDAH ni reciben una educación de calidad en los centros educativos, ni comparten espacios de reflexión y pertenencia con sus compañeros, ni tampoco siguen el currículo común como los demás, notándose un especie de exclusión social y educativa que la mayoría de las veces desemboca en fracaso escolar, pérdida de la autoestima y salida del sistema educativo. Hace falta, por tanto, reconvertir y repensar en la organización educativa y diseñar otra forma de pensar la escuela y no los alumnos con TDAH, para que ellos sean centro de atención y no los sistemas educativos. Si somos capaces de entender la escuela desde otra perspectiva y desde otras dimensiones nos daremos cuenta de las posibilidades que pueden tener estos niños con TDAH y la funcionalidad que pueden alcanzar las organizaciones educativas como sistemas holísticos e inclusivos, donde prime una educación de calidad para todos. Una calidad vista desde una dimensión caleidoscópica, donde se den:

* Una cultura de la colaboración y del cambio. Se requiere que las propias organizaciones manifiesten dotes de trabajo cooperativo y solidario entre sus componentes y se sientan comprometidos en un mismo fin común: la educación de todos y para todos
* Que las clases ordinarias se reconviertan en espacios de discusión, colaboración y participación, donde los alumnos tengan voz y expresen por igual ideas, sentimientos, miedos, emociones…

- Que los recursos personales y materiales estén dentro del aula y no fuera de ella. Que los alumnos con TDAH tengan toda la atención que requieren dentro de los espacios donde se produce el conocimiento y que siempre crezcan con sus iguales
- Que los profesionales se crean y se comprometan con los cambios que este tipo de educación requiere, y manifiesten de forma unánime interés por transformar y materializar marcos de actuación inclusivos.
- Que los profesionales de la enseñanza participen en el aula a través de una coordinación sistémica en aras a conseguir lo mejor de cada uno de los alumnos, y en su caso de los alumnos con diversidad funcional con TDAH
- Que las tareas se organicen en función de temáticas y tópicos que estén dentro de la esfera de los intereses de todos los alumnos y respondan a una enseñanza centrada en contextos reales de aprendizaje, con la participación colaborativa de todos.
- Que los profesores especialistas y de apoyo reconviertan su actuación, más centrada en los propios maestros que directamente en el alumno, como diana terapéutica.

Siendo así todo esto, podremos hablar de una "Educación de Calidad" para todos cuando se respetan los ritmos de aprendizaje en espacios comunes de reinterpretación subjetiva y grupal del conocimiento. Entendida esta calidad educativa y de vida como aquella que permite avanzar en la "educación integral", teniendo en cuenta todas las dimensiones de la vida del estudiante. Más concretamente, el modelo de calidad debe servir de referencia y marco conceptual para los cambios curriculares y para otras transformaciones que los contextos educativos deben acometer para atender las necesidades del alumnado, tener en cuenta sus opciones y preferencias, y proporcionarles los apoyos individualizados que necesitan. Un enfoque en el que los alumnos y las alumnas, y su papel activo, se convierten en los elementos fundamentales de las prácticas educativas y que favorecen y convierten el paradigma de calidad del alumnado en un marco de referencia para los programas educativos (Schalock y Verdugo, 2002).

3 La escuela obligatoria ante los alumnos con TDAH. Bases teórico-didácticas y calidad educativa

> *"Asimismo, las medidas individualizadas dirigidas a responder a las necesidades educativas especiales de alumnos y alumnas se han convertido con frecuencia en instrumentos de segregación y de reducción de oportunidades de aprendizaje y socialización".*
>
> Puigdellívol, (2005).

La mayoría de las prácticas educativas con alumnos con TDA-H hoy se resienten de poco eficaces e inclusivas. Los niños con diversidad funcional por problemas de conducta, hiperactividad e impulsividad hacen tareas que en la mayoría de las ocasiones no se ajustan al currículo común que se desarrolla en las aulas, ni tampoco tienen las mismas igualdades de aprendizaje. Las personas con hándicaps no suelen tener las mismas oportunidades de aprendizaje que el resto del alumnado (Nussbaum, 2006) e incluso, cuando aquellas se encuentran incluidas dentro de un aula, suele ocurrir lo que denomina Young (2002), una "exclusión interna", organizándose zonas de discriminación; es decir, juntos en la misma clase pero separados por el currículo. Unas veces por desconocimiento de los profesionales, otras veces por falta de implicación y otras por un voluntarismo que no conduce a nada; la verdad es que ni aprenden, ni se desarrollan emocionalmente y su vida se ve abocada a un fatal desenlace sin continuidad posible, en la mayoría de los casos.

La integración aquí y fuera de nuestro país no ha demostrado la sutileza ni la versatilidad para reconvertir los espacios escolares en lugares de plena armonía académica y de plena inclusión social, académica y laboral. Este proceso ha supuesto el traspaso de alumnos desde los centros específicos a los ordinarios en un proceso que ha sido muy duramente criticado por haberse efectuado con escasos o nulos cambios de la escuela que acoge a esos alumnos, produciéndose lo que se ha tildado de simple integración física, no real (Booth y Ainscow, 1998). En esta fase de reformas integradoras, las políticas educativas que se mantienen sectorizadas por grupos de población comparten el reconocimiento de la igualdad de oportunidades ante la educación, pero limitando esa igualdad únicamente al acceso a la educación. En ningún modo se ha garantizado el derecho a recibir respuestas a las propias necesidades desde la igualdad y mucho menos la igualdad de metas.

Sin embargo, muchas voces expertas anuncian que otra realidad es posible, que otra enseñanza es posible y que otra forma de vivir y convivir en las aulas es posible, sobre todo con niños con TDAH. Para ello hace falta que las aulas ordinarias se conviertan en contextos reales de enseñanza-aprendizaje ajustándose a la realidad viva de cada alumno con TDAH. No hay ningún alumno con TDAH que con la ayuda necesaria, con la actitud y colaboración de sus iguales y con la profesionalidad del equipo docente, no pueda triunfar y tener éxito en la escuela, para ello hace falta llevar a cabo en las aulas "actuaciones de éxito" y no solamente "buenas prácticas", ya que las primeras se extienden a cualquier contexto y ámbito y las segundas sólo a espacios muy concretos. Por este motivo, una de las principales cuestiones del nuevo proyecto que se está llevando a cabo en Europa ha sido la de contribuir a superar las desigualdades y a fomentar la cohesión social, prestando especial atención a grupos vulnerables o desfavorecidos como los alumnos TDAH. Por ello, una de las principales contribuciones de INCLUD-ED, como decíamos antes, consiste en la identificación de actuaciones educativas de éxito con alumnos con TDAH, donde según Ojala y Padrós (2012), se distinguen de las buenas prácticas, principalmente, por su carácter universal y su transferibilidad frente al contextualismo y singularidad de las segundas. Por tanto, se trata de actuaciones universales porque son válidas y tienen éxito en cualquier país o situación geográfica. Vistas así, podemos decir que estas actuaciones educativas de éxito corresponden, principalmente, a actuaciones inclusivas y a la participación con éxito de las familias y la comunidad. Cada día estamos más convencidos de que la educación no es sólo función de la escuela sino que implica a la familia, al contexto, a la asociación de vecinos, a las corporaciones locales; es decir, se trata de reconvertir los espacios escolares en verdaderas comunidades de aprendizaje, haciendo factible el viejo aforismo africano que dice: "*Para educar a un niño hace falta la tribu entera*".

En una escuela de éxito pueden buscarse más recursos humanos que participen en el aula, como personas adultas voluntarias, familiares, vecinos y vecinas del barrio, estudiantes universitarios, personas jubiladas, antiguos alumnos… (Duque, Holland y Rodríguez, 2012).

Para la consecución de estos ideales, que se pueden llevar a cabo en diferentes tramos educativos como en la Enseñanza Superior, hacen falta diferentes claves que pasamos a desvelar:

- Trabajar en grupos heterogéneos con una redistribución de los recursos humanos, ya sea en una misma clase o en ambas diferentes. Esta práctica de inclusión implica principalmente que no se realiza ningún tipo de separación por niveles educativos. El grupo siempre está formado por alumnos y alumnas con diferentes niveles.
- Redistribuir los recursos humanos que tiene el centro educativo para que haya más personas adultas dentro del aula, así como buscar recursos fuera del centro. Los alumnos con diversidad funcional en general y con TDAH en particular, se quedan en el aula, y el profesional que se ocupa de ellos fuera del aula también entra en clase.
- No dar conocimientos diferentes al alumnado más desaventajado, sino apoyar a este alumnado para que todos alcancen los mismos aprendizajes. Por tanto, los objetivos no se modifican a la baja porque haya diferentes niveles educativos, sino que son los mismos. Todos los alumnos son atendidos dentro del aula y ninguno se pierde la marcha de las clases.
- Potenciar la ayuda mutua entre el alumnado y la solidaridad para la mejora del aprendizaje de todo el grupo.
- Trabajar en las aulas "en base a máximos", ya que esto hace que los alumnos con TDAH mejoren sus expectativas, va cambiando su actitud y se esfuerzan más y van mejorando los resultados académicos, y evidentemente mejoran también su autoimagen y su autoestima.
- Ofrecer oportunidades de aprendizaje y aumentar la solidaridad. La inclusión del alumnado con diversidad funcional y con TDAH no es beneficiosa sola para este alumnado, sino que también aporta beneficios al resto. Las actuaciones inclusivas identificadas, según Molina y Christon (2012), no se centran en mejorar las condiciones de aprendizaje del alumnado con diversidad funcional, sino en crear las mejores condiciones de aprendizaje para todos. Cuando un alumno que no tiene especiales dificultades trata de ayudar a otro que sí las tiene, necesita hacer un proceso de reelaboración cognitiva de aquel contenido que quiere explicar, que revierte en una consolidación de su propio aprendizaje. Al mismo tiempo, este alumno aprende valores importantes como la colaboración y la solidaridad.
- Formalizar grupos interactivos en las aulas, donde se apliquen los principios del aprendizaje dialógico. Continúan, por tanto, en la agrupación de todo el alumnado de un grupo clase (incluyendo a los alumnos con diversidad funcional (TDAH) en subgrupos de cuatro o cinco niños y niñas de la forma más heterogénea posible en cuestión de género, idioma, motivaciones, nivel de aprendizaje y origen cultural. Cada uno de los grupos lo dinamizaría una persona adulta del centro o de la comunidad educativa que, voluntariamen-

te, entra en el aula para favorecer las interacciones. El profesor o profesora coordina el trabajo de las personas dinamizadoras, y es necesario que tanto éstas como el alumnado conozcan el funcionamiento de los grupos, sus normas, el objeto que persiguen y el rol que debe desempeñar cada persona (Elboj y Niemelä, 2010).

- Centrar el apoyo, por parte de los profesionales, en el equipo docente y no en el propio niño con TDAH; es decir, priorizar la atención en la propia organización y estructura de los centros educativos. Por tanto, la perspectiva comunitaria está suponiendo en la escuela inclusiva la asunción de que la función de apoyo está inmersa en cualquier estamento, grupo o sector educativo (no es algo especial, especializado y excluyente) entendiendo y asumiendo el apoyo como una función inherente al desarrollo de la escuela, sin limitarlo a personas determinadas (tan sólo los profesionales de apoyo), dirigirlo a colectivos concretos (tan sólo a determinados alumnos específicos) o ceñirlo a contextos específicos de intervención (por ejemplo, aulas de apoyo), lo que dotaría al mismo de un carácter excluyente (Parrilla Latas, 2002), marco de referencia para los programas educativos (Schalock, Verdugo, 2002).

4 El papel actual de la universidad ante los alumnos con TDAH de hoy

"(...) la universidad ya no sabe qué es ser una universidad, le resulta aún más difícil decidir cómo responder a las presiones de la globalización".

Barnett, (2000: 99).

De todos es sabido que la universidad de hoy no pasa por buenos momentos. Ninguna de las universidades españolas, según investigaciones recientes, se sitúa entre las cien mejores del panorama internacional. A pesar de los ingentes esfuerzos de nuestros Espacios de Educación Superior por llevar a cabo campus de excelencia y la transferibilidad del conocimiento a campos prácticos del saber, la fuga de nuestros alumnos hacia el extranjero y la no consideración en nuestras aulas del talento de aquellos sujetos excepcionales, la deficiente formación pública, hacen que la universidad se encuentre en una permanente crisis cultural, social y académica más que nunca en tiempos de globalización. Es una crisis que tiene que ver con nuestra forma de entender la Educación Superior, los principios fundamentales sobre los que se ha asentado tradicionalmente y cómo se han debilitado estos principios (Barnett, 1990).

La publicación del Ranking de Shangai, publicada en el diario el País (17 de septiembre de 2012) suscitó un amplio debate sobre las deficiencias de nuestras universidades; entre ellas, aquella que habla de que en España, a diferencia del resto de Europa, la financiación pública que reciben las universidades no depende de su investigación y, en consecuencia, las universidades carecen de recursos para mejorar sus áreas más débiles y provocar políticas de excelencia, lo que se acentúa más en tiempos evidentes de políticas neoliberales. La producción del conocimiento se acerca a la realidad, y en este sentido tiende a generar una mayor articulación entre teoría y práctica y más estudios interdisciplinares y transdisciplinares, pero la relevancia social del conocimiento viene dada desde lógicas económicas y no necesariamente en función de los sectores sociales con mayores necesidades hasta ahora y tan poco recurrentes, ya que siempre se centran en el alumno como sujeto de déficit (Martínez y otros, 2008).

No obstante, se está haciendo un gran esfuerzo, a nivel curricular, por fortalecer de alguna forma las políticas educativas y metodológicas que se están llevando a cabo en Espacio Europeo de Educación Superior en las distintas universidades españolas, a través de la reflexión compartida en temas de tanto interés como: evaluación formativa, autorregulación del aprendizaje, sistemas de enseñanza semipresenciales (*e-blended*), e-rúbricas, e-portafolios de los que pueden servirse los alumnos con diversidad funcional y los TDAH, para conseguir un rendimiento académico óptimo en tramos de Educación Superior. La cuestión principal estribaría en repensar sobre los procesos de enseñanza-aprendizaje para que los alumnos excepcionales mejorasen en su forma de aprender para implantar actuaciones de éxito en las aulas con el fin de optimizar el talento de los alumnos con diversidad funcional; es decir, centrarnos más en los procesos de enseñanza que en las directrices de apoyo. Por tanto, una de estas actuaciones de éxito podría se aquella que se centra en el manejo de los criterios, indicadores o evidencias que estos alumnos deben manejar a través de algunas herramientas, como la e-rúbrica, como instrumento de evaluación y autorregulación del proceso de enseñanza-aprendizaje, y también como herramienta de cohesión social y colaboración entre iguales.

En el II Congreso sobre "Evaluación por competencias mediante e-rúbricas", celebrado el 26 de octubre de 2012 en la Universidad de Málaga, el profesor Pérez Galán, en su ponencia titulada "La e-rubrica de exposición de proyectos por los estudiantes", puso de manifiesto en una investigación llevada a cabo con dos grupos de 120 alumnos de 1º Grado Magisterio de Educación Infantil, con un seguimiento de un año con grupos experimentales y control que la herramienta de la e-rúbrica, entre otras conclusiones, manifestaba el impacto tan positivo que causó en alumnos con algún tipo de problemas o dificultades académicas o de relación social la e-rúbrica a través de la versatilidad de los grupos interactivos y heterogéneos, al servir de optimización en el rendimiento académico, por parte de la colaboración entre iguales y de la extinción de conductas agresivas, conflictivas y de deterioro de cohesión social, ya que sirvió de continuo consenso y plataforma de colaboración y participación, algo que no sucedió en el grupo control. Así pues, la utilización de la e-rúbrica con alumnos con diversidad funcional con TDAH es una herramienta que por la singularidad de estos alumnos, ya que deben tener muy claras las tareas, la exigencia de las mismas, los procesos que deben utilizar, el desarrollo de las mismas, pueden servirnos como un óptimo recurso para alcanzar rendimientos académicos satisfactorios en tramos de Educación Obligatoria Superior, por lo que pueden vislumbrar perfectamente el perfil profesional de cada uno alcanzando sus competencias profesionales. De esta forma lo aprecian autores como Cebrián, Raposo y Accino, J. (2008), cuando consideran que la e-rúbrica es una herramienta que ofrece a los estudiantes información acerca de las competencias que se esperan de ellos, junto con los "indicadores" o evidencias que les informan de qué tienen que hacer para lograr las competencias. Todo esto debe ir unido, también, como proceso continuo, en esa adquisición tanto del conocimiento teórico-práctico, por otra herramienta básica de recogida y análisis de información que les puede venir muy bien a alumnos con TDAH por su carácter metodológico y secuencia de tareas como es el e-portafolios. Tradicionalmente, según palabras del profesor Cebrián (2009), los portafolios se plantearon como la muestra de evidencias y resultados de los logros profesionales. Más tarde, se ha utilizado como un concepto y técnica para mejorar en el proceso de aprendizaje académico y profesional. Como un recurso para que los estudiantes muestren sus aprendizajes, comprendan y reflexionen sobre este aprendizaje. Así pues, sigue afirmando el autor, un portafolio es un informe o expediente (dossier) donde el estudiante va depositando sus trabajos de forma individual o en grupo, sus reflexiones, sus experiencias… a la vez que el docente lo va evaluando y acompañando de forma interactiva en el proceso de autoaprendizaje. Y un "e-portafolio", que pensamos también que puede ser una herramienta muy poderosa de aprendizaje para los alumnos en general, y en particular con los TDAH, ya que supone el manejo de la enseñanza virtual-presencial, semi-presencial o no presencial- vinculada al ritmo de aprendizaje de estos alumnos, a través de la supervisión o enseñanza más personalizada, y basada en una teoría más constructiva del aprendizaje y un modelo de evaluación más formativo. La idea es, como asegura Aiello (2004), que la combinación, *blended-learning*, sea de medios usados en el aprendizaje, pero para que esta combinación funcione hay que pensar en una organización en red y transversal del conocimiento y la información. Así pues, esta modalidad tiene la posibilidad de utilizar modelos y metodologías que combinan varias opciones como clases de aula, e-learning y aprendizaje al propio ritmo de cada alumno. Por todo esto, creemos que la utilización de todo este tipo de estrategias metodológicas propuestas por el profesorado de forma colaborativa con sus compañeros, ayudan a que estos alumnos tengan éxito en las aulas en cuanto se utiliza una evaluación formativa que continuamente revisa y está atenta a todo su proceso de evaluación y lo mejora, ya que va restableciendo siempre las posibles desviaciones dadas las particularidades de su diversidad funcional. Con el término de evaluación formativa se entiende el papel que desempeñan los evaluadores que "formativamente" tratan de mejorar un secuencia pedagógica todavía en desarrollo, frente a los evaluadores que "sumativamente" valoran los méritos de los ya terminados. En otras palabras, una evaluación durante y/o del proceso frente una evaluación solo de productos o de resultados (Cebrián, 2011). Todo esto para conseguir que estos alumnos, al igual que son capaces de reconducir sus propios actos, impulsos y pensamientos llevando a cabo procesos de autoinstrucción, también sean competentes para autorregular su proceso de aprendizaje, que no es otra cosa que darle, como a todo el mundo, la oportunidad de "aprender a aprender". Aunque, lamentablemente, tengamos que decir que todavía hoy es mayor la lista de personas cuyo espíritu ha quedado truncado en el colegio y, que por tanto, no han tenido la oportunidad de desarrollar su potencial (Pérez Galán, 2006).

◼ NOTAS BIBLIOGRÁFICAS

AIELLO, M. (2004). "El blended learning como práctica transformadora". *Revista Pixel Bit*, (23). Recuperado el 4 de febrero de 2013, de http:/www.sav.us.es/pixelbit/pixelbit/artículos/n23/n23 art/art 2302.htm

AINSCOW, M. (2002). *Desarrollo de escuelas inclusivas*. Madrid. Narcea.

ÁVILA, C. y POLAINO-LORENTE, A. (1999). *Cómo vivir con un niño hiperactivo.* Madrid. Narcea.

BARNETT, R. (1990). *The Idea of Higher Education*. Buckingham in association with the Society for Research into Higher Education. Open University Press.

BARNETT, R. (2000). *Realizing the University*. Buckingham, in association with the Society for Research into Higher Education. Open University Press.

BOOTH, T. y AINSCOW, M. (1998). *From them to us*. Londres. Routledge

CEBRIÁN DE LA SERNA, M. (2011). "Supervisión con eportafolios y su impacto en las reflexiones de los estudiantes en el prácticum. Estudio de caso". *Revista de Educación*, 354. Enero, 183-208.

CEBRIÁN, M. y *et al* (2009). *La supervisión del prácticum con e-portafolio: estudio y análisis de los diarios.* Congreso sobre el prácticum. Poio. Pontevedra. Junio/Julio 2009.

CEBRIÁN, M.; RAPOSO, M. y ACCINO, J. (2008). "E-portafolio en el prácticum: un modelo de rúbrica". *Revista Comunicación y Pedagogía*, 218, 8-13. Ver en Recursos/E-rúbrica.pdf.

COMUNICACIÓN DE LA COMISIÓN AL PARLAMENTO EUROPEO, AL CONSEJO, AL COMITÉ ECONÓMICO Y SOCIAL EUROPEO Y AL COMITÉ DE LAS REGIONES (2010). *Estrategia Europea sobre Discapacidad 2010-2020: un compromiso renovado para una Europa sin barreras COM*, 636 final

DUQUE, E.; HOLLAND, CH. y RODRÍGUEZ, J. (2012). "Mixture, streaming e inclusión: tres formas de agrupar al alumnado". *Cuadernos de Pedagogía*, 429. Diciembre, 28-30.

ECHEITA, G. y otros (2009). "Paradojas y dilemas en el proceso de inclusión educativa en España". *Revista de Educación*. Madrid, 349, 153-178.

ECHEITA, G. y VERDUGO, M. A. (2004). "Diez años después de la Declaración de Salamanca sobre Necesidades Educativas Especiales en España. Entre la retórica esperanzadora y las resistencias al cambio". *Siglo Cero*. V. 36, 1, 5-12. Madrid.

ECHEITA, G. y VERDUGO, M. A. (2004). *La Declaración de Salamanca sobre Necesidades Educativas Especiales diez años después. Valoración y prospectiva*. Salamanca. Publicaciones INICO.

ELBOJ, C. y NIEMELÄ, K. (2010). "Sub-communites of mutual learners in the clasroom: the case of Interactive groups". *Revista de Psicodidáctica*, vol. 15, 2, 177-189.

FLECHA, R. (2012). "La atención a la diversidad ha legitimado la desigualdad". *Cuadernos de Pedagogía*, 429, Diciembre, 20-25

GUERRERO LÓPEZ, J. F. y PÉREZ GALÁN, R. (2011). "El alumnado con Tda-h (hiperactividad) como colectivo en riesgo de exclusión social: propuestas de acción y de mejora". *Revista Ruedes*, año 1, 2, 37-59

HALLOWELL, E. M. y RATEY, J. J. (2001). *TDA: controlando la hiperactividad*. Barcelona. Paidós.

MARTÍNEZ, M. (2008). *El aprendizaje servicio y responsabilidad social de las universidades*. Barcelona. Octaedro.

MOLINA, S. y CHRISTON, M. (2012). "La inclusión del alumnado con discapacidades". *Cuadernos de Pedagogía*, 429, diciembre, 2012, 31-33.

NUSSBAUM, M. (2006). *Las fronteras de la justicia. Consideraciones sobre la exclusión*. Barcelona. Paidós.

OJALA, M. y PADRÓS, M. (2012). "Actuaciones educativas de éxito, universales y transferibles". *Cuadernos de Pedagogía*, 429, diciembre, 2012, 18-19.

PÉREZ GALÁN, R. (2006). "La redefinición teórico-práctica del trastorno TDAH desde una perspectiva más comprensiva y positiva: de lo que fue a lo que debe ser". En GUERRERO LÓPEZ, J. F. (2006). *Creatividad, ingenio e hiperconcentración: las ventajas de ser hiperactivo (TDAH)*. Málaga. Aljibe.

PUIGDELLÍVOL, I. (2005). *La educación especial en la escuela integrada: una perspectiva desde la diversidad*. Barcelona. Graó.

ROCA, N. *et al* (1995). *Escritura y necesidades educativas especiales. Teoría y práctica de un enfoque constructivista*. Madrid. Fundación Infancia y Aprendizaje.

SCHALOCK, R. *et al* (2002). *The concept of quality of life in human services: A handbook for human service practitioners*. Washington, DC. American Association on Mental Retardation.

YOUNG, I. M. (200). *Inclusion and Democracy*. Oxford. Oxford University Press.

Rendimiento académico en estudiantes universitarios con TDAH

Ana Miranda Casas
María Jesús Presentación Herrero
Jessica Mercader Ruiz

> *"Los adultos con TDAH a menudo son supervivientes de un síndrome que les ha dejado consecuencias personales, académicas, sociales y laborales importantes. Esto se conoce como la resaca del TDAH".*
>
> Young y Bramham.

1 Introducción

Desde los años 90, fecha en la que aparecieron los primeros estudios sobre estudiantes universitarios con un diagnóstico de Trastorno por Déficit de Atención e Hiperactividad (TDAH), se ha incrementado significativamente el número de investigaciones focalizadas en el impacto que provoca. Pese a que no disponemos de cifras exactas, se estima que el TDAH afecta entre un 2% y un 8% de la población universitaria en los Estados Unidos (DuPaul, Weyandt, O'Dell y Varejao, 2009). A su vez, aproximadamente el 25% de los estudiantes universitarios que reciben servicios educativos especiales son identificados como TDAH (Wolf, 2001; Wolf, Simkowitz y Carlson, 2009). No obstante, las tasas relativas a la sintomatología del trastorno muestran algunas variaciones en función de los métodos de identificación que se han utilizado: son superiores cuando se adopta la comparación con los iguales usando una aproximación basada en la norma frente al recuento de síntomas, basado en los criterios del DSM-IV. Por otra parte, cuando se ha estimado la prevalencia utilizando informes de los padres las tasas han sido inferiores al 1% (DuPaul *et al.*, 2009).

Es necesario puntualizar que en los estudios realizados sobre prevalencia del TDAH en estudiantes de universidad raras veces se han aplicado criterios diagnósticos estrictos del DSM-IV y que capten los cambios evolutivos que están afectando a los síntomas nucleares del trastorno.

En cualquier caso, los efectos adversos del TDAH en la etapa de vida adulta están documentados (Barkley, Murphy y Fisher, 2009) y, por consiguiente, parece probable que los estudiantes universitarios con TDAH experimenten dificultades en múltiples dominios en relación con sus compañeros con un desarrollo típico. A ello cabe añadir que el éxito en la universidad requiere habilidades de organización, planificación y gestión del tiempo, áreas en las que los sujetos adultos con TDAH suelen manifestar déficits. Además, aumenta la posibilidad de que el apoyo por parte de la familia y del entorno próximo esté menos disponible que en otras etapas educativas.

Dado que la identificación del TDAH entre estudiantes universitarios con deficiencias está incrementándose, el presente capítulo tratará de documentar al lector sobre las dificultades a las que tienen que hacer frente en esta etapa educativa. Basándose en los hallazgos más significativos de la investigación, se examinarán las características psicosociales, el funcionamiento académico así como las principales estrategias de intervención y adaptaciones educativas que se utilizan para atender las necesidades de los estudiantes universitarios con TDAH.

2. Funcionamiento psicosocial de estudiantes universitarios con TDAH

El TDAH tiene efectos clínicamente significativos en el funcionamiento académico, social y psicológico de los sujetos que lo padecen (Barkley, 2005). Sin embargo, algunos autores consideran que los factores negativos que se observan en niños y adolescentes podrían no ser aplicables a los estudiantes universitarios ya que, en comparación con la población general que sufre el trastorno, poseen mayores habilidades compensatorias y, por consiguiente, logran un mayor éxito durante la escolarización primaria y secundaria que permite el acceso a la universidad (Frazier, Youngstrom, Glutting y Watkins, 2007).

Prueba de ello son los estudios de comparación realizados entre estudiantes con TDAH, estudiantes con otros trastornos y sujetos con un desarrollo típico (DT) en variables de funcionamiento neuropsicológico. Los hallazgos, en líneas generales, sugieren que no hay diferencias en el funcionamiento ejecutivo de sujetos universitarios con TDAH y sujetos de comparación. Weyandnt, Rice, Linterman, Mitzlaff y Emert (1998), compararon grupos de estudiantes universitarios con TDAH, sujetos con Dificultades de Aprendizaje de la Lectura (DAL) y participantes con un DT en tareas neuropsicológicas de funcionamiento ejecutivo. Sus resultados concluyen que sólo se encontraron diferencias entre el grupo con DAL y el grupo control en tareas de flexibilidad cognitiva, mientras que los grupos de TDAH, DAL y el control no se diferenciaron en su rendimiento en tareas de planificación ni de atención. En estudios posteriores, tampoco se encontraron diferencias entre los grupos TDAH y comparación en las variables de inhibición (Weyandt *et al.*, 2003) y atención dividida (Linterman y Weyandt, 2001).

No obstante, algunas investigaciones señalan que las dificultades de los sujetos con TDAH que acceden a la educación superior suponen una barrera para la adaptación a la vida en la universidad y a las demandas que plantea. Por ejemplo, se informa un menor ajuste y estabilidad emocional (Blase *et al.*, 2009; Shaw-Zirt, Popali-Lehane, Chaplin y Bergman, 2005), autoestima baja (Dooling-Liftin y Rosen, 1997; Lewandowski, Lovett, Coding y Gordon, 2008), calidad de vida inferior (Grenwald-Mayes, 2002), más síntomas de ansiedad y depresión durante la transición a la universidad (Rabiner, Anastopoulos, Costello, Hoyle y Swartzwelder, 2008) y menor bienestar psicológico general que sus compañeros (Weyandt, Rice, Linterman, Mitzalaff y Emert, 1998).

En lo que se refiere al funcionamiento social, los estudiantes con TDAH presentan una adaptación social inferior en la universidad, menos habilidades sociales y más problemas en las relaciones sociales en comparación con los estudiantes con un DT (Lewandowski *et al.*, 2008). En las relaciones de pareja, los varones con un subtipo de TDAH con predominio de inatención suelen experimentar más dificultades para concertar citas y son menos asertivos que los jóvenes con TDAH del subtipo combinado o compañeros sin TDAH (Canu y Carlson, 2003). Además es más probable que desplieguen en sus relaciones signos de agresividad física y sexual, aunque no de agresividad psicológica (Therialt y Holmberg, 2001). Resulta paradójico que, pese a las dificultades sociales referidas, la mayoría de universitarios con TDAH se perciben a sí mismos como socialmente competentes (Blase *et al.*, 2009) y parece que tienen una escasa conciencia de sus fracasos en la vida en la comunidad.

Por último, la investigación sugiere que se produce un mayor consumo de alcohol, tabaco y drogas ilegales por parte de los estudiantes universitarios con TDAH en comparación con sus compañeros sin TDAH (Baker, Prevatt y Proctor, 2012). La duda que surge de inmediato es si las tasas superiores de abuso pueden ser explicadas por los síntomas de un Trastorno de Conducta (TC) y no por el TDAH en sí mismo. Pero los resultados de un reciente estudio (Rooney, Chronis-Tuscano y Yoon, 2012) muestran que el TDAH, con independencia de la historia de TC, estaba asociado con puntuaciones superiores de uso de tabaco, alcohol y drogas (marihuana y otras drogas ilegales).

3 Funcionamiento académico de estudiantes universitarios con TDAH

Los estudiantes con TDAH tienen un rendimiento académico más bajo y es menos probable que inicien estudios universitarios (Murphy, Barkley y Bush, 2002). Aún cuando puedan superar con éxito el acceso a la universidad, su rendimiento es menor que el de sus compañeros y no depende de la presencia de factores de protección, como mayores habilidades cognitivas, experiencias de éxito académico previas y mayores estrategias de afrontamiento (Glutting, Youngstrom y Watkins, 2005).

En un estudio pionero sobre el tema, Heiligenstein, Guenther, Levy, Savino y Fulwiler (1999) evaluaron el rendimiento académico de un grupo de estudiantes universitarios con diagnóstico de TDAH y compararon los resultados con un grupo control sin el trastorno. Encontraron que los estudiantes con TDAH presentaban promedios académicos más bajos (con una diferencia de una desviación típica), auto-informaban más problemas académicos que el grupo de desarrollo típico, y eran más propensos que sus compañeros a estar en un periodo académico de prueba. Igualmente, Blase *et al.* (2009) informaron que el promedio de calificaciones de un grupo de universitarios con diagnóstico de TDAH fue alrededor de 0.5 desviación típica inferior en comparación a un grupo control, una diferencia que se acrecentó con el paso del tiempo. Los requisitos de la universidad en particular, la pérdida de apoyo familiar debida a la vida fuera de casa y la falta de educación individualizada se apuntaban entre las razones externas que podrían explicar los déficits académicos. Por el contrario, en dos investigaciones no se han encontrado diferencias entre estudiantes con y sin TDAH. En una de ellas la muestra estuvo conformada por estudiantes que habían terminado un grado, con lo cual es posible que no sean representativos de la población universitaria general con TDAH (Sparks, Javorsky y Philips, 2004). Aunque en el caso de la segunda investigación la muestra no tenía este tipo de restricciones, sólo contó con 17 participantes con TDAH y 37 sujetos en total (Wilmshurst, Peele y Wilmshurst, 2011).

Por otra parte, los síntomas del TDAH correlacionan negativamente con los hábitos de estudio, las técnicas de estudio, y el ajuste académico (Norwalk, Norvilitis y MacLean, 2008). Los estudiantes con síntomas moderados de TDAH valoran que tienen problemas con la gestión del tiempo (por ejemplo: duración y finalización de las pruebas o tareas) y con el esfuerzo (por ejemplo: percepción de trabajar más duro para conseguir éxito en las tareas) (Lewandowski *et al.*, 2008) y obtienen puntuaciones bajas en medidas de motivación y satisfacción con el entorno académico, concretamente en calidad y satisfacción con los recursos disponibles (Shaw-Zirt *et al.*, 2005). Asimismo muestran preocupación por sus problemas de concentración, memoria, habilidades de gestión del tiempo y la tendencia a postergar las actividades (Kane, Walker y Schmidt, 2011). Tienden a considerarse inferiores a sus compañeros en tareas de planificación académica, tomar apuntes de clase, estudio previo para la preparación de los exámenes, así como en evitar distracciones (Advokat *et al.*, 2011).

Varios factores podrían estar implicados en la panorámica académica negativa que se ha descrito. La inatención se relaciona con puntuaciones más bajas en técnicas de estudio y ajuste académico (Betz, 2000), mostrando un elevado poder predictivo en el descenso de las calificaciones en estudiantes universitarios (Schwanz, Palm y Brallier, 2007). La impulsividad es otro factor que mantiene una relación negativa con el éxito académico (Spinella y Miley, 2003). También el estilo motivacional presenta diferencias claras entre estudiantes universitarios con Dificultades de Aprendizaje (DA), de manera que cuando se comparan estudiantes con TDAH, sujetos con DA y sujetos con DT, los alumnos con TDAH obtiene puntuaciones más bajas que los estudiantes de los otros dos grupos en las áreas de gestión del tiempo, concentración, selección de ideas principales y estrategias para realizar exámenes. Las diferencias significativas entre los grupos con DA y con TDAH sugieren que las estrategias de aprendizaje y estudio difieren entre los dos grupos, y por lo tanto la agrupación tradicional de ambos para la intervención académica puede no ser tan eficaz como el desarrollo de estrategias específicas para el grupo con TDAH (Reaser, Prevatt, Petscher y Proctor, 2007).

Un dato interesante es que, dependiendo del subtipo de TDAH (con predominio de inatención o combinado), hay diferencias en las técnicas de enseñanza para incentivar la motivación que son necesarias cuando estos alumnos acceden a la universidad. El aprendizaje como un juego o una competición, que permite el reconocimiento público, es más indicado para trabajar con las personas con un diagnóstico de TDAH combinado, mientras que las estrategias que faciliten el aprendizaje cooperativo y la retroalimentación pueden aumentar la motivación de los estudiantes con predominio de inatención (Carlson, Booth, Shin y Canu, 2002).

En resumen, los hallazgos sugieren que los estudiantes universitarios con TDAH se encuentran en desventaja en relación a su grupo de iguales, por lo que sería necesario poner en marcha intervenciones que neutralicen el riesgo y optimicen las oportunidades académicas en la etapa de educación superior. No obstante, cabe destacar que la investigación sobre el efecto que el trastorno posee sobre el rendimiento académico es escasa, además de contar con ciertos problemas muestrales (por ejemplo: representatividad, diagnóstico o evaluación de los problemas comórbidos). Estas limitaciones nos llevan a realizar afirmaciones parciales.

4 Evaluación del TDAH en estudiantes universitarios

En base a las propuestas que los expertos señalan para evaluar el TDAH en la etapa de vida adulta (véase Barkley, 2005), la evaluación del trastorno en estudiantes universitarios debería contemplar aspectos relacionados con la sintomatología tanto actual como retrospectiva (en la infancia).

El diagnóstico debe incluir entrevistas clínicas con el sujeto y con alguien cercano de su entorno familiar o social, como los padres y/o la pareja, que aporten una valoración de la sintomatología presente y que también ofrezcan informes de la aparición de síntomas en la infancia e informes escolares retrospectivos. Para ello, son útiles modelos de entrevista estructurada tales como la Entrevista Diagnóstica del TDAH en adultos (DIVA 2.0; Kooij y Francken, 2010), la cual tiene como finalidad determinar la presencia de síntomas de TDAH durante la infancia y la edad adulta en base a los criterios del DSM-IV. También se proporcionan ejemplos de los tipos de disfunción comúnmente asociados a los síntomas en cinco áreas de la vida diaria: trabajo y educación, relaciones y vida en familia, contactos sociales, tiempo libre y hobbies, y seguridad en sí mismo y autoimagen. Otras pruebas estandarizadas que permiten evaluar los síntomas nucleares del trastorno, así como la afectación que éste produce son las Escalas de Conners para adultos con TDAH (CAARS; Conners, Erhardt y Sparrow, 2002) o la Escala de auto-informe del TDAH en adultos (ASRS; Kessler, Alder y Spemcer, 2005).

El funcionamiento ejecutivo constituye otra de las áreas primordiales a eva-luar, dado los déficits que se suelen producir en dominios de planificación o gestión del tiempo. Las escalas de estimación permiten la vinculación del funcionamiento ejecutivo con actividades de la vida diaria. Entre ellas, se encuentra el Behavior Rating Inventory of Executive Function-Adult (BRIEF-A; Roth, Isquith y Gioia, 1999) que evalúa múltiples componentes del funcionamiento ejecutivo (cognitivo, con-ductual y emocional) en situaciones de la vida diaria de sujetos de 18 a 90 años (versión de autoinforme y de estimación del observador).

Puesto que el TDAH co-ocurre con otras condiciones asociadas en una fre-cuencia muy elevada, será necesaria identificar posibles trastornos comórbidos. Para ello, pueden ser útiles cuestionarios tales como el Weiss Symptoms Record (WSR; Weiss, 2011) el cual recoge los criterios diagnósticos de los principales tras-tornos que co-existen con el TDAH en la etapa adulta basándose en los criterios del DSM-IV. Para evaluar el impacto del trastorno en el funcionamiento y en la calidad de vida en distintas resulta útil la Escala Weiss de evaluación de la afectación ne-gativa del funcionamiento (WFIRS-S; Weiss, 2000) en el entorno escolar, familiar, laboral, habilidades cotidianas, habilidades sociales y conductas de riesgo. En el contexto escolar, cabría resaltar que podría evaluarse tanto el rendimiento, con el fin de encontrar competencias con un peor desempeño e intervenir sobre las mismas, como los hábitos y técnicas de estudio, necesarios para una adaptación exitosa a la vida en la universidad (por ejemplo: cuestionario de Técnicas de Estu-dio, Herrero y Gallardo, 2006).

La presencia de una historia familiar de TDAH es otra clave importante. El profesional debe prestar también atención durante las entrevistas a los siguientes signos (a) hablar excesivamente en las sesiones (b) evidencia de baja tolerancia a la frustración, (c) escasa atención focalizada, (d) dilación de las actividades, (e) manejo del tiempo poco eficaz (f) retrasos en las citas, (g) dificultad con la planificación y (h) tomar decisiones impulsivamente

Para finalizar, cabe destacar que la importancia de la cronicidad del tras-torno ha conllevado ciertas modificaciones para la evaluación y el diagnóstico en adultos, las cuáles se recogen en el DSM-V. En base a las diferentes observaciones que se han realizado en la población adulta con TDAH, el DSM-V rebaja el punto de corte de 6 a 4 síntomas a partir de los 17 años. Además, se amplía la edad de inicio de los 7 a los 12 años. A ello cabe añadir que se exige un deterioro signifi-cativo en el momento del diagnóstico (independientemente que este existiera o no durante el funcionamiento previo) y este puede afectar únicamente a un ambiente (por ejemplo: trabajo).

5 Intervención en estudiantes universitarios con TDAH

5.1. Tratamiento farmacológico

La investigación acerca de la eficacia del tratamiento con psicofármacos en estudiantes universitarios con TDAH es extremadamente limitada. Dicha situación se debe, en gran medida, a las diferentes razones por las que la intervención podría tener una menor efectividad en este grupo que la que posee, por ejemplo, en niños o adolescentes. En primer lugar, los estudiantes universitarios podrían requerir un control de los síntomas que se extienda muchas horas a lo largo del día (debido a que la jornada de estudio para la resolución de las tareas es mucho más extensa), tiempo que podría exceder el efecto que poseen los estimulantes de larga duración (Rabiner *et al.*, 2009a). Por otra parte, los estudiantes deben asumir la responsabilidad de autoadministrase la medicación, dado que no pueden contar con el monitoreo que ejercen los padres durante otras etapas anteriores en el desarrollo. Así, existe un elevado porcentaje de alumnos universitarios con TDAH que no sigue las prescripciones médicas para el uso de la medicación (Rabiner *et al.*, 2009b)

No obstante, hay algunos estudios que han tratado de estimar la influencia de la medicación para los estudiantes con TDAH en diferentes variables de adaptación a la universidad. Así, Rabiner *et al.* (2008) examinaron la asociación entre el tratamiento con medicamentos y la adaptación universitaria en 68 estudiantes con TDAH de primer semestre que asistían a una universidad pública y una universidad privada. Sus resultados muestran que las preocupaciones por los resultados académicos, los síntomas depresivos, la satisfacción social y el uso de alcohol o drogas no estaban relacionados con el tratamiento farmacológico. En un estudio de seguimiento mencionado anteriormente (Blase *et al.*, 2009), el ajuste de los estudiantes con TDAH a la universidad no tuvo tampoco relación con la condición de tratamiento mediante psicofármacos. Advokat *et al.* (2011) informaron que no existían diferencias en los promedios académicos de los estudiantes con TDAH en función de la condición de si percibían o no medicación como tratamiento. No obstante, más del 90% de los estudiantes que seguían un tratamiento farmacológico indicaron que éste los ayudaba académicamente, pese a que no se encontraron diferencias en los promedios académicos de los estudiantes con TDAH que tomaban y no tomaban medicación.

Aunque los estudios revisados no muestran un beneficio claro de la medicación, sus resultados podrían deberse a que los participantes no fueron asignados al azar al tratamiento. Recientemente, se han publicado los resultados del primer ensayo aleatorio sobre tratamiento farmacológico, con un control placebo, en una muestra de estudiantes con un diagnóstico de TDAH (DuPaul *et al.*, 2012). El fármaco probado fue un estimulante de acción prolongada, Lisdexamfetamina dimesilato (LDX), que se administró a los alumnos durante 5 semanas. El tratamiento con medicamentos se asoció con reducciones en los síntomas del TDAH y mejoras de las funciones ejecutivas relacionadas con la gestión de tareas, planificación, organización, habilidades de estudio y memoria de trabajo. Se encontró un efecto más pequeño, pero estadísticamente significativo, en variables de carácter psicosocial. A pesar de estas mejoras, sin embargo, los estudiantes tratados mostraron más sintomatología del TDAH y mayores déficits en el funcionamiento ejecutivo que los sujetos sin el trastorno.

Pese a los resultados del estudio de DuPaul *et al.* (2012), la duración relativamente corta de la evaluación impide el juicio de los posibles efectos a largo plazo del tratamiento con el psicofármaco, además de no incluirse medidas de funcionamiento académico y educativo. Por lo tanto, el impacto del tratamiento con medicación en los resultados académicos a largo plazo de los estudiantes universitarios con TDAH sigue siendo desconocido.

5.2. Principales intervenciones de carácter psicosocial

Al igual que sucede con el tratamiento farmacológico, los estudios publicados acerca de la efectividad de los diferentes tipos de intervención psicosocial en estudiantes universitarios con TDAH son muy limitados. Sin embargo, son los tratamientos que poseen una mayor efectividad en los adultos y, sobre todo en combinación con la medicación, podrían ser los más indicados para intervenir en el ámbito universitario. Cada uno de estos enfoques psicoeducativos tienen por objeto potenciar habilidades que son especialmente pertinentes para el desempeño académico de los estudiantes universitarios con TDAH (por ejemplo: gestión del tiempo, organización y planificación), permitiéndoles alcanzar un mayor éxito académico. Entre ellos destacan el Tratamiento Cognitivo-Conductual (CBT), el Programa Young-Bramham (Young *et al.*, 2012) la Terapia Metacognitiva (MCT) y el *Coaching* (Orientación), los cuales se describen brevemente a continuación.

- Tratamiento Cognitivo-Comportamental (Cognitive Behavioural Treatment; CBT). El Tratamiento Cognitivo Conductual (CBT) para el TDAH en adultos sigue un enfoque modular. Cada módulo corresponde a un conjunto de habilidades que abordan un dominio de deterioro general en los adultos con TDAH. En consecuencia, hay cuatro "módulos básicos" que se recomienda administrar a todos los pacientes, y varios módulos opcionales. Los módulos principales son: (1) la psicoeducación sobre el TDAH en la etapa de vida adulta, (2) entrenamiento en habilidades organizativas y de planificación, (3) entrenamiento en evitar las distracciones y (4) reestructuración cognitiva o pensamiento adaptativo. Los módulos opcionales pueden incluir la gestión de la ira y la frustración, la reducción del estrés, y el entrenamiento en asertividad y habilidades de comunicación social (Safren *et al.*, 2005)

  Safren *et al.* (2005) probaron la efectividad de este programa en 86 adultos que estaban recibiendo tratamiento farmacológico. El programa de CBT conllevaba de 12 a 15 sesiones individuales específicas que comprendían las habilidades relacionadas con los cuatro módulos principales. Después del tratamiento, los adultos con tratamiento farmacológico + CBT obtuvieron puntuaciones significativamente más bajas en la sintomatología de TDAH y mejoras en la Escala de Impresión Clínica Global, siendo valorados por clínicos mediante un diseño ciego. Las estimaciones en el autoinforme fueron consistentes con estos resultados.

- Programa Young-Bramham (Young *et al.*, 2012). El Programa Young-Brahmam destaca como un modelo novedoso de intervención, que surge de la práctica clínica en coordinación con la investigación sobre efectividad de tratamientos psicosociales para jóvenes y adultos con TDAH. Se fundamenta en dos objetivos principales: (a) "Cambiar desde fuera hacia dentro", pretende proporcionar a los clínicos las formas de alentar y ayudar a la persona con TDAH a cambiar el entorno, con el fin de optimizar su funcionamiento personal, ocupacional y social; (b) "Cambiar desde dentro hacia fuera", pretende ofrecer a los responsables de la intervención los métodos para que la persona con TDAH desarrolle estrategias psicológicas de funcionamiento adaptativo en diferentes entornos. En términos operativos, ambos objetivos se traducen en proporcionar información acerca del trastorno y las consecuencias que acarrea en la etapa de vida adulta, y proveer de estrategias a los sujetos con TDAH para hacer frente a los síntomas y problemas asociados del trastorno. Se basa en tres técnicas psicológicas: la terapia cognitivo-conductual, la psicoeducación y la entrevista motivacional. Así, se desarrolla la educación sobre el trastorno a través de la adopción de técnicas psicoeducativas, tales como la entrevista motivacional, las técnicas de balance decisional, la reestructuración cognitiva, reformulación del pasado reconociendo los errores en pensamientos y creencias y la evaluación de las distorsiones cognitivas y atribuciones erróneas. Por otra parte, se emplean técnicas como la asignación de tareas, modelado y role-playing para desarrollar y ensayar nuevas habilidades.

El programa posee un enfoque modular, contemplando tres ejes fundamentales: síntomas centrales, problemas comórbidos y preparación para el futuro. Dentro del primer eje, se incluyen los módulos de atención, memoria, organización, gestión del tiempo e impulsividad. El módulo de problemas asociados incluye temas sobre la resolución de problemas, las relaciones interpersonales, la ansiedad, la frustración y la ira, el bajo estado de ánimo y la depresión, el sueño y el abuso de sustancias. Las cuestiones relativas a las expectativas y planes para el futuro de los individuos se presentan en el eje final. Cada módulo sigue un formato similar, delineando los déficits funcionales de los adolescentes y adultos sobre el tema en cuestión, los métodos para evaluarlos y las intervenciones específicas para afrontarlos. La variedad de temas supone un factor para mantener el interés en las sesiones del programa. Además, se incorpora el uso de ayudas visuales, de juegos de rol y, si es necesario, se introducen descansos cortos. Para hacer frente a la aversión a la demora que caracteriza el trastorno, este tratamiento incluye sistemas de recompensas inmediatas y tardías. Una característica del programa es la incorporación de ejercicios prácticos y herramientas específicas (por ejemplo: hojas de trabajo) que permitan mantener la motivación y la atención.

Por último, las autoras resaltan como rol principal del terapeuta el papel de entrenador que ayuda a la persona a establecer un puente entre su mundo interno y externo a través de la práctica guiada. Es un método útil y estructurado para los universitarios con TDAH, dado que, además de tratar las principales áreas que parecen encontrarse afectadas en estos sujetos, el terapeuta podía constituir el apoyo que antes proporcionaba el entorno próximo al sujeto.

- Terapia Metacognitiva (*Meta-Cognitive Therapy*; MCT). La Terapia Meta-Cognitiva (MCT) incorpora principios cognitivo-conductuales para fomentar el desarrollo de habilidades ejecutivas de autorregulación, tales como la gestión del tiempo, la planificación o la organización. Del mismo modo, se interviene sobre los factores depresógenos y ansiogéncios que pueden vincularse al déficit en un autocontrol eficaz. Dichos principios se utilizan para: a) proporcionar autorecompensa contingente (por ejemplo: completar una tarea aversiva), (b) desmantelar las tareas complejas en partes más manejables y (c) mantener la motivación hacia objetivos a largo plazo mediante la visualización de las recompensas. El apoyo, el modelado y el refuerzo de otros miembros del grupo y el terapeuta son componentes importantes del tratamiento que sirven para estimular, fomentar y mantener las ganancias positivas.

El programa también hace uso de la autoinstrucción, utilizando frases que vinculan una situación problemática con una respuesta cognitiva que proporciona una solución a ese problema. Por ejemplo, para minimizar los distractores en su espacio organizacional se podría utilizar la frase "ojos que no ven, corazón que no siente." Estas frases se repiten estratégicamente en todo el programa de modo que se convierten en parte del repertorio de la solución de problemas del individuo, mejorando así la generalización y el mantenimiento de las ganancias.

La secuencia de las sesiones de tratamiento es de naturaleza jerárquica (véase Solanto *et al*., 2011), empezando por la formación en habilidades específicas (por ejemplo: la agenda de una jornada laboral) y avanzar a las habilidades de orden superior que abarcan tanto el tiempo de gestión y organización.

Solanto *et al*. (2011) comprobaron la efectividad de la MCT en un grupo de 88 sujetos adultos con diagnóstico de TDAH. Sus resultados ofrecen que, en comparación con los adultos aleatorizados para recibir terapia de apoyo, el grupo que recibió MCT tuvo significativamente menos síntomas de falta de atención después del tratamiento según el autoinforme, la evaluación de un clínico mediante diseño ciego y los informantes colaterales.

- *Coaching* (Orientación). Un tratamiento cada vez más popular para los estudiantes universitarios con TDAH es el *Coaching* (Murphy, 2005; Quinn, 2001), que deriva del modelo de entrenamiento utilizado en el *coaching* ejecutivo y el atletismo. Algunos estudios iniciales han mostrado resultados prometedores, sobre todo en lo que respecta a la organización, motivación, estrategias de estudio, comprensión y autodeterminación (Reaser, 2008; Swartz, Prevatt y Proctor, 2005; Zwart y Kallemeyn, 2001).

El *coaching* consiste en ayudar a los sujetos hacer frente a los aspectos de su trastorno que interfieren con el rendimiento académico y a las dificultades como el hábito de aplazar las tareas, la falta de concentración, la autorregulación efectiva, la mala planificación, la ansiedad, la incompetencia social o la gestión del tiempo. Las estrategias útiles para los estudiantes universitarios con TDAH incluyen habilidades de organización, gestión del tiempo, establecimiento de metas y habilidades específicas de estudio, dados los déficits que podrían manifestar en estos dominios. La diferencia con las terapias cognitivo-conductuales tradicionales es que se trata de un planteamiento menos estructurado en términos de utilización de la reestructuración cognitiva. Sin embargo, los cambios cognitivos se producen como resultado de las intervenciones de comportamiento resultantes de las entrevistas, la resolución de problemas, el modelado y la práctica de las habilidades (Reaser, 2008).

La descripción del *coaching* de Swartz *et al.* (2005) incluye ocho sesiones. Las sesiones iniciales incluyen aclaraciones acerca de la sintomatología del trastorno, la educación, el establecimiento de metas, el establecimiento de la duración y temporalización de las sesiones, y las recompensas y consecuencias de la ejecución durante las mismas. Las sesiones posteriores exploran objetivos semanales, la finalización de las tareas, los obstáculos durante las mismas y la resolución de problemas. Las "tareas para casa" se utilizan rutinariamente como un medio para lograr objetivos semanales o a largo plazo.

En el caso del *coaching*, un reciente estudio trata de estimar la efectividad de este tipo de intervención en estudiantes universitarios con TDAH (Prevatt y Yelland, 2013). Sus resultados reportan que los sujetos con TDAH que recibieron el tratamiento durante 8 semanas mostraron una mejora significativa en sus estrategias de estudio y aprendizaje, autoestima, satisfacción con la universidad y el trabajo que realizaban en la misma. Además, dichos resultados fueron consistentes independientemente del semestre en el que se encontraron y del periodo durante el mismo.

- Adaptaciones Educativas. Las universidades de otros países suelen ofrecer acomodaciones académicas, tales como tiempo adicional para las tareas y exámenes, entornos sin distracciones, acceso a una grabadora para tomar notas o facilitar un ordenador para los exámenes escritos. Además, existe la posibilidad de modificar los programas de evaluación, realizando registros del progreso de los estudiantes con TDAH a mitad de los semestres (evaluación continua) o concediendo ampliaciones de los plazos para completar los requisitos. Las adaptaciones están diseñadas para satisfacer las necesidades de los estudiantes que manifiestan TDAH u otras condiciones especiales, así como los requisitos de su escuela o programa, y no están destinadas a proporcionar una ventaja injusta a los estudiantes que manifiestan necesidades educativas especiales (Wolf, 2001).

No obstante, un estudio realizado con 196 estudiantes universitarios, 30 de ellos con un diagnóstico de TDAH, informó que menos de un tercio de los estudiantes con TDAH utilizaban las adaptaciones académicas que tenían a su disposición. Las razones más citadas incluyeron no querer ayuda más allá de la proporcionada a los estudiantes que no presentan el trastorno, desestimar la ayuda por considerarla innecesaria, o no ser conscientes de su existencia (Chew, Jensen y Rosen, 2009). Estos resultados revelan la necesidad de sensibilizar a la población universitaria con y sin necesidades educativas acerca de la existencia y pertinencia de las acomodaciones, así como de establecer protocolos estructurados para la dotación de las mismas.

6 Conclusión

El progresivo aumento del número de estudiantes con TDAH que acceden a los estudios universitarios comporta la exigencia de identificar las vías oportunas para facilitar su desarrollo óptimo. No obstante, de acuerdo con las investigaciones expuestas en el presente capítulo, el conocimiento sobre los estudiantes universitarios con TDAH se encuentra en estos momentos "en construcción". Además, los hallazgos científicos que se comentan en él han sido obtenidos en general con población estadounidense. Puesto que las demandas de nuestro entorno universitario, en comparación con EEUU, pueden no ser las mismas, hay que ser conscientes de que ciertas afirmaciones no serían totalmente aplicables a la población española. Es necesario, por tanto, llevar a cabo investigaciones en las que se analice la situación de los universitarios españoles con TDAH y se valore la efectividad de diferentes técnicas de intervención en nuestro contexto.

NOTAS BIBLIOGRÁFICAS

ADVOKAT, C.; LANE, S. M. y LUO, C. (2011). "College students with and without ADHD: Comparison of self-report of medication usage, study habits, and academic achievement". *Journal of Attention Disorders*, 15, 656-666.

BAKER, L.; PREVATT, F. y PROCTOR, B. (2012). "Drug and alcohol use in college students with and without ADHD". *Journal of Attention Disorders*, 16, 255-263.

BARKLEY, R. A. (2005). *Attention-deficit hyperactivity disorder: A handbook for diagnosis and treatment*. New York. Guilford Press.

BARKLEY, R. A.; MURPHY, K. R. y FISHER, M. (2009). *ADHD in adults: What the science says*. New York. Guilford Press.

BETZ, N. E. (2000). "Self-efficacy theory as a basis for career assessment". *Journal of Career Assessment*, 8, 205-222.

BLASE, S. L.; GILBERT, A. N.; ANASTOPOULOS, A. D.; COSTELLO, E. J.; HOYLE, R. H.; SWARTZWELDER, H. S. y RABINER, D. (2009). "Self-reported ADHD and adjustment in college: cross-sectional and longitudinal findings". *Journal of Attention Disorders*, 13, 297-309.

CANU, W. H. y CARLSON, G. L. (2003). "Differences in heterosocial behavior and outcomes of ADHD-symptomatic subtypes in a college sample". *Journal of Attention Disorders*, 6, 123-133.

CARLSON, C. L.; BOOTH, J. E.; SHINN, M. y CANU, W. H. (2002). "Parent-, teacher-, and self-rated motivational styles in ADHD subtypes". *Journal of Learning Disabilities*, 35, 104-113.

CHEW, B. L.; JENSEN, S. A. y ROSEN, L. A. (2009). "College students' attitudes toward their ADHD peers". *Journal of Attention Disorders*, 13, 271-276.

DOOLING-LITFIN, J. K. y ROSEN, L. A. (1997). "Self-esteem in college students with a childhood history of attention deficit hyperactivity disorder". *Journal of College Student Psychotherapy*, 11, 69-82.

DUPAUL, G. J.; WEYANDT, L. L.; O'DELL, S. M. y VAREJAO, M. (2009). "College students with ADHD". *Journal of Attention Disorders*, 13, 234-250.

DUPAUL, G. J.; WEYANDT, L. L.; ROSSI, J. S.; VILARDO, B. A.; O'DELL, S. M.; CARSON, K. M.; VERDI, G. y SWENTOSKY, A. (2012). "Double-blind, placebo-controlled, crossover study of the efficacy and safety of lisdexamfetamine dimesylate in college students with ADHD". *Journal of Attention Disorders*, 16, 202-220.

FRAZIER, T. W.; YOUNGSTROM, E. A.; GLUTTING, J. J. y WATKINS, M. W. (2007). "ADHD and achievement: Meta-analysis of the child, adolescent, and adult literatures and a concomitant study with college students". *Journal of Learning Disabilities*, 40, 49-65.

GLUTTING J. J.; YOUNGSTROM E. A. y WATKINS M. W. (2005). "ADHD and college students: Exploratory and confirmatory factor structures with student and parent data". *Psychological Assessment*, 17, 44-55.

GRENWALD-MAYES, G. (2002). "Relationship between current quality of life and family of origin dynamics for college students with attention-deficit/hyperactivity disorder". *Journal of Attention Disorders*, 5, 211-222.

HEILIGENSTEIN, E.; GUENTHER, G.; LEVY, A.; SAVINO, F. y FULWILER, J. (1999). "Psychological and academic functioning in college students with attention deficit hyperactivity disorder". *Journal of American College Health*, 47, 181-185.

KANE, S. T.: WALKER, J. H. y SCHMIDT, G. R. (2011). "Assessing college-level learning difficulties and 'at riskness' for learning disabilities and ADHD: development and validation of the learning difficulties assessment". *Journal of Learning Disabilities*, 44, 533-542.

LEWANDOWSKI, L. J.; LOVETT, B. J.; CODING, R. S. y GORDON, M. (2008). "Symptoms of ADHD and academic concerns in college students with and without ADHD diagnoses". *Journal of Attention Disorders*, 12, 156-161.

LINTERMAN, I. y WEYANDT, I. (2001). "Divided Attention Skills in College Students with ADHD: Is it Advantageous to have ADHD?" *The ADHD Report*, 9, 1-6.

MURPHY, K. (2005). "Psychosocial treatments for ADHD in teens and adults: A practice-friendly review". *Journal of Clinical Psychology*, 61, 607-619.

MURPHY, K. R.; BARKLEY, R. A. y BUSH, T. (2002). "Young adults with attention deficit hyperactivity disorder: Subtype differences in comorbidity, educational, and clinical history". *Journal of Nervous and Mental Diseases*, 190, 147-157.

NORWALK, K.; NORVILITIS, J. M. y MACLEAN, M. G. (2008). "ADHD symptomatology and its relationship to factors associated with college adjustment". *Journal of Attention Disorders*, 13, 251-8.

PREVAT, F. y YELLANDAD, S. (2013). "An empirical Evaluation of ADHD Coaching in College Students". *Journal of Attention disorders*. (In press).

QUINN, P. O. (Ed.). (2001). *ADD and the college student: A guide for high school and college students with attention deficit disorder*. Washington. DC. Magination.

RABINER, D. L.; ANASTOPOULOS, A. D.; COSTELLO, E. J.; HOYLE, R. H.; MC-CABE, S. E. y SWARTZWELDER, H. S. (2009a). "Motives and perceived consequences of nonmedical ADHD medication use by college students are students treating themselves for attention problems?" *Journal of Attention Disorders*, 13, 259-270.

RABINER, D. L.; ANASTOPOULOS, A. D.; COSTELLO, E. J.; HOYLE, R. H.; MC-CABE, S. E. y SWARTZWELDER, H. S. (2009b). "The misuse and diversion of prescribed ADHD medications by college students". *Journal of Attention Disorders*, 13, 144-153.

RABINER, D. L.; ANASTOPOULOS, A. D.; COSTELLO, E. J.; HOYLE, R. H. y SWARTZWELDER, H. S. (2008). "ADHD and college adjustment". *Journal of Attention Disorders*, 11, 689-699.

REASER, A. (2008). *ADHD coaching and college students* (Unpublished doctoral dissertation). Tallahassee. Florida State University.

REASER, A.; PREVATT, F.; PETSCHER, Y. y PROCTOR, B. (2007). "The learning and study strategies of college students with ADHD". *Psychology in the Schools*, 44, 627-638.

ROONEY, M.; CHRONIS-TUSCANO, A. y YOON, Y. (2012). "Substance use in college student with ADHD". *Journal of Attention Disorders*, 16, 221-234.

SAFREN, S. A.; OTTO, M. W.; SPRICH, S.; WINETT, C. L.; WILENS, T. E. y BIEDERMAN, J. (2005). "Cognitive-behavioral therapy for ADHD in medication-treated adults with continued symptoms". *Behaviour Research and Therapy*, 43, 831-842.

SCHWANZ, K. A.; PALM, L. J. y BRALLIER, S. A. (2007). "Attention problems and hyperactivity as predictors of college grade point average". Journal of Attention Disorders, 11, 368-373.

SHAW-ZIRT, B.; POPALI-LEHANE, L.; CHAPLIN, W. y BERGMAN, A. (2005). "Adjustment, social skills, and self-esteem in college students with symptoms of ADHD". *Journal of Attention Disorders*, 8, 109-120.

SOLANTO, M. V.; MARKS, D. J.; WASSERSTEIN, J.; MITCHELL, K.; ABIKOFF, H. ALVIR, J. M. J. y KOFMAN, M. D. (2010). "Efficacy of meta-cognitive therapy (MCT) for adult ADHD". *The American journal of psychiatry*, 167, 958.

SPARKS, R. L.; JAVORSKY, J. y PHILIPS, L. (2004). "College students classified with ADHD and the foreign language requirement". *Journal of Learning Disabilities*, 37, 169-178.

SPINELLA, M. y MILEY, W. M. (2003). "Impulsivity and academic achievement in college students". *College Student Journal*, 37, 545-549.

SWARTZ, S.; PREVATT, F. y PROCTOR, B. E. (2005). "A coaching intervention for college students with attention deficit/hyperactivity disorder". *Psychology in the Schools*, 42, 647-655.

THERIALT, S. W. y HOLMBERG, D. (2001). "Impulsive, but violent? Are components of the attention deficit-hyperactivity syndrome associated with aggression in relationships?" *Violence Against Women*, 7, 1464-1489.

WEYANDT, L. L.; IWASZUK, W.; FULTON, K.; OLLERTON, M.; BEATTY, N.; FOUTS, H. y GREENLAW, C. (2003). "The Internal Restlessness Scale Performance of College Students With and Without ADHD". *Journal of Learning Disabilities*, 36, 382-389.

WEYANDT, L. L.; RICE, J. A.; LINTERMAN, I.; MITZLAFF, L. y EMERT, E. (1998). "Neuropsychological performance of a sample of adults with ADHD, Developmental Reading Disorder, and controls". *Developmental Neuropsycholy*, 14, 643-656.

WILMSHURST, L.; PEELE, M. y WILMSHURST, L. (2011). "Resilience and well-being in college students with and without a diagnosis of ADHD". *Journal of Attention Disorders*, 15, 11-17.

WOLF, L. E. (2001). "College students with ADHD and other hidden disabilities: Outcomes and interventions". En WASSERSTEIN, J.; WOLF, L. E. y LEFEVER, F. F. *Adult attention deficit disorder: Brain mechanisms and life outcomes* (pp. 385-395). New York. New York Academy of Sciences.

WOLF, L. E.; SIMKOWITZ, P. y CARLSON, H. (2009). "College students with attention-deficit/hyperactivity disorder". *Current Psychiatry Reports*, 11, 415-421.

YOUNG, S. y BRAMHAM, J. (2012). *Cognitive-behavioural therapy for ADHD in adolescents and adults. A psychological guide to practice.* London. John Wiley y Sons, Ltd.

ZWART, L. M. y KALLEMEYN, L. M. (2001). "Peer-based coaching for college students with ADHD and learning disabilities". *Journal of Postsecondary Education and Disability*, 15, 1- 5.

Intervención multimodal en el alumnado con TDAH

Juan Luis Gil Muñoz

> *"Es feliz aquel que llega a conocer la causa de las cosas".*
> Virgilio.

Introducción

La difusión de la ciencia experimental y del conocimiento ha sido siempre un objetivo ligado a la profesión médica, al humanismo como objetivo de la práctica clínica diaria y al respeto hacia el paciente. Aceptar el ofrecimiento de participación en esta publicación supone un reto por el hecho de volver a escribir sobres temas médicos en lenguaje directo y comprensible al lector, pero a la vez un estímulo para la divulgación de la práctica médica.

Nuestro trabajo en el Equipo de Orientación Educativa tiene que poseer al menos las premisas de profesionalidad e investigación ya reclamados por tantos y en tan diversos ámbitos, siendo nuestra intervención muy participativa con la familia y sus hijos y, por ello, más cercana a los mismos.

La descripción y propuesta de abordaje que pretendo plasmar en estas líneas sobre el TDAH se fundamenta en los valores de respeto de la dignidad humana, recogidos como principios fundacionales de la carta de Derechos Europeos, por lo que voy a ser crítico con aquellas afirmaciones tajantes que lo definen como: "trastorno neuroconductual", "trastorno psiquiátrico", "síndrome", "cuadro psiquiátrico", "problema en la neurología del desarrollo" y "disfunción cognitiva".

Planteo un obligado escepticismo, útil frente a aquellos dogmatismos de escuela y cátedra tan empleados en los momentos actuales, que pueden llegar a limitar o impedir el conocimiento personal: "*es feliz aquél que llega a conocer la causa de las cosas*", nos dice Virgilio en la Eneida como proyecto de vida.

Precisamente el TDAH (o ADHS en terminología anglosajona) permite la duda razonada y por ella la independencia personal, la meditación y el razonamiento, probablemente para un cambio de paradigma por el que hemos aceptado ideas, creencias, pensamientos que no han sido sometidos a un posterior análisis. Al igual que el lema que reunía a Diderot y otros librepensadores del XVIII en sus tertulias: *sapere aude*, atrévete a pensar por ti mismo, a cribar las creencias religiosas establecidas, las ideas políticas y las concepciones científicas tradicionales.

Esto no debe entenderse como una conceptualización por mi parte del TDAH como "enfermedad inventada" que, a mi juicio, tanto perjuicio causa a los pacientes afectos de un cuadro sintomático tan abigarrado, que se acompaña de una elevada comorbilidad, de etiología multifactorial, de escasos recursos terapéuticos y que exige grandes esfuerzos a sus familiares.

Como ha sucedido en la historia de la humanidad, los logros en la investigación han sido, en algunos casos, fruto de la casualidad y, en la mayoría, consecuencia del empeño constante, persistente, del objetivo de vida de muchos investigadores; para las dudas frente al éxito de una idea investigadora recordar aquella célebre frase pronunciada por el profesor J. Hunter a su discípulo, el médico Edward Jenner (precursor de la vacunación frente a la Viruela), tras comunicarle éste sus intenciones de ensayar la vacuna: "*No lo pienses más, ensaya, sé paciente y exacto*".

Planteamiento

De acuerdo a la equivalencia cuerpo (como persona completa) y mente aristotélica considero adecuada la descripción que hace el Dr. Alberto Fernández-Jaén que afirma que "*el TDAH es un cuadro sintomático, tremendamente heterogéneo desde el punto de vista clínico y pronóstico. Se caracteriza básicamente por una atención lábil y dispersa, impulsividad e inquietud motriz aumentada para la edad del niño y sin carácter no propositivo. Aunque tradicionalmente se ha relacionado con una situación típica de la infancia y la adolescencia, en la actualidad se puede considerar al TDAH como crónico y sintomáticamente evolutivo. Aunque por norma, los pacientes se muestran inquietos y dispersos en los primeros años de edad, e incluso, en los primeros meses de vida, el cuadro se hace especialmente notable a partir de los tres primeros años, mostrando una diversidad intensa a partir de los seis años de edad, durante la etapa escolar*".

En esta definición, por otra parte ampliamente reconocida, se cita: tradicionalmente relacionado con una situación típica de la infancia y la adolescencia, pero en la actualidad se puede considerar al TDAH como crónico y sintomáticamente evolutivo, que implica un importante cambio en la conceptualización, etiología, genética, fisiopatología, clínica, pronóstico y, sobre todo, el empleo de un tratamiento farmacológico, muy diferente a una incidencia típica de la infancia y la adolescencia. Es necesario profundizar en ese cambio conceptual e intentaré mostrar no sólo una cronología de investigaciones biomédicas que lo apoyen, sino una visión más psicosocial y de salud del cuadro sintomático desde el momento gestacional, sin profundizar en criterios diagnósticos ya conocidos previamente, CIE-10, o las modificaciones de mayo de 2013 (DSM-V), las diferentes guías y la comorbilidad, que serán referidos probablemente por otros autores en esta publicación.

Numerosos estudios citan como etapas relacionadas con la aparición de síntomas de hiperactividad en niños los periodos prenatal y perinatal. Como factores de riesgo prenatales hay que añadir el tabaquismo materno, el sufrimiento emocional prenatal y el consumo de alcohol y drogas durante la gestación.

En el estudio de Pineda y colaboradores se cita que la relación del cuadro sintomático con factores de riesgo perinatales es amplia y a la vez que ambivalente, así para unos autores los más frecuentes: amenaza de aborto prematuro, hemorragia, hospitalización en los primeros meses, infecciones virales, en otro estudio, mientras que para otros el 82,5% de las madres de 40 niños con TDAH no presentó dificultades o complicaciones perinatales, sus niños experimentaron un desarrollo normal tras el nacimiento, pero manifestaron hiperactividad durante la infancia.

Diversos autores citan que no sólo durante la gestación, sino que también en el periodo postnatal y en el desarrollo del primer año de vida, pueden incidir diversas dificultades psicosociales, tales como el bajo nivel cultural materno, pobreza, hijos de padres solteros, conflicto parental crónico, baja cohesión familiar y abuso sexual, descritas en dicho estudio. Otros estudios mostraron que el desempleo en la familia, la separación reciente de los padres y la dependencia de los mismos al alcohol y a las drogas eran estos más importantes en el aumento de riesgo de problemas emocionales, y que los mismos pueden afectar no sólo el desarrollo de una gestación sana, fisiológica y controlada, sino que también en el periodo postnatal inmediato con el aporte inadecuado de cuidados: alimentación, vacunación, estimulación y seguimiento del niño.

Las evidencias mostraron la asociación entre padres alcohólicos e hijos con síntomas de hiperactividad y trastorno de la conducta y recientes investigaciones concluyeron que los hijos de padres que consumen drogas son más propensos a presentar un diagnóstico psiquiátrico (tales como el trastorno de conducta y el emocional), con una frecuencia del 53%, en relación con los hijos de padres que consumen sólo alcohol (25%) e hijos de padres que no consumen ninguna de estas sustancias (10%), ya que puedan determinar la aparición de hiperactividad en la infancia y en el periodo escolar, concluyendo que el ambiente familiar está frecuentemente asociado a la aparición de problemas psiquiátricos.

Nuestros datos demuestran algunos casos de presencia de las características del TDAH en la familia. Hay autores que evidenciaron que niños con antecedentes de TDAH en la familia (padre o madre) tuvieron unas tasas más elevadas de trastorno que los niños del grupo control, lo cual puede sugerir una contribución genética. De manera complementaria, Barkley destaca que tener un hermano con TDAH aumenta la probabilidad entre un 25-35% más entre hermanos. Por lo tanto, los factores genéticos deben tenerse en cuenta al igual que tras el análisis de los resultados de la anamnesis utilizada en esa misma investigación, se puede decir que los problemas en el desarrollo del individuo están asociados a factores de riesgo, incluidos los resultantes de la combinación de factores genéticos, psicológicos y ambientales, pues suelen implicar interacciones complejas entre ellos.

Recientemente se ha publicado un trabajo de Soto-Insuga en el que se estudia la posible relación entre ferropenia y síntomas de inatención, hiperactividad e impulsividad presentes en pacientes diagnosticados de TDAH, así como el posible beneficio del tratamiento con hierro, pues es necesario para el adecuado desarrollo del sistema nervioso central (SNC), favoreciendo el desarrollo de múltiples sinapsis, la arborización dendrítica, la mielinización axonal, el metabolismo energético cerebral y los sistemas de neurotransmisión (sistemas dopaminérgico, serotoninérgico y GABAérgico). En sus resultados se plantea que aunque existiendo claras diferencias sintomáticas la ferropenia sí que puede ser un factor causal en algunas de los pacientes con TDAH.

3 Controversias

En la actualidad la medicina basada en la evidencia no posee un único instrumento que posibilite el diagnóstico de un cuadro sintomático tan abigarrado. La mayoría de estudios genéticos investigan la correlación entre los genes que podrían estar implicados y el funcionamiento de estructuras cerebrales, que motivarán a su vez la expresión de patrones de conducta o comportamiento. En este sentido, numerosos estudios sitúan el foco en los neurotransmisores implicados en la conexión intersináptica, entre ellos la dopamina (catecolaminérgico) y, sobre todo, en los genes que codifican, bien al transportador (gen DAT1 localizado en la región 5p15) como al receptor (gen DRD4 ubicado en la región 11p5 donde existe una alteración de las repeticiones en su secuencia de pares de bases y si en una persona se dan 7 repeticiones de la misma secuencia aparece un elevado riesgo de padecer alteraciones en sus funciones ejecutivas) de la dopamina.

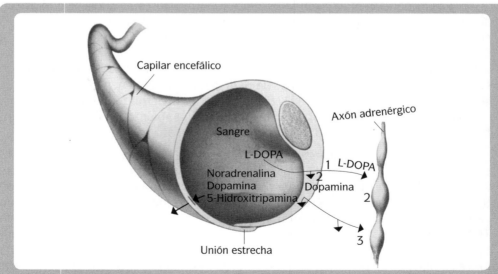

Imagen 1.
Esquema que muestra una unión estrecha entre células endoteliales, que forman la barrera hematoencefálica. Tomado de Carpenter, *Neuroanatomía*, (1994).

Las células endoteliales de los capilares encefálicos poseen enzimas que regulan el transporte específico de aminas biógenas (noradrenalina, dopamina y 5-hidroxitriptamina) y aminoácidos. La L-Dopa atraviesa la barrera hematoencefálica, es descarboxilada a dopamina en el endotelio capilar y entra en el tejido neural donde es degradada por la monoaminooxidasa.

Las alteraciones tanto del transportador de la dopamina en el espacio intersináptico como del receptor del mismo pueden provocar una desregulación en la función de este neurotransmisor que soportase la hipótesis clínica de los síntomas y de la disfunción ejecutiva y atencional que presentan estos niños.

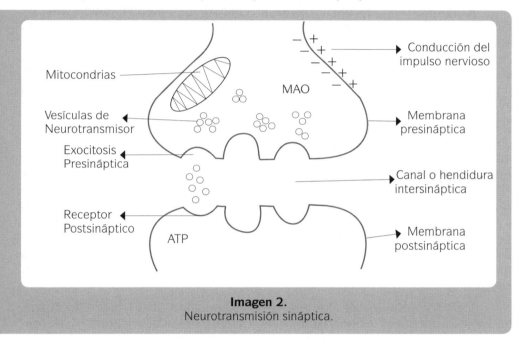

Imagen 2.
Neurotransmisión sináptica.

Todo ello provocaría cambios en la morfología (que algunos autores sitúan en el núcleo estriado cerebral y cortex prefrontal) confirmables mediante valoración por técnicas de imagen (resonancia magnética cerebral volumétrica, comparativa con niños que conforman grupo de control y niños con síntomas de hiperactividad o desatención), pero esa correlación entre genética, alteraciones en la neuroimagen y psicología es escasa, discordante y, cuando no, controvertida en sus resultados actualmente dada la gran diversidad sintomática.

La inexistencia de un biomarcador (o de varios) y de su señal en las técnicas de imagen cerebral, ya sean radioactivas o no, funcionales, etc., en la actualidad no puede identificar con especificidad ni sensibilidad a las personas con síntomas de hiperactividad o desatención de las de un grupo de control y, sobre todo, no puede establecer un pronóstico, como en otros procesos centrales, del devenir futuro de estos niños en relación a su calidad de vida, desarrollo sociocultural e identidad.

Los hallazgos indicados de forma breve (alteraciones de los genes codificadores del transportador y del receptor de dopamina, cambios morfológicos cerebrales...) constituyen la base fisiopatológica que sustenta la farmacopea en este cuadro sintomático siendo el neurotransmisor más implicado el de las catecolaminas: noradrenalina y dopamina. Al parecer la falta de control inhibitorio de los impulsos que ocasionan estos neurotransmisores en el área prefrontal es lo que causa las alteraciones en las funciones ejecutivas: memoria de trabajo, la autorregulación del afecto/motivación/alertamiento, la internalización del lenguaje y la reconstitución (síntesis del comportamiento, fluidez verbal).

El fármaco más empleado en la actualidad es el metilfenidato (MFT) en sus distintas presentaciones: de liberación inmediata, prolongada o mezclas entre ambas. Su utilización está mediada por el deseo de inmediatez en la aparición de sus efectos (liberación inmediata) en escasas horas, como por ejemplo si el niño va a asistir al colegio, o bien porque se prefiera tener un mejor cumplimiento de la pauta farmacológica y adherencia al tratamiento, un control de los síntomas por la tarde y una mayor facilidad en su administración al no requerir varias tomas (liberación prolongada).

El MFT actúa bloqueando los transportadores que devuelven las monoaminas al espacio presináptico, lo que origina un aumento extracelular de estas. Además bloquea el transportador de dopamina (DAT) de manera más eficaz que el de la noradrenalina y mucho más que el de la serotonina. Las dosis orales terapéuticas de metilfenidato pueden bloquear eficientemente hasta un 50-75% del DAT en humanos, lo que resulta en un aumento en los niveles extracelulares de la dopamina en el estriado. Otros trabajos sugieren que el aumento en la dopamina mediada por el MFT posiblemente aumente los aspectos sobresalientes de las actividades y, de ese modo, mejore la atención y disminuya la distracción en los niños con TDAH.

Pero frente al empleo de este psicoestimulante (MFT) hay alternativas terapéuticas como es la atomoxetina, la cual afecta de manera directa a las concentraciones cerebrales de noradrenalina y de dopamina al inhibir selectiva y específicamente al transportador presináptico de la noradrenalina con mínima afinidad por otros transportadores y receptores. La FDA aprobó la atomoxetina para el tratamiento del TDAH en niños, adolescentes y adultos en noviembre de 2002.

Después de que algunos estudios habían demostrado la eficacia de la atomoxetina comparada con placebo en los síntomas del TDAH, con base en los informes de los padres, se diseñó un estudio aleatorio, doble ciego, controlado con placebo de siete semanas y realizado con 153 niños entre los 8 y 12 años reclutados en nueve sitios de estudio en Estados Unidos y en dos sitios de estudio en Canadá, en el que se comparaba la eficacia de la atomoxetina dosificada una vez al día con placebo de acuerdo con la escala ADHD-RS, versión para maestros (ADHDRS-IV-Teacher: Inv).

Los maestros de estos niños notificaron una reducción significativa en la puntuación total de la ADHD-RS si se comparaba con el placebo (p = 0,001).

Resultados similares se observaron para las subescalas de inatención (p = 0,016) e hiperactividad/impulsividad (p < 0,001), escala CGI de mejoría (p < 0,001), CTRS-R (p = 0,008) y la CPRS-R (p < 0,001). Las interrupciones debidas a efectos adversos fueron bajas para ambos grupos (atomoxetina: 5,9%; placebo: 0%).

Los datos proporcionan una firme evidencia de que de manera consecuente con sus efectos farmacológicos y el perfil de otros compuestos con un mecanismo de acción similar, la atomoxetina no está asociada con potencial de abuso o un comportamiento de búsqueda del medicamento, ofreciendo una firme evidencia de su utilidad en este cuadro sintomático.

La medicación que se utilice en estas personas siempre debe cumplir una serie de requisitos de buenas prácticas farmacológicas: inexcusablemente debe ser la aprobada por las autoridades europeas y españolas, se debe evitar la polifarmacia valorando la tolerancia, efectos adversos o reacciones indeseables, con adecuación de las dosis, a ser posible la más baja que sea efectiva, la farmacocinética del producto, su aceptación por la familia en los niños y la aceptación propia por el adolescente; valorar niveles de eficacia del fármaco y presencia o no de comorbilidad, revisión obligada periódica de la pauta farmacológica y de la posible resistencia al mismo, así como el apoyo psicoterápico y familiar sin dualidad entre los progenitores a la hora de responsabilidades, normas en casa, abordaje del refuerzo positivo...

4 Reflexiones

En el estudio de Pineda, se cita que la hiperactividad y la impulsividad son variables conductuales que, en buena parte, pueden controlarse mediante modelado social; el establecimiento de límites y modelos de conducta/comportamiento organizados no sólo es beneficioso, sino que también les resulta placentero a la mayoría de niños, pero esto reclama un importante esfuerzo educativo por parte de las familias y de las instituciones educativas. En nuestra sociedad actual que sitúa el cortoplacismo y la inmediatez como metas para la resolución de problemas de la vida diaria, tanto de los adultos como de los niños (algunos autores lo llaman el "modelo social occidental"), la impulsividad o la desorganización comportamental, la falta o ausencia de planificación, cuando no agresividad, es interpretado como necesario para liberar sus energías. La coexistencia de numerosos refuerzos externos inmediatos, tales como los que obtenemos desde la publicidad, la animación televisiva o los videojuegos no favorecen la atención, la reflexión y el retardo en comunicar una respuesta.

En el artículo de J. Narbona se plantea que, en aquellas comunidades con una alta prevalencia de TDAH/TH, quizás los niños no están tan trastornados, sino más bien la sociedad en la que viven y, por ello, la alerta debe implicar a los clínicos, a los neurobiólogos, pero principalmente a los responsables de la política educativa y sociofamiliar.

Es bien conocido que la formación y desarrollo de la identidad y la autoestima se construyen desde la infancia, el carácter, las relaciones sociales y las habilidades sociales que van a complementar a las competencias cognitivas, las emociones; la plasticidad cerebral, tan debatida cuando intervenimos con un niño que padece una discapacidad física/sensorial como posibilitadora de habilidades motrices no presentes en los niños con trastorno motriz, parecen no tenerse en cuenta o al menos no tanto en los niños de nuestra sociedad de la inmediatez y competitividad.

El punto de inflexión de este cuadro sintomático, a mi juicio, aumenta en el contexto de etapa escolar debido a que el niño ya es alumno y por eso debe desarrollar procesos de enseñanza/aprendizaje de muy diversos contenidos, categorizados de forma secuenciada y cumpliendo un determinado calendario administrativo y político en que se prioriza, quizás con una jerarquía secular las grandes materias instrumentales, quedando atrás la formación creativa y artística.

Temporalización educativa que muta de forma aleatoria cada tiempo, dependiente de la comunidad autónoma en la que resida el alumno (o del Gobierno Central de turno), que no se plantean la intervención frente a las constantes desigualdades sociales y que son generadas por la supremacía del libre mercado que impide la creación de políticas públicas y sociales satisfactorias. Temporalización y también metodología enmarcadas en la libertad de cátedra del docente tutor o cuando no de las editoriales que suministran el material de texto que "obligadamente" tiene que aprender el alumno. Diversos autores plantean que el modelo educativo que se sigue en la mayoría de las escuelas de nuestro país se remonta al siglo XIX, con una vinculación clerical manifiesta con la Iglesia Católica en los singulares colegios privados concertados de su orden, ajenos al laicismo de nuestro Estado, donde se escolarizan muy pocos alumnos con discapacidad (psíquica, motórica, sensorial), muy pocos de diversas etnias y culturas (en comparación con los escolarizados en centros públicos), a algunos no llega la coeducación entre géneros, enfrentadas en su mayoría contra la educación social mediada por la Educación para la Ciudadanía, sin embargo receptores de fondos públicos cuantiosos.

Plantear en estos centros concertados religiosos y en muchísimos centros públicos de las diversas CCAA otras corrientes educativas como el constructivismo generador de andamiajes y estrategias para que el alumno por sí mismo resuelva problemas de la vida cotidiana y que, de forma dinámica, participativa e interactiva construya su propio conocimiento (sujeto cognoscente), puede considerarse utópico. El paradigma constructivista del aprendizaje es opuesto al modelo de la instrucción y transmisión del conocimiento.

En general, a mi juicio, desde la postura constructivista el aprendizaje puede facilitarse en los alumnos con claros síntomas de hiperactividad, pues cada persona reconstruye su propia experiencia interna, el conocimiento es único en cada uno, en su propia reconstrucción interna y subjetiva de la realidad. Se puede crear un contexto favorable al aprendizaje, con un clima motivacional de cooperación, donde cada alumno reconstruye su aprendizaje con el resto del grupo. Así, el proceso del aprendizaje prima sobre el objetivo curricular, no habría notas, sino cooperación.

En particular para el trabajo educativo con el alumno hay numerosas guías como la conocida de la Fundación Andana, de ediciones Mayo (2006), en la que se presentan diferentes estrategias encaminadas a la ayuda de los niños con cuadros sintomáticos claros frente a la desmotivación, favoreciendo la cooperación entre alumnos sin olvidar la autoinstrucción y el acuerdo profesor/ alumno, aunque quizás se deba mejorar su propuesta de control del comportamiento del alumno.

Abordar por mi parte el contenido de estas guías y estrategias en la escuela supera mi formación académica y mis objetivos en esta publicación, y creo serán tratados por profesionales más competentes que yo en esta edición, pero no quisiera acabar sin elogiar una propuesta de intervención desarrollada desde la perspectiva de una sociedad que está en constante evolución, donde cambian los valores y las costumbres, en la que nos encontramos rodeados de un contexto, ante el cual debemos adoptar una actitud critica que beneficie a nuestro propio desarrollo intelectual y personal, y el de nuestra comunidad e integrada en la educación emocional[1].

A lo largo de dos cursos de 2008 al 2010 se desarrolló un programa de Educación Emocional con los alumnos de Educación Infantil de dos centros en Cáceres: CIP de Torreorgaz y CIP Prácticas de Cáceres.

Este proyecto surgió dentro de un plan de intervención en uno de los centros, tras presentar conductas disruptivas los alumnos mayores. Se vio necesaria en una línea preventiva la intervención con los más pequeños y se diseñó un proyecto de educación emocional en el que participó toda la comunidad educativa: padres, profesores y alumnos.

Esta fue una necesidad que partió desde el centro, pero fundamentado y justificado en las nuevas corrientes que desde diferentes ámbitos científicos y educativos indicaban la importancia de trabajar las emociones:

- Desde la Psicología Positiva que nos refiere los beneficios de las emociones positivas en el bienestar psicológico y social del niño.
- El Nuevo concepto de Inteligencia Emocional que ha supuesto un cambio de paradigma en el concepto de persona inteligente, destacando la importancia de los aspectos emocionales y no solos los académicos.
- Desde las neurociencias que han destacado la importancia de las emociones en nuestra vida y en nuestras decisiones.
- Desde el ámbito educativo que ya en el informe Delors de la UNESCO, proponía los cuatro pilares de la Educación para el siglo XXI: "*Aprender a conocer; aprender a hacer; aprender a ser y aprender a convivir*"; de estos aprendizajes, los más olvidados han sido los dos últimos "*aprender a ser y aprender a convivir*".

---

1.   Se trata de un "Proyecto de Educación Emocional" de las autoras Dª Rosalía Martín Vicente (psicopedagoga, rosmartins@terra.es); Dª Hortensia Blanco Rodríguez, tutora infantil del CIP "Virgen de la Soledad", tensybr@hotmail.com) y Dª María Luisa Rubio Hernández, tutora del CIP "Practicas", Cáceres). Dicho proyecto se puede visitar en el enlace: http://www.caib.es/sacmicrofront/archivopub.do? ctrl = MCRST151ZI113641&id = 113641.

- En nuestro país, las autoridades políticas en materia educativa, han incluido los términos de "habilidades sociales" y "competencia social", así queda recogido en los diferentes decretos del currículo de las comunidades autónomas: "*la necesidad de educar en valores y del desarrollo de la competencia social*".

  El grupo de trabajo se planteó como objetivos desarrollar las siguientes habilidades:

  - Descubrir la importancia de las emociones y los sentimientos.
  - Concienciar al niño acerca de sus emociones y pensamientos en torno a su estado de ánimo.
  - Desarrollar la capacidad de reconocer, comprender y expresar los propios sentimientos.
  - Expresar sentimientos y emociones de una manera adecuada a través del lenguaje verbal y no verbal.
  - Desarrollar la capacidad de percibir y comprender las emociones y los sentimientos de las demás personas.
  - Desarrollar en el niño una disposición adecuada para controlar impulsos emocionales, orientadas hacia la regulación emocional.
  - Entrenar en la resolución de conflictos.
  - Fomentar el optimismo y el pensamiento positivo.

- Emociones básicas: alegre/triste; contento/enfadado. Y otras más complejas: celos, envidia, miedo, vergüenza, etc...
- Tomar conciencia de las emociones en uno mismo y en los demás.
- Identificamos emociones y les ponemos nombre.
- Expresamos emociones en diferentes situaciones.
- ¿Qué hacemos cuando nos enfadamos?
- Nos ponemos en el lugar del compañero.
- Tolerancia a la frustración.
- Soluciones ante posibles conflictos.
- Autoestima.
- Actitud positiva y optimismo.

Propone también una buena lectura apoyada en la neurología y su desarrollo ontológico, en la psicología y pedagogía con autores como Wechsler, Gardner, Salovey, Ledoux.

Este tipo de proyectos educativos desarrollados en el aula desde la etapa de Ed. Infantil pueden, combinados con tratamiento farmacológico en algunos casos y conductuales en otros, mejorar sensiblemente las relaciones y competencias sociales de los niños con síntomas de TDAH, pues un bajo control emocional o la aparición de conductas disruptivas pueden provocar un rechazo social desde sus primeros años de vida.

Ha de ser la intervención multimodal (buenas prácticas diagnósticas y farmacológicas, psicopedagógicas, unidas a programas de entrenamiento emocional que fomenten la conjunción razón-emoción en estos niños), la que pueda ayudar a afrontar y resolver los retos de la vida en sociedad de los niños y adolescentes afectados por el TDAH.

■Ⅲ NOTAS BIBLIOGRÁFICAS

ARTIGAS-PALLARÉS, J. (2004). "Nuevas opciones terapéuticas en el trastorno por déficit de atención e hiperactividad". *Rev Neurol*, 38 (Supl 1). S117-23.

BARKLEY, R. A. (2002). *Transtorno de déficit de atenção/hiperatividade (TDAH). guia completo e autorizado para os pais, professores e profissionais da saúde*. Porto Alegre. Artmed.

BEARD, J. (2003). "Iron deficiency alters brain development and functioning". *J Nutr*, 133: 1468S - 77S.

DURSTON, S.; DE ZEEUW, P. y STAAL, W. G. (2009). "Imaging genetics in ADHD: a focus on cognitive control". *Neurosci Biobehav Rev,* 33: 674 - 89.

FARAONE, S. V. y MICK E. (2010). "Molecular genetics of attention deficit hyperactivity disorder". *Psychiatr Clin North Am*, 33: 159 - 80.

FERNÁNDEZ JAÉN A.; FERNÁNDEZ-MAYORALAS, D. M.; CALLEJA-PEREZ, B.; MUÑOZ-JAREÑO, N. y LÓPEZ ARRIBAS, S. (2012). "Endofenotipos genómicos del trastorno por déficit de atención/hiperactividad". *Rev Neurol*, 54 (Supl 1). S81 - S87.

FERNÁNDEZ-MAYORALAS, D. M.; FERNÁNDEZ-JAÉN, A.; GARCÍA-SEGURA, J. M. y QUIÑONES-TAPIA, D. (2010). "Neuroimagen en el trastorno por déficit de atención/hiperactividad". *Rev Neurol*, 50 (Supl. 3). S125 - S133.

FERNÁNDEZ-PERRONE, A. L.; FERNÁNDEZ-MAYORALAS, D. M. y FERNÁNDEZ JAÉN, A. (2013). "Trastorno por déficit de atención/hiperactividad: del tipo inatento al tipo restrictivo". *Rev Neurol*, 56 (Supl. 1). S77 - S84.

FURTADO, E. F.; LAUCHT, M. y SCHMIDT, M. (2002). "Estudio longitudinal prospectivo sobre risco de adoecimento psiquiátrico na infância e alcoolismo paterno". *Revista de Psiquiatría Clínica*, 29: 71 - 80.

HEIL, S. H.; HOLMES, H. W.; BICKEL, W. K.; HIGGINS, S.T.; BADGER, G. J., LAWS, H. F. *et al.* (2002). "Comparison of the subjective, physiological, and psychomotoreffects of atomoxetine and methylphenidate in light drug users". *Drug Alcohol Depend*, 67: 149 - 56.

KELLEY, M. L. y FALS-STEWART, W. (2004). "Psychiatric disorders of children living with drug-abusing, alcohol-abusing, and non-substance-abusing fathers". *J Am Acad Child Adolesc Psychiatry*, 43: 621 - 8.

MONTIEL-NAVA, C.; PEÑA, J. A. y MONTIEL-BARRERO, I. (2003). "Datos epidemiológicos del trastorno por déficit de atención con hiperactividad en una muestra de niños marabinos". *Rev Neuro*, 37: 815 - 9.

MULAS, F.; MATTOS, L.; HERNÁNDEZ-MUELA, S. y GANDÍA, R. (2005). "Actualización terapéutica en el trastorno por déficit de atención e hiperactividad: metilfenidato de liberación prolongada". *Rev Neurol,* 40 (Supl 1). S49 - S55.

NARBONA, J. (2001). "Alta prevalencia del TDAH: ¿niños trastornados, o sociedad maltrecha?" *Rev Neurol*, 32(3). 229 - 231.

PINEDA, D. A.; LOPERA, F.; HENAO, G. C.; PALACIO, J. D.; CASTELLANO, F. X. (2001). "Confirmación de la alta prevalencia del trastorno por déficit de atención en una comunidad colombiana". *Rev Neurol*, 32: 217 - 22.

PINEDA, D. A.; PUERTA, I. C., MERCHAN, C. P.; ARANGO, C. P.; GALVIS, A. Y.; VELÁSQUEZ, B. *et al.* (2003). "Factores perinatales asociados con la aparición del trastorno por deficiencia de atención en niños de la comunidad colombiana 'paisa'". *Rev Neurol*. 36: 609 - 13.

POETA, L. S. y ROSA-NETO, F. (2006). "Características biopsicosociales de los escolares con indicadores de trastorno de déficit de atención e hiperactividad". *Rev Neurol*, 43 (10). 584 - 588.

ROHDE, L. A.; BUSNELLO, E. D.; CHACHAMOVICH, E.; VIEIRA, G. M.; PINZON, V. y KET-ZER C. R. (1998). "Transtorno de déficit de atenção/hiperatividade: revisando conhecimentos". *Rev Bras Psiquiatr*, 20: 166 - 78.

SHAPIRO, B. K. (2002). "Trastorno do déficit de Atenco e hiperatividade (TDAH)". *NeuroPsicoNews*, 44: 3 - 11.

SOTO-INSUGA. V.; CALLEJA, M. L.; PRADOS, M.; CASTAÑO, C.; LOSADA, R. y RUIZ-FALCÓ, M. L. (2013). "Utilidad del hierro en el tratamiento del trastorno por déficit de atención e hiperactividad". *An Pediatr* (Barc), 79: 230 - 5.

VELÁSQUEZ-TIRADO, J. D. y PEÑA J. A. (2005). "Evidencia actual sobre la atomoxetina. Alternativa terapéutica para el trastorno por déficit de atención e hiperactividad". *Rev Neurol,* 41 (8). 493 - 50.

VILLANUEVA, M. J. (2013). "Denis Diderot o la pasión". *El País*; 05/10/2013.

VOLKOW, N. D.; WANG, G. J.; FOWLER, J. S.; GATLEY, S. J.; LOGAN, J.; DING, Y. S. *et al.* (1998). "Dopamine transporter occupancies in the human brain induced by therapeu- tic doses of oral methylphenidate". *Am J Psychiatry*, 155: 1325 - 31.

VOLKOW, N. D.; WANG, G. J.; FOWLER, J. S.; LOGAN, J.; GERASIMOV, M.; MAYNARD, L. *et al.* (2001). "Therapeutic doses of oral methylphenidate significantly increase extracellular dopamine in the human brain". *J Neurosci.*,21: 1 - 5.

VOLKOW, N. D.; WANG, G. J.; FOWLER, J. S., TELANG, F.; MAYNARD, L.; LOGAN, J. *et al.* (2004). "Evidence that methylphenidate enhances the saliency of a mathemati- cal task by increasing dopamine in the human brain". *Am J Psychiatry*, 161: 1173 - 80.

WEISS, M.; TANNOCK, R.; KRATOCHVIL, C.; DUNN, D.; VELEZ-BORRAS, J.; THOMASON, C. *et al.* (2003). "Controlled study of once-daily atomoxetine in the school setting". *Presented as a poster at: American Academy of Child and Adolescent psychiatry*; Octubre 14 - 19. Miami, Florida.

Los trastornos del lenguaje oral y escrito asociados a TDAH en la adolescencia

Francisco J. Carrero Barril

> *"Los límites de mi lenguaje son los límites de mi mundo".*
> Ludwig Wittgenstein.

1 Introducción

El trastorno por déficit de atención/hiperactividad es un trastorno de origen neurobiológico que se inicia en la edad infantil y que afecta a un alto porcentaje de los adolescentes. Se caracteriza por un nivel de impulsividad/hiperactividad y/o déficit de atención anormal y que conlleva una interferencia significativa en las actividades realizadas.

Es un trastorno crónico que requiere tratamiento a largo plazo. Habitualmente aparece asociado a otras dificultades cognitivas, lingüísticas y de aprendizaje. Algunos de los trastornos asociados más frecuentes y que generan mayores consecuencias negativas desde las primeras etapas son los trastornos en el lenguaje oral y escrito.

Durante la adolescencia algunas de las limitaciones que conllevan las características propias del TDAH se intensifican y potencian las dificultades en los ámbitos personal, familiar, social y académico. En la elaboración del DSM-V, de próxima aparición, se contempló desde el principio la posibilidad de ampliar el criterio de la edad de inicio para incluir a la adolescencia (Barkley, 2009).

El TDAH se presenta en un cuadro de intensidad variable a lo largo del ciclo vital y en general conlleva una serie de limitaciones o interferencias para el adolescente:

• Dificultades para regular su comportamiento y ajustarse a las normas esperadas para su edad.

- Dificultades de adaptación en su entorno familiar, escolar y en las relaciones con sus iguales.
- Dificultades lingüísticas asociadas, especialmente las de naturaleza pragmática.
- Dificultades de aprendizaje y rendimiento académico.
- Alteraciones graves de conducta y trastornos afectivos.

La prevalencia del TDAH se situó a principios de este siglo entre el 3-7% de la población escolar (DSM-IV-TR, 2001). Algunos estudios más recientes, publicados a partir de una muestra a escala mundial, sitúan la incidencia en un intervalo superior que fluctúa entre el 8-12% (Ramos-Quiroga, 2009).

2 Hipótesis explicativas

La comunidad científica reconoce de forma unánime que las causas del TDAH son de naturaleza multifactorial, producto de la interacción de factores genéticos (alta probabilidad de herencia), neurobiológicos (déficit de los sistemas dopaminérgico y noradrenérgico y sus consecuencias en el funcionamientos de los lóbulos frontales y de los núcleos de la base) y ambientales (factores pre y post-natales) (Ramos-Quiroga, 2009).

Los modelos neuropsicológicos explicativos de las disfunciones cognitivas del TDAH postulan, a grandes rasgos, un déficit en las funciones ejecutivas y un déficit motivacional básico.

3 Evolución

Existe un consenso a nivel científico y clínico que establece que, en líneas generales, los síntomas del subtipo con hiperactividad-impulsividad aparecen más temprano (a los 3-4 años de edad) y sus conductas se controlan antes.

Los síntomas del subtipo inatento se muestran con mayor evidencia más tarde, coincidiendo con los inicios en la Educación Primaria y sus problemas asociados aparecen con posterioridad, mostrándose mucho más resistentes a la intervención. Se mantienen e incluso se agudizan en la adolescencia, mostrando una evolución variable en la edad adulta. Aunque la prevalencia general es superior en hombres con respecto a las mujeres, éstas presentan un mayor porcentaje de casos con diagnóstico del tipo inatento.

4 Trastornos psicolingüísticos asociados

Los adolescentes con TDAH presentan con frecuencia mayores dificultades de aprendizaje que el resto y por tanto mayor fracaso escolar por su déficit en el rendimiento académico. Las dificultades organizativas, de planificación, priorización, atención y precipitación de la respuesta que obedecen a las alteraciones de las funciones ejecutivas (limitaciones en la memoria de trabajo, dificultad de inhibición de la respuesta) propias del TDAH, pueden explicar las dificultades en los aprendizajes básicos y en otros ámbitos de la vida cotidiana. Además, un alto porcentaje presenta dificultades específicas, especialmente trastornos del aprendizaje como la dislexia, discalculia o disgrafía.

Los adolescentes con TDAH presentan además puntuaciones inferiores en el Cociente Intelectual (CI) total y en las subpruebas que miden habilidades lingüísticas generales (WISC-IV, WAIS-IV). Y aparecen con alta frecuencia trastornos del lenguaje asociados que presentan una alta variabilidad en cuanto a la gravedad y a los niveles y procesos afectados, pero que mantienen características comunes que, más adelante, comentaremos con mayor detalle (Ygual, Miranda y Cervera, 2000).

Los adolescentes con TDAH presentan un perfil educativo similar al de los alumnos categorizados como de aprendizaje lento, caracterizado por sus dificultades para seguir un ritmo normal en los aprendizajes, sus problemas de memoria (dificultades para evocar y recuperar la información aprendida), sus limitaciones en la producción y comprensión verbal, su dificultad para la perseverancia en el desempeño de las tareas y su escasa atención sostenida en tareas complejas.

Los trastornos del lenguaje asociados a TDAH más frecuentes son:

- Trastornos de la lectura/escritura y del cálculo.
- Trastornos del contenido/uso del lenguaje.

Otras dificultades que presentan los adolescentes con TDAH relacionadas con las alteraciones del lenguaje son: falta de ajuste de sus habilidades psicolingüísticas al contexto, lentitud para procesar la información, escasa motivación para aprender y baja autoestima.

5 TDAH y trastornos del lenguaje oral

Una gran proporción de adolescentes presenta evidentes problemas de atención/hiperactividad y a menudo no tienen importantes dificultades lingüísticas. A menudo se producen alteraciones en estadios iniciales de los aspectos formales pero siempre en menor frecuencia que en contenido y uso del lenguaje y en cualquier caso sus dificultades van disminuyendo con la edad (Ygual, Miranda y Cervera, 2000), de tal manera que en la adolescencia apenas son perceptibles.

Los TDAH y los trastornos del lenguaje aparecen a menudo de forma conjunta y cuando así sucede, amén de las dificultades propias de cada alteración, es probable que su interacción provoque un efecto sinérgico que influya negativamente en los aprendizajes instrumentales, la regulación de la conducta y el funcionamiento de las interacciones sociales (Ygual y Cervera, 2003).

Pero sí podemos afirmar que las peculiaridades pragmáticas son generalizadas, afectando a casi la totalidad de la población que sufre esta problemática. Algunos autores subrayan que estas dificultades pragmáticas son inherentes al TDAH, originadas por las características cognitivas idiosincrásicas del trastorno que interfieren en el procesamiento de los datos relevantes durante las situaciones de comunicación (Ygual-Fernández, 2011). Nos encontramos con respuestas relacionadas con la impulsividad (falta de respeto por los turnos conversacionales, intromisiones en conversaciones ya iniciadas sin recursos adecuados, respuestas inadecuadas a preguntas, cambios en la conversación poco adecuados al contexto) y la hiperactividad (verborrea, exceso de habla en situaciones que requieren una modulación de las intervenciones comunicativas). Estas conductas son, en parte, resultado de la incapacidad para el procesamiento correcto de la información necesaria para llevar a cabo un acto comunicativo. Los problemas de atención, memoria (especialmente memoria de trabajo), el déficit en el control de la impulsividad y en general el déficit en las funciones ejecutivas conllevan alteraciones que se traducen en una importante limitación para atender los aspectos relevantes de la situación comunicativa e influyen de forma negativa en la elección de respuesta adecuada al contexto comunicativo y al interlocutor con el que interaccionan.

En general, los adolescentes con TDAH presentan alteraciones del lenguaje que pueden afectar principalmente a la comunicación y de forma concreta a la conversación.

Son evidentes las dificultades en la organización de la sintaxis, caracterizadas por los errores de omisión, sustitución o adición de elementos en la estructura sintáctica, la alteración del orden lógico de las frases, los errores de concordancia, el uso inadecuado de los tiempos verbales, la alteración de la propia conciencia de errores, el escaso uso de reglas sintácticas, la dificultad para consolidar aprendizajes y la dificultad para mantener la concentración en el lenguaje espontáneo sostenido (ejemplo: al contar un chiste, anécdota o relato).

Nos encontramos, además, un déficit significativo en la planificación interna del habla, muy condicionado por el déficit de planificación general. Esta alteración, muy frecuente, se manifiesta en un discurso escasamente organizado y con continuos cambios en el hilo discursivo.

Otra alteración relevante muy frecuente en la conversación del adolescente con TDAH es el déficit del control inhibitorio en el habla, que se traduce en un alto porcentaje de emisiones y vocablos inadecuados para el contexto lingüístico y/o social, inmersos dentro del discurso o que aparecen de forma más aislada. Este aspecto dificulta también el mantenimiento de turnos y de una actitud comunicativa adecuada a la conversación.

Por otra parte, tanto las emisiones como la longitud de los enunciados presentan una extensión más reducida en su muestra de habla. Dentro de las alteraciones descritas en el lenguaje merece una mención aparte las dificultades específicas en la narrativa oral que algunos autores han desarrollado en profundidad y con notable exactitud y rigor. Estos autores describen una serie de dificultades que presentan los adolescentes con TDAH a la hora de contar historias, relatos, anécdotas o hechos relevantes de su biografía.

Las dificultades más relevantes se pueden resumir en los siguientes puntos (Vaquerizo, Estévez y Pozo, 2005).

- Dificultades de elaboración y producción de relatos cuando la información no está visualmente presente y la secuencia de la historia no es previsible, explicadas por su deficitaria capacidad de planificación.
- Dificultades narrativas en tareas complejas que requieren planificación, organización y regulación ejecutiva de la conducta.
- Uso inadecuado de los términos temporales como característica esencial en las dificultades generales en la narrativa oral, como indicadores robustos de trastornos del lenguaje en jóvenes con TDAH.
- Dificultades narrativas en el lenguaje escrito. Se traduce en composiciones escritas, de textos narrativos muy simplificadas y con abundantes errores gramaticales y semánticos.
- Por ejemplo, podemos constatar que las puntuaciones en los tests para el análisis de la escritura (como el, PROESC) que miden entre otras las habilidades para la escritura de una redacción o un cuento, son inferiores a la media en un alto porcentaje de adolescentes con TDAH.

Sin duda alguna, lo que más propiamente caracteriza al lenguaje oral de los adolescentes con TDAH son sus alteraciones pragmáticas, especialmente en el uso de los marcadores conversacionales. Las habilidades pragmáticas, que permiten el acceso a la comunicación y a la interacción social, sufren alteraciones muy relevantes y están lógicamente relacionadas con sus problemas en la funciones ejecutivas.

Las personas con TDAH presentan problemas para el ajuste de los enunciados en el diálogo o en el mantenimiento de turnos comunicativos. En muchas ocasiones no comprenden la intención comunicativa de su interlocutor, les resulta muy complejo respetar los turnos de palabra y adecuar su comportamiento durante la conversación, lo que conlleva implicaciones socio-afectivas negativas (rechazo, evitación, oposicionismo…). Si algo llama la atención al registrar el habla y la conversación del adolescente con TDAH es, en un alto porcentaje, la presencia de una producción verbal excesiva. A menudo las personas con déficit de atención, especialmente las que presentan un patrón acusado de hiperactividad, describen la sensación de que no pueden parar de hablar. Dialogan sin tener en cuenta a los interlocutores, sin valorar o supervisar la pertinencia de sus mensajes y su adecuación al contexto socio-comunicativo al que se enfrentan. Y les resulta difícil mantener la conciencia de la adecuación del discurso a lo que saben o no los interlocutores y si realmente están comprendiendo o no sus enunciados.

Por último, la información que transmiten se suele caracterizar por una excesiva ambigüedad en el contenido y que en muchos casos viene generada por la dificultad para priorizar los componentes esenciales de sus mensajes y diferenciar entre información relevante e irrelevante. Podemos concluir, por tanto, que los adolescentes con TDAH se muestran muy poco eficaces en contextos comunicativos concretos, lo que genera problemas de naturaleza socio-afectiva.

En resumen, las habilidades lingüísticas demandan un adecuado nivel de atención y control inhibitorio, amén de otras funciones ejecutivas, procesos que en las personas con TDAH aparecen con graves alteraciones que condicionan todo el proceso de la comunicación.

6 TDAH y trastornos del lenguaje escrito

El TDAH y los trastornos del aprendizaje (en concreto los problemas con el lenguaje escrito) aparecen de forma concomitante desde el inicio del desarrollo y sus alteraciones persisten hasta la adolescencia, momento en que se produce una mayor interferencia en las actividades cotidianas. En este dominio destacamos algunas aproximaciones epidemiológicas que sitúan la incidencia conjunta de ambos trastornos en un 40 % de los casos con TDAH, con una prevalencia significativamente mayor en los diagnosticados con el subtipo inatento (Willcutt, Pennington, Olson *et al.*, 2007). Se han postulado teorías que sostienen que ambos trastornos proceden de un origen único. La hipótesis de la etiología común postula que un factor genético o cognitivo condiciona una predisposición significativa para la aparición y desarrollo de ambos trastornos (Tannock y Brown, 2010). La teoría del doble déficit considera que los adolescentes con trastornos asociados presentarían las características cognitivas propias del TDAH y las de los trastornos del lenguaje de forma simultánea. Sin embargo, recientemente algunos autores han encontrado que le TDAH y su sintomatología sería consecuencia de un déficit primario, el trastorno del lenguaje (Peets y Tannock, 2011), que aparecería como el trastorno principal y a partir del cual se desarrollarían otras anomalías asociadas.

Entre los trastornos del aprendizaje asociados más frecuentemente al TDAH y que conllevan mayores limitaciones, especialmente en el ámbito académico y posteriormente en el ámbito profesional, debemos destacar los trastornos de lectura y escritura. A continuación detallaremos sus relaciones.

7 Trastornos de la lectura asociados al TDAH

Los trastornos de la lectura y su comorbilidad con el TDAH presentan una incipiente prevalencia. Hasta el 40 % de los niños con TDAH cumple los criterios del manual de trastorno de la lectura. Diferentes estudios han encontrado estas asociaciones de forma muy documentada (Carroll *et al.*, 2005).

En primer lugar, es conveniente anotar las alteraciones en lo que denominamos conciencia fonológica y que podrían ser extrapoladas a todo tipo de actividades metalingüísticas. Los problemas de atención, memoria y en las funciones ejecutivas (especialmente las relacionadas con la planificación y la autorregulación) se sitúan en la base de estas dificultades, constatadas por un rendimiento inferior al esperado en tareas de segmentación (propio de edades y niveles educativos inferiores y que aún en edades avanzadas puede registrarse de forma anómala).

Las alteraciones fonológicas, primer síntoma en las etapas iniciales del desarrollo en los niños con TDAH, representa un importante factor de riesgo para la presencia posterior de dislexia o trastornos del lenguaje escrito (Artigas, 2003). Estas alteraciones en la codificación fonológica se traducen en dificultades en tareas de lectura con listas de pseudopalabras, al evaluar el desempeño de la lectura en tests específicos de análisis de la competencia lectora (ejemplo:

PROLEC-SE). En la lectura habitual, tanto con textos expositivos como narrativos, podemos valorar sus problemas con la competencia fonológica al observar dificultades y errores con palabras desconocidas o de baja frecuencia.

En segundo lugar, como consecuencia indirecta y más a largo plazo de este déficit en la conciencia fonológica, se presentan alteraciones de la ruta léxica de acceso a la información escrita, es decir, la modalidad de acceso a la palabra a través de la vía léxica de forma global. Esta anomalía se puede constatar en las dificultades de estos adolescentes en tareas de lectura de palabras (y su rendimiento inferior en listas de palabras en los tests de lectura). En la lectura de un texto observamos frecuentes errores en palabras conocidas y la dificultad para leerlas con agilidad y fluencia suficientes.

Se presentan dificultades variables de comprensión lectora. De nuevo, los problemas de atención, memoria y de planificación, control y supervisión de la información que se va leyendo en tiempo real, unidos a las dificultades para utilizar de forma eficaz los conocimientos generales previos y para el uso de inferencias, tan decisivas en la comprensión del texto (ya sea en lectura silenciosa o en voz alta), dificultan que el niño entienda el mensaje que subyace al discurso escrito. Los problemas de fijación y consolidación en la memoria de información relevante y la dificultad para establecer relaciones textuales coherentes (que aseguren la coherencia local entre frases y global de todo el texto) suele derivar, como consecuencia y en última instancia, en un defecto de comprensión. Y conlleva serias limitaciones a la hora de crear el modelo de la situación que la información escrita del texto está representando. Algunos autores han analizado la importancia de algunos factores del funcionamiento lingüístico y ejecutivo en la comprensión lectora en adolescentes con TDAH. La memoria de trabajo, el procesamiento lingüístico y la capacidad de atención sostenida parecen influir de manera decisiva en la comprensión lectora (Miranda, Fernández y Lárraga, 2011). Un déficit en la memoria compromete habilidades que son necesarias para la comprensión de los textos y es decisiva en la integración de la información, permitiendo establecer lazos entre la información anterior y la información entrante de cara a construir el modelo de situación del texto. La aplicación de estas estrategias será un paso difícil para los adolescentes con TDAH, porque sus limitaciones en la memoria de trabajo impiden hacer frente a las demandas de procesamiento y almacenamiento de la información durante la comprensión de los textos escritos.

Las dificultades de procesamiento lingüístico a nivel oral también influyen de forma decisiva en la comprensión lectora, especialmente en el conocimiento sintáctico y mayormente en el conocimiento de vocabulario.

Por último, el control atencional, esencial en una tarea larga y compleja como la lectura y el acceso al significado de los textos, predice la comprensión de forma significativa. Las alteraciones de la velocidad lectora son muy frecuentes (en parte por los problemas de acceso a las rutas fonológica y léxica descritas anteriormente) y es fundamental evaluarla y tomarla en consideración de cara a realizar adaptaciones académicas y profesionales, especialmente a la hora de ofrecer la disponibilidad de tiempo adicional para realizar tareas que demandan lectura y comprensión (Tannock y Brown, 2010). De nuevo se produce la influencia significativa del déficit en funciones ejecutivas, especialmente por los procesos relacionados con la memoria de trabajo y la velocidad de procesamiento.

8 Trastornos de la escritura asociados a TDAH

Los trastornos de la expresión escrita, en los que incluimos en su definición las alteraciones de la grafía y, sobre todo, las dificultades para expresar la información escrita de forma organizada y correcta, desde el punto de vista sintáctico y semántico, suelen aparecer conjuntamente con el diagnóstico de TDAH. Un estudio clínico reciente señaló que en torno a un 60 % de los jóvenes con TDAH cumplía los criterios de trastornos de le expresión escrita (Mayes y Calhoun, 2006). Incluso las personas con TDAH que no presentan trastornos de la expresión escrita (ni del aprendizaje general) presentan un discurso escrito de inferior nivel al del discurso hablado, amén de un mayor número de errores de ortografía, puntuación y redacción que sus iguales sin problemas de atención/hiperactividad (Mathers, 2006).

Podríamos diferenciar diferentes tipos de errores en la escritura y que afectan a los adolescentes con TDAH.

En primer lugar son frecuentes y muy evidentes las alteraciones en grafía. De nuevo los problemas de atención, las limitaciones de la memoria de trabajo, el déficit en el control de la impulsividad y las alteraciones en otras funciones ejecutivas relacionadas con el proceso de autorregulación de la escritura, influyen en la ejecución de una grafía irregular, desorganizada, con trazos inconsistentes y que en ocasiones se convierte en prácticamente ilegible. De mayor calado y gravedad podemos considerar los errores en lo que conocemos por ortografía natural. Y que denotan dificultades que afectan a la correcta trasposición del fonema en su correspondiente grafema. Los errores de sustitución, omisión y adición de letras son frecuentes y afectan tanto a la inteligibilidad del texto como a su corrección ortográfica. Los errores de ortografía natural no se deberían a alteraciones fonológicas que explicasen la dificultad en las reglas de transformación grafema-fonema, sino que estan relacionados con factores atencionales y limitaciones en el control inhibitorio que interfieren en el procesamiento del lenguaje oral, lo que llevaría a una sobrecarga de la memoria de trabajo fonológica que dificultaría la escritura correcta (Capellini *et al*, 2011).

Los errores de ortografía arbitraria (en la discriminación del uso diferencial de b/v, g/j, h y las mayúsculas principalmente), que se caracterizan por los problemas de conocimiento, aplicación y uso eficaz de las reglas ortográficas, son muy frecuentes. Son habilidades en las que el adolescente con TDAH muestra una dificultad notable, que se puede constatar analizando una muestra de lenguaje escrito de un adolescente con TDAH. Incluso en personas con un alto nivel de inteligencia y perfil educativo superior se constatan algunos errores en tales procesos, y es frecuente observar errores de acentuación, normalmente relacionados con los problemas de control y supervisión del material escrito.

Relacionado con las limitaciones anteriores, nos encontramos continuos defectos en la correcta colocación en el texto de los signos de puntuación. A menudo frases interrogativas y exclamativas son inadecuadamente diferenciadas en exposiciones escritas o trabajos que requieren inflexiones en el uso de los parámetros de la frase.

Para finalizar, en un nivel de análisis más profundo del contenido semántico de los textos, podemos significar que nos encontramos un menor número de estructuras macro textuales en su discurso escrito. Es decir, las ideas generales no son manifestadas de forma correcta y pertinente, por lo que su escritura se limita en ocasiones a un compendio sin organizar de frases de menor relevancia jerárquica, que no cumplen una adecuada progresión temática y que se entremezclan con detalles de escaso interés.

9 Conclusiones

Los jóvenes con TDAH presentan, en general, un lenguaje aparentemente normal. Existen, no obstante, algunas diferencias psicolingüísticas que emergen cuando se realiza una evaluación específica del lenguaje con pruebas que valoran a fondo la forma, el contenido y el uso del lenguaje. Las dificultades pragmáticas son evidentes en la mayoría de los casos (especialmente las relacionadas con los usos conversacionales). Con frecuencia conviven de forma simultánea trastornos del desarrollo del lenguaje oral y TDAH que afectan a otros niveles y procesos.

Por otra parte, es frecuente la relación entre TDAH y trastornos del lenguaje escrito, con problemas referidos al desarrollo de la lectura y la escritura, que afectan a casi todos sus componentes. Los problemas de atención, de memoria de trabajo, en las funciones ejecutivas y en el procesamiento lingüístico general influyen de forma notable en la ejecución en el domino lector y en la expresión escrita de los adolescentes con déficit de atención. Son necesarios estudios exhaustivos en estas áreas especificas que delimiten el papel que cumple cada una de estos procesos y su influencia en las limitaciones en el lenguaje oral y escrito que presentan los adolescentes con TDAH.

NOTAS BIBLIOGRÁFICAS

A. P. A. (2010). *Manual de diagnóstico estadístico y de los trastornos mentales: DSM-IV-TR*. Barcelona. Masson.

ÁLVAREZ, L.; GONZÁLEZ-CASTRO, P.; NÚÑEZ, J. C.; GONZÁLEZ-PIENDA, J. A. y BERNARDO, A. (2008). "Evaluación y control de la actividad cortical en los déficit de atención sostenida". *International Journal of Clinical and Health Psychology*, Vol. 8 (2), 509 - 524.

ARTIGAS-PALLARÉS, J. (2003). "Comorbilidad en el trastorno por déficit de atención/hiperactividad". *Revista de Neurología*, 36 (1), 68 - 78.

BARKLEY R. A. (2009). "Avances en el diagnóstico y la subclasificación del trastorno por déficit de atención/hiperactividad: qué puede pasar en el futuro respecto al DSM-V". *Revista de Neurología*, 48 (2), 101 - 106.

BROWN, T. (2010). *Comorbilidades del TDAH: manual de las complicaciones del trastorno por déficit de atención con hiperactividad*. Ámsterdam. Elsevier Masson.

CAPELLINI, S.; FUSCO, N.; BATISTA, A.; RIBEIRO, N.; LOURENCETTI, M.; ANTUNES, L.; CERVERA-MÉRIDA, J. F. y YGUAL-FERNÁNDEZ, A. (2011). "Hallazgos de neuroimagen y desempeño ortográfico de estudiantes con trastorno por déficit de atención con hiperactividad según la semiología de los errores". *Revista de Logopedia, Foniatría y Audiología*, 31 (4). 219 - 227.

CARROLL J. M.; MAUGHAN, B.; GOODMAN, R. y MELTZER, H. (2005). "Literacy difficulties and psychiatric disorders: evidence for comorbidity". *Journal of Child Psychology and Psychiatry*. Mayo, 46 (5). 524 - 32.

CUETOS VEGA, F.; RAMOS SÁNCHEZ, J. L. y RUANO HERNÁNDEZ, E. (2004). *E. PROESC. Evaluación de los procesos de escritura*. Madrid. TEA Ediciones.

MATHERS, M. (2006). "Aspects of language in children with ADHD: applying functional analyses to explore language use". *Journal of Attention Disorders*, 9 (3). 523 - 33.

MAYES, S. D. y CALHOUN, S. L. (2006). "WISC-IV and WISC-III profiles in children with ADHD". *Journal of Attention Disorders*, 9 (3). 486 - 93.

MIRANDA-CASAS, A.; FERNÁNDEZ-ANDRÉS, I. y LÁRRAGA MÍNGUEZ, R. (2011). "Factores que predicen las estrategias de comprensión de la lectura de adolescentes con trastorno por déficit de atención con hiperactividad, con dificultades de comprensión lectora y con ambos trastornos". *Revista de Logopedia, Foniatría y Audiología*, 31 (4). 193 - 202.

PEETS, K. y TANNOCK, R. (2011) "Errors and self-correction in narrative distinguish ADHD from ADHD with language impairments". *Revista de Logopedia, Foniatría y Audiología*, 31 (4). 228 - 236

RAMOS-QUIROGA, J. A. (2009). *Comprender el TDAH en adultos*. Barcelona. Amat Editorial.

RAMOS, J. L. y CUETOS, F. (1999). *Evaluación de los procesos lectores PROLEC-SE*. Madrid. TEA Ediciones.

RODRÍGUEZ-PÉREZ, C.; GARCÍA-SÁNCHEZ, J. N.; GONZÁLEZ-CASTRO, P.; ÁLVAREZ-GARCÍA, D.; GONZÁLEZ-PIENDA, J.; BERNARDO, A.; CEREZO, R. y ÁLVAREZ-PÉREZ, L. (2011). "TDAH y el solapamiento con las dificultades del aprendizaje de la escritura". *Revista de Psicología y educación*, 6, 37 - 56.

VAQUERIZO, J.; ESTÉVEZ-DÍAZ, F. y POZO-GARCÍA, A. (2005). "El lenguaje en el trastorno por déficit de atención con hiperactividad: competencias narrativas". *Revista de Neurología*, 41 (1), 83 - 89.

VV. AA. (2010). *Guía de práctica clínica sobre los trastornos por déficit de atención con hiperactividad (TDAH) en jóvenes y adolescentes*. Madrid. Ministerio de Ciencia e Innovación.

WILLCUTT, E. G.; PENNINGTON, B. F.; OLSON, R. K. y DEFRIES, J. C. (2007). "Understanding comorbidity: a twin study of reading disability and attention-deficit/hyperactivity disorder". *American journal of medical genetics. Part B, Neuropsychiatric genetics*, 144 (6), 709 - 714.

YGUAL, A. y CERVERA, J. F. (2003). "Consideraciones didácticas sobre el trabajo de logopedas con niño con TDAH". *Boletín de AELFA*, 2, 13 - 16.

YGUAL-FERNÁNDEZ A.; MIRANDA-CASAS, A. y CERVERA, J. F. (2000). "Dificultades en las dimensiones de forma y contenido del lenguaje en los jóvenes con trastornos por déficit de atención con hiperactividad". *Revista de Neurología Clínica*, 1, 193 - 202.

YGUAL-FERNÁNDEZ, A. (2011). "Los trastornos del lenguaje en el trastorno por déficit de atención con hiperactividad (TDAH)". *Revista de Logopedia, Foniatría y Audiología*, 31(4), 181 - 182.

Características y variabilidad clínica del TDAH en niñas y adolescentes

José-Ramón Valdizán Usón

Introducción

El Trastorno por Déficit de Atención con Hiperactividad (TDAH) es una entidad neurobiológica caracterizada fundamentalmente por inatención, hiperactividad e impulsividad y una prevalencia aproximada del 5%. Al ser una alteración biológica, tanto niños o niñas con TDAH presentan estos mismos síntomas. Pero, las revisiones clínicas tienden a demostrar que se diagnostican más chicos con TDAH que chicas con un cociente alrededor de 3:1. Las niñas suelen presentar pocos síntomas agresivos e impulsivos, y sus índices de trastorno de conducta son más bajos. En 1999 un estudio apoyado por el Instituto Nacional de Salud Mental estadounidense, señaló que el TDAH afecta de forma diferente a mujeres y hombres:

- Las niñas pueden tener mayor probabilidad de presentar síntomas de inatención, en contraste con los niños donde predominan la hiperactividad-impulsividad y comportamientos disruptos.
- Comparadas con las niñas sin el trastorno, las muchachas con TDAH tenían índices significativamente más altos en problemas del comportamiento, por ejemplo oposicionista desafiante y de la conducta. Aunque con índices más bajos que en varones.
- Las muchachas con TDAH exhibieron niveles más altos de variaciones del humor y ansiedad que en niños sin TDAH.
- Con respecto a los jóvenes no-afectados, las muchachas TDAH tienen mayor riesgo en la dependencia del alcohol y la droga, incluyendo el tabaco.
- Sus dificultades cognitivas son similares a las de los varones TDAH.

En ese mismo año, Kathleen G. Nadeau y colaboradoras señalan que los criterios del TDAH estaban basados en niños por su hiperactividad, mientras que las niñas muestran docilidad, timidez, introversión y una marcada tendencia a ocultar o disimular sus padecimientos; pueden ser niñas dulces, tranquilas, poco participativas en clase, de buena conducta y a menudo sus profesores dicen de ellas que si se esforzaran un poco más serían capaces de mejorar su rendimiento escolar. Este tipo de problemas, sin embargo, no se les presentan cuando están en familia o con amigos, por estar más relajadas. El resultado final de este comportamiento ha hecho que generaciones de mujeres nunca fueran diagnosticadas y sufriesen las consecuencias a nivel personal, familiar y social. Los signos de déficit de atención no diagnosticado o no sospechado se presentan en Tabla I.

• Miedo o fobia a la escuela.
• Baja autoestima.
• Alto coeficiente intelectual con bajo rendimiento escolar.
• Desorganización.
• Trastornos del sueño.
• Timidez.

Tabla 1.
Signos de déficit de atención no diagnosticado o no sospechado en niñas y adolescentes con TDAH.

En este mismo trabajo se describen tres subtipos en niñas a las cuales se puede añadir un cuarto grupo, menos frecuente:

- **Modelo tímida**: niñas del grupo inatento, la mayoría estas muchachas con TDAH son más desatentas y tímidas que hiperactivas e impulsivas, tienden a reaccionar aislándose del mundo. Su inatención en clase puede pasar desapercibida al no querer llamar la atención. Parece que escuchan y su pensamiento se encuentra en otro lugar. Terminan sus trabajos en casa si alguien se pone con ellas. Pueden sentarse detrás prefiriendo mirar o jugar solas. Evidentemente no crean problemas y son más brillantes de lo que parecen.
- **Modelo hipersociable**: combinación de hiperactiva e inatenta; hablará velozmente sobre cualquier cosa. Pueden ser vistas simplemente como altamente sociables, pero su comportamiento les causará algunos problemas con los demás. Pueden saltar de asunto en asunto e interrumpir con frecuencia para ser el centro de atención. Su charla constante abruma rápidamente al oyente, padre, profesor o compañero. Consecuentemente, puede tener dificultades para retener amigos debido a su inhabilidad para escuchar. En la escuela, distraerá a los otros y tendrá dificultades para centrarse en las lecciones.
- **Modelo hiperactivo**: es el más fácil de diagnosticar al semejarse al tradicional de un niño con TDAH. Exhiben, por ejemplo hiperactividad, impulsividad, y comportamientos de riesgo y peligrosos. Incluso precozmente.
- **La niña cambiante combinación de inatenta e impulsiva**: es el menos común, pero es a menudo la frustración y cierta inflexibilidad sus caracte-

rísticas. Etiquetan a estas muchachas a menudo de disfóricas. Nunca están contentas. Una niña disfórica pueden ser inflexibles la mayor parte del tiempo, teniendo rabietas frecuentes y de adultas pueden aparecer como trastornadas.

Estos mismas autores han desarrollado un "Autocuestionario para muchachas adolescentes con TDAH", complementario al diagnóstico de base del DSM IV-TR (Anexo I).

Un estudio posterior realizado en niños y niñas con TDAH, en una muestra de iguales proporciones, confirma que las muchachas tienen una mayor probabilidad que los muchachos de tener el tipo predominante desatento sin hiperactividad, con menores probabilidades de tener bajo rendimiento escolar y problemas de conducta. Además, las muchachas poseían un riesgo menor para la depresión mayor, el trastorno de conducta y el desorden negativista desafiante que los muchachos con TDAH, así como en el abuso de sustancias nocivas. Por ello, los síntomas son menos evidentes en muchachas, repercutiendo sobre un posible tratamiento. Este predominio del déficit de atención en niñas ha sido posteriormente confirmado mediante metaanálisis, pero con respuesta terapéutica similar a los niños, que no coincide con la opinión de otros autores que anteriormente planteaban la necesidad de una estrategia terapéutica específica de género. Diferencia que también se centra en diagnósticos y evolutivos como en la presentación, curso y comorbilidades, particularmente en los cambios de humor. En 1994 ya se señalaba la existencia del TDAH en mujeres con mayores índices de depresión mayor, ansiedad, trastornos del humor, fracaso escolar y dificultades cognitivas. Estas comorbilidades, a menudo, son diferentes de los considerados en los varones con TDAH, complican el cuadro y hasta los fluctuantes niveles hormonales pueden afectar a los síntomas y al tratamiento. Los clínicos pueden tener dificultades para distinguir síntoma de déficit de atención con síntomas comórbiles. Por esa razón, solo un diagnóstico y tratamiento adecuado al género puede evitar el infradiagnóstico. Cuando las niñas se convierten en adolescentes nuevos cuadros clínicos pueden presentarse como el síndrome severo premenstrual causado por las fluctuaciones hormonales. Estas desregulaciones dan lugar a importantes oscilaciones del humor, irritabilidad e hiperreacción emocional. Las fluctuaciones hormonales que comienzan en la pubertad continúan desempeñando un fuerte papel en las vidas de mujeres con TDAH y aunque el número de mujeres mayores identificadas con este trastorno es pequeño, se puede asumir que los cambios hormonales asociados a menopausia exacerban de nuevo la reactividad emocional.

Con la presente información nuestro objetivo se centra en comprobar las diferencias entre ambos sexos, su prevalencia y confirmar posibles subtipos femeninos en el TDAH.

2 Sujetos y métodos

Estudio retrospectivo de 172 pacientes de ambos sexos, atendidos en consulta externa de neuropediatría hospitalaria en el año 2004, según criterios del DSM IV-TR, con edades comprendidas entre los 4 y 14 años de edad, divididas en tres grupos de edad: menos de seis años, entre seis y diez años y de once a catorce años. Posteriormente el grupo de niñas se subdividieron según los cuatro subtipos ya reseñados en la introducción. Todos presentaban una exploración neurológica normal, sin antecedentes de sufrimiento fetal o alteración médica que pudiese originar daño neurocognitivo. Se descartaron alteraciones sensoriales, de inteligencia o del lenguaje. Como pruebas diagnósticas fueron practicadas cartografía cerebral, hematimetría, bioquímica general, determinaciones de las hormonas tiroideas y cortisol en sangre. Las familias aportaron informe escolar específico para el TDAH. La pauta terapéutica farmacológica de metilfenidato se definió según estrategia comunicada anteriormente. En caso de tener que añadir otro tratamiento debido a problemas de conducta o trastorno negativista desafiante se decidía según historia clínica siguiendo las pautas del DSM IV-TR. El seguimiento de la respuesta farmacológica se hacía en una primera llamada a las tres semanas y cada dos meses. A los seis meses volvían a consulta. Todas las familias fueron informadas sobre los efectos positivos y posibles secundarios de los tratamientos, realizándoles informe clínico. Ningún paciente presentó efectos farmacológicos no deseados. Y se les orientó hacia el tratamiento cognitivo-conductual y orientación familiar por parte de los equipos de psicólogos y psicopedagogos, manteniendo colaboración con los centros escolares siempre que se demandase.

3 Resultados

En la Figura 1 se presenta la distribución de las 32 niñas y 135 niños, repartidos según los tres grupos de edad, donde el intervalo de edad de 6 a 10 años es el predominante en ambos sexos. En los grupos inferiores a los 6 años y el de entre 6 y 10 años el ratio es 3:1, pero en el grupo de los mayores el ratio se acerca a 5:1.

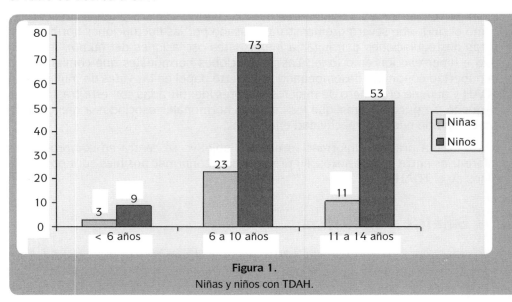

Figura 1.
Niñas y niños con TDAH.

La Figura 2 señala en porcentaje de pacientes de ambos sexos tratados con metilfenidato durante el periodo de un año, sin que existan diferencias significativas entre los dos grupos y edades.

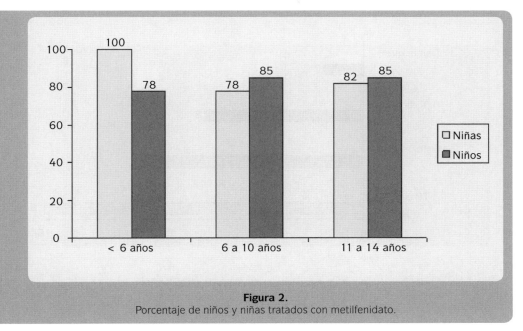

Figura 2.
Porcentaje de niños y niñas tratados con metilfenidato.

Ninguna niña necesitó otro tratamiento, no así los niños que fueron tratados por su negativismo o problemas de conducta (Figura 3).

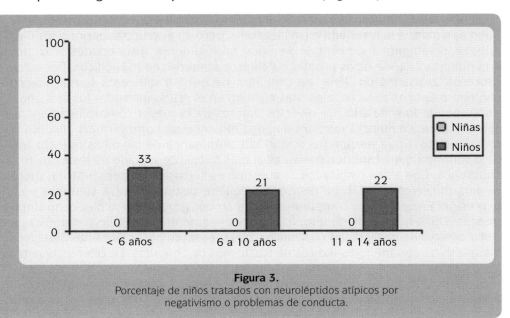

Figura 3.
Porcentaje de niños tratados con neurolépticos atípicos por negativismo o problemas de conducta.

Dentro del grupo de niñas el subtipo de tímida es el más frecuente, seguido por las niñas hipersociables e hiperactivas y con menor representación las niñas cambiantes (Figura 4).

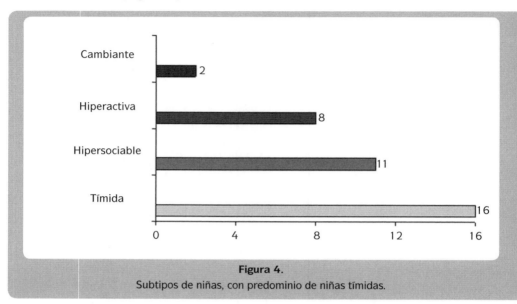

Figura 4.
Subtipos de niñas, con predominio de niñas tímidas.

4 Discusión

En nuestra muestra el ratio de prevalencia para los dos grupos menores de edad es similar a la reseñada en la literatura, pero en el grupo superior a los diez años se incrementa el porcentaje de niños, posiblemente al ser edades próximas a la pubertad donde otros problemas clínicos aparecen en más chicos. Por estos procesos asociados un 25%, en conjunto, necesitó tratamiento farmacológico con neurolépticos atípicos, algo más elevado en el grupo inferior a los seis años. Confirmando lo señalado por diversos autores de la mayor comorbilidad en varones y a que en nuestra muestra ninguna niña necesitó otro fármaco distinto al metilfenidato. En la posible particularidad sintomática de las niñas nuestro trabajo confirma que el subtipo pasiva es el más frecuente seguido de los otros tres subgrupos. Con estos resultados, la cuestión es si existe una presentación típica de una mujer con TDAH. La respuesta requiere distinguir entre síntomas y su expresión. En un estudio comparativo entre ambos grupos de los dieciocho síntomas del DSM-IV, solamente uno, hablar excesivamente, se señaló como diferencial. Como ya hemos indicado las muchachas presentan pocos síntomas agresivos e impulsivos, con menores índices de trastornos de conducta. La diferencia entre los sexos no está en los síntomas, se encuentra en la variada expresión de síntomas en la cotidianidad de hombres y mujeres. La morfología cerebral es igual en ambos sexos, pero su expresión funcional puede ser muy diferente, ya que una persona los manifiesta en dependencia de la interiorización de control sobre su actividad diaria. Si este control es eficiente actúa en dependencia de las circunstancias, adaptándose a ellas, pero si este control no está interiorizado aparece como algo externo, la persona se siente una víctima de las circunstancias que controlan su vida y sus propios esfuerzos son ineficaces. Las chicas con TDAH tienen generalmente una tendencia a perder el control interno antes que los chicos. Posteriormente, sus dificultades se pueden magnificar en la edad adulta por un sentido de ineficacia y bajo nivel, a pesar de poseer altas cualidades, de ahí que decisiones posteriores sobre su vida les genera serios problemas y frustraciones. No saben o no pueden ejercer su libertad. Y cuando llegan a los cincuenta años hasta las variaciones hormonales son vividas y sufridas más agudamente. Si son madres el descontrol interior, la inatención y desorganización dificultan el nivel de organización necesario para llevar a la familia. Y en el trabajo estos síntomas se exageran en las mujeres con TDAH ante las demandas sociables. En conclusión, los cerebros de mujeres y hombres son bastante similares, pero la expresión de las funciones cerebrales son distintas en dependencia de los ambientes y los niveles.

NOTAS BIBLIOGRÁFICAS.

BIEDERMAN, J.; FARAONE, S. V.; MICK, E.; WILLIAMSON, S.; WILENS, T. E.; SPENCER, T. J.; WEBER, W.; JETTON, J.; KRAUS, I., PERT, J. y ZALLEN, B. (1999). "Clinical correlates of ADHD in females: findings from a large group of girls ascertained from pediatric and psychiatric referral sources". *J Am Acad Child Adolesc Psychiatry*, 38: 966 - 75.

BIEDERMAN, J.; FARAONE, S. V.; MONUTEAUX, M. C.; BOBER, M. y CADOGEN, E. (2004). "Gender effects on Attention-Deficit/Hyperactivity disorder in adults, revisited". *Biol Psychiatry*, 55: 692 - 700.

BIEDERMAN, J.; FARAONE, S. V.; SPENCER, T.; WILENS, T.; MICK, E. y LAPEY, K. A. (1994). "Gender differences in a sample of adults with attention deficit hyperactivity disorder". *Psychiatry Res*, 53: 13 - 29.

BIEDERMAN, J.; MICK, E.; FARAONE, S. V.; BRAATEN, E.; ALYSA, D, SPENCER, T.; WILENS, T. E.; FRAZIER, E. y JOHNSON, M. A. (2002). "Influence of Gender on Attention Deficit Hyperactivity Disorder in Children Referred to a Psychiatric Clinic". *Journal of Psychiatry*, 159: 36 - 42.

DSM-IV TR. (2003). *Manual Diagnóstico y Estadístico de los Trastornos Mentales. American Psychological Association (APA)*. Barcelona. Editorial Masson.

GERSHON, J. A. (2002). "Meta-analytic review of gender differences in ADHD". *J Atten Disord*, 5: 143 - 54.

KATHLEEN, N.; LITTMAN, E. B. y QUINN, P. O. (1999). *Understanding Girls with Attention Deficit Hyperactivity Disorder*. Silver Spring. MD. Advantage Books.

MANOS, M. J. (2005). "ADHD in Women, question". *Medscape Psychiatry & Mental Health*. Consultado 16 octubre 2006.

NADEAU, K. (2012). *ADHD in Women*. http://www.addresources.org. Consulado 16 octubre 2012.

NADEAU, K. y QUINN, P. (2012). *PADD (ADHD) Self-report Questionnaire for Teenage Girls*. http://www.addvance.com/help/women/girl_questionnaire.html. Consultado 11 octubre 2012.

QUINN, P. (2005). "Treating adolescent girls and women with ADHD: gender-specific issues". *J Clin Psychol*, 61: 579 - 87.

QUINN, P. y WIGAL, S. (2004). "Perceptions of Girls and ADHD: Results From a National Survey". *Medscape General Medicine*, Consultado 11 octubre 2006.

ROBISON, L. M.; SKAER, T. L.; SCLAR, D. A. y GALIN, R. S. (2002). "Is attention deficit hyperactivity disorder increasing among girls in the US? Trends in diagnosis and the prescribing of stimulants". *CNS Drugs*, 16: 129 - 37.

RUCKLIDGE, J. J. y TANNOCK, R. (2001). "Psychiatric, psychosocial, and cognitive functioning of female adolescents with ADHD". *J Am Acad Child Adolesc Psychiatry*, 40: 530 - 540.

STALLER, J. y FARAONE, S. V. (2006). "Attention-deficit hyperactivity disorder in girls: epidemiology and management". *CNS Drugs*, 20: 107 - 23.

VALDIZÁN, J. R. (2005). "Epilepsia y Trastorno por déficit de atención con hiperactividad". *Ponencia a la XVIII Reunión de la Liga Española contra la Epilepsia*. Madrid 17 noviembre de 2005.

ANEXO 1

Autocuestionario modificado TDAH para muchachas adolescentes por Kathleen G. Nadeau y Patricia Quinn.

• Me es muy difícil hacer las tareas escolares en casa en el tiempo debido.
• A pesar de mi interés generalmente me retraso.
• Tengo dificultad para conciliar el sueño.
• Me cuesta levantarme por la mañana.
• Salto de un asunto a otro en la conversación.
• Interrumpo a los demás cuando están hablando.
• Aun cuando intento escuchar en clase, mis pensamientos están en otro lugar.
• Tengo dificultad para recordar lo leído.
• Hasta última hora no termino las tareas escolares.
• Mi sitio está muy sucio.
• Mis amigos dicen que soy "hiperactivo".
• Mis amigos me llaman lento.
• Me olvido de hacer las cosas que mis padres piden que haga.
• Pierdo o coloco mal con frecuencia artículos personales.
• Mis padres y profesores me dicen que necesito trabajar mejor en la escuela.
• Con los sonidos me distraigo fácilmente.
• Mis padres me dicen que me exalto ante las cosas.
• Me siento ansioso o preocupado muchas veces.
• Me siento cambiante y presionado, incluso sin razón.
• Mi humor y emociones son más intensos durante la semana antes de mi período.
• Me frustran fácilmente.
• Soy bastante impaciente y odio esperar.
• Me siento diferente de otras muchachas.
• Los estudios superiores son difíciles para mí.
• Me siento agotado mentalmente cuando llego a casa del colegio.
• Aun cuando estudio tengo problemas para recordar en un examen.
• Me cuesta tener organizada la habitación.
• Solo obtengo buenas notas en los temas que realmente me interesan.
• Tengo dificultad para terminar los trabajos en un tiempo determinado.
• La única forma que tengo realmente para estudiar antes de un examen es hacerlo la noche anterior.
• A veces como para calmarme.

- Tengo los trabajos poco limpios.
- Estoy inquieto en clase porque me es difícil sentarme y escuchar.
- Manifiesto mis pensamientos sin reflexionar.

Método de estudio para jóvenes con TDAH

José-Ramón Valdizán Usón

1 Introducción

El objetivo de los métodos de estudio reside en dar una serie de instrucciones para que lo aprendido pueda ser comprendido, es decir interiorizado, permitiendo elaborar los conceptos suficientes que faciliten el enlazar o asociar con otras cuestiones o disciplinas.

- **Lema**: más que estudiar todos los días, trabajar todos los días.
- **Visualizar** la mayor parte de los contenidos ya que el sentido de la vista es el más potente de nuestros sentidos.
- Mantener la **autoestima**: si se suspende una asignatura o se alcanza peor nota, no considerar un fracaso personal/subjetivo, hay que pensar en qué parte de la metodología no se ha planificado bien.
- **Autodisciplina**: en caso de tener un programa de estudio, no dejarlo para el día siguiente.
- **Autoexplicaciones**: uno mismo da su versión reflexionada y creativa de la materia.
- **Conceptualización**: es la construcción de imágenes mentales interiorizadas de tipo general en base a nuestro aprendizaje y experiencia, que nos permiten la comprensión del entorno e intervenir en él.

2 Motivación

Existen dos circuitos cerebrales en dependencia de los métodos utilizados para motivar a una persona:

- En la *motivación por el castigo* se activa la amígdala derecha, que a su vez prepara el lóbulo temporal medial para la formación de la memoria. La activación continúa al lóbulo orbitrofrontal lateral, zona de efecto temporal, y por lo tanto podría reflejar la disminución de valoración del estímulo en ausencia de motivaciones explícitas. En este tipo de motivación no se activa el sistema dopaminérgico de los núcleos de la base, asociados con la motivación y sobre todo la atención.

- En el aprendizaje *motivado por la recompensa* el circuito implica a los núcleos de la base y área orbitofrontal medial, que almacena estímulos relevantes en el futuro.

- El hecho de que en la motivación por recompensa el circuito evite su paso por la amígdala (zona clave para el procesamiento de las emociones) y sí lo haga por los núcleos de la base, explica el hecho de la consolidación del conocimiento al evitar un aprendizaje con temor.

De ahí que un estímulo de interés para una persona facilitará la interiorización y memorización a largo plazo de dicho estímulo. Los métodos de estudio no aplicados mecánicamente con creatividad permiten memorizar mejor la materia.

3 En clase

- Atender en clase.

    - Sentarse en las primeras filas.
    - Tomar apuntes y preguntar si algo no se entiende.
    - Fijarse en qué temas o cuestiones son más importantes para el profesor, muchas de ellas serán preguntadas en el examen.

- Tomar apuntes.

    - Emplear un cuaderno de hojas separables para cada asignatura o solo uno en el que se puedan archivar muchas hojas.
    - Usar bolígrafos de distintos colores para resaltar lo más importante, utilizando siempre los mismos colores y no más de tres.
    - Dejar a la derecha de la hoja un espacio donde escribir dudas.
    - Evitar escribir todo el texto. Hay que tener palabras o frases breves que faciliten la rapidez en la escritura.
    - Al final de cada hoja, dejar un espacio para un breve resumen.
    - Apuntar observaciones sobre los métodos del profesor.
    - Al salir de clase, comentar con los compañeros algunas dudas, evitando una única opinión.

4 Estudiar

- Ambiente en el estudio.

    - Tener siempre la misma hora para comenzar a estudiar.
    - Evitar estudiar por las noches, se altera el ritmo circadiano.

- Ponerse en la mesa donde la luz entre por el lado izquierdo.
- Evitar TV, radios, etc. Hay que entrenarse en ser eficiente en el estudio. De esa forma habrá más tiempo libre.
- Cuando un tema se ha comprendido hay que levantarse y dar una vuelta para comenzar minutos después.

- Estudio.

  - Elaborar un cuadro donde se crucen días y asignaturas que facilite planificarse el aprendizaje o los exámenes.
  - De los apuntes tomados en clase y los textos de libros o de internet, hacer un resumen personalizado (al gusto de uno) donde entre la creatividad o aportación personal.
  - Evitar el "copiar y pegar de internet", además de que no ayuda en el aprendizaje, en la actualidad existen programas que permiten a los profesores conocer de dónde se han copiado.
  - Utilizar la misma técnica empleada en clase para hacer los resúmenes, que pueden ser a mano o por ordenador: página central con los mismos colores y una más pequeña lateral para preguntar o anotar observaciones.
  - Algunos temas se pueden comentar con la familia o compañeros de residencia, pueden aportar ideas, aclaraciones o reflexiones.
  - Diccionario propio de palabras clave, de tal manera que al nombrarlas se recuerde el tema.
  - Señales para valorar la importancia o no de una cuestión: muy importante (***), importante (**), normal (**), dudoso (¿), consultar ($), etcétera.

- Resúmenes de bolsillo.

  - Son notas escritas o en un soporte electrónico que ocupan poco espacio, pudiendo ser revisadas en aquellos momentos "de espera": en el autobús, a un amigo…
  - Están escritas con el mínimo número de palabras o fórmulas que permiten una revisión o recordatorio rápido.

- Estudiando matemáticas.

  - A lo largo de toda la enseñanza la característica de las matemáticas es su continuidad, nadie puede avanzar en su conocimiento y aplicación si no ha comprendido lo estudiado en cursos anteriores. De ahí que un bloqueo emocional (ansiedad matemática) en los primeros años de la infancia puede tener consecuencias negativas en su estudio y hasta el repudio en todas las facetas de la vida en las que tenga que emplearlas.
  - De ahí la importancia de esmerarse en el método de estudio: preguntar, ir a clase…
  - Las matemáticas se aprenden resolviendo problemas. Muchas personas las han interiorizado tanto que para ellos es como participar en un juego.

– Es correcto reunirse en grupo para resolver problemas y siempre completando las respuestas, como si se estuviese en el examen.

– Para resolver un problema: primero, leerse la pregunta y dividirla en partes para comprender lo que piden. Segundo, elaborar un plan para su resolución. Tercero, tener una hoja "en sucio" para escribir notas, gráficos o posibles soluciones antes de escribirlas "en limpio".

– Es importante hacerse con modelos de problemas de tal manera que permitan mentalizarse de los tipos. Hasta se puede hacer un cuadro donde se definan dichos modelos.

5️⃣ Examen

• Antes del examen.

– El examen es una técnica y por lo tanto se debe aprender de tal manera que se tenga en cuenta el tiempo y la forma de examinar y corregir de un profesor.

– Días antes del examen es cuando se tiene que estudiar, es decir, memorizar.

– Un buen sistema consiste en decir en voz alta lo leído, se interioriza mejor o si es posible decir la materia moviendo los labios sin hablar.

– Entrenamiento en exámenes "según el estilo del profesor".

– Otra manera es el "punteado de preguntas", de las cuales existen varias respuestas, una de ellas cierta.

– Si es necesario, hacer un resumen del resumen pero con palabras clave.

– Se puede emplear la mnemotecnia, facilita recordar palabras difíciles de retener. Mnemotecnia es una frase o palabra corta fácil de recordar que ayuda a relacionar palabras con la misión de memorizarla (ejemplo: para la ley de Ohm: verbo ir; voltaje es igual a la intensidad por la resistencia: $V = I \cdot R$).

– En algunos temas los pictogramas o mapas permiten visualizar el contenido. Hacerse imágenes mentales. Siempre es ventajoso poder visualizar la materia. Insistimos en que la vista es el sentido más importante que poseemos.

– O los algoritmos para enlazar cuestiones dependientes.

– Hay que hacer, al menos, dos o tres repasos.

– Colaborar con un compañero para hacerse preguntas mutuamente.

• En el examen.

– Ir bien descansado y desayunado o con una comida ligera en el caso de que sea por la tarde.

– Personas nerviosas pueden tomar valeriana, pero no otros sedantes (salvo que por indicación médica se aconseje).

– Motivarse confiando en el método de estudio personal empleado.

–   Leerse bien las preguntas y responderlas según se conozcan, evitando pararse en las que no se saben responder o tienen dudas. Después se irán respondiendo con el mismo método: "de más a menos".

–   Cuidado con los exámenes donde dos errores eliminan una respuestas bien contestada.

–   Cuidar la letra y faltas de ortografía, ya que evidencia poco trabajo manual en casa.

•   Ante las notas.

–   Si son las deseadas, felicitarse: el método personalizado funciona.

–   En caso de suspenso o nota inferior a la esperada, evitar la desmotivación mediante la revisión del método de estudio sobre horarios, forma de tomar los apuntes…

–   Y siempre confiar que si se va perfilando el método de estudio se irán alcanzando los objetivos.

▓▌NOTAS BIBLIOGRÁFICAS

BARRENA, J. y MOLINA, M. A. (2011). "Aspectos que inciden en el rendimiento intelectual y en la eficiencia en el estudio". *Trances*, 3: 223-240.

DUNLOSKY, J.; KATHERINE, A.; RAWSON, K. A.; ELIZABETH, J.; MARSH, E. J.; MITCHELL, J.; NATHAN, M. J.; DANIEL, T. y WILLINGHAM, D. T. (2013). "Improving Students' Learning With Effective Learning Techniques: Promising Directions From Cognitive and Educational Psychology". *Psychological Science in the Public Interest*. 14; 1: 4 - 58.

HERNÁNDEZ, P. E. (1987). *Cómo estudiar con eficacia*. Madrid. PE Española.

LÓPEZ, M C. (2013). cpa.umh.es/files/2008/.../capitulo-7-taller-como-estudiar-con-eficacia.pdf. Consultado 4 octubre 2013.

SEBASTIÁN, A.; BALLESTEROS, B. y SÁNCHEZ, M. F. (2013). *Técnicas de estudio*. UNED portal.uned.es. Consultado 10 octubre 2013.

SOBRADO, L. M.; CAUCE, A. I. y RIAL R. (2002). "Las habilidades del aprendizaje y estudio en la educación secundaria: estrategias y orientaciones de mejora". *Tendencias Pedagógicas*, 7:155-177.

TIERNO, B. (2003). *Las mejores técnicas de estudio*. Madrid. Temas de Hoy.

TORROELLA, G. (1984). *Cómo estudiar con eficiencia*. La Habana. Editorial de Ciencias Sociales.

PARTE CUATRO

Testimonios. Un paseo por la vida

Introducción

Los relatos que a continuación aparecen son historias reales que poco se parecen entre sí, pero que tienen mucho en común. Son historias (las de los jóvenes afortunados que recibieron el diagnóstico) llenas de frescura, optimismo y esperanza. Otras, historias de vidas suavizadas y recordadas con sentido del humor como mecanismo de defensa, que tan solo dejan entrever el sufrimiento que esconden como cuando se mira a través de una fina seda o desde la serenidad y comprensión que otorga el paso del tiempo. Tan sólo buceando en su pasado se puede llegar a imaginar su presente.

Fallos grandes y pequeños errores, decisiones apresuradas o inoportunas constantemente mezcladas con grandes aciertos, intuiciones brillantes... Nada es o ha sido fácil en la mayoría de estas vidas porque cada día que amanece se pone en cuestión su valía personal y su capacidad de gestión. Mientras que los demás pueden llegar a desarrollarse personal y profesionalmente con dosis de esfuerzo sostenido, planificación, organización, atención, monitorización de sus acciones para llegar a conseguir sus objetivos, algunas de estas personas han salido de la línea de meta con retraso, no han empezado a conseguir sus objetivos y sienten que se les acaba el tiempo.

Algunos siguen en el camino de reinterpretar correctamente su historia vital; otros ya lo consiguieron y después de tocar fondo están tocando el cielo. Los hay que encontraron la pareja de su vida que compensa sus déficits. Otros la perdieron por una mala jugada del destino o luchan por romper una dependencia emocional patológica. Los hay que cuentan como salvavidas con un maravilloso sentido del humor y una red de apoyo social, mientras otros no han sabido rodearse de buenas influencias y van dando pequeños pasos sobre la cuerda floja. Algunos encontraron en su trabajo la motivación necesaria para "darlo todo", mientras que otros han sido atrapados en la tela de araña de la crisis y el paro.

¡Tú puedes, tú puedes!

Paloma Gallardo Marfil

> "Un mal estudiante puede ser, andando el tiempo, un gran hombre".
>
> Gregorio Marañón.

Hola, me llamo Paloma Gallardo Marfil, hoy se me propone un doble desafío: colaborar en la elaboración de un libro sobre el TDAH en adultos con la participación de los profesionales más prestigiosos de este ámbito y, lo que me resulta tan difícil o más, contar mi propia experiencia como persona diagnosticada TDAH. El primero, me resulta difícil por el mero hecho de escribir, pues una de las consecuencias de este trastorno es la dificultad para la lectoescritura y, además, carezco de la preparación suficiente para enfocar una cuestión tan compleja. En cuanto al segundo, hay que reconocer que se siente pudor al hablar de una misma y, en principio, sobre algo que se podría entender como un "defecto".

Por otra parte, algo con lo que tenemos que contar todos los seres humanos, y, en particular los TDAH, es que la vida está llena de retos que no debemos dejar pasar de largo y, siempre que sea posible y necesario, contar con la colaboración u orientación de las personas que pueden ayudarte a conseguirlos. En este caso cuento con la ayuda de mi familia, pero en otras ocasiones, como tendré ocasión de contar más adelante, han sido amigos o profesores.

Como ya habrá sido expuesto por los expertos que intervienen en este libro, es complejo detectar este trastorno en la biografía de una persona. En mi caso se me diagnosticó TDAH con 17 años, previamente, a los 14, se consideró un trastorno lectoescritor. Pero mirando hacia atrás y analizando las distintas etapas de mi vida nos encontramos con episodios que hoy relacionaríamos directamente con el déficit de atención e hiperactividad.

Mis padres recuerdan que de bebé lloraba mucho por las noches sin apenas dejarles dormir. En la infancia, además de inquieta, me cansaba de realizar la misma actividad aunque fuesen las más divertidas, acuñando la expresión "*esto es un gollo*" (esto es un rollo) que me acompaña como mi frase típica. También recordamos cómo todas las tardes-noches esperaba a que llegara mi padre para salir a la calle a patinar antes de irme a dormir, con independencia del clima y la hora. Pero en casa era una niña muy afectiva y no creaba muchos problemas de comportamiento, por lo que no dieron más trascendencia a mi hoy reconocida hiperactividad.

Otra cosa distinta es lo que se refiere a mi vida académica. Mi profesora de Educación Infantil dice que no paraba quieta en la clase y, conforme avanzaba en los cursos, esa hiperactividad se convertía en un inconveniente para la relación con los profesores. En primero y segundo de primaria la tutora me amenazaba con atarme a la silla y me recomendaba tomarme una tila antes de ir al colegio, incluso llegó a decirle a mis padres que podía ser TDAH, pero mis padres lo tomaron como una ofensa y lo descartaron tras consultarlo con el psicólogo del colegio.

Lo que sí era evidente y reconocido es la dificultad de aprendizaje en el colegio. Mi madre siempre recuerda mis lágrimas porque yo pensaba que nunca iba a aprender a leer y a escribir. Eso me obligó a tener que ocupar buena parte de mi tiempo libre a un refuerzo académico que, en muchas ocasiones, era el origen de situaciones conflictivas en la casa. Mis padres siempre trataban de animarme repitiéndome "*¡tú puedes, tú puedes!*" y se inventaban juegos para motivarme. Un año colocaron en el corcho de mi habitación una escalera que se iba ascendiendo con los logros diarios, no siempre se coloreaba el siguiente escalón, pero al llegar el verano alcancé el último escalón y allí me esperaba una bicicleta roja que paseé con orgullo por el centro comercial al que fuimos a retirarla.

Desde un punto de vista intelectual, me puedo considerar una persona que está dentro de la media e, incluso, en la memoria algo por encima de esa media, según me han reconocido en algunas pruebas psicotécnicas. Igualmente, en cuanto a mis capacidades sociales, creo que también he tenido un buen desarrollo, de hecho, me considero una persona que cuenta con un gran círculo de amistades duraderas. Conservo amigas de mi primera infancia y a ellas se han ido uniendo otras y otros amigos de distintas etapas de mi vida sin necesidad de dispersarme, sino, más bien, aglutinando al grupo. Pienso que las personas con TDAH, así como las que tienen que vivir con otras dificultades, somos personas que tenemos facilidad para la empatía y la tolerancia. Somos conscientes de que todos contamos con alguna limitación y la solución no es apartarnos o apartarlos, la solución pasa por integrarnos, integrarlos y escoger lo mejor de cada uno. Todos tenemos alguna virtud que nos adorna y la mejor forma de reconocerla y destacarla es por medio de la afectividad propia de la familia y los amigos. Otro capítulo importante es el de los profesores del colegio o maestros. Semánticamente se pueden considerar sinónimos las palabras "profesor" y "maestro", pero con un lenguaje emocional podríamos decir que el "profesor" es el que instruye y guía solamente la vida académica y el "maestro" se preocupa, además, de orientarnos en otras facetas de la vida conociendo la realidad de nuestras posibilidades; con palabras del médico, humanista y maestro Don Gregorio Marañón: "*El profesor sabe y enseña. El maestro sabe, enseña y ama... Y sabe que el amor está por encima del saber y que solo se aprende de verdad lo que se enseña con amor*".

La relación entre un TDAH y su profesor o maestro puede ser crucial. Desgraciadamente he tenido malas experiencias con algunas profesoras que, lejos de entender mis dificultades para la lectura y la escritura, así como para prestar atención, estuvieron a punto de llevarme a la autoexclusión de la vida académica. No entendían mi complejo a leer en público (porque no sé leer bien) o mi facilidad para cometer faltas de ortografía, suprimir letras y palabras en mis escritos, y veían la solución en la humillación. Frases como "*eres una analfabeta*", "*¿para qué vienes al colegio?*", "*dile a tus padres que te busquen un trabajo en el Mercadona*" y cosas parecidas, crearon en mí una reacción hostil frente al profesorado en general y una actitud contestataria. Una de las frases más repetida de mis padres era que no querían para mí que fuese la mejor arquitecta, médico o abogada, sino una persona buena y feliz. Al final llegamos a un acuerdo: no importaban las notas, lo importante es el esfuerzo.

También he tenido muy buenas experiencias con algunos de mis maestros y maestras del colegio y de las academias con las que tenía que complementar mis estudios. Afortunadamente en todas las etapas me he encontrado con personas que me han motivado para seguir intentándolo, incluso en mis periodos más rebeldes. Como dice Valentín Fuster en su libro **El círculo de la motivación** (p. 176) "*el mérito consiste en encontrar la motivación necesaria para levantarse y la valentía para volver a andar*". Uno de mis amigos, también TDAH, me pasó otra frase que llevábamos juntos a la práctica: "*celebrar los pequeños pasos nos ayuda a no perder la motivación*". Pero está claro que no basta con la motivación, es necesaria también lo que podríamos llamar la "escuela del esfuerzo". En mi caso la encontré en una academia un tanto diferente a las demás, en ella no hay clases magistrales colectivas, hay una mesa frente a una pared, un profesor/a que te controla a tu espalda mientras estudias y aclara las dudas que te surjan. Había una motivación: si te sabías la lección salías a las 20:30 h. y, si no, una hora después. Y lo más difícil era que, cuando lo necesitabas, encontrabas en él un padre-amigo que te daba ánimos para comenzar de nuevo. Hay que reconocer que no es una fórmula que le valga a todo el mundo, pero a mí me sirvió y hoy lo recuerdo con agradecimiento y, algunas veces, echo en falta a alguien que me controle a mi espalda, pero ya he aprendido que tengo que ser yo misma.

Esto no quita que siga sintiendo necesidad de moverme y tener actividad física. Cuando terminaba la academia, aunque fuese a las 21:30 h, iba a patinar, a correr o al gimnasio y, hoy, continúo asistiendo al gimnasio después de clase.

Esta necesidad de combinar esfuerzo intelectual y ejercicio físico, hizo que en el último curso de Bachillerato un grupo de compañeros presentáramos un trabajo en la asignatura "Proyecto integrado" para organizar lo que llamamos "*Training Wisdon*" (entrenamiento de la sabiduría), un centro en el que se combinaban la ayuda al estudio con la práctica del deporte.

Creo que tengo capacidad para trabajar en equipo. El trabajo en equipo nos ayuda a suplir posibles deficiencias y nos motiva para aportar nuestras cualidades. Incluso puede ser una buena receta para la formación de un TDAH porque es mucho más dinámica que el trabajo individual. El resultado final de un trabajo en equipo debe ser la suma de lo mejor de cada uno. Como dice un proverbio Masai: "*si quieres llegar rápido camina solo, pero si quieres llegar lejos camina acompañado*".

Quizás una de las cualidades que más puedo aportar en los trabajos en equipo y utilizo en mi vida sea la creatividad y la imaginación. Cuando un TDAH se distrae no tiene la mente en blanco, estamos "inventando", pensando en soluciones a problemas o en otras actividades que nos parecen más interesantes que la que nos están contando. Huimos de la monotonía, del siempre lo mismo, de mirar las cosas desde la misma perspectiva y por eso podemos ofrecer propuestas originales. Pero a veces viene la tentación de dejarlo todo y si te preguntan qué quieres hacer, lo primero que se te viene a la cabeza es "nada". En este sentido, he tenido dos experiencias muy intensas: cuando terminé cuarto de la ESO y al final de Bachillerato. En la primera ocasión recibí una fuerte presión de mis padres que estimaban que debía hacer Bachillerato aunque sólo fuese para tener acceso a una Formación Profesional de Grado Superior y, además, porque creían que podía hacerlo. Me dieron una posibilidad de dejarlo si me iba muy mal en primero. Mi queja ante mis padres era que me estaban "obligando a estudiar" pero alguien me hizo caer en la cuenta de que lo que hacían mis padres era matricularme, la que estudiaba era yo y, además, había elegido hacerlo en la academia del "vigilante" a mi espalda. Lo que te echa para atrás es el miedo y lo que te impulsa es el deseo de superación. A todo esto tenemos que sumar otra variante, tenía la posibilidad de hacer el Bachillerato en el mismo colegio de toda la vida (desde infantil hasta 4º de ESO) o cambiar de colegio para empezar de cero sin prejuicios de una y otra parte, porque es verdad la frase de "*cría fama y échate a dormir*" (a temblar en mi caso). Al final se optó por el cambio de colegio. Las diferencias entre el colegio de procedencia y el de destino eran importantes: de privado a concertado, del centro de la ciudad a un barrio y con alumnos de diferentes clases sociales. La vida no es algo que diseñemos nosotros, un pequeño acontecimiento puede ser decisivo. Cuando llegué el primer día a mi nuevo colegio, con la inseguridad y el vértigo a lo desconocido, saludé a una compañera que ahora sigue siendo una de mis mejores amigas. Fue como dos náufragos que se abrazan en plena tormenta y juntos deciden llegar hasta la orilla. Algunas profesoras nos preguntaban si éramos amigas de antes por la afinidad que mostrábamos, pero nada más lejos de la realidad, no nos conocíamos de nada y ella ha resultado ser el mejor expediente académico de la clase. Cuando estábamos juntas, cada mañana, era una fiesta para nosotras y contagiábamos alegría. Hemos sido muletas de apoyo una para la otra, ella en el contenido de la materia y yo en la necesidad de dedicar tiempo al estudio. ¡Qué importante es encontrar una buena compañera de viaje! El nivel académico del colegio era alto pero nos daban oportunidades y, sobre todo, los profesores/as nos miraban con el mimo del maestro.

La segunda crisis llegó terminando 2º de Bachillerato. Todos se preparaban para el examen de Selectividad y yo eso lo tenía descartado. Mis padres sólo me habían pedido terminar bachillerato y después ya veríamos, pero tampoco quería hacer nada ni sabía qué podía hacer. "*No puedes tirar ahora todo tu esfuerzo por la borda*", me decían mis padres, mis amigos y los maestros/as, me repetían una vez más: "*tú puedes, tú puedes*". Bueno, pero aunque apruebe no voy Selectividad, me repetía y repetía a todos los que me animaban a seguir. Quedará grabado en mi memoria el día que fui a recoger las notas de 2º de Bachillerato, mis padres no me podían acompañar porque estaban de viaje, pero la tutora me decía que me las daba cuando conectara con ellos por teléfono, los llamé, Maite me entregó el cuadernillo de notas y, al decir: ¡todo aprobado! gritábamos y llorábamos todos, mis padres por teléfono y la tutora y yo en directo. Habíamos coronado otra escalera imaginaria que no necesitaba bicicleta ni otro regalo porque el premio era haberlo conseguido después de tantos años de esfuerzo, de caídas y remontadas, ya había cumplido mi promesa.

Al día siguiente, yo insistía: "*no voy a presentarme a Selectividad*". Mis padres seguían de viaje y estaban conformes. Mi compañero TDAH, el que me decía que había que celebrar los pequeños pasos, me animó a que echara los papeles por si acaso me arrepentía. Y así fue, en esta ocasión la decisión era totalmente mía, no me sentí presionada por nadie, era dejar una puerta abierta a lo que me parecía imposible, no una decisión firme. Simultáneamente, buscaba otras posibilidades en la Formación Profesional, aunque en realidad no me apetecía hacer nada, estaba demasiado cansada. Conforme se acercaba la fecha de los exámenes de Selectividad, más me convencía de abandonar la aventura y así hasta la noche anterior del primer examen. Finalmente decidí presentarme y se lo comuniqué a mis padres que se alegraron mucho, fue como cuando aprendes a montar en bicicleta y de repente te das cuenta de que ya nadie te está sujetando y sigues pedaleando porque a esa velocidad no es posible seguirte, y la felicidad es mutua, del que se libera y del que te ve marchar.

Aprobé Selectividad con una nota que nadie hubiera firmado unos meses atrás. También decidí, por mi cuenta, hacer la preinscripción en varias carreras universitarias y finalmente opté, no optamos, opté por matricularme en el grado de Educación Social, y volvemos al principio: "*se me propone este reto...*".

"*Un mal estudiante puede ser, andando el tiempo, un gran hombre*", o una gran mujer, habría que añadir hoy, entendiendo que un gran hombre o una gran mujer es simplemente el que aporta algo positivo a la sociedad, no tiene que ser algo extraordinario. Don Gregorio Marañón, en el mismo capítulo de la frase que encabeza este artículo, decía más adelante (p. 92). "*El fuerte de mañana es el que hoy se nos presenta flaco, deslucido e inquieto; el sabio de mañana es el estudiante irregular, incorrecto, desigual, no deportista: el que no se propone ganar notas sobresalientes, como copas de tenis, sino saber*".

Para llegar a creerte esto hay que atravesar muchos desiertos, confiar en que esos desiertos tienen un final. Pero necesitamos que nuestra familia, maestros y amigos confíen en nosotros y nos alienten con un "*tú puedes, tú puedes*".

/2 El reto del TDAH

Carla Garrido Caballero

Steve Jobs nos dejó un mensaje a través del lema de Apple: "*Think different*". Las personas con TDAH que encuentran su propia manera de hacer las cosas del día a día, no solo tendrán éxito en un futuro sino que también podrán ayudar a muchas personas con su ejemplo a no decir nunca: "*no puedo*".

Este año he realizado el curso de 2º de Bachillerato en el que, parte de la nota final, se tenía en cuenta la valoración de un trabajo de investigación; en mi caso, decidí basarme en el tema del TDAH porque yo soy una chica que me he tenido que enfrentar a ello. A través de mi trabajo, **El reto del TDAH**, aprovecho para ayudar a tantas personas posibles para que el trastorno deje de ser un problema en sus vidas.

Como he dicho *a priori*, yo tengo TDAH y por esta razón, de muchos objetivos que tenía, he escogido los que más me podían ayudar: ¿tener TDAH es positivo? Y si se relaciona con la creatividad. Son dos hipótesis que no solo sirven para las personar con este déficit, sino que cada uno se lo puede aplicar a sí mismo.

En relación con la primera hipótesis, partí de la base si el éxito es compatible con el trastorno. Para que el éxito sea posible, el problema se tiene que tratar con motivación; las personas con TDAH tienen tendencia a una autoestima baja ya que no ven los frutos de su esfuerzo y eso puede ser muy frustrante. Esta motivación es importantísimo contar con la ayuda familiar y escolar.

Además de ayuda externa, tanto a nivel médico, como a nivel escolar, o familiar, es imprescindible el esfuerzo de uno mismo. Un TDAH tiene que creerse que tiene una patología que lo puede potenciar en vez de obstaculizarlo y, por eso, se tiene que conseguir una buena autoestima que va acompañada de un gran optimismo para obtener metas en la vida.

En mi trabajo propongo tres herramientas complementarias para que una persona con el Trastorno de Déficit de Atención con Hiperactividad sea eficaz y así poder desarrollar sus habilidades creativas:

- El *orden*: para ser capaz de organizar el tiempo es necesario tener un orden mental a través de un orden material. Aquel que no es desordenado no tendrá que esforzarse para tener orden, pero en la vida hay dificultades y momentos que pueden hacer cambiar el comportamiento de la persona que, si no se ha trabajado esta cualidad anteriormente, no se habrá adquirido el valor. En definitiva, el orden material es muy importante porque lleva a una serenidad interior que transmite tranquilidad y no angustia ni estrés que afectaría negativamente a la autoestima. Seguramente usted, lector, piensa que el orden no es nada más que una manía, pues he experimentado que sin disciplina no hay orden, el cual falla porque falta el concepto de familia ya que no hay orden ni prioridades y, sobretodo, en el ámbito de la disciplina, nadie avanzaría en su trabajo ni en sus estudios si no tiene una gran disciplina; por lo tanto, el orden es una necesidad, es por eso que no tiene sentido decir que el orden es una manía.
- La *autoexigencia*: la voluntad se adquiere a través de las decisiones que toma la persona, por eso podemos decir que va exigida a la autoexigencia; si no se ponen objetivos cada día, habrá una personalidad débil; por el contrario, si hay esfuerzo y la persona se exige a sí misma por cumplir los objetivos, la voluntad aumentará y eso permitirá superar las pequeñas dificultades que se presenten cada día.
- La *automotivación*: este aspecto ayuda a animar la persona a superar los obstáculos que se pueden mostrar en el día a día.

Y estos tres aspectos, ¿cómo se pueden aplicar en la práctica? Pues respeto el orden material, yo intento mantener la habitación ordenada y limpia, recoger las cosas después de utilizarlas y guardarlas en un lugar visible; para el orden mental, trato de hacer en cada momento lo que toca y escribo las tareas pendientes con un orden propuesto. Para poner en práctica la autoexigencia cumplo un horario realista y me anoto los objetivos propuestos. Y por último, para aplicar la herramienta de la automotivación busco diferentes alternativas para alcanzar cada objetivo marcado, no tener sentimiento de compasión, saber en qué me puede ayudar hacer un trabajo, estudiar… Y ser positiva delante de una tarea que se tiene que realizar y que no hay interés.

Las personas con TDAH presentan una mente caótica, pero esta es una característica que, aplicando los tres aspectos, se convierte en un valor.

Un TDAH tiene momentos de desánimo, como todas las demás personas, y al principio no tiene autocontrol para regular estas emociones. Al mismo tiempo que el autoentrenamiento en la planificación vital, la persona con TDAH puede autoentrenarse en el autocontrol, el desánimo y el pesimismo. Una vez la persona es diagnosticada, tiene que buscar estrategias para compensar sus posibles déficits y no hay duda que lo puede conseguir y llegar a estados de motivación y de optimismo superiores a las de otras personar que no necesitan hacer un esfuerzo extra por conseguirlo.

/2

En definitiva, las desventajas iniciales que puede tener un TDAH son un argumento para poder enfrentarse a ellas y superarlas después con energía.

La autoestima es la valoración que nos hacemos de nosotros mismos y que nos influye en todos los ámbitos en el que nos desarrollamos: social, familiar, personal, laboral, académico…

Estar diagnosticado de TDAH puede tener aparejados dos posibles comportamientos:

- Sentirse inferior a los compañeros, admitirlo como un problema y así compadecerse de uno mismo y, como consecuencia, no esforzarse en superar los obstáculos. Entonces no se tiene el empujón de potenciar los mejores aspectos de la persona, por ejemplo, la creatividad.
- Todas las personas con este trastorno tendrían que entenderlo como un reto, es decir, reaccionar delante del diagnóstico como ver la luz al final de un túnel, ya que se da cuenta de que tiene un trastorno que, actualmente, es conocido y que puede haber herramientas que le ayuden a superar el reto.

Cuando se habla sobre el TDAH es importante destacar el dominio que toma la autoestima en las personas; si un estudiante fracasa en los estudios es muy fácil que se deje manipular por el mundo de las drogas a causa de una fuerte depresión. Pero no son todos los que pierden el control de sus propios sentimientos, las personas con este problema necesitan ayuda externa, por ejemplo, yo acudo al médico, a la familia, a los amigos y a los profesores; pero ésta no sirve si el mismo afectado no es el motor de cambio, es decir, que tiene que poner esfuerzo y voluntad ya que será la misma persona quien tendrá que enfrentarse a las pequeñas batallas del día a día y, sobretodo, saber decidir en cada momento, de manera que los frutos de las acciones que se hagan durante un tiempo sean resultados positivos y así conseguir ver en positivo el TDAH.

En resumen, una persona con déficit de atención se encuentra con continuos retos que requieren un gran esfuerzo que, muchas veces, no se visualiza en los resultados finales. Así se añaden problemas a la persona como: la ansiedad, la depresión, la inseguridad y la desconfianza. Esta autoestima negativa podría transformarse en positiva si la persona es capaz de valorar su esfuerzo, aunque no vengan acompañados de un éxito inminente, también es de gran ayuda encontrar los propios hobbies para desconectar del estudio o el trabajo, es necesario remarcar que este elemento es crucial para poder desarrollar la creatividad que le brota de dentro, ya que una de las ventajas de las personas con TDAH es la gran imaginación y creatividad que les hace destacar del resto.

Si se consigue esta autoestima delante del trastorno, la persona se dará cuenta de que su problema puede ser incluso un beneficio porque con la autoexigencia uno se obliga a superar sus dificultades.

Según Howard Gardner, la inteligencia es la capacidad para resolver problemas, para generar nuevos y solucionarlos y también es la facilidad de crear productos u ofrecer servicios valiosos dentro de un ámbito cultural. La teoría de Gardner demuestra que los resultados académicos no lo son todo en esta vida; hay personas que destacan en ser los mejores de la clase por sus buenas notas y que muy a menudo se los etiqueta como "los inteligentes de la clase", pero seguramente alguna de estas personas, por ejemplo, no será capaz de relacionarse con sus compañeros. Es por esta razón por la que no hay una sola inteligencia, sino que, Gardner, identifica ocho tipos: la lingüística, la lógica-matemática, la espacial, la corporal-cenestésica, la musical, la interpersonal y la naturalista.

El concepto de inteligencia se puede desarrollar (es educable), es una capacidad que puede variar según las experiencias. Por eso, si se enseña de manera múltiple, las personas podrán desarrollar mejor los talentos, ya que todos los tenemos pero en diferentes grados. Por ejemplo, a mí antes no me gustaba dibujar porque mis intentos de hacerlo eran patéticos, pero como fui utilizando los mapas conceptuales lo más visuales posibles, las inteligencias espacial y visual se me desarrollaron cada vez más.

Encontrar las inteligencias múltiples desarrolladas en una persona con TDAH facilita el camino para descubrir sus habilidades y, además, a adquirir mejor sus conocimientos de la escuela, de la universidad o del trabajo. También fortifica las potencialidades que benefician a la persona porque es un elemento que motiva y que ayuda a reforzar la autoestima.

Para que se haga un buen uso de las inteligencias múltiples aplicadas al TDAH, se tienen que propagar métodos, utilizar diversas estrategias según las necesidades de la persona, ser creativo, ayudarse con la tecnología, trabajar en equipo y confiar con la medicación específica recetada por el médico.

En la historia ha habido muchos famosos con TDAH, por ejemplo: Michael Phelps, Bill Gates y Albert Einstein; eso quiere decir que estas personas han conseguido que su trastorno les sirviera de herramienta para alcanzar el éxito.

Las conclusiones que dan como respuesta mis dos hipótesis, que recordemos que eran si el TDAH puede ser positivo y si se relaciona con la creatividad, son: por un lado, el afectado puede escoger el camino de ver el TDAH como un problema y así caer en la autocompasión (de esta manera, el trastorno no aporta nada positivo); y, por otro lado, puede escoger el camino de recibir el TDAH como una oportunidad que, si tiene en cuenta el orden, la autoexigencia y la automotivación, podrá desarrollar sus habilidades creativas y sentirse orgullosa por haber conseguido el reto del TDAH.

Para terminar, investigando sobre los célebres con el mismo déficit, observé y luego experimenté el concepto de hiperconcentración (*hyperfocus*) que se lleva a cabo en las personas con TDAH cuando hay motivación.

La cuestión no es analizar a una persona con el déficit de atención como un trastorno, sino imaginar lo que puede llegar a ser y sacar de cada una lo mejor encontrando herramientas, como las que os he propuesto antes, que le ayuden a obtener el éxito.

/3 ¡Yo no he sido!

Daniel Navarro Báscones

> *"Los hombres se olvidan siempre de que la felicidad humana es una disposición de la mente y no una condición de las circunstancias".*
>
> John Locke.

Cuando me planteé la posibilidad de escribir sobre mi perspectiva personal a cerca del TDAH me alegré porque somos pocos los adultos afortunados que hemos tenido acceso al diagnóstico temprano y tenemos mucho que decir.

El tiempo pasaba y la idea seguía rondando en mi cabeza como otra tarea más pendiente. Sentía que no sabía cómo empezar. Analizando por qué estaba actuando así, me vinieron varias ideas a la cabeza; fiel a mi sello, estaba simplemente procastinando y mi dificultad para planificarme ponía la guinda al pastel. También me di cuenta de una cosa. ¿Estaba cansado del TDAH? Tantos profesores que carecían de información sobre el trastorno, tanta lucha conmigo mismo en tantas ocasiones para pensar antes de actuar, para organizarme concienzudamente, casi obsesivamente y así conseguir llegar a mis objetivos, para centrar mi mente, para no moverme en entornos en los que no estaba bien visto moverse, para mantenerme en la silla de mi cuarto por tantas, tantas, tantas horas seguidas... (seguramente serían menos, pero para mí eran siglos), para digerir la derrota una y otra vez... Pensé en lo cansado que estaba de encenderme cada vez que escuchaba información errónea sobre el trastorno porque no puedo evitar perder la objetividad por estar tan emocionalmente implicado; tantos momentos amargos, tantas cosas que de pequeño me han marcado, tantas cosas que me siguen pasando...

Mi infancia

Era el niño más feliz del mundo. Tenía una imaginación que me hacía jugar prácticamente con cualquier cosa. Recuerdo cómo me subía hasta el último sitio de las inmediaciones de mi edificio... Teníamos un parque cerca de casa y me pasaba el día de arriba a abajo, de abajo a arriba, escalando en los tejados de las casitas de juegos de los niños... Más que "vitalidad" lo mío era una "fuerza huracanada desoladora".

Teníamos en casa un mueble de pladur que ocupaba toda la pared y yo no perdía oportunidad cuando estaba solo de escalar y tirarme al sofá cual ágil chimpancé. Tras un rato con la tele encendida (aunque no estuviese necesariamente viéndola) me entraba el nervio. Un nervio que solo podía paliarse saliendo de casa a toda prisa con la pelota o con cualquier otro juguete que implicase actividad.

Esa vida era sin duda una vida de príncipe árabe, hasta que llegó el momento de mi escolarización. En el primero de los cinco colegios por los que pasé siempre acababa haciendo alguna trastada que después me daba cuenta de que estaba mal, como acercarme a un compañero por la espalda con unas tijeras en la mano para cortarle el pelo. Yo estaba explorando, sin pensar qué iba a ocurrir después, con la sensación de ser un espectador ante la pantalla de un cine. Al ver cómo el niño se daba la vuelta y lloraba llamando a la profesora, mi cerebro ataba cabos. Mientras todos mis compañeros recolectaban brillantinas del suelo, a las que llamaban diamantes, la profesora me hacía mover papeles y ayudarla a cargar cosas.

Yo era como una bomba de fabricación casera con una estabilidad mínima. En la clase había otro niño que se llamaba Daniel como yo. La profesora le mandaba siempre al otro Daniel las tareas divertidas como ir a llamar a otro profesor, repartir cosas a los compañeros. Cada vez que intuía que una tarea así se acercaba, miraba anhelando un regalo del cielo que fuese yo el elegido para poder moverme, pero me daba de bruces contra la realidad. Iba a seguir sentado en esa incómoda silla, de la que parecía que intentaba librarme, emulando a la atracción del toro loco.

En una ocasión la profesora llamó a mi madre para decirle que tenía un hijo con instintos psicópatas, porque jugando en el recreo había "reducido y pataleado al enemigo" con mis botas ortopédicas, absolutamente metido en mi papel de héroe.

El segundo año a mitad de curso comenzó mi fobia al colegio; lloraba tanto al llegar al cole que llevaba fotos de mis padres en los bolsillos para sacarlas y darle besos sin que nadie me viese, como ritual para calmarme.

Considero necesario en todas las etapas de formación académica, tanto obligatorias como complementarias, que se posean ciertas nociones sobre el trastorno, pero es de suma importancia formar a profesores que trabajen con niños muy pequeños porque les evitarían pasar muchos sufrimientos.

Todo empezaba de nuevo, sentía que tenía otra posibilidad de demostrar que no era malo. La primera de tantas veces que tuve que empezar de nuevo. Ese colegio era gigante. Alguien que llegara por primera vez necesitaría un mapa para orientarse allí. Había de todo; estaba la montaña pringosa, árboles a los que escalar, infinidad de pistas de deporte, una zona con animales en jaulas... Si llovía me caía en charcos, me retenían en secretaría y tenían que avisar a casa para que me trajeran ropa seca. Cuando acababan las clases, mi padre se pasaba un buen rato buscándome, porque yo había estado acumulando todo el movimiento del que me tenía que contener en clase, para salir corriendo sin parar y sin rumbo fijo.

Para alguien con conocimientos del TDAH, yo habría sido un título en mayúscula y negrita, subrayado con un intenso, intenso color amarillo. Era en las comidas donde más se reflejaba mi naturaleza caótica, impulsiva; me movía a la velocidad del rayo, pero el resto de los alimentos no iban a mi velocidad y acababan por quedarse en el camino. Siempre terminaba condecorado con alguna medalla o con los compañeros cercanos enfadados y pringados de potaje, de leche... o de lo que fuera. Había una cuidadora de comedor que no se cansaba de llamarme "cerdo". Eso me hacía esconder la fruta con más coraje o escaparme sin habérmelo comido todo, a través de complicadas misiones de evasión que, por cierto, hacía genial.

En cuarto de primaria, tuve la suerte de disfrutar de la profesora más colaboradora que he tenido en toda mi vida académica. Accedió a llevar a cabo una economía de fichas conmigo en el colegio. Recuerdo cómo cuando hacía las cosas bien, la profesora me llamaba y, disimuladamente, me daba fichas de 3 en raya, ante la mirada atónita de algunos compañeros, a los que no desvelaba el por qué de aquella extraña situación.

Ante las exigencias, las obsesivas exigencias de absoluta perfección que yo percibía (simples exigencias para un TDAH), mi mundo interior me servía de resguardo. Tengo la suerte de haber tenido unos padres que lo han intentado, lo siguen intentando y lo seguirán intentando. Soy consciente de que he pasado gran parte de mi vida con una percepción poco ajustada de la realidad en cuanto a ego pero, en mi caso, fue lo que me salvó de generar un autoconcepto tan desgarrador y oscuro como podía transmitirme la realidad. Esa autoestima "falsamente inflada" hacía que siguiese pensando una y otra vez "yo puedo, la próxima vez me pondré en serio, no me pillará el toro, lo haré mejor...", en vez de acabar inmerso en el fracaso más absoluto.

Di el salto a la península y lo primero que hice al llegar al nuevo colegio, tras unas semanas, fue hacer un examen. En mi antiguo colegio, tras acabar los exámenes, existía la opción de decorarlos, pintar las esquinas, etc. La respuesta de la tutora iba a ser generalizable a toda mi estancia en ese colegio; "¡ASÍ NO!". Esa tutora me castigó de tantas maneras y por tantas cosas, que me volvía loco. Estaba tan segura de que el que hacía todas las cosas malas era yo, que cuando escuchaba el más mínimo ruido proveniente de mi zona en el aula, me castigaba sin levantar la cabeza, sin asegurarse de quién había sido el culpable. Más de una vez se olvidó de que me tenía castigado y en una ocasión me tuvo más de dos horas de pie fuera de la clase. No voy a decir que yo no hacía nada, porque ya creo que lo he dicho demasiadas veces en la vida. De hecho, durante una parte de mi adolescencia, yo respondía automáticamente "*¡Yo no he sido...!*" cada vez que mis padres pronunciaban mi nombre.

Teníamos muchas horas de clase y muy pocos descansos. El único tiempo entre clase y clase era el que el profesor se tomaba para llegar al aula. Había veces en las que el profesor ya estaba ahí antes de que sonase la alarma, preparado para torturarte con ansiedad, desasosiego y muerte mental. Recuerdo que sentía una ansiedad tan grande en el pecho a partir de la segunda hora, que parecía casi que estaba luchando por respirar con una serpiente rodeando mi cuerpo. Y ahí empezaba el modo "cola de lagartija", que sacaba punta a lápices sin parar, que rompía lápices sin parar para sacarles punta, que desmontaba bolígrafos, los volvía a montar, los volvía a desmontar para hacer bolis híbridos, que tiraba las piezas a sus compañeros cercanos, que hacía boquetes en la pared más cercana, pintaba la mochila a cualquier insensato que no la escondiese lejos...

Estar simplemente sentado, sin moverme, atendiendo (no atendiendo), durante tantas horas se convertía en una auténtica tortura para mí. En mis horas de calabozo en "Alcalá Meco" hice mil inventos artesanales. Tenía un juguete con el que hacía que la luz se fuese (no se dieron cuenta de que me pusieron cerca de un enchufe) y cada vez que la clase era poco atractiva o estábamos alborotados mi asiento empezaba a oler a quemado.

Esos años fueron matadores, las exigencias eran tremendas, mi agenda, un Picasso, llena de anotaciones en rojo, demandas y castigos, sin contar con los trabajos que había olvidado de última hora, los exámenes que había olvidado en el último momento, los justificantes que tenía que llevar firmadas… Empecé a pasar los domingos angustiado y la ansiedad crecía por momentos cuando se acercaba la noche solo de pensar que al día siguiente comenzaba la semana de colegio.

"*Daniel es malo, es travieso, distrae a los compañeros, no tiene ningún respeto a la autoridad, le da igual lo que le digas, no te va a hacer caso, va a repetir...*". Pero en el fondo, era bueno. Los TDAH no estamos acostumbrados a que la gente nos comprenda y, si lo hace, respondemos positivamente a cualquier ayuda que sintamos cercana. Las dificultades no se eligen, se sufren, pero son totalmente abordables. Los cuatro profesores contados que me han tenido en cuenta no solo generaban en mí una tremenda esperanza y alegría, sino un compromiso que emergía de lo más profundo de mi ser, encaminado a demostrar que podía y que valía, con un tono emocionado, por ver que alguien además de tus padres te aceptaba, te miraba por dentro y confiaba en ti.

Mis padres decidieron cambiarme de colegio, decisión quizá forzada por la situación y por la política que tenía con los alumnos que no "daban la talla". Este nuevo colegio se presentaba más dispuesto a tener en cuenta dificultades de este tipo, aunque a veces se quedase solo en fachada, en intención. Las cosas no cambiaron mucho. Tras expulsarme de clase un profesor dijo en voz alta delante de todos mis compañeros: "*Ni hiperactivo ni tonterías, éste es un hipermierda...*".

Aunque ya fuese más mayor, seguía haciendo perrerías de niño chico. Los días en los que había fruta de postre en el comedor, se convertían en los días de la batalla de la fruta. Era divertidísimo. No podías dejar de moverte y vigilar que una gran manzana no te diese de lleno en la cara. Como dato curioso, decir que los amigos con los que jugaba a esto también apuntaban maneras…

Cuando mi condición salía a la luz pública y tenía el dedo de algún profesor señalándome, diciéndome de manera despectiva que era distinto lo pasaba muy mal. Me dolía ver cómo determinados compañeros actuaban bien conmigo porque me imaginaba que lo hacían por pena, por verme distinto e incapaz, y eso me reventaba por dentro.

Cuando acabé la ESO me sentía como un auténtico triunfador, había llegado a la meta después de tanto sufrimiento, tantos veranos teniendo que hacer deberes, tantas discusiones con mis padres, tantas discusiones con los profesores… Me quedaban dos años para entrar en la universidad y siendo consciente de lo que tengo, y habiendo puesto una gran cantidad de medios para lograrlo, lo había conseguido. No había sucumbido a la derrota y, tras levantarme tantas veces como me caí, ahí estaba, en la cima de la montaña.

Recuerdo que mi madre solía decir que en Bachillerato era más normal que pudiese repetir, estoy seguro, que con la mejor intención posible, aunque a mí me cabreaba sobremanera, porque mi mente no evaluaba dificultades, en mi mente solo sonaba en eco *"Con dos cojones… por mis cojones… y ya está"*. Yo interpretaba que mi madre adoptaba una postura derrotista ante mis posibilidades y eso me comía por dentro. Ella solo intentaba quitarme ansiedad, quería prepararme ya que habíamos visto tantas veces las orejas al lobo que al final le acabamos cogiendo miedo.

Y ahí estaba mi madre otra vez, soltándome el discurso que tantas veces había oído sobre empezar de cero en el instituto, tener la oportunidad de ser uno más y no tener esa etiqueta de trasto y mal estudiante. Como tantas veces me hablaba de las ventajas que tendría si me ganaba a los profesores con buen comportamiento, esfuerzo… Pero nada, que no oye… uno de los primeros días que me echaron de clase o no me dejaron entrar por llegar tarde (no recuerdo bien…), tuve que ir a la sala de castigados, y no se me ocurrió hacer otra cosa que dibujar un enorme pene que disparaba flechas y ocupaba las dos pizarras, con sombras, todo lujo de detalles… para encontrarme con la profesora que hacía guardia ese día: la directora del colegio. Atónita, me preguntó qué era, y yo sin saber quién me preguntaba y quién era ella, y sin pensar qué podía ocurrir después, dije:*"es un pene que dispara flechas…"*. Un niño con un largo historial de cagadas y regañinas, lo primero que hace al llegar a un instituto nuevo es buscar inconscientemente todo lo mencionado…

¡Lo conseguí!

Tras unos cuantos años en la universidad podría parecer que las cosas no han cambiado (tengo estadística en quinta convocatoria, habiéndome planificado fatal las cuatro convocatorias anteriores, tengo olvidos semanales, tengo luchas conmigo mismo por llegar a la hora a los sitios…). Pero decir que las cosas siguen como antes no sería cierto. Soy muy consciente de lo diferente que sería mi vida si no hubiese sido diagnosticado y medicado. He aprendido a reconocer mis carencias, a entenderlas y a poder actuar en consecuencia. He aprendido a aceptarme, a perdonarme y a quererme, a mantenerme fuerte dentro y poder soportar las chaladuras que me genera mi cabeza.

Ha sido de gran ayuda para mi estar en una universidad en la que el trato profesor alumno es más cercano, ya que imaginarme en una universidad en la que solo soy un número, y no me exigen el 75% de asistencia para poder presentarme a examen… creo que me habría sido mucho más difícil controlarme.

Creo que muchos TDAH solo tienen dos marchas, primera o quinta (o por lo menos, eso veo en mí). No existe el punto medio. Pasarte la mayor parte del cuatrimestre muy perdido, para después tener una rutina inquebrantable en la que ni un descanso puede cambiarse de hora prevista. Yo, de verdad que solo tengo dos modos; la única manera de que un TDAH sea capaz de hacer frente a las grandes exigencias del entorno en momentos determinados es aferrándose a una agenda, con un montón de horarios, planificaciones semanales y mensuales, y llevarlo a cabo de manera casi obsesiva. De lo contrario, los pequeños olvidos serán como una gran bola de nieve que acabará convirtiéndose en una mole de tareas que te puede aplastar.

En el periodo universitario me ayuda muchísimo tener un grupo de amigos con el que compartir rutinas de biblioteca. Desde que descubrí la biblioteca (uno de los mayores descubrimientos de mi vida) no he vuelto a estudiar en otro sitio, aunque me tenga que tomar una o dos semanas para acostumbrar mi culo a estar cerca de una silla, siendo los primeros días meramente simbólicos y nada, nada productivos. Estudiar en mi casa era imposible. Desde pequeño, siempre odié la forma con la que exigían a los niños, ya que no pedían la tarea hecha, sino que te pedían un número determinado de horas sentado y eso me hacía desesperar. Recuerdo que los 20 minutos finales ya había agotado mis energías y me pasaba el resto del tiempo haciendo tonterías preparado siempre para dar una imagen de estar haciendo algo. Cualquier cosa cotidiana se convertía en algo realmente interesante; Si partía del salón, iba a la cocina, bebía un vaso de agua, y cuando iba a guardar la botella en el frigo, me daba cuenta de que me apetecía yogurt líquido y me echaba un poco en el vaso. De repente, me veía jugando con el denso yogurt, haciendo figuras en el vaso de cristal. Cuando terminaba, iba a tirar la botella a la basura, pero de repente me entraban ganas de quemar la botella y ver cómo ardía ese plástico tan blanco, por lo que me iba a escondidas a la terraza con la botella. Después de hacer un poco el tonto, me iba a mi cuarto, pero antes entraba al servicio. Hacía pis y me pasaba 10 minutos poniendo caras en el espejo. Cuando al fin salía del baño y entraba en mi cuarto, una maligna pelota de tenis se solía interponer entre la mesa y yo, y acababa jugando interminables partidos contra mí mismo de lo que era un híbrido entre fútbol y frontón. Después, de camino a mi mesa, se acercaba la guitarra y me pedía que sacara alguna canción. Y ahí estaba yo, tocando, hasta que escuchaba que alguno de mis padres llegaba a casa… corriendo me lanzaba en plancha a la silla y abría el libro por alguna página… Un día, no recuerdo bien por qué, en ese ritual pre estudio acabé metiendo un bote de nocilla de plástico en el horno encendido. Al darme cuenta de que a mi cuarto llegaba un denso humo negro que provenía de una cocina casi opaca, llamé a mis padres, les dije que había un bote de nocilla derretido en el horno… y ¡que yo no había sido!

Tener que desplazarme, tardar en llegar a la biblioteca y meterme en una sala donde no solo todo el mundo está callado, ¡sino que están estudiando! para mí es todo un ritual que empieza en el momento en que me visto por la mañana.

En los descansos, respetando mi curva de concentración, suelo dar alguna vuelta y hablar con algún amigo para despejarme. Acompañado de técnicas de estudio como subrayado, esquemas, mapas mentales, etc., y con el aliciente de tener a tus amigos cerca para comentar lo agobiado que estás en los descansos, es mi segunda (o primera) casa en exámenes.

Vivo con una compañera de piso, mi abuela que, entre nosotros, no está diagnosticada pero yo estoy seguro que es "del club". En mi casa desaparecen cosas sin cesar, y aparecen en los lugares más recónditos (el teléfono en el horno…), entramos y salimos varias veces cada vez que vamos a la calle, no nos aprendemos los horarios del otro, aunque vivamos juntos… Tiene 81 años y se queja de estar mayor, pero la verdad es que está demasiado bien. Es tan rápida (los rallies que se hace mi abuela corriendo con pequeños pasitos por la casa son alucinantes) que alguna vez se le ha enganchado la bufanda en la puerta mientras corre para coger el teléfono y se ha visto frenada en seco de un tirón… Muchas veces pienso en cómo ha podido sobrevivir mi abuela sin saber nada de lo que hoy sabemos, supongo que su alta inteligencia y la disciplina férrea de tantos años de internado la enseñaron a sacrificarse, pero ha tenido que ser muy duro…

Mi pareja también me tiene con la mosca detrás de la oreja. Creo que nos llevamos tan bien porque otra persona que no fuese como nosotros no nos comprendería. Ella es una auténtica cola de lagartija, y poco a poco aprendemos a funcionar y a entendernos. Por ejemplo, en el supermercado, en cuanto entramos nos vemos inmersos en un incesante flujo de estímulos de los que no podemos escapar. Vamos andando sin rumbo y sin mirarnos, dejándonos llevar por nuestro caos, y tardamos muchísimo tiempo, acabamos nerviosos de mal humor, con ansiedad y deseos de salir de ese lugar lleno de estímulos distractores. Hemos aprendido que tenemos que hablarnos mucho, diciendo en voz alta qué queremos hacer en cada momento. Si vamos a comer pasta, vamos a por la pasta, "la paaassstaa", "el tomaate"…

Reflexiones

Si me dedicase a tratar niños como yo pensaría de todo, desde que el niño que tengo delante se ríe de mí, hasta que tiene un serio problema de conducta, pasando por que el niño es maleducado, por que el niño lo hace para hacerse el gracioso, es tonto o se lo hace… Pero claro, a un avión no nos metemos sin saber para qué sirve el botón rojo. No vale el ensayo/error estando en vuelo. ¿Cómo en pleno siglo XXI todavía hay algunos profesionales del mundo de la educación que tienen un conocimiento tan escaso del TDAH? Aunque algún maestro crea que estudió magisterio para enseñar a los alumnos, que no se olvide de que también educa. Se enseña y se educa. No podemos limitarnos a surtir a los alumnos de información sin explicarles cómo trabajar con ella y mucho menos sin asegurarnos de que esa información llega a todas las cabezas.

Pero, ¡eh! En ningún momento he dejado de ser optimista. Cada vez se sabe más de esto, cada vez se tiene más en cuenta en los colegios, cada vez las asociaciones son más grandes, cada vez se escribe más sobre el asunto… Estamos creciendo mucho y no hay cosa que me llene más de alegría y satisfacción que pensar en todo el sufrimiento que se puede evitar con el diagnóstico y el tratamiento.

Cada vez que veo maestros en charlas o congresos de TDAH, me alegro por dentro de verdad. La imagen de profesores atendiendo interesados en una conferencia relacionada con el TDAH, me mueve por dentro. No hay mejor herramienta que el conocimiento y los profesores que hoy en día se están formando, espero se conviertan en la generación de súper profesores que todos necesitamos.

Conocerte a ti mismo y a tu trastorno es un factor importante para aprender a encontrar tus puntos flacos y las estrategias que mejor te funcionan para compensarlos, porque de eso se trata. Con las herramientas necesarias somos totalmente capaces de compensar las carencias inherentes a nuestro trastorno. No somos culpables de padecerlo, pero si responsables de superarlo.

A pesar del TDAH, o gracias a él, hago de todo: he hecho patinaje artístico, luego me pasé al baloncesto, me saqué el grado elemental de guitarra, aunque empecé primero tocando el piano y luego estuve tocando un año la flauta travesera. He pintado grafitis, he hecho bmx (*bicycle moto cross*), he bailado *breakdance*, he hecho travesías en canoa por Canadá, toco la guitarra en un grupo, nado, hago rutas por el bosque con la bici, juego al fútbol en el equipo de la universidad y con mis amigos, colaboro de voluntario en una asociación de discapacitados psíquicos adultos (salidas de fin de semana, campamentos de verano...), me saco un dinerillo trabajando en una empresa que organiza eventos y conciertos de música, y viajo cada vez que puedo.

Más allá de nuestras carencias o disfuncionalidades (que sin duda solo pueden tomarse con humor, mientras se pueda), somos personas distintas, al TDAH no le gusta ir por senderos, no. Se lanzará al terreno virgen y esa peculiaridad con la que enfoca las cosas puede hacer que encuentre en su camino la clave que le permita exprimirse, encajar en el motor que es la vida y hacerlo rugir.

Ángel o demonio

Rafael Rodríguez Tejero

> *"Siempre pensé que era igual que los demás niños, pero con el paso de los años me fui dando cuenta de que no fue así".*
>
> Rafael Rodríguez Tejero.

De pequeño fui un niño muy caprichoso, juguetón, muy nervioso e impulsivo. La primera vez que empecé a liarla fue con tres años; mi primo estaba delante de la escalera de la casa de mi abuela y le empujé... se podría decir que son cosas de niños, ¿o no?

En preescolar me lo pasaba de lujo, corría y saltaba. En el recreo pegaba pedradas todos los días y la clase que me volvía loco era manualidades. Un día llegué con el pelo lleno de plastilina y mi padre tuvo que hacer de peluquero para que no lo viera mi madre. Ese mismo año mi padre estaba de obra en mi cuarto tirando la ventana, yo quise ayudarle y él me dejó hacerlo. Mi padre me avisó para acabar de tirar la ventana al suelo, pero no me quité y la ventana me dio en la cabeza, resultado: cinco puntos. Mi recuerdo de aquel momento es inolvidable, era la primera vez que veía la sangre, yo estaba frente al espejo y la sangre caía por mi melena rubia hacia abajo, mientras mi padre nervioso intentaba ayudarme sin saber qué hacer.

Ya más grande, con cinco años, todavía me sentía como los demás, pero la lista de gamberradas empezaría a llenarse, hasta que, ya de adolescente, me explotara en la cara.

En primaria muchas tardes salía a la calle a jugar aunque la mayoría de mis amigos eran mayores, entre 10 y 15 años. Con cinco años fue la primera vez que escuché hablar de las prostitutas y además fumaban unos cigarros con la punta negra que yo recordaba distintos a los otros. Jugábamos al escondite, a policía y ladrón, al pilla-pilla y al fútbol, apedreábamos coches y echábamos guerra de naranjas en los jardines, hasta que venía el jardinero y acabábamos tirándoselas a él. Solo era cuestión de tiempo que dejara de juntarme con ellos, ya que la diferencia de edad era muy grande.

Hasta entonces había sido el rey de la casa indiscutible, pero a los cinco años recibiría uno de los regalos más grandes de mi vida y la persona que, mucho tiempo después, me salvaría de mi autodestrucción: mi hermana. Al principio estaba un poco cabreado por tener que compartir trono, pero poco después ya no podía estar sin ella. Ese par de años no fueron tan malos, era muy feliz con mi hermana, mis padres y nuestro gato al que le quedaban muchos años por soportarme.

Mi señorita era una persona dulce y cariñosa con un gran afán de enseñar y que siempre quería educarnos para que nos tratáramos lo mejor posible y nos respetásemos, porque los niños chicos algunas veces son muy crueles y muchas veces se ríen de los niños con problemas físicos o psicológicos, incluso por el solo hecho de ser distintos.

Tenía diez años y comenzó un cambio de curso y profesor que no me gustó, y me hizo darme cuenta de que habría maestros que no me caerían bien, me chillarían y harían que una parte de mí odiara la enseñanza, las normas y los maestros que tratan a los niños como si fueran mierda. Además empecé a darme cuenta de que era más nervioso, me costaba más trabajo aprender que a los demás y comencé a alejarme del grupo de amigos cada vez más en cada curso. También me daba cuenta de que era distinto o lo sospechaba porque en algunas asignaturas como naturaleza, mis notas eran sobresalientes mientras que en otras, como matemáticas, eran fatales. Con esa edad fue también la primera vez que me copié y nunca se me olvidará porque tuve un fallo de principiante: había dos controles de matemáticas, el de cálculo y el de problemas, me copié del mejor alumno de la clase pero solo copié el de problemas y el de cálculo lo hice yo, y fue un desastre, por lo tanto la maestra se dio cuenta y llamó a mis padres y les contó mi poca habilidad copiando.

Había un maestro que todavía hoy no se me ha olvidado lo mal que me trató, mi maestro de matemáticas, al que le encantaba chillarme y al que si hoy día le viera e intentara saludarme podría recibir una respuesta agresiva, por lo menos verbal. Ya todos los maestros le decían a mi madre "*Está en las nubes, es muy nervioso, tiene que intentarlo, es un diamante en bruto pero tienes que pulirlo*".

En quinto y sexto empecé a odiar las normas y a los maestros, además de llenarme de rabia que creo que, todavía hoy, albergo. Había días buenos aunque ya la mayoría para mí eran negros, estaba súper nervioso y no podía estarme quieto pero, por lo menos, hice buenos amigos. Ya entonces me sentía a menudo estúpido viendo que en algunas asignaturas me partía el pecho para sacar un 3.

En esa época nació mi hermano pequeño, una de las personas más grandes de mi vida junto con mi hermana y mi madre. En este curso tuve mi primera novia e hice amigos de clase de los que no me distancié hasta 4º de ESO. Entonces me separé de ellos y elegí otro camino, el de la noche y la calle.

En sexto les di unos de los sustos más grandes a mis padres. Los profesores me regañaron por algo que hice mal y pensé; "*los maestros le pondrán la oreja caliente a mi madre, ella me dirá que soy un sinvergüenza, un burro y un vago…*". Para darles un susto a mis padres decidí tomarme unos "gelocatiles". Pensé: "*un pequeño susto, me marearé y nada mas…*", pero claro, con 20 pastillas no solo te mareas, te sale una úlcera en el estómago como mínimo y si no te atienden rápidamente te mueres. Si no se lo llego a decir a mi madre y me hacen un lavado de estómago en el hospital hubiera acabado muy mal.

En 1º de ESO con 12 años ya estaba interesado un poco en la música *break beat* y me gustaba mucho el *freestyle* con la bici, también esquiar con mi padre y el *skateboard*. También me atraía muchísimo lo prohibido, por ejemplo la marihuana. En el colegio las matemáticas, lenguaje e inglés me costaban trabajo aunque esforzándome conseguía sacarlas al final, pero el francés me hacía sentirme subnormal, estúpido o retrasado como mínimo.

Recuerdo que ese año fue la mejor fiesta de *break beat* de la historia de España, aunque pasaron cosas malas, como la muerte de dos chavalas, y una de ellas por sobredosis de éxtasis, además en la cola de la puerta apedrearon a la Guardia Civil, echándola de la fiesta. Yo le pregunté a mi padre si me dejaba ir y recuerdo que me dijo "*¡Para que te hartes de éxtasis y de porros!*", aunque en esos momentos era sano y no fumaba ni tomaba drogas, pero me quedaba poco para probar los sabores de la calle.

De viaje de fin de curso fuimos a Gran Canaria, aunque me faltó poco para que me mandaran de vuelta a Málaga en un avión. Había muchísimas olas, unos cuantos y yo nos fuimos detrás de las olas, pero nos alejamos mucho y los maestros vinieron detrás de nosotros, nos regañaron y nos castigaron. Otra vez íbamos en el ascensor cuatro amigos para nuestra habitación y les dio a todos por saltar menos a mí, entonces pasó lo que tenia que pasar y nos quedamos atrancados entre el octavo y el noveno. Tuvieron que venir los bomberos a sacarnos. Tengo bueno recuerdos de ese viaje y muchas fotos de los amigos, nunca se me olvidará. Después ya no sería igual mi vida, cambiaron mis amistades y también cambiaría mi carácter y mi forma de comportarme.

Ese año sería de los más extraños de mi vida y a la vez más duros; pasaba del colegio al instituto, sería un cambio de maestros y compañeros. Con mi gran idea de empezar a fumar porros y hachís, mezcla explosiva que desembocaría en no conseguir el graduado y en un rechazo a la enseñanza, los maestros y los chivatos. No me dieron el graduado (me quedó inglés, matemáticas y física y química de 3º) y esto solo me pasó a mí. A un montón de compañeros vagos que les quedaron las mismas asignaturas sí les pareció bien darles el título.

En mis 13 y 14 años la calle fue mi escuela y eso haría que empezara a cogerle el gustillo a las fiestas de *break beat*. También empezaría a despertarse mi lado más salvaje, del cual estoy orgulloso, porque ¿quien no tiene un lado oscuro o un secreto inconfesable? Lo que pasa es que todo el mundo se empeña en esconderlo. Me acuerdo de que en una fiesta un amigo mío desde muy pequeño abrió su mano y me ofreció una pastilla de éxtasis, le dije que no, que me daba miedo. Desde entonces empezamos a ir a todas las fiestas de *break beat*, hasta que con 16 años probé el éxtasis, mala idea, pero entonces fue una sensación mágica.

Esa época de instituto empecé a vender algo de chocolate con mi colega los fines de semana en el pueblo. Entre semana comencé a fumar canutos, con lo que conseguí acabar de despistarme y desconcentrarme más aún. Constantemente enfrentado con mis padres, vendía polen, fumaba canutos todos los días, bebía alcohol y también consumía cocaína todos los fines de semana y éxtasis en ocasiones.

Con 16 años fue la primera vez que me detuvieron y, aunque parezca increíble, no fue mi culpa. Yo estaba con un amigo en un parque al que íbamos mucho, entonces nos sentamos en el banco y yo me apoyé en el respaldo. Un hombre mayor empezó a insultarme diciéndome que era un mierda, después me cogió del cuello y empezó a asfixiarme, yo le pedía por favor que me soltara, que no quería pelearme, pero él no me soltaba. Entonces perdí el control y le pegué. Cuando miré alrededor vi todo lleno de sangre y dos más grandes del barrio diciéndome que me mataban. Al fondo se escuchaban sirenas. Mi corazón iba a tope, corrí cuesta abajo hasta otro parque apartado asustado, llorando. Llegaron cuatro o cinco coches de policía y cuando se bajaron vinieron todos juntos, apuntando con sus armas, por los menos 6 ó 7 policías, uno de ellos me dio un porrazo en la espalda, después me esposaron. Me llevaron a menores y al par de horas me sacó mi padre, también consiguió que no me denunciaran. No denuncié a los locales, pero desde aquel día unos de mis lemas sería; "*madero bueno, madero muerto*" (menos mi tío, claro).

Antes de la pelea ya estaba en el *Full-Contact* (deporte que te libera y te enseña a respetar), y también en la escuela taller, donde me acabaría de malear. Comencé con 17 años recién cumplidos y ya vendía cocaína a mis amigos además de polen. Cuando salí de allí mis problemas no fueron a menos sino a más. Recuerdo que con 18 años vendí mi primer medio kilo de hachís. Lo que había ganado me lo había tomado en cocaína y fumando chocolate. El domingo cuando volví a Málaga con mis padres me notaban raro y me hicieron una analítica. Di positivo en cocaína. Mi vida era cada vez más oscura y problemática. Para empezar todas las semanas tendría que ir a Proyecto Hombre. Como tantas cosas en mi vida, no acabé Proyecto Hombre ya que cuando me cambiaron a terapia de grupo lo dejé. La verdad es que fue una buena lección y me alegro de que mis padres me obligaran a ir.

Las navidades de ese año me fui con un amigo de fiesta a la discoteca. Cuando entré no podía creérmelo, era la última sesión de la noche y estaba pinchando Freq-Nasty. Recuerdo que empezamos a comer MDMA y no paramos hasta las seis de la tarde del día siguiente. Ese día llegué a mi casa el domingo por la tarde/noche, después de haber salido el sábado por la mañana. Mi madre me preguntó dónde había estado y le dije que había estado durmiendo en casa de un amigo.

Un mes después de aquella fiesta me llevé una de las peores noticias de mi vida; mi amigo sufrió un brote esquizofrénico y sentía que su padre me culpaba de aquello.

Estuve un tiempo más tranquilo, pero unos años después de una noche buena casi muere mi mejor amigo, de hecho estuvo muerto durante dos minutos, vi cómo la ambulancia se lo llevó delante de mí. Ese día fue un infierno, casi pierdo a un hermano, aunque no seamos hijos de la misma madre, pero mi hermano luchó y no se fue. Hoy en día se encuentra muy bien, lleva una vida tranquila con su familia y su novia; su hermano pequeño se junta conmigo, si le ocurre algo nunca me lo perdonaré, esa lección me valió la pena y aprendí, me tranquilicé un poco a raíz de la parada cardíaca de mi amigo; pero me quedaba mucho más.

En 2007 perdí a mi primo, se ahorcó en la puerta de su casa; nunca olvidaré el sentimiento de impotencia de aquel día, no dejaba de preguntarme por qué no supe verlo, no creo que fuese una buena influencia para él, nunca le olvidaré. También, hace dos años, mataron a un amigo mío, le dispararon en el cuello a sangre fría, murió desangrado en el coche pero salvó la vida de su primo, que iba con él, ya que fue él quién recibió el disparo. Cuando pienso en todas estas cosas que he vivido, hay momentos en que deseo estar muerto, después me digo que la vida es un regalo. Tengo una lucha interna que me está consumiendo por dentro, veo cómo he hecho daño a mi familia, dentro de mí aún hay algo que no está bien del todo, no sé qué es, pero no me voy a rendir por mi psicóloga, mi hermana y mis padres,

Para mí tener TDAH no es ningún castigo, ni maldición, me alegro de ser así a pesar de todas las consecuencias. Espero que mi historia pueda servirle a alguien y aprenda a intentar no pasar por todas las cagadas que he ido contando y en las que me he visto envuelto. Que sepa que puede ser lo que quiera, que si alguien le dice: "*eres un burro, un delincuente, no vas a conseguir lo que pretendes*" le diga que se equivoca y que no se lo crea. Te lo digo yo porque pienso que voy a triunfar cueste lo que cueste, diez años después "de hacerme un delincuente habitual" he vuelto a estudiar, por fin estoy haciendo primero de cocina y creo que puedo cambiar. Ahora que estoy aprendiendo y haciendo algo siento que hay cosas buenas en mí aunque todos mis demonios no se hayan ido y tenga mucho que mejorar, pero si luchas y tomas tu medicación lo conseguirás, confía en ti, puedes utilizar la cabeza gracias al "concerta", cosa que antes un TDAH de cojones como yo no podía hacer, pues a ojos de mis maestros lo que tenía era mucha vagancia y estupidez.

Si no hubiera sido por mi madre y mi hermana nunca hubiera escrito estas palabras, creo que a lo más que podría aspirar es a estar vivo pero no tendría ni metas ni ilusiones, no me estaría medicando y por lo tanto seguiría siendo un bipolar con problemas serios con el alcohol y otras sustancias los fines de semana, y súper adicto al hachís y la marihuana.

Fracasos

Lazarillo de Tormes

> "¿Qué fracasos? Yo no fracasé nunca, yo descubrí más de mil maneras de cómo no hacer una bombilla".
>
> Thomas Edison.

INTRO

No soy escritor. Si no veis faltas de ortografía, es porque alguien las ha corregido. La redacción, no he querido que la toquen mucho, pero seguro que es inevitable. Como veis, escribo igual que hablo. Se me olvida que las letras no se pueden entonar y leer como yo lo leo, si tiene sentido. Escribo por ráfagas, sin leer lo escrito, con sus ventajas y sus inconvenientes. Además, divago tremendamente y me salgo del supuesto hilo conductor, pero es lo que hay, pido ahora disculpas para no tener que oír lo que ya sé.

Supongo que si tengo que contar mi vida, no contaré más que las cosas que creo recordar y las cosas que otros recuerdan de mí o, al menos, creen recordar. La memoria es selectiva y, muchas veces, sólo recordamos lo que nos es útil y desechamos lo demás. Con el tiempo, he aprendido a desconfiar de mí y, mucho más, de mis mentiras. Tengo una extraña facilidad para no saber o no recordar algo e imaginarme en su lugar otra cosa y luego creérmela. Escribiendo este relato, me di cuenta de cosas que yo creía recordar no eran exactamente así... "*Yo no elegí mi carrera, fueron mis padres*".

Supongo que uno de mis grandes talentos es rellenar huecos, con imaginación en este caso. Y de eso me sobra. Imaginación, ideas e ímpetu para intentarlo no faltaban. Con el tiempo, poco a poco, se erosionan estos caracteres, a causa supongo del maltrato. Tener imaginación es algo que parecería ser una virtud, pero mal combinado con otros procesos cognitivos, se puede convertir en un enemigo desbocado.

> *"En realidad, ser 'así' no es tan malo ni tan bueno. Les hace falta un camino, si no, se desbocan y dan problemas a los que les rodean".*

(Madre de un TDAH).

PRIMERA PARTE

Todos los recuerdos de mi infancia son buenos y a pesar de que sé que sufrí mucho, lo único que queda ahora de ese dolor, es un miedo y malestar al oír ciertas palabras (como mi nombre completo) y una retahíla de anécdotas que contadas años después podrían resultan cómicas pero que, sin duda, en su día fueron vividas con agotamiento y disgustos.

Nací en el campo pero en una familia acomodada, sin ser de bien, ni pretensiones en lograrlo. Mis padres decidieron alejarse de la cuidad y se trasladaron a 10 Km en una aldea de casas muy separadas. Mi madre era maestra, mi padre tenía una empresa de jardinería.

Tuve una infancia movida, al parecer. Siempre fui travieso, arriesgado e inconsciente. Ciego ante los riesgos más evidentes, he visto la muerte de cerca en más de una ocasión. Recuerdo algunas, otras me las han contado y la mayoría las he olvidado por no haber aprendido nada de la experiencia, porque soy de aprendizaje lento y lenta maduración, al parecer.

¿Cómo sobreviví? Algunas veces tuve una buena capacidad de reacción (bajo presión funciono muy bien), de otras no hubiera salido si mi entorno no me hubiera rescatado. No creo que la suerte exista. Yo creo que la suerte es solo percepción y probabilidad, pero todos mis allegados afirman que "*tengo una estrella en el culo*" y comprendo bien que quieren decir: "*Lo que no le pase a él…*".

Mi madre comienza mi historia a los 2 años de edad, cuando en la guardería me ataban con el mandilón a la silla para que estuviera quieto al menos un rato. Yo levantaba la silla como podía y me paseaba con ella. Continúa a los 4 cuando me tiré un cubo de pintura plástica negra por encima o cuando enrosqué mis deditos en el engranaje de una hormigonera o cuando pegué mi lengua en las paredes del congelador para refrescarme y me tuve que desgarrar un trozo para despegarla. Siempre dice que podría escribir un libro con estas "anécdotas" porque hay muchísimas.

Recuerdo perfectamente que a los 5 años vi cómo un chico se tiraba de cabeza a una piscina, me escabullí de los adultos y esperé a estar solo para tirarme a aquella piscina, con la suerte de que una niña lo vio. Ésta fue la primera vez que la suerte salvó mi vida. Siguiendo en esta línea, podría contar alguna que otra anécdota ocurrida antes de los 12, algunas divertidas, otras macabras…

Crecer en una aldea te da muchas opciones que los chicos de ciudad no tienen. Durante mi infancia, yo iba al colegio del pueblo. "Colegio", una de esas palabras. Aquel maravilloso lugar donde ocurría algo tan horrible. No entendía cómo en un lugar lleno de amigos y diversión podía ocurrir algo tan nocivo y odioso. Desde el principio de mi memoria y casi hasta la actualidad, la palabra "deberes" provoca en mí una reacción casi alérgica. Tan sólo con oír esa palabra, mi mundo se llenaba de odio. Para qué tenía que hacer aquello, mi letra no mejoraba por más cuadernillos que hiciera.

En mi percepción, los mayores me hacían aquello sólo por venganza. Recuerdo que ideaba planes homicidas contra el señor Rubio y el señor Santillana. Gran parte del odio que más adelante explotó se generó por culpa de la frustración acumulada por los malditos deberes.

Durante años, cada día me pasaba muchísimas más horas pensando en cómo librarme de hacerlos que las que me llevaría hacerlos. Esconderlos, destruirlos, hacerme el despistado. La ¡maldita libretita! Aquella jugada falsa y rastrera, en la que tu madre y tu profesora te ponían verde por escrito y te hacían firmar lo malo que serías si seguías siendo malo.

Algunos compañeros copiaban las tareas antes de la clase. Yo no entendía para qué lo hacían, copiar los deberes era aún más aburrido que hacerlos. Sin embargo, el trazar un plan para no hacerlos parecía un reto mucho más estimulante, salvo porque habitualmente fallaba y, entonces, me tenía que sentar durante horas a mirar al aire mientras se enfadaban conmigo.

El primer profesor que tuve cuando tenía 5 años fue, sin duda, uno de los mejores profesores que tuve en toda mi vida. Se llamaba Guillermo, fue la primera persona que le habló a mis padres de "hiperactividad" después de más de 10 años de darme clase, se ve que no me olvidó. Él les regaló a mis padres el libro **El niño hiperactivo** pero, en aquel momento, no le dieron la importancia adecuada ni tampoco los médicos les supieron orientar y eso que médicos en la familia hay, y todos se movieron... Pero la cosa no debía estar muy clara.

Guillermo les dio a mis padres la primera pista del camino y a mí me enseñó el amor por la física y la ciencia. Toda la física que hoy sé, él me la enseñó. ¿Con sólo 5 años? ¿Cómo es posible? Bueno, no lo hizo todo entonces, pero él sembró la semilla de la curiosidad. Él logró lo que, desde bajo mi punto de vista, debe ser el único objetivo de un profesor: las ganas de aprender. Casi todos mis profesores intentaban que yo odiara aprender. Primero hicieron que odiara la lectura obligándome a leer cosas que no me gustaban. Luego me dijeron que leer muchas veces era estudiar. "*Ésta es la forma de memorizar*", decían. Ya en 2º de EGB odiaba con todo mi ser todo aquello. Era aburrido y, sobre todo, era obligatorio. "*Cómo va a ser bueno algo que te tienen que obligar a hacer y por lo que te tienen que castigar si no haces. Si fuera realmente bueno sólo podría hacerlo los días que me portara bien*".

Durante este periodo de mi vida se formó mi autoimagen. Esto me es algo complicadísimo de explicar, a pesar de lo sencillo de la frase: "*Yo soy malo*".

Sí, soy malo, pero no malo como algo peyorativo, sencillamente malo, malo como forma de ser... Creo que hay una anécdota que explica por sí sola lo que quiero decir.

A los 8 o 9 años fui a la carnicería del pueblo, a buscar un encargo para mi madre. La carnicera me esperaba con una gran sonrisa y mientras me daba una enorme bolsa repleta de carne me decía en gallego: "*¡Que malo es, es o demo! ¡Pero mira que es traste eh!*" (¡Qué malo eres!, ¡eres el demonio! ¡Pero mira que eres travieso!). A pesar del contenido de la frase, ella sonreía, parecía que le gustara que yo fuera la personificación del mal. No parecía algo que debiera o tuviera que cambiar.

"*Soy malo y punto*". Para un chico como yo, aceptar mi parentesco con Satanás fue algo realmente fácil. Los demás esperan de ti que hagas algo que realmente sabes hacer a la perfección. Cada vez que tú haces eso que sabes hacer tan bien, ellos te prestan atención, algo que siempre necesité a raudales. Te miran, te gritan, te empujan. Se enfadan muchísimo y es, con ese enfado, cómo ellos te demuestran que te quieren. "*Si se enfadan contigo, es que aún te quieren, ¿no mamá?*".

En casa, yo tenía a mi hermano mayor, su papel estaba bien definido, él era el bueno. Cualquier cosa que él hacía bien era algo que yo jamás quería hacer porque jamás podría competir con él. La única relación que tenía con mi hermano era por los videojuegos y porque sólo había una máquina. A mí me encanta la sopa y estoy convencido de que es porque a mi hermano no le gusta y de niño, cuando la comía, oía cosas que en mi casa no se oían jamás: "*Mira a tu hermano qué bien come la sopa*", y aunque sólo fuera una sopa, esas palabras eran magia para mí.

No era sólo cosa de llevar la contraria a mi hermano. Si él hubiera sido malo, yo hubiera sido mucho peor. Sólo sabía destacar por ser malo y no hubiera permitido competencia.

A pesar de todo lo que estoy contando, hasta aquí mi historia es una historia feliz o, al menos, así es como yo lo recuerdo. A medida que fui creciendo, la cosa se fue complicando. En 6º de EGB dejé el colegio del pueblo y me fui a la ciudad. Fue el primer cambio y con él los primeros problemas.

En lo académico, seguía siendo más o menos igual que en el pueblo, pero con menos cariño por parte de los profesores. En lo social, dejé de ser alguien "querido" para ser nadie. Era inseguro, actuaba como el pardillo que era y que todos hemos sido alguna vez. Los mayores se reían de mí, la chica que me gustaba no me hacía caso (normal por otro lado), tuve suerte de conseguir hacer un puñado de amigos en la clase de al lado. Por aquel entonces, desarrollé la estrategia de mentir para intentar aparentar ser peor persona de lo que era.

Mentía en casa para librarme de responsabilidades desde siempre y sólo tuve que aumentar mi coto y mentir también a mis amigos para quedar bien. Por suerte, mi estrategia no funcionaba tan bien y mis amigos se daban cuenta de mis mentiras. Me llevaron "bolas" durante 2 años, hasta que dejé de mentir. No fue fácil ni rápido. Les planteé que cada vez que contara una historieta de las mías, al finalizar les diría que era mentira y ellos no harían ningún reproche. Al principio ellos se jactaban y se burlaban, sólo lo hacía algunas veces. Después por no pasar vergüenza no las contaba o iniciaba las historias con un "*te imaginas*" o un "*molaría*" dejando claro, ya desde el principio, la naturaleza fantasiosa del relato. 3 años después terminé la EGB. Con un esfuerzo importante por parte de mi madre, pasé al instituto y fue aquí donde verdaderamente empieza la parte más fea de mi historia.

SEGUNDA PARTE

En el instituto tardé en adaptarme socialmente. Era de los raros pero no de los rarísimos. Era famoso pero no popular. Algo que no he contado y que, sin embargo, es importante, es que tengo las uñas blancas. Ahora mismo, es algo a lo que no le doy mayor importancia, pero los niños pueden llegar a ser muy crueles y sólo necesitan encontrar alguna inseguridad para machacarte. La filosofía es clara: si se ríen de otro, no se ríen de mí. Así que hasta el instituto esto fue un motivo más de burla. En el instituto acepté un sobrenombre al respecto gracias al que acabé por aceptarme cómo soy. El título de este capítulo de mi vida sería sin duda ese mote.

Todo esto me ayudó a subir mi autoestima, dejar de mentir y valorarme más. Me revelé contra todo con el clásico lema adolescente de "*no me importa lo que piensen los demás*". La gran mentira que todos debemos decirnos a esa edad para pelear contra la inseguridad de que no te quieran como eres.

Por aquí empezaron las faltas de asistencia, los primeros porros, los primeros conflictos graves en casa, el TND en su mayor esplendor. Siempre me levantaba por las noches cuando mis padres se acostaban pero en esa época, en lugar de jugar a escondidas al ordenador o ver el porno del plus, me escapaba de casa, me iba a la ciudad en bici o, sencillamente, paseaba por el pueblo haciendo cualquier cosa que se me ocurriera y, generalmente, mis ocurrencias cubrían el rango entre raras y peligrosas… Desde pasarme la noche tumbado en el tejado de mi casa soñando con otros mundos hasta echar un bidón gasolina en la piscina para ver cómo ardía. La cantidad de anécdotas ocurridas en esta época son infinitas. Las ordeno por temáticas: fuego, electricidad, animales…

A medida que esto se desenfrenaba, mi actitud hacia mis padres era cada vez más hostil. "*Soy una persona, no tu perro, no tengo por qué obedecerte, no te debo nada, yo no elegí venir al mundo, pero ahora sí que puedo elegir*". Pero mis elecciones eran complicadas, infantiles y, sobre todo, irrealistas. El odio acumulado en el pasado, la necesidad de sentirme libre y válido como persona me llevaron a arrinconarme. No aceptaba la autoridad de nadie.

Empezaron los episodios de violencia. Mi padre (y supongo que no sólo mi padre) pensó que a hostias terminaría aprendiendo. Bueno, en algo no se equivocaba, las hostias me enseñaron cosas pero no las cosas que él esperaba. Por alguna razón, lo que yo aprendía no era lo que mis padres me decían sino odio desmesurado al mundo. A pesar de que nunca fui violento, ya que voy sobrado en agresividad, una de las cosas que aprendí a hostias fue a hostiar. Jamás olvidaré la cara de mi padre el primer día que le levanté la mano. Una cara desencajada, entre la desolación y el pánico. Una imagen absolutamente perturbadora. Aquel rostro me hizo fuerte, demasiado fuerte… Desde este momento todo fue en barrena.

Mis padres, preocupados, empezaron a llevarme a médicos. La primera psiquiatra fue muy contundente y segura: trastorno agresivo de la personalidad e inmadurez cerebral. Me hicieron un electroencefalograma donde ponía claramente, según ella, que éste era el problema. Y me dio dos pastillas que lo resolverían: Tegretol y Zyprexa.

Negocié con mis padres: me tomaría la medicación durante todo el verano y ellos me permitirían usar la motocicleta. En aquel momento, mis padres me hubieran prometido la luna. Craso error, al finalizar el verano, se negaron a darme la moto y mi respuesta fue desmesurada. Y la poca confianza que quedaba se perdió. La guerra había sido declarada. En realidad, yo no me había tomado una de las dos pastillas.

El Zyprexa lo había probado, pero me dejaba completamente zombi y yo tenía que estudiar, ¡¡que era verano!! Recuerdo estar aquel día en la academia tonto perdido y decir "*nunca más*", así que cada día la metía en el calcetín. La otra sí que me la tomé pero no noté efecto alguno.

De ahí en adelante, recuerdo a mis padres, en especial a mi madre, como mi mayor enemigo. Me motivaba la venganza, no sé muy bien a qué. De pequeño tenía la sensación de que al castigarme, se vengaban por cómo era, "malo", y en la adolescencia reventé.

Mi objetivo era joder tanto la vida de mi madre que, por miedo, dejara de joderme, así como mi padre me había dejado de pegar cuando le había respondido con la misma moneda.

Toda mi imaginación al servicio de mi malicia. Mala combinación. Pondré dos ejemplos graciosos omitiendo aquí anécdotas muy desagradables de recordar:

- Aun siendo un niño (principio de la "Guerra Fría"), abrí un cargador eléctrico, lo vacié y junté los cables, de forma que cada vez que se enchufaba, había un cortocircuito en la casa. Si mi madre estaba en el ordenador y yo me quería ir. Había una rara tormenta. Y mi padre gritaba mucho. Pero mucho, mucho. "*¡¡¡La contabilidad!!!*" Recuerdo sentirme mal por mi padre y olvidarlo al lograr mi objetivo.
- En plena guerra, mi padre puso un detector de movimiento en el pasillo para que yo no me escapara. Durante el día, cacé un bote de moscardones gordos y al llegar la noche los solté en el pasillo obligando a mi padre a desconectar el aparato si quería dormir, luego me escapé.

Al llegar el instituto, como a muchos chicos, me llegó por primera vez el amor con la intensidad que le llega a un adolescente primerizo que no controla sus emociones y que, para desgracia de mi madre, era un amor no correspondido. Durante varios años estuve enamorado, descargando en mi madre la frustración y el dolor de ser rechazado. No fue hasta los 16 años cuando conocí a mi mujer, sin duda, el norte de mi brújula, aunque lo cierto es que en aquel momento, ella era casi tan inconsciente como yo.

Con los 16 llegaron también las cada vez más largas temporadas escapado/expulsado de la que, desde ese momento, pasó a ser "*la casa de mis padres*". Empezaron también los trapicheos, robos automatizados en supermercados, compraventa de móviles y otros objetos robados.

La última vez que salí de mi casa siendo un niño tenía a 4 policías delante y a 4 detrás. A mi madre se le habían acabado los recursos. Supongo que llamar a la policía parece una medida desesperada, pero no lo es en absoluto. De hecho, tendrían que haberlo hecho mucho antes.

Cuando uno vive en la calle, aprende muy rápido ciertas cosas. Como por ejemplo, el valor de las rutinas... Durante muchos meses, cada día robaba a la 1 del mediodía 2 chuletones en el mismo supermercado, con los que invitaba a un compañero de aventuras con el que malvivía a comer.

Al empezar este libro, pensaba que había tenido una gran cantidad de trabajos, unos 30, pero lo cierto es que contándolos no fueron ni la mitad y, en la inmensa mayoría, no duraba ni tan sólo dos días. En el que más aguanté fue en una maderera cargando muebles, gracias a que encontré un compañero de trabajo con el que conecté muy bien. Tenía 30 años y me comprendía... Hoy en día no tengo ninguna duda de que él, al igual que yo, tenía TDAH. Todo lo que contaba, cómo lo contaba, esa conexión... Fue para mí otro control externo más. Este tipo de gente, que ha habido mucha en mi vida, siempre me ha dado ganas de seguir luchando. A veces es alguien de paso o sin tampoco mucha cercanía, pero te mira, conecta contigo y no sabes muy bien por qué, pero te ayuda.

Tras agotar los recursos más fáciles, los trasteros de mi novia y amigos, casas okupas o abandonadas, pasé un verano en un pueblo turístico costero, viviendo en una tienda de campaña bajo un pino caído, sobreviviendo con pequeños intercambios y pequeños robos. Entonces pasé por alguna penuria y, como de costumbre, puse mi vida en juego algunas veces.

Fue entonces cuando decidí que era hora de ponerse las pilas y empezar a vivir decentemente, que no dignamente.

Si quería salir adelante y demostrar al mundo que podía hacerlo, tendría que lograr una mayor estabilidad que me permitiera poder estudiar. Para lograrlo, me metí de lleno en "*el increíble y apasionante mundo del narcotráfico de estupefacientes*", con la absurda idea de que el dinero me proporcionaría dicha estabilidad. Crecí rápido, demasiado rápido. Cuando me di cuenta estaba vendiendo demasiado. Pronto empecé a vender todas las drogas que conocía. Si oía de alguna droga nueva, la intentaba conseguir y la vendía a un precio abusivo. Salvo heroína, que a la semana de vender decidí dejarlo, vendí todo lo que encontré, incluida mi alma.

Aprendí que, sin lugar a dudas, el peor oficio del mundo es el de camello. 24 horas al día, desagradecido, implicación máxima, estrés total, arriesgado, mal pagado en realidad. A pesar de todo esto, aquello era lo único que yo sabía hacer. Tuve la suerte de que el tío al que le compraba, habitualmente de fiado, era una buena persona y esto en droga es realmente excepcional. No me malinterpretéis, la droga no es mala, ni los drogadictos. La droga es una sustancia y la drogadicción una enfermedad. No es algo moral. Es un tema de salud, la gente no lo suele ver así. Por aquel entonces, yo veía la droga como una sustancia que servía para suicidarse. Tú cambiabas tu "barrita de vida" por "felicidad artificial" y si eras infeliz, en vez de suicidarte, era más lógico usar droga para el mismo fin. Yo suministraba dicha sustancia.

Yo quería llegar a ser feliz pero no quería dar mi vida a cambio. Si no lograba ser feliz, a los 60 años me drogaría abusivamente. Con este grandioso argumento logré dos cosas: mantenerme lejos de probar las drogas y dejar KO a mi conciencia, al menos por un tiempo.

En este mundo, como en cualquier otro, sobrevivía con controles externos. Además del tío al que le compraba y que, en más de una, me protegió, tenía un socio-contable que, tras todo esto, se convirtió en un buen amigo que conservo y que actualmente está diagnosticado de TDAH. Y si no hubiera sido por muchos otros, jamás habría salido de todo aquello. Por cierto, ellos dos también salieron.

TERCERA PARTE

Al llegar a los 18 años toqué fondo, mi vida había degenerado estrepitosamente. Yo no estaba hecho para ser camello. No me gustaba tener que amenazar a nadie y, mucho menos, tener que pegar a alguien que no me estaba pegando. Para ser camello hay que ser mala persona, porque la droga es más fuerte que tus clientes y tú tienes que dar más miedo que su mono y que el resto de camellos. Y gracias a esto, me vi obligado a abandonar. Las cantidades de dinero iban y venían. No valoraba nada material, todo era un derroche sin sentido. Hasta que la gente se dio cuenta de que, en realidad, yo era un blando y muy confiado. Cuando el primero no pagó, los demás le siguieron y pasé de tener mucho en una caja de zapatos, a deber bastante a alguien que, aunque era buena persona, sabía mejor que nadie que si no me hacía nada, todos se apuntarían al carro de no pagar.

Al llegar el verano, me fui con la idea de no volver. Mi hermano estudiaba fuera. Ingeniería nada menos y él me ofreció vivir con él y sus amigos. Al principio, estaba bastante reacio, pues percibía a mi hermano como una prolongación de mis padres y, por tanto, un enemigo potencial. Sin embargo, irme con él fue una de las mejores cosas que jamás he hecho. Poco a poco, fui dejando el tráfico, cambié el chip, encontré a Carmen, la primera psicóloga con la que conecté, a pesar de haber ido a muchos, muchos psicólogos. Me habló de la hiperactividad, me entendía y era capaz de predecir mis actos. Llegué a confiar en ella y yo, generalmente, no confiaba en las prolongaciones de mis padres. Estuve otros dos años más haciendo COU, retomé mi vieja adicción por los videojuegos que, mirando hacia atrás, es la adicción más potente que jamás he tenido. Mi falta de freno y mi insaciabilidad hacen que pueda estar días enteros jugando sin parar, llegando al extremo de aprender a jugar con los pies para poder comer. Pasaba las horas jugando y saliendo de fiesta, mareaba a mi hermano a la hora de asistir a clase… Pero, a pesar de esto, iba aprendiendo cosas. El tiempo pasaba y, muchas veces, no es necesario avanzar, sólo hay que esperar un tiempo siendo felices para que las cosas cambien.

A medida que el tiempo pasaba, mi relación con mis padres mejoraba. El primer verano suspendí todas y le pedí a mis padres que me ayudaran económicamente para poder pagarme un internado. Mi idea original era costeármelo viajando a Marruecos, pero cambié de opinión al darme de frente con la realidad y me vi obligado a pedirles ayuda. Este gesto para mis padres fue muy importante. El hecho de que fuera yo quien pedía el internamiento, les resultó extraño y nos acercó mucho. Recuerdo que ese verano ya tomaba jarras de café que me destrozaban el estómago para estudiar y mi madre un día me trajo Durvitan, unas pastillas de cafeína que hacían efecto. Empezamos a hacer avances. Ese año aprobé todas las asignaturas menos Química. El año siguiente, cambié Química por Dibujo y me pasé todo el año sólo con esa asignatura. Ese año lo pasé bien, en términos generales. Lo dejé con mi mujer, tuve otras parejas, "*living* la vida loca" más de lo que toca y otras frenéticas aventuras pero, en términos generales, fue un año tranquilo.

Suspendí Selectividad y quise meterme en el internado otra vez. Fue entonces cuando mi padre leyó la noticia en el periódico de un jugador de fútbol al que se le había diagnosticado en Vall d'Hebron TDAH y al leer la noticia y los síntomas del TDAH, mi padre lo vio claro. A mí me contó que íbamos a ver a un médico a Barcelona. Yo acepté porque nunca rehuí la ayuda, pero no tenía mucha fe. A mí sólo me interesaba ir de fiesta por Barcelona.

Fue entonces cuando conocí al Dr. Ramos. Me diagnosticaron y me dieron pastillas. Lo cierto es que, al principio, no tenía mucha confianza. Mis padres, sin embargo, estaban convencidos. Lloraron todo el camino de vuelta. Supongo que no logro imaginarme la carga que tenía todo esto para ellos. A pesar de todo lo que pudiera parecer, con lo contado hasta ahora, mis padres han sido para mí las figuras más importantes. Han luchado incansablemente, puede que no dieran en el clavo a la primera, pero no se rindieron nunca. A todos los padres: gracias por ser tenaces. Estuvieron durante mucho tiempo en la sombra, manteniendo el contacto, moviendo sus hilos para que yo sobreviviera, pero sin que yo lo supiera. Puede que me fuera de casa pero mis padres jamás dejaron de estar detrás, con sus "prolongaciones". Sin eso, no estaría aquí. Siempre hablo de mis controles externos y mis padres son los primeros y los más importantes. De un tiempo a esta parte, mi mujer ha tomado a las riendas de mi "bestia", como lo llama cariñosamente mi padre.

Tras el diagnóstico, probé las pastillas y leí el primer libro de mi vida, **El Principito** (con 20 años y siendo bachiller). Todo el mundo notaba a mi alrededor muchos cambios con la pastilla. Yo recuerdo que todo me llamaba la atención gracias a ella, que era capaz de terminar de leer la parte de atrás del bote de champú. La realidad se te incrustaba obligatoriamente en tu cerebro sin opción a la evasión. Tomar decisiones, procesar datos, pensar y pensar siempre con dirección... Cosas a las que yo no estaba acostumbrado y rechazaba en parte. Veía, sin embargo, la retribución académica. ¡Vaya cómo estudiaba!

Aprobé Selectividad y me fui a estudiar a la capital.

Yo creía que había elegido psicología para destruir a los psicólogos de pacotilla desde dentro pero mis padres afirman que, en un principio, decidí estudiar magisterio porque creía que necesitaba algo fácil y que acepté psicología porque me manipularon. No obstante, creo que esta jugada de mis padres para que terminara en esa carrera fue la jugada de "jaque mate".

Terminé la carrera pasándomelo francamente bien. Trabajaba en una granja-escuela como monitor y repartiendo pizzas. Con dos trabajos y en dos carreras, funcionaba mucho mejor que solo haciendo una carrera. Muchas veces cuanto menos tienes que hacer, menos haces. En esta etapa mi vida era ocio en ociolandia. En realidad, la universidad es un sitio maravilloso. Me pregunto por qué el colegio resulta tan aterrador.

En la universidad no es que lo tuviera fácil pero, desde luego, conocí otro ambiente, otra forma de ver la vida y a un buen grupo de compañeros y amigos. Esto fue fundamental para mí.

Desarrollé unos métodos de estudio un tanto drásticos. Me aislaba de todo estímulo externo hasta lo obsesivo, me estimulaba con dolor o con agua con hielo y otras cosas raras que aprendí antes del diagnóstico por ensayo/error.

En época de exámenes me trasformaba, no me relacionaba con nadie y me encerraba horas y horas sin ser capaz de estudiar absolutamente nada, hasta que se hacía la magia y yo estudiaba, y cuando estudiaba, lo hacía con ganas. Yo lo llamaba volverse "Hulk". Los tremendos atracones se prolongaban durante muchas horas. Cerraba bien la ventana para que el sol no entrara, escondía los relojes y una larga lista de cosas para poder perder la noción del tiempo dentro de mi "zulo de estudio". Llegué a estudiar 27 horas del tirón. No sé si era sano lo que hacía, supongo que no, pero menos sano es lo que hacía los fines de semana habituales. Si rendía o no rendía, pues la verdad es que no lo sé porque nunca he rendido de otra manera. Desde luego, algo es más que nada.

Así, terminé la carrera. El último año me quedó una asignatura, la única que teníamos en la carrera de desarrollar textos: jurídica. Le cogí a esa asignatura el mismo odio que a la palabra "deberes", "la parte contratante de la parte contratante". Al estar un año colgado, hice psicopedagogía y me enganché bastante al tema educativo. Actualmente, creo que la sociedad en general, a nivel global, tiene suspensa la educación desde hace varios cursos. Como civilización, seguimos avanzando en tecnología, pero tenemos pendiente la educación desde la Revolución Industrial.

Terminada mi carrera, hice un postgrado de TDAH en Barcelona y, actualmente, he montado una unidad de TDAH, en la que trato a niños, adolescentes y adultos.

Montar una empresa es una tarea apasionante, donde creo que el TDAH puede ser una ventaja si lo sabes usar y si tienes la suerte de tener a alguien a tu lado que lleve la parte ejecutiva. En mi caso, puedo darme con un canto en los dientes por haber encontrado a mi mujer.

He de confesar que estoy enganchado a mi trabajo. Me apasiona y me encanta desvivirme en lo que hago. Supongo que nunca había sido tan feliz.

Aunque sólo tengo 30 años, espero que el 90% de las aventuras ya las haya vivido y, de ahora en adelante, mi vida sea más monótona y aburrida. Para todos los que se puedan sentir identificados con mi historia, no importa cómo les haya tratado la vida, sólo podría dar un consejo:

"Fracasa. Fracasa mucho. Fracasa sin miedo. Fracasa todas las veces que necesites para aprender. Fracasa una y otra vez pero no te rindas nunca. Tú sabes ser pesado, sabes insistir, hazlo, porque mientras insistas, no existirá el fracaso".

Mi madre

Como madre, la experiencia fue tan traumática en su momento como triunfalista ahora. Me explico, sobre todo, por si alguien puede identificarse o extraer conclusiones.

No sabes dónde has fallado, qué estás haciendo mal, mi intención educativa siempre va dirigida a ayudar a formar individuos autosuficientes, pero se me fue de las manos. Hasta los 11 años (6º-7º de EGB) era un niño muy movido, travieso, inconsciente, con una imaginación desbordante y unas ocurrencias espectaculares. No sólo no veía problemas sino que creía que sería sobresaliente por las capacidades que demostraba. Un "encantador de serpientes" con una facilidad de palabra que sería capaz de convencer a cualquiera de la llegada de los extraterrestres.

Coincidiendo con la llegada al instituto cambió todo, negación de la autoridad, coqueteo con los porros, necesidad de gastar dinero... Autoestima imprevisible, de ser Dios a no valer nada. Llegaron unos años donde los episodios de violencia eran cada vez más frecuentes.

No entiendes qué has hecho mal, por qué te toca esto a ti, no te lo mereces y lloras por las esquinas. El psiquiatra me recetó Reunerón, me ayudó mucho porque me hizo fuerte. Carmen me había aconsejado no discutir nunca con él. Con paciencia y sorteando los dardos, aprendes a no implicarte y resistir los ataques.

Me gustaría decir que una situación de este tipo te enseña más que todos los libros del mundo, creo que quien no atraviesa problemas nunca sabrá ser feliz. A este hijo le debo mi perspectiva ante la vida, soy una maestra de pueblo, casada y con dos hijos. Creo que he triunfado en mi vida y que ni un Nobel se siente mejor que yo. Me gustaría aportar experiencias:

- Nunca levantar la mano: creía que, en algunos casos, podía ser una ayuda mientras son pequeños y es un error. Sólo se justifica por la incompetencia de la autoridad.
- Cuidado con la relación de pareja: en los momentos más duros, una de las armas más potentes de tu hijo, es enfrentar a sus padres, el "divide y vencerás". Creo que eso lo hemos hecho bastante bien, mantenernos unidos y no discutir delante de él.
- Escribir un baremo distinguiendo bien lo imprescindible, lo importante y lo superfluo: yo le he dado una importancia absurda al orden y limpieza, su padre a su forma de comer. ¡La de tiempo y energía que hemos desperdiciado en ello!
- Si las cosas se complican demasiado, estar ahí sin que se entere: es importante que sepa que no vas a ceder siempre y que su futuro dependerá de sus elecciones.
- Cuidado con los profesionales: hemos oído de todo y con gran acierto, el sentido común nos llevó a no hacer caso con algunas terapias...

- No saber hacer autocrítica: creemos que nosotros somos ajenos a la situación, que es algo que viene dado y hay que torear. En realidad, los padres somos parte de la situación: o aprendemos a reeducarnos (igual que el adolescente) o difícilmente seremos capaces de entender lo que está sucediendo.

Tanto por aprender

Daniel Río Cifuentes

> *"Aprendí que si tu vida está libre de fracasos, es porque no has arriesgado lo suficiente".*
>
> Jaime Lopera y Marta Bernal.

Debo reconocer que, a mis cuarenta años y tras un largo periplo visitando consultas, aún sigo sin tener claro qué es lo que ocurre dentro de mí. Según últimos estudios, parece ser que todo viene de un tronco común, el TDA sin Hiperactividad (motora, pienso yo). Lo cierto es que algo no va del todo bien desde hace ya mucho tiempo. Si bien, gracias a la ayuda prestada por mi actual terapeuta, anteriores especialistas (todos han aportado algo, aún teniendo "interpretaciones" de lo más diversas), un conocimiento cada vez más profundo de mí mismo, la experiencia, ayuda farmacológica y mi modesta curiosidad por el mundo de la psicología (por qué no decirlo), han conseguido que esa montaña rusa en que se han llegado a convertir mis emociones, tenga cada vez más corto recorrido.

He llegado a buscar una explicación a mi especial forma de percibir el mundo exterior y de cómo este influye en mi interior, en el pasado; mi niñez, mi adolescencia, mi juventud. Siempre sostuve la posibilidad de ser consecuencia de algún acontecimiento traumático y de la forma en que mis padres han actuado conmigo al respecto. En concreto, focalizaba este hecho en un terrible acontecimiento sucedido en mi familia cuando tan solo contaba con unos meses de vida. Un accidente de tráfico en el que perdieron la vida varios miembros, con gran sufrimiento por parte de mis padres. La reacción inmediata de estos hacia mí y, tras la superación, el exceso de protección del que fui objeto posteriormente, me hizo pensar que fuera la causa de mis inseguridades y mis miedos. Aún recuerdo a mi padre cuando, en mi adolescencia, me decía que mi mundo era una habitación cerrada, con una pequeña ventana a la que él estaba asomado desde el otro lado. Ni que decir tiene, que esto no es más que una interpretación mía, mantenida durante muchos años y de una fuerte convicción por mi parte.

Otro hecho destacado de mi infancia pudiera ser la dificultad de adaptación en mi entorno social y la falta de integración en este. Motivado todo ello quizás por los numerosos traslados de residencia y, consecuentemente, de centro escolar, así como la separación, por motivos laborales, de mis padres durante periodos de tiempo considerables. Todo esto podría haber sido susceptible de no haber generado un ambiente propicio ni estable, necesario a mi entender para el desarrollo de mi personalidad. Podría considerar por tanto que, ya sea de forma accidental o no, he crecido y me he desarrollado en un ambiente familiar no especialmente estructurado. De una manera abstracta y genérica, me veo en esta etapa de mi vida como un niño vulnerable y necesitado en exceso la protección familiar.

Los primeros episodios, que yo considero como premonitorios de lo que habrá de venir, aparecerían en mi etapa de adolescencia. Estos, básicamente, consistirían en ataques de pánico y ansiedad, causados por crisis obsesivas, con un importante componente hipocondríaco, aunque no exclusivo. Estos se cursaron, de forma muy puntual, intensa y en periodos cortos de tiempo, no más de una semana quizás. Dicho trastorno, el hipocondríaco, me acompañará hasta el día de hoy, convirtiéndose en autenticas fobias algunas patologías médicas.

Académicamente, mi paso por el colegio (fueron varios centros) transcurrió sin pena ni gloria, aprobando sin gran esfuerzo y sin brillantes resultados. Mi etapa de instituto fue otra historia. Fueron varios los centros por los pasé, incluido alguno religioso, en régimen de internado y de férrea disciplina. Todo esto fue fruto del extraordinario interés que mi familia tenía en que prosiguiera con mis estudios. Empleé, no obstante, siete años para los cuatro cursos de que constaba la enseñanza media.

Frente a mi nada brillante trayectoria a mi paso por el instituto, destacar proezas como la recuperación en septiembre de hasta ocho asignaturas o la obtención de un diez en algún examen de selectividad.

Podría afirmar que es en este periodo de mi vida en el que percibo mis relaciones sociales como plenamente satisfactorias, hecho que no se dio en mi niñez, ni se dará posteriormente. Forcé vínculos de amistad tan estrechos que aún hoy perduran con una intensidad casi familiar. Es aquí, curiosamente en plena adolescencia, donde consigo mi mayor tasa de independencia emocional, o quizá, tal vez, sea solo el fuerte sentimiento de pertenencia a un grupo social afín. El caso es que, a pesar de las muy puntuales crisis de pánico, considero esta etapa como la más emocionalmente estable en mi vida.

Termino el instituto y comienzo la universidad, con una elección temeraria por mi parte dada mi trayectoria; me matriculo en una carrera técnica. Si mi paso por el instituto se hizo largo, la carrera se eterniza, pero, a pesar de llegar incluso a compaginar algún trabajo con esta, curiosamente nunca me llego a plantear su abandono. Finalmente, no solo la termino sino que prosigo, posteriormente y hasta la actualidad con estudios superiores en la misma disciplina. Eso sí, con la misma constancia llevada hasta el momento, un rendimiento extraordinariamente lento en el tiempo aunque satisfactorio en materia de conocimientos. Es un mundo, el académico, que siempre me ha apasionado y me apasiona y que por alguna "extraña" razón se me ha hecho difícil transitar por él, a pesar de contar con capacidad intelectual más que suficiente. Reconozco en este hecho un factor de frustración considerable en mi vida.

Este periodo, al que me permito denominar el "universitario", es sin duda alguna el más convulso de mi vida. Si bien durará algo más de diez años, las actividades principales en las que empleo mi tiempo no son siempre las estrictamente estudiantiles. Actividades todas estas, las no universitarias, con un denominador común; ausencia de planificación y concreción de metas. Será al final de dicho periodo donde empiezo a perfilar los .objetivos que quiero desarrollar en mi vida.

En esta etapa se darán tres acontecimientos de forma consecutiva, de especial importancia y que supondrán, sin duda alguna, un punto de inflexión en mi vida. El primero de ellos es un episodio obsesivo, con importantes crisis de pánico y ansiedad y que lejos de ir atenuándose con el paso de los días, este va aumentando hasta el punto de verme obligado, finalmente, a solicitar ayuda de un especialista. Será la primera vez que visito a un psiquiatra y lo haré por recomendación de un médico. Médico este al que consulto en reiteradas ocasiones como acto de compulsión asociado al trastorno obsesivo (TOC) del episodio en el que estaba inmerso. Sí, efectivamente, se trataba de un episodio hipocondríaco y fue, el mencionado (y padeciente) médico, quien por primera vez vislumbra algún tipo de trastorno en mi comportamiento. Finalmente el episodio es solventado a base de fluoxetina y benzodiacepina, sin ser informado de diagnóstico alguno y tras varias sesiones de psicoanálisis. Sesiones que no concluyo al sentir superada la crisis y no tener motivación suficiente por mi parte en continuarlas.

El siguiente hecho, que yo considero relevante, sucede prácticamente a continuación del anterior y al igual que este, hace aflorar la inestabilidad emocional que estaba atravesando. Se desencadena a raíz de una tortuosa relación de pareja y durará, con sus altos y bajos, prácticamente dos años. Con la perspectiva del tiempo, identifico componentes obsesivos y ansiógenos e incluso celopáticos (justificados en algunos casos). En definitiva se trataba de una situación complicada y difícil, quizás la primera, que la vida me planteó y para la que yo no estaba preparado, lo que pudo desembocar en la consiguiente crisis. Estos hechos me llevaron de nuevo a una consulta de psiquiatría y posteriormente a otra de psicología. La justificación (diagnóstico) que entonces se me dio fue la creación por mi parte de una relación de dependencia. Entiendo yo que se referían a un trastorno dependiente de personalidad, según "estudios" míos posteriores. Es en estas consultas donde por primera vez oigo nombrar el término "sobreprotección parental" (hecho anteriormente contemplado por mi parte), con una interpretación muy curiosa por parte de este equipo; mi fracaso escolar era debido al deseo, no consciente por mi parte, de postergar mi incorporación al "mundo exterior" (laboral) y al miedo de la consecuente transformación en un individuo socialmente independiente. Nuevamente llevo a cabo terapia, esta vez combinada la farmacológica con la psicoterapéutica, esta última perteneciente a una escuela de psicología con base psicoanalítica, sin llegar a ser psicoanálisis.

Prácticamente terminada esta terapia se produce el tercero de los acontecimientos a los que me refería en la actual etapa. Esta vez se trata de un hecho natural, tristemente prematuro; mi padre fallece de forma inesperada. La pérdida repentina de mi padre provoca en mí una importante conmoción, quizá la lógica y normal ante la pérdida a edad temprana de un progenitor. Este acontecimiento no desencadena ningún episodio depresivo, ansiógeno ni obsesivo. Sencillamente mi entorno se modifica en la medida que afecta dicha pérdida.

Como consecuencia de estos problemas, mis estudios se estancan y no veo forma de continuar por lo que intento modificar factores importantes en mi vida. Un primer intento consiste en cambiar de universidad y, consecuentemente, de ciudad y de entorno social (al igual que ocurriera con la etapa de BUP y COU). Intento que se frustra con el fallecimiento de mi padre. El segundo intento consistirá en compaginar el final de los estudios con algún trabajo, por lo que hago prácticas y trabajo en algunas empresas, algunas de ellas fuera de mi ciudad. Lo único que consigo es postergar más aún estos. Finalmente, rescindo de cualquier trabajo con el fin de centrarme únicamente en los estudios hasta finalizarlos.

En los inicios de mi etapa universitaria, mis relaciones sociales son plenamente satisfactorias pero mi bajo rendimiento académico termina por pasar factura. Mis compañeros de promoción van, poco a poco, finalizando sus estudios y empezando a cosechar éxitos en lo profesional. Yo, en cambio, sigo en la universidad, viendo entrar y salir promoción tras promoción. Hecho este que me afecta profundamente, creándome un fuerte sentimiento de frustración.

Doy por concluida esta etapa cuando tomo consciencia real de que algo no está bien y siento la necesidad de buscar soluciones definitivas. Consulto especialistas, me pongo en manos de algún psicoanalista y pruebo, vuelvo a practicar terapia combinada. Consulto psicólogos, me animo y vuelvo a probar, practico psicoterapias (alguna de lo más peculiar). Siento que los profesionales que tengo a mi alcance no me ofrecen las soluciones que voy buscando, salvando las farmacológicas, como el tratamiento con paroxetina, cuya efectividad resulta ser igual o mejor que la fluoxetina, experimentada anteriormente con éxito también.

Ante esta situación empiezo a buscar información por mi cuenta y riesgo; internet, libros, revistas... hasta que descubro la existencia, en psicología y psiquiatría, de varios términos; Trastorno de Ansiedad Generalizada (TAG), Trastorno Obsesivo Compulsivo (TOC), fobia social, ataque de pánico, etc. Con algunos de ellos me siento plenamente identificado por lo que decido buscar centros especializados en dichos trastornos hasta dar con una terapeuta especialista en estos temas. Finalmente empiezo con terapia cognitivo conductual, con unos resultados más que aceptables.

Esta nueva etapa se caracteriza por cierta estabilidad emocional, a pesar de la inestabilidad y precariedad laboral y la falta de perspectiva dado el panorama económico. Tanto en el plano social como en el sentimental, considero haber dado un salto cualificativo respecto a mis etapas anteriores.

Es ahora, con los estudios que están saliendo a la luz sobre TDAH en adultos y algunas pruebas realizadas, cuando está empezando a tomar fuerza la posibilidad de estar detrás de las crisis padecidas y descritas como trastornos comórbidos con el TDAH.

Tras este largo viaje, aun me quedan flecos que recortar, fobias que vencer o con las que aprender a convivir, metas que superar y mucho que aprender.

Cómo ser una mujer con TDA y no morir en el intento

Concha Somovilla Sánchez

> *"(...) caminante no hay camino, se hace camino al andar".*
>
> Antonio Machado.

Bienvenido a mi capítulo. Por la educación recibida en mi entorno familiar y por los tiempos convulsos que nos ha tocado vivir en materia ligüística, me voy a dirigir a usted en tono formal. Deseo hacerle una aclaración antes de continuar: en mi relato no encontrará seudo fórmulas para combatir el machismo en el lenguaje. El genérico es la fórmula de la lengua castellana por la que nos referimos los españoles a un colectivo, utilizando su forma masculina, es decir, que si hablo del hombre me estoy refiriendo a hombres y mujeres. Por ello, desde el principio le diré que soy contraria al mal uso que se hace de la lengua. No me considero feminista, sino femenina. Y en cuestiones de igualdad, creo que tenemos los mismos derechos y deberes, aunque por suerte somos distintos. Y son esas diferencias las que nos unen y nos hacen tan maravillosos. Así que utilizaré el genérico sin barras, arrobas y demás inventos. Adoro la lengua castellana y no creo que por seguir doctrinas políticas impuestas en materia lingüística, mi ética se enriquezca.

Soy la primera de mi familia nacida y criada en Málaga. Mis abuelos paternos nacidos andaluces fueron criados fuera ajenos al habla propia andaluza. Teniendo en cuenta que mi padre es maestro licenciado en lenguas románicas y mis abuelos universitarios, mi vida ha transcurrido entre las enseñanzas de un colegio privado y las correcciones en casa. De ahí que sea una andaluza orgullosa de su habla, cuyo deje no coincida con la escrupulosa gramática que le acompaña. Calaron tan hondo esas correcciones que, aún hoy en día, si tengo una duda corro al diccionario o la gramática de la RAE para solventarla. En mi casa abundaba la cultura, en contraposición al sustento económico. No faltó, aunque no sobró. Mi padre, hasta su jubilación, engrosó las filas de los pluriempleados de este maravilloso país para que mi hermana y yo tuviésemos la mejor educación posible.

Como habrá deducido soy mujer, para más datos maestra y orgullosa de una saga familiar de educadores. Nací en el año 1966. Con esto quiero situarle en una infancia muy distinta a la de los niños de hoy en día (¿reconoce el genérico?). Pero antes de comenzar, se preguntará cómo supe que era TDA. Pues muy fácil, después del diagnóstico de mi hijo. Por supuesto tras saber que mis hijas también lo son, quedó totalmente demostrado.

Cuando era pequeña no se sabía nada de muchos trastornos con los que hoy casi convivimos. Antes los TDA nos conformábamos con luchar para superarnos y algunos teníamos más suerte que otros. En el colegio éramos entre cuarenta o cincuenta por clase, según el año. Muchos deberes y pocos derechos, lo que se traducía en una larga lista de prohibiciones: "*no se habla*", "*no te muevas*", "*no te levantes*", "*no te distraigas*", "*no interrumpas*", "*no existas*"... Yo era una alumna modélica. Mi madre nos colocaba de tal manera que no pudiésemos distraernos y así hacer los deberes. Nos bajábamos del autobús alrededor de las seis de la tarde, media hora para merendar viendo la tele y a trabajar. Teníamos millones de ejercicios de todas las asignaturas a diario y raramente finalizábamos antes de la hora de la cena. Mi madre nos ayudaba. Gracias a su disciplina y a su sacrificio diario, soy capaz de crear mis rutinas. Era muy estricta y, sin saberlo, era lo que yo necesitaba. Mi padre llegaba tarde, entre las diez y las once, por lo que le esperaba cuando tenía dudas en cursos superiores. Más adelante yo me convertí en la maestra de mi hermana en las asignaturas de ciencias en el instituto, momento en el que a mi padre se le escapaban ciertos conceptos. Desde el principio nos enseñó a estudiar y nos inculcó el gusto por la lectura. Hoy en día es una de mis obsesiones y mi principal vía de escape.

En el colegio al final de cada curso escolar, recibía diplomas de sobresaliente en Conducta Cívica (entonces era una asignatura el comportamiento en clase), además del correspondiente al curso que superaba (se daban si la nota global de ese año superaba el notable) y cada evaluación (eran cinco, no tres como ahora) mi nombre completo en letras doradas aparecía en el cuadro de honor situado en la Secretaría del Centro para que todos al pasar lo viesen. Por si fuera poco, se le daba a cada alumno una copia para que la llevasen a casa junto con los boletines de calificaciones para mayor difusión del mismo. Si destacabas, forjabas una buena reputación y eras valorado en el entorno educativo. Era un orgullo para mi familia, aunque entre mis compañeros no era precisamente la reina de la popularidad. Al colectivo femenino no le agradaba que fuese superior intelectualmente y teniendo en cuenta que no era dueña de una propiedad en la que organizar fiestas con las niñas de clase, mi vida social ni siquiera llegó a despegar. En cuanto al género masculino, convertirme en una rival por los puestos del cuadro de honor y tener un físico que escapaba de los cánones de estatura y tamaño, tampoco ayudó. Así que me dediqué en cuerpo y alma a lo mejor se me daba: sacar buenas notas y desarrollar un infinito mundo interior. Todo ello para paliar mis carencias.

Hasta donde me alcanza la memoria he de reconocer que el tiempo y yo no nos llevamos. Ni bien, ni mal. Simplemente no nos llevamos. O llego muy temprano o tarde. Es como si la noción del paso del tiempo no existiese en mi cerebro. Creo que durante el embarazo mi madre aborreció los relojes y por eso tengo este problemilla. O quizás fue tan estricta con él, que la que los aborreció fui yo. A mí en los embarazos me dio por comer encurtidos (pepinillos en vinagre, aceitunas, boquerones, etc.) y mis hijos rehuyen el vinagre. Así que cada mañana antes de ir al colegio, mi madre me vestía en la cama y yo me iba despertando poco a poco a toque de prenda, para solo tener que ir al baño al levantarme, pues tenía puestos hasta los zapatos. Mi hermana ya estaba vestida, pues ella pertenece a ese grupo de seres de vida diurna que incluso disfrutan madrugando. Yo soy más nocturna que Drácula.

Si tuviese que identificarme con un personaje de ficción, diría que soy el conejo de **Alicia en el País de las Maravillas**. "*Llego tarde, llego tarde*". Y aquí comienza el relato de mis truquitos. Siempre pongo el despertador dos horas antes: la primera para prepararme y la segunda para el desplazamiento. Vayamos por partes, como dijo Jack el Destripador. Durante la primera hora desayuno y me hago a la idea de que es bueno y necesario madrugar: mi trabajo me encanta, así que es fácil animarme. Y me arreglo: aseo, vestimenta y maquillaje. Tengo rutinas estrictas que sigo a pies juntillas, ya que si me salto un solo paso, no conseguiré llegar a meta. Para mi, la vida es una carrera de obstáculos y cada meta un logro a festejar. Por ejemplo, siempre me maquillo siguiendo el mismo orden: cremas, maquillaje, colorete, labios, sombras y ojos. Si me maquillo los ojos antes que los labios, es casi seguro que me voy con los labios sin color y, puede que tras mirarme en el espejo al final del proceso no me de cuenta, descubriendo el descuido a la hora del recreo. Me miro y no me veo, debido a la concentración perdida.

Lo mismo ocurre con el traslado porque en una hora incluyo la posibilidad de llegar al garaje sin las llaves del coche (me obsesiona perder cualquier tipo de llave), en zapatillas, sin peinar, etc. Desde que un día llegué al portal de casa en zapatillas, mi madre se aseguró cada mañana de que calzaba apropiadamente. Durante mi vida de estudiante en el instituto y la universidad se repitieron unos cuantos episodios similares.

A esto hay que sumar que si me hablan en el transcurso de la realización de una rutina, pierdo el hilo y fracaso. Y si algo llevo mal, es el fracaso. Por ello tengo opciones: a) me cabreo y le grito al causante de la distracción, que es lo que suele ocurrir cuando ya llego tarde; b) sonrío, asiento con la cabeza y repito mentalmente lo que iba a hacer para no olvidarlo, opción mayoritariamente utilizada al ser mis hijos mayorcitos y conocedores de mi problemilla; c) saco un trozo de papel del bolso y escribo lo que se me pide en ese momento y repito mentalmente lo que iba a hacer para no olvidarlo, opción utilizada cuando soy abordada por los maestros de mi colegio en cualquier momento de la jornada escolar. Aquí haré un inciso, pues el tema agenda es primordial para ser feliz. Tengo notas en el calendario de la cocina, en el del despacho de dirección (perdón, creo que no le había informado hasta ahora de que soy la directora del colegio), una agenda de clase, una particular, otra para dirección, millones de papelitos que engrosan las agendas y papeles en la puerta del frigorífico sujetos con imanes alusivos a los museos y lugares que he visitado. En el colegio anotaba en las últimas hojas de los cuadernos. Como puede ver, otro truquito.

Retomaré el tema del fracaso. Para superar mi tolerancia cero desarrollé siendo una niña, un universo paralelo donde yo era la protagonista y cubría todas mis necesidades. Mi primer consejo si tiene hijos: no destruya su mundo interior, es su vía de escape. Ahora veo como siempre pertenecí al club del "todo o nada". Me gusta o lo odio. Así que si algo me gustaba, me daba un atracón y el resultado podía ser amarlo o abandonarlo. Cuando descubrí los libros gracias a mi padre y mi abuelo materno, encontré mi primera gran pasión. Hoy los expertos aseguran que la lectura es uno de los pilares esenciales para el desarrollo del saber estudiar. Supongo que me ayudó a ser mejor estudiante. Con nueve años me compré mi primera colección: los cinco, la cual conservo.

Si lo amas, te concentras. Si lo odias, te distraes. Unas de las leyes que rigen mi vida. No significa que no quiera estudiar, corregir exámenes, planchar o perderme mi película favorita para ayudar a uno de mis hijos a estudiar. Ya no lo odio, ahora he conseguido convertirlo en no me gusta. Cuando iba al colegio, estudiaba las asignaturas de ciencias porque me gustaban. Como mi padre era maestro de lengua e inglés, me esforzaba en sacar buenas notas para que se sintiera orgulloso de mí. Y en cuanto a las otras, no podía abandonarlas: si alguien era capaz de sacar la máxima calificación, yo no iba a ser menos. Recuerdo a mi madre contando los sobresalientes. Constituían mi realización personal.

La cuestión era encontrar una estrategia y lo hice. Si algo está en el lado de lo odio, lo metamorfoseo en el lado de lo amo. Bien, pongamos que es mi sábado libre y deseo terminar un libro para empezar otro (soy una yonqui de la lectura; cuando estoy finalizando uno, busco otro como el fumador que enciende con la colilla el siguiente cigarro). El cuerpo me pide leer, pero el intelecto me recuerda mis obligaciones domésticas. Entonces planifico y organizo una serie de objetivos a cumplir, pequeñas metas. Por ejemplo: cuando acabe con el dormitorio, podré leer un capítulo. Antes de empezar a ordenar la habitación, deposito el libro en la mesilla de noche para poder visualizarlo, lo que hace que haga mi trabajo más rápido. Al terminar leo sobre la cama, no sin antes disfrutar de las buenas vistas: una habitación ordenada que transmite paz. Es algo que aprendí de mi madre. Para cuando he finalizado con toda la casa, ya he comenzado con el nuevo libro. Por supuesto todo aderezado con música de fondo.

Antes de corregir un tocho de aburridos exámenes, los ordeno de menor a mayor dificultad. Siempre les digo a mis alumnos que prioricen lo que saben hacer, pues así se animarán para continuar con lo complicado. Tengo la suerte de ser una persona muy positiva y siento que siempre existe una solución.

Volviendo al tiempo, me traslado con mi despertador allí donde no tenga uno. No hay muchos a la vista, pues adoro fluir con el tiempo. De modo que tengo uno en la cocina para controlar el desayuno durante la jornada laboral, otro en el lavadero y otro pequeño en el salón para que no moleste. Cuando estoy de vacaciones o de tiempo libre es lo último que utilizo. Cuando no llevo reloj significa que no estoy trabajando y que no existe la prisa. A veces un sábado me quedo completamente sola en casa, sin hijos ni marido, y mi día es fluido. El agua puedes dividirla en gotas o charcos, pero cuando la miras ves que es un todo, que es fluida. Pues así es mi día. Nadie que me diga cuándo comer, ver la tele, parar de leer o descansar. Motivada por el gran día que me espera, realizo las tareas más tediosas ya que voy a ser gratamente recompensada: abandonarme al no tiempo. De tal forma que puedo almorzar a las cinco y terminar cenando a las doce, o por el contrario, almorzar frugalmente para echarme una siesta que ocupe toda la tarde acomodada en el sofá y terminar cenando a las ocho de la tarde, para acostarme de madrugada tras leer o ver una película.

Mis tiempos y horarios no coinciden con los que impone la sociedad. De ahí que necesite saltármelos durante los fines de semana y los periodos vacacionales. Así compenso las rigideces de este mundo moderno, desintoxicando mi organismo de los residuos del horario social. Lo curioso es que los días en que mi marido que, por cierto, es un gran defensor del horario social, se rinde a la evidencia, es cuando mi familia fluye. Mis hijos me llevan ventaja: yo lucho por nuestro horario familiar vital desde que nacieron. Antes los pediatras nos decían que los bebés debían comer cada tres horas. Sin embargo, los míos lo hacían a demanda y no tuvieron ningún problema en ello. Si una norma puede cambiarse por otra sin consecuencias negativas, tenga por seguro que lo haré.

Adoro la música, por lo que cualquier actividad que realice está acompañada por ella. Hay música para estudiar, para leer, para cocinar, para conducir, para dormir o para despertarme. A mis alumnos los tengo acostumbrados a trabajar en clase con música e incluso a realizar los exámenes. Terminan concentrándose tanto que, a veces, ni la escuchan. En cuanto comienzan los primeros acordes, entro en una especie de trance y la concentración me invade. Cada actividad con su música correspondiente. Muchos terminan trabajando en casa con su música favorita, y es cuando me toca convencer a las madres, que son las que acuden a las sesiones de tutoría, que es una buena costumbre. La música no es un truquito, es una herramienta para sobrevivir. Llego al colegio bailando y me voy tarareando la música que voy a poner al subir al coche.

Le tengo terror al aburrimiento. Por eso siempre llevo en el bolso un libro una hoja de papel para escribir o hacer listas. Perdemos mucho tiempo en las interminables colas que tenemos que hacer a lo largo del día o esas horas muertas en las que esperamos que, por ejemplo, alguna de mis hijas saliese de clase de ballet, inglés o cualquier otra actividad extraescolar cuando eran pequeñas. Las listas me sirven para no olvidar: a) lo que tengo que hacer durante ese día, b) lo que tengo que hacer al día siguiente cuando llegue al colegio, c) actividades a realizar en mi tiempo libre, d) objetos que comprar. A esto me refería cuando hablaba de los papelitos en el bolso y las agendas.

Una vez en semana ordeno los papelitos del bolso y del monedero, manteniendo mi vida medianamente ordenada. Todo tiene su lugar o, si no, no seré capaz de encontrar nada. Me refiero a las cajas de bisutería, cajones de ropa interior, baldas de bolsos, zapatos ordenados según su uso, etc. De igual manera en todas las habitaciones. Si me cambian las cosas de sitio, no las encontraré aunque las tenga delante de mis narices. Son una pieza clave para el éxito de mis rutinas. Cuando estoy en clase, despliego mis cosas por la mesa y, antes de irme, la reviso y lo guardo todo. Pero, si dejo algo en un sitio inusual, seguramente lo olvidaré. Hay épocas en las que me olvido las gafas o la pluma por norma.

A principio de curso informo a mis alumnos de mis despistes y rarezas, pidiéndoles ayuda a la hora de reparar mis olvidos, para así recuperar mis cosas a tiempo. De igual manera les advierto para que no se extrañen, cuando me vean sentada en el borde de la mesa, cosa fácil por medir 1,74 y llevar por norma zapato de tacón, o cuando tropiece con un pupitre o le dé un puntapié a la papelera que no veo por estar enfrascada en explicar en la pizarra. Además del uso de música en mis clases, soy dada al uso de comentarios que suelen ocupar apenas cinco minutos de clase, a modo de cuñas publicitarias para distender el ambiente y recuperar la atención de los alumnos. A ellos les gusta que de un problema que hable sobre el trabajo artesano, yo les cuente la diferencia entre una prenda confeccionada al por mayor o en un taller de alta costura, para terminar con la explicación del cálculo el mínimo común múltiplo. También les pido que me avisen del final de la clase, pues suelo merendarme los cinco minutos de la clase siguiente. La mayoría de las veces se les olvida y terminamos escuchando cómo golpean la puerta para avisarme el siguiente maestro que espera fuera. Si caigo en la cuenta, dejo la puerta entornada para ver al compañero y respetar el horario. Suelo decirles a mis alumnos que los anestesio y así consigo que se olviden del reloj.

Otro truquito consiste en personalizar los ambientes que me acogen en mis múltiples actividades y de igual manera a mis hijos. Mi clase, mi despacho y mi casa están adornados con objetos que me hacen sentir a gusto. De forma que cuando paso de una habitación a otra es como si en vez de estar en el trabajo, en realidad, estuviese en casa. Si esto lo extrapolamos al dormitorio de un niño, lo que obtendremos será a alguien con ganas de hacer sus deberes o de dormir rodeado de sus cosas favoritas. Desde pequeños mis hijos han ido eligiendo, dentro de las posibilidades, posters, muñecos, el escritorio, la silla y de más accesorios para el estudio: carpetas, bolígrafos, archivadores, etc. Lo más emocionante del principio de curso es estrenar el material. Pues bien, consigamos mantener esa sensación y conseguiremos que nuestros hijos se muestren motivados al estudio. Con ello se propicia la empatía con el entorno.

Haga usted lo mismo. Cómprese algo cuyo uso quede limitado al ámbito laboral, vamos que se le prohíba su uso fuera del trabajo. ¿Y quién se lo va a prohibir? Pues usted. Yo tengo ropa de uso exclusivo para casa, que en cuanto me la pongo, instantáneamente me relajo. O, por el contrario, otras que me ponen las pilas porque solo las utilizo para ir a trabajar.

Luego está mi peculiar visión de la semana. El lunes es, en teoría, el día más duro, por lo que siempre me enchufo a la TVE -2 para disfrutar de una buena película. Tanto el martes como el jueves, tras mi jornada laboral, me dedico a actividades de disfrute. En estos momentos acudo a clases de *patchwork* (costura con retales) y clases de inglés impartidas en las dependencias del Ayuntamiento de Torremolinos. Ni qué decir tiene que me encantan. Los miércoles se encuentran a mitad de semana, lo que es causa de alegría. Puede que descanse o que me decida por practicar un poco de ejercicio. San Jueves y San Viernes son especiales de por sí. Y de esta forma termina la semana por desembocar en el sábado, con clases de padel, y el domingo. Adoro sus tardes en las que le robo las horas a la jornada de trabajo que está por llegar. Es como burlarse del tiempo. "*Chincha rabiña, que todavía estoy libre*". Me encanta quedarme en casa tirada en el sofá; repito, tirada. Entre medias doy cabida a comidas familiares, salidas con mi marido, amigos, etc.

Soy incapaz de hacer una sola cosa a la vez. Cuando atendía a las explicaciones siendo alumna, aderezaba mis apuntes con dibujitos en los márgenes, allá en el instituto o al final de la libreta en el colegio. No en vano nos las revisaban con cierta frecuencia, por lo que debía mantenerlas a la altura de mis calificaciones. Cuando estoy en una reunión siempre tiendo a tomar notas para no evadirme y perder el hilo. Los claustros pueden llegar a ser tediosos y no os digo ya las reuniones con la inspección, donde multitud de directores buscan su momento de gloria. ¿Por qué le gustará tanto al ser humano ser escuchado por otros? Además, por regla general, suelen ser siempre los mismos los que hablan sin decir nada. Así que tomo notas para eludir a los dichosos dibujitos. Imagínese la imagen que daría una directora que se dedica a dibujar durante las reuniones. Y, la verdad sea dicha, me ayudan a concentrarme. Otro truco para quedar bien. A veces mientras escribo en mi cabeza pongo lavadoras, tiendo y recojo ropa, transplanto macetas o converso con alguien de mi familia.

El problema aparece cuando esa dispersión que me persigue, me atrapa sin remedio. Pongamos que una mañana de sábado festivo (sin clases de padel y sin prisas) me levanto, me dirijo a la cocina y, mientras preparo el desayuno, decido poner una lavadora que tenderé tras disfrutarlo en mi terraza con vistas a la bahía. Así que dejo el té reposando y la tostada sin hacer, para ponerla. Vuelvo al desayuno y lo termino. Pero entonces descubro el desorden existente en la cocina y comienzo a colocar los platos en el lavavajillas. Mientras tanto tomo sorbos de té y caliento el pan de nuevo, pues se ha quedado frío. Sigo con los platos y recuerdo que el mantel continúa en el salón que podría incluir en la próxima lavadora. Abandono la tarea, lo recojo y lo subo al lavadero. Allí recojo ropa del tendedero y bajo. En ese momento suena el teléfono y lo cojo. Es mi madre a la que no le sorprende que esté liada con la colada, ya que somos cinco de familia y que además disfruto con ello. Sujeto el auricular del inalámbrico y acabo con la tarea de los platos. Subo el resto del desayuno para finalizarlo sentada en la terraza, posiblemente una hora después de comenzarlo. Tras una relajada conversación, una de mis hijas me pide que le lave las zapatillas de ballet, que sumerjo en seguida en un barreño con agua. Generalmente salto a lo largo de la mañana de una habitación a otra sin acabar ninguna en concreto y todas a la vez. Lo peor es que puedo incluir la preparación del almuerzo en el proceso y se me puede olvidar una sartén al fuego o un pollo en el horno. O esas zapatillas en agua hasta la noche. Y no digamos de cambiarme de ropa. En cuanto me estorba el camisón, corro al dormitorio y recobro la memoria al ver el desorden reinante. Con lo que me visto y ordeno, dejando aparcadas el resto de las tareas iniciadas, sin parar de dar órdenes a mis hijos para que hagan lo propio con sus pertenencias.

Cuando mi hija la mayor fue diagnosticada, necesitó ayuda psicológica durante dos años, una vez en semana el primero y una vez al mes el segundo. No quería que sus compañeros lo supiesen y, menos aún, que tomara medicación. Cuando me preguntaba por la causa de su mal, yo le decía que nosotros éramos distintos a otros y que ella era muy afortunada por recibir la ayuda que yo no tuve. Todos los trucos que María le enseñó, yo tuve que descubrirlos por mí misma y, generalmente, a base de cometer errores. Siempre les he dicho a mis hijos que los TDA somos más divertidos y, por eso, nos juntamos con otros iguales, pues el resto son demasiado aburridos. Lo han ido descubriendo con el tiempo, ya que unos tantos han sido diagnosticados gracias al empuje de mis hijos. Al reconocerse en sus amigos y considerar como mejor opción acudir al psicólogo, los han animado a tratarse.

Quiero hacer una mención especial a mi amiga Susana que un día me dijo atropelladamente y casi sin respirar: "*Ya sé lo que le pasa a tu Miguel Ángel, lo mismo que ha mi Nacho. Apunta el teléfono de la psicóloga que lo ha visto. Niña, son TDAH*". Sin verla, podía sentir su satisfacción al suspirar tras la confidencia que acababa de hacerme. Durante años intentamos darle una solución satisfactoria a la hiperactividad de mi hijo. Incluso vivió con mis padres durante el curso escolar de Educación Infantil de 5 años, para que al estar en un ambiente sereno y con horarios regulares, pudiese centrarse. Tras el diagnóstico, tuve que luchar contra la incredulidad de mi marido médico, que se oponía a medicar al niño. Al poco tiempo quedó convencido de sus beneficios. A éste le siguió la mayor y, a los dos años, la pequeña. Gracias amiga, fuiste un antes y un después en la vida de mi familia.

Todas las mañanas mi marido llevaba a los niños al colegio, por lo que me sentía en la obligación de preparar el desayuno. Pues bien, más de una y de dos veces me he tomado alguna pastilla por equivocación. Cuando tenían poca concentración apenas si lo notaba. Pero al aumentar ésta, puedo asegurar que durante esa mañana mi concentración era prodigiosa. Cuando mi marido comete despistes, siempre bromeo diciéndole que se tome la medicación.

Los despistes en mi casa son garrafales. Al principio me enfadaba mucho. Ahora primero cuento hasta diez y me río, dando gracias por tener una familia tan divertida.

Mi marido es un experto en dejarse las luces encendidas para después, regañarnos por el derroche. El viernes pasado teníamos una representación en el Teatro Cervantes, perteneciente al abono de la temporada lírica. No presentamos a las nueve menos cinco, entre carreras y reproches, para ser informados de que tan solo quedaba media hora de representación, pues había comenzado a las siete de la tarde. Nos miramos atónitos y nos disculpamos. Entonces el jefe de sala nos dijo que le había ocurrido a más gente y que al día siguiente podíamos acudir, ya que no se habían vendido todas las localidades. Le agradecimos la deferencia y nos fuimos a cenar. Lo que iba ser una salida, terminó convirtiéndose en dos. Al día siguiente revisó el resto de las representaciones y descubrió otro cambio. A esa llegaremos a tiempo. Confunde citas médicas de un mes para otro. Cuando el niño tenía seis años, le invitaron a un cumpleaños en un parque de bolas. Como solía olvidarse el regalo en casa, lo colgué del pomo de la puerta. Al salir precipitadamente me dijo: "*lo ves, esta vez no me lo dejo*". "*Claro* -pensé yo- *porque te lo he dejado en la puerta*". Cuál es mi sorpresa, cuando cinco minutos después aparece el niño por las escaleras y me dice: "*Mami, ¿papi se ha ido?*" "*Sí* -le contesté yo-". "*¿Y me va a llevar al cumple?*" "*Sí, cariño. Siéntate que ahora viene papi*". Cinco minutos después llegó azorado y, sin mediar palabra, se lo llevó. Por supuesto no le dije nada. Bastante tenía ya. En una ocasión, cenando en la cocina, le estaba hablando mientras veía el telediario. Cuando terminamos, le recriminé su falta de atención a lo que me contestó: "*si no te veo, no te oigo*". Si quiero que me atienda, debo asegurarme de que me mira a los ojos.

En otra ocasión compramos una televisión y la caja se quedó en medio del salón entre la mesa de comedor de madera y la del sofá de cristal de un metro cuadrado de superficie. Me fui al dormitorio y al rato escuché gritos. Subí y me encontré al niño colgado de la lámpara de techo balanceándose como un mono, de un lado a otro de la habitación. Temiendo que se asustase y se soltase, lo que le haría caer sobre el cristal o sobre la madera, respiré hondo y le ordené que bajase. Se soltó y cayó como un saltimbanqui sobre la caja de cartón del embalaje y, de ahí, al suelo. Le reprendí y retiré la caja. Cuando llegó el padre de la criatura le comenté lo sucedido, a lo que me contestó: "*lo ves. Ya te dije que la lámpara la puse segura. No se caerá*".

Lo he pillado trepando por las estanterías del salón, los bordillos de la terraza o con medio cuerpo fuera de la ventana de su dormitorio porque quería atrapar a un bicho. Lo que más le gustaba era destripar juguetes para después montarlos. Es el más dulce y cariñoso de los niños, sin embargo llegó a preocuparme su intolerancia a la frustración. Se pegaba cabezazos contra la pared, le pegaba a los muñecos y durante mucho tiempo me retaba, diciéndome que me odiaba. Entonces yo le contestaba diciéndole que cuanto más me odiaba, más le quería yo. Cuando los pintores vinieron a pintar su dormitorio, al retirar la cama descubrieron un agujero donde quedaba el ladrillo visto. Se ve que rascaba la pared cada vez que se enfadaba.

Nunca se aburrían. Un verano la pequeña tenía calor y su hermano le cortó un flequillo. Han probado todas las comidas de perro que he comprado. En general, son niños que tiene que experimentar para creer. Como quemarse la palma de la mano para corroborar que la vitro cerámica es peligrosa, que el inodoro no puede tragar el mocho de una fregona o que patinar en la bañera sobre gel de baño, resbala demasiado.

La pequeña ha sido la última en recibir atención especializada, aunque al ser más joven se ven los beneficios con mayor rapidez. Aún me acuerdo cuando vio por primera vez un capítulo de supernani. "*Vaya rollo mami. Si esto es lo que tú haces con nosotros. Deberías de estar tú en la tele que eres más guapa*".

Sufre cuando ve que algunos de sus amigos no reciben el mismo apoyo del que ella disfruta.

Mi hija la mayor tenía pánico a los exámenes. Aún hoy se sigue bloqueando. Sin embargo conseguimos entre mi marido y yo que recibiese un diagnóstico por la seguridad social. Este verano se presentó a la Selectividad y subió en un punto la nota media de Bachillerato. Estudia Bellas Artes, siendo admitida en la primera convocatoria. Lo bueno fue que disfrutó de los privilegios que tienen los TDA para su realización. Estuvo con tres compañeros más sentada en primera fila para no distraerse. Al no ver a los demás, no se agobiaba cuando se iban al finalizar la prueba. Y podían utilizar más tiempo para su realización. Les ha abierto el camino a sus hermanos.

La maduración de sus mentes será mejor que la mía. Pierdo el coche cada vez que lo dejo en un aparcamiento, si no memorizo la letra y el número de la plaza que ocupa. Para localizar una dirección necesito que me la indiquen tomando como referencia los comercios, pues memorizar los nombres de las calles es una tarea perdida de antemano. Solo recuerdo tres o cuatro números de teléfono, por lo que sin batería en el móvil estoy perdida. Me dejo la llave puesta en la puerta de la casa, del coche o de la clase. Voy al supermercado a comprar un artículo y soy capaz de comprar un carro entero y volver sin lo que había ido a buscar.

Ciertamente mi familia está repleta de defectos y anécdotas curiosas que nos hacen ser peculiares. Somos artistas, creativos e imaginativos. Con la intuición suplimos muchas de nuestras carencias y nos complementamos unos a otros. Mi marido es impaciente; yo tengo una paciencia infinita. Soy una magnífica mediadora, sin embargo siempre me dirijo en la dirección equivocada por instinto. Así que me dirijo al lado contrario y acierto. Mi marido se orienta en cualquier situación. El tema de la tecnología la llevamos regular, aunque mi hijo es un virtuoso. No en vano quiere ser ingeniero informático. Aunque la cocina no le atrae, pero para eso está la pequeña. Despunta no solo como una buena cocinera, sino como una excelente repostera.

Si de algo me siento orgullosa es de la relación que mantienen mis hijos. Cuando eran pequeños y se peleaban, elegía un cabeza de turco y arremetía contra él. Conseguía el efecto rebote, es decir, que se uniesen para defender al desvalido en mi contra. Para mi disfrute personal, siguen defendiéndose. De pequeños los he besado, achuchado, acostumbrado a los brazos, metido en mi cama para darles el pecho de madrugada o para que siguiesen durmiendo después de una pesadilla. Les contaba cuentos inventados a partir de tres palabras elegidas por ellos y acababa dormida, para ser despertada por mi marido, quien al percatarse de mi ausencia, acudía en mi rescate.

Me he guiado por mi intuición y lo sigo haciendo. Esa es la principal razón por la que me he embarcado en esta aventura. Pensé que sería una buena oportunidad para que otros que se desesperen sepan que existe la luz al final del túnel. Recuerdo a mi amiga May cuando me decía que debería dar un curso sobre artimañas para ser madre y esposa y no morir en el intento. Simplemente he convertido mi vida en un gran experimento. Ojalá hubiese leído antes los libros sobre el TDA para haber recibido más consuelo.

Mi hijo llegó a preguntarme si le pasaba algo malo en la cabeza, porque él quería ser bueno y no podía. Me esforzaba por ser lo más comprensiva posible, pero cuando estaba a solas lloraba de impotencia por no saber ayudarle. Aunque existe el dicho popular: "*mal de muchos, consuelo de tontos*", cuando descubres que lo que te ocurre a ti, le ocurre a más personas, dejas de sentirte como el único bicho raro para pertenecer automáticamente al grupo de los bichos raros. Casualmente mis amistades suelen pertenecer al mismo grupo que yo. Cuántas horas de conversación con mi amiga Carmina han servido para consolarme o darme ánimos ante las desdichas sufridas en mi vida.

Me considero una mujer feliz que ha sufrido porque ha vivido. Y porque quiero seguir viviendo, seguiré sufriendo y gozando. Gracias a Dios, a mi experiencia no va unida ninguna relacionada con el abuso de drogas o malos tratos o violencia, como pueda ocurrir en otros casos. Mis padres han luchado por sus hijas y por sus nietos, lo que seguirán haciendo hasta el fin de sus días. No hace mucho les pedí permiso para utilizar mi nombre y apellidos. Ser valiente es muy fácil cuando no hay personas implicadas en lo que se cuenta. En este caso, se trataba de abrir mi vida y la de muchos otros. A todos ellos he pedido permiso. Me sorprendió la audacia con la que me contestaron. Se diría que estaba yo más preocupada que ellos. Con su visto bueno me sentí más segura.

A título personal he comentado multitud de historias, pero nunca de esta manera. Para poder tratar al otro como se debe, primero tenemos que conocernos a nosotros mismos. Cuando pierdo el control, me regodeo en ese sentimiento e intento memorizarlo. Así de esa forma, cuando mi marido, mis hijos o un alumno se descontrolan, lo evoco y al recordar la desazón, la impotencia y el sufrimiento me siento más cercana y es desde ahí de donde parto para intentar comprenderlo.

Querido lector nunca se acueste enojado con su pareja, hijo o familiar. "*No dejes para mañana, lo que puedas hacer hoy*", decía mi abuelo. Porque la amargura macera igual que las guindas en aguardiente y si no se las saca a tiempo, pueden desaparecer. De igual manera pasa con el amor. Si no se practica, se diluye. Ese señor con el que comparto lecho, es la luz de mi alma. Si no le deseo buenas noches con un beso, soy incapaz de dormir en paz. Y créame si le digo que tiene el don de sacarme de mis casillas. Y viceversa. Pero, ¿qué saco en claro si me acuesto con una preocupación más? No espero a que dé el primer paso. He aprendido que cuanto antes se solucione, antes concilio el sueño. La vida es demasiado corta y maravillosa como para desaprovecharla con tonterías. A diferencia de los sufrimientos que vienen por sí solos, las alegrías hay que buscarlas y saber reconocerlas. Y es en las pequeñas cosas donde se esconden.

Si tu hijo aprueba un examen, celébralo. Si ponen una película en la televisión, compártela. Si tu pareja te mira sonríele y verás como es contagioso y te la devuelve. Cuando te despidas, deséale a la cajera del supermercado que pase un buen día. Saluda a tu vecino y considérate la persona más afortunada del mundo porque: a) estás viva; b) sabes que eres TDA y con este libro vas a descubrir nuevos puntos de vista; c) sospechas que eres TDA y empieza a gustarte; d) Si lo eres, perteneces a uno de los grupos más divertidos del planeta.

¿Y quién dijo que fuera fácil?

Susana García Ruiz

"Hay una fuerza motriz más poderosa que el vapor, la electricidad y la energía atómica: la voluntad".

Albert Einstein.

Si tuviera que describirme diría que soy una mujer activa, impulsiva, positiva, voluntariosa, creativa y con gran sentido del humor. Posiblemente este carácter ha hecho que viva sin ser demasiado consciente de padecer un trastorno del que jamás había escuchado nada, y ni siquiera se me había pasado por la imaginación que alguno de nosotros lo pudiésemos tener.

Con frecuencia suelo decir que tengo memoria de pez cuando me preguntan sobre cosas que han pasado y no las recuerdo. Siempre he tenido muy mala memoria y tiendo con facilidad a olvidar el pasado. Por esta razón no tengo demasiados recuerdos de mi infancia, cosa que me beneficia, pues no fue fácil.

Pero sí puedo decir que nunca he sido capaz de concentrarme a la hora de estudiar, de hecho no recuerdo verme delante de un libro dedicando tiempo a ninguna materia. Me distraía con cualquier cosa. No se me quedaba nada de lo que leía, de hecho, no empecé a leer libros hasta que cumplí los 23 años y mi prima me dejó la primera novela de mi vida.

Siempre pensé que no servía para estudiar, pero nunca tuve la sensación de ser tonta o no tener capacidad, ¡eso no! Ir a clase y escuchar a la profesora me aburría soberanamente. Mis calificaciones siempre fueron bajas, y nunca entendía lo que me explicaban. Cometía errores con frecuencia y se me iba el santo al cielo. Lo único que me gustaba era la gimnasia y la costura, en esas asignaturas destacaba y sacaba sobresalientes, de hecho estuve en un equipo de gimnasia rítmica donde iba siempre que podía, y por mi hubiera estado allí todo el día los 7 días de la semana.

Mis padres se separaron cuando yo tenía 7 años y esta circunstancia familiar hizo que nos trasladásemos a vivir a casa de mis abuelos (de ellos aprendí los valores de la vida). Tuve que dejar de estudiar, comenzar a trabajar muy joven, y responsabilizarme de la casa y de mis hermanos. No tuve opción, no me dio tiempo a pensar si yo podía o quería estudiar una carrera. Esta circunstancia ha sido clave para todos mis hermanos, pues cambió radicalmente nuestras vidas. Ha sido duro vivir sin padre, pero a mí personalmente me ha hecho fuerte. Yo diría que esto ha sido lo que ha esculpido mi carácter.

Tengo en mi memoria la constante de que en casa me tenían tachada de vaga y distraída a pesar de haber sido siempre muy dispuesta para las labores del hogar; ayudaba en casa con todo lo que se me pedía y me interesaba en aprender a cocinar con mi madre o a coser, cosas que no requerían demasiado esfuerzo mental. Durante mi adolescencia he sido un tanto rebelde pero bastante miedosa, y siempre he respetado los buenos consejos de mi madre y abuelos. No solía meterme en líos y he sido muy bromista, eso sí, me reía hasta de mi sombra.

Conocí a mi marido cuando cumplí los dieciocho años y aun hoy después de 28 años seguimos felizmente casados. Fruto de esta relación nacen 3 hijos varones. Nunca pensé que nuestra familia fuera distinta, yo diría incluso que es bastante divertida. Vivimos dentro de un orden y unas normas bien establecidas, intentamos educar a nuestros hijos en valores y no somos demasiado duros con ellos.

Todo comienza cuando mi hijo mediano (que actualmente tiene 17 años) repite 6º de Educación Primaria después de un fracaso escolar constante, desde que es muy pequeño. Es un niño nervioso, despistado, bastante inocente creativo y sobre todas las cosas noble y una gran persona. Visitamos varios psicólogos que no supieron decirnos por qué nuestro hijo tenía tan malos resultados académicos, tan solo que nuestro hijo si quería, podía.

Tenemos un sobrino que se parecen mucho en carácter a mi hijo, y siempre los habíamos comparado. Su madre me cuenta que a su hijo le han diagnosticado Trastorno por Déficit de Atención, y que cree que mi hijo podría tenerlo también, me deja un libro de el doctor Rojas Marcos. Cuando lo leí vi reflejado a mi hijo en muchas cosas, además nos pone en contacto con una especialista, que después de valorarlo diagnostica por fin a nuestro hijo. En ese momento se me cayó el mundo encima, pero por fin le pudimos poner nombre a la desmotivación, la frustración, la baja autoestima y el bajo rendimiento escolar que hasta ese momento tenía mi hijo.

A raíz de esto hay un antes y un después en su vida, sobre todo en su autoestima, que mejora notablemente. Después de las valoraciones familiares llegamos al destino definitivo, somos una familia multi-TDAH, solo se escapa el perro.

No he sido consciente de que tener TDAH fuera un impedimento a lo largo de mi vida. Ahora, analizando los síntomas del trastorno y después de mucha información, puedo decir que me doy cuenta de cómo me ha afectado, pero he sido capaz de anteponerme a los avatares de mi vida.

En cuanto a mi afectación por el trastorno, puedo decir que se manifiesta de forma constante pero no con demasiada intensidad en mi día a día; despistes no demasiado acusados, postergación de las cosas que no me gustan en demasía y hablar en exceso, eso sí, me encanta hablar (me encontré a una amiga en la puerta de un supermercado, nos pusimos a hablar hasta que nos cerraron el súper y no nos dimos ni cuenta… volví a casa sin la compra). Me encanta hablar con todo el mundo.

En lo que más noto esta afectación es que casi nunca me da tiempo a hacer todo lo que quiero, suelo llevar demasiadas cosas a la vez y no termino todas las que empiezo. Suelo tener puesta la comida en el fuego, mientras pongo una lavadora, pregunto a mi hijo la lección y hablo por teléfono con mi madre, eso todo a la vez. Mi marido suele decirme con bastante frecuencia que "*voy a la bulla*".

Un ejemplo evidente de las cosas que empiezo y no termino es que desde hace mucho tiempo (es una asignatura pendiente) tenía ganas de aprender inglés, y por fin este mismo año, apoyada por unas amigas, decido matricularme en un curso de inglés. Las clases presenciales son los lunes y va a tema por semana. Hay que trabajar en casa el tema y el lunes exponer en clase. Yo fui el primer lunes, y ya no he vuelto a ir porque "*siempre tengo algo que hacer los lunes*", y además durante toda la semana no consigo sacar un hueco para ponerme a estudiar.

Constantemente tengo cosas empezadas y no terminadas, empecé una colección de cromos hace 25 años. Durante 25 años he comprado, me han regalado y he ido recopilando cromos de distintos países. Un día decidí que tenía que encuadernarlos y me fui a compra álbumes, cartulinas, forros y todo lo necesario para que mi colección quedara lo mejor encuadernada posible, de eso hace por lo menos cuatro años y todavía no he terminado de encuadernarlos.

Ahora que ya he cumplido 46 años es cierto que se me olvidan las cosas que tengo que hacer o comprar, y he empezado a utilizar el bloc de notas del móvil para apuntar todas las tareas pendientes (nunca he utilizado agenda aunque siempre las he comprado…).

Me suele pillar el toro (como se suele decir) en casi todo lo que tengo que entregar o recoger. Si tengo que recoger un paquete y tengo 20 días para llegarme a correos, siempre voy el último día a última hora. En mi trabajo doy rienda suelta a mi creatividad y no tengo muchos problemas, aunque quizás que me voy de una cosa a otra con bastante facilidad.

Solo puedo decir que soy feliz, tengo un montón de amigas con las que me divierto, nos reímos y las quiero mucho, ellas son mi vitamina. Podría contar miles de anécdotas (casi todas divertidas), pero siempre he intentado sacar la parte positiva y tirar para adelante.

La relación con mi marido siempre ha sido buena y nos entendemos bastante bien aunque, como es lógico, tenemos nuestras diferencias. Tengo unos hijos maravillosos, buenos y competentes, eso si, con dificultades para sacar sus estudios… pero como suele decir mi suegra cada uno encuentra su sitio. ¿Tú conoces a alguien que no lo tenga?

Mentiría si no digo que he tenido momentos en los que he deseado tirar la toalla o salir de casa dando gritos, pero he sido capaz de enfrentarme a ellos positivamente. El diagnóstico ha sido clave para la aceptación del trastorno, para mí, pero sobre todo para mis hijos.

Estoy convencida que tanto mi padre como mi madre también tienen el trastorno, como mis hermanos varones. Eso explicaría muchas de las cosas que a lo largo de mi vida me ha costado entender de ellos.

Y como suelo decirle a mi psicóloga cada vez somos más, porque si nos buscamos porque estamos a gusto juntos, cada vez hay más parejas que se juntan TDAH y tendrán hijos con más probabilidad de padecer el trastorno, ¿no? Desde que soy consciente de mi TDAH, son más las persona que conozco que creo que puedan padecerlo, y casualmente son las personas con las que más a gusto me siento y me divierto.

Para terminar, me gustaría alentar a todas esas personas que puedan tener dudas si serán o no adultos TDAH que se pongan en contacto con especialistas, que se informen a través de libros, asociaciones, etc. Conociendo a lo que te enfrentas es más fácil salir adelante, seguir las pautas para modificar comportamientos, y si se puede solo es cuestión de proponérselo. Refiero el consejo que me dio una amiga hace poco… *"no te preocupes, al principio ves todo como una madeja enredada, pero si buscas el principio y tiras de él, llegas al final"*.

¿Quién nos dijo que fuera fácil?

 ## ¿Qué les pasa? ¿Por qué van todos tan despacio?

M.C.F.M.

> *"La vida no se mide por el número de veces que tomamos aliento, sino por los momentos que nos lo quitan".*
>
> George Carlin.

No recuerdo cuando tomé consciencia de que era TDAH, supongo que lo intuía durante toda la vida, aunque en mi infancia todos utilizaran eufemismos para denominar lo que me pasaba: revoltosa, trasto, inquieta, malcriada, insoportable, agotadora, incansable, culo inquieto... No les cuento nada nuevo. Todas las personas que padecemos este trastorno hemos sido calificados con muchos adjetivos como estos o similares. Aún hoy debo reconocer que continúo agotando a todos los que comparten mi vida: madre (ésta con mayúsculas, ya explicaré el motivo más adelante), hermanos, marido, hijos, amigos... Con este relato quiero agradecerles a todos la infinita paciencia que demuestran tener con mi hiperactividad... Al grano, que se me olvidan rápido las cosas (¿qué les iba a contar?).

Desde muy pequeña, como ya he dicho anteriormente, sabía que yo no era como las demás. ¿Cómo era posible que todas mis compañeras aguantaran pasivas y con cara de interés, atendiendo tanto tiempo? ¿De verdad que eran capaces de soportar esos rollos tan largos de las profesoras? ¿Por qué tardaban tanto en hacer cualquier tarea? ¿Cómo eran capaces de soportar una misa completa? Nunca lo supe hasta hace unos años cuando me diagnosticaron el TDAH. A partir de ese momento, la mayor parte de todo lo que me ocurrió en la vida comenzó a tener sentido y fue una liberación en cierto modo comprender los motivos por lo que me ocurrían estas cosas.

Soy la segunda hija de cuatro hermanos; dos niñas y a continuación dos niños, todos muy seguidos. El hermano que me seguía en orden, dos años más pequeño que yo, también padecía este trastorno, aunque mucho más acusado ya que desarrolló peores mecanismos de defensa para "sobrevivir" en el mundo hostil que nos rodeaba y que nadie parecía comprender.

Podría contar mil anécdotas de mi infancia relacionadas con el TDAH que padezco. La frase que puede definir mejor mi relación con el entorno, la decía mi madre a menudo: *"Cuando mi hija Carmen se duerme, soy la mujer más feliz de la Tierra"*. ¡Qué paciencia la de mi madre! Debo reconocer que no podía quitarme el ojo de encima ni un segundo, ahora escalaba la librería más alta de la casa, inmediatamente me tiraba por el reposa manos de la escalera, más tarde (¡cómo me gustaba ir a la finca de mis abuelos!), me metía dentro del gallinero con las gallinas (se pueden imaginar todas las gallinas volando a mi alrededor) y como además me olvidaba siempre de cerrar la puerta, todas salían hacia la finca de plataneras donde la mayoría moría por no saber cómo volver a su casita. Y cada vez que hacía esto (varias veces al día), había que cogerme de las orejas con dos manos (una expresión para denominar lo sucia que estaba, y oliendo a gallina…) para darme otra ducha y cambiarme de ropa. Mi pobre madre intentando siempre que estuviera medianamente limpia, cosa que raras veces conseguía, y mi abuela agarrándose unos enfados monumentales con *"Esta niña que no puede estarse quieta un rato, que no obedece nunca… ¡si parece un niño!"*.

En el colegio de monjas, aunque mis notas no eran las mejores de la clase, lograba ir aprobando bastante bien, incluso con algún sobresaliente en las asignaturas que me gustaban, sobre todo porque poseía una memoria visual extraordinaria, que aún conservo, y me apoyaba en ella para poder recordar lo estudiado. Como era consciente de la dificultad que tenía para memorizar los deberes de una manera normal, desarrollé una estrategia estupenda para poder lograrlo. A todos los apuntes (hoja por hoja) y a cada página del libro que tenía que estudiar, le hacía pequeñas marcas en algún lugar. Para ello me ayudaban mucho los rotuladores fluorescentes. Si era capaz de recordar la marca, el color, o alguna muesca que le hubiera hecho al papel, era capaz de recordar todo el folio. Además de esa estupenda memoria visual, también podía estar atenta a todo lo que escuchaba, y aunque aparentemente para mis profesoras yo no prestaba ninguna atención a lo que decían, me quedaba con todo lo que hablaban. El problema era que lo hacía al mismo tiempo que estaba quitándome los zapatos, empujando a la niña de al lado o mirando por la ventana de la clase para ver lo que ocurría en la calle. Y todo eso acompañado con movimientos de un lado a otro para no perder detalle de lo que pasaba a mi alrededor o incluso fuera del aula.

Algunas profesoras, molestas con tanto ajetreo, interrumpían de improviso la clase para preguntarme algo sobre lo que enseñaban en ese momento, en un claro intento de pillarme distraída. Nunca lo consiguieron; memorizaba de una manera asombrosa todo lo que oía, con la consiguiente desesperación de la profesora de turno. Algunas docentes admiraban esa capacidad de estar atenta a varias situaciones a la vez, pero para la mayoría de mis profesores era desesperante.

Las clases en que más disfrutaba eran las de manualidades (para las que tenía bastante habilidad, creatividad y originalidad) y las de deporte. ¡¡Me encantaba hacer deporte!! Yo necesitaba moverme continuamente y en esas clases podía hacerlo. Además, como mi físico y mi osadía acompañaban, era siempre la capitana de todos los equipos en los que estaba. Mi profesora se sentía feliz conmigo, era muy gratificante también para ella tener una alumna tan aventajada e interesada en las materias deportivas. En lo que se refiere a deportes de equipo, tengo que decir que, aunque me gustaban, me desesperaba a menudo ya que las demás no llegaban a mi nivel o no lo hacían con la velocidad de la que yo era capaz. Creo que fue por ese motivo por lo que practiqué muchos deportes individuales, con similar final: una vez conseguido un logro importante, dejaba de interesarme para comenzar otro que supusiera una novedad.

En este sentido, sólo dos deportes, la pesca y la vela (ambos fuera de las aulas), fueron capaces de mantener siempre mi interés, no perdía oportunidad de practicarlos cuando podía. La pesca, en cualquiera de sus modalidades, y la vela por la sensación de libertad que me producía, y en la que llegué a destacar en varias ocasiones.

Y volviendo al colegio, tengo que reconocer que me aburría terriblemente estudiar. En todos los años previos a la universidad, pocas materias despertaron realmente mi interés. Con el tiempo comprendí que el rendimiento en una asignatura dependía en gran medida de la profesora que la impartía y los métodos que utilizaba. En pocas ocasiones era capaz de estudiar a gusto. Me resultaba enormemente aburrido hacerlo, y además era incapaz de permanecer quieta el tiempo que requería esa tarea. Así que iba demorando el momento de ponerme a estudiar hasta el último día antes del examen. Siempre me decía que para el próximo estudiaría con tiempo y cambiaría. Nunca fui capaz de conseguirlo.

No estudiaba porque me interesaran las materias, ni siquiera por lo que te decían de prepararte para el futuro, cosa que yo veía con demasiada distancia para que me preocupara. Creo que realmente solo estudiaba porque me aterrorizaba defraudar a mi madre.

Al hilo de lo anterior, paso a contar una anécdota, en relación al peso que la opinión de mi madre y el miedo a defraudarla tenían en mi vida.

Cada semana, en el colegio, ponían unas cintas de varios colores con unas medallas de la Virgen para premiar a las alumnas que habían destacado en varias cosas; la verde para las que habían tenido un buen comportamiento, la roja para las niñas con buenas notas y la blanca que era para las que destacaban en ambas cosas. Casi todas las semanas, yo llevaba a casa muy orgullosa la medalla roja que acreditaba mis buenas calificaciones. Mi hermana, una niña con una excelente conducta, pero con peores notas que yo, era la merecedora semanal de la medalla verde. Mi madre, en su intento por motivarme, un día me sugirió que se sentiría muy feliz si alguna semana fuera capaz de conseguir la medalla blanca. Supongo que era un nuevo intento para que me portara mejor y no pasarse media vida teniendo que ir al colegio para escuchar nuevamente las quejas de los profesores sobre lo mal que me portaba, la necesidad de que cambiara de actitud o para relatarle la última trastada que había protagonizado.

Esas palabras de ella se convirtieron, la siguiente semana, en el único objetivo a lograr. Me mordía la lengua para controlar mi impulsividad verbal para contestar a las profesoras, evitaba a las compañeras que eran como yo (Dios nos cría…) y, al llegar el viernes, mi profesora, la cual no sentía por mí ningún aprecio y no hacía nada por evitar que se le notara, no tuvo más remedio que otorgarme la medalla blanca. Casi lloraba de emoción imaginando la cara de felicidad de mi madre. Era capaz de sentir el abrazo y el beso que me iba a dar, y las palabras de orgullo que iba a escuchar. Pero al final, como casi siempre en la vida de un niño con TDAH, algo se tuerce cuando se encuentra con un adulto con rigidez mental, sin ninguna sensibilidad y que solo aplica castigos sin escuchar las razones que han hecho que se comporten de una manera determinada en una situación determinada… Cuando faltaban escasos 10 minutos para irnos de fin de semana, y mientras la profesora llenaba el tiempo hablándonos de religión, otra compañera, TDAH igual que yo, y colega habitual de mis correrías, me dio una patada por detrás, en la silla. No pude contener mi impulsividad y, sin pensar ni un segundo en lo que hacía, me volví para decirle que me dejara tranquila. La mala suerte hizo que en ese momento aquella profesora me viera y, sin preguntar qué había ocurrido, se levantó y me arrancó sin compasión esa medalla que era el tesoro que había ganado para mi madre. Desesperada intenté hablar, explicarle con lágrimas en los ojos lo que había ocurrido, incluso mi amiga le hizo saber que yo no había tenido nada que ver en todo aquello, pero no quiso atender a razones, supongo que la invisible etiqueta que nos cuelgan a todos los TDAH desde pequeños, no ayudó nada a solucionar la situación. No paré de llorar ni siquiera cuando llegué a casa y, entre hipidos, lágrimas y mocos, intenté explicarle a mi madre lo ocurrido. Le conté que había conseguido lo que ella quería, lo que me había esforzado toda la semana para tenerla y cómo esta incomprensiva profesora me la había quitado sin ni siquiera escuchar mis razones. Mi madre, después de oír, con paciencia y amor infinito, la historia de la medalla, me contestó que se sentía igual de orgullosa de mí, que lo importante era que la había conseguido, que ella sabía que era capaz de lograrlo. Y yo también comprendí el sentido de sus palabras. Esas palabras de mi madre fueron el mejor bálsamo para una pena tan profunda. Desde mi atalaya actual de adulta lo entiendo como un refuerzo en mi autoestima. ¡Qué importaba si los demás no entendían ciertas cosas! Yo era capaz de hacerlo y mi madre lo sabía.

Estas y otras muchas anécdotas similares, reforzaban continuamente mi confianza en que yo era capaz de cualquier objetivo que quisiera alcanzar, y además, me enseñaban a vivir sin necesitar la aceptación de los demás. Me ha ayudado mucho pensar que las recompensas a mis actos las juzgo yo misma sin esperar un reconocimiento externo que suele ser equivocado y esquivo con personas singulares como es mi caso. Los resultados de esta actitud son positivos.

Podría seguir contado mil cosas sobre lo importante que fue el ambiente de cariño y motivación con el que crecí. Como pueden suponer, en los años sesenta y setenta, en este país, el TDAH era un trastorno desconocido, también para mi madre. Pero ella actuaba desde el amor, el instinto y la experiencia contrastada de que yo funcionaba mejor cuando me sugería que era capaz de hacer algo. Una frase en la que siempre apoyaba estos refuerzos positivos que me daba era, "*si los demás tienen hasta cara de tontos y pueden hacerlo, ¿cómo no vas a ser tú capaz de hacerlo?*". Así aprendí a hacer infinidad de cosas sin que nadie me enseñara; tenía la inteligencia y todo era cuestión de dedicación.

En el colegio, iba pasando de curso sin repetir, aunque no pude evitar que mi madre se pasara media vida hablando con la directora sobre mi mal comportamiento y mi impulsividad. Esta impulsividad se hacía más evidente en aquellas situaciones que me parecían injustas. A los castigos que me caían continuamente por mi mal comportamiento, se sumaban mis rebeldías por defender a cualquier niña que hubiera sido injustamente tratada. Tenía un enorme sentido de la justicia, sobre todo con los más débiles. Y así me lo recuerdan hoy aún algunas compañeras por las que saqué la cara y por las me llevé varios castigos, incluidos algunos avisos de expulsión. Debo reconocer que, sin proponérmelo, era la líder de la clase, permanentemente delegada de curso y "defensora de causas perdidas", sobrenombre con el que me tildaban algunas profesoras por mi tendencia a empatizar en "exceso" con el sufrimiento y los problemas de las compañeras de mi clase.

Durante mi etapa escolar tuve todo tipo de profesoras, algunas muy buenas y comprensivas y otras nefastas para mi educación en general y académica en concreto. Las buenas profesoras eran conscientes muy pronto de la importancia de colocarme siempre en la primera fila donde me distrajera lo menos posible. Algunas también intentaban que participara de las clases de una manera más activa que las otras niñas, bien preguntándome continuamente sobre lo que estaban hablando, bien solicitando mi ayuda para borrar la pizarra, ir al sitio que hiciera falta, librería, archivo, etc. o ayudándoles a repartir cualquier tipo de material escolar entre mis compañeras. Estas pequeñas tareas que me encomendaban, hacían que me sintiera feliz, no solo por el hecho de ayudar, cosa a la que siempre estaba dispuesta, si no porque me permitía moverme del asiento por un tiempo, haciendo más llevaderas las clases tan largas y pesadas.

Del colegio también recuerdo lo que ha sido una constante en mi vida, la sensación de que todos eran demasiado lentos. Demasiado lentos para moverse, para leer, para terminar un ejercicio, para hacer un examen, para realizar cualquier cosa… ¡¡todos me desesperaban!! ¿Cómo podían hacer las cosas con esa lentitud? ¿Eran tontos o qué les pasaba?

No sé si era un exceso de amor propio, pero nunca pensé que el problema lo tuviera yo. ¿Cómo iba a ser mío el problema si era yo la que era capaz de hacer el triple de cosas que ellos en el mismo tiempo? El problema, evidentemente, lo tenían los demás.

Así, a pesar de que me sentía diferente a los otros, nunca sentí que tuviera un problema, aunque reconozco que me preocupaba mucho mi escasa capacidad de concentración para estudiar, atender en el aula o permanecer quieta un tiempo que las demás compañeras parecían llevar con absoluta tranquilidad.

En cuanto a las dificultades en el aprendizaje recuerdo, en concreto (porque aún la conservo), las dificultades para comprender dónde iban los acentos, qué palabras los llevaban y cuáles no. Y aunque aprendía las normas, era incapaz de aplicarlas bien.

A pesar de todas estas dificultades, logré entrar en la universidad. Una manifestación más de mi TDHA se demostró a la hora de seleccionar mi carrera universitaria. Con diecisiete años es muy difícil tener clara tu vocación. Comencé con Bilogía, siguiendo los consejos de mi madre, como sucedáneo de la Medicina para pasar, después de dos años y con un giro copernicano, a estudiar Historia, que era realmente lo que me apasionaba.

Visto desde la actualidad, esa carrera se hubiera adoptado perfectamente a mis aptitudes, pero llegó el amor. Una pasión que arrasó con todo y como un violento tsunami me convirtió al poco tiempo de cumplir los 21 años en una señora casada y con una niña berrearte y traviesa para ocupar cada minuto de mi tiempo. Seguramente me faltó una gran dosis de reflexión y sobró impulsividad en la toma de estas decisiones que determinaron definitivamente mi futuro. Este nuevo status descubrió unas facetas desconocidas antes para mí. Adopte métodos disciplinarios para que mi mente se focalizara en la crianza de mi hija, tratando de superar mi tendencia al caos con unas enormes dosis de perfeccionismo. El esfuerzo no impidió protagonizar situaciones cómicas como descubrir que el polvo de la papilla no se disolvía en el biberón, ya que había puesto aceite en vez de agua.

Años más tarde, y con el nacimiento de mi segundo vástago, la necesidad de mantener todo en orden se multiplicó por dos. Necesité metodificar mi vida con rutinas estrictas en comidas, ropa, colegios, limpieza, orden en la casa, etc. Recuerdo con cierto terror, que mi peor pesadilla era olvidarme de alguna de estas rutinas y pensar que mis hijos no les esperaba nadie a la puerta del colegio, que no tuvieran la comida a tiempo o que les faltara cualquier necesidad primaria debido a mi tendencia olvidarme de las cosas. Todo esta disciplina mental me hizo desarrollar un trastorno compulsivo por el orden, el perfeccionismo y la higiene doméstica, que me dura hasta la fecha, y que sin duda tiene su origen en la ansiedad que me causa olvidarme de cualquier tarea o responsabilidad que considere importante.

Así que en casa se impusieron normas estrictas en cuanto al orden y la limpieza cuyo cumplimiento han causado más de un conflicto familiar.

Es muy difícil hacer comprender a otras personas la necesidad de este orden en mi vida o la ansiedad que me produce cualquier alteración en él. En este sentido conviene puntualizar que este perfeccionismo condicionó sobremanera la educación de mis hijos. Sobre todo a mi hijo pequeño, diagnosticado en la adolescencia como TDAH y que mi empeño en dar una rutina a su vida, consiguió mitigar el caos al que tenía tendencia clara, aunque hizo más difíciles las relaciones con mi hija, creándole entornos limitados y de alguna manera algo asfixiantes.

Mi hijo menor me hacía recordar en sus primeros años mis manifestaciones y comportamientos hiperactivos. Al principio solo era un niño con gran actividad motriz, pero cariñoso, simpático y sociable. Entre los seis y diez años comprobé, con preocupación, cómo se repetía la historia de mi vida en mi hijo. Y así fue como un profesional le diagnosticó, y me diagnosticó, el TDAH.

A partir de entonces, muchas cosas comenzaron entonces a tener sentido. La información sobre este trastorno también me liberó de ciertas culpas sobre actuaciones a las que no encontraba justificación. Nunca hasta entonces pude comprender el enorme trabajo que me costaba concentrarme en algo, ni por qué iba mil veces al mismo sitio y volvía sin recordar para qué lo había hecho. Ahora entiendo el doble esfuerzo que he tenido que hacer para llevar una vida normal. También la razón de mi obsesión por el orden y la limpieza, sin los cuales hubiera caído en el más absoluto caos.

Por lo demás, y cuanta más información poseo, más afortunada me siento por haber tenido la madre que tuve que, rodeándome de un amor totalmente incondicional, me hizo sentir segura y capaz de todo y logró hacer de mí una adulta fuerte y responsable. Pero, sobre todo, distante de cualquier crítica a la que me sometieron desde la más tierna infancia todos los que no entendían mi hiperactividad e impulsividad.

Aprender a ver con cierta distancia dichas críticas fue fundamental para crear en mí una autoestima elevada.

Por supuesto, a mis cincuenta y tres años, sigo siendo incansable y agotadora para los demás, pero yo continúo sin ver un problema en lo que me ocurre. Sigo pensando igual que cuando era niña, "*si soy capaz de hacer el triple de cosas que los demás en el mismo espacio de tiempo, ¿quién tiene el problema?*".

La hiperactividad vista desde los 65 años: pasado, presente y futuro

Fernando A. Garzón Camús

Introducción

La amable invitación a participar en este colectivo me llevó a una zona de confusión mental o ambigüedad que es terrible para mí como hiperactivo. La única indicación fue que escribiera cómo había superado las barreras que se supone coloca la hiperactividad para el desarrollo de una vida normalizada. Solo pensarlo sería una ilusión, ya que creo que no he eliminado ninguna; sino que cada día están ahí aún antes de poner los pies en el suelo cada mañana, es una cuestión de tenacidad y de forjar una dura voluntad.

En mi trabajo de consultor rechazo la confección de informes generales que a veces me piden, me crean muchos menos problemas la precisión, los límites claros, la diana precisa que me permita hacer un tiro ajustado o sencillamente aquellos que considero emitir.

Desde que me lo dijeron hace unos meses y desde que me lo escribieron hace un mes, comencé con uno de mis más grandes problemas de siempre y es retrasar, demorar, postergar, posponer, retardar, diferir, hasta preterir; los cursis lo llaman "procastinación", incluso más difícil todavía "procrastinación" (que, a pesar de haber pasado la cuarta cartilla, la que no pasó el ministro Pepiño, hay que entrenarse para pronunciarla, tanto como los nombres de muchos lugares en México.

Pasado

Comienzo señalando un hito. Unos meses antes de cumplir los cincuenta, una amiga de entonces me pasó una páginas y unos dibujitos que representaban los catorce síntomas que componen el síndrome de la Hiperactividad con el mal llamado o traducido Déficit de Atención (TDAH).

Este descubrimiento tan tardío formó como una argamasa que unió mi rompecabezas vital, ya lo podía pegar; aunque por edad pocas piezas estaban desarticuladas. Había pasado dos oposiciones en la enseñanza, era licenciado en psicología y pedagogía y nunca había oído algo semejante a pesar de mi curiosidad innata; entonces formaba a licenciados para incorporarse a sus primeros trabajos

Comprendí una serie de pequeñas o grandes cosas:

- Por qué, a pesar de mi miopía (uso gafas desde pequeño), me ha gustado conducir siempre por la noche.
- Por qué me gustaba conducir por las carreteras de Marruecos hace años y en Alemania siempre.
- Por qué me fueron mejor los colegios con una ratio pequeña, pocos alumnos para un profesor.
- Por qué progresé tanto con un tipo de escuela hiperactiva, repetitiva, rutinaria y muy disciplinada, aunque a base de sonoras bofetadas, que recuerdo no dejaron traumatizados a nadie, más bien entrenados para no recibirlas en "la mili" y donde las libretas eran de pauta francesa, en esos años.
- Por qué mis vacaciones duraban más de tres meses y apenas pude desplazarme al extranjero con un pasaporte: campamentos de trabajo, excavaciones, cantera, bosques, albañilería, etc., campamentos científicos, escuelas náuticas, etc.
- Por qué reproché a mis padres el traslado de colegios, aunque hay que reconocer que eran forzados por la incapacidad normativa de seguir impartiendo cursos superiores de aquellos.
- Por qué cuando estudiaba Bachiller en la Academia de San Fernando, ubicada en la casa donde nació la Emperatriz Eugenia de Montijo, estaba matriculado también en francés en el Instituto de Idiomas de la Universidad de Granada, con el profesor Alvarez de Cienfuegos, y acudía a clases de dibujo lineal a cargo de Don Francisco en la Escuela de Artes y Oficios de la calle Gracia.

Los recuerdos del inicio de mi vida escolar son entrañables y ello a pesar de que me ataban a la silla y... nada más llegar. Mis padres fueron "cómplices". Así resolvían mi hiperactividad aquellas monjitas que mantenían un colegio dividido en el centro de Granada, con uniformes diferentes, entradas diferentes y no recuerdo si patio diferente de recreo; y seguro, que a horas diferentes según fuéramos "niños de pago", con un engorroso y opresivo cuello duro, de gran dificultad de abotonar y cuyo cierre costaba algún pellizco en el cuello mientras "montaba el pollo" cada mañana.

Envidiaba a los niños "gratuitos", éstos sin el dichoso cuellecito y que podían esperar jugando al sol en la puerta de entrada frente al Palacio de los Patos, hoy un hotel de 5 estrellas.

Hay que reconocer que la situación para estos niños era menos humillante que la que mantenían las llamadas "brujas" en el Paseo del Salón, amantes del patrocinio directo como la rectora de la Universidad de Málaga, siguen en la misma ubicación. Las mías entraron en el juego de la especulación y destrucción de la feraz Vega de Granada. Hoy se llama Colegio Regina Mundi.

¿Qué harían con los niños hiperactivos "gratuitos"? ¿Cómo los atarían? Me sigo preguntando, aunque posiblemente les expulsaran a la primera de cambio.

Pero estas son reflexiones de mayor, la verdad es que siempre añoré ese colegio y no aquel tan aburrido que estaba casi enfrente y adonde fui trasladado por orden de una tía de mi padre, monja ejecutiva, que llegó al mismo y que "odiaba a las calderonas", que era como se refería a las colegas.

Pues en el Colegio de Recogidas, hoy El Carmelo y trasladado también a la Vega, me enseñó a leer la Madre Jesús, una anciana muy bondadosa; no tuve ninguna dificultad, tampoco para escribir, aquí también ataban a los zurdos su mano buena como hacían en esa época hasta con el aún Rey de España.

Cuando comencé la primaria iba ya con adelanto, por la edad; pasé a una Escuela Graduada "Beato Juan de Avila", aneja al Seminario, tenía buena fama en el barrio por sus tres maestros, entre ellos estaba D. Eduardo Palomares uno de los muchos maestros republicanos de la promoción del 31 que la iglesia rescató de la depuración, conjuntó una orquesta de cuerda y un coro, mi padre al igual que otros treinta padres, compraron instrumentos. El mío fue un violín que aún conservo, después de la presentación y uno o dos conciertos más, los curas lo deshicieron por pura envidia según deduje años más tarde a pesar de la discreción con que trató la disolución cuando le pregunté el por qué.

Hoy es un gran colegio con más de mil alumnos de Infantil, Primaria, E.S.O. y Bachiller; cuenta con unas 36 aulas y unos cincuenta profesores.

Hice el examen de ingreso en Bachiller, algo que dadas las pruebas, ya unos cientos de miles de alumnos no pasarían, porque eliminaban las faltas de ortografía y "las cuentas" que hoy serían letales incluso para alumnos de 12 años o más; y esto no es culpa de los planes solo, sino de los maestros que no lo enseñan suficientemente y los profesores de la secundaria que permiten que en ese estado lamentable se acceda a la universidad.

Hice los tres primeros años de Bachiller en la Academia San Fernando de los Hermanos Sres. Vallecillos (D. Juan y D. Manuel), nos daban clases a estudiantes que son y han sido prestigiosos profesores en la universidad: D. Manuel Payares, al que injustamente se le negó la Cátedra de Derecho Administrativo, D. Julio Aróstegui, Catedrático en la Complutense; D. Cristóbal, Catedrático de Medieval y profesores que han acabado sus días dando horas y horas de clase en los colegios religiosos, los que eran mayoría entonces en la ciudad. Don Sebastián Prades, Don Diego Vílchez, que sí consiguieron recalar en los institutos y otros que no puedo recordar, pero todos muy buenos enseñantes, como se dice ahora.

Mis notas eran muy buenas, la enseñanza era casi personalizada porque cada día eran revisados nuestros deberes en cada asignatura, cada día éramos preguntados a fondo, oralmente más incluso que por escrito; las clases eran muy dinámicas y exigentes. En los ríos de España, ya memorizados, esos que ahora algunos opositores a Magisterio no conocen, había que añadir: cuenca, ciudades de paso, afluentes y hasta los pantanos que se estaban inaugurando.

El ocio era del barrio y en el barrio, La Magdalena, nuestro campo de deportes era la Plaza de Gracia cerrada al sur por la tapia que cercaba la huerta de la condesa de Lajarosa y en una esquina junto a la iglesia del seminario estaba la entrada a la Graduada. Hoy este espacio público, como el de casi todas las plazas de Granada, lo ocupan las terrazas de bares, cafeterías y restaurantes. Teníamos la iglesia parroquial, el convento de clausura aledaño, con sus dulces monjiles, y el cine Goya.

Las huertas casi llegaban a nuestras casas y aunque a la vega ya se la estaba destruyendo con el beneplácito de las autoridades, hoy ya ha sido devorada por todas las hienas locales que la rodean como una manada desde la mano permisiva cuando no comprada del urbanismo de los pueblos del cinturón. Había pandillas, que no bandas, en cada calle; incluso cada tramo podía tener la suya y ahí nos socializábamos los niños, además de con la familia, hermanos, primos, etc. Esto hoy pocos niños en las ciudades lo tienen.

Otro cambio de centro, desde una pequeña academia particular entre grandes colegios religiosos masculinos: Maristas, Escolapios, Sacromonte, etc., que tenía que ser competitiva, a pesar de ello le negaron la licencia para examinar de los cursos de bachiller elemental de una forma abrupta. La academia desapareció.

Forzosamente, pues, mi padre decidió matricularme en el instituto, el único en la provincia: el "P. Suárez". Aunque la entrada fue buena caí enfermo, víctima de los excesos de ese verano. Recuperado en un trimestre, mi padre consideró que debía repetir el curso por la existencia de la reválida. Estaba en plena adolescencia y no perdería curso, decía, al estar adelantado por mi fecha de nacimiento. Grave error, cambio de compañeros, de profesores. No obstante, aprobé en cuarto curso y la reválida correspondiente. Pero en el curso siguiente vino la caída, llegué a repetir curso por una asignatura (matemáticas), que finalmente aprobé con notable alto, ya que el causante, un catedrático vasco aislado en la ciudad, me negó el sobresaliente "por repetidor", me dijo. En el instituto grandes maestros, más que profesores, y que a pesar de su masificación imponían su estilo. Don Emilio Orozco, Don Antonio Domínguez Ortiz, Don Amadeo Sañudo, Don José Martín Recuerda, Doña Salud, Don Manuel Casares, luego Obispo de Almería, me hicieron un estudioso hasta hoy de sus asignaturas, con todos seguí relación de agradecimiento.

También encontré los primeros depredadores que fueron los que realmente pusieron barreras en mis estudios y por ende en mi vida. El peor lo encontré en el Instituto Experimental P. Manjón, adonde llegué ya maestro de enseñanza primaria, enseñanzas cursadas mientras aprobaba la asignatura que me había hecho repetir otro depredador y huyendo del mismo. Nunca tuve problemas con las reválidas, mis conocimientos eran firmes.

Aquí vinieron también los mejores profesores del otro instituto a los que se agregaron el profesor Sr. Marín López, Don Tomás Sánchez, un magnifico y joven profesor, al igual que Don Fernando Serrano, catedrático de inglés que siguió luego con el mismo nivel en la universidad, y Don Pedro Arrojo, un muy considerado profesor de matemáticas y director del instituto. El nuevo depredador, frenado por mi padre en una ocasión, me siguió desde diversos cargos obtenidos por su relación con un ministro de educación y trató de hundirme. Está claro que no pudo.

Había aprobado las oposiciones a maestro nacional, fue nuevamente Don Eduardo Palomares mi mentor. En un aula de 100 alumnos y en 4 sesiones, me enseñó todo lo que las entonces Escuelas Normales no enseñaban a pesar de aquella asignatura Prácticas de Enseñanza y que hoy más finos llaman "Prácticum", y que siguen consiguiendo que los maestros novatos se estrellen al llegar a sus centros de destino: contra los alumnos, contra sus padres y contra la administración. Fue mi entrenador hasta que pude manejar con soltura a mis 45 primeros alumnos, en un aula que ocupaba un salón familiar en un desvencijada casa del pueblo donde cohabitábamos con la familia, una pareja de ancianos, molesta por los cascotes que caían sobre su cama apenas nos movíamos en la clase. Cambié de ubicación, ayudándome un buen inspector, Don Ramón, aunque las autoridades políticas y la propia secretaria de la Delegación de Educación me pusieron en el punto de mira.

Los servicios y el recreo eran en la calle, junto a una carretera. Entonces se promulgó la Ley de Villar Palasí, sin fondos para financiarla y que no se llevó a cabo jamás. Nunca importó la educación en España, salvo a unos idealistas que siguen hablando de la revolución en la escuela, aún hoy, con ejemplos tipo "trébol de cuatro hojas", mientras los buenos maestros de primaria siempre fueron acosados por el sistema.

Eso sí, tuve que abandonar los estudios de biología, frenado por los horarios locos de la selectividad y el alejamiento de la capital para dejar paso a enchufados y "eterninos". Aunque marché a Irlanda del Norte como profesor auxiliar de Lengua Española durante un curso, en el peor año del terrorismo del IRA y conseguí mi diploma de Bachiller de Idiomas en Lengua Inglesa por el Instituto de Idiomas de la Universidad de Granada, en el año 1972, cuando opté a una plaza en el llamado Plan de Urgencia de Andalucía; para acercarme a la ciudad fui chantajeado por una inspectora en mi destino en un pueblo remoto. Marché a Madrid, donde impartía clase de inglés y francés, en un colegio a estrenar, en un buen enclave con alumnos motivados. Nunca fui reconocido como profesor de inglés por la Junta a pesar de mi experiencia, la sentencia del contencioso fue determinante. Los decretos-ley, también. Hice otra oposición para trabajar con adultos y venir a mi ciudad, ahí reanudé mis estudios universitarios. Un largo y tortuoso camino.

Hay falacias introducidas por el sistema, consignas que a base de ser repetidas por el régimen actual algunos se las creen. Una de ellas es que estamos ante la generación mejor formada. Mejor formada, ¿en qué?, ¿para qué?, ¿para mandar lo mejor de cada casa fuera del país? mientras el país es dirigido generalmente por lo peor de cada familia?, ¿son conscientes los gobernantes del daño que supone y del despilfarro de dinero público? Estos jóvenes licenciados, Erasmus la mayoría, se forjarán como buenos profesionales en los países de destino, allí formarán sus familias y allí se quedarán de por vida. A esta sangría, la ministra Báñez le llama "movilidad exterior".

Presente

Es oscuro para los niños, adolescentes y adultos jóvenes. Los científicos no se ponen de acuerdo, ya hay una gama que va desde los que la consideran solo una condición afectada por un medio ambiente hostil y opresivo desde la cuna y que les lleva a rebelarse en aras de su propia supervivencia; a los que persisten en una grave degeneración moral o una grave enfermedad mental que debe ser tratada médica y farmacológicamente.

Esta es la realidad. La guerra entre los dos extremos Susan Ashley y algunos psiquiatras advenedizos que pretenden que sea una enfermedad grave y masiva con la que poder llenar sus bolsillos, mientras alientan el terror familiar sobre el futuro nefasto de las criaturas y de toda la familia. Están ganando con el apoyo descarado de las multinacionales.

El tratamiento en principio y que puede conducir a mantener no solo una buena salud psico-social, que es la más afectada, sino a un éxito vital, es bien sencillo:

- **Psicológico**, una terapia que elimine heridas en los niños y su entorno mas cercano, en la totalidad del núcleo familiar, aprendizaje de técnicas de relación social, de resolución de conflictos, puede acudir para problemas concretos a las técnicas cognitivas conductuales, o de retro-alimentación, estas últimas muy positivas y eficaces, etc. escuchando al niño y al adolescente en sus necesidades expresadas en grupos de auto-ayuda dirigidos, igual recomendación para las madres o la pareja.
- **Pedagógico**, consiste solamente en ir al día en seberes y obligaciones. En este país si el niño no tiene un buen maestro o profesor hay que suplirlo con clases de apoyo. Los padres deben obtener ayuda diaria que le obligue a esforzarse, no que le hagan todo. Buscar centros clásicos, sin experimentos, ni progresías o aquellos reconocidos que tengan buenos programas de aprendizaje electrónicos, que deberían de ser seleccionados por el Estado para estar al alcance de todos. Aquí pueden encontrar maestros jóvenes innovadores y apasionados, posiblemente sean ellos mismos hiperactivos, será el premio, si no los aniquila la burocracia y el sistema.
- **Farmacológico**, si es necesario, prescrito por un neurólogo, los hay muy buenos y especializados. Para evitar la estigmatización, no acudir a las unidades de salud mental, no es un problema de salud mental, y evitar psiquiatras que acudan solo a pastillas, a no ser que sea inevitable por el deterioro. Revocar protocolos si han determinado este itinerario.

Las sufridas madres buscan desesperadamente ayuda, a veces ante la oposición de los padres que solo ven al niño durmiendo. El fin de semana pueden ser encantadores compañeros de juegos, siempre que no haya primos de por medio.

Las terapias que debieran ser familiares y comenzar con las madres instaladas en la ansiedad, confundidas y aterradas con los titulares de una prensa desprestigiada y servil. Ellas son, en definitiva, las que llevan el peso e influirán definitivamente y de por vida.

El desarrollo emocional es muy necesario que se valore y se cuide, ya que puede estar muy perturbado, a veces desde el inicio de la vida, las personas determinantes y cuya relación con el hiperactivo está por investigar. Es posible que "el ruido emocional" en torno al mismo, le perturbe el desarrollo de su inteligencia emocional y por eso habría que considerar su desarrollo afectivo y emocional a lo largo de su infancia y adolescencia.

Participantes de este desarrollo desde la primera fila son sus madres, insisto, si están sanas y apoyadas por su marido, compañero, pareja, mejor. Resulta muy interesante la observación durante la entrevista evaluadora que mantenemos durante hora y media y que trata de medir la presencia de la sintomatología cuando los padres están ya divorciados y en el caso de que acuda la otra parte, o sea el padre, ya que ha sido excepcional el padre que ha traído al hijo. Además de la divergencia sobre los grados de evaluación o la puntuación asignada, también presente en personas casadas, pero nunca en el mismo porcentaje; la figura del niño, por lo general, lo dice todo y más cuando interviene. Su expresión picaresca y empática al mirarme lo resumía todo: consigo cosas de los dos, os manipulo a los dos y me río de los dos; lamentablemente siempre estará peligrosamente solo.

En una ocasión ante la manifiesta agresividad de una madre ante su hijo, un adolescente de trece años, tuve que reconvenirla con una frase antes de la despedida: "*¿Señora de verdad su hijo no le ha dado ni siquiera una pequeña satisfacción en su vida?*" Calló, de una forma cruel. La cara de su hijo y su propio cuerpo expresaban una tristeza infinita.

Ahí pueden empezar las comorbilidades. ¿Era esta madre la depredadora de su propio hijo? Si había que sugerirle a alguien la visita a un psiquiatra sería a ella misma. En cualquier caso, ambos necesitan una terapia antes de que sea demasiado tarde.

Sería aquí interesante recordar la hipótesis que emite Esther Bick (1968), citado por Berger, según la cual los niños confrontados con una insuficiencia de función materna, por mi parte añadiría una sobreabundancia de madre, llegan a contar demasiado con el entorno concreto e inanimado, los objetos-cosas, intentando aferrarse a ellos mediante la hiperactividad, con vistas a sentir reagrupadas las partes de su personalidad mediante este contacto y a salir de su estado de no integración. Por mi parte, considero que habría que investigar el exceso de función materna y sus motivaciones para llegar al equilibrio que es lo que creo que motiva una buena integración.

Posteriormente, René Roussillon (1995) subraya que, en esta etapa, encontrar y crear un mundo bueno alrededor y un rostro materno adaptado es la primera forma de transicionalidad y resulta indispensable para la consecución del desarrollo psíquico, en particular porque permite el acceso a la experiencia de destructividad y luego el acceso a una realidad llena de fantasía. Nos puede aclarar algo Bion (1962) al decirnos que la fusión tranquilizadora con el objeto de identificación primario nunca llegará a adquirirse debido a la falta de confianza que siente el niño hacia su madre.

Al TDAH se le une cínicamente una serie de las llamadas comorbilidades. La maniobra es muy burda y con solo pensar un poco quedaría desecha, pero en la gran mayoría de los no hiperactivos intervinientes, por obligación familiar, profesional o moral, es más fácil estar alienados y seguir como borregos las corrientes principales sin cuestionarlas, máxime si coinciden en algo con sus intereses: manifiestos u ocultos, conscientes e inconscientes.

Por ejemplo, en lugar de escribir que el síndrome de Tourette cursa con hiperactividad o tiene la hiperactividad como uno de sus síntomas, retuercen la lógica para decir que algunos hiperactivos tienen el síndrome de Tourette, como uno más de los trastornos comórbidos que le pueden asociar y de camino aumentan el número de hiperactivos y su porcentaje respecto a la población infantil total. Falseamiento y mala voluntad total.

Pero sí, si molestan esos diablillos o "demonios", como se atrevieron a llamar, los que luego dirían que "cariñosamente", sobre todo, si no están educados. Fue en una comisión del Senado constituida con la más o menos manifiesta pretensión de abaratar los precios de los fármacos dispensados, para evitar que esto y que afortunadamente no se ha producido, pues una vez el niño "tranquilizado", los demás intereses pasan a ser un envoltorio a tirar. Esta es la venganza de los padres, la víctima de su frustración de sus insanos deseos delirantes y entonces... pobres hijos.

> Expediente 715/0004 - Boletín del Senado. Núm. 409 - 7 de octubre de 2010.
>
> (Último y largo párrafo) Presidente de la Federación Española de Asociaciones para Ayuda del Déficit de Atención e Hiperactividad, Don Fulgencio Madrid Conesa ante la Comisión del Senado para tratar los Problemas de la Hiperactividad.
>
> Esta discapacidad, este funcionamiento alterado del cerebro es exactamente igual que el que padece una persona que va en silla de ruedas.
>
> Los padres nos posicionamos mucho mejor si tenemos un hijo con discapacidad motora:
>
> - Le acondicionamos la bañera.
> - Le ayudamos a bañarse.
> - Le ponemos la cama en buenas condiciones.
> - Por la mañana lo mandamos en el autobús adaptado, etc. y además por donde quiera que pasa despierta solidaridad.
>
> Nuestros hijos: estos diablillos (cuándo crezcan serán ya diablos con cuernos y rabo largo) estos rebeldes, ¿y cuándo tengan 70 años...? estos pendencieros, éstos que son expulsados no despiertan además ninguna empatía, y esto es muy grave.
>
> Un miembro de un equipo de orientación psicopedagógica decía que quizás lo ideal sería que el primer día de curso fueran los TDAH en sillas de ruedas, que todo el mundo se diera cuenta de lo difícil que es subir las escaleras cuando no hay ninguna adaptación, de lo difícil que es estudiar sin gafas. A las personas que tienen miopía se les ponen gafas, y si se las quitan, nadie les grita porque no lean; sin embargo, a estos niños se les está diciendo continuamente: "pon atención", "que escuchas cuando quieres", "es que no haces caso", etc.
>
> No nos damos cuenta de que realmente les estamos diagnosticando de forma continua y diciéndoles: tú no vales. Y este es el problema con el TDAH.
>
> Muchas Gracias.
>
> (Final de la intervención de la comparecencia en el Senado).

Este, literalmente, es el último párrafo de la intervención del Sr. Madrid Conesa donde no había ni un punto aparte. Le hemos dado espacio para resaltar lo que se dijo y se escribió durante la sesión. No somos responsables de la puntuación del texto del boletín.

Mi madre, hiperactiva de 91 años, que puede aún simultanear tareas: ganchillo, radio y control total de las tareas de la casa, solo dijo al terminar la lectura, *"si de verdad su hijo es hiperactivo, pobre muchacho..."* mientras le afloraban las lágrimas.

Las pastillas

El Centro para la Prevención y el Control de las Enfermedades (CPDE), la Administración de Servicios de Abuso de Sustancias y Salud Mental (SAMHSAS), el Instituto Nacional de Salud Mental (NIMH) la Administración de Servicios y Servicios de Salud (HRSA), todos organismos federales del imperio, han tenido que intervenir, aunque tarde y mal.

Advierten del incremento del sobre-diagnóstico en los EEUU, mientras las ventas del metilfenidato, de la anfetamina y de los antidepresivos que son usados de una forma tan masiva como alevosa, sin discriminar entre los chicos a los que les va bien y en aquellos que por estar sujetos a los efectos secundarios o sencillamente porque no reciben ningún beneficio de la farmacología y si todos los perjuicios derivados de la misma, están siendo perjudicados en su salud integral por su uso.

Se multiplican los ataques al metilfenidato vendido bajo las marcas Rubifén, Ritalín, Concerta, Tadea, etc. El Dr. Peter R. Breggin acude al fondo del asunto para atacar la prescripción del fármaco.

Desde 1995, la DEA, agencia que combate las drogas en EEUU, clasifica como tal al metilfenidato. No se les dice a los padres que metilfenidato, anfetaminas y cocaína son estimulantes neuro-farmacológicamente similares.

Graham-Smith y Aronson en su Oxford Textbok of Clinical Psychopharmacology and Drug Therapy, señalan que los estimulantes podrían tener el mismo impacto en los niños que en las ratas, pues *"inducen conducta estereotipada en los animales; por ejemplo, reduciendo las respuestas conductuales..."* (pág.141).

Incluso la empresa farmacéutica Ciba-Geygi en su libro de referencia para uso médico desde 1994 admite que *"los efectos a largo plazo que tiene Ritalín (Rubifén) en los niños no se han establecido satisfactoriamente"* (**Libro de Referencia para Uso del Médico**, 1994, pág. 836.)

El NIMH, ya citado, afirma sobre estos fármacos que, aunque reducen el desorden que los niños mal educados o con maestros permisivos pueden crear en el aula y pueden ayudar en problemas de obediencia, son menos confiables en lo relacionado con problemas psicosociales, emocionales y académicos, las malas relaciones con compañeros y maestros y el fracaso escolar.

Los datos facilitados por el CPDC indican que son 6.400.000 de consumidores a los que se recetan estimulantes entre los 4 y los 17 años con un incremento de 16% desde 2007 y de un 41% en la pasada década. La recaudación por venta de los estimulantes para tratar el THDA pasó de 4.000 millones de dólares en el referido 2007 a 9.000 millones, más del doble, en 2012.

A la prensa norteamericana no le ha quedado otra que hacerse eco y éste ha llegado a Europa a través de diarios prestigiosos como el New York Times, pero, sorprendentemente, la prensa europea y no digamos la española ha pasado de puntillas sobre ella. En España no se ha publicado el gasto ni el incremento que no queda justificado por los casos extremos de THDA, que son los únicos a medicar como recomendaba el boletín del CADIME ya en el año1992.

Opina el Dr. William Graf, un neuropediatra profesor en la Escuela de Medicina de Yale: "*Son cifras astronómicas, estoy atónito*". Añadía: "*Los síntomas leves han sido diagnosticados tan pronto que van mas allá del trastorno y mas allá de la zona de ambigüedad pura*".

El Director del CDC, Thomas R. Frieden, afirma: "*Hay una semejanza entre el aumento de las tasas de crecimiento de las prescripciones de los estimulantes entre los chicos y la medicación contra el dolor y los antibióticos en adultos*". Y continua: "*Es tiempo de llamar la atención de los peligros asociados con hacer un diagnóstico -dijo- tenemos a los chicos usando estas drogas como esteroides mentales y esto es peligroso, odio pensar que hemos echado una mano a crear este problema*".

El Dr. James Swanson, profesor de psiquiatría de la Universidad Internacional de Florida, uno de los investigadores punteros en THDA durante los últimos veinte años, afirma: "*No hay forma de que uno de cada cinco alumnos de la Secundaria tenga THDA y desde luego si comenzamos a medicar a chicos que no tienen ningún trastorno, un cierto porcentaje de los mismos va a tener problemas predecibles que terminarán con dependencia y abuso. Además, con tantas pastillas alrededor, ¿cuántas llegan a los amigos? Los estudios dicen que un 30%*".

El Dr. Ned Hallowell, psiquiatra infantil y autor de libros muy vendidos sobre el trastorno, dijo en una reciente entrevista que los nuevos datos del CPDC, combinados con otros informes sobre el abuso de estimulantes en los jóvenes, le habían dejado reevaluar su papel al respecto de su uso (fue uno de sus máximos propagandistas) y como quiera que el Dr. Hallowell durante años tranquilizó a los padres escépticos y remisos contándoles que el Adderall y otros estimulantes eran "*más seguros que la aspirina*", la semana pasada, arrepentido, pudo decir: "*Siento el énfasis que puse en anunciar cómo la medicación podía mejorar la vida de los niños*"; por otra parte, reconoció, como excusa, que algunos padres apremiaban a los doctores para que les ayudaran con la penosa conducta de sus hijos y sus retrasos en la graduación.

El Dr. Jerome Groogman, profesor de medicina en el Harvard Medical School y autor de **Cómo piensan los médicos**, manifestó "*que hay una tremenda presión si se piensa que la conducta del chico indica que pueda repetir el curso, o si no está sentado y quieto en su pupitre, se establece que esto es patológico en vez de ser visto como algo propio de la niñez*".

El 15% de los escolares masculinos tiene ya un diagnóstico de THDA y un 7% de las chicas. Entre los estudiantes de bachiller, entre los 14 y 17 años, también es particularmente alta, 10% a las chicas y 19% a los chicos. Las cifras varían según los estados.

La medicación -Adderall, Rubifén o Ritalín, Concerta y Vyvanse- que puede permitir a los que tienen un THDA grave el control de la concentración y los impulsos, puede llevarles a una relativa vida normal. Pero en los otros casos están obviando los graves riesgos que tiene para la salud el consumo de dichos fármacos.

Comienzan ya a verse aspectos positivos. El profesor Michael Fitzgerald cree que las personas con TDAH tienen la habilidad de la hiperconcentración, el académico dice que las vidas de personalidades como Julio Verne y Mark Twain perecen sugerir que tuvieron ese trastorno. Así los unía a la lista de Walter Raleigh, Thomas Edison, Oscar Wilde, James Dean, Clark Gable e incluso Che Guevara. Aunque establece que el TDAH no es una garantía para ser un genio, pero que si se trabaja la concentración es posible que aparezca el genio creativo.

Las ventas aquí crecen exponencialmente, pero como jamás se escarmienta en cabeza ajena, las voces de los arrepentidos nos llegan, a Europa y particularmente a España, casi extinguidas. Son silenciadas por unos planes de mercadeo cuidadosamente elaborados y el futuro de estos chicos, víctimas de esta intoxicación, se desconoce.

Pero lo que es más grave es que mientras en EEUU vienen, en Europa van y ya parece sin el freno de Francia, a la vez que algunos países nórdicos son reacios a la medicación. Es más, son estos psiquiatras mercantilistas los que han copado el grupo europeo responsable de las recomendaciones terapéuticas para pacientes con TDAH.

Pero los métodos que usan son muy sofisticados, les llaman psicoeducación, un auténtico lavado de cerebro, que generará pánico, educando sobre qué es el trastorno, en qué consiste el trastorno, cómo funciona la medicación, etc., qué proponen como solución al abandono del tratamiento por parte de adolescentes, preocupados por los efectos secundarios, que algunos leen a pesar de la letra pequeña; la conciencia del trastorno y la necesidad del tratamiento y el concepto de sí mismos. Algunos padres consienten visto ya el estigma social que supone, los efectos en el futuro de las pastillas y la propia actitud de sus hijos, recuperando lo que llaman "adherencia al tratamiento".

Tratan asimismo de demostrar la ineficacia en el control de los síntomas de los tratamientos alternativos, no farmacológicos; aunque sí valoran la importancia que estos pueden tener en la calidad de vida de la familia y en evitar la aparición de la ansiedad y la depresión.

Esto no quiere decir que esté en contra de la medicación en aquellos casos en que es imposible incluso la terapia, ya que la exclusión escolar o la familiar está llamando a la puerta, pero queda claro que estoy alejado al encadenamiento de por vida a los fármacos y que ya al igual que Berger veía cuando se estaba gestando la Asociación APHADA, hace ya más de veinte años.

Política educativa

En nuestro país los debates políticos mantenidos en el Senado y en los Parlamentos de algunas autonomías como Andalucía causan rubor a las personas sensatas e informadas que los siguen y ya llega al paroxismo al ver la estigmatización que el propio representante de los padres, alentado por las

Asociaciones de la Federación, carga sobre los niños a los que se supone debe ayudar; para colmo se ha dado luz verde para que los contribuyentes paguen parte del coste de estas drogas supuestamente beneficiosas.

¿Cómo tratan a los niños hoy, y no solo en estos colegios que pasaron de ser de pago a concertados y que en general relegan a los que no les gustan a la maltratada escuela pública? Pues lo que cuentan, los interesados y sus padres, es que cada día va a peor. O les expulsan hasta con siete años de edad, un inicio de exclusión social, o les amenazan con ello sumiendo en la ansiedad a toda la familia. Nos encontramos centros de organizaciones religiosas o pararreligiosas, que no aceptan el tener ni un mínimo porcentaje ya que sencillamente no son admitidos en los colegios, ambos financiados con fondos públicos, y algunos chicos con necesidades educativas especiales, no solo los hiperactivos, son por tanto discriminados y marginados incumpliendo las leyes, sin que las inspecciones y, por tanto, las autoridades escolares se den por aludidas y tomen medidas al respecto.

Los depredadores de los "ojos brillantes"

Me contó un día un doctor al que conocía desde nuestros tiempos de instituto que el motivo de nuestra hiperactividad y nuestra atención, siempre en alerta y por tanto dispersa, estaba en que la regía nuestro paleocerebro, unos restos en nuestro desarrollo como especie nos había anclado a nuestro pasado evolutivo, otros investigadores que repiten incansablemente que es una falta de maduración. ¿Podría ser un retraso en la evolución? ¿Están estos órganos paleo con más actividad que los más modernos? Sin embargo, en la actualidad lo que otros consideran lacras y por los cuales se nos está estigmatizando por nuestros depredadores en pleno Siglo XXI, para otros son ventajas. Pero también, Imre Hermann, el gran psicoanalista húngaro es el que habla de los depredadores de "ojos brillantes", por lo que se evoca aquí el reflejo arcaico y filogenético del niño de aferrarse, ya que según el la madre y el bebé constituyen una unidad biológica y da lugar a una continuación, a un "enganche a distancia"; es decir, a una relación de amor. La expresión "instinto de aferramiento" la usa para designar un modo de frustración consistente en la renuncia progresiva por el niño a los hábitos del mono, por lo que se puede uno preguntar: ¿Está vinculada, en ciertos casos, la hiperactividad con el fracaso de la experiencia de aferrarse?

Me propongo investigar sobre el tema, este año he cursado una asignatura en el Departamento de Antropología Física de la Facultad de Medicina de Granada: "Origen y Evolución de las Conductas Humanas". Deseaba iniciarme en homenaje también a un gran paleontólogo, el Dr. Gisbert, ya fallecido, el descubridor del hombre de Orce, marginado por el poder, en este caso científico, que niega el paso de nuestros antecesores desde África a Europa, enviándolos a Asia, previamente. Ayudó un traidor, que este país siempre premia y estimula; esto no es Roma, y un poderoso aliado, el poder político que paralizó durante años las excavaciones. Pertenecen ambos poderes a los retardadores del progreso por mor de mantener sus ideas incluso frente a las evidencias.

La mirada positiva

/10

Se irá abriendo paso la corriente positivista de Seligman que inundará también, en un futuro, hasta ahogar la visión negativa ajena, incluso la propia, a la que han llegado por un ambiente hostil y de incomprensión, comenzando por el familiar, los afectados por este síndrome, y comenzarán a controlar su propia vida desembarazándose del estigma con que se ha revestido a estos chicos en los últimos años.

A esto hemos de añadir la investigación pura, no aquella únicamente aplicada a obtener logros económicos, que con el tiempo podrá detectar el trastorno y su grado por métodos objetivos al igual que lograrán crecer el pelo de los calvos sin enfermarles graves por un objetivo estético asumible perfectamente.

¿Cómo hacerlo? Uno de los "problemas" que más me perturba son los fallos de la memoria a corto plazo, por ejemplo, en la compra. Lo que podría resolverse en una o dos salidas pueden concluir en tres o cuatro, incluso cuando se ha planificado sobre el papel que al final puede perderse o mejor extraviarse. Esta perturbación ha quedado resuelta en el momento que uno valora la actividad física tan necesaria a esta edad y multiplica por cuatro el volumen de la misma gracias a estos olvidos; eso sí, sin dejar de hacer esfuerzos para mejorar la calidad de la memoria, sobre todo si no figura un tiempo en la agenda diaria para dedicar a la actividad física de forma sistemática. Esta es la salida positiva y la que conforta.

Se puede mirar desde un aspecto positivo como grandes cualidades. Una magnífica atención dispersa, capaz de atender a la vez violentando, las tesis secuenciales, a diversas dianas. ¿Hagan pruebas señores? Y si bien es capaz de una hiperconcentración durante menos de dos minutos, también lo es de mantener una concentración como intérprete simultáneo superando los límites temporales recomendados por las asociaciones profesionales, ¿o acaso eso no es concentración? Como también lo es perder el sentido del tiempo cuando estás realizando una actividad en la que te entregas, eso que los neocursis llaman *flow*. También tienen ventajas en el sueño, si están cansados pueden dormir, cuando, donde y como les apetezca; ningún problema de vuelo intercontinentales, ni de viajes en trenes nocturnos, aunque se pretenda presentar como otra comorbilidad. Su resistencia es tan fantástica como desconocida, sin horas, ni cansancio... y sin drogas.

Y hablar... puede hacerlo y horas seguidas; siendo ameno, porque es ocurrente, está al día; únicamente no será seguido por los lentos que rápidamente lo acusarán de histriónico... ya que quedarán en evidencia. El discurso, las órdenes o instrucciones serán claras, directas; su capacidad de comunicación es muy alta siempre que receptor y emisor estén en sintonía.

Pero además, sus órganos fonadores no le fallarán, está muy adaptado para poder hablar durante horas. Pruébenlo de locutor, profesor o guía, pero no lo atosiguen con el control, aconséjenlo, dejándole iniciativa.

¿No escucha lo que se le dice?, el problema está en si se entera de lo que se le dice. Si es así, ¿cuál es el problema? A veces se suele ir por delante, se sabe lo que el interlocutor va a decir. Otras veces, aunque suele ser muy esporádicamente, no les interesa lo que están diciendo y se manifiesta así, pero hay que reconocer que es una falta de educación al igual que las constantes interrupciones.

Así pues, si se quiere evitar que la escuela fracase en los chicos, habría que comenzar por reducir el volumen de los mismos, ya que además de impersonalizar son más difíciles de dirigir, hay que aplicar una ratio adecuada y desde luego en lo que respecta a nuestros chicos no mandarlos junto con algún otro de alta capacidad, que también aburrido se dedicará a enredar, a las unidades de educación especial, cuando estas existen, un "cajón de sastre", donde revueltos todos, disléxicos, autistas, etc. son "unos imposibles" que demuestran la incapacidad de algunos colegios y, por ende, del sistema para integrarlos debidamente.

En la enseñanza primaria todo va a depender de los maestros y de su libertad de enseñanza, de su vocación, palabra ya perdida, de su preparación y de su talante y del acceso al aire libre, un diseño arquitectónico no benthamiano que asemeja en su diseño y construcción a las prisiones y la implantación del modelo ajustado a esta arquitectura ideológica destinada a vigilar y castigar.

La enseñanza y la educación en nuestro país tiene tantos tintes negativos que ya los diversos evaluadores educativos internacionales nos las muestran. Los encargados de formar a las futuras generaciones han fracasado siempre, los discutibles planes y métodos no han dado los frutos apetecidos por el egoísmo, partidismo y sectarismo de las autoridades educativas, y los resultados aludidos no reflejan la inversión que en todos los niveles se han hecho. Las responsabilidades alcanzan a todos, también a profesores y maestros, "que pasan" en su mayoría o enferman ante al panorama diario. Pero pasemos a lo positivo. Todos los niños han acudido a la escuela, es gratuita y llega hasta los más apartados lugares.

En lo referente a los hiperactivos, repetimos: profesores muy dinámicos en centros no masificados, aulas que puedan dar directamente al recinto escolar para que se pueda mandar a los chicos a trabajar en la calle sin la perturbación que determinados ejercicios ocasionan dentro del aula, problemas. Hay que hacer correcciones diarias y saber mantener la rutina en el día a día, con horas fijas y, dentro de ellas, ritmo individualizado y puestas en común orales.

Disciplina como lo expusimos para los padres, pocas normas claras e intransigentes además de razonables y en los límites justos. Evaluación en el sentido total de la palabra y diaria, ya que la llamada continua no ha dado lugar a las responsabilidades, uno de los puntos débiles actuales.

La ratio debe ser de unos veinte alumnos para que diariamente se pueda tener constancia del trabajo de cada alumno, y a ser posible debe quedar casi todo resuelto en clase, aunque no viene mal el encargar trabajos que por su complejidad se desarrollen mejor en casa: confección de figuras geométricas, confección de mapas, dibujo ya sea lineal o artístico. Pocos o nada de deberes.

La ayuda pedagógica que necesitan, y si los padres no pueden ocuparse de que lleve las tareas al día tendrá que tener un profesor de apoyo y como esto, con crisis o sin ella, el sistema no está dispuesto a facilitarlo, habrá que

La hiperactividad vista desde los 65 años: pasado, presente y futuro

/10

pagarlo y hacerlo. Estas son las medidas que se deben pedir al estado y no subvención ni para las pastillas, y de este modo se completaría una de las patas del trípode con los síntomas agrupados: la hiperactividad, los problemas de atención y la impulsividad.

Esta tarea de asistencia puede ser aprendida y, por tanto, pueden ser determinantes los grupos de autoayuda dirigidos: el consejero, el orientador cercano, lo que se llama *coaching*, palabra que nos escriben en inglés, los que no saben, no pueden o no tienen tiempo de traducir. En definitiva, los que arrinconan la lengua española, desde sus púlpitos, medios y universidad, mientras la infectan haciéndola enfermar.

Por eso recomiendo que no se sigan los malos consejos de algunos maestros de repetir curso, puede ser el inicio de una debacle. Aunque no soy partidario de los aprobados por doquier, de ahí el nivel de la enseñanza en nuestro país, hay que ser muy cuidadosos con que estos chicos no repitan curso, hay que poner el esfuerzo en el día a día. En mi caso con mucho esfuerzo culminé las licenciaturas de Ciencias el Trabajo y Antropología Social y Cultural, esto me ha permitido abrir nuevos campos de investigación para mejorar la calidad de la intensa vida que vivimos los hiperactivos

El deporte

Deportivamente, estos chicos pueden ser unos privilegiados siempre que cuenten con un buen entrenador que atienda también a sus necesidades psicosociales, hay que tener en cuenta su capacidad de hiperconcentración y su buena aptitud para las rutinas fijas en el aprendizaje. La elección de deporte obviamente se hará en virtud de sus propias cualidades físicas, los limites en deporte son suficientemente claros y la evaluación igualmente. Le irán mejor siempre los deportes de tipo individual, donde puede tener referentes de personas como los que pertenecen a la élite, aunque pueda estar integrado en un equipo y en un club.

Siempre recomiendo también la práctica de artes marciales orientales, no solo le aumentan la autoestima y la seguridad en sí mismo, sino que sus rituales le harán facilitar la concentración así como la respuesta inmediata que evalúa su ejecución en los combates. Es también muy importante encontrar unos maestros idóneos. Sobre esto podrían ilustrarnos nuestros deportistas de élite, por ejemplo, Gervasio Deferr. La gran mayoría de los medallistas olímpicos cubanos son hiperactivos, pero en la isla este trastorno ni es tratado como enfermedad mental y los fármacos no figuran en el imaginario cubano para curar la inquietud, que puede ser altamente productiva tanto física como intelectualmente, si estos chicos son bien encauzados, apropiadamente aprovechados y se despeja su camino de depredadores. Este es un trabajo que queda por hacer y que no todos los padres comprenden, enfrascados como están en los logros académicos que pueden malograr con su actitud.

El futuro

El futuro para los hiperactivos que no estén sometidos a medicación necesaria y para los de las siguientes generaciones lo veo como la salida de un corto y angosto túnel construido por una industria farmacéutica voraz, por unos ciertos padres en clara dejación de sus responsabilidades por ignorancia o por valores morales deleznables, o cuando menos discutibles, que serán enfrentados y reprochados por los hijos que recobrarán su independencia siempre que sean verdaderamente hiperactivos, y por unos mezquinos y ambiciosos médicos que lejos de ser profesionales se unen a la moda como mercenarios del poder aunque este sea efímero.

Aumentará el positivismo que reconocerá los grandes valores y talentos que tienen estos chicos. El trabajo que se haga sobre las madres para encontrar un equilibrio en la relación generará individuos líderes que no necesitarán drogas en este mundo veloz para el que están plenamente preparados.

En el mundo de las Nuevas Tecnologías se moverán con mucha seguridad y los programas de I + D + I encontrarán en ellos los mejores adalides.

Serán los mejores gestores del conocimiento, incluido el propio por la visión dispersa, abierta y amplia de la realidad. Siendo vigías de los nuevos métodos de coacción y presión que el poder genere para mantener una imposibilidad sobre nosotros que seamos dóciles, acríticos y sus sumisos siervos.

Será para ello importante educarse y formarse de una forma elitista y lograr que la enseñanza pública aumente la calidad y reestructure todos los planes, sin más cambios que permitan hacer planes de carrera e itinerarios personalizados para cada hiperactivo.

En la determinación del grado de afectación, la medicina moderna que funciona con signos, no con síntomas, podrá con técnicas definitivas objetivarlo. Y los fármacos que se servirán individualizados deberán servir para eliminar los efectos secundarios gracias a la depuración de los procesos farmacológicos.

Mi vida, una lucha constante

Ángel Germán Pavón Muñoz

> *"No hay rosas sin espinas".*
>
> Amado Nervo.

Nací en Torre del Mar (Málaga) un 19 de enero del año 1941. Crecí como un niño normal, criado en el seno de una familia equilibrada y con fuertes lazos afectivos, donde aprendí que el trabajo, la constancia y la lealtad con uno mismo deberían ser las máximas de mi vida. Creo que hoy en día, consciente y convencido de mi TDAH (creo que muy definido), la analizo de otra forma.

Mi padre sabía solucionar todos los problemas, a todo le metía mano; sabía de luz, de fontanería, de carpintería, de mecánica. Nunca tenía pereza para emprender algo. La vida para él (creo que para mí también) fue todo actividad. Predominaba en él la generosidad, hasta el punto de quedarse sin lo que había conseguido; era más feliz si lo disfrutaban las personas de su entorno que él apreciaba. Sin estudios y con ganas de triunfar en su vida, se compró unos libros de química, aprendió solo aquello que le interesaba y llegó a crear y montar una fábrica de bebidas carbónicas y sodas en el año 35, compitiendo en los pueblos de Córdoba, nada más y nada menos con la gran marca líder en aquellos tiempos, la "Orange Crush". Años más tarde proyecta, diseña y monta en Torre del Mar y Málaga fábricas de velas, con un proceso de transformación de las parafinas y ceras de abejas, llegando a ser en Málaga, Melilla y Ceuta industria destacada, y en el resto de Andalucía de las más punteras.

De mi madre recuerdo que su forma de afrontar la vida, su forma de analizar con naturalidad a sus hijos (sin saber que yo era TDAH ya que en esos tiempos "no existía" el trastorno) nos aportaba los instrumentos necesarios con acertadas correcciones, y sobre todo con su ejemplo las fórmulas para salir adelante. Decía que la fe en uno mismo y en las posibilidades de la vida, te permiten poder salir adelante. Madre de siete hijos y un marido enfermo, nunca nos faltó un mínimo de alimento y ropa, todo un ejemplo a seguir. Todo esto con honradez máxima, ya que fui testigo de que la mayoría de los días se levantaba si un céntimo. Me enseñó que amando a las cosas y a las personas y con generosidad siempre se encuentran los apoyos necesarios, a veces sin buscarlos. Me enseñó también a no dejarme vencer por nada, decía: "*camarón que se duerme se lo lleva la corriente*".

Con cinco o seis años, quiero recordar haber sido un niño muy soñador, ensimismado y aunque presente físicamente, a menudo en grupo me encontraba totalmente ausente. Los deseos de disfrutar igual que otros niños con posibilidades económicas superiores a las mías, me llevaban a ser muy imaginativo y creativo, fabricando cosas y juguetes, usando la naturaleza y utensilios que a veces me costaba conseguir, y mis juguetes estaban fabricados con barro, pencas de los higos-chumbos, maderas, clavos, botones, huesos, chapillas de los refrescos, cuerdas, cartones, carretes de bobinas de hilo, etc. Conseguía que les llamara a los demás la atención de forma tan poderosa que preferían jugar con ellos, antes que con los suyos comprados en buenas tiendas. Hoy veo que fui perseguidor de ser figura predominante (en la actualidad algo queda). Y creo, aunque no estoy seguro, que es una forma solapada de sobreponerme a una timidez, que a veces roza el complejo de inferioridad. En el fondo creo que era un gran tímido y quizás siga siéndolo. De ahí que aparente ser dominador, líder, poseer la gran verdad y querer imponer mi lógica, por creer que es la mejor.

Otra cosa que recuerdo de pequeño era que, aunque yo estuviera mentalmente ausente entre los demás, si observaba que no me consideraban, hacía cosas para llamar la atención y a veces fuera de tono, creando situaciones contrarias a mí, evidentemente. Si notaba que los demás no me tenían presente, yo hacía algo que llamara la atención, llegando a tener comportamientos distintos a los de los demás (caprichoso, obstinado, cabezota, rozando el egoísmo). Solía ponerme triste para que me preguntaran y así ser el centro de atención de todos.

Mi obsesiones eran tan fuertes y yo tan "erre que erre", que con cinco años hice que mis padres, desde Málaga donde ya vivíamos, me llevasen en tren a Torre del Mar (toda una odisea en aquellos tiempos) solo para comprarme una caja de "torticas de manteca y aceites" que no paraba de reclamar.

Mi natural generosidad, de pequeño, me llevaba a querer dar lo mío, pero sin desprenderme del todo y siempre que me pedían algo lo daba, pero sin faltar una cantinela que aún los míos hoy en día me recuerdan: "pa ti pa siempre, pero me lo devuelves mañana". Solía se alegre pero con conatos desagradables cuando las cosas no iban a mi gusto.

Algunos de mi familia me apodaron "tajailla poco tomate". Y fue porque pasé una temporada con unos primos que eran doce hermanos y pusieron de comer tomate con asaduras. Mis ganas de comer las asaduras más que el tomate, me impulsaban, vez que servían a uno de los diecisiete comensales qué componíamos la mesa, a decir: "*tita que yo quiero mucha tajailla y muy poco tomate*". Cuando terminamos de comer, yo me había dejado casi toda la comida. Había llenado el ojo antes que la tripa y había sido la gran pesadilla de la comida familiar. Un día hicieron en casa arroz con leche y canela para todos. Mi primera manifestación fue "*me lo comería yo solo*". Con que agonía no lo diría, que me contestaron: "*no te preocupes, haremos más para los demás y tú te lo vas a comer ahora mismo todo*". Por cabezón lo hice, y me entró una colitis que estuve toda una semana malísimo.

El día de mi primera comunión diluviaba tanto que, de lógica, mis padres decían, "*esto seguro que se ha suspendido…*" (en aquellos tiempos, no habían teléfono ni tantos medios de comunicación ni, que yo recuerde, taxis). Vivíamos en un barrio a las afueras, todo era campo. Me puse tan pesado y puse tanto empeño insistiendo, que conseguí que me llevaran a la iglesia cogido de los brazos y aupado al vuelo entre tantos arroyos. Llegué, o mejor dicho llegamos todos empapados, lo que vulgarmente se dice "hechos una sopa", expulsando agua por doquier. El acto, como era de esperar, se había suspendido. ¡Todo un puro TDAH!

Solía colaborar mucho como acólito en las iglesias. Cierto día estaba el altar mayor del santuario de Santa María de la Victoria (Málaga) preparado para una solemne ceremonia de sábado. A ella asistiría el alcalde y otras autoridades, tanto eclesiásticas como políticas y sociales. Todo preparado para tan solemne acto. Observé que una de las velas del altar estaba apagada. Esta vela estaba situada en un escalinatas entres jarrones de flores, ánforas, candelabros y muchos más enseres. Ni corto ni perezoso sin consultar a nadie, me decidí a su encendido con una vara que llevaba en su punta un pabilo con su fuego. Con mi cuerpo rocé unas de las ánforas y se formó un derrumbamiento en cadena de todo el montaje del altar mayor. Tuvieron que improvisar en una mesita algo coqueto para poder celebrar der inmediato los actos del sábado.

Con dieciséis años sentí la llamada vocacional y me empeñé en entrar en el seminario para formarme como sacerdote. Por encima de todo el mundo entré, yo conseguí plaza, me busqué becas, etc. Allí como buen TDAH, me pasaron muchas cosas, pero recuerdo una que dejó huella. Una mañana me había quedado dormido y al toque de campana me levanté, me lavé de mala manera, cogí la sotana y la sobrepelliz (una especie de roquete litúrgico) que tenía muy bien doblado y clasificado entre la ropa blanca (tenía un sentido del orden y la clasificación de las cosas muy extremo, pues mis impulsos naturales me llevaban a actuar exprimiendo los tiempos), me incorporé a filas y por el camino fui abrochándome los treinta y tantos botones de la sotana, haciendo los cálculos de ponerme el roquete antes de entrar a la capilla. Las carcajadas de mis doscientos sesentas compañeros aún resuenan en mis oídos ya que había cogido unos calzoncillos blancos que tenía muy bien doblados, pero en el sitio equivocado, y me los estaba metiendo por la cabeza.

Me salí del seminario, pues me di cuenta de mi falta de verdadera vocación y decidí ponerme a trabajar. Durante seis meses, día tras día, me acercaba a una entidad financiera (Cajas de Ahorros) y conseguí que me admitieran sin examen. Estuve otros seis meses a prueba, sin cobrar hasta que me contrataron.

Sin preparación, solo con mi entrega y mi afán de superación, sólo aprendiendo lo que yo creía necesario para avanzar, pues estudiar nunca ha ido conmigo. Siempre observando, viendo, oyendo y trabajando, he llegado a ascender en el escalafón, ocupando puestos importantes, como jefe del negociado de préstamos, interventor, organizador y coordinador en Servicios Centrales en los nuevos planes contables, responsable de poner burocráticamente en marcha varias oficinas, auditor, director de varias sucursales de gran calado, aprender contabilidad analítica y llevar tres empresas en paralelo con el banco y todo eso aprendiendo sobre la marcha, casi sin estudiar, solo aplicando lógica y preguntando a quien fuere necesario, incluida la competencia. He llegado a tener más de cincuenta personas a mi cargo, con los inconvenientes de que en aquellos tiempos la mayoría de los empleados eran personas que entraban por recomendación y por tanto tenía que enseñarlas (afortunadamente eran personas extraordinarias y muy válidas). Tuve que tomar decisiones de expulsar y admitir al personal, con las dudas y sin sabores que conllevan esas decisiones, además en la soledad tan grande que en esos despachos se siente al tener que tomar decisiones que han de ser solo tuyas, sin que nadie te apoye. Estoy convencido que de no haber tenido TDAH, hubiese sido imposible realizar todo esto. Y además atender y creo que como es debido a mi familia y aficiones deportivas y todas cuanta actividades sociales lúdicas se presentaban en el centro de trabajo al que he pertenecido.

Con todo lo que llevaba hacía adelante me ocurrían cosas tan disparatadas como cuando una mañana, me levanto, ducho, desayuno y me dispongo a vestirme para el trabajo. Al ser ejecutivo, muy trajeado. Me pongo mis calcetines muy bien estirados, mis zapatos muy brillantes, mi camisa con cuello y puños muy bien planchados, una linda corbata haciendo juego, muy elegante; chaqueta moderna correspondiente a un gran traje señorial y perfumado, salgo a la calle para la parada del bus y noto un frescor grande en las piernas. Miro hacia abajo y cuál fue mi sorpresa al comprobar que no me había puesto los pantalones.

También he tenido grandes despistes en el deporte como cuando en un partido de tenis que iba ganando (levaba ganado un set y parte del segundo que me podía dar la victoria) mi mente se anticipó; serví el saque siguiente, lo gané y creí que también había ganado la partida. Cuando me retiré para celebrar mi victoria, el juez de silla me dijo que faltaban dos juegos más.

Allá por 1981, me encontraba participando en el prestigioso torneo San Jordi, en Málaga. Estaba jugando contra el ganador de las tres ediciones anteriores y le iba ganando. Desbordante de alegría y eufórico, lo quise celebrar con una exhibición que solía hacer con frecuencia en los cambio de campos (siempre fuera de competiciones) y consistía en pasar al siguiente campo saltando la red. Al saltar la red, me enganché en ella y caí de bruces en el campo contrario. Me rompí el codo derecho, cúbito y radio. Lo positivo de esta gesta fue conocer a quien luego fue mi mujer.

En un campeonato en el Campo de golf "La duquesa" (Estepona) Málaga, en el hoyo nº 7, una vez embocada la bola, puse mis palos en el cochecito y todo concentrado me encamine hacia el hoyo nº 8 ubicado a unos cuatrocientos metros del hoyo anterior. Momentos antes de salir con mi madera número uno, se me acerca el cadi master todo indignado echándome un gran bronca; la bandera y el palo que indica el número del hoyo al que corresponde ese grin (el núm. 7) la había colocado en mi cochecito junto con mis palos, en vez de depositarla en el agujero del hoyo 7. ¡Los jugadores que venían detrás de mi partida no podían tirar a grin por falta de orientación y situación del hoyo!

En el año noventa y seis estaba en mi trabajo en el departamento de sustituciones a directores de sucursales, por tanto estrés, por la tensión que creo que me llegaron a provocar siete atracos a punta de pistola que sufrí en distintas sucursales del banco en el que trabajaba, tuve tres ictus y quedé totalmente paralizado del lado derecho, tanto brazo como pierna, habla y toda clase de movilidad. En tres años, con mucho tesón y constancia, escribiendo muchos números en papeles grandes, muchas planas, hablando sin parar en alto cuando estaba solo, caminando hasta caer agotado y haciendo los ejercicios que me mandaban el doble de tiempo, conseguí recuperarme e incorporarme al trabajo y volver a practicar el deporte.

Hace nueve años enviudé y me agarré a las amistades pero lo que me ha proporcionado conectar nuevamente con la vida y tener ilusiones como un joven de dieciocho años ha sido la música. Cuando me informaron de la enfermedad de Ana, mi mujer, mis hijos que sabían de mi afición por el violín (afición que me vi obligado a abandonar después de un año de estudio por tener la mano muy pequeña y no existir en aquellos entonces ni violines pequeños como hoy, ni las técnicas actuales), me preguntaron por mi cumpleaños: ¿qué quieres? ¿Te pagamos el arreglo de la dentadura (por aquel entonces en malas condiciones) o te regalamos un violín? Sin dudar, mi respuesta fue: "*el violín*". Hoy digo: "*bendita decisión*".

Tras el fallecimiento de Ana y pasado un año, me aferré a ese violín con la edad de sesenta y cuatro años. Hoy en día, tras ocho años de muchas horas de estudios, mucha constancia y mucha paciencia, me considero músico (que antes era mi vocación frustrada). Por encima de todo con la tenacidad y constancia que a los TDAH nos caracteriza, cuando me puse a tocar el violín tenía muchos problemas; el más destacado mi mano muy pequeña y dedos cortísimos y gruesos, todo lo contrario a lo que se requiere para ese instrumento. En ocho años, por mi cuenta y riesgo con una constancia casi agotadora y con un violín cuatro-cuartos (tamaño natural) he conseguido abrir y crear espacios suficientes entre los dedos como para tocar sin levantar ningún dedo, colocando el índice hasta el meñique en las cuerdas y lograr su correcta afinación dándole a esos dedos en su colocación lo espacios adecuados físicamente, he logrado abrir la extensión de mi mano izquierda a lo ancho, la mitad más que mi mano derecha, qué sigue en su ser natural y creo defenderme bien, hasta el punto que estoy preparando un concierto para darlo acompañado por una profesional al piano, con siete obras, nada más y nada menos que del gran violinista Fritz Kreisler. Cada día que estudio tengo tanto que vencer, que se me eleva el espíritu y me siento con la ilusión y la fuerza de un chaval de dieciocho años y me olvido que dentro de dos meses, la edad que cumplo son setenta y tres años. Es tanta la vitalidad que poseo en estos momentos, es tan grande la ilusión, son tantas las dificultades que ofrece el violín. Es tan atractiva y cautivadora la lucha de superación que ofrece esta afición, que me desespera a veces tener tantos proyectos en mi cabeza que sería, tantas cosas por hacer y que requieren más tiempo de vida del que puedo disponer por ley natural de supervivencia, que me supera el pensar que no las puedo realizar.

Estoy convencido de que el TDAH si procura centrarse y corregirse tiene grandes ventajas y consigue cosas que en un principio son inalcanzables. Además creo que tengo una forma de actuar muy singular ante las cosas que están por encima de las posibilidades del ser humano o ya son hechos consumados. Tengo una serenidad y una visión que me hace aceptar esas cosas como hechos totalmente naturales y tomo posturas y medidas que sorprenden porque suelo de inmediato posicionarme, cambiar el chip y acometer la única postura natural que existe. Por el contrario, ante las cosas cuya solución está en manos de los seres humanos y no se intentan solucionar soy irracional, inflexible e intransigente. Confundo con mucha frecuencia la falta de coherencia entre mis verdades y mi sinceridad con lo que se valora en la sociedad. Lo que sí tengo muy claro es que no soporto la hipocresía y la falta de transparencia; me llevan a ser insoportable y me descolocan ante personas a las que aprecio.

Como gran TDAH que me considero, suelo tener muchísimas ventajas ya que mi espíritu autodidacta me ha servido para encontrar tablas de salvación y clavos ardiendo a los que poderme agarrar. Todo el mundo no los encuentra. Mi constancia, mi rapidez, concreción y tesón han hecho que alcance muchas metas, y creo que ser como soy me ha dado un estilo peculiar que agrada más que molesta. Me ha llevado a tener una personalidad bien destacada y muy original, haciendo que cosas atolondradas resulten muy divertidas cuando estoy en grupo. Hoy por hoy, mantengo varios grupos de amigos, he reanudado contactos después de cuarenta años y estamos como si no hubiera transcurrido el tiempo. Algunos dicen de mí: "*Va atropellando, lo tira todo, es muy nervioso y jaleoso, pero es tan divertido... entre nosotros, si no existiera lo tendríamos que inventar*".

Pero lamento no haber dispuesto de los medios profesionales que existen hoy en día porque me hubiesen orientado y ayudado a cambiar de actitud. Podría haber conseguido esa tranquilidad que proporciona el autocontrol. Y tal vez no se me hubiesen escapado grandes oportunidades por mi impulsividad, como por ejemplo el nombramiento de director de directores de sucursales, puesto para el que varios jefes que me acreditaban, o ser en el consejo vocal miembro representante y defensor de los trabajadores. Todo esto porque me dominaba la pasión, defendía las cosas acaloradamente. Hoy en día, aún, cuando me contradicen o me veo que me hieren o me doy por aludido, reacciono con agresividad y nublo los valores que poco a poco me he ido labrando.

Recuerdo que mi madre me repetía constantemente, "*hijo, vales mucho y qué pena me da lo poco que lo defiendes a veces con tu actitud*". Mi pronto y mi rebeldía me impulsaban de forma automática a contestar "*no*" cuando me pedían algo que otros podían y debían hacer. Al final, como nadie lo hacía, terminaba haciéndolo yo.

A medida que avanza la edad, cada vez soy más exigente conmigo mismo y con los demás. Siempre he sido impulsivo y entregado, llegando con frecuencia a querer realizar todo yo solo. Puede que en el fondo no quiera colaboración porque crea que me restan protagonismo. Necesito que me reconozcan el esfuerzo, el logro y me alaben. Soy inconformista, me cuesta admitir los criterios de los otros y trato de imponer casi inconscientemente mis opiniones, sin oír antes las de los que están conmigo. Muy protestón y a veces creador de tensiones en las relaciones con los otros. Mi afán de hacer cosas me llevan a actuar como líder sin pretenderlo, porque me desespera la falta de empuje e iniciativa de los demás. Esto entristece bastante, pues si lo meditara y me presentara sereno, seguro sería bien acogido. Sigo sin querer entender cómo esta tan mal visto que no se actúe con frialdad, que haya que dejar la afectación de lado y mostrarse sereno como desean los demás. ¿Se ha de estar en contra de tu forma de ser para agradar? ¿Lo que se expone, si está cargado de vehemencia, por qué no ha de servir? ¿Siempre se ha de estar a favor de la corriente para agradar? Esto me da coraje y me entristece bastante. ¿Por qué no soy capaz de doblegarme al mandato social? No me siento mejor que los demás, pero sí muy diferente, como un bicho raro que cree que la coherencia entre mis actos y mis pensamientos ha de ser la de los demás.

Desde mi jubilación, hace trece años, se han agudizado bastante los síntomas. Mi velocidad mental me hace de inmediato llegar a conclusiones, y no sé prestar atención a todos los detalles que otras personas procesan para llegar a donde yo llego. Afloran en mí la impaciencia y la vehemencia, el autocontrol brilla por su ausencia llegando a crear a mi alrededor situaciones muy tensas. También creo que mi testarudez hace que consiga metas aparentemente inalcanzables, pese a iniciar los procesos sin la suficiente preparación. Yo me veo como una persona que tiene capacidad para alcanzar todo lo humanamente posible pero los demás me ven a veces como un tipo raro. No me creo superior, sí muy distinto y algo especial en la relación con los demás. Monto en cólera ante la hipocresía y la mentira. Me dominan la testarudez, la obsesión por realizar mis ideas y sobre todo me saca de quicio no ser capaz de dominar todo aquello que está al alcance del ser humano. Nada se nos regala a los TDAH, todo es conseguido con durísimos esfuerzos y nos gusta que sean reconocidos y afloren para brillar.

Cuando me solicitaron escribir mi historia no lo dudé, porque creo que es tanto lo que le debo positiva y negativamente al TDAH, que me siento con la necesidad de animar e invitar a todas las personas mayores que crean tener cerca seres con síntomas de estas características, sobre todo menores, los orienten y dirijan a esos profesionales existentes que continuamente están pendientes a los avances y sus estudios, porque si los ponen en manos de estos profesionales y se tratan con prontitud, les harán un bien y seguro que podrán llegar muy lejos y sobre todo les llevarán a encontrarse a ellos mismos.

/12 El creador de lluvias. Una breve introducción de la historia de un TDAH

Alejandro Rojas Domínguez

A lo largo de todos estos años, he sentido la necesitad de intentar dar a conocer o más bien explicar el mecanismo o motor que impulsa mi cerebro a interactuar con el medio físico de una manera tan sofisticada y poco común que presento. La sociedad, vista desde mi alejado balcón, parece un extenso terrario ilógico, donde convergen bucles infinitos carentes de sentido, hecho que da la gran pregunta que no para de atormentarme, y es, ¿dónde encajo yo exactamente?

Cuando era pequeño, conocí de primera mano lo que es la verdadera libertad ignorante, ya que campaba a mis anchas en mi pequeña pecera calmada, donde la armonía y el caos se trazaban a mi antojo, sintiéndome creador y director de ese pequeño ambiente en el cual ejercía mi hegemonía, gracias a la suerte de haber nacido en una familia de clase media-alta, bastante preocupada por mi bienestar, debido a antiguos vestigios de miseria ligada a nuestra historia de lucha de clases.

En ese punto de mi línea temporal, no tenía obligaciones que alterasen mi estado, simplemente ejercía lo que mi psique pedía, desconociendo que peligrase mi existencia por motivos externos (enfermedades, accidentes, radiación, contaminación, etc). Recuerdo que conforme iba creciendo se asociaban a mí una serie de eslabones, que iban engordando conforme mi altura iba aumentando. En cierta manera estaba despertando, dándome cuenta de que la estancia en esa pequeña pecera iba llegando a su fin. Como un producto de una cadena de montaje, y al igual que todos, fui donado a la responsabilidad externa sin una "línea de sangre" ligada a mí, la cual se encargaría o intentaría encargarse de sustituir a mi madre esas cinco horas que duraban desde que el sol salía por la izquierda, hasta que se alzaba vertical sobre mi figura, haciendo que de camino a casa, la sobra que por la mañana me acompañaba, desapareciese. En ese momento me di cuenta de que mi pequeño dominio había llegado a su fin, ya que pasaría a ser otro más en ese angosto desfiladero de pupitres de madera lisa y barnizada erguidos por retorcidos metales, fríos al tacto, encerrarían a ese pájaro natural y libre que todos llevamos dentro de forma innata. Como siempre, intenté adaptarme, ya que mi capacidad de supervivencia intentaba sobornarme con vanas promesas de que aquello no duraría demasiado, que estar durante nueve meses, cinco días a la semana, cinco horas al día, era una broma pesada que algún indeseado, envidioso de mi perfecta pecera, quería gastarme. Como decía Albert Einstein en su Teoría de la Relatividad, el tiempo es "una amante caprichosa". Ese tic tac casi inaudible, el cual nos acompaña siempre en lo cotidiano, me parecía que iba extremadamente lento, como una tortuga cuando estaba en clase, y demasiado rápido cuando jugaba con mis muñecos; ¿algo extraño, no creen? Sensaciones y pensamientos como esos, ya atacaban mi mente a una edad tan temprana, de la cual también recuerdo por mi disfunción cerebral mínima, que ahora los expertos llaman TDAH. En cierta manera, mi memoria no seguía patrones comunes, y mi modo de actuar lógicamente tampoco, quería hacerlo todo, y aprenderlo todo, pero no mañana, no dentro de 30 segundos, o 4500 años, quería hacerlo ya. A mi cabeza llegaban tantos estímulos, los cuales pasaban tan rápido como una bala recién salida del cañón de una Walter ppk de 9 milímetros (en un rato te explicaré mi gran afición por los objetos que aceleran a otros objetos a una velocidad invisible). Tal cosa hacía que me comportase como una abeja que, ignorante de sí misma, siente una horrible fatiga por recolectar el máximo polen posible, y entregárselo con altruismo a su querida Reina. No podía, ni puedo ahora, estar en un estado de concentración normal, estar lo más mínimamente atento a un estímulo que me llegase más de unos pocos segundos, ya que mi pensamiento, rápidamente se sentía fatigado, y en esos pocos segundos en los que mi cerebro ya había asimilado en un alto porcentaje variable dicho estímulo, pasaba a entrar en un estado de angustia, ya que él mismo quería pasar a otra cosa que llamase más mi atención. Con esto no solo me refiero al medio físico del cual me nutría y me nutro, insaciable, de nuevo conocimiento con el que intentar calmar el ansia, también me refiero a mi psique, en el cual mi mente trabaja como un multi-espectro, obsesionada sin motivo alguno con los viejos recuerdos y los nuevos, que saltan incesantemente (para que el lector o lectora comprenda lo que quiero decir, imagínese por un momento un cilindro, cuyas paredes se constituyen de pequeñas pantallas en las que se reproducen recuerdos, experiencias, hipótesis, posibilidades, de una forma algo simultanea, y tienes, bajo presión, que enterarte de todos los temas que en ese cilindro se reproducen). Esto me lleva a nombrar la creatividad ligada a mis acciones, sean cuales sean, la capacidad analítica del entorno que me rodea y el sin fin de posibilidades que éste ofreció, ofrecerá, ofrecería, ofrecerá, (sume todos los tiempos verbales restantes, y piense que las posibilidades de un análisis ejecutado a nuestra escala son infinitesimales), la desatención de lo irrelevante, la desvinculación del gran teatro social, la gran cantidad de emociones ligadas a todo, que de cuando en cuando toman el control haciéndonos impulsivos.

Volviendo al terrario, voy a intentar, querido lector o lectora, que cuando leas estas líneas intentes ponerte en mí lugar, si es que ya no lo estás, y por

*El creador de lluvias. Una breve intro-
ducción de la historia de un TDAH*

/12

favor olvídate de las dichosas normas de la RAE, y sus estúpidos plurales cate-
góricos. Pasada mi transición socializadora mínima, las cuales considero unas
lecciones algo aburridas de teatro de mal gusto, hay un vacío mental del cual
apenas recuerdo segundos de esa etapa de mi vida, (ya que en mi pensamiento
si a algo no le atribuyo un número, acceder a estos recuerdos es cosa tal que
es muy difícil que lo pueda hacer, solo es posible con ayuda de fotografías o un
gran período de concentración), pero tras estos pocos segundos hay océanos de
tiempo que cubren una gran parte de mi pensamiento.

Él era calvo, algo gordo y alto, olía a tabaco, y su indumentaria era fría.
A priori el primer día de colegio cuando estaba en la fila para la presentación
de segundo de primaria, parecía una persona callada, reservada, pero aparentemente normal; qué equivocado estaba, cuando estaba ante la mismísima
representación de la maldad. Ese individuo al que cito y el cual sigue dando
clases según me comunican mis "fuentes cercanas", desgraciadamente me hizo
envejecer a un ritmo desmesurado, ya que los TDAH como dije al principio,
tenemos una percepción temporal aún más distinta de la normal debido a la
hipo-concentración y a la hiper-concentración. De ese curso lectivo tengo un
circulo temporal en bucle, el cual era llegar al pupitre, hacer como que copia-
bas dos horas y media seguidas, para luego ser libre un cortísimo periodo de
tiempo antes de volver a hacer ese asqueroso teatro (siento náuseas ahora
mismo escribiendo estas líneas de malos recuerdos). El castigo por un día de
"mala interpretación" podían ser desde bofetadas, hasta patadas, guantazos
encolerizados, y como un judío en un campo de concentración, toda mi conducta se adaptaba a intentar sobrevivir ese período de tiempo, hasta que mi
madre me recogía. Sentía lastima por mí, ya que siempre rebuscaba qué había
hecho mal para merecer tan mala fortuna, pero aún mas lástima sentía por mi
amigo Manuel, también TDAH, pero con una conducta menos adaptativa que la
mía se llevaba la peor parte (un día , lo recuerdo perfectamente, llegó a tirarle
una silla, imagínese pues la escena de aquello, 8 meses seguidos, hasta que
por marcas, los padres lo denunciaron; pero otros profesores le cubrieron las
espaldas, y aunque ahí no acaba la cosa, esto no es un culebrón y voy a parar
ahora mismo de dar detalles).

Los cursos venideros fueron algo más apacibles, por la puesta en escena
de otros profesores muchísimo más buenos, ya mi imagen de lo que nosotros
llamamos "experiencia educativa escolar" quedó algo trastocada, pero aún así,
como de toda experiencia que tuve, buena o mala, saqué algo de provecho.
Ese curso y los venideros me sirvieron para comprender el teatro social en el
que vivimos, donde unas figuras intentan imponer unos papeles que nosotros,
las figuras de este gran terrario, tenemos que interpretar; por tanto, aprendí a
aplicar mi inteligencia múltiple divergente combinada con mi hiperconcentración creativa, una serie de pequeñas personalidades falsas, que servían solo a
corto plazo, tal como una máscara hecha de fino hielo, que cuando el sol le da
pronto se derrite. Esas personalidades me sirvieron y me han servido mucho, a
la hora de achacar ciertos problemas que me han acompañado, y aún hoy día
me atañen (soy muy bueno dando primeras impresiones a las personas, aunque por dentro esté pensando, lo patética que es su vacía vida de obediencia,

infelicidad y sumisión a la estupidez). El problema llega, como siempre, con el tiempo, el TDAH que tengo ligado, es el sol que derrite la máscara anteriormente descrita, ya que la impulsividad acaba por delatar mi verdadero ser, una persona que aunque vive según las reglas mínimas establecidas, prefiere vivir su propia realidad a parte, una realidad de la que solo intento sacar pequeños pedazos de felicidad para ofrecérselo como tributo a la insaciable colmena que palpita detrás de mis ojos.

Pasados unos largos años en los que aprendí lo que me dio la gana, y en los que las riñas con mis padres se volvían más frecuentes, sobreviví ese árido "Western" que en nuestra sociedad se conoce como la E.S.O. La adolescencia en mí no supuso un gran cambio en mi conducta, ya que mi pensamiento seguía y sigue igual que cuando era pequeño, la única diferencia es el aprendizaje tanto unas leyes mínimas de conducta (las cuales frecuentemente ignoraba) como la adquisición de nuevas identidades "Clínex", con las que iba superando las adversidades a las que me enfrentaba. Podría decirse que era extremadamente bueno en todo, tanto lo socialmente aceptado como bueno, como lo socialmente tachado de "Malo". Podía durante un corto periodo relacionarme causando grata impresión, con el más alto cargo, el director, como con los mas vándalos del colegio, solo tenía que adaptar mi lenguaje y habla a ese sector, aunque a veces también tenía que cambiar mi apariencia, ya que en el terrario ese aspecto físico a priori lo es todo (ventaja de la cual me aprovecho para alcanzar mis fines). Transversalmente a todo esto, mis padres, preocupados por como es la vida (paro, bajos salarios, etc.) se empeñaban una y otra vez en "cercar" mi intelecto. Tengo un hermano al cual adoro, y con el cual esto sí que funcionaba, ya que aunque su intelecto era altísimo, no presentaba mi disfunción cerebral mínima, aunque si comparte conmigo todas las ventajas creativas y dominio de las inteligencias múltiples (cómo lo envidio, aunque su hándicap es ser demasiado buena persona, cosa que algunas veces le ha pasado factura). Pero conmigo todos esos estímulos no eran de mi agrado, aunque reconozco que esos estímulos han potenciado aún más el dominio de mis inteligencias múltiples (cosa que agradezco en rechinar de dientes), aunque el costo de ese fortalecimiento fue elevado, a que me obligaban a ir por las tardes al conservatorio de música, cosa que odiaba, ya que prefería gastar el tiempo de mis tardes, en hablar con amigos, jugar a la consola, o más tarde, la fabulosa realidad alternativa llamada internet. Con lo que no pudieron mis padres mi animadversión a la lectura y escritura debido a la ingrata experiencia de segundo de primaria, líneas atrás citada. Esa impotencia de no poder fortalecer en mí a la fuerza esa inteligencia literaria les costó a ellos y a mí bastantes disgustos. Por mi parte los entiendo, ya que en el Terrario la llave que abre las puertas, no es otra que la inteligencia de la lecto-escritura, ya que todo es enseñado de esa manera (pesa mucho en mí que el terrario fuera así en mi tiempo), por eso mis padres, desesperados, lo intentaron todo, clases particulares de todo tipo, clases de apoyo, constante supervisión, incluso un verano me internaron en el colegio Cerrado de Calderón (cosa que empeoró aún más la situación, ya que nunca me he llevado muy bien con esos falsos "Snob" adinerados, muertos de hambre de la costa Este de Málaga, con sus partidas de golf, y sus hijos quemando su dinero en drogas de nuevo diseño para parecer "*cool*").

*El creador de lluvias. Una breve intro-
ducción de la historia de un TDAH*

/12

Pese a todas las adversidades, mis padres consiguieron que me sacara la E.S.O. , ya que consiguieron incluirme en un programa escolar distinto que llamaban diversificación curricular, donde aprendí algo más, que en las aulas comunes, por el hecho de estar en un ambiente con pocos alumnos, cosa que me beneficiaba.

De la ESO pasé al bachiller, estuve un año haciendo el lila en humanidades donde suspendí todo, excepto latín y griego, ya que me interesaban bastantes las lenguas antiguas por las grandes historias y mitos que en sus líneas habitan, y también porque el profesor era el típico antihéroe. Él fue el que me enseñó a llamar a la sociedad "La divina Comedia", término que luego hice mío como "Terrario". Después pasé al bachiller de Artes donde me daban una amplia libertad de cátedra en las clases, y donde los profesores, que eran algo más progresistas, me dejaban hacer lo que me daba la gana. Saqué en las asignaturas de artes todo sobresaliente, no así en las comunes en las que seguía, como decimos aquí en Málaga "pasando del tema". Fue allí donde conocí a mi segundo Amor (El primero fue algo raro, así que prefiero omitirlo), su nombre era y es Sara, y aunque no estaba del todo enamorado de ella al principio, luego desarrollé un fuerte sentimiento afectivo que fue a más costándome esa progresión un alto coste espiritual, pero una gran enseñanza. En mi vida siempre he tenido muchísimos problemas con lo que en el terrario se conoce como "amor". Yo suelo querer a todas, o casi todas las personas que incluyo en mi vida, a unas más, a otras menos, a veces con más frecuencia, a veces con menos, pero era y soy bueno con ese círculo. Pero hay una persona entre todas esas que es especial, y como todo en la vida, hay veces en las que nosotros mismos construimos de una persona una deidad, por la que a veces y solo a veces, sacrificaríamos altruistamente nuestra persona. Aunque la vida en el terrario se había suavizado, por la edad que aparentaba (en el terrario se te juzga antes por tu aspecto, luego por tu pensamiento y, finalmente, por la peligrosidad que puedes presentar). Sara supuso para mí una manera distinta de afrontar la vida, ya que por estar demasiado tiempo en el terrario, se te pegan quieras o no infecciones sociales como es el ser falso, el guiarte por las apariencias, el ser un engreído egoísta, etc. Volviendo al tema, empecé ese curso de bachiller de Artes. En principio me enamoré de otra niña llamada Isabel, en ella veía todas las facultades óptimas para que dentro de las personas de mi circulo interior, ésta fuera la que representara el eje central (Era guapa, lista, algo friki, divertida, etc... podría estar así hasta mañana). Pero mi cuento de la "lechera", de estar una vida con ella, pronto se rompieron cuando me enteré de que tenía novio (en mi generación y entorno social, cuando una chica tenía novio, si uno era un caballero no se inmiscuía en asuntos ajenos, simplemente se hacía su amigo, y esperaba, y ésta era una de las leyes del terrario que yo cumplía a raja tabla) por eso y como no tenía todo el tiempo del mundo, afiné más la vista y vi a Sara, una niña aparentemente normal, pero que presentaba algunos aspectos bastante familiares, los cuales intentaba disimular, aun así me dediqué a observarla antes de hablarle y saqué mis conclusiones. Aunque no estaba diagnosticada, era una TDAH como yo, ya que teníamos tantas cosas en común que dábamos miedo, lo único que cambiaba era que ella de pequeña había experimentado un maltrato y abuso infantil infinitamente superior al mío, cosa de la que no voy a hablar. Empezamos a salir un 8 de enero (recuerdo todas y cada una de las fechas, ya que por aquel entonces me dio por ponerle una numeración en forma de fecha a los eventos de comienzo y fin más significativos). Al principio todo fue como en un cuento de hadas. Tanto fue la experiencia de choque por querer estar con ella, que hasta me puse a estudiar, cosa que nunca había hecho en mis 18 años que llevaba vividos, con el vago sueño de poder acceder a un buen puesto de trabajo, tener nuestra casa y un montón de hijos, por eso al principio como en todo, la vida en el terrario no parecía tan mala como lo había sido años atrás, tenía por una única vez, algo en lo que concentrarme (sin tener que tomar el maldito "Concerta", fármaco para la concentración de personas con TDAH, el cual odiaba por provocarme terribles migrañas). El problema llegó con su familia, la cual por razones que no voy a nombrar no me aceptaba, aún así, nosotros nos queríamos y daba igual que el terrario no nos quisiera ver juntos, ya que lo estaríamos siempre (o eso creía). Pasados los años, tristemente, me fui cansando de ella, y ella de mí, (tiene un alto coste tanto el amar a una persona con TDAH, como que un TDAH te quiera toda la vida) los días de nuestra relación pasaron a ser monótonos, ya que era tal nuestra concentración el uno en el otro, que no vivíamos una vida "estándar" de pareja. Nos veíamos los fines de semana , Sábado y Domingo de 11 de la mañana a 2 de la mañana, pero lejos de lo que el lector-a quiera creer, no hacíamos, como he dicho antes, las cosas típicas de pareja (ir al cine, pasear, etc). Nosotros, pasábamos todas esas horas en un "llano" campestre alejados de la civilización, alejados de la vista obsesiva de los jueces del terrario. En el comienzo, esas 15 horas se nos pasaban como si fueran 15 minutos, las horas pasaban fugaces, hablando y hablando (los TDAH somos muy habladores, yo diría que demasiado, pero cuando nos importa una persona, para bien o para mal, somos los más sinceros del mundo con ella). Nuestros temas de conversación y debates eran amplios, hablábamos de tantas cosas… tantas que nos llegamos a conocer como almas gemelas, cosas que todavía no he vuelto a repetir con ninguna persona; yo sabía toda y cada una de las cosas que ella tenía en su cabeza almacenada y ella igual conmigo, cuando se nos acabó el pasado, pasamos al presente, y finiquitado éste nos trasladamos al futuro, llegamos a imaginar mil y una vidas diferentes todas con el común denominador de estar el mayor número de horas juntos, y poder así criar a la siguiente generación para enmendar en ella el fascismo impío en el que nosotros habíamos vivido. Esas horas con ellas pasaron a transformase en mi realidad, todo lo demás carecía de sentido, solo algunas veces echo de menos aquellos tiempos. Como todo principio·tiene un final, cuando ya exploré todos los recovecos de su mente y me aprendí con memoria fotográfica, todos y cada uno de los momentos más significativos de su vida, empecé a notar como ya el tiempo transcurría de distinta forma. Esas 15 horas ya dejaron de ser 15 minutos rápidos, y fueron llegando a la normalidad, pero todos sabemos que la propia "normalidad" para un TDAH como es mi caso no transcurre igual, entonces esas 15 horas comencé a percibirlas más despacio cada día, ya que la monotonía invadía mi ser. Ella parecía no cansarse de hablarme, y yo una y otra vez le contaba mi vida de nuevo, acto que para mí se convirtió en tarea, originando en mí angustia. Habíamos pasado de estar el primer año hablando y mirándonos en silencio tantísimo tiempo a, tres años después, estar completa-

*El creador de lluvias. Una breve intro-
ducción de la historia de un TDAH*

/12

mente callados, ya que ella un día también se canso de mí. No hay duda de que nos queríamos, pero ya no era lo mismo. Ambos, exprimimos al contrario para obtener toda la experiencia almacenada de toda una vida, y cuando no quedó gota, solo nos quedó el tiempo. Los últimos días pasábamos todo el tiempo callados, cada uno en su mundo, solo hablábamos para ponernos de acuerdo en donde íbamos a comer, para concurrir de nuevo en el silencio. Cuando terminaba el fin de semana y volvía al terrario, siempre imaginaba el qué pensarían de mí si les dijera que con mi novia pasaba 15 horas en un mismo lugar casi sin hablarnos. Ahora lo pienso y es de locos, pero analizando esos días saco mis propias conclusiones, y es que los TDAH podemos amar más intensamente que una persona normal, ya que nuestra hiperconcentración tiene esa gran ventaja, procesamos datos miles de veces más rápido, y nuestra creatividad en ese estado es superior a la de los demás, pero como hándicap, esa manipulación temporal, hace que vivamos meses en segundos, años en minutos, y como toda teoría metafísica universal, cuando algo se comprime demasiado, llega un momento en el que esa compresión se descomprime violentamente generando el efecto contrario, compensando así la balanza,; por eso llegué a la conclusión de que los TDAH somos una ecuación "desbalanceada", ardemos en el amor demasiado deprisa, pero al hacerlo brillamos con la luz más deslumbrante de todas. Este conjunto de ideas, al contrario de lo que el lector-a pueda pensar, no me aporta respuestas, sino más preguntas ¿Acaso soy yo el culpable de todo eso?, ¿O lo es la sociedad en la que vivo?, ¿Quién de nosotros es el culpable?, ¿Lo es mi déficit de Dopamina?, ¿La culpa quizás fue del colegio?, ¿De mis padres? Quizás nadie tenga la culpa, quizás los TDAH siempre estamos, hemos estado y estaremos ahí, con nuestras similitudes, con nuestras diferencias. ¿Somos todos iguales?, ¿Somos todos distintos? No hay una respuesta para todo, ¿o sí? Toda esta serie de preguntas y respuestas algo agobiantes para el lector-a, son las que normalmente un TDAH tiene en mente cuando está en la clase sentado, mirando perdidamente tras la ventana, a los pájaros volando sobre pinos que mecidos por el viento se estrellan los unos con los otros ofreciéndonos un curioso baile. Estos pequeños ápices son imperceptibles para ti lector-a, si no presentas esta disfunción. Para ti, normalmente, el estar en la clase transcurre como el caudal del río, más o menos rápido, a veces puedes escaparte, pero tu sentido de la atención y responsabilidad actúan en ti como un ancla sujeta el barco. Nosotros envidiablemente no podemos seguir el juego, simplemente no podemos, somos globos repletos de Helio, que escapan al cielo cuando la fina cuerda que los sujeta se rasga y rompe con el aleteo de una mosca, somos los creadores de lluvia ya que solo de nuestro tan divergente pensamiento pueden llevarse a cabo ideas y hechos que para otras personas son meros sueños. Creamos lluvias en nuestra mente cuyas gotas son las ideas, con las cuales regamos nuestro bello jardín de la creatividad con una facilidad inexplicable para muchos, haciendo crecer grandes árboles de ingenio que dejan boquiabierto a escépticos e incrédulos que no tienen más remedio que copiar lo creado, porque de ellos no nace la lluvia. Espero haberte descrito en esta breve introducción de mi vida, lector-a de este libro sobre TDAH en adultos, el punto de vista de una persona con este déficit y, más bien, pregúntate cómo he podido redactar todas estas ideas cuando siento una gran animadversión por todo lo que son las redacciones y trabajos de diversa índole. Me despido de ti, y espero que todo este breve relato haya enriquecido tu mente, y te de un punto de vista de cómo es un TDAH en cuanto a lo que sentimos y experimentamos a lo largo de nuestras divergentes e intrépidas vidas.

A MODO DE EPÍLOGO
¿Por qué nos cuesta tanto aceptar el TDAH?

María Báscones Márquez

> *"Necesité mucho tiempo para comprender de dónde venía. El Principito, que me acosaba a preguntas, nunca parecía oír las mías. Y sólo por palabras pronunciadas al azar pude, poco a poco enterarme de todo".*
>
> "El Principito". Antoine de Saint-Exupéry

Sociedad y TDAH

¿Cuál es la actitud de la sociedad frente al TDAH? ¿Por qué sostiene determinadas creencias en contra de su existencia o diagnóstico? La postura que la sociedad adopta ¿es fruto de un conocimiento profundo y racional sobre el tema, o se sustenta sobre prejuicios, intereses, incertidumbre ante lo desconocido o comodidad, negando así cualquier posibilidad de búsqueda abierta de información sin temor al cambio?

El estudio sobre las actitudes humanas es un tema ampliamente investigado en Psicología Social por su influencia en muchas de las preocupaciones sociales actuales, como, por ejemplo, el tan polémico y cuestionado TDAH. Frecuentemente mostramos tendencia o predisposición a evaluar de determinado modo a personas, sucesos o situaciones y actuar en consonancia con dicha evaluación; los tres sistemas de respuesta humana (pensamiento, emoción y conducta) están interrelacionados entre si, y conforman un círculo vicioso difícil de modificar cuando se parte de un estilo cognitivo o tendencia relativamente estable de procesar la información de una manera irracional o distorsionada. Cuando adoptamos una actitud o postura negativa frente al TDAH -ya sea por ignorancia o conocimiento restringido-, pensamos, sentimos y actuamos de manera crítica cuestionando y rechazando su existencia, tanto en nuestras opiniones y creencias, como en las emociones que nos genera, o la conducta que manifestamos. Estas actitudes que adoptamos de modo consciente o inconsciente nos ayudan a dar sentido a nuestras experiencias vitales, conforman nuestro estilo cognitivo, y actúan como mecanismo de supervivencia (Barraca, 2008). Así, si un profesor que desconoce o rechaza la existencia del TDAH es increpado por un estudiante hiperactivo impulsivo cargado de testosterona, es fácil que desarrolle una actitud negativa hacia los alumnos con TDAH, y en esa actitud predominará el componente emocional sobre el racional.

¿Por qué cuando se nos comunica la posibilidad de tener TDAH lo cuestionamos o negamos?. ¿Que mecanismos de defensa se ponen en marcha para argumentar el rechazo al diagnóstico? Nuestra necesidad de mantener una autoimagen positiva y coherente nos lleva a mostrar actitudes que justifiquen nuestras acciones. Por otra parte, necesitamos que se produzca un proceso de asimilación, adaptación y acomodación para que la nueva información encaje dentro de los esquemas de la imagen que hemos conformado de nosotros mismos a lo largo de nuestra experiencia vital. La teoría de la Disonancia Cognitiva explicaría muchos fenómenos relacionados con este trastorno, como el malestar que nos genera recibir explicación acerca de nuestro comportamiento, nuestra percepción de fracaso personal, la toma de decisiones que implica aceptar el diagnóstico y actuar en consecuencia modificando nuestro estilo cognitivo.

Nos sentimos incómodos cuando somos conscientes simultáneamente de dos cogniciones incompatibles o contradictorias referentes a nuestra valía personal *"(…) soy listo, rápido de mente, más espabilado que los demás, pero me tratan como si fuera tonto, no me tienen en cuenta (…) sé que soy listo, más que muchos que me rodean, pero miro mi imagen de perdedor en el espejo varias veces al día (…) soy más listo que mis compañeros de la oficina, sin embargo ellos están mejor considerados que yo, son más eficaces en su trabajo (…)"*. Según la teoría de la Autopercepción, cuando nuestras actitudes no son coherentes observamos nuestra conducta y después inferimos actitudes a partir de nuestros actos (Myers, 2007). Es habitual cometer errores de atribución; algunos adultos TDAH interpretan erróneamente las situaciones que han vivido justificándose *"(…) mis despistes son debidos al estrés que he soportado muchos años de mi vida (…) para abarcar todas las tareas que tuve que imponerme no tuve más remedio que disparar mi actividad, mientras realizaba un trabajo al mismo tiempo tenía que pensar en cómo había de afrontar la tarea siguiente (…) todo el mundo se ve envuelto en situaciones que no planea, entonces todos tendríamos TDAH (…) si no llevo a cabo proyectos es por fuerza mayor (…) no tengo dificultad para hacerme entender, son las personas que no oyen lo que desean escuchar las que no me comprenden (…)"*. Otros se instalan en el victimismo como única explicación a sus difíciles vidas *"(…) he tenido mala suerte en la vida (…) el mundo está en mi contra, no me entienden, soy un bicho raro (…)"* y no ven salida, porque al mirar hacia atrás corroboran de modo inconsciente la idea de sí mismos como sujetos perdedores, impidiéndose de esta forma sacar partido de su potencial y de su presente.

¿Cómo son los adultos TDAH que llegan a consulta?

Esos adultos que no han triunfado en la vida, que no han tenido la suerte de cara, los que no tuvieron una familia estructurada, los que no estudiaron aquello en lo que podían destacar por distintos motivos, los que poseen inteligencia pero no la suficiente resiliencia para manejar sus difíciles vidas. Esos adultos más afectados o desfavorecidos, fácilmente reconocidos por quienes se dedican al trastorno llegan inseguros, dudosos y mal informados. Rápidamente se conecta con ellos por su espontaneidad, trasparencia, bondad. Desde las primeras sesiones se delatan, sin llegar a darse cuenta del alcance de sus comentarios aparentemente intrascendentes "(...) yo soy un desastre, lo pierdo todo, se ríen de mi, siempre llego tarde, soy muy desordenada, no se organizarme, hablo demasiado, te estoy liando, me perdí, disculpa, me lié (...)". Otras veces han aprendido a guardar celosamente su torpeza o imprudencia tantas veces criticada, vapuleada y muestran un autocontrol externo exquisito que, sesión tras sesión, van abandonando en la medida en que cogen confianza, no se sienten juzgados y la información que reciben va ayudándoles a encajar las piezas del puzle incompleto que es su vida. Cuando cometen un fallo es posible que disimulen sonriendo, haciendo bromas sobre sí mismos, jugando el rol impuesto de "adulto desastre", pero profundamente tocados y dolidos en su autoestima.

A menudo se definen como personas que "no son de este mundo", como rara avis, como "pequeños principitos", viviendo en un espacio y tiempo que no les pertenece, son incomprendidos por todos sus entornos. Viven intensamente más penas que alegrías, son como "tentempiés" que tras un golpe caen y vuelven a levantarse, como el ave fénix, por un desesperado instinto de supervivencia.

Son seres extremadamente sensibles "(...) necesito aprender a no llorar cuando hablo con mi marido, no me entiende, no me valora y se enfada (...) quiero controlarme pero no puedo, no se cómo hacerlo (...)" que tienen todos sus sentidos amplificados.

La falta de mecanismos para aceptar la frustración que les llevaba de niños a ser tachados de malcriados, caprichosos, pesados, etc... por no saber aceptar un NO, les lleva ahora a ser tachados de "egoístas que van a su interés y se quieren salir siempre con la suya" por no poseer estrategias de autocontrol, por falta de habilidades sociales, no dominar la comunicación verbal y no verbal, no saber disimular su expresión de malestar.

Viven con una intensidad agotadora cada acontecimiento de su vida que se compone de constantes decisiones, muchas de ellas erradas. Desarrollan recursos para salir de cada dificultad en la que, sin querer o sin ser conscientes de ello, se ven envueltos. La sociedad les pone el listón muy alto como lo hizo el colegio. Nada ha cambiado, tan solo la cantidad de fracasos acumulados y la confirmación de su autoconcepto negativo como la sombra de la expectativa cumplida.

Se entregan con generosidad, tardan en ver venir las traiciones y son "carne de cañón" de aprovechados. No entienden la maldad y tardan más de la cuenta en alejarse de situaciones problemáticas (como los niños TDAH son los últimos, en ocasiones, en alejarse del foco de conflicto y son responsabilizados y castigados por el error que otro "más listo" cometió).

Se rodean de personas como ellos, igual que de niños se juntaban con los más divertidos, los menos estudiosos *"(...) me aburren las personas tan bien hechas, y se que ellas no me soportan, les saco de quicio (...) es una chica tan perfecta que no encajamos, no me acepta como soy, constantemente me está recriminando (...)"*. Un radar especial, una mirada trasparente, limpia, les hace reconocerse y sentirse aceptados, cómplices. No tienen que actuar, disimular el "defecto de fábrica", pueden ser ellos mismos con sus altibajos emocionales, sus ataques de hiperactividad, sus despistes, sus trastadas adolescentes. Algunos no tienen suficiente con su TDAH, y deciden elegir como pareja a otro TDAH en distinto subtipo: caos, hiperreactividad, susceptibilidad, hipersensibilidad al cuadrado... Si eligieron mal la pareja, las cosas se complican aún más; se sienten inseguros, dependientes emocionales, víctimas incapaces de romper relaciones tormentosas. Pueden verse como responsables de la infelicidad de su pareja y justificar el maltrato recibido *"(...) ¡lo que me tiene que aguantar!, en el fondo tiene razón de estar harto de mi (...)"*. Cuando su pareja no acepta el trastorno no hay excusas *"(...) mi mujer es un absoluto desastre, desordenada, ineficaz, incompetente, me pone en evidencia (...)"*. Necesitan sentirse amados y aceptados, cuando lo adecuado es quererse a sí mismos para querer al otro, que te completa y mejora. Enamoramientos apasionados llevan a algunas mujeres impulsivas irreflexivas a abandonar su conato de proyecto de vida, sus estudios en pro del amor, cerrando así la puerta a la autorrealización personal y profesional.

En el trabajo los hay muy inteligentes, abogados que pueden ganar todas las causas en un juicio menos la suya propia, profesores que pueden ayudar a sus niños con TDAH, pero no pueden gestionar con la misma capacidad el trastorno de sus hijos, Relaciones Públicas que son valorados por su eficacia en el trato con personas, pero llevan vidas de pareja turbulentas. También hay personas que no eligieron bien trabajo, pareja, amigos, se sienten solos, incomprendidos, infravalorados, y lo que el espejo de su entorno les devuelve es una imagen deteriorada de si mismos, irreal. No han sabido/podido gestionar conflictos y dicen de si mismos que son torpes, un desastre *"(...) no me atrevo a hablar con el tutor de mi hijo porque se va a dar cuenta de mi torpeza, de que no se expresarme (...)"*.

Con los años, a algunos les llega el agotamiento, el desgaste. Los fallos comienzan a ser más evidentes, a ocultarse con mayor dificultad. La tristeza por las decisiones inadecuadas, interacciones conflictivas, sentimientos de soledad y de incomprensión les invaden. El tiempo se acaba, no hay marcha atrás.

En la mayoría de los casos recibir el diagnóstico les libera y alegra: *"¡eureka! No es cuestión de inteligencia, no soy torpe, hay más personas como yo!, ¡ahora me entiendo, ahora lo entiendo!"*. También empiezan a mirar con otros ojos a sus padres y familiares. En otros casos las barreras psicológicas les impiden aceptarlo y comienzan a justificarse *"(...) entonces todos seríamos TDAH, yo he acabado una carrera, trabajo, llevo mi casa adelante (...) es una moda, la sociedad en que vivimos es la culpable (...)"*. También puede ocurrir que se sientan abrumados, culpables frente a sus hijos o a su pareja de haber trasmitido el trastorno *"(...) no se lo digas a mi marido, me echa la culpa, dice que mi hijo es como yo, que no nos soporta (...)*". El ser humano busca deses-peradamente atribuir causalidad, pero ellos sin información, están perdidos.

El proceso psicológico de asimilación lleva su tiempo y cada ser humano, que es único e irrepetible, reacciona de modo único e irrepetible. Algunos hi-peractivos impulsivos se empeñan en la imposible tarea de saltarse el proceso antes de haber asimilado su condición: "*vale, y ¿ahora qué?, ¿cómo resuelvo?, ¿qué tengo que hacer?*". Educarles en la paciencia es quizás una de las tareas más difíciles, porque no pueden reconstruir de un plumazo toda una vida de desinformación, decepciones, fracasos, sueños rotos, relaciones conflictivas, etc. Muchos sienten soledad, desearían ser comprendidos por sus seres queri-dos, desearían que sus seres queridos afectados por el trastorno lo aceptaran y sobre todo desearían ayudarles a que se comprendieran, sin asumir que les falta por recorrer un camino que posiblemente no desean realizar.

Pocos son los adultos afortunados que, sin información sobre su tras-torno, han encontrado, por azares del destino, a esa persona que les acepta incondicionalmente y compensa sus déficits valorando a la par sus cualidades, y ayudándoles a desarrollarse en toda su plenitud. Otros, más que elegir, se vieron inmersos en relaciones poco gratificantes "*(...) la familia de mi marido piensa que soy tonta, no me invita a reuniones, me ridiculiza, no me valora como mi marido (...)*".

La tristeza profunda por el sentimiento de rechazo se alterna con mo-mentos de disfrute infantil para caer de nuevo en malestar tras el siguiente fallo cometido, el comentario dañino, el menosprecio recibido... y siempre en la sombra se encuentra el deseo de demostrarse a si mismos y a quienes les rodean que son válidos, listos, capaces, competentes "*(...) ¡si yo no tuviera el TDAH! ¡Estoy seguro que llegaría más lejos que muchos (...)*". La duda sobre su potencial y sus capacidades les acompaña a lo largo de su trayectoria vital.

La elevada inteligencia que muchos TDAH poseen les hace más conscien-tes de su sufrimiento por no haber conseguido las metas propuestas, recono-cimiento familiar, laboral. Es como una cadena perpetua "*(...) si, yo soy más listo, y mira donde estoy (...) me molesta la incompetencia de los demás, pero ellos ya tienen trabajo y yo no (...) cualquiera está mejor considerada que yo en mi trabajo (...)*". No saben ser estrategas en el trabajo, no saben hacer la pelota como no sabían hacerlo en el colegio para ganarse la aprobación de su profesor, ni trazar un plan para conseguir objetivos, y mucho menos servirse del juego sucio.

En las interacciones sociales algunos impulsivos defienden con vehemen-cia argumentos hasta llegar a ser agresivos en su estilo de comunicación. Pri-mero actúan, después argumentan. Otros se inhiben "*(...) para qué, da igual, lo que diga no va a ser valorado, tenido en cuenta (...)*", pero raramente van a saber comunicar asertivamente y con autocontrol emocional sus opiniones. Si no son impulsivos caen en circunloquios, y la decisión no acaba de llegar.

La mayoría de las mujeres TDAH con hijos se alegran de encontrar por fin una explicación a sus problemas, o se angustian pensando que sus hijos van a sufrir como ellas han sufrido en la vida. Podríamos jugar a sentirnos veinticuatro horas como se siente una madre trabajadora con TDAH: retiramos relojes, móviles, despertadores y después realizamos todas las tareas cotidianas (levantamos a los niños, les llevamos al colegio a su hora, llegamos puntuales al trabajo, sacamos la tarea pendiente, recogemos a los niños del colegio a tiempo, merienda, tarea, cena, baño, todo por intuición y en el orden adecuado por supuesto, antes de que se intuya la media noche).

La deficiente percepción del paso del tiempo "*(…) yo corro, corro, pero el tiempo corre más que yo (…) con 40 años, y todavía no acabé mis estudios (…) no he tenido mi primer trabajo todavía (…)*" y el deseo obsesivo de hacer mil cosas, de disfrutar como niños buscando refuerzos inmediatos, les hace sentir que una vida se les queda corta para iniciar o completar proyectos. Sin ser plenamente conscientes de que la imagen que el espejo les devuelve no es la que tienen de sí mismos, se sienten adolescentes llenos de sueños. Sus ansias de vivir y su pasión por la vida no les abandonan.

¿De qué herramientas han hecho uso para compensar un trastorno neurobiológico que muchos catalogan como "inexistente"? Tanto sufrimiento gratuito, tanta incomprensión podrían haberse evitado tan solo con información y comprensión. Cuando consiguen éxito profesional, solo entonces se dice de ellos: "*qué rarito, especial como los artistas, un triunfador, muy inteligente, que buena persona*". Pocos son los que llegan a gozar de ese privilegio haciendo de su dificultad su mayor virtud y se permiten el lujo de no necesitar ir a ninguna consulta, de no necesitar saber que tienen TDAH. Conclusión: si por suerte o desgracia tienes TDAH, será mejor que triunfes, o de lo contrario serás criticado, cuestionado, vilipendiado, ridiculizado, infravalorado…

¿Cómo generar un cambio de actitud frente al TDAH?

Si adoptamos actitudes incoherentes con determinadas conductas o acontecimientos de nuestra vida sentimos un malestar o disonancia que intentamos reducir modificando nuestro sistema total de actitudes, o modificando los datos para que dejen de ser disonantes (Barraca, 2008). Si una mujer escucha decir a su marido: "*creo que tengo TDAH*", ésta puede reducir la disonancia que la reflexión le provoca ignorando o negando el comentario "*(…) el trastorno inventado, no es cierto, solo una excusa (…)*", persuadiéndole para que cambie de idea «*(…) te están liando, si tuvieras eso no podrías haber acabado tu carrera, no tendrías éxito en tu trabajo, tratarte para qué, no te hace falta (…)*», o informándose sobre el trastorno y evaluando posteriormente la posibilidad de que sea cierto el comentario.

Cuando explicamos la conducta de una persona solemos subestimar el efecto que tiene la situación en la que ésta se da, y sobreestimamos el grado en que refleja los rasgos y actitudes de la persona (Myers, 2007). A menudo nos referimos a nosotros mismos con verbos que describen nuestras acciones "*(…) me despisté, me surgió un imprevisto, no me dio tiempo (…)*", pero al referirnos a los demás solemos describir lo que la persona es "*(…) es un desastre, un egoísta que va a su interés, es un caprichoso y se enfada si no escucha lo que desea oír, es muy agresivo, es inmaduro, irresponsable (...)"*. Comencemos por tratar a los demás con la misma actitud con la que nos gustaría ser tratados.

Conocer en profundidad a una persona hace que seamos más empáticos, comprensivos y sensibles a su contexto. Si permitimos que este hecho se produzca, posiblemente creemos vínculos afectivos y entonces la situaremos inconscientemente en un lugar privilegiado y seremos más tolerantes con sus errores y defectos, mientras que si no la conocemos aplicaremos fácilmente etiquetas generales o globales sobre sus conductas. Sabemos que las evaluaciones que hacemos de las personas tienen correlación con su rendimiento en cualquier ámbito de su vida; igual que los profesores suelen pensar bien de los alumnos que obtienen buenos resultados, los jefes valoran a los trabajadores que cumplen sus expectativas *"(...) llega puntual al trabajo, incluso hace horas extra, saca el trabajo de modo eficaz, verbaliza lo que deseo escuchar, no plantean problemas (...)"* y los maridos a sus mujeres *"(...) es muy competente, lo lleva todo organizado, se encarga de los niños, el trabajo, la casa (...)"*. Cuando alguien nos quiere, nos admira y manifiesta expectativas elevadas sobre nuestras capacidades, nos anima a convertirnos en la persona que imagina que somos ayudándonos inconscientemente a obtener buenos resultados en cualquier ámbito de nuestra vida.

Pero, ¿qué ocurre cuando los demás manifiestan bajas expectativas sobre nosotros? Las creencias y los estereotipos se confirman como profecías autocumplidas; la persona con TDAH tiende a comportarse, también inconscientemente, de forma que confirma esas expectativas *"(...) soy la graciosa del grupo, todos esperan que les haga reír, ya saben que voy a meter la pata (...)"*. Aprendamos a mirar desde el corazón, ya que a menudo lo esencial se muestra invisible a los ojos.

La autoestima positiva, tan necesaria para tener una vida plena, se conforma desde la más tierna infancia con los mensajes que se reciben del entorno. ¡Mal asunto para el incomprendido TDAH, ya que con baja autoestima sabemos que se consiguen pocos logros en la vida! Y, ¿qué pasa con la autoestima falsamente inflada?, ¿puede ser la clave del éxito, si va acompañada de un ambiente familiar adecuado, una buena capacidad intelectual, determinadas variables de personalidad, elecciones adecuadas y grandes dosis de suerte en la vida? Parece que no existe el término medio; sobrevives al naufragio o te ahogas, te alías al enemigo para acabar dominándole o sucumbes, triunfas o fracasas, tienes baja autoestima, o la inflas como mecanismo de supervivencia tanto frente a los demás como frente a ti mismo. Es pura selección natural.

Difícilmente cambiamos nuestras actitudes por los argumentos racionales que escuchamos respecto al trastorno, tendemos a recordar y repetir aquellos datos que apoyan lo que pensamos, y desacreditamos tanto a las personas como a los argumentos que no coinciden con nuestra opinión, criticando y cuestionando la valía de aquellos que se atreven a defender opiniones contrarias a las que mantenemos (Barraca, 2008). Enfermedades con síntomas evidentes parecen más reales que otras difíciles de visualizar o imaginar; no cuestionamos que una persona necesite tomar antidepresivos ante un diagnóstico de depresión, pero nos atrevemos a cuestionar que necesite una medicación para que los neurotransmisores funcionen de modo óptimo en su cerebro.

Frecuentemente sostenemos creencias falsa respecto al TDAH porque a menudo nos dejamos influir por informaciones no contrastadas científicamente, o por hechos puntuales y anecdóticos más que por razonamientos objetivos. Podemos cambiar de actitud frente al TDAH, pero para que el deseado y necesario proceso de cambio se produzca necesitamos adoptar una actitud abierta, flexible, que nos permita analizar con rigor y objetividad la información que nos llega de nuestro entorno y desde los medios de comunicación social.

Es necesario seguir investigando, pero mucho más importante es divulgar el conocimiento que ya se tiene sobre el trastorno por respeto y consideración a tantos excelentes profesionales que dedican su vida al estudio e investigación del TDAH y por todos aquellos "huérfanos de diagnóstico" con los que la sociedad está en deuda. Todavía hoy día, en pleno siglo XXI, es difícil encontrar adultos correctamente diagnosticados, tratados y medicados.

> *"La testarudez y el desmedido deseo de sustentar las propias aserciones son patrimonio de los espíritus bajos, mientras que el volver sobre su aviso, corregirse, apartarse del error en el calor mismo de la discusión, arguye cualidades muy principales, al par que un espíritu elevado y filosófico".*

Montaigne, "Ensayos". Cap. XXV.

Gracias a todos los que han participado por el esfuerzo de rebuscar entre sus recuerdos y enseñarnos sus cartas, por el estrés a que algunos se han visto sometidos tras el compromiso aceptado. Gracias a los que han querido echar la vista atrás y compartir sus experiencias con el lector. Gracias también a los que no han querido participar para no hacer sufrir a sus seres queridos rememorando su historia pasada, por falta de tiempo, o por incapacidad para afrontar la tarea. A los que con valentía han desvelado su identidad, a los sabios que no han querido hacerlo para protegerse de críticas o rechazo. A los jóvenes afortunados que fueron diagnosticados y nos dan un mensaje de esperanza, porque con su actitud vital ayudarán a que la sociedad abra los ojos y evitarán que otros como ellos se pierdan por el camino, y a los mayores que no tuvieron la suerte de ser diagnosticados, porque sus testimonios son un ejemplo de lucha y superación en un entorno tan difícil.

NOTAS BIBLIOGRÁFICAS

BARKLEY R. A. (2010). *Tomar el control del TDAH en la edad adulta.* Barcelona. Octaedro.

BARKLEY, R. A; MURPHY, K. R. y FISCHER, M. (2008). *El TDAH en adultos. Lo que nos dice la ciencia.* Barcelona. JC Ediciones Médicas.

BARRACA, J. (2008). *Bases sociales de la conducta.* Madrid. CCS.

BROWN, T. E. (2006). *Trastorno por Déficit de Atención. Una mente desenfocada en niños y adultos.* Barcelona. Elsevier Masson.

HALOWELL, E. y RATEY, J. (2001). *Controlando la hiperactividad. Cómo superar el déficit de atención con hiperactividad desde la infancia hasta la edad adulta.* Barcelona. Paidós.

JOSELEVICH, E. (2010). *¿Soy un adulto con AD/AH? Comprensión y estrategias para la vida cotidiana.* Buenos Aires. Paidós.

MYERS, D. G. (2007). *Exploraciones de la Psicología Social.* Madrid. McGraw-Hill.

RAMOS QUIROGA, J. A. (2008). *Manual de tratamiento psicológico para adultos con TDAH.* Madrid. Grupo Mayo.

RAMOS QUIROGA, J. A.; BOSCH, R. y CASAS, M. (2009). *Comprender el TDAH en adultos. Trastorno por déficit de atención con hiperactividad en adultos.* Barcelona. Amat.

YOUNG, S y BRAMHAM, J. (2009). *TDAH en adultos. Una guía psicológica para la práctica.* México. Manual Moderno.